博士论文
出版项目

明代洪、永年间出版与
文学关系研究

A Study on the Relationship between Publishing and Literature in
Hongwu, Jianwen and Yongle of the Ming Dynasty

高虹飞　著

中国社会科学出版社

图书在版编目（CIP）数据

明代洪、永年间出版与文学关系研究／高虹飞著．—北京：中国社会科学
出版社，2022.8
ISBN 978 – 7 – 5227 – 0300 – 8

Ⅰ.①明… Ⅱ.①高… Ⅲ.①出版业—关系—古典文学研究—中国—明代
Ⅳ.①G239.294.8②I206.48

中国版本图书馆 CIP 数据核字（2022）第 092119 号

出 版 人	赵剑英
责任编辑	刘 芳
责任校对	王佳玉
责任印制	李寡寡

出 版	中国社会科学出版社
社 址	北京鼓楼西大街甲 158 号
邮 编	100720
网 址	http://www.csspw.cn
发 行 部	010 – 84083685
门 市 部	010 – 84029450
经 销	新华书店及其他书店

印 刷	北京君升印刷有限公司
装 订	廊坊市广阳区广增装订厂
版 次	2022 年 8 月第 1 版
印 次	2022 年 8 月第 1 次印刷

开 本	710×1000 1/16
印 张	33.5
字 数	465 千字
定 价	189.00 元

出 版 说 明

为进一步加大对哲学社会科学领域青年人才扶持力度，促进优秀青年学者更快更好成长，国家社科基金 2019 年起设立博士论文出版项目，重点资助学术基础扎实、具有创新意识和发展潜力的青年学者。每年评选一次。2020 年经组织申报、专家评审、社会公示，评选出第二批博士论文项目。按照"统一标识、统一封面、统一版式、统一标准"的总体要求，现予出版，以飨读者。

全国哲学社会科学工作办公室

2021 年

序

　　对从事中国古代文学特别是明代文学研究的人来说，高虹飞博士的这本书，选题即足以让人眼睛为之一亮。如继而读之，会发现它内容也非常扎实。它先是获评为北京大学优秀博士学位论文，后又入选国家社科基金的优秀博士学位论文出版资助项目，这表明它的价值已在一定程度上获得同行专家认可。作为她的指导教师，我为之深感欣慰。

　　本书的特点和价值，首先在于研究角度较新。它从考察明前期洪武、建文、永乐三朝的出版情况入手，探讨这约八十年间出版与文学的互动关系，属于跨出版史、文献学、文学史学科的交叉性、综合性研究，为明代文学研究开辟了一个重要视角。

　　文学作品的出版和传播，不仅制约着文学作品的接受活动，而且反过来影响作者的创作活动，对文学发展的重要作用不言而喻。以往的文学史研究，不是完全没有涉及这一点，但没有给予足够关注。近年来学术界已有意识地展开这方面的研究，但就某位文学家或某种文献所进行的个案研究较多，而就某一时段所作的整体性研究偏少。已有的相关成果，要么侧重出版史、文献学而捎带涉及文学史，要么侧重文学史而稍稍考虑到出版史、文献学的因素，真正对某一时段出版与文学的互动关系展开全面系统研究的成果尚属罕觏。

　　更重要的是，由于将出版史与文学史研究结合起来，还算一个比较新的研究领域，对于如何展开这种跨学科研究，比如这种研究应该关注出版史的哪些方面，怎样才能还原出版史的真实面貌，出版与文学之间的互动关系主要发生在哪些方面等，学术界尚缺乏理论思考。本书强调：还原古代出版史的原貌，不仅要关注现存刻本信息，还必须搜寻已佚版刻信息；必须注意考察出版成本和出版过程；注意分析出版对作家创作心态和题材风格选择等方面的影响；注意地域出版情况对地域性文学流派及其文学主张的影响；注意考察出版如何参与文学史的塑造、影响作家作品的文学史地位；等等。总之，本书对如何从出版角度研究文学做了有益探索，构建了一个比较合理的研究模型，具有一定方法论意义。

其次，本书搜集的资料非常丰富，考辨相当精审。考察特定时期出版与文学的相互关系，前提是尽可能完整准确地掌握这一时期出版史的原貌，否则一切无从谈起。明前期距今已六百余年，当时钞刻的文献迭遭损毁，存世者寥寥。古人缺乏出版史意识，没有留下系统的出版记录。现在所能见到的各种书目，自然是考察出版史的重要依据。但这些书目多为编录书目时的知见书目，与历史上实际出版书籍的目录差距较大。仅凭这些书目，不可能重现历史上特定时期出版史的真实情况。另外，古代书籍刊刻的情况非常复杂，有的书籍的序跋称即将刊刻，实际上最后并未刊刻；有的是过了若干年才刊刻，序跋所署年份并非实际刊刻年份；有的书后来被翻刻，新的序跋或牌记所表示的时间，并非其初刻时间。如果不将这些情况尽可能辨析清楚，所绘制的特定历史时期的出版史图景，就会因较多的细节讹误，而导致总体失真。因此，要尽可能完整准确掌握特定历史时期出版的实际情形，远不是将各种书目的相关记录汇集在一起那么简单。其难点在于，除此之外，还要从各种史传、别集、总集、方志中，广泛搜集现存和已佚刻本信息，并对这些信息一一进行仔细辨析，弄清楚当时究竟产生过多少书籍，这些书是否出版，在何时出版。

毫不夸张地说，这有似大海捞针，披沙拣金。从事这项工作，无疑需要扎实的文献学功底和严谨细致的作风，高虹飞博士恰恰具有这样的素养。她从本科到博士，一直就读于北京大学中文系古文献专业，学习刻苦认真，在目录学、版本学及电子文献检索利用等方面得到了系统的训练。她从明清各种相关书目、《中国古籍善本总目》、台湾《中文古籍联合目录》等港澳台所藏古籍目录、各种国外所藏汉籍目录、韦力《芷兰斋书跋》等重要藏书家的古籍题跋、姜寻《中国拍卖古籍文献目录》等古籍拍卖目录，及《明史》《明实录》、各种总集、别集、方志等文献中，钩稽出明前期的现存、已佚版刻信息，同时利用实习、访学等机会，到中国国家图书馆、北京大学图书馆、东京大学东洋文库、英国国家图书馆等地查验原书，并充分利用当代网络和电子数据库所提供的巨大便利，检索"全国古籍普查登记基本数据库""高校古文献资源库"、各种海外藏中国古籍电子数据库等，通过核对原书或书影、刻工信息及相关记录等手段，对已有著录的书名、作者、卷数，及其成书时间、作序时间、刊刻时间，一一加以考辨，编制出"明代洪、永年间（1368—1424）书籍版刻信息初编"，作为本书"附录"，共收录这一时期基本可考订具体出版时间的书籍版刻信息287则，按出版时间编排，另外收录可能出版于这一时期的书籍信息15则，以及相关文献中记录的现存"明初刻本"版刻信息233则。这一目录不仅为本书的相关研究提供了重要基石，也为其他学科研究此时期的有关问题提供了坚实基础。作者摸索的搜辑、考辨现存、已佚版刻信息的方法，对于调查、研究自宋至清其他时期的出版情况，也具有参考意义。

最后，本书对明前期的出版情况及其与文学的互动关系进行深入思考，提出了一系列重要见解，在某些方面可以刷新人们对明前期出版史和文学史的既有认识。例如，目前学界关于明前期出版状况的判断，有繁荣、萧条两种截然不同的观点。本书不仅从宏观上统计当时出版书籍种类，考察其中有代表性作品的出版规模、篇幅，还就此时的出版成本、全国各地出版业水平差异，不同阶级、不同群体出版书籍的难易等问题，做了比较深入的专题探讨，指出明前期因为中央集权大大加强，官方可以掌握调动大量资源，因此朝廷、王府刻书规模较大，民间刻书则相应受到挤压；全国大部分地区刻书业相对萎缩，而福建等地的刻书业则在一定程度上保持兴盛。据此本书提出明前期出版的特征体现为多重不平衡或曰局部繁荣，这显然比简单地说繁荣或萧条更符合事实。

明初文人刘仔肩编辑出版《雅颂正音》，收录较多歌功颂德的作品，后世研究者大都只肯定该书具有一定史料价值，而轻视、贬抑其文学价值。王逢《梧溪集》中诗歌语言多平铺直叙，题材多歌颂忠孝节义，后世评论者多嫌其诗味淡薄。但在出版史的视域下可以发现，《雅颂正音》出版后颇受欢迎。在当时个人文集刊刻相当困难的背景下，王逢在世时《梧溪集》前六卷即获得资助——出版，而且流传颇广。本书指出，这是因为两书比较契合当时人的心理，因为元末大动乱终于结束，新朝初立，整个社会确实涌动着一种喜悦、期待的情绪。以往学术界探讨明初文学风貌，多强调朱元璋父子对知识分子的残酷迫害，造成文人沮丧、悲凉的心态，这固然不错。但本书揭示的这些历来被忽略的历史现象，有助于我们回到历史场景，对当时的社会状况和人们的心态获得更完整准确的认识。

本书从出版的角度看文学，对文学史上很多现象作出了新的解释。如本书指出，高启、袁凯在明前期所获评价并不高，这固然与朱元璋对他们的迫害有关，但也与他们的作品当时很少出版有一定关系。两人的别集从明中叶起持续得到出版，更有名家为之作序称赞，他们在文学史上的地位遂日渐升高，作品出版在其文学史地位提升过程中发挥了重要作用。本书还指出，明前期学唐诗风盛行，与以林鸿、高棅为代表的闽中诗派的倡导有关。闽中诗派能够在明初诸多诗歌流派中脱颖而出，又与高棅的《唐诗品汇》《唐诗正声》不断出版密切相关，而这又与当时闽中出版业较发达有直接关系。

本书还深入分析了作者预料自己的作品能否出版对其创作心态的影响，提出作者有意识地为出版而创作，将在一定程度上导致其作品与其真实思想情感之间的"偏离"，我认为这是本书提出的特别具有启发意义因而也特别有价值的一种见解。作者指出，宋濂因知道自己的作品将出版，在社会上会广泛流传，并能传播至高丽、日本、安南等地，于是下笔格外谨慎，很少在诗中描摹自己真实的思想、情感与生活，有意识地隐藏自我。面对规模庞大、知识结构不确定的读者群，宋濂也有意无意地偏向运用比较浅近直白的语言和结构方式。与此相反，高启通过不出版自己的作品，有效地控制了读者群体的水平与规模，从而在诗歌题材选择、笔法运用上获得了更大的自由。熟悉的读者群体，也令高启得以在诗中尽情抒发自我。作者由此推论，唐代以前的"抄本时代"，文人作品除口耳相传外，只能通过传抄流传，只面向规模较小、比较确定的读者群体。则"抄本时代"的作者，其创作活动偏离本意的程度，是否普遍低于"刻本时代"的作者呢？作者的这一追问，为我们探讨古代作家的创作心态提供了一种有趣的思路。

总之，本书是一本角度新颖、材料丰富、新见纷呈的佳作，它构成作者学术之路的一个良好的起点。人一辈子能做的事情并不多，一个学者终其一生能把某一领域的某个或某几个比较重要的问题研究得比较透彻就不错了。我希望高虹飞博士余勇可贾，乘胜追击，将"明代出版与文学的关系"这个课题继续做下去，取得更加全面、系统、深入的成果，在此基础上再做新的开拓，造就精彩的学术人生。是为序。

廖可斌

2021 年 7 月 2 日于燕园

摘　　要

　　书籍出版对中国古代文学具有深远影响，文学亦对出版产生作用。深入探讨出版与文学之间的关系，对拓宽、深化中国印刷史、版本学、古代文学研究具有重要意义。本书选取明代洪武至永乐年间（1368—1424）这一时段，在全面考察、深入分析这一时期出版整体情况、出版业特点的基础上，探讨出版在微观、宏观层面对文学的影响，以及文学对出版业发展的作用。

　　关于洪、永年间的出版情况，目前学界有繁荣、萧条两种观点。本书尽可能多地搜辑、考辨版本，共收集到287则现存、已佚版刻信息。以此为主要依据展开考察，可知洪武至永乐年间出版的书籍涵盖经、史、子、集各个部类，其中如《大诰》等颇具出版规模，《洪武南藏》等卷帙浩繁。以"穷匮""出版之冬"等形容此时期出版情况是不恰当的。

　　洪武至永乐年间，出版成本普遍较高，出版用时普遍较长。全国各地出版业水平不均，福建、江西、南京、浙江四地比较发达，其他地区相对落后。然在此情况下，皇帝、太子、藩府想要出版的书籍，仍能得到大规模、快速、高质量的刊印。这大大挤占了本已稀缺的出版资源，从而加剧了官僚士大夫、普通民众出版作品的难度，是当时出版成本较高的深层原因。

　　这一时期的文人中，唯有王逢、宋濂在写作部分作品时，具有明确出版意识。出版意识影响了他们诗歌创作的题材选择与笔法运用，使其倾向宣扬他人事迹，更少描绘个人心曲，语言多平铺直叙，增加了解释性文字。这一时期出版的别集，大多是在作者去世多年后，由其亲友、门人主持付梓的。出版者通过搜罗辑佚、正讹校勘，使作品得到更好的保存、传播，然也在不同程度上改变了作品的面貌。即使是高度尊重作者的出版者对作品顺序的微调，亦造成了作者本意的偏离。

出版不仅影响了作品具体面貌，还参与塑造了文学史的进程。在洪武至永乐年间的诗人、诗派中，高启、袁凯、闽中诗派，是在后世拥有较高文学史地位者。在他们文学史地位提升、确立的过程中，出版皆发挥了重要作用。闽中诗派"尊唐"主张的落实，亦得益于福建的繁荣出版。出版还影响了文学思潮，如欧阳修集在此时期的多次、多地出版，即对台阁文人"崇欧"风气的形成具有重要意义。

文学风尚、文学主张对出版者亦具有推动作用。洪武至永乐年间，全国各地文人普遍宗法唐诗。这一文学风尚，推动南京书坊主王举直将刘仔肩《雅颂正音》付梓。江西士人许中丽出版《光岳英华》的动力，亦在于宣扬自己的文学主张。

附录"明代洪、永年间（1368—1424）书籍版刻信息初编"，可为研究者了解此时期出版情况，以及查找、阅读、利用相关版本，开展深入研究提供便利。

关键词：　明代　洪武　永乐　出版　文学

Abstract

Book publishing has profound influence on ancient Chinese literature, while literature effects publishing as well. In – depth discussions on the relationship between publishing and literature, will be of vital importance to the extension of printing history, edition study and ancient literature. Centering on the period of Hongwu(洪武), Jianwen(建文) and Yongle (永乐) of the Ming Dynasty, this research first analyzes the status of publication as well as the features of publishing industry, then investigates the relationship between publishing and literature.

Nowadays scholars hold opposite opinions on the status of publication in the early stage of the Ming Dynasty. To solve the problem, this research collects the printing information in this period as much as possible, which includes both existing books and lost ones, then investigates the information, correcting the mistakes. Based on the 287 pieces of information collected, the conclusion is that the publication is of various kinds, and some books were published of large scale. The publishing cost is generally high. Also, it takes a long time to publish a book in this period. The levels of publishing industry development are uneven in the country.

A writer's attitude towards his writing is totally different when knowing that his work can be printed, which means much more readers. This publishing consciousness influences Wang Feng(王逢) and Song Lian(宋

濂). Under the influence of publishing, they tend to write more about other people and less about themselves. Also, they prefer to use simple words rather than sophisticated phrases. Most of the individual anthologies printed in this period were published by the writers' relatives, friends, students and so on, and the writers themselves had passed away for many years. The editing work of publishers can change the writers' works as well.

Among all the writers and the schools of poets in this period, Gao Qi (高启), Yuan Kai(袁凯) and the Minzhong school of poets(闽中诗派) are the most influential ones in the literature history of the Ming Dynasty. Publishing has played an important role in their improvement of historical status. Literary trends are also influenced by publishing. Ouyang Xiu's individual anthology was published many times in different regions during this time, and this increases the cabinet literati's affection for Ouyang Xiu's literary works.

Popular literature trend and literary views can motivate the publishers as well. Wang Juzhi(王举直) and Xu Zhongli(许中丽) are examples. It was the popular literature trend that motivated Wang Juzhi to publish a collection of poems. Xu Zhongli published works as well, and his core purpose was to propagandize the literary views of his own.

The research also contains an appendix, which is a catalog of information about books published in 1368 – 1424. It will be helpful to researchers in related academic areas.

Key Words: the Ming Dynasty, Hongwu, Yongle, Publishing, Literature

目　　录

Contents

绪　　论

一　选题缘起

造纸术与印刷术是人类历史上的伟大发明，对社会生活具有深远影响，推动了文明进程。英国学者李约瑟（Joseph Needham）即云，"在全部人类文明中，没有比造纸史和印刷史更加重要的了"①。

中国是发明造纸术与印刷术的国度，出版事业源远流长（谨按，本书所言"出版"，特指雕版、活字印刷。由于书籍传抄、石刻拓印亦能形成复本，因此也有学者将这些手段视为"出版"，但它们不在本书考察范围之内②）。当约翰内斯·谷登堡以铅活字排印《谷登堡圣经》（*Gutenberg Bible*）时，中国已使用雕版印刷术近七个世纪，活字印刷术也已发明四百年。从唐咸通九年（868）雕造的《金刚般若波罗蜜经》，到后唐、后晋、后汉、后周七帝 22 年持续刻印的《九经》；从宋咸淳年间世彩堂刻本《昌黎先生集》《河东先生集》，

---

① ［美］钱存训：《中国科学技术史》第 5 卷《化学及相关技术》第 1 分册《纸和印刷》，刘祖慰译，科学出版社 1990 年版，序言第 1 页。

② 对于"出版"概念，学界还有很多不同界定。有的定义更为宽泛，如李瑞良提出，凡具备"图书或著作物、制作和传播流通"这三要素的，"都可视为出版"［李瑞良：《中国出版编年史》（增订版），福建人民出版社 2006 年版，前言第 2 页］，等等。

到金皇统九年（1149）崔法珍募资刊刻的赵城藏；从元大德年间宁国、太平、信州等九路联合刻印的《十七史》，到明末毛晋编刻的《津逮秘书》，再到清雍正六年（1728）的武英殿铜活字本《古今图书集成》……出版对中国古代的信息传递、知识传播、思想解放等，皆产生了重要影响。①

出版对中国古代影响最深远的领域之一，就是文学。大量文学作品通过出版，从而在更广阔的时空范围内传播，为更多读者所阅读。其实，出版不仅为文学提供了物质载体与传播媒介，更深刻影响了文学作品的具体面貌，参与塑造文学史的进程。

出版会对文学作品的具体面貌产生影响，主要有以下几方面原因。首先，在作品创作阶段，一方面，出版使作者与读者的阅读量显著提高，进而改变了他们的知识结构和审美趣味；另一方面，出版使作者意识到，自己的作品有机会流传更久远、传播更广泛、为更多读者所阅读。这两方面因素深刻影响了"刻本时代"作者的创作姿态与写作方式，使其作品自创作之时，即呈现出与"抄本时代"文学不同的面貌。其次，在作品纳入出版者计划、即将付梓的阶段，包括中央地方机构、书坊、家庭等主体在内的出版者，又会出于各自目的，干预文学作品的面貌。最后，当作品进入出版阶段时，特定时期、特定地域的出版水平与风格，亦会对作品面貌产生影响。

---

① 按，有不少西方学者认为，尽管印刷术由中国发明，但其并未对中国文化与社会产生重要作用。如［英］翟林奈（Lionel Giles）云："印刷术对中国文学的主要影响是什么？在很长一段时间里，它似乎完全没有任何影响，更不能与它带给欧洲的知识革命相比"（［英］J. A. 汉默顿（J. A. Hammerton）主编：《人类文明》，张君峰译，石油工业出版社2015年版，第126页）；［加］马歇尔·麦克卢汉（Marshall Mcluhan）亦云："对于中国人来说，印刷术只不过是他们转经筒的替代物，是一种重复经文的视觉手段，很像我们时代的广告"（［加］马歇尔·麦克卢汉：《谷登堡星汉璀璨——印刷文明的诞生》，杨晨光译，北京理工大学出版社2014年版，第102页）；等等。他们这样说的根本原因，大都于印刷术未促使中国古代社会结构向资本主义社会转型。这是在以西方模式衡量中国历史，这些观点并不符合历史实际。

出版不仅在微观上影响了"刻本时代"作品的具体面貌，还在宏观层面参与塑造了文学史的进程。大量濒临失传的前代作品通过出版重新被后代读者发现，一段段作家作品的接受史从而续写，这些作家作品的文学史地位亦因此而改变。对同一体裁作品的整理、编集、出版，则扩展了这一文体的传播范围，对文体发展与演进具有推动作用。特定时代、特定作家、特定体裁的文学作品结集出版，又扩大了相关文学流派、文学思潮对文坛的影响，甚至直接促成新的文学流派、文学思潮形成。

出版从多个层面予以文学深刻的影响，文学亦对出版业发展产生作用。整体言之，文学流派的兴盛、文学思潮的风行，以及特定题材的风靡、文体的流行，皆会促进相关作品编刊，形成书籍出版热点。具体而言，出版者亦会基于文坛风潮、根据读者阅读需求，对其书籍出版工艺加以调整。

出版与文学之间的这种互动关系，就是本书的研究主题。目前，学界对中国古代出版与文学之间关系的研究已取得丰硕成果。下面，笔者首先对其中最有代表性的成果作一梳理，再在此基础上，考察学界关于这一问题的研究格局，最后分析这一格局的形成原因，并由此引出本书的研究对象。

二　已有研究

首先，就出版在微观层面上对文学的影响而言，在作品创作阶段，关于出版提高作者、读者阅读量，改变知识结构和审美趣味，进而影响作品面貌这一方面，台湾学者张高评、美国学者王宇根分别有比较全面、深入的研究。张高评专著《印刷传媒与宋诗特色——兼论图书传播与诗分唐宋》认为，雕版印刷崛起与繁荣所触发的图书流通与知识传播效应，对宋诗特色的形成具有重要影响，

"是'诗分唐宋'之重要触媒，是'唐宋诗之争'公案中之关键证
人"①，并从图书传播与北宋读诗诗，史书印刷与杨万里、范成大、
陆游咏史诗等多个方面对此展开论述。

　　王宇根专著《万卷：黄庭坚和北宋晚期诗学中的阅读与写作》
则以黄庭坚为核心，集中探讨了 11 世纪印刷文化与黄庭坚及江西诗
派的诗学理论和实践之间的关系。② 是著认为，黄庭坚及江西诗派诗
学最显著、影响最深远的特征即对阅读和写作方法的全面关注，而
这是对 11 世纪新生的印刷文化的反应。印刷带来的文本生产领域的
急剧变化，为黄庭坚诗学的产生和发展提供了大的语境和物质基础，
影响了其主要观点的形成。

　　此外，如日本学者内山精也《苏轼文学与传播媒介——试论同
时代文学与印刷媒体的关系》提到，宋代印刷媒体的普及"使士大
夫的教养达到前所未有的高水平的均质化"，因此宋诗用典相比唐代
"范围更加开阔，相对来说，变得僻涩一些"③；其《宋代刻书业的
发展与宋诗的近世化现象》亦云，宋代"以才学为诗""资书以为
诗"氛围的形成，与印刷的普及、个人藏书的充实深切相关。④

　　专题研究外，一些文学史教材亦会注意出版在这一方面对文学
创作的影响。如袁行霈主编《中国文学史》第五编"宋代文学"即
写道，"宋代公私刻书业的兴盛使书籍得以大量流通……学术修养的
提高，无疑会使作家更善于深刻地思考社会和人生，也更善于细密
周详地进行议论"⑤；梅维恒（Victor H. Mair）主编《哥伦比亚中国

---

　　① 张高评：《印刷传媒与宋诗特色——兼论图书传播与诗分唐宋》，台北：里仁
书局 2008 年版，第 15 页。
　　② ［美］王宇根：《万卷：黄庭坚和北宋晚期诗学中的阅读与写作》，生活·读
书·新知三联书店 2015 年版。
　　③ ［日］内山精也：《苏轼文学与传播媒介——试论同时代文学与印刷媒体的关
系》，益西拉姆译，《新宋学》第 1 辑，上海辞书出版社 2001 年版，第 259 页。
　　④ ［日］内山精也：《宋代刻书业的发展与宋诗的近世化现象》，朱刚译，《东华
汉学》2010 年第 11 期，第 130 页。
　　⑤ 袁行霈主编：《中国文学史》第 3 卷，高等教育出版社 2005 年版，第 5 页。

文学史》第十六章"宋诗"亦云，"随着雕版印刷的大量采用，文人购买诗歌，也出售诗歌，以丰富的知识和极大的热情大量讨论、创作诗歌"①；孙康宜、宇文所安（Stephen Owen）主编《剑桥中国文学史》第六章"北与南：十二与十三世纪"则提出，南宋时期印刷术的发展，使更多人可以更方便地接触过去的文化遗产和新兴的文化立场，从而大幅提升了文学的社会组织，并且使这些组织益形复杂。②

　　至于出版使作者意识到自己的作品有机会拥有更多读者，从而影响其创作这一方面，内山精也较早做出了清晰论述。其《王安石〈明妃曲〉考——围绕北宋中期士大夫的意识形态》明确指出，"在创作的当下，是否意识到传媒的存在，对于作品的内容也有重大的影响"③。在《苏轼文学与传播媒介》中，内山精也进一步表示，"能切实感觉自己的作品很快传播到不特定的许多读者手里，并被这许多读者同时解释着的诗人，和完全无法感受到这些的诗人相比，在创作的姿态上可能会产生明显的差异……为此，在研究宋代文学时，我们可能有必要以印刷媒体为一个视点来探讨作者的表现意图"④。

　　内山精也提出，苏轼一些诗歌中的典故原型出自其旧作，其次韵诗中有多首是对自己的旧作次韵叠和。苏轼这一独特用典方法的运用、"自我完成型"次韵诗的创造，主要就是因为印刷媒体的普及使很多人成为苏诗爱好者，苏轼的作品能够迅速传播到他们那里。苏轼间接利用了印刷媒体的影响力，进行诗歌创作。陈冬

---

　　① ［美］梅维恒（Victor H. Mair）主编：《哥伦比亚中国文学史》上卷，马小悟等译，新星出版社 2016 年版，第 370 页。

　　② ［美］孙康宜、［美］宇文所安（Stephen Owen）主编：《剑桥中国文学史》上卷，刘倩等译，生活·读书·新知三联书店 2013 年版，第 551 页。

　　③ ［日］内山精也：《传媒与真相：苏轼及其周围士大夫的文学》，朱刚等译，上海古籍出版社 2005 年版，第 112 页。

　　④ ［日］内山精也：《苏轼文学与传播媒介——试论同时代文学与印刷媒体的关系》，益西拉姆译，第 261 页。

根《苏轼的檃括体创作与传媒因素关系之考察》则认为，苏轼创作檃括词，亦是在清楚意识到传媒因素的情况下有意识进行的新文体试验。[1]

更多读者的存在，还会促使作者在自己的作品中加入注释，以排除读者阅读时可能遇到的障碍。陈冬根即注意到，苏轼许多诗文中出现了"公自注"字样，这正是苏轼担心读者不懂或误读其作而特作说明[2]。陈大康《熊大木现象：古代通俗小说传播模式及其意义》则分析了明代中期熊大木《大宋演义中兴英烈传》的创作过程。是文提出，"熊大木并非作品完稿后再斟酌何处应作评点，而是编撰时一写到读者可能有疑难处，就立即随手注释"[3]。

意识到自己的作品有机会流传更久、传播更广，还有助增强作者的责任感。杨挺《印刷传播语境下宋代文学的社会责任观念》即认为，随着宋代印刷术发展，宋代文学责任观念"表现出前所未有的自觉与审慎"[4]。如苏轼考定所用故实、欧阳修斟酌写定文字，都体现出了准确传播的责任意识。

在作品纳入出版者计划、即将付梓的阶段，关于出版者出于各自目的，干预作品面貌这一方面，王岚专著《宋人文集编刻流传丛考》有较全面的总结。是著认为，宋人文集的官刻本"以利于政教为目的，兼之经费充足，实力雄厚，故刊刻质量比较有保证"；家刻本亦口碑较好，因为"后世子孙为其先人编刊文集主要是为了传扬

---

[1]　陈冬根：《苏轼的檃括体创作与传媒因素关系之考察》，《庐陵文化与古代文学研究》，江西人民出版社 2012 年版，第 124—133 页，下同。

[2]　对此，周裕锴《中国古代阐释学研究》亦从阐释学角度指出："这意味着作者在创作时已充分考虑读者接受时的需求，尽可能交代可供读者'以意逆志'的背景。"（上海人民出版社 2003 年版，第 242 页）

[3]　陈大康：《熊大木现象：古代通俗小说传播模式及其意义》，《文学遗产》2000年第 2 期，第 101 页。

[4]　杨挺：《印刷传播语境下宋代文学的社会责任观念》，《求索》2007 年第 11期，第 180 页。

其声名，故竭尽搜罗之能事，在编次篇卷、校正文字、辨别真伪等环节上尽心尽力"；坊刻本则"以营利为目的，有时急于求成，故难保编刊质量"①。张仲谋《明代书坊与词集传播》亦提出，坊刻本词集文字讹误较多，如《草堂诗余隽》将词人"丁仙现"误为"下先观"、"辛幼安"误为"新幼安"等。② 美国学者包筠雅（Cynthia J. Brokaw）同样注意到，清代福建四堡坊刻本多半开本很小，版面排字拥挤，误字漏字时有出现。③

由于书坊主以开拓市场、获取利润为首要目的，故其对作品面貌的干预相较官府、家庭尤为明显。石昌渝《通俗小说与雕版印刷》即指出，"有的作品在它还是稿本、抄本的时候，书商如果认定出版有利可图，就不管作者意愿，将它付之雕版。李汝珍的《镜花缘》就曾有过这样的遭遇"④。显然，书坊主急于获利影响了作者的创作节奏。为扩大销路，书坊主还在作品中加入注释、插图以提高读者的阅读兴趣，这亦改变了作品面貌。俞为民《明代南京书坊刊刻戏曲考述》提出，南京书坊刊刻的戏曲多加以注释或音释。⑤ 廖华《论明代书坊对戏曲选本的意义》注意到，书坊主为帮助读者练习演唱，会在戏曲选本中添加音韵、点板。⑥ 汪燕岗《雕版印刷业与明代通俗小说的出版》则认为，在明代建阳通俗小说"上图下文"的版式中，上面的插图占空间很大，为节省篇幅、降低成本，下面的文字不免要简省一些。如《水浒传》简本，《三国志演义》乔山堂本、朱鼎臣本、黄正甫本、诚德堂本、杨美生本、忠正堂本等，文

---

① 王岚：《宋人文集编刻流传丛考》，江苏古籍出版社 2003 年版，前言第 7—8 页。

② 张仲谋：《明代书坊与词集传播》，《文献》2013 年第 1 期，第 161 页。

③ ［美］包筠雅（Cynthia J. Brokaw）：《文化贸易：清代至民国时期四堡的书籍交易》，刘永华等译，北京大学出版社 2015 年版，第 4 页。

④ 石昌渝：《通俗小说与雕版印刷》，《文史知识》2000 年第 2 期，第 28 页。

⑤ 俞为民：《明代南京书坊刊刻戏曲考述》，《艺术百家》1997 年第 4 期，第 47 页。

⑥ 廖华：《论明代书坊对戏曲选本的意义》，《戏曲艺术》2016 年第 1 期，第 72 页。

字都很简略。① 包筠雅亦指出，不少清代四堡坊刻本或是在小开本版面内尽量增加文本内容，或是为文本提供断句，或是以通俗易懂的语言解释相对艰深的文字。②

在作品的出版阶段，关于特定时期的出版水平对作品面貌产生影响这一方面，石昌渝认为，元刊通俗小说的体制与当时的印刷出版水平直接相关。如至治年间福建建安虞氏刊刻的《三国志平话》叙事比较简略，然"叙述简略不是作者的文字能力有问题，多半是为了节省篇幅"，"《三国志平话》叙事简略受了篇幅的限制，这种限制是由印刷装订的条件决定的"③。至于特定地域的出版风格产生的影响，汪燕岗《论清代佛山雕版印刷下通俗小说的出版》提出，清代佛山书坊不少刻工来自顺德县马冈村，马冈刻工有不少为女性，其刊刻质量良莠不齐，文字讹误时有出现。④

再就出版参与塑造文学史进程的宏观层面而言，关于出版续写前代作家作品的接受史，并使其文学史地位有所改变这一方面，张高评《杜集刊行与宋诗宗风——兼论印本文化与宋诗特色》提出，在唐人编纂的诗歌总集中，杜甫诗远不如李白诗受重视尊崇。五代时期，杜集仍"集无定卷，人自编摭"。北宋文人对杜诗展开搜罗、辑佚、考订、编纂，并刊印为杜集定本。以此为基础，南宋文人又对杜诗加以编年、分类、集注、评点、解读。印本杜集在文人中迅速传播，崇杜学杜诗风亦愈发兴盛。可以说，"'诗圣'的桂冠，'诗史'的美称，'集大成'的推崇，是宋人赋予杜甫的荣宠，拥有

① 汪燕岗：《雕版印刷业与明代通俗小说的出版》，《学术研究》2009 年第 9 期，第 140 页。

② ［美］包筠雅：《文化贸易：清代至民国时期四堡的书籍交易》，刘永华等译，第 365—369 页。

③ 石昌渝：《通俗小说与雕版印刷》，第 24 页。

④ 汪燕岗：《论清代佛山雕版印刷下通俗小说的出版》，《四川师范大学学报》（社会科学版）2017 年第 2 期，第 110 页。

文学史上至高无上的地位"①。张锦辉《宋代雕版印刷与文学传播研究》认为，金代元好问之所以提出"杜诗学"，主要亦在于宋代出现了"千家注杜"和诸多杜诗版本。②

至于出版促进文体发展与演进这一方面，朱迎平专著《宋代刻书产业与文学》提出，由于宋代刻书业繁荣，书籍大都有序文，有的还有多篇，这就使序文数量急剧扩大，文坛领袖、著名学者都成为作序专家。刻书产业的繁盛，直接刺激、促进了序跋文体的成熟和发展。③季品锋《印刷术与词体演进关系初探》认为，词集刻本的大量涌现，引起了词主流传播媒介的根本转变，即从以歌妓为主转向以文本为主。这又影响了词创作者的创作目的与受众的审美倾向，从而使词体逐渐摆脱音乐束缚，向纯文学推进。"两宋兴起的印刷术，是推动词体演进的不容忽视的外力之一。"④涂秀虹《明代讲史小说文体的兴盛与建阳刻书的关系》则提出，明代建阳书坊刊刻了诸多版本的《三国志演义》《水浒传》以及多种讲史小说。由于建阳是全国的刻书中心之一，并且交通便利，建立了稳定的销售传播渠道，因此建阳刊本讲史小说得到了广泛传播，从而促进了讲史小说的文体兴盛。⑤廖华《论明代书坊对传奇体制的影响》认为，明代富春堂等书坊聘请的文人以读者需求为标准改编戏曲，使剧本适合案头阅读，分卷、分出、开场、下场诗等传奇体制由此得到规范。⑥

---

①　张高评：《杜集刊行与宋诗宗风——兼论印本文化与宋诗特色》，《中国中世文学研究论集》，上海古籍出版社2006年版，第579页。

②　张锦辉：《宋代雕版印刷与文学传播研究》，硕士学位论文，陕西师范大学，2011年，第33页。

③　朱迎平：《宋代刻书产业与文学》，上海古籍出版社2008年版，第195—199页。

④　季品锋：《印刷术与词体演进关系初探》，硕士学位论文，苏州大学，2003年，摘要第1页。

⑤　涂秀虹：《明代讲史小说文体的兴盛与建阳刻书的关系》，《福建师范大学学报》（哲学社会科学版）2007年第6期，第182—187页。

⑥　廖华：《论明代书坊对传奇体制的影响》，《云南师范大学学报》（哲学社会科学版）2016年第2期，第139—145页。

关于出版使相关文学流派、文学思潮的影响得以扩展，甚至直接促成新的文学流派、文学思潮形成这一方面，朱迎平有较全面的分析。是著《宋代刻书产业与文学》认为，宋代文学流派总集的刊行，是"文学流派形成过程中一个不可或缺的环节"①。如宋初"白体""晚唐体""西昆体"的流行，皆与相应的唱和总集密不可分，总集刊行既是各体形成的一个标志，又成为各体扩大影响的必由途径；江西诗派在南渡后影响急剧扩大，亦与《江西诗派》总集的刊行密切相关；陈宅书籍铺刊行《四灵诗选》，亦对扩大"四灵诗派"影响起到了极好效果。而《江湖集》的编刊，更直接促成了"江湖诗派"的形成。内山精也亦指出，"我们从陈起身上看到一种新姿态的开端：曾经深处印刷文化之后台的书肆，成为有能力的组织者而活跃起来，去制造出新的潮流"②。

最后，就文学对出版业发展的作用而言，文学风潮促进出版业热点形成，主要表现在以下几个方面。

其一，作者本人受同时期风行的文学流派、文学思潮影响，因此展开相应的编选创作，并谋求付梓。这在诗文领域尤为明显。吴冠文《论六朝诗歌的批评与整理在明代中期的兴盛》注意到，从刊刻于嘉靖九年（1530）前后的《选诗外编》到成于嘉靖三十六年（1557）的《诗纪》，在短短二十几年中，竟相继编刻了十多种六朝诗歌总集。其根本原因，就在于当时六朝诗歌的批评流向。③

其二，当某类题材、文体比较流行时，以开拓市场、获取利润为首要目的的书坊主，会征寻、邀请甚至乞求作者开展同类型的编选、创作，或组织周围文人进行编写，并为之出版。陈大康指出，即使杰出作家的创作，仍常含有书坊主牟利的努力。如凌濛初创作"二拍"的重要原因是书坊主尚友堂主人的央求，冯梦龙亦承认其创作《古今

---

① 朱迎平：《宋代刻书产业与文学》，第204页。

② ［日］内山精也：《宋代刻书业的发展与宋诗的近世化现象》，朱刚译，第158页。

③ 吴冠文：《论六朝诗歌的批评与整理在明代中期的兴盛》，《上海大学学报》（社会科学版）2012年第6期，第56页。

小说》是"应贾人之请"①。程国赋《明代坊刊小说稿源研究》认为，明代书坊主会组织一些有一定文学修养、科场失意的下层文人编撰小说，如万历十九年（1591）周曰校刻印《三国志传通俗演义》、万历十六年（1588）克勤斋组织编写《西汉志传》等。②

其三，如没有作者愿意就风靡题材、文体展开同类编选、创作，陷入稿荒的书坊主，还会肩负起作者的职责，亲自编选、创作，随后出版。王岚指出，宋代书坊主编选了许多名人文集范本、读本投放市场，如北宋麻沙镇坊刻本《类编增广老苏先生大全文集》、南宋刘仲吉宅刻本《类编增广黄先生大全文集》等。书坊主还在编排体例上巧设心思，将原本诗文极精细地划分为纪行、怀古、酬答、送行等各种门类。③ 书坊主的创作，则主要表现为对流行作品的模仿。陈大康《熊大木现象：古代通俗小说传播模式及其意义》指出，书坊主熊大木创作《大宋演义中兴英烈传》，即模仿了《三国志演义》收录诏旨、奏章以及引用诗词的写作手法。但其艺术功力不足，使《大宋演义中兴英烈传》中的诏旨、奏章篇幅过多，部分诗词征引牵强，令作品的小说意味变得单薄。④

其四，由于在中国古代书籍版权并无法律保护，因此很多书坊主会直接翻刻流行作品。石昌渝概括指出，在翻刻的过程中，有的书坊主会根据个人好恶，对原书进行修改；有的则为降低成本，而对原书作出删节。⑤

至于文学思潮影响出版工艺这一方面，王重民《套版印刷法起源于徽州说》较早提出，16 世纪初年杨慎、归有光、唐顺之、茅坤、李攀龙等古文大家提倡批点，促进了套版印刷法的发明，"非有

---

①　陈大康：《熊大木现象：古代通俗小说传播模式及其意义》，第 109—110 页。

②　程国赋：《明代坊刊小说稿源研究》，《文学评论》2007 年第 3 期，第 94—95 页。

③　王岚：《宋人文集编刻流传丛考》，前言第 7—8 页。

④　陈大康：《熊大木现象：古代通俗小说传播模式及其意义》，第 100 页。

⑤　石昌渝：《通俗小说与雕版印刷》，第 29 页。

套印法，不能在书本上表现出批点的精神和神旨"①。黄永年专著
《古籍版本学》则认为，明正德至隆庆年间版刻风格"起了一次大
变化"，"字体由前此的赵体突然改换成整齐的欧体，而版式也由前
此的大黑口变成了白口"②，造成这一变化的主要原因就在于弘治至
隆庆年间前后七子的文学复古运动。复古运动要求文人们多读古书，
而古书大多需要翻刻，翻刻自然会取材于校勘比较精良的南宋浙本，
因此在字体和版式上也就受到南宋浙本影响。董洪利主编《古典文
献学基础》、缪咏禾专著《中国出版通史·明代卷》亦皆持此说。③

　　篇幅所限，以上仅梳理了学界关于中国古代出版与文学关系的
研究中，提出时间较早，论述较全面、深入，影响较广泛的代表性
成果。④ 不难发现，在这些成果中，对宋代出版与文学关系的研究数

---

　　①　王重民：《套版印刷法起源于徽州说》，《中国印刷史料选辑》之一《雕版印
刷源流》，印刷工业出版社 1990 年版，第 454 页。按，是文最初发表于《安徽历史学
报》创刊号（1957 年，第 31—38 页）。

　　②　黄永年：《古籍版本学》，江苏教育出版社 2005 年版，第 127 页。

　　③　董洪利主编《古典文献学基础》："嘉靖至万历时期，除司礼监刻本外，其他
官私刻书，一变为白口、方字、仿宋。这与当时文学上李梦阳、李攀龙等前后七子大
力提倡复古运动有极大关系……于是文追秦汉、诗复盛唐、刻书则仿赵宋。"（北京大
学出版社 2008 年版，第 96 页）缪咏禾《中国出版通史·明代卷》："明后期，在文学
复古运动风气中，版刻字体也受到影响，追求宋代的风格。"（中国书籍出版社 2008 年
版，第 264 页）

　　④　按，关于中国古代出版与文学关系，学界还有很多研究成果。比如，关于明
代书坊主干预通俗小说面貌这一点，在上文所述之外，已有研究还有董伟峰、宋莉莉
《建阳坊刻业与明中后叶通俗小说的发展》（《出版与印刷》2001 年第 3 期，第 70—72
页），齐裕焜《明代建阳坊刻通俗小说评析》[《福建师范大学学报》（哲学社会科学
版）2006 年第 1 期，第 104—109 页]，姬志香《明代书坊刊印通俗小说研究》（硕士
学位论文，河南大学，2007 年），王莉《明代中后期南京坊刻插图本通俗小说考述》
（《明清小说研究》2008 年第 1 期，第 64—69 页），余闿《明代后期坊刻通俗小说述
略》[《陕西师范大学学报》（哲学社会科学版）2009 年第 38 卷，第 269—273 页]，朱
燕、徐宝丰《坊刻的传播方略：以〈西游记〉为中心》（《河北学刊》2010 年第 5 期，
第 171—174 页），等等。然而，这些研究的主要观点，并未超出坊刻本图文并茂、增
添评点注释、书坊主校勘不精等方面。为避免行文甚繁、详略失当，笔者未将这些研
究列入正文。对于其他方面的研究成果，亦是如此处理。

量最多，明代次之，元代、清代又次之，辽代、金代最少。

具体观之，对宋代这一问题的研究，内容全面、角度多元，既涉及书籍出版对北宋作家个人创作的影响，亦论及文集刊刻对南宋文学流派形成的作用；既探讨了印刷文明对宋诗特色形成的影响，亦考察了出版在宋词演进过程中的作用；既勾勒了书坊主编刻选本的图景，亦有对官府、家庭出版文集特点的分析。从各角度展开的研究比重大体相当，比较均衡。

与宋代全面、多元、均衡的研究截然不同，关于明代出版与文学关系的研究成果虽多，但基本上聚焦于一点，即对明中后期书坊出版与小说、戏曲之间关系的考察。另有少数研究，涉及明中后期书坊出版与词集关系，以及文学复古运动对出版热点形成、出版工艺演变的作用。至于明前期出版与文学的关系，官府、家庭等出版者的行为对文学的影响，出版对诗文作品创作、流派形成、体裁演进的作用等问题，都鲜有相关研究。

对元代、清代出版与文学关系的研究，数量较明代更少，内容则更为集中，几乎全部是对书坊出版与小说、戏曲之间关系的研究。辽代、金代的相关研究，则近乎空白。

概言之，目前学界对自宋至清历朝出版与文学关系问题的研究格局，主要有三个特点：对宋代出版与文学关系研究的整体水平，远胜对辽、金、元、明、清各朝这一问题的研究；对辽、金这一问题的研究最少；对元、明、清出版与文学关系的研究，绝大多数为书坊出版与小说、戏曲之间关系的研究。

这一研究格局的形成有其原因。出现第一个特点，主要在于宋代是中国古代第一个广泛使用印刷术的时期，具有标志性意义。尽管雕版印刷术在唐中期以前即已发明，[①] 但在唐、五代时期，其主要

---

① 关于雕版印刷术的发明时间，长期以来聚讼纷纭。1966 年，在韩国庆州佛国寺释迦塔内发现汉字译本《无垢净光大陀罗尼经咒》。据美国学者富路特（L. C. Goodrich）考证，此为唐武周长安四年（704）至玄宗天宝十载（751）之间的刻印品。如此，则雕版印刷术当发明于唐代中期以前。

是用于佛经、字书、历书等，尚未普及，现存唐、五代印刷品的数量亦极罕。进入宋代，雕版印刷术才开始得到广泛使用，中国古代方自"抄本时代"转型为"刻本时代"①。因此不少学者认为，尽管明清时期出版繁盛，然宋代的出版情况"更值得考察"。如内山精也云，"明末至清代的出版繁荣之局面，不过是在量的方面显示了发展的形态……唐与宋之间却确实存在着一次飞跃"，"比起版本作为各种知识、信息的供给源泉而稳定地发挥其巨大社会功能的明清时代来，其获得普及不久的宋代是更值得深入考察的"②。

此外，研究宋代出版与文学关系问题，还具有较强的可操作性。由于宋代在中国印刷史上的独特地位以及宋刻本极高的文物价值，从学术界到收藏界，对于宋刻本都是至为珍视。当前，绝大多数海内外现存宋刻本都有丛书影印或数据库收录全文，③ 方便易得。新近发现的宋刻本信息，也会通过新闻报道、拍卖图录等，很快为学界甚至社会各界所知。④ 现存宋刻本的总数，又比较稀少。因此，研究

---

① 需要说明的是，在雕版印刷术得到广泛使用的"刻本时代"，抄本仍然大量存在。如朱国祯《涌幢小品》卷2"秘书"引明万历初年沈懋孝记载，即云"中秘书在文渊之署，约二万余部、近百万卷，刻本十三，抄本十七"（中华书局1959年点校本，第36页）。

② ［日］内山精也：《宋代刻书业的发展与宋诗的近世化现象》，朱刚译，第125页。

③ 主要丛书，有《中华再造善本·唐宋编》《国学基本典籍丛刊》《日本宫内厅书陵部藏宋元版汉籍影印丛书》《美国图书馆藏宋元版汉籍图录》等。数据库，有"中华古籍资源库""宋人文集""东京大学东洋文化研究所汉籍全文影像数据库"等。

④ 比如，2006年11月24日，德宝公司拍卖民间藏宋刻本刘克庄《南岳稿》，最终以四百万元落锤。此本未见于《中国古籍善本书目》等目录，当为宋刻孤本。《南岳稿》在拍卖之前，即得到《北京青年报》《藏书报》《文物报》等媒体的广泛报道，并在中国国家图书馆公开预展。成交以后，相关报道还有赵前《宋刻〈南岳稿〉》[《人民日报》（海外版）2007年7月16日]、程有庆《〈南岳旧稿〉追忆》（《藏书家》第12辑，齐鲁书社2007年版，第56—63页）、陈东《宋刻本〈南岳稿〉上拍小记》（《藏书家》第14辑，齐鲁书社2008年版，第79—85页）等。其后，侯体健专著《刘克庄的文学世界——晚宋文学生态的一种考察》第五章"刻书和编集：文学新变与作品传播"中，即用到了关于《南岳稿》的报道和首叶书影（复旦大学出版社2013年版，第247—248页）。

者能够用相对较少的时间，较好地掌握绝大部分现存宋版信息。另外，《全宋诗》《全宋词》《全宋文》《全宋笔记》等皆已出版，更有数据库"全宋诗分析系统"等可供检索。有此基础，无论探讨作家个人、文学流派创作特点，还是考察文体发展、演进过程，都比较便捷。

诚然，宋代在中国印刷史上具有标志性意义，然宋代以后，雕版印刷术持续发展、活字印刷术亦不断普及，出版对社会生活方方面面的影响更为显著。因此，辽、金、元、明、清各朝出版与文学之间的关系，同样值得研究。

然而就辽、金而言，现存相关史料严重不足，制约了出版与文学关系研究的全面、深入开展，这也是形成第二个特点的主要原因。就辽代而言，一方面，由于辽时书禁政策严格①、压制民间出版②等原因，现存辽刻很少。学界需要不断根据新发现的辽刻本，来逐步推进对辽代出版业的认识。③ 另一方面，传世的辽代文学作品甚罕。以诗歌为例，现存辽诗只有七十余首。④ 因此，目前还鲜有关于辽代出版与文学关系的研究。

相比辽代，现存金刻本较多，学界对金代出版业特点亦有比较

---

① 如沈括《梦溪笔谈》即云，辽时"书禁甚严，传入中国者法皆死"〔（宋）沈括著，胡道静校证：《梦溪笔谈校证》，上海古籍出版社 1987 年版，第 513 页〕。按，关于辽时书禁，刘浦江《文化的边界——两宋与辽金之间的书禁及书籍流通》（载张希清等主编《10—13 世纪中国文化的碰撞与融合》，上海人民出版社 2006 年版，第 138—163 页）有详细讨论。亦可参阅施国新《辽代的图书出版与书籍传播诸问题论析》（《理论月刊》2014 年第 6 期，第 74—76 页）。

② 如《辽史·道宗本纪》即载，"（道宗清宁十年十月）戊午，禁民私刊印文字"（中华书局 1974 年点校本，第 264 页）。

③ 截至目前，辽刻的集中发现主要有三次，分别在山西应县木塔、河北天宫寺塔、内蒙古庆州白塔。主要研究成果，有郑恩淮《应县木塔所发现的北京早期印刷品》（《文献》1988 年第 1 期，第 215—219 页），杜成辉《从应县木塔秘藏题记看辽代的雕刻印刷业》（《北方文物》2011 年第 2 期，第 70—74 页），王珊、李晓岑等《辽代庆州白塔佛经用纸与印刷的初步研究》（《文物》2019 年第 2 期，第 76—93、96 页），等等。

④ 袁行霈主编：《中国文学史》第 3 卷，第 225 页。

充分的研究。① 金代出版与文学关系的研究较少，主要在于文学史料不足。以别集为例，《现存宋人别集版本目录》凡著录宋代文人 741 家，皆有别集流传至今（包括后人辑本）②；《中国古籍善本书目》著录的全部金代别集，只来自王寂、赵秉文、王若虚、李俊民、丘处机、元好问、谭处端七家。③ 文学史料的不足，制约了学界对金代文学的全面研究和整体把握。④ 因此，关于金代出版与文学关系的研究同样很少。

与辽、金截然不同，现存元刻比较丰富，明、清刻本更是卷帙浩繁，数量、种类皆远多于宋版；就文学史料而言，在小说、戏曲之外，元、明、清时期诗、文等体裁的作品也相当多。如《全元诗》凡收录五千余位诗人的作品 13 万余首⑤，明、清时期就更不待言。且《全元文》《全明词》《清文海》等都已出版，这又为研究开展提供了便利。已有研究却基本集中于元、明、清书坊出版与小说、戏曲之间关系这一点，并未形成如宋代一般全面的研究格局，原因何在？

笔者认为，原因主要有三。其一，是受到元、明、清文学研究界偏重小说、戏曲的风气影响。长期以来，小说、戏曲占据着元、明、清文学研究的中心，诗、文等文体则居于边缘。比如在 1949—1989 年这四十年间，学界研究明代"开国文臣之首"宋濂的散文创

---

① 主要研究成果，有张承宗《金代刻书中心平水考辨》[《苏州大学学报》（哲学社会科学版）1982 年第 2 期，第 106—107 页]、孙丽军《金代的图书事业》（《图书馆建设》2003 年第 1 期，第 105—107 页）、李西亚《金代图书出版研究》（博士学位论文，吉林大学，2011 年），等等。

② 四川大学古籍整理研究所：《现存宋人别集版本目录》，巴蜀书社 1990 年版，编例第 1 页。

③ 《中国古籍善本书目（集部）》上册，上海古籍出版社 1996 年版，第 419—424 页。

④ 如葛兆光即认为，"由于前人的不重视造成资料的缺乏，我们对于辽金文学的了解其实是很有限"（章培恒主编：《中国文学史》中卷，复旦大学出版社 2004 年版，第 306 页）。

⑤ 杨镰主编：《全元诗》第 1 册，中华书局 2013 年版，前言第 3 页。

作成就的论文只有二篇，且出自同一作者，而关于话本小说集"三言"的论文至少有八十余篇。① 1999 年吴承学、曹虹、蒋寅"明清诗文研究三人谈"亦指出，"研究（明清）诗文的论著总数还不够《红楼梦》研究的三分之一"②。近年来，元、明、清诗文研究取得了很多重要进展，但仍难与小说、戏曲研究比肩。在这样的研究风尚下，治元、明、清时期出版与文学关系的研究者，自然会倾向于选择小说、戏曲，做进一步探讨。

其二，是受到印刷史、版本学界偏重具有技术色彩的刻本的风尚影响。目前学界对活字刻本，以及使用了饾版、拱花、套印等技术或带有插图的雕版刻本有充分研究，对未使用这些技术的"普通刻本"研究很少。书坊出版的小说、戏曲作品多采用上述技术，且有丰富插图，技术色彩浓郁。诗文作品使用这些技术相对较少，插图也为数不多。这亦促使治元、明、清时期出版与文学关系的研究者选择书坊出版的小说、戏曲作品，展开深入讨论。

其三，是受到海外书籍史、阅读史研究偏重商业出版的风尚影响。近二三十年来，西方书籍史、阅读史理论逐渐引入我国，③ 引起学人重视。其中，由罗伯特·达恩顿（Robert Darnton）提出，强调

---

① 此为笔者据王锟、金晓刚《百年宋濂研究平议》（《浙江社会科学》2015 年第 8 期，第 107—115 页），以及王立言、人民《三言二拍研究综述（上）》（《中国文学研究》1992 年第 4 期，第 48—54 页）、《三言二拍研究综述（下）》（《中国文学研究》1993 年第 1 期，第 39—44 页）所做统计。

② 吴承学、曹虹、蒋寅：《一个期待关注的学术领域——明清诗文研究三人谈》，《文学遗产》1999 年第 4 期，第 8 页。

③ 李长声《书·读书·读书史》（《读书》1993 年第 6 期，第 136—141 页）、彭俊玲《国外对印刷文字与书籍史的研究新动向》（《大学图书馆学报》1995 年第 5 期，第 63 页），以及夏李南、张明辉《欧美学术界兴起书籍史研究热潮的背景、方向及最新进展》（《大学图书情报学刊》1997 年第 2 期，第 38—39 页）等，是我国较早介绍西方书籍史、阅读史理论的论者。近年来，相关研究不断深入，如〔法〕费夫贺（Lucien Febvre）、〔法〕马尔坦（Henri - Jean Martin）《印刷书的诞生》，〔英〕戴维·芬克尔斯坦（David Finkelstein）、〔英〕阿利斯泰尔·麦克利里（Alistair McCleery）《书史导论》等书籍史、阅读史领域重要著作，皆已翻译出版。

书籍生产、发行、消费等环节的"交流循环"（Communication Circuit）理论，① 更是影响深远。而在中国古代的出版活动中，最贴近"交流循环"模式、商业色彩最浓的，就是书坊出版。这就让书坊更加吸引研究者的目光。②

此外，研究书坊出版与小说、戏曲之间关系，亦具有较强的可操作性。书坊刻本多有牌记、序跋，用来宣传自己、招徕读者。利用这些牌记、序跋，研究者即可高效掌握书坊出版了哪些作品。目前学界对元、明、清时期各地书坊的出版情况，已有较丰富的梳理和研究，③ 这也为治书坊出版与小说、戏曲关系的研究者提供了参考。

然而问题在于，诗、文等文体长期居于元、明、清文学研究的边缘，并不是因为这些诗文本身没有价值、不值得研究。这一风尚的形成，其实在很大程度上是由于民国、新中国成立初期的文人学者热情赞颂元、明、清小说、戏曲，而猛烈批评、否定这一时期的

---

①　达恩顿的"交流循环"，可以简要描述为"一种从作者到出版社、印刷厂、运输商、书商、读者的传播循环"（［美］罗伯特·达恩顿（Robert Darnton）：《阅读的未来》，熊祥译，中信出版社 2011 年版，第 182—183 页）。

②　如美国学者梅尔清（Tobie Meyer – Fong）即指出，"多数学者强调商业出版，这最能贴切地反应出'交流循环'现象，但同时忽略了两种在中国较重要的出版模式——官方和家族的生产"（［美］梅尔清：《印刷的世界：书籍、出版文化和中华帝国晚期的社会》，刘宗灵、鞠北平译，马钊校，《史林》2008 年第 4 期，第 3 页）。

③　以明代书坊为例，主要成果即有肖东发《建阳余氏刻书考略》（分上、中、下三篇载于《文献》，分别为 1984 年第 3 期，第 230—248 页；1984 年第 4 期，第 195—221 页；1985 年第 1 期，第 236—252 页），张秀民《中国印刷史》第一章"雕版印刷术的发明与发展"明代部分（上海人民出版社 1989 年版），戚福康《中国古代书坊研究》第四章"书坊的成熟期——明"（商务印书馆 2007 年版），陈昭珍《明代书坊之研究》（台北：花木兰文化出版社 2008 年版），吴东珩《明代中后期江南地区坊刻图书的传播研究》（硕士学位论文，华东师范大学，2010 年），官文娟《明代建阳书坊的科考用书》（硕士学位论文，福建师范大学，2010 年），涂秀虹《明代建阳书坊刊刻小说之概况》（《闽江学院学报》2014 年第 3 期，第 13—23 页），施建平《明代苏州书坊出版研究》［《淮海工学院学报》（人文社会科学版）2015 年第 9 期，第 76—80 页］，杨军、杨华林《论明代江南民间书坊的勃兴及其社会意蕴》（《出版科学》2016 年第 5 期，第 111—115 页），等等。

诗文。比如民国年间胡适《白话文学史》认为，相比李梦阳、何景明"假古董的古文"，《水浒传》《金瓶梅》等小说才能"代表时代"①；新中国成立初期的文学史教材亦云，明清小说、戏曲"和人民大众有着血肉的联系"，而诗文"远离了人民大众的生活，不能反映现实，不能战斗"②；等等。

这些批评与否定深刻影响着后之研究者的判断与选择，直至今天。但我们应看到，这些评判实带有强烈的主观目的，背离了元、明、清文学创作的历史真实。比如胡适认为不能代表明代的李梦阳、何景明，实为明前期文学复古运动领袖，对明代文坛影响极为深远。袁袠云，"弘治间，李公梦阳以命世之雄材，洞视元古……乃与姑苏徐祯卿、信阳何景明作为古文辞，以荡涤南宋胡元之陋，而后学者有所准裁"③。万历年间官拜首辅的张四维，明言"弘治间，北地李先生献吉始以唐风为天下倡，一时人士宗之，文体一振焉"④；"离经叛道"的晚明思想家李贽，亦盛赞"人之敬服空同先生者，岂减于阳明先生哉"⑤；等等。实际上在元、明、清时期，文人士大夫用来表达审美趣味、思想情感、人生追求的主要文学形式仍是诗文，而非小说、戏曲。通过诗文，才能更真切地感知当时文人士大夫的精神世界。诗文反映出的元、明、清社会生活，亦远比小说、戏曲真实、广泛。

饾版、拱花、套印、插图本，展示了中国古代精湛的出版技术，是以印刷史、版本学界皆偏重于此。但问题是，有技术色彩的刻本

① 胡适：《白话文学史》（上），新月书店1928年版，引子第4页。
② 北京大学中文系文学专门化1955级编：《中国文学史》（下册），人民文学出版社1958年版，第513页。
③ （明）袁袠：《李空同先生传》，载（明）李梦阳著，郝润华校笺《李梦阳集校笺》，中华书局2019年版，第2071页。
④ （明）张四维：《诗纪序》，载（明）冯惟讷《诗纪》，北京大学图书馆藏明万历年间吴琯刻本。
⑤ （明）李贽：《李温陵集》卷6《与管登之书》，《四库全书存目丛书》集部第126册，齐鲁书社1997年影印明刻本，第236页。

只是少数。在中国古代的出版物中，更多的还是没有使用饾版等技术的雕版刻本。与此相类，在书坊之外，中国古代还有官府、家庭等其他出版主体。与西方社会显著不同，中国古代很多出版行为的核心目的并非获利，而是追求声名、馈赠官员等，因此很多刻本亦无明显的商品属性。对这些没有浓郁技术色彩、商业色彩的刻本展开深入研究，才能更全面地把握中国古代的出版情况。

更重要的一点是，古籍资源不可再生。若不及时对现存古籍展开研究，待其散佚之后，便成无法弥补之憾。早在清代，"佞宋主人"黄丕烈即因此而注重对明刻的研究："余于宋元刻本讲之素矣，近日反留心明刻。非降而下之，宋元板尚有讲求之人，前人言之，后人知之，接受源流，昭然若睹。若明刻，人不甚贵，及今不讲明而切究之，恐渐灭殆尽，反不如宋元之时代虽远，声名益著也。"① 民国年间，顾颉刚更大声疾呼："予居北平久，每感其地所藏明清史料之富……惟我学界中人，若对此丰富之遗物犹复漠不关心，无一二人焉立志搜辑而研究之，以为后学者之倡，则真绝望矣，百代之下将永以此谴吾侪矣。"② 所以，相比已得到充分研究的活字本、套印本、插图本等，对"普通刻本"的考察实更为紧迫。

因此，本书对出版与文学关系的研究，会以诗文作品与未使用饾版、拱花等技术的雕版刻本为主要研究对象。不仅考察书坊主，更关注皇帝、太子、藩府、官僚士大夫等出版主体的实践。研究对象的时间范围，则在元、明、清三朝中选择。

元、明、清历时六百三十余年，其间政权数次更替，在国家地缘格局、政治制度、经济政策、意识形态、社会组织等层面，皆有多次深刻变革发生。因此，有必要在这个六百余年的历史时期中，选择一个相对独立的、主要表现为"连续"而非"变革"的历史单

---

① （清）黄丕烈："跋"，载（唐）陈子昂《子昂集》，中国国家图书馆藏明嘉靖四十四年王廷相刻本。

② 顾颉刚：《明代敕撰书考序》，载李晋华《明代敕撰书考附引得》，哈佛燕京学社 1932 年版，顾序第 1 页。

元展开出版与文学关系研究，以免将出版、文学间的相互作用，与政治、经济、意识形态等领域变化对出版、文学造成的影响相混淆。

自元至清，具有明显变革意义、可以作为历史界线的时间，主要有元明之际、明中期、明清之际、清中期。① 在这些界线划分出的几个相对连续的历史时段中，笔者选择明前期，具体为洪武、建文、永乐年间（1368—1424）作为本次研究的时间断限，主要有以下原因。

就这一时期的自身特点而言，现存洪武至永乐年间刻本普遍为"普通刻本"，此时出版的文学作品大都是诗文作品。这一时期的出版主体囊括了多种类型，从明太祖、明成祖，到太子朱高炽，周藩朱橚、宁藩朱权等藩王，再到官僚士大夫、普通文人、书坊主，俱有出版实践。以上三点，与木次研究意旨丝丝入扣。

再就已有研究而言，目前学界对明前期，尤其是洪武至永乐年间出版的研究，可以说是最薄弱的。比如，既有学者提出这一时期出版繁荣，如李致忠云，明代洪武时免除书籍税"对刻书事业无疑是个极大的刺激和解放"，"书籍的雕印出版也很快发展起来"②；亦有观点认为此时出版萧条，如日本学者井上进即以"穷匮"形容洪武至天顺年间的出版业，将这一阶段称作"出版之冬"③；等等。这些相互矛盾的观点，充分说明目前对明前期出版的研究还不够全面、深入。

洪、永年间出版的诗文作品，既有活动于此时期的文人之作，如高启诗、宋濂文等，亦有前代作品，如傅若金诗、欧阳修文等。

---

① 按，持"宋元变革论""明中期变革论""宋元明过渡论"的学者大多认为，元明之际的主要表现为"连续"而非"变革"。李新峰《论元明之间的变革》从政治、经济、社会、文化等多个领域展开论述，认为"元明之间发生了比两宋、宋元、明清之间更加全面、深刻的变革"（《古代中国》2010 年第 4 期，第 83 页），笔者认同此说。

② 李致忠：《明代刻书述略》，《文史》第 23 辑，中华书局 1984 年版，第 129—130 页。

③ ［日］井上进：《中国出版文化史》，李俄宪译，华中师范大学出版社 2015 年版，第 119—120 页。

对于这一时期的诗文创作，已有研究同样存在抵牾之处。比如，目前学界在大多认为明前期是中国文学史上"相当漫长的衰微冷落的时期"①的同时，又普遍给予这一时期的少数作家、作品、文学流派很高的文学史地位。如洪武七年（1374）去世的高启被誉为"明代第一诗人"②；开国初期的显赫文臣宋濂，被看作明前期甚至整个明代的散文家代表；③成书于洪武年间的高棅《唐诗品汇》，是明代传播最广、影响最深的唐诗选本之一；以林鸿为领袖、活跃于明初的闽中诗派，被视为明代文学复古运动的先声；等等。整体评价之低与个案评价之高，形成强烈反差。

但问题是，明前期文学创作整体，就是由高启、宋濂、《唐诗品汇》、闽中诗派等个案构成的。由此可知，学界对此时期整体评价之低实有失公允。然而，受既有评价影响，当前研究者们对洪武至永乐年间文学创作的考察，愈发集中于高启、宋濂等几个散点，愈少从线上、面上对明前期文学创作整体情况予以关注。另外，就这一时期重要作家、作品、文学流派而言，考之已有研究，从作家创作实际到文学史地位的形成，很多重要问题同样有待更深入的讨论。

洪、永年间前代作品的出版，亦存在进一步研究的空间。比如，欧阳修集在洪武、建文年间于不同地区数次出版，永乐年间复由时为太子的朱高炽主持刊行。统治阶级、书坊等不同主体纷纷出版欧集的原因、欧集的多次刊刻对当时文坛的影响等问题，都值得深入探究，然已有研究对此俱少论及。

---

① 章培恒主编：《中国文学史》下卷，复旦大学出版社 2004 年版，第 200 页。

② 如徐朔方、孙秋克《明代文学史》即云，高启"博学多才而诗名甚高，为吴中四杰之首，也是为人公认的明代第一诗人"（浙江大学出版社 2006 年版，第 7 页），等等。关于明代以来文人学者对高启诗歌成就、文学史地位的评价，本书第四章第一节有详细讨论。

③ 如杨荫深《中国文学史大纲》即云，"明代散文作家，即如上述，举宋濂、刘基、归有光三家以为代表"（商务印书馆 1947 年版，第 395 页），等等。

因此，本书选择明洪武至永乐年间这一时段展开对出版与文学关系的研究，以期有所发现、收获新知。

三　本书思路

要研究明洪武至永乐年间出版与文学关系，必先对这一时期书籍出版的整体情况以及出版业特点做进一步探讨。为此，笔者首先尽可能多地搜辑洪武至永乐年间的书籍版刻信息。本书提出的"版刻信息"概念，是指从现存古籍原书、相关史料、书志目录等材料中提取出的一部书籍曾经出版的信息，包括"现存版刻信息""已佚版刻信息"二种。

先来看现存版刻信息。比如，中国国家图书馆今藏明太祖朱元璋《大诰续编》一卷。该本末有牌记，其中提到"提调翻刻太原府知府张景哲"。同时考察此本内容以及版式、字体特征，可以确定此本《大诰续编》为洪武年间太原府翻刻本。进而考之成化《山西通志》可知张景哲任官太原知府时间，再结合《大诰续编》成书时间，可以确定此本于洪武二十年完成刊刻。① 这样综合古籍原书、相关史料，最终可提取出"明洪武二十年，太原府翻刻《大诰续编》一卷"的版刻信息。

本书对现存版刻信息的搜辑，分两个环节开展。第一步，从重要的古籍目录、题跋、数据库中钩稽相关著录，将其汇总、归并，构成材料基础。第二步，对归并后的已有著录加以考辨，再从中提取版刻信息。

为尽可能多地搜辑洪武、建文、永乐年间现存版本，笔者查考了《中国古籍善本书目》、"全国古籍普查登记基本数据库""日本

---

① 本书第二章第三节中，有对太原府翻刻《大诰续编》用时、工作方式等问题的详细考证。

所藏中文古籍数据库"等海内外馆藏古籍书目、数据库，韦力《芷兰斋书跋》等藏书家古籍题跋，以及姜寻《中国拍卖古籍文献目录（1993—2000）》等古籍拍卖目录、资讯。笔者在第一章第一节中，列出了此次查考的全部书目、数据库、题跋、资讯，并于附录中简述了这些资料的基本信息以及选取它们的原因，谨供读者参阅。

钩稽全部著录之后，笔者再根据著录信息，将属于同一版古籍的不同印本的条目归并为一。这样做是因为，本书关注的出版行为，包括刻版、刷印两项工作，二者缺一不可。保存于不同单位的、同一版古籍的多个印本，在馆藏目录中呈现为不同条目，然对本书而言，它们不会带来新的书籍出版信息，因此将其归并。

完成归并之后，还不能直接提取版刻信息。原因在于，已有的古籍著录浩繁，其中难免存在错讹之处。因此，在汇集已有著录的基础上，还要对其加以考辨。得益于古籍整理特别是古籍数字化事业飞速发展，笔者充分利用了《四库全书存目丛书》等古籍影印丛书、"中华古籍资源库"等古籍影像数据库，同时广泛借阅了中国国家图书馆、北京大学图书馆等重点古籍收藏单位的藏书，尽可能多地查核了书目、数据库所著录古籍的原书书影。① 以原书书影为据，对已有著录的书名、作者、卷数、版本等诸项信息一一加以核查，从而尽可能多地修订、补充、完善已有著录。

---

① 近年来，陈正宏等学者提出了"实物版本学"这一概念并强调其意义。笔者亦认同其重要性，这里想要略作补充、略述己意的是，"实物"并不等于"实地"。对于一部分书籍，借助古籍影印丛书、古籍影像数据库，即使足不出户，也可以完成实物版本学"确定此书在何时、何地由何人制作而成，其制作过程如何"（李开升：《明嘉靖刻本研究》，中西书局2019年版，第19页）的任务，有时还可以做得更好。原因在于，当前古籍收藏单位出于保护古籍的需要，大多仅向读者出借缩微胶片、光盘，而不提供原书。即使提供原书，书籍也多已经过改装、修复，并非原本装帧。且读者为避免污损古籍，通常不敢离书叶太近。还有一些单位每次仅向读者出借一部馆藏古籍，读者阅毕归还方可调阅下一部，这样就无法实现馆藏古籍的对勘。而利用古籍影印丛书、数据库，读者不仅省却了交通出行、进馆安检、办理借阅手续、等待古籍提取的时间，还可以轻松实现古籍对勘。对于数据库收录的古籍书影，更可尽情地放大图像、局部截图，从而更加仔细地考察其版式风格、刻书字体等。

在书名、作者等各项已有著录中，存在问题最多的，是版本项的著录。首先从整体上看，已有著录普遍存在进一步精确的空间。一方面，对于书目、数据库著录为某一年刻本的版本，可以将此年份再进行细化；另一方面，对于一些模糊著录为"明初刻本""明刻本"的版本，亦可对其刊刻时间做出进一步推断。再就具体情况而言，一些已有著录还存在错误。

在查阅大量书影之后，笔者发现，已有著录中绝大多数明确年份，都是来自古籍中的牌记或首尾序跋的末题。古籍牌记与现当代出版物的版权页相似，牌记时间多可等同于"刊刻时间"。然而，并非所有序跋都是在书籍付梓之际写就的。有些序跋中明确提到了作品即将出版，而有些未言及此。在后一种情况下，序跋末题时间与刊刻时间，其实是存在一定距离的。

因此在本次研究中，对于书目、数据库著录为洪武、建文、永乐某年的刻本，笔者广泛调阅书影，细读其牌记、序跋，进而将已有著录中的明确年份，进一步细化为"成书时间""作序时间"或"刊刻时间"①。若明确年份为成书时间、作序时间，则该版本开始刊刻的时间实在此之后。这样划分为已有著录所俱无，② 是笔者的一次尝试。相信此举，会让我们对已有刻本的理解与当时书籍出版实际更为接近。

---

① 需要说明的是，笔者划定的"成书时间""作序时间"俱为动作"完成时"，"刊刻时间"则包括了"刊刻完成时间"与"开始刊刻时间"两种情况在内。读者据本书附录提供的牌记、序跋等项原文，即可判断各刊刻时间的具体情况。各版本的刊刻用时（亦即"开始刊刻时间"与"刊刻完成时间"的间隔），需具体问题具体分析。不过据笔者考察，在洪武至永乐年间，多数书籍的刊刻用时是超过一年的（本书第二章对此有详细讨论）。

② 其实，版本目录学界早已注意到此。如据沈津回忆，潘景郑、瞿凤起等前辈即将一部著录为万历二十七年的刻本改为万历刻本："比如卡片上原来写'明万历二十七年刻本'，为什么'二十七年'要删去呢？因为序虽然是万历二十七年作的，但序文里并没有明确说这部书是在这一年刊刻的，缺乏明确的依据，所以只能表述为'明万历刻本'。"（何朝晖：《著名版本目录学家沈津谈上海图书馆旧事》，《澎湃新闻·上海书评》2017 年 3 月 19 日）然在目前的书目、数据库中，类似"万历二十七年刻本"的著录还有很多，且这些著录皆无"万历二十七年为作序时间"一类的说明。

　　模糊著录为"明初刻本""明刻本"的版本，通常是既无牌记，又无序跋。笔者认为，模糊著录固然是一种审慎的做法，但它也影响了版本学研究的深化。推断出没有牌记、序跋的版本的大体刊刻时间，无疑是既有意义，又富有挑战性的工作。因此在本书中，笔者亦通过考察此类版本的刻工姓名、作者信息、书中内容等因素，结合相关史料，再辅以对其版式行款、字体风格等外部特征的分析，从而对一些模糊著录的版本的刊刻时间，作出了进一步推断。

　　比如，前文提到的太原府翻刻本《大诰续编》，其版心下方以及书末张景哲牌记，均记有李孝思等刻工姓名。今国图还藏有《大诰三编》一卷，然其为残本，并无序跋、牌记。据笔者查考，其版心下方亦有刻工姓名。通过识读，可知该本刻工仍为李孝思等人。故此《大诰三编》亦当为太原府刻本。复据《明太祖实录》，可知《大诰三编》的成书时间。再通过考察其他明太祖御制、敕撰书籍从书成到出版所用的时间，即可由《大诰三编》的成书时间，进一步推算此刻本的大体刊刻时间了。

　　以上是就整体而言。具体观之，就笔者所见，已有著录中常见的错误类型，有将抄本著录成刻本，误认牌记时间，误以旧序为出版者新序，遗漏版本中的序跋、牌记、刻工信息等。笔者在附录中列举了多个错误著录的具体事例，谨供读者参阅。对于遇到的已有著录中的错误，笔者亦尽己所能，予以修订。

　　此即为本书对已有著录中版本信息的修订、补充与完善。其中还有一些比较重要的细节，这里未做展开，在附录中有详细介绍。在考辨过程中，笔者亦参考了瞿冕良专著《版刻质疑》、长泽规矩也《书志学论考》、郭立暄《明洪武蜀藩刻书三种》① 等版本学界已有的考订成果。诚如张丽娟所言，"版本鉴别上的每一点进步，都需付

---

　　①　瞿冕良：《版刻质疑》，齐鲁书社 1987 年版；［日］长泽规矩也：《书志学论考》，《长泽规矩也著作集》第 1 卷，东京：汲古书院 1982 年版；郭立暄：《明洪武蜀藩刻书三种》，《版本目录学研究》第 4 辑，北京大学出版社 2013 年版，第 261—269 页。

出极大的努力"①。版本鉴定是一项极复杂的工作，想来笔者亦难免出现鉴定之误，恳请专家学者多多批评指正。至于书名、作者、卷数等其他项的考辨工作，受限于篇幅，这里就不再介绍。如此汇集、归并、考辨之后，方可从中提取现存版刻信息。

　　下面，再来看已佚版刻信息。仍以一例对此加以说明。明李原名《礼仪定式》一书的洪武刻本今已不传，没有实物证据证明其曾于洪武年间出版。然据《明太祖实录》卷一八六记载，洪武二十年十月"条列成书，名曰《礼仪定式》。命在京公侯以下、在外诸司官员，并舍人、国子生及儒学生员、民间子弟，务在讲习遵守，违者问如律"②。既云公侯以下、诸司官员、舍人、国子生、生员、民间子弟皆需"讲习遵守"，则《礼仪定式》当于成书后不久出版，且出版规模较人。实录之外，刘三吾《礼仪定式后序》亦云，"尚书臣李原名、侍郎臣张衡则如旨条奏……乃以颁示，永为定式"③。黄佐《南雍志》卷一八亦著录"《礼仪定式》一卷，序六面板，共二十六面，全"，提要云："洪武二十年冬十月，太祖高皇帝召谕群臣……于是礼部尚书李原名等取旧增损条列，为款一十有四，分条三十有七，颁行天下"④。综合以上记载，可以确认，李原名《礼仪定式》于洪武二十年成书之后，得到出版。此即笔者所言已佚版刻信息。

　　可见，由于实物证据已经不存，因此对已佚版刻信息的搜辑，实际考验的是查找、取舍、解读材料的能力。那么，在浩如烟海的文献中，如何查找已佚版刻信息呢？尽管原书已经不存，但时人为该书所作的序跋题识还可能保存在其别集或总集之中，该书的版本

---

　　① 张丽娟：《张丽娟评〈正史宋元版之研究〉：古籍版本研究的典范之作》，《澎湃新闻·上海书评》2018 年 6 月 23 日。

　　② 《明太祖实录》，台北"中研院"史语所 1966 年校印北平图书馆藏明红格钞本，第 2794 页。

　　③ （明）刘三吾：《坦斋刘先生文集》卷上，《四库全书存目丛书》集部第 25 册，齐鲁书社 1997 年影印明万历六年贾缘刻本，第 90 页。

　　④ （明）黄佐：《南雍志·经籍考》，《明代书目题跋丛刊》，书目文献出版社 1994 年影印清光绪年间叶德辉重刻本，第 446 页。

特征、内容特点等还可能见于目录记载，该书得到出版之事还可能被写入史书。因此，笔者依次考察别集、总集、目录、史书，从中寻找洪武至永乐年间书籍出版的线索。

对于别集，首先利用崔建英等《明别集版本志》① 等书目，"明人文集目录""中国历代人物传记资料库"（CBDB）等数据库，同时参考汤志波《〈明别集版本志〉献疑》，徐永明《明前期诗作者及其别集考录》，徐永明、赵素文《明人别集经眼叙录》② 等研究成果，尽可能全面地调查活动于洪武、建文、永乐年间的文人有哪些别集传世，并搜辑诸集的现存版本信息。其后阅读这些存世别集中的序跋题识，并参以相关史料、书目著录等材料，从而确定曾经刊刻、今已佚失的书籍信息。

这一时期的文人中，有别集传世的只是少数。因此在充分调阅别集之后，再查考吴讷《文章辨体》、程敏政《明文衡》、张时彻《皇明文范》、何乔远《皇明文征》、黄宗羲《明文海》等明清时期编制、载录明文的重要总集，阅读其中作于洪武至永乐年间的序跋题识，查漏补缺。同样结合史书、目录等其他资料，展开考证。

笔者查考的目录包括三类，分别为《文渊阁书目》《内阁藏书目录》等明代官修目录，《百川书志》《千顷堂书目》等明清时期重要私人目录，以及《南雍志·经籍考》等史志目录，从中寻找线索。其中，尤其注意阅读现存明代方志中的经籍志、艺文志等。③

---

① 崔建英辑订，贾卫民、李晓亚参订：《明别集版本志》，中华书局 2005 年版。

② 汤志波：《〈明别集版本志〉献疑》，《中国典籍与文化》2013 年第 3 期，第 70—74 页；徐永明：《明前期诗作者及其别集考录》，博士后报告，复旦大学，2004 年；徐永明、赵素文：《明人别集经眼叙录》，浙江古籍出版社 2013 年版。

③ 现存明代方志，数量在一千种以上。其中的"艺文""典籍""书籍""藏书""学校""官署"诸志，对考察当时书籍出版、传播具有独到价值。但由于明代方志"目录混乱、收藏零散、内容庞杂"（李新峰：《明代卫所政区研究》，北京大学出版社 2016 年版，第 6 页），长期以来，方志目录没有得到充分开发、利用。李新峰专著《明代卫所政区研究》附录《丛书影印明代政区方志初录》凡著录明代方志 812 种，全部有明确的丛书出版信息，可为研究者阅读明代方志目录提供线索与帮助。

明代史书卷帙浩繁，纪传、编年、纪事本末、别史、杂史、诏令奏议、传记、政书诸体皆备。为搜辑已佚版刻而遍览群史，既不现实，亦无必要。笔者的做法，是先考察现存明代重要史籍的作者信息、成书背景、编纂过程诸项，再选出其中记载最为可靠、出版史料较多的几部史籍，以此为核心搜辑线索。比如，在查考洪武至永乐年间官方出版线索时，《明太祖实录》《明太宗实录》无疑是核心史籍，需要仔细阅读；同时检索《大明会典》以及此后实录，以为照应；亦旁及陈建《皇明资治通纪》、谈迁《国榷》等中晚期私修编年体史书，以为补充。

以上即为笔者摸索的查找材料的方法，然查找只是搜辑已佚版刻信息过程中的第一个环节。为免绪论篇幅过重，关于材料的取舍与解读，俱见第一章第一节，此处不赘。

尽可能多地搜辑、考辨洪武至永乐年间现存、已佚版刻信息后，以此为基础，同时参考相关材料，笔者再对这一时期的出版情况进行分析，对出版业特点展开深入探讨。在此过程中，尤其注意考察洪武至永乐年间的政治制度、经济政策、意识形态等方面内容，综合分析各相关要素，努力避免"简单罗列排比直接关涉出版印刷的史料""孤立地看待印刷史问题"[1]。下面即以《大诰》出版为例，对此作一说明。

《大诰》是明太祖亲自主持编纂的法律条文。据实录可知，洪武十八年（1385）十月，《大诰初编》成；十九年（1386）三月，《大诰续编》成；十九年十一月，《大诰三编》成；二十年（1387）十二月，《大诰武臣》成。[2]

---

[1]　辛德勇：《写在〈中国印刷史研究〉出版的时候》《关于中国印刷史研究的一些想法》，新浪微博 2016 年 12 月 19 日、2016 年 10 月 3 日，http://weibo.com/xindeyong，2017 年 1 月 6 日。

[2]　《明太祖实录》卷176："（洪武十八年冬十月己丑朔）《御制大诰》成，颁示天下"；卷177："（洪武十九年三月辛未）《御制大诰续编》成，颁示天下"；卷179："（洪武十九年十一月癸巳）《御制大诰三编》成，颁示天下"；卷187："（洪武二十年十二月）大诰武臣"（第 2665、2682、2715、2808 页）。按，为行文方便，笔者以《大诰》指代《大诰初编》《大诰续编》《大诰三编》《大诰武臣》之总和。

在《大诰初编》中，明太祖云："朕出是诰，昭示祸福。一切官民诸色人等，户户有此一本"①；《大诰续编》亦云："朕出斯令，一曰《大诰》，一曰《续编》。斯上下之本，臣民之至宝。发布天下，务必户户有之。"② 很多学者据此提出，"朱元璋既以行政命令要求'户户一本'，那么《大诰》的发行量之大可想而知"③ "（明初户数）就算 1000 万，户有一册，也是印刷出版史上的奇迹"④，等等。

问题在于，《大诰》真的能达到如此印刷规模吗？仅从用纸这一角度观之，即知并非如此。洪武刻本《大诰初编》今天尚存，凡用纸 46 叶。据《明太祖实录》记载，洪武二十四年（1391），全国户数为 10684435。⑤ 且将洪武十八年全国户数视作一千零六十万，若"户户有此一本"，则出版《大诰初编》，即需用纸近五亿叶；出版三编《大诰》《大诰武臣》，需用纸二十亿叶。而据万历《大明会典》可知，洪武二十六年（1393）定"产纸地方分派造解额数"，全国总数为一百五十万张纸。⑥ 此外，陆容《菽园杂记》记载，"洪武年间，国子监生课簿、仿书，按月送礼部。仿书发光禄寺包面，课部送法司背面起稿。惜费如此"⑦。这一细节，亦反映出其时纸张

---

① （明）朱元璋：《大诰初编》"颁行大诰第七十四"，《续修四库全书》史部第862 册，上海古籍出版社 1999 年影印明洪武十八年刻本，第 265 页。

② （明）朱元璋：《大诰续编》"颁行续诰第八十七"，《续修四库全书》史部第862 册，影印明洪武十九年刻本，第 305 页。

③ 汪燕岗：《雕版印刷业与明代通俗小说的出版》，第 138 页。

④ 王学泰：《说大诰》，《随笔》2007 年第 4 期，第 13 页。

⑤ 《明太祖实录》卷 214："（洪武二十四年十二月）天下群县更造赋役黄册成，计人户一千六十八万四千四百三十五，口五千六百七十七万四千五百六十一。"（第3166 页）

⑥ 万历《大明会典》卷 195 "工部十五·纸札"："陕西十五万张；湖广十七万张；山西十万张；山东五万五千张；福建四万张；北平十万张；浙江二十五万张；江西二十万张；河南五万五千张；直隶三十八万张。"（广陵书社 2007 年影印明万历重修本，第 2645 页）

⑦ （明）陆容著，佚之点校：《菽园杂记》卷 12，中华书局 1985 年版，第 153 页。

并不充裕。据此可知，洪武年间《大诰》并没有，也不可能达到"户户有此一本"的印刷规模。

可见，在研究出版问题时，仅仅考察与之直接相关的材料是不够的，还需要综合考虑各种社会因素的影响。

需要强调的是，尽管"二十四史"中的《明史》既文从字顺，又方便易得，但它毕竟不是原始史料，其对明初史事的记载亦不够翔实。如明太祖讨元诏令，《明史》即缺而不书；对明成祖统治中的问题，《明史》亦有回避。① 因此本书论及这一时期的政治制度等内容时，主要利用《明太祖实录》《明太宗实录》《大明会典》等更原始的史料，而将《明史》"视为对明史的早期研究成果之一，而非可以直接征信的史料"②。《明史》之外，亦参考钱谦益《太祖实录辨证》、潘柽章《国史考异》等重要的早期研究成果。

在充分探讨了洪武至永乐年间书籍出版的整体情况与出版业特点的基础上，笔者再对这一时期出版在微观、宏观层面对文学的影响，以及文学对出版业发展的作用展开研究。

就出版对文学的影响而言，微观层面，集中分析出版意识对作者创作的影响、出版者对作品面貌的干预两方面。据笔者查考，这一时期，在写作时即知自己的作品将会出版、具有明确出版意识的作者，仅有王逢、宋濂二人。尽管二人身份迥异，一为隐逸、一为官僚，出版作品数量不同，作品拥有的读者规模也不一，然二人俱深知出版这一行为的影响与力量。他们利用了出版的力量，而出版亦从题材选择、笔法运用两方面，影响了王逢、宋濂诗歌的具体面貌。

出版者也会从内容、体例两方面，对作者的作品面貌加以干预。笔者选取了多个案例，涵盖作者、出版者间存在的师徒、

① 谢国桢：《史料学概论》，福建人民出版社1985年版，第95—96页。
② 李新峰：《明前期军事制度研究》，北京大学出版社2016年版，绪论第6页。

亲属等多种关系，包括石光霁出版其师张以宁诗文、周立出版其姑父高启别集、程潜出版其曾祖程钜夫作品等，由此观照这种干预的具体表现。其中，重点考察傅若川在出版其兄傅若金《傅与砺诗集》过程中，对作品体例的调整。借此个案，来深入考见出版者——即使是高度负责的亲属，其细微改动对作者原意造成的改变。

宏观层面，则就出版对作家作品文学史地位的影响、出版对文学流派与思潮形成的作用两方面展开论述。在这一时期的诗人中，获得后世最高赞誉的两位，是高启与袁凯。高启地位前文已述，袁凯则被不少文人学者视作"国初诗人之冠"。因此笔者以高启、袁凯为中心，探析在他们文学史地位的确立过程中，作品出版所扮演的角色。

而在洪、永年间的诸多文学流派中，对此后明代文坛产生最大影响的，是以林鸿为领袖的闽中诗派。此时福建地区的出版业水平，亦为全国首屈一指。当地繁荣的书籍出版、发达的出版水平，对闽中诗派成员落实并弘扬其文学主张，具有关键作用。从洪武到永乐，多位闽中诗派成员从"山林"走向了"台阁"。而台阁体的流行，正是明前期颇具特色的重要文学思潮。因此，本书再讨论欧阳修集在这一时期的出版，与台阁文臣"崇欧"文风形成之间的关系。

最后，本书从文学风尚、文学主张对出版者的影响这两个层面，来考察文学对出版业发展的作用，分别以南京书坊主王举直出版刘仔肩《雅颂正音》、江西文人许中丽出版其《光岳英华》为个案，展开考察。两部作品俱为诗歌总集，其作者俱与江西密切相关，而出版者迥然有别。一为以盈利为核心要义的书坊主，一为根本目的不在于盈利的文人。由此，可见文学风尚、文学主张对两类出版者出版行为的推动作用。

值得一提的是，本书在探讨文学问题时，同样高度重视考证，主要表现为三方面。一是对作家生平的考证。如已有研究论及闽中诗派领袖林鸿时，所用传记资料大都出自初版于万历年间的《闽中十子诗》。笔者则查考到弘治《八闽通志》卷六二、嘉靖《延平府志·官师志》亦载林鸿小传，其写作时间更早，且作者的主观色彩、目的性也更少。二是对作品的考证。如研究者多以《萝山集》为宋濂元末作品集、《芝园集》为明初作品集。笔者则详细考证了集中部分诗歌的写作时间，进而修订了已有观点。三是对序文等文体，同样借鉴史料学方法，对其加以考证。如王祎、王彝、谢徽、胡翰俱曾为高启《缶鸣集》作序，笔者在细读诸序同时，亦考察作序者身份，观其与作者是否存在地缘、僚属关系，进而判断其主观色彩的强度，等等。

笔者还将自己搜辑到的全部版刻信息，编制成"明代洪、永年间（1368—1424）书籍版刻信息初编"，作为本书附录。这一目录既是本书不可或缺的组成部分，亦可单独使用。它不仅可以让研究者快速获得明代某一时期较为全面的书籍出版信息，还可为查找、阅读、利用相关版本进而开展深入研究提供便利。

最后需要强调，本书题目中的"洪、永年间"是基于出版而言。因此本书的研究对象，既有在此时期创作、同时有作品出版的作家，亦有这一时期得到出版的前代作品。而在探讨出版对作家作品文学史地位的影响等比较宏观的问题时，为使读者获得更为全面、清晰的认识，笔者也会略及永乐以后的相关史事。

四　本书意义

本书对洪武至永乐年间出版与文学关系的研究，其意义主要有以下几方面。

首先，是深化对洪武至永乐年间出版情况、出版特点的认识。本书对出版与文学关系的研究，建立在充分考察这一时期出版情况、出版特点的基础上。针对学界关于明前期出版"繁荣"与"萧条"

观点并存的现状，本书既从宏观上统计当时出版书籍种类，考察其中有代表性作品的出版规模、篇幅，亦就此时的出版成本、全国各地出版业水平差异，不同阶级、不同群体出版书籍的难易等问题，作比较深入的专题探讨。

在考察整体出版情况时，本书不仅关注现存刻本、全面爬梳信息，还尽可能多地搜辑、考辨已佚版刻信息，以求更加接近这一时期书籍出版的真实场景。

目前有不少研究者认为明前期书籍出版萧条，然其所用论据是不够充分的。如日本学者胜山稔根据杜信孚《明代版刻综录》，得出了从 1368 年到 1458 年这九十年中，平均每年只生产不到十部书的结论；① 大木康则以杨绳信《中国版刻综录》为据，提出"从宋代到明代正德年间每年出 1.7 种书，可是到了明末，嘉靖到崇祯，每一年平均有 16.7 种书。后者大约是前者的 10 倍"②；井上进《中国出版文化史》更以"穷匮"形容洪武至天顺年间的出版事业，将这一阶段称作"出版之冬"③；等等。

显然，以上研究是在"现存明前期刻本"与"明前期刻书实际"间画了等号。问题是，这二者之间相距六百年，是不可能等同的。"现存明前期刻本"远不能反映"明前期刻书实际"。因此，仅根据著录现存刻本的书目记载而得出的结论，也是不全面的。更何况，《明代版刻综录》《中国版刻综录》对于海内外现存刻本的统计，亦有阙漏。唯有全面爬梳现存版本信息，并将曾经刊刻、而后佚失的书籍信息同样纳入考虑，才能不断接近明前期书籍出版的真实场景。

---

① 转引自［美］周绍明（Joseph McDermott）*How to Succeed Commercially as a Huizhou Book Publisher, 1500—1644*，载周生春、何朝晖主编《印刷与市场国际会议论文集》，浙江大学出版社 2012 年版，第 385 页。

② ［日］大木康：《明末江南的出版文化》，周保雄译，上海古籍出版社 2014 年版，第 7 页。

③ ［日］井上进：《中国出版文化史》，李俄宪译，第 119—120 页。

　　在探析出版特点时，本书力图尽可能综合地考察多种因素，而非仅仅引用、转述、铺叙与出版直接相关的材料，从而挖掘出这一时期书籍出版的更多细节。

　　书籍出版是一项复杂的工程。刻刀、木槌的成本，纸张、墨汁的价钱，不同区域木料的质量，不同地方刻工的风格……一叶书影的版式、行款背后，隐藏了太多记载千百年前社会经济、政治、文化生活的密码，等待着研究者破解。然以笔者所见，目前深入、综合探讨书籍出版具体情况的研究相对较少。更为常见的做法，还是引述与出版直接相关的材料。前文所述《大诰》"户户有此一本"的问题即是，下面再举一例。

　　张秀民《中国印刷史》云，"相传'洪武初年，亲王之国，必以词曲一千七百本赐之'。当时有二十数王，则所赐约有数万本，自然多出于新印，大部分当为元人旧作"①。程千帆、徐有富《校雠广义·版本编》亦云，"清梁清远云：'洪武初年亲王之国，必以词曲一千七百本赐之。'当时有二十余位藩王，则赐书总数约在四万本左右。这些书当然有宋元旧本，但也必有不少明刊新本"②。近年来，仍有不少研究引用这则材料，如霍艳芳《中国图书官修史》谓，"朱权能够整理出如此多的音乐文献，与太祖赐书有关，'洪武初年，亲王之国，必以词曲一千七百本赐之'"③，等等。

　　按，此言最早出处，当为李开先《张小山小令后序》，④ 梁清远《雕丘杂录》卷一五盖为转引。暂且不论洪武初年中央刻书能否达到如此规模，仅从明太祖对声色娱乐的态度这一点观之，即知此事并不现实。据《明太祖实录》卷三三、卷七八记载，洪武

---

　　①　张秀民：《中国印刷史》，第 469 页。

　　②　程千帆、徐有富：《校雠广义·版本编》，齐鲁书社 1998 年版，第 153—154 页。

　　③　霍艳芳：《中国图书官修史》，武汉大学出版社 2014 年版，第 377 页。

　　④　（明）李开先《闲居集》卷 6《张小山小令后序》："洪武初年，亲王之国，必以词曲一千七百本赐之。对山高祖名汝楫者，曾为燕邸长史，全得其本。传至对山，少有存者。"［（明）李开先著，路工辑：《李开先集》，中华书局 1959 年版，第 370 页］

元年（1368）七月，"上谓侍臣宋濂等曰：自古圣哲之君，知天下之难保也，故远声色、去奢靡，以图天下之安"；洪武六年（1373）正月，"上谓儒臣詹同曰：朕尝思声色乃伐性之斧斤，易以溺人。一有溺焉，则祸败随之。故其为害，甚于鸩毒……况创业垂统之君，为子孙之所承式，尤不可以不谨"①。洪武二十二年（1389）三月更有圣旨，明令"在京但有军官、军人学唱的，割了舌头；下棋、打双陆的，断手；蹴圆的，卸脚"②。以明太祖的个人好恶、行事风格，是不可能在建国之初印刷数万本词曲，赐予各位藩王的。

　　类似问题还有很多，篇幅所限，这里不再列举。有鉴于此，本书尤重对书籍出版具体情况的探索与挖掘，而不止于材料的表面。如在读到胡翰《胡仲子集》的出版者王懋温洪武十四年（1381）所作识语时，笔者先将其与洪武十年（1377）宋濂《宋学士文粹》的出版者郑济所作识语、永乐二年（1404）赵谦《学范》的出版者王惠所作识语等材料对读，再计算各刻工群体的刻字速度，进而推想《胡仲子集》刻工人数、刊刻时长，最后探讨其用时较久的原因。再如，今中国国家图书馆藏有洪武二十年太原府翻刻本《大诰续编》，该本末有牌记。然笔者未止于阅读牌记，而是逐叶辨识了版心下方的刻工姓名，并由此推测太原府组织诸位刻工翻刻的具体情景。洪武刻本《雅颂正音》同样藏于国图，笔者发现共有两个印本。通过对勘两个印本可知，《雅颂正音》出版之初并无牌记，书坊主王举直后来补刻了一方牌记，由此可知《雅颂正音》曾经畅销，等等。

　　对出版具体情况展开深入、综合探讨的研究相对较少，也与记述出版成本、详细记录出版过程的史料比较匮乏有关。本书亦

---

　　① 《明太祖实录》，第596、1431—1432页。
　　② （明）顾起元：《客座赘语》卷10"国初榜文"，中华书局1987年点校本，第346页。

搜辑到一些此类史料，其中不少为清代以来学者所未注意。如宋
濂《新注楞伽经后序》明确记载了释如玘于杭州演福寺主持出版
《楞伽经》的成本，云"起手于又明年夏五月，至冬十一月讫功，
费钱三千缗云，为《楞伽》一经"①，即为叶德辉《书林清话》
所未载。

　　本书附录"明代洪、永年间（1368—1424）书籍版刻信息初
编"，亦可为研究者提供帮助。除了方便研究者查阅版刻信息、利用
相关版本，笔者摸索的搜辑、考辨现存、已佚版刻信息的一些方法，
对于调查、研究自宋至清其他时期的出版情况，或亦有参考价值。
此外，由于篇幅有限，本书附录未能展示书影。读者如有兴趣，可
以此为据，通过笔者提供的信息，借助古籍影印丛书、数据库等浏
览各现存版本书影，从而对洪、永年间流行的黑口、赵字的刻书风
格，获得更为具体、直观的体认。

　　其次，是进一步拓宽、深化对明前期诗文的研究。本书在充分
考察洪武至永乐年间出版情况、出版特点的基础上，从探析出版与
文学关系的角度切入，既研究当时文坛的流行风尚、广大文人的普
遍主张，亦就高启、宋濂、高棅《唐诗品汇》、闽中诗派、台阁文风
等重要作家、作品、文学流派、文学思潮展开探讨，还关注文学史
地位并不突出，但在当时比较重要的文人创作。在研究内容上，努
力做到点、线、面结合。在研究方法上，尽可能多元地考察文学元
素，而非仅仅探讨作家生平、作品面貌。

　　诚如梅维恒所言，文学不是自在自为之物，而是社会政治力量
和文化事实之无尽序列的产物。② 文学本身的复杂性，亦要求研究者
不断调整观察视角、优化研究方法、开辟新思路，从而拓展、深化
文学研究。对现存材料丰富的近古文学特别是明清文学而言，这一

---

① （明）宋濂：《芝园续集》卷2，见（明）宋濂著，黄灵庚编辑校点《宋濂全
集》，人民文学出版社2014年版，第643页。
② ［美］梅维恒主编：《哥伦比亚中国文学史》上卷，马小悟等译，引言第5页。

点尤为迫切。廖可斌老师即已明确指出，明清作家、作品浩如烟海，因此从事明清文学研究，选择的研究对象必须与文学创作、文学理论、知识分子史、思想史、社会生活史等方面的重要问题有所关联；① 要着重考察文学社团的兴替，政治、理学、科举等元素与文学的互动，地域文化、商品经济和市镇繁荣对文学的影响；② 等等。

本书研究采用跨学科的方法，力图从一个更宏阔的视域出发来研究文学作品产生的历史语境与物质背景，探索不同文学元素的互动与交融。利用这一方法，本书多有创获。比如，刘仔肩《雅颂正音》是目前所知成书时间最早的明诗总集。长期以来学界强调其史料价值，对其文学价值则基本皆持贬抑态度。本书注意到，在出版成本颇高的洪武年间，追求盈利的书坊主主动出版此书，并为之制作牌记、向广大读者征求同类稿件。由此可以想见，《雅颂正音》读者甚众。故通过是集，可以更为真切、具体地感知当时诗坛的流行风潮。

本书对高启的考察亦然。与《雅颂正音》不同，学界关于高启的研究已颇为丰富。从高启生平考到别集版本考，从诗歌理论分析到创作实践探讨，俱有不少研究成果。如就其创作而言，关于高启的吴越纪游诗、游仙诗、怀古诗、梅花诗、睡觉诗，皆已有专题论文。③ 对于《青丘子歌》写作时间、高启死因等一些比较重要的问

---

① 廖可斌：《回归生活史和心灵史的古代文学研究》，《文学遗产》2014 年第 2 期，第 123 页。

② 廖可斌：《文学思潮史的写法——以明代文学思潮史为例》，《北京大学学报》（哲学社会科学版）2016 年第 5 期，第 43—54 页。

③ 主要研究成果，分别有房锐《高启吴越纪游诗简论》（《川北教育学院学报》2001 年第 3 期，第 15—17 页），刘民红《高启游仙诗初探》［《盐城师范学院学报》（人文社会科学版）2002 年第 3 期，第 43—47 页］，李鸿渊、黄国花《高启怀古诗初探》（《船山学刊》2005 年第 2 期，第 135—138 页），纪映云《论高启梅花诗的精神意蕴》［《内蒙古社会科学》（汉文版），2003 年第 4 期，第 78—81 页］，孙小力《论高启的睡欲和诗癖：兼及元代文人的隐乐思潮》［《广西师范大学学报》（哲学社会科学版）1990 年第 1 期，第 41—48 页］，等等。

题，学界亦多有讨论，并存在不同观点。①

　　近年来，学界愈发关注自元入明这一外在环境变化对高启心态、创作的影响，并由此观照元末明初文学思潮的转向。左东岭《高启之死与元明之际文学思潮的转折》即为其中最具代表性的研究。此外，如何春根《高启渐趋消沉的心路述略》②、李圣华《论高启由元入明的心态及诗歌创作》③ 等，亦强调外界因素对高启价值观念、心态变化的决定性影响。然而，已有研究却很少注意到高启对自己作品出版一事的态度。笔者对此加以考察，认为高启旗帜鲜明地不愿出版自己作品。通过不出版，高启有效控制了自己的读者规模，从而得以在诗中自由地书写自我。

　　再有，本书亦可为海内外书籍史、阅读史研究提供思路。诚如钱存训所言，"中国古代的书籍和文字记录的多彩多姿、源远流长，是中国民族精神之所寄，也是世界文明中特有的奇迹"④。然而，在西方学者主导的书籍史、阅读史研究世界中，目前关于中国古代的研究很少且聚焦于晚明，海量的中国古代书籍资料尚未得到有效利用。海外又多偏重日本学者对中国古代的研究，如梅尔清指出，"大

----

　　① 如关于高启《青丘子歌》的写作时间，清代金檀辑注《高青丘集》所附年谱，将《青丘子歌》系于元至正十八年（1358）；今人陈建华《高启诗文系年补正》则认为，是诗作于至正二十年春或稍后（《中国古典文学丛考》第 2 辑，复旦大学出版社 1987 年版，第 147—225 页）；傅懋强《高启〈青丘子歌〉作年辨证》又提出，高启写作《青丘子歌》，"必在洪武三年辞官归田以后"（《苏州大学学报》1998 年第 3 期，第 76—79 页）；房锐《高启〈青丘子歌〉作于何年》复针对傅文，提出是诗应作于元至正二十年到至正二十二年间［《四川师范大学学报》（社会科学版）2000 年第 5 期，第 69—73 页］；等等。
　　② 何春根：《高启渐趋消沉的心路述略》，《萍乡高等专科学校学报》2003 年第 1 期，第 94—97 页。
　　③ 李圣华：《论高启由元入明的心态及诗歌创作》，《中州学刊》2005 年第 2 期，第 177—179 页。
　　④ ［美］钱存训：《书于竹帛》，上海书店出版社 2006 年版，"上海版新序"第 2 页。

木康和井上进两位学者在英语学者圈中影响巨大"①，中国学者的书籍史、阅读史研究反而居于边缘位置。

上述情形，充分说明当前的书籍史、阅读史研究，大多是在以西方视角观察中国历史，而未对中国古代书籍传统的自身特点与发展历程予以足够关注。比如学界聚焦晚明的主要原因，即在于这一时期的商业出版，比较适配注重书籍生产、发行、消费等环节，强调书籍商品属性的研究理路。② 然需看到，这种理路是植根于西方社会印刷出版历史，它并不能充分地阐释中国古代书籍传统。一方面，中国古代大量刻本并无明显的商品属性；另一方面，正如晚明"资本主义萌芽"与资本主义截然不同，晚明的商业出版与西方的商业出版同样判然有别。此外在材料方面，西方社会存在丰富的有关书籍生产、消费的经济记录，而在中国古代，文人士大夫鲜少详细记录生产成本、书籍价格、筹资方法等经济内容。如戴思哲（Joseph R. Dennis）即指出，"很多用来研究早期出版者的材料，存在于欧洲，而不存在于中国"③。经济资料的匮乏，亦让研究者在采取这种理路时，受到局限与束缚。

可见，西方学者创制的书籍史、阅读史研究方法，并不能圆满解决中国古代书籍史问题；④ 而中国古代源远流长、独具特色的书籍

---

① ［美］梅尔清：《印刷的世界：书籍、出版文化和中华帝国晚期的社会》，刘宗灵、鞠北平译，马钊校，第3页。

② 如［美］梅尔清《印刷的世界：书籍、出版文化和中华帝国晚期的社会》开篇即云，"从晚明开始，中国经历了一个生产和消费书籍的浪潮……它们的轨迹昭示了更为宏大的社会、思想、经济和文化模式，也揭示了读者、作者、出版商、消费者参与建构的各种身份"（第1页）。

③ 此为笔者所译。原文为：Many types of sources available for studying early European publishers simply do not exist for Chinese publishers. （*Writing*, *Publishing*, *and Reading Local Gazetteers in Imperial China*, *1100—1700*, the Harvard University Press, 2015, p. 5）

④ 对此海外学者亦多有注意，如唐·麦肯锡（McKenzie）云："一种关于书籍及其流通的特殊的欧洲中心观，并不能解释在有着不同的交流传统、识字能力标准差异甚大的其他社会中，文本所扮演的角色。"（［英］戴维·芬克尔斯坦、［英］阿利斯泰尔·麦克利里：《书史导论》，何朝晖译，商务印书馆2012年版，第27页）

传统，亦呼唤研究者基于自身特点、立足自身情况，"一方面吸收输入外来之学说，一方面不忘本来民族之地位"①，摸索出一套最适合中国古代书籍传统的研究方法。这套方法对于世界书籍史、阅读史研究，也会是非常有益的补充。近年来，我国很多学者已作出了宝贵探索，如南京大学"中国古代文献文化史"项目即开展了很多工作，等等。

本书在充分收集、考辨版刻信息基础上，探讨明前期出版对文学的影响以及文学对出版业的作用，也希望能够为书籍史、阅读史研究方法的"本土化"提供一些思路。笔者以为，以目录学、版本学、校勘学为核心的传统校雠之学，可以成为"本土化"的书籍史、阅读史研究的重要基础。考之海外学者著述，一方面，他们的很多思路，如从书籍出版延伸至国家社会关系、大众识字水平、交流网络、商业化等问题的探讨，可以带来不少启发；另一方面，一些研究存在着轻视传统的版本考证等工作，以其为饾饤琐碎的倾向。当前，传统的校雠之学与新兴的书籍史、阅读史研究间，似存在某种"断裂"。其实，从书籍出版出发，进而探讨的政治、经济、社会等领域问题，同样应基于扎实的文献学基础，二者应该有机结合。

最后，本书对于进一步深化已有的作家作品评价、寻找新的典范作家，以及探讨技术、媒介对社会的影响等问题，亦具启发意义。

本书虽然以洪武至永乐年间为时间断限，但各章展开论证的角度、方式，包括探讨一地书籍出版情况、出版业水平对当地文人创作的影响，如何判断作者在写作时即具有出版意识，进而考察出版意识对作品面貌的影响，分析出版在作家作品、文学流派的文学史地位提升过程中发挥的作用等，对于研究自宋至清其他年代的文学创作，乃至从宏观上考察"刻本时代"与"抄本时代"文学创作的

---

① 陈寅恪：《冯友兰中国哲学史下册审查报告》，载氏著《金明馆丛稿二编》，生活·读书·新知三联书店 2015 年版，第 284—285 页。

异同等，亦具参考价值。探究与出版相关的诸多因素在作家的当时创作、后世文学史地位升沉等环节中发挥的作用，不仅有助进一步深化已有作家作品评价，还将提供一种观察文学史的新视角，为寻找新的具有典范意义的作家带来可能。

通过本次研究，亦可见造纸术、印刷术，尤其是印刷术这项伟大发明对中国古代社会的影响。长期以来，很多海外学者并未就此问题展开较深入的讨论。其深层原因，主要在于印刷术对西方国家的技术手段、生产方式乃至社会形态变革发挥了重要作用，而在中国古代，印刷术并未扮演如此角色，没有推动社会转型。是以不少海外学者从一开始，就没有对印刷术在中国古代社会中发挥的作用予以重视。

其实，一项科学技术在不同社会中的表现形式、所能发挥的作用以及历史影响必然有所不同，因此应具体问题具体分析。中国古代的社会结构基本形态长期稳定，始终未向近代资本主义社会结构转型，实与地理环境、语言文字、经济、政治、意识形态结构等多方面因素有关，而非印刷术没有对中国古代社会发挥作用、产生影响。本书对出版与文学之间关系的研究，即展示了印刷术对中国古代社会影响的一个具体方面。

印刷术既是一项技术，亦是一种与我们社会生活息息相关的媒介。诚如尼尔·波兹曼（Neil Postman）所言，"媒介的独特之处在于，虽然它指导着我们看待和了解事物的方式，但它的这种介入却往往不为人所注意"①。从雕版、活字印刷到石印、铅字排印再到激光照排，今天的我们仍在与印刷媒介密切相处，同时还必须面对微博、微信、直播平台等"自媒体""新媒体"的来势汹汹。数字网络媒体的勃兴，也意味着印刷媒介的重塑。传统与新兴媒介在不知不觉中，影响甚至塑造了我们的生活，仿佛千百年前印本与抄本影

---

① ［美］尼尔·波兹曼（Neil Postman）：《娱乐至死》，章艳译，中信出版社2015年版，第12页。

响了一位位文人的写作。① 由此观之，本书论述数百年前雕版、活字印刷对文学的影响，或许亦可促使一些读者，去关注、去捕捉此前未曾留意的媒介影响；或者引发一些思考，关于今天的你我如何与媒介相处。

① 很多学者都将今天新旧媒体并存的情境与古代抄本、印本共存的场景相关联。如［英］戴维·芬克尔斯坦、［英］阿利斯泰尔·麦克利里《书史导论》云，"正如手抄本传统曾与当时新的印刷技术融合，我们现在正在看到类似的新旧媒体的融合与互补"（何朝晖译，第50页），等等。

第 一 章

洪武至永乐年间出版情况

有明一代出版，于中期实现飞跃，在后期蔚为繁荣，此为学界共识。然关于明前期出版情况，目前学界有两种截然不同的观点。

一种观点，是明前期出版繁荣。繁荣的主要原因，一是洪武时诏除书籍税，一是明太祖重视书籍。前者，如程千帆、徐有富《校雠广义·版本编》云，"明代官私刻书的数量和品种都远超宋、元。究其原因……明初实行简约商税，扶持工商的政策，也促进了出版事业的发展"①；李致忠《明代刻书述略》云，诏除书籍税"对刻书事业无疑是个极大的刺激和解放"，"明代洪武时免除书籍税，则书籍的雕印出版也很快发展起来"②。后者，如赵前《明代版刻图典》云，"朱元璋对图书典籍很重视。这无疑对明代书业的发展和繁荣，起到了重要的促进作用"③。兼及二者，如缪咏禾《中国出版通史·明代卷》云，"洪武、永乐时期又十分重视思想文化方面的基础工作。明建立前一年，就'诏求遗书'……洪武元年八月，采取了一项常为人们乐道的重要文化政策：下令'除书籍田器税'……这段时间里的出版事业也显得生气勃勃"④，等等。

---

① 程千帆、徐有富：《校雠广义·版本编》，第152—153页。
② 李致忠：《明代刻书述略》，第129—130页。
③ 赵前：《明代版刻图典》，文物出版社2008年版，第3页。
④ 缪咏禾：《中国出版通史·明代卷》，导语第2页。

另一种观点，是明前期出版萧条。萧条的主要依据，一是明清时人即作是言，一是现存明前期刻本数量较少。前者，如南炳文、汤纲《明史》云，"明初因处长期战乱之后，社会经济凋敝，百废待兴，图书出版事业不甚发达。明人曾说：'国初书版，惟国子监有之，外郡县疑未有，观宋潜溪《送东阳马生序》可知。宣德、正统间，书籍印版尚未广'"①；日本学者大木康《明末江南的出版文化》亦引用此段出于《菽园杂记》的记载，云"从明初至宣德、正统年间，即到 15 世纪前半期为止，书籍还不太多"②。后者，如胜山稔据《明代版刻综录》统计得出，从 1368 年到 1458 年这九十年中，平均每年只生产不到十部书；③ 井上进《中国出版文化史》则认为，除洪武刻本《元史》、天顺七年刻本《史记》外，洪武至天顺年间"几乎没有出版过任何重要史籍"，并以"穷匮"形容这一时期的出版业，称为"出版之冬"④。

出现这一局面的原因，主要在于不同学者在探讨明前期出版时，使用的论据以及论证的方式不同。持繁荣观点的学者，其主要依据是《明太祖实录》《明史》等史书记载。如《明太祖实录》卷二〇、卷三四云，丙午年（1366）五月庚寅，"上尝命有司访求古今书籍，藏之秘府，以资览阅"⑤；洪武元年八月庚午，大将军徐达取元都，"封其府库及图籍"⑥；八月己卯，明太祖下诏"书籍田器等物，不得征税"⑦；等等。不少学者即据此认定明太祖重视书籍、诏除书籍

---

① 南炳文、汤纲：《明史》，上海人民出版社 2014 年版，第 1430 页。

② ［日］大木康：《明末江南的出版文化》，周保雄译，第 6—7 页。

③ 周生春、何朝晖主编：《印刷与市场国际会议论文集》，第 385 页。

④ ［日］井上进：《中国出版文化史》，李俄宪译，第 119—120 页。

⑤ 《明太祖实录》卷 20，第 287 页。按，丙午年为元惠宗至正二十六年。

⑥ 《明太祖实录》卷 34，第 600 页。

⑦ 《明太祖实录》卷 34，第 615—616 页。按，对于洪武元年诏除书籍税一事，印刷史、版本学界多引用《明史·太祖本纪》所言"（洪武元年）除书籍田器税，民间逋负免征"（中华书局 1974 年点校本，第 21 页）。然更为原始的史料，是《明太祖实录》中的记载。

税，进而推测二者促进了出版业发展，因此结论是明前期出版繁荣。

但问题在于，首先，今天所见的《明太祖实录》为永乐十六年（1418）完成的三修本。① 据《明太宗实录》等史料可知，明太宗提出重修《明太祖实录》的理由，就是"昔皇考太祖高皇帝，顺天应人，开基启运……功德之盛，亘古莫伦。比者建文所修实录，遗逸既多，兼有失实。朕鉴之，诚有歉焉。今命儒臣重加纂修，务在详备。庶几神功圣德明昭日月，垂裕万世"②。因此，实录中求书心切的明太祖形象，其中或有修饰美化的成分。③ 退一步说，即使实际情况如实录所言，明太祖高度重视书籍、免除了书籍税，出版业也不一定繁荣。这是因为书籍出版不仅受政策影响，还与经济状况、社会环境等诸多因素相关。所以，据《明太祖实录》《明史》等史书记载，不足以得出明前期书籍出版繁荣的结论。

持萧条观点的学者，其主要依据则是陆容《菽园杂记》等明中期以降记载、杜信孚《明代版刻综录》等现存版本目录。不少学者注意到，明中期以降的记载言及明前期书籍稀有、现存版本目录著录的明前期刻本较少，因此结论是明前期出版萧条。但问题在于，书籍会随时间流逝而散佚，故明代中期社会上的明前期刻本，必然少于明前期出版的书籍总量。而与明前期相去六百余年的今天，就更不待言。

------

① 按，《明太祖实录》的第一次纂修由董伦等主持，始于建文元年（1399），建文三年（1401）完成；建文四年（1402）明太宗下令重修，由解缙等主持，永乐元年（1403）完成；永乐九年（1411）明太宗下令再次重修，由姚广孝等主持，永乐十六年完成。关于《明太祖实录》的纂修过程，吴晗《记明实录》（台湾《中央研究院历史语言研究所集刊》，1948年，第385—447页）、谢贵安《明实录研究》（湖北人民出版社2003年版）等有详细论述。

② 《明太宗实录》卷13，台北"中研院"史语所1966年校印北平图书馆藏明红格钞本，第233页。

③ 谢贵安《试述〈明太祖实录〉对朱元璋形象的塑造》即认为，《明太祖实录》"通过神化、圣化、雅化和人化的处理，使朱元璋的形象既神秘威严，德高儒雅，具有凛然不可侵犯的特点，又颇富人性和人情味，具有和蔼可亲的特点"（《学术研究》2010年第5期，第97页）。

不妨以前文提到的《大诰》为例，对此做进一步说明。尽管达不到"户户有此一本"，然《大诰》在洪武年间的印刷规模，还是比较可观的。其时《大诰》为科举考题来源，亦是国子监生及府、州、县学生员的必修教材。① 因此，多数国子监生及各地生员应有是书。中央亦会赐《大诰》予学子，如洪武十九年一月庚辰，明太祖即"以《御制大诰》颁赐国子监生及天下府、州、县学生"②。此外，生员诵读《大诰》优秀者，还特有赏赐。陶宗仪即有《三日率诸生赴礼部考试》《十日给赏》《十一日谢恩》诗，记其率诸生赴礼部背诵《大诰》、受赏之事；③ 谢应芳亦有诗，贺辛彬甫率诸生御前读《大诰》受赏；④ 等等。据《明太祖实录》记载，洪武三十年（1397）五月，全国讲读《大诰》师生来朝者多达十九万三千四百余人。⑤

然而，近一百年之后，同样在《菽园杂记》中，陆容云："《大诰》惟法司拟罪，云有《大诰》减一等云尔，民间实未之见。"⑥ 须知陆容为江苏太仓人，曾官南京吏部主事、浙江右参政，"性喜聚书，政事之余，手不释卷"⑦。仅仅不到一百年以后，在明代书籍收

---

① 《明太祖实录》卷212："（洪武二十四年九月）诏礼部，今后科举岁贡于《大诰》内出题，或策论判语参试之"（第3141页）；卷214："（洪武二十四年十一月）命礼部谕天下，学校生员兼读诰、律"（第3158页）；卷254："（洪武三十年七月）复颁学规教条于国子监……诸生每三日一背书，日读《御制大诰》及本经、四书各一百字"（第3665页）。

② 《明太祖实录》卷177，第2676页。

③ （明）陶宗仪《三日率诸生赴礼部考试》："应试南宫听考研，诸生背读写鸣泉"；《十日给赏》："讲明三诰阐王言，亿万师生沐湛恩。"［（明）陶宗仪著，徐永明、杨光辉整理：《陶宗仪集》，浙江古籍出版社2014年版，第134—135页］

④ （明）谢应芳《昆山辛彬甫夏初以人才见上奉旨还家教诸生读大诰限以十二月五日师生赴御前试读如期而往受赏而归兰甚以为喜作是诗贺之》："《大诰》三编建瓴水，春风两袖御炉香。赐金堪比燕台聘，抱玉仍归卞栈藏。"［（明）谢应芳：《龟巢稿》卷7，《四部丛刊三编》，上海商务印书馆1936年影印双鉴楼藏钞本］

⑤ 《明太祖实录》卷253，第3652页。

⑥ （明）陆容著，佚之点校：《菽园杂记》卷10，第123页。

⑦ （明）吴宽：《匏翁家藏集》卷76《明故大中大夫浙江等处承宣布政使司右参政陆公墓碑铭》，《四部丛刊初编》，上海商务印书馆1922年影印明正德刻本。

藏、出版最为发达的江南，身为藏书家的陆容，① 竟已觅不到《大诰》踪影。书籍散佚之速，由此可见一斑。所以，据明中期以降记载、现存版本目录，也不足以得出明前期书籍出版萧条的结论。

那么，关于明前期书籍出版，怎样才能获得更具说服力的结论呢？笔者认为，明前期实际刊刻的书籍，是探讨当时出版情况最有力、最可靠的证据。但仅有现存版本是不够的，还必须将曾经出版、而后佚失的书籍纳入统计。在尽可能多地搜辑明前期现存、已佚版本，从中提取版刻信息后，再对当时的出版情况、出版特点做进一步探讨，如此才能得出更近于历史实际的结论。

因此在本章中，笔者首先充分搜辑、考辨洪武、建文、永乐年间现存、已佚版刻信息，进而概括这一时期的出版情况。在此基础上，再于第二章中，进一步分析洪武、建文、永乐年间的出版特点。

第一节　出版书籍一览

为了尽可能全面地搜辑现存版刻信息，本书不仅爬梳国内存藏古籍，还考察了海外藏书情况。对于国内藏古籍，首先阅读联合馆藏目录《中国古籍善本书目》，并检索馆藏数据库"全国古籍普查登记基本数据库""高校古文献资源库"，汇集著录。其后，阅读贾晋华《香港所藏古籍书目》，邓骏捷《澳门各藏书系统汉文古籍的特色》《澳门古籍藏书》，同时检索香港中文大学图书馆、澳门中央

---

① 按，陆容子陆仲（字安甫）曾将陆容藏书编为目录。（明）祝允明《怀星堂集》卷27《甘泉陆氏藏书目录序》："故浙江参政式斋陆先生文量……平生蓄书甚富。既没，其子乡贡进士安甫汇列其目，并已所得者通系之，凡为经、史、子、集，合若干卷。"[（明）祝允明著，孙宝点校：《怀星堂集》，西泠印社出版社2012年版，第578—579页]（清）黄虞稷《千顷堂书目》卷10著录陆仲《式斋藏书目录》一卷[（清）黄虞稷编，瞿凤起、潘景郑整理：《千顷堂书目》，上海古籍出版社2001年版，第295页]。惜《式斋藏书目录》今已不存。

图书馆等单位的联机目录以及"中文古籍联合目录"数据库，在已有基础上增补我国港澳台地区古籍存藏信息。再阅读韦力《芷兰斋书跋》、辛德勇《读书与藏书之间》等藏书家古籍题跋，以及姜寻《中国拍卖古籍文献目录（1993—2000）》、韦力《中国古籍拍卖述评》等古籍拍卖目录资讯，查漏补缺。

对于海外藏中国古籍，首先检索"日本所藏中文古籍数据库"（『全國漢籍データベース』），同时参考山根幸夫《增订日本现存明人文集目录》、严绍璗《日藏汉籍善本书录》，从中收集日本藏中国古籍信息。再检索美国国会图书馆、哈佛大学哈佛燕京图书馆等馆藏目录，同时参考王重民《美国国会图书馆藏中国善本书录》、沈津《美国哈佛大学哈佛燕京图书馆藏中文善本书志》，收集美国所藏古籍信息；再阅读全寅初主编《韩国所藏中国汉籍总目》，并检索韩国中央图书馆、首尔大学图书馆等馆藏目录，收集韩国藏书信息。接着，借助笔者在参与编制大英图书馆藏汉籍目录过程中掌握的一手材料，梳理英国大英图书馆藏古籍信息。最后，利用"中文古籍联合目录"数据库，检索英国牛津大学图书馆、法国国家图书馆、德国柏林国家图书馆、梵蒂冈图书馆、加拿大多伦多大学图书馆、澳大利亚国家图书馆、越南社会科学院、马来西亚大学图书馆等数十家单位的馆藏目录，从中收集信息。[1]

将属于同一版古籍不同印本的著录归并为一后，再尽可能多地利用原书书影对已有著录加以考辨。关于归并著录的原因、考辨的方法等，绪论皆已述，这里不再赘言。需要强调的是，鉴定版本最重要的一点，就是要综合考察一部古籍的牌记、序跋、刻工、作者信息、书中内容，以及版式行款、字体风格等多项因素，再对其刊

---

[1]　需要说明的是，笔者首先通检多种馆藏古籍联合书目、数据库，是因为这样最为高效。然而，集成性质的书目、数据库提供的，毕竟不是第一手古籍著录信息。因此，对于通过联合书目、数据库收集到的洪、永年间相关著录，笔者会再核查各个藏所的书目、数据库的原始著录。

刻时间加以判断。绝对不能仅据一项信息就得出结论。①

　　搜辑已佚版刻信息的过程，则包括对材料的查找、取舍、解读这三个环节。查找材料的方法绪论已述，以下略述笔者对别集、总集、目录、史书中相关材料的取舍与解读。

　　就别集、总集而言，首先需要注意的是版本的选择。有些文集有多个版本存世，其中既有流传至今的明清刻本，亦有相对易得、已出版的影印本，还有今人整理点校本。对尚无整理本的文集，笔者先考其版本源流，进而选出现存诸本中刊刻年代最早或校勘最精、内容最丰富的版本阅读；对已有整理本的文集，则先考其点校前言，再决定是否使用此本。②

　　这里要强调的一点是，由于清文渊阁《四库全书》既方便易得，又易于通过光学字符识别技术（OCR）进行文字识别，故多为研究者所用。但馆臣在编纂《四库全书》过程中，实多有删削、窜改原书文字之举，对于明人著作尤甚。因此在本书中，笔者尽可能地不使用影印《四库全书》本明人文集，③ 也不使用仅以四库本为底本整理的"假点校本"。

　　文集的序跋题识中有"刻""梓"等语，并不足以说明某部作

---

①　对此，前辈学者多有论及。如毛春翔《古书版本常谈》云："鉴别宋版书，要汇合各种条件来看，单凭一种，或几种，是靠不住的……每一特点都要注意到，一点对了，再看另一点，另一点对了，再看其他各点，各点都对头，再参考名家书跋，才能作出最后决定"（中华书局1962年版，第97—98页）；李清志《古书版本鉴定研究》将考察古籍版式、字体等因素称为"直观法"，将研读牌记、序跋等内容称为"理攻法"，亦云"直观法与理攻法是相辅相成，缺一不可"（台北：文史哲出版社1986年版，第4页）；等等。

②　比如，明初文人刘三吾别集，有陈冠梅点校本《刘三吾集》。考其点校前言，云"此次出版《刘坦斋先生文集》，所依据的也是乾隆版本"，而未及其他刻本（岳麓书社2013年版，前言第11页）。因此，笔者在使用点校本的同时，亦会利用《四库全书存目丛书》集部第25册影印明万历六年贾缘刻本《坦斋刘先生文集》。

③　不只别集、总集，对其他各部类文献，笔者亦尽可能地不使用《四库全书》本。在本书中，仅一处明人文字是引自《四库全书》本，为刘崧《鸣盛集序》，见本书第四章第二节。

品曾经出版。比如，杨士奇《东里文集·续编》卷五五《谢赐嘉禾诗》云："永乐三年九月朔旦，上阅中秘书，得太祖高皇帝御制《嘉禾诗》[1]，圣孝深至，将垂示于万万年。乃命摹刻，以赐诸王廷臣。"[2] 此文极易使人以为，永乐年间，中央刊印了明太祖《嘉禾诗》一卷，以赐亲王、大臣。然细考之，《东里文集·续编》卷一六《恭题吕少卿钦和御制嘉禾诗韵后》明言"永乐初，太宗皇帝阅中秘书，得太祖皇帝所制《嘉禾诗》，命刻石摹拓，装潢为轴……士奇时叨职内制，亦预被赐"，由此可知，《嘉禾诗》实际上没有刻版印刷。可见在考据作品出版与否时，必须将序跋题识与史料、书目著录有机结合。

就目录而言，由于现存明清官私目录、史志目录内容颇丰，"中国基本古籍库"等数据库的建设又使书目检索变得极为方便，故研究者在探讨明代书籍出版情况时，多引据书目著录。然就笔者所见，已有研究存在一些问题，主要表现为以下三个方面。

其一，是在使用书目时，不考证这一书目的作者、成书、版本情况。以学界引用甚多的明代目录《古今书刻》为例，是书有黄嘉善刻本，今天尚存，杜信孚《明代版刻综录》将其刊刻时间著录为万历三十六年（1608）。[3] 然考之原书，可知黄本《古今书刻》既无序跋，亦无牌记、刻工，仅凭版式、行款，是无法将刊刻时间精确到某一年的。《综录》著录的万历三十六年是黄嘉善刊刻另一部书（王邦直《律吕正声》）的时间，非《古今书刻》。然而学界多直引

---

① 按，原文作"得太祖圣神文武钦明启运俊德成功统天大孝高皇帝御制《嘉禾诗》"，正文节略引之。

② （明）杨士奇：《东里文集·续编》，中国国家图书馆藏明嘉靖二十九年黄如桂刻本，下同。

③ 杜信孚《明代版刻综录》第四卷"黄嘉善"目下，著录"《律吕正声》六十卷，明万历三十六年黄嘉善刊；《古今书刻》二卷，明万历三十六年黄嘉善刊"（江苏广陵古籍刻印出版社 1983 年版，第 42 页）。杜信孚、杜同书《全明分省分县刻书考》第一册"黄嘉善"目下，亦如此著录（线装书局 2001 年版，山东省卷第 6b 页）。

这一时间，而不加以考证。① 还有学者将"万历三十六年"转引成
"嘉靖三十六年"②。嘉靖三十六年时黄嘉善九岁，还不能主持刻书。
据笔者考证，黄嘉善出版《古今书刻》的时间很可能是万历十二年
（1584）。③

　　其二，是径信书目著录，而不结合其他史料，对书目著录加以
考辨。仍以《古今书刻》为例，是书"内府"目下，著录有"《永
乐大典》"。有不少学者仅仅根据这一则著录，便得出了"《大典》
曾有刻本"④"当时内府已有陆续刊刻《永乐大典》的计划，并且有
一部分《永乐大典》已经付梓刊行"⑤ 等结论。然据《明世宗实录》
卷五一二、《明穆宗实录》卷七可知，嘉靖四十一年（1562）八月
"诏重录《永乐大典》"⑥，隆庆元年（1567）四月复本完成，亦为
抄录，并未付刻。据《明神宗实录》卷二七一记载，万历二十二年
（1594）三月陆可教上疏，请"令出差御史分刻"《永乐大典》。⑦
然据《万历野获编》可知，对于陆可教之疏，"上即允行，至今未
闻颁发也"。诚如沈德符所言，"此书至二万余卷，即大内止写本一
部，至世宗重录以备不虞，亦至穆宗朝始告竣。效劳诸臣，俱叙功

---

① 如刘世德《三国志演义作者与版本考论》即引《明代版刻综录》云，"《古今
书刻》有黄嘉善刊本，刊行于万历三十六年（1608）"（中华书局 2010 年版，第 79、
260 页），等等。

② 王齐洲《中国通俗小说史》："《古今书刻》有黄嘉善刊本，刊于嘉靖三十六
年（1557 年）。"（武汉大学出版社 2015 年版，第 186 页）

③ 详见笔者《〈古今书刻〉黄嘉善校刻本编刊时间考》，《北京大学中国古文献
研究中心集刊》第 19 辑，北京大学出版社 2019 年版，第 251—262 页。

④ （明）高儒、周弘祖：《百川书志　古今书刻》，古典文学出版社 1957 年点校
本，《出版说明》第 2 页。

⑤ 崔文印：《〈古今书刻〉浅说》，《中国典籍与文化》2007 年第 1 期，第 5 页。

⑥ 《明世宗实录》卷 512，台北"中研院"史语所 1966 年校印北平图书馆藏明
红格钞本，第 8413 页。

⑦ 《明神宗实录》卷 271，台北"中研院"史语所 1966 年校印北平图书馆藏明
红格钞本，第 5033 页。

优升。若付梨枣，更岂易言"①。可见，若仅因《古今书刻》书名中有一"刻"字，便笃定周弘祖所记全部书籍皆为刻本，不加以考证，是不太妥当的。

其三，是罗列各种书目著录，而没有注意其间的源流关系。比如，日本学者酒井忠夫在其著作《中国善书研究》中，列举了 57 种明朝"敕撰刊行的训谕、道德书"，其中一种为《女诫》。《女诫》曾经刊刻的证据，为"《实录》'洪武元年三月辛未朔'条、《明史稿》、《明史·艺文志一》、《罪惟录·艺文志》、王圻《续文献通考·经籍考》、《千顷堂书目》——子部·儒家类"②。然据已有研究可知，黄虞稷《千顷堂书目》、王鸿绪《明史稿·艺文志》、张廷玉《明史·艺文志》著录的明人著述，几乎相同；③ 李晋华曾将《千顷堂书目》与明代全部实录对勘，发现"《千顷堂书目》内所列之明代敕撰书，十有八九见于实录"④。也就是说，证据中的实录记载、《千顷堂书目》《明史稿》《明史·艺文志一》四者，实为同源。

要考察明初制书是否曾经刊刻，最权威的书目无疑是《文渊阁书目》。即如明太祖《御制文集》这样藏之内府、得见者罕的刻本，⑤《文渊阁书目》亦著录了二十余部。《女诫》并未见于《文渊

---

① （明）沈德符：《万历野获编》卷 25 "国学刻书"，中华书局 1959 年点校本，第 637 页。

② ［日］酒井忠夫《中国善书研究》（增补版），刘岳兵等译，江苏人民出版社 2010 年版，第 23—24 页。

③ 按，对于黄虞稷《千顷堂书目》、黄虞稷《明史·艺文志稿》、王鸿绪《明史稿·艺文志》、张廷玉《明史·艺文志》之间的源流关系，学界多有研究。主要成果，有王宣标《〈明史艺文志〉纂修考》（博士学位论文，中山大学，2012 年）、李言《〈千顷堂书目〉新证》（博士学位论文，南京师范大学，2013 年）、张云《黄虞稷〈千顷堂书目〉与〈明史·艺文志稿〉关系考实》（《文史》2015 年第 2 辑，第 245—276 页），等等。

④ 李晋华：《明代敕撰书考附引得》，自序第 1 页。

⑤ 《明孝宗实录》卷 63 载弘治五年五月丘濬疏云："《御制诗文》虽已编辑刻板，藏在内府，天下臣民得见者尚罕"（台北"中研院"史语所 1966 年校印北平图书馆藏明红格钞本，第 1214 页）。

阁书目》，且据《明太祖实录》记载可知，其读者范围极小。① 所以笔者认为，是书实未刊刻。

因此，笔者在使用现存明清官私目录、史志目录时，不会仅根据单一的书目记载而得出一部书曾经出版的结论，而是首先注意考察所用书目的作者、成书、版本情况以及不同书目间的关系，再对书目著录予以考辨，并将其与文集、史书记载相结合，最后判断一部书籍是否刊刻。

最后，就史书而言，在判定一部书籍是否曾经刊刻时，亦必须将史书记载与书目著录、序跋题识等其他材料结合考察，不然很容易造成错误。比如，加拿大汉学家卜正民（Timothy Brook）在其专著《明代的社会与国家》中提出，"在明代初期的法律文献汇编之中，必须要提洪武朝宫廷刊布的三种书籍：作为礼仪及相关规章汇编的《大明集礼》在 1370 年刊行，并于次年问世；以《大明志》为题的行政地理手册，在 1371 年 1 月刊行；《大明律》的第一版也在 1373 年颁行全国"②。卜正民所言《大明集礼》之刊行，显然是根据《明太祖实录》卷五六所记"（洪武三年九月）修礼书成，赐名曰《大明集礼》……通五十卷，诏颁行之"③。然据《明世宗实录》记载，嘉靖八年（1529）十一月，"礼部尚书李时等言，《大明集礼》本祖宗亲命儒臣纂集制书，百六十年以来，未及刊布，遂至讹谬日多"④；嘉靖刻本《大明集礼》明世宗序亦云："昨岁礼部请

---

① 《明太祖实录》卷 31："洪武元年三月辛未朔，命翰林儒臣修《女戒》。上谓学士朱升等曰：治天下者，修身为本，正家为先。正家之道，始于谨夫妇。后妃虽母仪天下，然不可使预政事。至于嫔嫱之属，不过备执事、侍巾栉。若宠之太过，则骄恣犯分，上下失序。观历代宫闱，政由内出，鲜有不为祸乱者也。夫内嬖惑人，甚于鸩毒，惟贤明之主能察之于未然，其他未有不为所惑者。卿等为我纂述《女戒》及古贤妃之事可为法者，使后世子孙知所持守。"（第 535 页）

② ［加］卜正民（Timothy Brook）：《明代的社会与国家》，陈时龙译，黄山书社 2009 年版，第 155—156 页。

③ 《明太祖实录》卷 56，第 1113—1114 页。

④ 《明世宗实录》卷 107，第 2536 页。

刊布中外，俾人有所知见，乃命内阁发秘藏，令其刊布。兹以讫工，遂使广行宣传，以彰我皇祖一代之制"①。可见，《大明集礼》实未于洪武年间刊刻。

利用上述方法，笔者共搜辑到洪武、建文、永乐年间版刻信息287 则。其中，洪武年间版刻信息 160 则（现存 105 则、已佚 55 则），具体为经部 16 则、史部 54 则、子部 41 则、集部 49 则；建文年间版刻信息 13 则（现存 7 则、已佚 6 则），其中经部 2 则、史部 5 则、子部 3 则、集部 3 则；永乐年间版刻信息 114 则（现存 99 则、已佚 15 则），其中经部 10 则、史部 20 则、子部 60 则、集部 24 则。② 这些版刻信息，即为后文探讨此时出版情况、出版特点的材料基础。

笔者将这些版刻信息，制成如下洪武、建文、永乐三表（表 1 – 1、表 1 – 2、表 1 – 3），表内以经、史、子、集四部分类顺序排列。为避免行文甚繁、详略失当，同时为方便读者阅读，下面仅列出了书名、作者、卷数、版本时间、存佚情况等最基本信息。至于现存版本的藏所、判定为该版本的依据、已佚版刻信息的出处、判定其曾出版的原因等更详细的信息，皆可参阅本书附录表格。

需要说明的是，本书搜辑的洪武、建文、永乐时期版刻信息，皆为这一时期在中国出版的书籍。其中既包括明前期于中国出版、然今天存藏于海外的古籍，亦包括少数民族、外国人在明前期中国撰写、出版的书籍。笔者亦调查了外国对明前期中国刻本的覆刻本、

---

① （明）徐一夔、梁寅等：《大明集礼》，《中华再造善本·明代编》，国家图书馆出版社 2009 年影印中国国家图书馆藏明嘉靖九年刻本。

② 为最大限度地保证证用以探讨洪武、建文、永乐时期出版情况、出版特点材料的真实、可信，就现存版刻信息而言，凡是笔者认为可能刊刻于这一时期、然亦可能是刊刻于其他时间的版本，此处皆未提取其信息；在笔者未能寓目、需要转引已有著录的信息中，凡是书目、数据库著录为"明初刻本"的，此处亦未收录其信息。就已佚版刻信息而言，凡存在曾经出版可能、然已有证据不足者，同样皆未纳入此处。读者可在本书附录表格中，看到这些不够确定的现存、已佚版刻信息，以及全部现存"明初刻本"著录。

翻刻本、重刻本等，并从中提取与明前期中国出版相关的信息。至于明前期中国人在海外撰写、出版的书籍，以及这一时期的外国人在海外撰写、出版的汉籍，则不在本次考察范围之内。

本研究所谓"书籍"，则需满足两方面条件。就形制而言，其应由一定的纸张组成。单张、零星印刷页，如明代里甲户口页等，① 不纳入考察。就内容而言，其应有一定的知识含量。单纯地提供信息，如日历等，亦不纳入考察。

由于时间限制以及一些实际困难，② 还有部分海内外现存明前期版刻，笔者未能寓目。凡是笔者尚未目验原书书影，暂时引用了书目、数据库等著录的现存版刻信息，皆于"现存"字样后标以星号（＊）。对于尚未得观书影、细读原书序跋的版本，皆于已有著录的版刻时间项下，标注此为"刊刻时间或作序时间"，以待进一步查考。对于洪武至永乐年间刻本失传，但仍有重刻本、增刻本等其他版本存世的书籍，则于"已佚"后注明"内容存"。

对于出版规模较大的书籍，为免表格过长、影响读者阅读使用，笔者的做法是立足现存版本，设置条目。如刘三吾《孟子节文》现存三个不同刻本，俱出版于洪武至永乐年间，则相应在表格中，著录为三则条目。而如《大诰续编》《大诰三编》现存太原府翻刻本，由此推之，全国其他地区，亦皆需翻刻《大诰续编》《大诰三编》，然上述地区翻刻本今皆不传。对此就不再一一设置新的条目，而是在附录表格里太原府翻刻本条目的"备注"栏中，

① （万历）《大明会典》卷20："有司先将一户定式誊刻印板，给与坊长、厢长、里长并各甲首。令人户自将本户人丁事产依式开写，付该管甲首。"（影印明万历重修本，第357页）

② 自2020年年初至今，为防控新型冠状病毒肺炎，各大公共图书馆大多压缩了开放时间、减少了进馆名额，读者进馆多需申请、预约。前往外国、外地实地访书，更加困难。高校图书馆，则基本不批准非本校师生进校、进馆查考古籍。除此之外，还有不少笔者无能为力的客观困难。如中国国家图书馆普通古籍馆，正在对编号以"15"开头的佛经文献开展集中修复，馆员老师表示，此类文献未来一两年内皆难以借阅。

加以说明。著录科举文献，同样采取这一方式，以现存洪武、建文、永乐时期乡试录、会试录、进士登科录版本为条目，在其备注栏中，注明其他地区在哪些年份，同样有乡试录、会试录、进士登科录出版。

以上是关于这一表格需要强调的几个问题。有关此表编制的更多细节，俱见本书附录。

表 1 - 1　　　　　　**洪武年间（1368—1398）版刻信息**

四部分类	书名、作者、卷数信息	版本时间	存佚情况
经部—易类	（元）董真卿《周易经传集程朱解附录纂注》十四卷、《朱子易图附录纂注》一卷、《朱子启蒙五赞附录纂注》一卷、《朱子筮仪附录纂注》一卷	洪武二十一年（刊刻时间）	现存
经部—书类	（明）刘三吾等《书传会选》六卷	洪武二十七年（刊刻时间）	现存
经部—诗类	（宋）朱熹集传，（元）许谦音释《诗集传》十卷、《诗传纲领》一卷、《诗图》一卷、《诗序辨说》一卷	洪武至永乐年间（刊刻时间）	现存 *
经部—礼类	（明）官修《洪武礼制》一卷	洪武二十年前（刊刻时间）	已佚（内容存）
经部—礼类	（明）李原名等《礼仪定式》一卷	洪武二十年（成书时间）	已佚（内容存）
经部—春秋类	（明）傅藻等《春秋本末》三十卷	洪武十二年（刊刻时间）	已佚
经部—春秋类	（明）石光霁《春秋书法钩玄》四卷	洪武二十五年（成书时间）	现存
经部—四书类	（明）刘三吾《孟子节文》七卷	洪武二十七年（刊刻时间）	现存
经部—四书类	（明）刘三吾《孟子节文》七卷	洪武二十七年（作序时间）	现存

四部分类	书名、作者、卷数信息	版本时间	存佚情况
经部—四书类	（明）刘三吾《孟子节文》七卷	洪武三十年至永乐九年 （刊刻时间）	现存
经部—小学类	（明）赵谦《六书本义》十二卷首一卷	洪武十三年 （作序时间）	现存
经部—小学类	（宋）陈彭年等修，（明）宋濂等校定《广韵》	洪武九年 （作序时间）	已佚
经部—小学类	（明）乐韶凤、（明）宋濂等《洪武正韵》十六卷	洪武八年 （刊刻时间）	现存
经部—小学类	（明）汪广洋总裁，（明）朱孟辩等重校《洪武正韵》十六卷	洪武十二年 （作序时间）	现存
经部—小学类	（明）孙吾与《韵会定正》四卷	洪武二十三年 （刊刻时间）	已佚
经部—小学类	（明）火源洁等《华夷译语》不分卷	洪武二十二年 （刊刻时间）	现存
史部—正史类	（元）脱脱《金史》一百三十五卷、《目录》二卷	洪武二十三年 （刊刻时间）	已佚 （内容存）
史部—正史类	（明）宋濂等《元史》二百十卷、《目录》二卷	洪武三年 （刊刻时间）	现存
史部—编年类	（宋）尹起莘《资治通鉴纲目发明》五十九卷	洪武二十一年 （刊刻时间）	现存
史部—编年类	（元）王幼学《资治通鉴纲目集览》五十九卷	洪武二十一年 （刊刻时间）	现存
史部—别史类	（宋）苏辙《古史》六十卷	洪武二十三年 （刊刻时间）	已佚 （内容存）
史部—别史类	（元）赵居信《蜀汉本末》三卷	洪武年间 （刊刻时间）	已佚 （内容存）

续表

四部分类	书名、作者、卷数信息	版本时间	存佚情况
史部—杂史类	（唐）吴兢《贞观政要》十卷	洪武三年 （刊刻时间）	现存
史部—杂史类	（唐）吴兢《贞观政要》十卷	洪武二十三年 （刊刻时间）	现存 *
史部—诏令奏议类	（明）太祖朱元璋《祖训录》不分卷	洪武六年 （刊刻时间）	已佚 （内容存）
史部—诏令奏议类	（明）太祖朱元璋《祖训条章》不分卷	洪武二十八年 （刊刻时间）	已佚 （内容存）
史部—诏令奏议类	（明）太祖朱元璋《皇明祖训》一卷	洪武二十八年 （刊刻时间）	现存
史部—诏令奏议类	（明）太祖朱元璋《资世通训》一卷	洪武八年 （成书时间）	已佚 （内容存）
史部—诏令奏议类	（明）太祖朱元璋《大诰》一卷	洪武十八年 （刊刻时间）	现存
史部—诏令奏议类	（明）太祖朱元璋《大诰续编》一卷	洪武十九年 （刊刻时间）	现存
史部—诏令奏议类	（明）太祖朱元璋《大诰续编》一卷	洪武二十年 （刊刻时间）	现存
史部—诏令奏议类	（明）太祖朱元璋《大诰三编》一卷	洪武十九年 （刊刻时间）	现存
史部—诏令奏议类	（明）太祖朱元璋《大诰三编》一卷	洪武十九年 （作序时间）	现存
史部—诏令奏议类	（明）太祖朱元璋《大诰三编》一卷	洪武十九年 （作序时间）	现存
史部—诏令奏议类	（明）太祖朱元璋《大诰武臣》一卷	洪武二十年 （刊刻时间）	现存
史部—诏令奏议类	（明）太祖朱元璋《赐诸番诏敕》一卷	洪武十二年后 （刊刻时间）	现存

续表

四部分类	书名、作者、卷数信息	版本时间	存佚情况
史部—诏令奏议类	（明）刘惟谦《大明律》三十卷	洪武七年（刊刻时间）	已佚（内容存）
史部—诏令奏议类	（明）官修《大明律》三十卷	洪武二十二年（刊刻时间）	已佚（内容存）
史部—诏令奏议类	（明）官修《大明律诰》不分卷	洪武三十年（刊刻时间）	已佚（内容存）
史部—诏令奏议类	（明）官修《宪纲》四十条	洪武四年（刊刻时间）	已佚（内容存）
史部—诏令奏议类	（明）官修《律令宪纲》不分卷	洪武六年（刊刻时间）	已佚
史部—诏令奏议类	（明）官修《教练军士律》不分卷	洪武六年（刊刻时间）	已佚（内容存）
史部—传记类	（明）郑涛《浦江郑氏旌义编》三卷	洪武三十年（作序时间）	现存
史部—传记类	（明）黄显仁等《休邑黄氏思本图》一卷	洪武二十二年（刊刻时间）	现存
史部—传记类	（明）谢应芳《思贤录》四卷	洪武十六年（刊刻时间）	已佚（内容存）
史部—传记类	（明）陶凯等《昭鉴录》二卷	洪武六年（刊刻时间）	已佚（内容存）
史部—传记类	（明）宋濂等《孝慈录》一卷	洪武七年（刊刻时间）	已佚（内容存）
史部—传记类	（明）太祖朱元璋《相鉴》贤臣传十六卷、奸臣传四卷	洪武十三年（刊刻时间）	现存
史部—传记类	（明）太祖朱元璋《臣戒录》十卷	洪武十三年（刊刻时间）	现存
史部—传记类	（明）太祖朱元璋《癉恶录》不分卷	洪武年间（刊刻时间）	现存

续表

四部分类	书名、作者、卷数信息	版本时间	存佚情况
史部—传记类	（明）吴沉等《精诚录》三卷	洪武十六年（成书时间）	已佚
史部—传记类	（明）官修《志戒录》二卷	洪武十九年（刊刻时间）	已佚
史部—传记类	（明）《洪武四年会试录》一卷	洪武四年（刊刻时间）	现存
史部—传记类	（明）《洪武四年进士登科录》一卷	洪武四年（刊刻时间）	现存
史部—史钞类	（明）张美和《元史节要》二卷、《释文》一卷	洪武三十年（刊刻时间）	现存
史部—史钞类	（明）梁寅《元史略》四卷	洪武十九年（刊刻时间）	现存
史部—载记类	（宋）马令《南唐书》三十卷	洪武二十三年（刊刻时间）	已佚（内容存）
史部—载记类	（宋）郭允蹈《蜀鉴》十卷	洪武二十八年（刊刻时间）	已佚（内容存）
史部—地理类	（明）魏俊民等《大明志》	洪武三年（刊刻时间）	已佚
史部—地理类	（明）刘基等《大明清类天文分野之书》二十四卷	洪武十七年（刊刻时间）	现存
史部—地理类	（明）官修《寰宇通衢》一卷	洪武二十七年（成书时间）	现存
史部—地理类	（明）官修《洪武志》（《洪武京城图志》）一卷	洪武二十八年（刊刻时间）	已佚（内容存）
史部—地理类	（明）胡琏、（明）虞自铭　洪武《永州府志》十二卷	洪武十六年（刊刻时间）	现存
史部—地理类	（明）卢熊　洪武《苏州府志》五十卷	洪武十二年（刊刻时间）	现存

续表

四部分类	书名、作者、卷数信息	版本时间	存佚情况
史部—地理类	（明）张昌　洪武《平阳志》	洪武十五年（作序时间）	现存
史部—职官类	（元）张养浩《三事忠告》三卷	洪武二十七年（刊刻时间）	现存
史部—职官类	（明）《醒贪简要录》（《醒贪录》）二卷	洪武二十五年（刊刻时间）	已佚
史部—职官类	（明）太祖朱元璋《诸司职掌》十卷	洪武二十六年（刊刻时间）	现存
史部—职官类	（明）太祖朱元璋《诸司职掌》十卷	洪武二十六年（成书时间）	现存
史部—职官类	（明）太祖朱元璋《诸司职掌》十卷	洪武二十六年（成书时间）	现存
子部—法家类	（明）何广《律解辩疑》三十卷	洪武十九年（作序时间）	现存
子部—医家类	（明）赵宜真《仙传外科集验方》一卷、《秘传外科方》一卷、《仙授理伤续断方》一卷	洪武二十八年（刊刻时间）	现存
子部—医家类	（明）李恒《袖珍方大全》四卷	洪武二十四年（刊刻时间）	已佚（内容存）
子部—天文算法类	（宋）杨辉《杨辉算法》七卷	洪武十一年（刊刻时间）	已佚（内容存）
子部—天文算法类	（元）安正斋《新刊详明算法》二卷	洪武六年（刊刻时间）	现存*
子部—天文算法类	（明）海达儿等口授，（明）李翀、（明）吴伯宗译《天文书》四卷	洪武十六年（刊刻时间）	现存
子部—天文算法类	（明）佚名《回回历法》一卷	洪武年间（刊刻时间）	现存
子部—术数类	（晋）郭璞著，（元）吴澄删，（元）郑谧注《刘江东家藏善本葬书》一卷	洪武年间（刊刻时间）	已佚（内容存）

续表

四部分类	书名、作者、卷数信息	版本时间	存佚情况
子部—术数类	（明）朱隐老《皇极经世书说》十八卷	洪武年间 （刊刻时间）	现存＊
子部—艺术类	（金）张天锡《草书韵会》五卷	洪武二十九年 （刊刻时间）	现存
子部—艺术类	（明）陶宗仪《书史会要》九卷、《补遗》一卷	洪武九年 （刊刻时间）	现存
子部—杂家类	（宋）张镃《皇朝仕学规范》四十卷	洪武年间 （刊刻时间）	现存＊
子部—杂家类	（宋）赵善璙《自警编》五卷	洪武年间 （刊刻时间）	现存＊
子部—杂家类	（明）刘基《郁离子》十卷	洪武十九年 （作序时间）	现存＊
子部—类书类	（宋）胡继宗编，（宋）胡古林校《增广事吟料诗韵集大成》二卷	洪武七年 （刊刻时间）	现存＊
子部—类书类	（元）阴时夫编，（明）新定《韵府群玉》	洪武八年 （刊刻时间）	已佚
子部—类书类	（元）吴黼《丹墀独对》二十卷	洪武十九年 （刊刻时间）	现存
子部—类书类	（明）《魁本对相四言杂字》一卷	洪武四年 （刊刻时间）	现存＊
子部—释家类	《洪武南藏》七千一百余卷	洪武五年至永乐十二年 （刊刻时间）	现存
子部—释家类	（后秦）释鸠摩罗什译《妙法莲华经观世音菩萨普门品经》一卷	洪武二十八年 （刊刻时间）	现存
子部—释家类	（唐）释般剌蜜帝译，（元）释惟则会解《大佛顶首楞严经会解》十卷	洪武年间 （刊刻时间）	现存＊

四部分类	书名、作者、卷数信息	版本时间	存佚情况
子部—释家类	（明）释宗泐等注《金刚经》一卷	洪武十一年 （成书时间）	已佚 （内容存）
子部—释家类	（明）释宗泐等注《心经》一卷	洪武十一年 （成书时间）	已佚 （内容存）
子部—释家类	（明）释宗泐等注《楞伽经》一卷	洪武十一年 （成书时间）	已佚 （内容存）
子部—释家类	（宋）张商英《护法论》一卷	洪武九年 （作序时间）	现存
子部—释家类	（明）沈士荣《原教论》一卷	洪武十九年 （刊刻时间）	现存
子部—释家类	（宋）释祖心《冥枢会要》三卷	洪武十三年 （刊刻时间）	现存
子部—释家类	（宋）释延一《广清凉传》三卷	洪武二十九年 （刊刻时间）	现存
子部—释家类	（宋）陈实《大藏一览集》十卷	洪武二十二年 （刊刻时间）	现存
子部—释家类	（元）释明本《净土诗》一卷	洪武二十四年 （刊刻时间）	现存
子部—释家类	题（晋）僧肇《晋僧肇法师宝藏记》一卷	洪武二十五年 （刊刻时间）	已佚 （内容存）
子部—释家类	（宋）颜丙《如如居士三教大全语录》二卷	洪武十九年 （刊刻时间）	现存 *
子部—释家类	（宋）释道谦《大慧普觉禅师宗门武库》一卷、《雪堂行和尚拾遗录》一卷	洪武十二年 （刊刻时间）	现存
子部—释家类	（元）释至柔《石屋和尚住嘉兴当湖福源禅寺语录》一卷、《山居颂》一卷	洪武十五年 （作序时间）	现存
子部—释家类	（元）释慈寂《天目中峰和尚广录》三十卷	洪武二十年 （刊刻时间）	已佚 （内容存）

续表

四部分类	书名、作者、卷数信息	版本时间	存佚情况
子部—释家类	（元）千岩元长《千岩禅师语录》	洪武初年 （作序时间）	已佚 （内容存）
子部—释家类	（宋）《天竺灵签》一卷	洪武年间 （刊刻时间）	现存
子部—释家类	（元）释西庵《藏乘法数》一卷	洪武十三年 （刊刻时间）	现存
子部—释家类	《十斋素念佛式》一卷	洪武二十九年 （刊刻时间或作序 时间）	现存*
子部—释家类	《冥司语录》一卷	洪武三十一年 （刊刻时间）	现存
子部—道家类	（宋）俞琰《周易参同契发挥》三卷、《释疑》 一卷	洪武十三年 （刊刻时间或作序 时间）	现存
集部—别集类	（唐）韩愈著，（宋）朱熹考异，（宋）王伯大 音释《朱文公校昌黎先生文集》四十卷、《外 集》十卷、《遗文》一卷	洪武十五年 （刊刻时间）	现存
集部—别集类	（宋）欧阳修著，（明）曾鲁考异《居士集》五 十卷	洪武六年 （刊刻时间）	现存
集部—别集类	（宋）欧阳修著，（明）曾鲁考异《居士集》五 十卷	洪武十九年 （刊刻时间）	现存
集部—别集类	（宋）欧阳修著，（明）曾鲁考异《居士集》五 十卷	洪武六年后、建文 四年前 （刊刻时间）	已佚 （内容存）
集部—别集类	（宋）邵雍《伊川击壤集》二十卷、《集外诗》 一卷	洪武年间 （刊刻时间）	现存
集部—别集类	（宋）罗愿《罗鄂州小集》五卷，（宋）罗颂 《罗鄂州遗文》一卷、《附录》一卷	洪武二年 （作序时间）	现存

四部分类	书名、作者、卷数信息	版本时间	存佚情况
集部—别集类	（元）戴表元《剡源集》二十八卷	洪武四年（作序时间）	已佚（内容存）
集部—别集类	（元）程钜夫《楚国文宪公雪楼程先生文集》三十卷、《年谱》一卷，（元）程世京《附录》一卷	洪武二十八年（刊刻时间）	现存
集部—别集类	（元）柳贯《上京纪行诗》不分卷	洪武十年（作序时间）	现存
集部—别集类	（元）虞集《新编翰林珠玉》六卷	洪武年间（刊刻时间）	现存*
集部—别集类	（元）黄镇成《秋声集》九卷	洪武十一年（刊刻时间）	现存
集部—别集类	（明）谢应芳《龟巢摘稿》三卷	洪武十二年（刊刻时间）	已佚（内容存）
集部—别集类	（元）吴莱《渊颖吴先生集》十二卷、《附录》一卷	洪武年间（刊刻时间）	现存*
集部—别集类	（明）张以宁《翠屏诗集》	洪武二十三年（刊刻时间）	已佚（内容存）
集部—别集类	（明）张以宁《翠屏文集》	洪武二十三年之后不久（刊刻时间）	已佚（内容存）
集部—别集类	（元）傅若金《傅与砺诗集》八卷	洪武十六年（刊刻时间）	现存
集部—别集类	（元）傅若金《傅与砺文集》十一卷、《附录》一卷	洪武十七年（刊刻时间）	现存
集部—别集类	（明）胡翰《胡仲子集》十卷	洪武十四年（刊刻时间）	现存
集部—别集类	（明）宋濂《潜溪集》四十卷	洪武年间（刊刻时间）	已佚（内容存）

续表

四部分类	书名、作者、卷数信息	版本时间	存佚情况
集部—别集类	（明）宋濂《萝山集》五卷	洪武年间 （刊刻时间）	已佚 （内容存）
集部—别集类	（明）宋濂《宋学士文粹》十卷、《补遗》一卷	洪武十年 （刊刻时间）	现存
集部—别集类	（明）宋濂《宋学士文粹》十卷、《补遗》一卷	洪武十年 （作序时间）	现存
集部—别集类	（明）朱善《朱一斋先生文集》前十卷、后五卷、《广游文集》一卷	洪武十八年后不久 （刊刻时间）	已佚 （内容存）
集部—别集类	（明）贝琼《清江贝先生文集》三十卷、《诗集》十卷、《诗余》一卷	洪武年间 （刊刻时间）	现存
集部—别集类	（明）王逢《梧溪集》七卷	洪武年间 （刊刻时间）	已佚 （内容存）
集部—别集类	（明）释来复著，（明）释法住编《蒲庵集》十卷	洪武十二年 （作序时间）	现存
集部—别集类	（明）刘秩《听雪篷先生诗集》七卷、《附录》一卷	洪武二十年 （作序时间）	现存
集部—别集类	（明）吴海《闻过斋集》八卷	洪武三十一年 （刊刻时间）	已佚 （内容存）
集部—别集类	（明）太祖朱元璋《御制文集》五卷	洪武七年 （成书时间）	已佚 （内容存）
集部—别集类	（明）太祖朱元璋《御制诗集》一卷	洪武七年 （成书时间）	已佚 （内容存）
集部—别集类	（明）谢肃《密庵稿》十卷	洪武三十一年 （刊刻时间）	现存
集部—别集类	（明）高启《高季迪赋姑苏杂咏》一卷	洪武三十一年 （刊刻时间）	现存
集部—别集类	（明）刘琏《自怡集》一卷	洪武十三年 （刊刻时间）	现存

四部分类	书名、作者、卷数信息	版本时间	存佚情况
集部—总集类	（元）杨士弘《唐音》十四卷	洪武二十三年（刊刻时间）	现存
集部—总集类	（明）赖良《大雅集》八卷	洪武年间（刊刻时间）	已佚（内容存）
集部—总集类	（明）孙原理采辑，（明）陈孟凝选，（明）张中达校《元音》十二卷	洪武十七年（作序时间）	已佚（内容存）
集部—总集类	（明）刘仔肩《雅颂正音》五卷	洪武三年（刊刻时间）	现存
集部—总集类	（明）许中丽《光岳英华》十五卷	洪武十九年（刊刻时间）	现存
集部—总集类	（明）沈易《幼学日诵五伦诗选》"内集"五卷	洪武二十年（作序时间）	现存
集部—总集类	（明）沈巽编，（明）顾禄选《皇明诗选》二十卷	洪武三十年（作序时间）	现存
集部—总集类	（元）黄应龢《华川文派录》六卷	洪武元年至七年之间（刊刻时间）	已佚
集部—总集类	（明）朱栴《文章类选》四十卷	洪武三十一年（刊刻时间）	现存
集部—总集类	（明）梁寅《策要》六卷	洪武二十年（刊刻时间）	现存
集部—总集类	（明）官修《乡试程文》	洪武五年（成书时间）	已佚
集部—词曲类	（宋）何士信《增修笺注妙选群英草堂诗余前集》二卷、《后集》二卷	洪武二十五年（刊刻时间）	现存
集部—词曲类	（明）刘基《写情集》四卷	洪武十三年（刊刻时间）	现存
集部—词曲类	（明）朱权《太和正音谱》二卷	洪武三十一年（作序时间）	已佚（内容存）

续表

四部分类	书名、作者、卷数信息	版本时间	存佚情况
集部—词曲类	（明）朱权《琼林雅韵》不分卷	洪武三十一年（作序时间）	现存
集部—词曲类	（明）朱权《务头集韵》四卷	洪武三十一年（作序时间）	已佚

表 1－2　建文年间（1399—1402）版刻信息

四部分类	书名、作者、卷数信息	版本时间	存佚情况
经部—诗类	（明）朱善《诗经解颐》四卷	建文四年（刊刻时间）	已佚（内容存）
经部—小学类	（宋）陆佃《埤雅》二十卷	建文二年（刊刻时间）	现存
史部—杂史类	（明）朱权《汉唐秘史》二卷	建文四年（作序时间）	现存
史部—传记类	（明）《建文元年京闱小录》一卷	建文元年（刊刻时间）	已佚（内容存）
史部—传记类	（明）《建文二年会试录》一卷	建文二年（刊刻时间）	已佚（内容存）
史部—传记类	（明）《建文二年殿试登科录》一卷	建文二年（刊刻时间）	已佚（内容存）
史部—政书类	（明）官修《皇明典礼》不分卷	建文二年（作序时间）	现存
子部—儒家类	（汉）刘向《说苑》二十卷	建文四年（刊刻时间）	现存
子部—释家类	《摩诃般若波罗蜜多心经解注》一卷	建文三年（作序时间）	现存＊
子部—释家类	题（宋）无垢子注《摩诃般若波罗蜜多心经》一卷	建文三年（作序时间）	现存

续表

四部分类	书名、作者、卷数信息	版本时间	存佚情况
集部—别集类	（元）陈孚《陈刚中诗集》三卷、《附录》一卷	建文四年（刊刻时间）	已佚（内容存）
集部—别集类	（明）宋濂《宋学士续文粹》十卷、《附录》一卷	建文三年（刊刻时间）	已佚（内容存）
集部—总集类	（明）孙原理采辑，（明）陈孟凝选，（明）张中达校《元音》十二卷	建文三年（刊刻时间）	现存

表 1 - 3　　　　　　　　**永乐年间（1403—1424）版刻信息**

四部分类	书名、作者、卷数信息	版本时间	存佚情况
经部—易类	（唐）孔颖达《周易兼义》九卷；（唐）陆德明《经典释文》一卷；（魏）王弼著，（唐）邢璹注《周易略例注》一卷	永乐二年（刊刻时间）	现存
经部—书类	（唐）孔颖达《附释音尚书注疏》二十卷	永乐二年（刊刻时间或作序时间）	现存*
经部—春秋类	（宋）胡安国《春秋胡氏传》三十卷，（蜀）冯继先《春秋名号归一图》一卷，《诸国兴废说》一卷，《春秋二十国年表》一卷	永乐四年（刊刻时间）	现存
经部—五经总义类	（明）胡广等《五经大全》一百五十四卷	永乐十三年（刊刻时间）	现存
经部—四书类	（宋）刘炳《四书问目》不分卷	永乐二十年（刊刻时间）	已佚
经部—四书类	（明）胡广等《四书集注大全》四十三卷	永乐十三年（刊刻时间）	现存
经部—小学类	（梁）顾野王著，（唐）孙强增补，（宋）陈彭年等重修《大广益会玉篇》三十卷	永乐九年（刊刻时间）	已佚（内容存）
经部—小学类	（梁）顾野王著，（唐）孙强增补，（宋）陈彭年等重修《大广益会玉篇》三十卷	永乐十二年（刊刻时间）	现存*

四部分类	书名、作者、卷数信息	版本时间	存佚情况
经部—小学类	（梁）顾野王著，（唐）孙强增补，（宋）陈彭年等重修《大广益会玉篇》三十卷、附《广韵指南》一卷	永乐十四年（刊刻时间）	现存
经部—小学类	（宋）陈彭年等重修《广韵》五卷	永乐二十二年（刊刻时间）	现存
史部—编年类	（宋）尹起莘《资治通鉴纲目发明》五十九卷；（元）王幼学著，（明）陈济编《资治通鉴纲目集览》五十九卷	永乐年间（刊刻时间或作序时间）	现存*
史部—编年类	（明）胡粹中《元史续编》十六卷	永乐元年（作序时间）	现存
史部—编年类	（明）朱权《天运绍统》一卷	永乐四年（作序时间）	现存
史部—杂史类	（明）刘惟德《使蜀稿》二卷	永乐八年（刊刻时间）	现存
史部—诏令奏议类	（明）杨士奇等《历代名臣奏议》三百五十卷、《目录》一卷	永乐十四年（刊刻时间）	现存
史部—传记类	（明）解缙等《古今列女传》三卷	永乐元年（刊刻时间）	现存
史部—传记类	（明）《高皇后传》不分卷	永乐四年（刊刻时间）	现存
史部—传记类	（明）成祖朱棣《为善阴骘》十卷	永乐十七年（刊刻时间）	现存
史部—传记类	（明）成祖朱棣《孝顺事实》十卷	永乐十八年（作序时间）	现存
史部—传记类	（明）李庭贵辑，（明）王逊之增辑《徐苏传》二卷	永乐二十二年（刊刻时间）	现存
史部—传记类	（明）刘鹰《大明功臣诚意伯翊运录》一卷	永乐二年（作序时间）	现存

续表

四部分类	书名、作者、卷数信息	版本时间	存佚情况
史部—传记类	（明）李元选《南昌丰城李氏族谱》一卷	永乐三年（刊刻时间或作序时间）	现存＊
史部—传记类	（明）《永乐十二年福建乡试录》一卷	永乐十二年（刊刻时间）	已佚（内容存）
史部—传记类	（明）《永乐十八年浙江乡闱小录》一卷	永乐十八年（刊刻时间）	已佚（内容存）
史部—传记类	（明）《永乐十三年会试录》一卷	永乐十三年（刊刻时间）	已佚（内容存）
史部—传记类	（明）《永乐九年进士登科录》一卷	永乐九年（刊刻时间）	现存
史部—传记类	（明）《永乐十年进士登科录》一卷	永乐十年（刊刻时间）	现存
史部—地理类	（元）刘大彬《茅山志》十五卷	永乐元年（刊刻时间）	现存
史部—地理类	（明）陈琏　永乐《颍川郡志》十七卷	永乐十一年（刊刻时间）	现存
史部—地理类	（明）黄裳　永乐《政和县志》四卷	永乐二年（作序时间）	已佚（内容存）
子部—儒家类	（汉）刘向《新刊刘向先生说苑》二十卷	永乐十四年（刊刻时间）	现存＊
子部—儒家类	（宋）真德秀《大学衍义》	永乐二年七月后、永乐七年前（刊刻时间）	已佚（内容存）
子部—儒家类	（明）成祖朱棣《圣学心法》四卷	永乐七年（作序时间）	现存
子部—儒家类	（明）仁孝皇后徐氏《大明仁孝皇后内训》一卷	永乐五年（刊刻时间）	现存

续表

四部分类	书名、作者、卷数信息	版本时间	存佚情况
子部—儒家类	（明）仁孝皇后徐氏《大明仁孝皇后劝善书》二十卷	永乐五年（作序时间）	现存
子部—儒家类	（明）胡广等《性理大全书》七十卷	永乐十三年（刊刻时间）	现存
子部—医家类	（金）李杲《脾胃论》三卷	永乐年间（刊刻时间）	已佚（内容存）
子部—医家类	（金）李杲《内外伤辨惑论》一卷	永乐年间（刊刻时间）	已佚（内容存）
子部—医家类	（金）李杲《用药珍珠囊》一卷	永乐年间（刊刻时间）	已佚（内容存）
子部—医家类	（元）罗天益《卫生宝鉴》二十四卷、《补遗》一卷	永乐十五年（刊刻时间）	现存
子部—医家类	（明）李恒《袖珍方大全》四卷	永乐十三年（刊刻时间）	已佚（内容存）
子部—医家类	（明）朱橚《救荒本草》二卷	永乐四年（作序时间）	已佚（内容存）
子部—医家类	（明）朱橚《普济方》一百六十八卷	永乐年间（刊刻时间）	现存
子部—术数类	（宋）杨维德《遁甲符应经》三卷	永乐十二年（刊刻时间）	已佚（内容存）
子部—术数类	（明）朱权《救命索》一卷	永乐十八年（作序时间）	现存
子部—杂家类	（明）赵谦《学范》六篇	永乐二年（刊刻时间）	现存
子部—类书类	（宋）陈元靓《纂图增新群书类要事林广记》十二卷	永乐十六年（刊刻时间）	现存*
子部—类书类	（元）林桢《联新事备诗学大成》三十卷	永乐六年（刊刻时间）	现存

四部分类	书名、作者、卷数信息	版本时间	存佚情况
子部—类书类	（元）佚名《新编排韵增广事类氏族大全》十集	永乐十七年（刊刻时间）	现存
子部—类书类	（明）朱权《原始秘书》十卷	永乐九年（作序时间）	现存
子部—释家类	《永乐南藏》六千三百三十一卷	永乐十一年至十八年（刊刻时间）	现存
子部—释家类	《永乐北藏》六千三百六十一卷	永乐十七年至正统五年（刊刻时间）	现存
子部—释家类	（后秦）释鸠摩罗什《妙法莲华经》七卷	永乐五年（刊刻时间或作序时间）	现存*
子部—释家类	（后秦）释鸠摩罗什《妙法莲华经》七卷	永乐七年（刊刻时间或作序时间）	现存*
子部—释家类	（后秦）释鸠摩罗什《妙法莲华经》七卷	永乐十七年（刊刻时间或作序时间）	现存*
子部—释家类	（宋）释戒环《妙法莲华经解》七卷	永乐十七年（刊刻时间）	现存
子部—释家类	（后秦）释鸠摩罗什译，（元）释道肯集篆《金刚般若波罗蜜经》一卷	永乐十年（刊刻时间或作序时间）	现存*
子部—释家类	（后秦）释鸠摩罗什《金刚般若波罗蜜经》一卷	永乐年间（刊刻时间或作序时间）	现存*
子部—释家类	（明）成祖朱棣《金刚般若波罗蜜经集注》一卷	永乐二十一年（刊刻时间）	现存

四部分类	书名、作者、卷数信息	版本时间	存佚情况
子部—释家类	（北凉）释昙无谶《大般涅槃经》四十卷	永乐五年（刊刻时间或作序时间）	现存＊
子部—释家类	（北凉）释昙无谶《金光明经》四卷	永乐二十二年（刊刻时间）	现存
子部—释家类	（唐）释不空、（元）释法天译《佛说摩利支天菩萨经》一卷	永乐元年（刊刻时间）	现存
子部—释家类	（唐）释实叉难陀《大方广佛华严经》八十卷、（唐）释般若《大方广佛华严经》一卷	永乐十七年（刊刻时间或作序时间）	现存＊
子部—释家类	（唐）释般若《大方广佛华严经入不思议解脱境界普贤行愿品》	永乐十二年（刊刻时间或作序时间）	现存＊
子部—释家类	（宋）释圆觉《华严原人论解》三卷	永乐七年（刊刻时间或作序时间）	现存＊
子部—释家类	（唐）释法海《六祖大师法宝坛经》一卷	永乐年间（刊刻时间或作序时间）	现存＊
子部—释家类	《大方便佛报恩经》七卷	永乐十七年（刊刻时间或作序时间）	现存＊
子部—释家类	《金光明最胜王经》十卷	永乐十七年（刊刻时间或作序时间）	现存＊
子部—释家类	《佛顶心陀罗尼经》三卷	永乐二十年（刊刻时间或作序时间）	现存＊

四部分类	书名、作者、卷数信息	版本时间	存佚情况
子部—释家类	《太上说天妃救苦灵验经》一卷	永乐十八年（刊刻时间）	现存
子部—释家类	《大乘经咒》四卷	永乐九年至十年（刊刻时间或作序时间）	现存*
子部—释家类	《大乘经咒》一卷	永乐九年至十年（刊刻时间）	现存
子部—释家类	《观世音菩萨普门品经佛说如意心陀罗尼神咒白衣大悲五印心陁罗尼咒》	永乐十三年（刊刻时间或作序时间）	现存*
子部—释家类	《大佛顶首楞严神咒》一卷、《大随求陀罗尼神咒》一卷	永乐十八年（刊刻时间）	现存
子部—释家类	《劝念佛诵经西方净土公据》一卷	永乐三年（刊刻时间）	现存
子部—释家类	《念佛法门往生西方公据》一卷	永乐十四年（刊刻时间）	现存
子部—释家类	《观音灵感真言》一卷	永乐十年（刊刻时间）	现存
子部—释家类	（后秦）释鸠摩罗什译《梵网经卢舍那佛说心地法门品菩萨戒本》一卷	永乐十一年（刊刻时间）	现存
子部—释家类	《御制三昧水忏》	永乐十四年（刊刻时间或作序时间）	现存*
子部—释家类	《弥陀往生净土忏仪》	永乐十八年（刊刻时间或作序时间）	现存*

续表

四部分类	书名、作者、卷数信息	版本时间	存佚情况
子部—释家类	（唐）裴休《黄檗山断际禅师传心法要》一卷、《宛陵录》一卷	永乐十二年（刊刻时间）	现存
子部—释家类	（宋）延寿《永明智觉禅师唯心诀》一卷	永乐四年（刊刻时间）	现存
子部—释家类	（宋）陈实《大藏一览集》十卷	永乐十六年（刊刻时间）	现存
子部—释家类	（宋）王日休《龙舒增广净土文》十四卷	永乐十六年（刊刻时间）	现存
子部—释家类	（宋）释印肃《普庵至善弘仁圆通智慧寂感妙应慈济真觉昭贶惠庆护国宣教大德菩萨实录》一卷、《语录》四卷、《家宝》一卷	永乐二十一年（刊刻时间）	现存
子部—释家类	（元）释道泰、（元）释智境《禅林类聚》二十卷	永乐十五年（刊刻时间）	现存
子部—释家类	（明）成祖朱棣《诸佛世尊如来菩萨尊者神僧名经》不分卷	永乐十五年（作序时间）	现存
子部—释家类	（明）成祖朱棣《神僧传》九卷	永乐十五年（刊刻时间）	现存
子部—道家类	《度人经》一卷	永乐四年（刊刻时间）	现存
子部—道家类	《新刊足本类编全相启圣实录》四卷	永乐十一年（成书时间）	现存
集部—别集类	（宋）欧阳修《欧阳文忠公集》一百五十三卷	永乐二年七月后、永乐七年前（刊刻时间）	已佚（内容存）
集部—别集类	（宋）释契嵩《镡津文集》二十二卷	永乐八年（刊刻时间）	现存*
集部—别集类	（宋）欧阳澈《欧阳修撰集》八卷	永乐十四年（刊刻时间）	现存

续表

四部分类	书名、作者、卷数信息	版本时间	存佚情况
集部—别集类	（宋）文天祥《宋少保右丞相信国公文山集》四卷	永乐十八年（刊刻时间或作序时间）	现存 *
集部—别集类	（元）吴澄《支言集》一百卷	永乐四年（刊刻时间）	已佚（内容存）
集部—别集类	（元）李存《鄱阳仲公李先生文集》三十一卷	永乐三年（刊刻时间）	现存
集部—别集类	（明）宋濂《宋学士续文粹》十卷、《附录》一卷	永乐年间（刊刻时间）	现存
集部—别集类	（明）刘夏《刘尚宾文集》五卷、《附录》一卷、《刘尚宾文续集》四卷	永乐十八年（作序时间）	现存
集部—别集类	（明）释宗泐《全室外集》九卷、《续集》一卷	永乐元年（刊刻时间）	现存
集部—别集类	（明）释睿略《松月集》一卷	永乐十一年（作序时间）	现存
集部—别集类	（明）胡奎《斗南先生诗集》六卷	永乐年间（刊刻时间）	现存 *
集部—别集类	（明）金固《雪厓先生诗集》五卷	永乐十九年（刊刻时间）	现存
集部—别集类	（明）袁珙《柳庄先生诗集》一卷	永乐九年（作序时间）	现存 *
集部—别集类	（明）高启《缶鸣集》十二卷	永乐元年（刊刻时间）	现存 *
集部—别集类	（明）管时敏著，（明）丁鹤年评《蚓窍集》十卷	永乐元年（刊刻时间）	现存
集部—别集类	（明）易恒《陶情稿》六卷	永乐四年（作序时间）	现存
集部—别集类	（明）夏时《守黑斋遗稿》十一卷	永乐十五年（刊刻时间）	现存

续表

四部分类	书名、作者、卷数信息	版本时间	存佚情况
集部—别集类	（明）刘鬺《盘谷集》十卷	永乐三年（作序时间）	现存
集部—总集类	（明）释净成编《三圣诗集》不分卷	永乐十四年（刊刻时间或作序时间）	现存*
集部—总集类	（明）朱绍、（明）朱积编，（明）楼宏校正《鼓吹续编》十卷	永乐二十二年（刊刻时间）	现存
集部—词曲类	（明）成祖朱棣《诸佛如来菩萨名称歌曲》五十卷	永乐十八年（作序时间）	现存
集部—词曲类	（明）成祖朱棣《诸佛世尊如来菩萨尊者名称歌曲》一卷、《感应歌曲》二卷	永乐十八年（作序时间）	现存
集部—词曲类	（明）成祖朱棣《诸佛世尊如来菩萨尊者名称歌曲》一卷、《感应歌曲》二卷	永乐十八年（作序时间）	现存
集部—词曲类	（明）朱有燉《诚斋杂剧》三十一卷	永乐、宣德、正统年间（刊刻时间）	现存

下面，笔者即以上述版刻信息为主要依据，同时结合相关史料，来观照这一时期的出版情况，并对前述学界的两种不同观点作出回应。

第二节　出版情况探析

在论述明前期出版萧条的观点中，最具代表性亦颇有影响的是井上进"出版之冬"一说。很多学者特别是西方学者转引了这一观点，如梅尔清云，井上进"《中国出版文化史》具有里程碑的意义……就像井上进所说，明代早期是一个书籍'贫乏'的时代"①，等等。下面具体观其论点、论证。

井上进《中国出版文化史》提出，在洪武至天顺时期出版的经、史、子、集各部文献中，经部文献多是针对科举考试制度的教材以及字书、韵书，"而就连元代都出版过的古书、古注疏及《韩诗外传》《大戴礼记》等，亦或南宋真正意义上的诗经研究书《诗缉》等几乎全部被一扫而净了"②。史部文献"更为萧条"，重要者唯有洪武《元史》与天顺七年刻本《史记》，"简而言之，这段时期内几乎没有出版过任何重要史籍"。

就子部而言，"天顺以前出版的道学书籍也就是《性理群书》《理学类编》、宫中版《性理大全书》，以及对程朱等宋代儒家的言论进行分类编写的书籍而已"，"明初以来的100多年间，非正统的诸子学说完全没人阅读，更不用说出版了"③。至于集部，"别集中，三分之二是明人的诗文集，这与宋人的别集数量相当，唐以前的就只有'韩柳'以及杜甫的别集了。总集就更为贫乏，元代尚出版过两种版本的《文选》，《国朝文类》《皇元风雅》等网罗当时文章的书籍，明初百年全然没有出版"。

以洪、永年间版刻信息为据，不难发现，一方面，井上进之论有其合理成分。洪武至永乐年间出版的经部文献，确实多为科举教材、字书、韵书，如《广韵》《埤雅》《书传会选》等皆然。其中一些在当时即多次出版，如《大广益会玉篇》《孟子节文》等。

另一方面，其论也存在一些问题。就经部而言，首先，"针对科举考试制度的教材"与"古注疏""真正意义上的诗经研究书"三者，实非泾渭分明。据《明太祖实录》记载，洪武十七年（1384）

① ［美］梅尔清：《印刷的世界：书籍、出版文化和中华帝国晚期的社会》，刘宗灵、鞠北平译，马钊校，第5、7页。

② ［日］井上进：《中国出版文化史》，李俄宪译，第119—120页。下文"史部"、"集部"同。

③ ［日］井上进：《中国出版文化史》，李俄宪译，第209页。

明太祖颁布"科举成式"，规定第一场试四书义三道、经义四道，"四书义主朱子集注。经义，《诗》主朱子集传，《易》主程朱传义，《书》主蔡氏传及古注疏，《春秋》主左氏、公羊、谷梁、胡氏、张洽传，《礼记》主古注疏"①。由此可知，古注疏、诗经研究书同时也可以是科举教材。以此观之，则洪武至永乐年间，既出版了朱善《诗经解颐》、石光霁《春秋书法钩玄》等经学研究著作，亦出版了董真卿《周易经传集程朱解附录纂注》，朱熹集传、许谦音释《诗集传》等古注疏。"几乎全部一扫而净"的说法是不恰当的。

至于史部，井上进云重要者唯有《元史》《史记》，似是将"重要史籍"界定为"二十四史"。然而在中国古代浩繁的史籍中，显然不是只有"二十四史"才是重要的。通过前述版刻信息可见，在洪武至永乐年间，纪传体史书外，编年、杂史、别史、传记、载记、地理、职官、政书、史钞、诏令奏议等诸多史部类目，皆有书籍出版。"几乎没有出版过任何重要史籍"之说，与事实不符。甚至仅就"二十四史"而言，亦非仅有《元史》《史记》出版。如据《明太祖实录》，洪武二十三年（1390）十二月甲戌，"福建布政使司进《南唐书》《金史》、苏辙《古史》。初，上命礼部遣使购天下遗书，令书坊刊行，至是三书先成，进之"②。由此可知，《金史》亦曾于洪武年间由福建书坊出版。

子部，在儒家之外，洪武至永乐年间，法家、医家、天文算法、术数、艺术、杂家、释家、道家等诸家，亦皆有书籍出版。其中释家类的出版书籍，如《洪武南藏》《永乐南藏》《永乐北藏》等，更是卷帙浩繁。井上进所言明初百余年间"非正统的诸子学说完全没人阅读，更不用说出版了"，未知何据。

最后是集部，井上进认为明初百余年总集出版贫乏，网罗当时文章的书籍，全然没有出版。然据版刻信息可知，洪武至永乐年间，

---

① 《明太祖实录》卷160，第2467页。
② 《明太祖实录》卷206，第3075页。

即有《光岳英华》《皇明诗选》《雅颂正音》等辑录当时诗文的总集
出版。

可见，仅洪武至永乐年间出版的经、史、子、集各部书籍，其
种类即已远多于井上进所论。由此即可想见，其以"穷匮""出版
之冬"等形容洪武至天顺年间这一更长时段的出版情况，是不恰当
的。洪熙至天顺年间的书籍出版并不在本书考察范围之内，然为了
更完整地回应井上进的观点，下面亦据现存版本略述之。

洪熙至天顺年间出版的经部书籍，亦如其所言，多为科举教材、
字书、韵书。如宣德十年（1435）守中书堂出版了彭勖《书传大全
通释》十卷，景泰七年（1456）马谅出版了郭璞注《尔雅》三卷、
《音释》三卷，天顺二年（1458）黄氏仁和堂出版了胡广《四书集
注大全》四十三卷，① 等等。

这一时期史、子、集书的出版，则非井上进所言。史部，仅就
"二十四史"而言，现存版本中，即有正统八年（1443）刻本《汉书》
一百卷、景泰元年（1450）刻本《隋书》八十五卷。② 在编年、别史、
传记、地理等其他类目，洪熙至天顺年间，同样多有书籍出版。

子部，得到出版的作品亦远不止于儒家，这里仅举数例：兵家，
有景泰五年（1454）刻本张预《十七史百将传》十卷；医家，有天
顺八年（1464）熊氏种德堂刻本《新编妇人良方补遗大全》二十四
卷；术数，有景泰二年（1451）刻本袁忠彻《古今识鉴》八卷；艺
术，有天顺元年（1457）黄氏刻本黄瑜《书学会编》四卷；谱录，
有景泰七年刻本忽思慧《饮膳正要》三卷；小说家，有天顺四年

---

① （明）彭勖：《书传大全通释》，《原国立北平图书馆甲库善本丛书》第 6 册，
国家图书馆出版社 2013 年影印明宣德十年守中书堂刻本；（晋）郭璞注：《尔雅》三
卷、《音释》三卷，天津图书馆藏明景泰七年马谅刻本；（明）胡广：《四书集注大
全》，天津图书馆藏明天顺二年黄氏仁和堂刻本（存五卷）。

② 《汉书》，《原国立北平图书馆甲库善本丛书》第 54—55 册，国家图书馆出版社
2013 年影印明正统八年刻本；《隋书》，宁波市天一阁博物馆藏明景泰元年夏昶刻本。

（1460）刻本朱胜非《绀珠集》十三卷；① 等等。

集部，井上进云唐代及以前作品，只有韩柳、杜甫别集出版，然现存版本中，即有宣德三年（1428）胡概刻本陆贽《唐陆宣公集》二十二卷。② 此外，林逋、欧阳修、苏轼、王十朋、叶适、谢枋得、文天祥、吴澄、虞集等明前作家别集，亦皆于洪熙至天顺年间得到出版。再就总集而言，收录先秦至明初诗文作品的吴讷《文章辨体》，亦是在天顺八年由刘孜主持出版。③

篇幅所限，以上仅举数例。由此益见，"穷匮""出版之冬"等形容，并不符合洪武至天顺年间书籍出版实际情况。

井上进之论，聚焦于出版物的种类。其实在种类之外，还可以从出版规模亦即书籍印数的角度，对这一时期的出版情况加以考察。

诚如沈津所言，"刻本的印数材料极少见"④。在笔者搜辑的明前期版刻信息中，亦鲜有明言印数的材料。唯永乐二十二年刻本《金光明经》末的出版者朱兴识语，明确提及了印数。识语云："奉佛弟子信官朱兴，法名吉祥，觉义切惟盛世，希逢佛乘难遇，发心印造《金光明经》五千四十八部，散施流通，仰祝皇帝陛下万岁万岁万万岁，本支蕃盛，宗社昌隆，佛日增辉，天人交庆。永乐二十

---

① （宋）张预：《十七史百将传》，军事科学院军事图书资料馆藏明景泰五年刻本；（宋）陈自明著，（明）熊宗立补遗：《新编妇人良方补遗大全》，《原国立北平图书馆甲库善本丛书》第495册，国家图书馆出版社2013年影印明天顺八年熊氏种德堂刻本（存十六卷）；（明）袁忠彻：《古今识鉴》，南京图书馆藏明景泰二年刻本；（明）黄瑜：《书学会编》，《原国立北平图书馆甲库善本丛书》第519册，国家图书馆出版社2013年影印明天顺元年黄氏刻本；（元）忽思慧：《饮膳正要》，《四库全书存目丛书》子部第80册，齐鲁书社1995年影印明景泰七年刻本；（宋）朱胜非：《绀珠集》，中国国家图书馆藏明天顺四年刻本。

② （唐）陆贽：《唐陆宣公集》，《原国立北平图书馆甲库善本丛书》第216册，国家图书馆出版社2013年影印明宣德三年胡概刻本。

③ （明）吴讷：《文章辨体》，《四库全书存目丛书》集部第291册，齐鲁书社1997年影印明天顺八年刻本。

④ 转引自何朝晖《试论中国传统雕版书籍的印数及相关问题》，载周生春、何朝晖主编《印刷与市场国际会议论文集》，第206页。

二年正月吉日谨识。"① 如朱兴所言确为实际情况，则《金光明经》出版规模颇为可观。下面，笔者再以《大诰》等书籍为例，借助相关史料，大致推断一些此时期重要书籍的出版规模，由此观照洪、永年间的出版情况。

前文已述，多数国子监生及各地生员应有《大诰》。学子之外，很多文武官吏亦应有《大诰》。方孝孺即明言，"今我皇上《大诰》之书，明孝以训臣民，凡为臣子者所当服行而弗忘也"②。且据《大明律》记载，"凡国家律令……百司官吏，务要熟读讲明律意，剖决事务……若有不能讲解、不晓律意者，初犯罚俸钱一月，再犯笞四十附过，三犯于本衙门递降叙用"③。可见熟读、明悉律意，于官吏为必须，否则即受罚。诰、律乃同类文献，对官吏掌握、拥有《大诰》的实际要求，应与此相类。中央也会赐《大诰》予官吏。如洪武二十一年（1388）七月丙戌，即"颁赐天下武臣《大诰》，令其子弟诵习"④。

因此，很多官吏家中应有《大诰》。比如，贵溪人吴大春即建有"御书楼"，"以其季由进士授主事，升浙江提刑按察司佥事。拜上之所赐诰命、敕命，并家之旧所宝藏列圣颁布中外者，若《大诰》三编诸书，皆会粹尊阁之于其中。非惟示不敢亵，而且于耕凿之暇，必焚香百拜，率子孙讽之诵之，求其旨趣"⑤。考之《明太宗实录》可知其子为吴渊，永乐十二年（1414）六月癸卯，由行人升任浙江按察司佥事。⑥

官吏之外，少数平民亦拥有《大诰》。如谢应芳有《读大诰作巷歌》，诗云："天语谆谆祸福灵，风飞雷厉鬼神惊。挂书牛角田头

---

① （北凉）：释昙无谶《金光明经》，首都图书馆藏明永乐二十二年朱兴刻本。
② （明）方孝孺著，徐光大点校：《逊志斋集》卷6《策问十二首》之十一，宁波出版社1996年版，第209页。
③ （明）刘惟谦：《大明律·吏律二》"讲读律令"，《四库全书存目丛书》史部第276册，齐鲁书社1996年影印明嘉靖刻本，第539页。
④ 《明太祖实录》卷192，第2888页。
⑤ （明）魏骥：《南斋先生魏文靖公摘稿》卷6《御书楼记》，《四库全书存目丛书》集部第30册，齐鲁书社1997年影印明弘治十一年刻本，第401页。
⑥ 《明太宗实录》卷152，第1763页。

读，且喜农夫也识丁"①。在《大诰续编》《大诰三编》中，明太祖亦记载了三则平民"手执《大诰》，赴京伸诉"之例，即常熟县民陈寿六率弟与甥三人，擒其县吏顾英，执《大诰》赴京面奏；嘉定县民郭玄二等二人，手执《大诰》赴京，首告该县首领弓兵杨凤春等；②以及乐安县民陈添用擎《大诰》赴京，伸诉知县潘行不法。③

　　这里需要说明的是，目前学界在探讨《大诰》的传播、影响等问题时，大多会引用谢应芳《读大诰作巷歌》，并由此得出《大诰》在民间高度普及的结论。然笔者认为，当时拥有《大诰》的平民只有少数。大多数平民是通过听人讲说的方式，获知《大诰》内容的。④前述陈寿六、郭玄二居于吴中，陈添用居于江西。吴中、江西俱为具有悠久刻书传统、出版业较发达的地区。谢应芳亦为吴中人，《大诰》颁布时，居于武进横山。⑤吴中农夫的"挂书牛角田头读"，不能代表洪武年间全国各地的普遍情况。对于明前期各地出版业发展不平衡的问题，后文有进一步论述。

---

① （明）谢应芳：《龟巢稿》卷8《读大诰作巷歌》其一，《四部丛刊三编》，影印双鉴楼藏钞本。按，原文"惊"字下有一"听"字，当为衍文。

② （明）朱元璋：《大诰续编》"如诰擒恶受赏第十""阻当耆民赴京第六十七"，《续修四库全书》史部第862册，影印明洪武十九年刻本，第273、296页。

③ （明）朱元璋：《大诰三编》"朋奸匿党第三十七"，《续修四库全书》史部第862册，影印明洪武十九年刻本，第343—344页。

④ 如《明太祖实录》卷182记载："（洪武二十年六月）其令民间子弟于农隙之时讲读之"；另据卷214可知，"（洪武二十四年十一月）赏民间子弟能诵《大诰》者。先是，上令天下府、州、县民，每里置塾，塾师，聚生徒，教诵《御制大诰》，欲其自幼知所循守"（第2753、3159页）。万历《大明会典·户部七·户口二·读法》："凡遇乡饮酒礼，一人讲说（《大诰》），众人尽听。使人皆知趋吉避凶，不犯刑宪"（影印明万历重修本，第367页）。

⑤ （明）谢应芳《龟巢稿》卷19《墓志铭》："龟巢老人姓谢氏，应芳其名子兰字……还乡无复旧间里，筑室横山墓山趾。春秋虚度八十二，著书数篇而已矣"，末题"大明洪武十年岁次丁巳七月十一日，病中口授友人江阴张端"（《四部丛刊三编》，影印双鉴楼藏钞本）。洪武十年为1377年，则谢应芳生于1296年，《大诰》颁布时年逾九十。据（明）毛宪《毗陵人品记》卷6本传，谢应芳"年九十七而终"（《四库全书存目丛书》史部第110册，齐鲁书社1996年影印明万历刻本，第75页）。

　　通过以上论述，可见《大诰》印数较多。特别是《大诰》为国子监生及全国生员的必修教材，与科举考试直接相关，必然会不断重印。由此不难想见，同样与科举息息相关的《五经大全》《四书大全》《性理大全书》等，其出版规模亦较大。中央同样向学子颁赐这些书籍，如永乐十五年（1417）三月，明太宗即"颁五经四书、《性理大全书》于六部，并与两京国子监及天下郡县学"①。

　　洪武至永乐年间，有《大诰》诸编等一批书籍得到了大规模出版，这也可以说明，"穷匮""出版之冬"等说法与明前期出版实际情况并不相符。当然亦须指出，就出版规模而言，《大诰》《五经大全》等书籍是同时期出版物中的佼佼者，大多数书籍达不到它们的印数。

　　最后，还可以从出版书籍的篇幅角度，观照明前期书籍出版情况。通过前述版刻信息可知，这一时期不少出版物的篇幅都比较可观。一些印量较大的书籍，其卷帙亦较繁，如《五经大全》凡一百五十四卷、《性理大全书》七十卷，等等。而如《洪武南藏》凡七千余卷，《永乐南藏》《永乐北藏》俱六千余卷，就更不待言。因此，从篇幅角度观之，"穷匮""出版之冬"等说法也是不成立的。

　　综上所述，通过书籍的出版种类、规模、篇幅三个角度皆可看出，明前期出版萧条之说与这一时期出版实际情况不符，是不恰当的。研究者形成这一观念的主要原因，在于他们将明中后期文人记载的"明初"等同于这一时期实际情况，将现存的明初刻本等同于明前期全部出版书籍，而未将曾经出版而后佚失的刻本纳入考虑。如前述洪武刻本《金史》即未流传至今，是以井上进提出明前期出版的"重要史籍"唯有《元史》《史记》。

　　不妨再以《洪武正韵》为例简论之。宁忌浮《洪武正韵研究》充分调查了《洪武正韵》的现存版本，发现除两部洪武原刻本外，其余诸本，皆为正德、嘉靖、隆庆、万历及崇祯刻本。由此是著提

① 《明太宗实录》卷186，第1990页。

出，"建文、永乐、洪熙、宣德、正统、景泰、天顺、成化、弘治，均未见有重刊本传下来，或许这一百年间就真的很少或没有翻刻过"①。然据《明宪宗实录》《明孝宗实录》即知，在成化九年（1473）八月，以及弘治元年（1488）九月、二年（1489）八月、三年（1490）七月、四年（1491）四月、五年（1492）四月、八年（1495）十二月，②皇帝皆赐《洪武正韵》予藩王。建文至弘治年间，《洪武正韵》想必翻刻过多次，其实际版本当远远多于现存版本。因此，唯有将曾经刊刻、而后佚失的书籍信息亦纳入考虑，才能与明前期书籍出版的实际情况不断接近。

然而，由于对已佚版刻的考索仍是基于现存史料进行，而史料亦多有佚失，因此定有已佚版刻信息是我们无法得知的。对建文年间出版情况的考察，即充分体现了这一点。

相比洪武、永乐，笔者搜辑到的建文年间版刻信息极少，只有十余则。这与建文一朝时间短暂、建文刻本遭遇兵火焚毁不传密切相关，但还有一个重要原因，那就是"革除"以后，一方面，建文年间书版中的年号遭到大量挖改；另一方面，建文年间史料亦被大量销毁、篡改。如朱国祯即明言，"礼部所存国初会试录，止洪武四年一本，自十八年至三十年皆缺。想建文诸臣死难者，多系是科以后进士，故尽毁之"③；黄彰健亦写道，建文年间曾出版《皇明典礼》一书，然"考成祖实录卷一至卷九，记靖难事迹，未及建文此书之颁，而余所见明人野史，记建文朝事，亦未有言及是书者。明

---

① 宁忌浮：《洪武正韵研究》，上海辞书出版社 2003 年版，第 12 页。

② 《明宪宗实录》卷 119，台北"中研院"史语所 1966 年校印北平图书馆藏明红格钞本，第 2306 页；《明孝宗实录》卷 18、卷 29、卷 40、卷 50、卷 62、卷 107，第 432、435、654、837、1003、1205、1954 页。按，弘治元年九月，明孝宗两次赐《洪武正韵》予藩王（《明孝宗实录》卷 18："癸酉，徽王见沛以二子俱幼阁就外傅，请书籍于朝。上贻书答之：'……今以……《洪武正韵》、《饮膳正要》、《玉篇》……附去'"，"己卯，赐晋府宁化王钟鈵《书》、《诗》、《礼记》三经及《洪武正韵》等书各一部，从其请也"）。

③ （明）朱国祯：《涌幢小品》卷 7 "试录"，第 140 页。

成祖即位，革建文君所定制度，故明会典于建文所定，皆略而不书"①，等等。此诚如沈德符《万历野获编》所言，"建文帝一朝四年，荡灭无遗。后人搜括捃拾，百千之一二耳"②。这些篡改与销毁、涂抹与湮灭，为今天调查建文年间现存、已佚版刻信息，带来极大困难。尽管笔者努力搜求、查考，然十余则信息，显然与建文年间的出版实际相去甚远。

同样，由于史料佚失这一既定事实，洪武、永乐时期实际出版的书籍种类，亦多于笔者所辑。既然如此，那是否可以认同明前期出版繁荣的观点呢？

对此笔者认为，衡量一个时期出版是否繁荣的最重要指标有二。一方面，是这一时期书籍出版的整体情况；另一方面，则是当时的每一个人出版书籍的难易程度。通过本章论述可知，从整体上看，洪武至永乐年间出版的书籍涵盖经、史、子、集各部类，且其中一些出版规模可观、卷帙浩繁。那么，具体到这一时期的每一个人，情况又如何呢？

---

① 黄彰健：《读皇明典礼》，载氏著《明清史研究丛稿》，台湾商务印书馆1977年版，第120页。

② （明）沈德符：《万历野获编》卷2"实录难据"，第61页。

第 二 章

洪武至永乐年间出版特点

在本章中，笔者首先考察洪武至永乐年间的出版成本高低，以及这一时期全国不同地区的出版业水平差异。在此基础上，探析此时不同阶级、不同群体出版书籍的难易，进而对"出版繁荣"的观点作出回应。

第一节　出版成本

要考察出版成本，最大的困难是史料匮乏。诚如张真园所言，"印刷事业占工艺重要之地位，国人旧惯恒重文而轻武，以为工艺者非文人之事也……故就我国典籍中，欲求印刷术发达之理路，一贯之线索，则颇非易易"[1]。刻版、印刷属于工艺技术，不为中国古代文人士大夫所重视，是以在现存文献中，明确记载刻工工资、木版费用、纸墨价格等有关出版成本的材料甚罕。清代以来，叶德辉等学者广泛爬梳文献，发现在自宋至元的出版工作中，出版者记述了与成本相关内容的，仅有如下八例。

就宋代而言，有绍兴十七年（1147）黄州出版《小畜集》、绍

---

[1]　张真园：《中国印刷术史概》，《中国印刷月报》1929 年第 4 期，第 2 页。

兴二十七年（1157）沅州公使库出版《续世说》、淳熙三年（1176）
舒州公使库出版《大易粹言》、淳熙十年（1183）象山县学出版
《汉隽》、庆元六年（1200）华亭县出版《二俊文集》、嘉泰二年
（1202）绍兴府出版（嘉泰）《会稽志》。就元代而言，则有至元五
年（1339）谢应芳出版十七史、至正四年（1344）集庆路出版（至
正）《金陵新志》。①

在笔者搜辑的 287 则洪武至永乐年间现存、已佚版刻信息中，
言及出版费用者，仅有二则。其一，是据宋濂《新注楞伽经后
序》记载，释如玘于杭州演福寺主持刊刻《楞伽经》，"起手于又
明年夏五月，至冬十一月讫功，费钱三千缗云，为《楞伽》一
经"②。其二，是谢应芳有《思贤录，元末为宋先贤邹忠公祠墓而
作也，洪武壬戌会崑山王仲昭语及之，慨然有镂板之意，后果如
其言……追念畴昔，乃口占以抒其情》一诗，诗中有"故人家住
千墩麓，为侬版刻《思贤录》……乃将楮币折青蚨，七万五千钱
数足"③ 之句。

释如玘刻本《楞伽经》、洪武刻本《思贤录》今俱已不传。现
存清道光年间咏梅轩刻《思贤录》四卷、《续录》二卷本，其行款
为半叶 10 行行 23 字，其中旧序二叶、目录一叶、正编四卷八十七
叶。④ 由此推算，洪武刻本《思贤录》字数在三万六千左右。复据
《永乐北藏》所收释宗泐、如玘注解《楞伽经》八卷本可推算出，

---

① 谢应芳例之外，其余七例，皆为叶德辉《书林清话》所著录。谢应芳出版十
七史事，见其《龟巢稿》卷 13《募朋友置十七史疏》。周生春、孔祥来《宋元图书的
刻印、销售价与市场》［《浙江大学学报》（人文社会科学版）2010 年第 1 期，第 31—
44 页］，朱迎平《宋人文集刻印的经济考察》（《上海商学院学报》2010 年第 5 期，第
92—96 页）对上述事例有比较深入、细致的讨论。

② （明）宋濂：《芝园续集》卷 2，见（明）宋濂著，黄灵庚编辑校点《宋濂全
集》，第 643 页。

③ （明）谢应芳：《龟巢稿》卷 7，《四部丛刊三编》，影印双鉴楼藏钞本。

④ （明）谢应芳：《思贤录》，《四库全书存目丛书》史部第 82 册，齐鲁书社
1996 年影印清道光二十九年咏梅轩刻本。

其字数在七万三千左右。①

《楞伽经》"费钱三千缗"，每一缗为一千文。《思贤录》"七万五千钱"，当即七万五千文。《楞伽经》篇幅倍于《思贤录》，刊刻质量想必亦更佳，是以费用更高；另外，七万五千文之外，谢应芳还获得了书版等其他资助（后文会谈到这一点）。

释如玘出版《楞伽经》在洪武十二年，②谢应芳所言壬戌，则为洪武十五年（1382）。这一时期官僚士大夫的俸禄亦可考。明代官俸以石数计，分为本色、折色。据《明太祖实录》记载，洪武九年二月户部奏，文武官吏俸禄自九月始以米、麦、钞兼给，"每钱一千、钞一贯，各抵米一石"③。洪武十三年二月定文武官员岁禄，其中正一品禄米千石、俸钞三百贯，正五品二百二十石、俸钞一百五十贯，正七品百石、俸钞六十贯，正九品六十五石、俸钞三十贯。④据此，即使是最高级别官员，亦难以一己之力承担《楞伽经》的出版费用。

但问题在于，洪武年间官僚士大夫的俸禄偏低，因此将二者对比，似不足以说明出版成本之高。有关这一时期其他物价的记载罕见，因此亦无法展开对比。且仅据这两个数据，实难以从整体上，对这一时期出版成本高低作出判断。特别是"三千缗"很可能为特例，而非普遍情况。

上述问题，要求我们选取其他角度，对这一时期的出版成本问题展开研究。笔者选定的角度有二。其一，是考察这一时期的官僚

---

① 《永乐北藏》第177—178册，线装书局2000年影印本。按，据笔者统计，释宗泐、如玘注解《楞伽经》内容凡244页，每页10行行34字。

② （明）宋濂《新注楞伽经后序》："乃洪武十年冬十月，诏天界禅师臣宗泐、演福法师臣如玘重加笺释。明年春三月，《心经》、《金刚经》新注成，已彻睿览。秋七月，《楞伽》注又成……乃刻二经于演福。独《楞伽》卷帙浩繁，未遂厥志……起手于又明年夏五月，至冬十一月讫功。"［（明）宋濂著，黄灵庚编辑校点《宋濂全集》，第643页］

③ 《明太祖实录》卷104，第1748页。

④ 《明太祖实录》卷130，第2062页。

士大夫，能否凭一己之力负担全部出版费用；其二，是他们的出版工作用时长短。这一时期的出版者，可以分为皇帝、太子与藩府、官僚士大夫、普通民众四类，其中以官僚士大夫人数最多。若此时大多数出版者都能独立承担出版费用，且出版工作较快完成，则可说明此时的出版成本不算高；反之，说明出版成本比较高。按，本书所言"出版者"，皆指采取行动（基本是出资）、将书籍出版意愿落实的主体。对于实际承担刻版、刷印等工作的人，则以"刊刻者""刻工"等言之。

以笔者搜辑的版刻信息为据，可以发现，这一时期，大多数官僚士大夫较难以一己之力肩负出版费用。如永乐四年，吴澄五世孙吴燨重刻《支言集》，① 据杨士奇为吴澄《支言集》所作提要可知，"燨为常山丞，能持身爱民。欲重刻《支言集》而贫无资，乃归卖其家园田为之。刻未毕，坐事去官。其已刻者，余所得是已。未刻尚多，盖碑志之类"②。吴燨鬻家园田产等资出版《支言集》，而未刻仍多，由此可见其支绌。

再如，明人李庭贵、王逊之曾将东汉徐稚、南宋苏云卿传记合编为《徐苏传》一书。《徐苏传》永乐二十二年（1424）刻本今天尚存，书末有"南昌　黎彦常　李瑛　张俊　李衢　徐瑁　丘让捐赀镂梓"牌记，牌记后有"永乐甲辰正月上瀚刊"字样。③ 据此，可知《徐苏传》的出版经费由多人共同承担。

在这一时期的不少出版工作中，都有资助者的身影。此亦反映出个人难以承担全部出版费用。如永乐元年，高启《缶鸣集》由其内侄周立出版。在识语中，周立明言，"及镂是编，同志之士，或有

---

① （清）永瑢《四库全书总目》卷166"《吴文正集》一百卷"提要："是集为其孙当所编，永乐丙戌其五世孙燨所重刊，后有燨跋"（中华书局1965年版，第1428页）。

② （明）杨士奇：《东里文集·续编》卷18《支言集》，中国国家图书馆藏明嘉靖二十九年黄如桂刻本。

③ （明）李庭贵辑，（明）王逊之增辑：《徐苏传》，中国国家图书馆藏明永乐二十二年刻本。

喜助之者，太原王震则赠以板云"①。

陶宗仪《书史会要》的资助者数量更多。该本今天尚存，书首有宋濂序，云"以誊钞之不易也，共锲诸梓，而以首简授予庁"，末题时间为洪武九年（1376）。《书史会要》凡九卷、补遗一卷，全书凡二百余叶。首卷末，有"后山居士张氏端卿珤命工锓梓"字样。②除第八卷外，每卷末皆有资助者姓名，总计三十八人。

有的官僚士大夫更是积极采取各种举措，为自己寻求出版资助者。前文所述谢应芳即然。据其《思贤录》诗，可知谢应芳洪武十五年与王仲昭谈及作品出版之事，并获得了七万五千钱资助。在谢应芳《龟巢稿》中，复有《劝募刊思贤录疏》一文，题注云"代张希尹作"。文中写道：

> 龟巢老人谢某衷辑成编，名《思贤录》。然非镌梓以传，则忠公与诸贤之文辞将遂湮没，宁不惜哉！某比以楮版百片助之。其锓刻之资，尚有望于好事君子。书成之日，庋置学官，庶得以贻永久也。洪武十一年八月中秋日江阴张端。③

张端字希尹，江阴人，其事见陶宗仪《书史会要》、毛宪《毗陵人品记》等。据此可知，早在洪武十一年（1378），谢应芳即获得了出版必需品——楮版百片，由张端资助。在《答崑山袁子英书》中，谢应芳亦谈及张端助版一事："某白首归里，故旧沦没，惟希尹相知为深。若《思贤录》一见，即欣然助楮板百片，且将率好事者刻之，想执事闻之，亦以为喜。"④

尽管获得了书版，然谢应芳仍难独自承担刻工工钱等其他费用。

---

① （明）高启著，（清）金檀辑注：《高青丘集》，上海古籍出版社2013年版，第984页。

② （明）陶宗仪：《书史会要》，中国国家图书馆藏明洪武九年刻本。

③ （明）谢应芳：《龟巢稿》卷13，《四部丛刊三编》，影印双鉴楼藏钞本。

④ （明）谢应芳：《龟巢稿》卷12，《四部丛刊三编》，影印双鉴楼藏钞本。

张端遂发起倡议、寻求出版资助，倡议书则由谢应芳写好。然而至洪武十五年会见王仲昭时，《思贤录》仍未出版。由此推测，自倡议发起之后多年，谢应芳仍未筹得足够的出版经费。而其《思贤录》写作时间，更早于洪武十一年。前引诗题即言是书为"元末"所作，复考之道光本《思贤录》，书首有杨维桢、郑元祐序，末题时间分别为至正十二年（1352）、至正十九年（1359）。① 谢应芳出版此书的意愿是很明确的，然书成二十余年未能出版，想来亦因经费一直不足。

《思贤录》之外，谢应芳还为其选集《龟巢摘稿》的出版筹措资金。在《龟巢稿》中有《刊龟巢摘稿》一文，同样是谢应芳代笔的出版资助倡议书。本书下一章对此有进一步讨论。

下面，再来考察官僚士大夫出版工作的用时。

在这一时期，确有少数出版工作很快完成。如永乐十一年（1413），永乐《颍川郡志》出版。该本末有张本《后序》，云"稷山田公本渊……升守许州，以志书久未板行，遂与同寅胡公弘道诸公捐俸鸠工缮梓，以广其传。始工于永乐十一年冬十月，讫工于冬十一月，因属予以纪其实"，末题时间为"永乐十一年癸巳冬十一月"②。据嘉靖《许州志》可知，"田公"名田深，字本渊，山西稷山人；"胡公"名胡昌，字弘道，康陵人，为州判。③ 永乐《颍川郡志》凡十七卷，其出版用时仅一个月。

再如洪武十年，宋濂文章选本《宋学士文粹》由其门生郑济、方孝孺等主持出版。郑济《宋学士文粹后识》云，"右翰林学士承旨潜溪宋先生《文粹》一十卷，青田刘公伯温丈之所选定者也。济及弟洎约同门之士刘刚、林静、楼琏、方孝孺相与缮写成书，用纸

---

① （明）谢应芳：《思贤录》，第351—352页。

② 永乐《颍川郡志》，《原国立北平图书馆甲库善本丛书》第346册，国家图书馆出版社2013年影印明永乐刻本，第212页。

③ 嘉靖《许州志》卷5，《天一阁藏明代方志选刊》，上海古籍书店1961年影印明嘉靖刻本。

一百五十四番，以字计之，一十二万二千有奇。于是命印工十人锓梓以传。自今年夏五月十七日起手，至七月九日毕工，凡历五十二日云"，末题时间为"洪武丁巳七日"①。据此可知，十二万余字、十卷本《宋学士文粹》的出版用时为五十二天。

建文三年（1401），宋濂《宋学士续文粹》亦得到出版。现存永乐年间翻刻本有郑柏《宋学士续文粹跋》，云："今请于家长英斋伯父，命印工应孟性等刊于义门书塾，以广其传。起手于辛巳年春闰月二十一日，毕工于秋七月二十日，凡历一百一十六日云。"②《宋学士续文粹》凡十卷、《附录》一卷，出版用时一百十六天，同样较快。

然而，上述事例只是少数。更多的出版工作，是历时许久的。如洪武十四年，胡翰《胡仲子集》完成出版。出版者王懋温作《识记》，云：

> 予家方义聚五世，先生奖之劝之……内外大小，咸知佩服先生之教。吾师特手类先生集，将欲图诸不朽，家君遂与诸仲父谋为之刊梓，乃告于大父，大父忻然从之。起手于洪武庚申夏六月，而毕工于明年冬十一月也。杂著文十卷、古近体诗二卷、附录一卷，共九万九千六百九十余言。凡印生日用百须之具，大父则命懋温专给之，家君既仕岭南，重受方面之托，还书于家，俾克终先生集。不幸先生于今年春已易箦矣，惜乎不克观厥成也。③

由此可知，《胡仲子集》出版用时长达十八个月。胡翰生前，未能看到自己的别集完成出版。同样为十卷本别集，胡翰集字数不到十万，少于《宋学士文粹》，出版用时却远多于《宋学士文粹》，原因何在？

---

① （明）宋濂著，黄灵庚编辑校点：《宋濂全集》，第 2743 页。

② （明）宋濂：《宋学士续文粹》，台湾"国家图书馆"藏明建文三年刻永乐年间翻刻本。

③ （明）胡翰：《胡仲子集》，中国国家图书馆藏明洪武十四年王懋温刻本。

　　笔者认为，主要有两种可能。其一，是王懋温家雇用刻工人数较少。据郑济识语可以算出，《宋学士文粹》的刻工们平均每天刻2346字。这一时期，类似郑济识语、明确记载刻工工时与字数的，还有永乐二年（1404）王惠为出版赵谦《学范》所作识语。是文云，"遂俾匠氏历山罗友庆鸠工以刊之。纸以张计，七十有一。字以数计，二万一千六百二十有奇。计工以日，凡一百一十有三。经始于九月壬子，成于冬十月丙申也"①。由此可知，《学范》的刻工们平均每天刻191字。王懋温并未明言工时，若以十八个月、五百四十天计，则《胡仲子集》的刻工们平均每天刻185字。诚然不同刻工的效率不一，但想来不会有十倍的差异。郑济雇用了十位刻工，王懋温雇用的人数当少于此。

　　还有一种可能，就是王懋温亦雇用了多位刻工，然这些刻工并未持续工作，出版过程中有停顿，实际工时不足五百四十天。两种可能折射出同一个现象，即《胡仲子集》出版经费不足。

　　雇用多位刻工同时工作，需要更多费用。特别是这一时期刻工需承担繁重的御制、敕撰书籍刊刻任务（后文对此有详细讨论），闲暇时间很少。在此情况下，若经费不够充裕，自然无法雇用多位刻工。而刊刻过程中的停顿，亦当由于出版者经费不足，需要筹资。郑济、郑洧则俱为"江南第一家"浦江郑氏家族族人，② 是以能雇用十名刻工，开展工作。

　　出版《胡仲子集》用时十八个月已比较长，然还有一些出版工作的时长远多于此。如洪武年间，程钜夫《楚国文宪公雪楼程先生文集》由其曾孙程潨完成出版。程潨识语云，"右文集三十卷，誊写始于至正癸卯之春，书市余通父笔也。前十卷刻而复燬，后二十卷写而未刻。洪武辛未春，以印本、写本并刻于朱氏之肆。甲戌冬，

---

　　①　（明）赵谦：《学范》，中国国家图书馆藏明永乐二年王惠刻本。
　　②　按，浙江浦江郑氏家族以孝义名世，颇具社会影响力。自南宋至明中期的三百余年间，郑氏家族出仕官吏多达一百七十余人。明太祖尝为郑氏家族亲题"江南第一家"匾额。

郡邑奉礼部陶字二百二十九号勘合，坐取是集，以补书府之阙籍。越明年春梓成，遂备楮先印送官，于是续行四方"①，末题时间为洪武二十八年上巳。由此可知，程钜夫集的出版工作，自至正癸卯亦即至正二十三年（1363）始，至洪武二十八年（1395）完工，历时三十三年。

程钜夫集早已缮写完毕，却迟迟不予出版，至洪武二十四年才交付书坊。其主要原因，亦当在于出版经费较高，程潗难以承担。或许在这段时间里，他也和谢应芳一样，在为筹措出版经费奔忙。

十五万余字的《卫生宝鉴》，其出版更是凝聚了三代人的努力。《卫生宝鉴》为元代罗天益作品，于永乐十五年（1417）出版。出版者韩夷时任太医院院判，其识语云，"今复捐俸资，令医士钱垣缮写罗氏《卫生宝鉴》二十四卷、《补遗》一卷，计四百八十一板，共一十五万五千余字。摹工刊完，将以广布四方"，末题时间为"永乐十五年十二月初一日"②。胡广、杨荣俱为此本《卫生宝鉴》作序，胡广序云：

> 书已板行，元末毁于兵燹，故今少见全籍。近年以来，间有抄录之者，又多遗逸，独吴郡韩氏家藏为善本。盖复斋韩公恒补其缺略，正其讹误，此书之不废，其有幸矣。复斋尝欲镂梓以惠于世，有志未遂而卒，遗命属其子公达。公达拳拳服膺不忘，既刻东垣《脾胃论》及《内外伤辨》《用药珍珠囊》三书已，又刻完是书。为费不赀，卒成其先人之志，间征广文为

---

① （元）程钜夫：《楚国文宪公雪楼程先生文集》，中国国家图书馆藏明洪武二十八年与畊书堂刻本。

② 按，永乐十五年刻本《卫生宝鉴》今藏中国中医科学院，笔者借助《第一批国家珍贵古籍名录图录》得观此本片叶书影，目前还未见其全帙。笔者所引识语内容，系转引自《卫生宝鉴》点校本（人民卫生出版社 1963 年版，序文第 9 页）。以下序文内容，亦转引自此点校本。

序……公达名夷，仕为太医院判。①

杨荣序云：

> 吴郡韩公复阳，精于医学，尝以李东垣门人罗谦甫所著
> 《卫生宝鉴》书，详加考订。将寿诸梓，未就而殁。公之季子公
> 达，克世其业，遭逢圣明，仕为太医院判。尝持此书语予曰：
> 吾将刻之以成先志，幸一言以序之。予既诺而未暇焉。今年冬，
> 公达又殁，其子布复泣且拜，恳求不已。②

由此可知，韩氏家藏《卫生宝鉴》善本，韩复阳又加以校勘。
据《国朝献征录》载《太医院判韩凝传》，③ 可知复阳为韩凝字。复
据胡翰《韩复阳墓碣》，韩凝"力学好古，尤精于医家之说。为人
治疾，由江而达于淮，周游贵人长者之门，所全活甚众"④。《卫生
宝鉴》存世者罕，又非善本，故韩凝很想将其校本出版。然韩凝生
前，未能得见《卫生宝鉴》付梓。据胡翰所作《墓碣》，韩凝于洪
武四年（1371）去世。

韩凝子韩夷，字公达，永乐年间任太医院判。出版《卫生宝鉴》
不仅为其父遗愿，亦有助他更好履行官职。此类与自己职责相关的
书籍，正是官僚士大夫的理想出版物。如永乐十二年，时任钦天监
五官司历的王巽即出版了《遁甲符应经》。⑤ 可以想见，韩夷定想早

---

① （元）罗天益：《卫生宝鉴》，序文第3—4页。

② （元）罗天益：《卫生宝鉴》，序文第5页。

③ （明）焦竑：《国朝献征录》卷78，《中国史学丛书》，台湾学生书局1965年
影印明刻本，第3294页。

④ （明）胡翰：《胡仲子集》卷9，中国国家图书馆藏明洪武十四年王懋温刻本。

⑤ （明）王巽《后序》："永乐十二年孟陬之月，注历书，用遁甲三奇、吉门三
奇者……今稽遁甲之书，惟景祐《遁甲符应经》，亦兵家之枢机……特用工重刊，以广
其闻。庶使将者有所稽，术者有所济云耳"，末题为"秦台子登仕郎钦天监五官司历王
巽曳专。"［（宋）杨维德《遁甲符应经》，《宛委别藏》，商务印书馆1981年影钞本］

日出版《卫生宝鉴》。然直至永乐十五年年底，出版工作方告成。此时距离韩凝校勘是书，已有五十年左右的时间。

韩凝、韩夷都很想早日出版《卫生宝鉴》，然实际出版工作迁延许久。其主要原因同样在于经费，亦即胡广序文所言"为费不赀"。东垣《脾胃论》《内外伤辨》《用药珍珠囊》三书各仅一卷，篇幅较小，出版费用也相对较低，故韩夷先将其出版。《卫生宝鉴》凡二十余卷，出版费用较高，是以韩凝"有志未遂而卒"，韩夷迟迟未能付梓。

再如，据宋濂《华川文派录序》记载，义乌人黄应龢尝选取当地名家之作，"自忠简至于岩堂，各编其粹精者十余篇，聚于一书，厘为六卷，名曰《华川文派录》"，"后五十年，豫章张侯来为县，读而善之……亟请邑士博君藻精加校雠，捐俸而刻置县庠"①，并请宋濂为之作序。考之万历《金华府志》，可知张侯为张永诚，南昌人，洪武元年任义乌知县。② 荟萃一地名家作品的总集，无疑是当地士绅的理想出版物，然是书于五十年后方得到首次出版。长期未刻的主要原因，亦当在于经费不足。

与前述出版过程中不得已的停顿不同，还有一些书籍，是出版者有意识采取了分批次刊刻。洪武年间刘翼南出版谢肃《密庵稿》即然。《密庵稿》凡十卷，其中《诗稿》《文稿》各五卷。在洪武三十一年（1398）刻本《密庵稿·诗稿》末有刘翼南后序，云："（余）裒密庵所著诗文凡十卷，编类成帙……阅八年始克，先锓梓于诗然。诗五卷，卷以天干为第，其文卷亦如之。"③ 末题时间为洪武戊寅。由此可见，刘翼南有意识地将谢肃集分为二部分，首先全

---

① （明）宋濂：《銮坡集》卷7，见（明）宋濂著，黄灵庚编辑校点《宋濂全集》，第464页。

② 万历《金华府志》卷12"义乌县·国朝知县"，《四库全书存目丛书》史部第176册，齐鲁书社1996年影印明万历刻本，第658页。

③ （明）谢肃：《密庵稿》，《四部丛刊三编》，上海商务印书馆1936年影印明洪武刻本。

力刊刻《诗稿》，待《诗稿》出版以后再刻《文稿》，而非一次完成十卷本的出版工作。

黄镇成《秋声集》的出版，亦是如此。现存洪武刻本《秋声集》书首有黄钧《秋声集后叙》，叙云：

> 先君子所著《秋声集》，诗文离为十卷。中罹己亥之乱，已失大半，所存者尚千数百篇……尔后遭值兵祸相寻，虽仓卒避地，亦必挟以自随。他虽重物，亦弗顾也。丁未岁，伏承延平太守实斋吴公尝绣梓以传，甫毕而世变无存。钧汲汲于刊行，则力有所不逮。今年秋，始克命匠肇工，而卷帙浩伙，未获全刊，姑称力为之。继此又当续刊也。洪武十有一年冬十月甲子男钧稽拜恭题。①

丁未为至正二十七年（1367）。直至洪武十一年，《秋声集》出版工作方才开始，个中原因同样在于经费不足，亦即黄钧所言"力有所不逮"。洪武十一年，黄钧已有一定资金，得以募集刻工，然仍不足以出版全帙。黄钧遂将出版工作分批次进行，"称力为之"，未刻者有待续刊。

综上所述，在洪武至永乐年间官僚士大夫的出版活动中，很多书籍为多人共同出版，不少出版工作都有资助者的参与，更有作者主动为自己寻求出版资助者。由此可知，大多数官僚士大夫难以独自承担全部出版费用。由于经费不足，多数出版者难以同时雇用多位刻工、一次完成篇幅较大书籍的出版，出版工作的用时普遍较长。可见，尽管洪武元年明太祖诏除书籍税，但在这一时期，出版成本还是比较高的。

出版成本较高，与洪武至永乐年间这一时代背景密切相关。一方

---

① （元）黄镇成：《秋声集》，《续修四库全书》第 1323 册，上海古籍出版社 2002 年影印明洪武十一年刻本，第 547 页。

面，此时距元末战乱未远，生产尚待恢复，田土亦多荒芜，故木版、纸张等出版必需的材料比较稀缺。战争亦造成刻工的流失。在元末，一批福建、浙江等沿海地区的刻工，如俞良甫、陈孟千、陈伯寿等，皆为避乱而东渡日本。① 另一方面，由于明太祖、明成祖多御制、敕撰书籍，全国各地刻工亦需承担繁重的出版任务。这些任务既挤占了刻工的时间、精力，也让本已稀缺的版材、纸张更为紧张。

此外，就刊刻、印刷技术自身发展而言，这一时期，刻书字体大多为赵体，尚未有明中后期常见的、横平竖直的仿宋字体，故刊刻速度相对较慢。还有一点，是此时全国各地出版业发展水平不均，存在较大差异。因此有不少人为出版书籍，专程从外地前往福建等出版业发达地区刻版，此亦加剧了出版成本。下面，即对各地出版业水平展开探讨。

第二节　出版地区

要探讨各地出版业水平，关键问题是史料的甄别与筛选。与刻书费用的鲜有记载不同，在现存版刻的序跋题识、已佚版刻的提要著录等材料中，是可以直接发现或间接考证出一些地理信息的。然而这些地理位置，不一定是实际的出版地。

以前文所述永乐《颍川郡志》为例。张本《后序》仅云"捐俸鸠工缮梓，以广其传"，未详细介绍其出版过程。因此，尽管是书为许州方志，捐资出版者为许州知州、州判等，但仍然不能断定永乐《颍川郡志》是在许州当地出版。田深、胡昌也可能出资延请外地刻工刊刻此书。

洪武年间周藩朱橚的《袖珍方大全》出版亦然。朱橚洪武三年

---

① ［日］木宫泰彦：《日中文化交流史》，胡锡年译，商务印书馆1980年版，第482—486页。

（1370）受封吴王，洪武十一年改封周王，洪武十四年就藩开封。①
洪武二十二年十二月，朱橚因未经诏许离开开封、来到凤阳，被明
太祖谪迁云南。洪武二十四年十二月，复国。② 寓居云南期间，朱橚
因当地"山岚瘴虐，感疾者多，惜乎不毛之地，里无良医"③，遂主
持编刻《袖珍方大全》。

　　《袖珍方大全》洪武原刻今已不传。现存弘治刻本首有朱橚
《袖珍方序》，末题时间为洪武二十四年八月望日。是序云："迩来
云南一载有余，询及医书，十无七八……乃于暇日集录经验诸方，
始成一书，名之曰《袖珍》。命工刊梓，以广其传。"其后复有朱橚
《又序》，云："至洪武庚午，寓居滇阳……得家传应效者，令本府
良医编类，锓诸小版，分为四卷。方计三千七十七，门八十一，名
曰《袖珍》。"④ 由此可知，《袖珍方大全》的编纂工作在云南开展，
此书的出版也是为了云南民众，然《袖珍方大全》的刊刻却不一定
是在云南当地。朱橚所言"锓诸小版"意味着刻工刊刻的难度更大，
在出版业不发达的云南能否找到这样的刻工，实属疑问。朱橚很可
能将书稿交付外地刻工锓版，出版完成，再将书版运回云南。⑤

　　类似事例甚多，这里不再列举。由此可见，在大多数情况下，

　　① 《明太祖实录》卷51："乃以四月七日，封第二子樉为秦王……第五子橚为吴
王"；卷117："改封吴王橚为周王"（第1001、1907页）。《明宣宗实录》卷6："洪武
十一年，改封周王；十四年，之国河南；建文中削爵"（台北"中研院"史语所1966
年校印北平图书馆藏明红格钞本，第164页）。

　　② 《明太祖实录》卷198："（洪武二十二年十二月）甲辰，以周王橚擅弃其国，
来居凤阳，谪迁云南"；卷214："（洪武二十四年十二月）庚午，周王橚复国，上表
谢"（第2972、3163页）。

　　③ （明）朱橚：《又序》，载（明）李恒《魁本袖珍方大全》，中国国家图书馆藏
明弘治十八年集贤书堂刻本。

　　④ （明）李恒：《魁本袖珍方大全》，中国国家图书馆藏明弘治十八年集贤书堂
刻本。

　　⑤ 因此，如陈清慧《明代藩府刻书研究》云，"《袖珍方》一书由于其刻印在云
南，所以对于缓解当地缺医少药的现实境况起了很大的作用"（博士学位论文，南京大
学，2011年，第156页），笔者认为未必如是，刊刻不一定是在云南。

通过序跋题识、提要著录等获取的地理信息，隶属于出版者，而与刊刻者并无关系。当前，书目、数据库等著录对出版者、刊刻者并未加以区分。已有著录所言"某某刻本"，"某某"有时为出版者，有时为刊刻者，还有时为出版者、刊刻者连写。因此，直接利用已有著录探讨各地出版业发展水平，其结论是不准确的。要考察这一问题，依据的必须是刊刻者的地理信息。换言之，材料中的地理位置，即为书籍刻版、刷印之地。

书坊的牌记，正是这样的材料。书坊既可以完成藩府、官僚士大夫等出版者要求的出版任务，也会出版自己觉得可以盈利的作品。在第一种情况下，书坊为刊刻者；在第二种情况下，书坊为出版者兼刊刻者。总之，"刊刻者"的身份是一以贯之的。在牌记中，书坊主大都会清楚说明其刊刻此书的时间、地点。尽管也有书坊主伪造牌记冒充古本的情况，但那绝大多数是假冒宋版，伪造洪武至永乐年间刻本的极少。因此，利用书坊牌记考察这一时期各地出版业水平，是比较可靠的做法。

在笔者搜辑的现存、已佚版刻信息中，共有来自23家书坊的牌记24则。下面即以地区为类，著录这些书坊牌记的内容及牌记所属刻本书籍的书名、卷数。至于该版本的版式、行款、藏所等信息，皆可参阅本书附录相应条目。

（一）福建（9家书坊，10则牌记）

1. 建安务本堂，刊刻（元）董真卿《周易经传集程朱解附录纂注》十四卷、《朱子易图附录纂注》一卷、《朱子启蒙五赞附录纂注》一卷、《朱子筮仪附录纂注》一卷，牌记为"洪武戊辰年建安务本堂重刊"。

2. 建安书市，刊刻（宋）尹起莘《资治通鉴纲目发明》五十九卷，牌记为"洪武二十一年孟春建安书市鼎新刊行"。

3. 建安书堂，刊刻（明）张美和《元史节要》二卷、《释文》一卷，牌记为"洪武丁丑孟夏建安书堂新刊"。

4. 建安博文堂，刊刻（元）杨士弘《唐音》十四卷，牌记为

"洪武庚午仲冬建安博文堂刻"。

以上牌记，皆明确揭示了书坊所在地。还有几则这一时期的牌记，并未言及书坊的地理位置，然在洪武以前、永乐以后该书坊出版的书籍中，能够找到地点线索，从而确定其所在地，如以下诸例。

5. 翠岩精舍，刊刻（宋）陈元靓《纂图增新群书类要事林广记》十二卷，牌记为"永乐戊戌孟春翠岩精舍新刊"。

按，瞿镛《铁琴铜剑楼藏书目录》等著录元刻本《诗集传附录纂疏》二十卷，该本有"建安刘君佐刻书识语"，卷首有"泰定丁卯仲冬翠岩精舍新刊"牌记。① 另，据"中文古籍联合目录"著录，日本京都建仁寺两足院今藏（宋）颜丙《如如居士三教大全语录》二卷，为洪武十九年翠岩精舍刻本。叶德辉《书林清话》、方彦寿《建阳刻书史》、瞿冕良《中国古籍版刻辞典》等论及翠岩精舍刻书时，皆未言及此书。

6. 广勤书堂，刊刻（元）吴黼《丹墀独对》二十卷，牌记为"洪武丙寅良月广勤书堂刊行"；刊刻（宋）胡安国《春秋胡氏传》三十卷、（蜀）冯继先《春秋名号归一图》一卷、《诸国兴废说》一卷、《春秋二十国年表》一卷，牌记为"永乐丙戌孟秋广勤书堂新刊"。

按，张金吾《爱日精庐藏书志》著录影钞元刻本《新刊王氏脉经》十卷，有"天历庚午岁广勤叶氏刊"牌记，并有识语，末题"时天历庚午仲夏建安叶日增志于广勤书堂"②。

还有一些书坊，在洪武以前、永乐以后的牌记中，同样未明言其所在地，然已有研究考证它们为福建书坊，如以下几例。研究者或参考了笔者尚未寓目的史料，亦系于此，有待进一步查考。

7. 西园精舍，刊刻（汉）刘向《新刊刘向先生说苑》二十卷，

---

① （清）瞿镛著，瞿果行标点，瞿凤起覆校：《铁琴铜剑楼藏书目录》卷3，上海古籍出版社2000年版，第71—72页。

② （清）张金吾著，柳向春整理，吴格审定：《爱日精庐藏书志》，上海古籍出版社2014年版，第346—348页。

牌记为"永乐丙申孟春西园精舍新刊"。

按，瞿冕良《中国古籍版刻辞典》"西园精舍"条，云此为"元至正间建阳一书坊名"①。方彦寿《建阳刻书史》亦著录西园精舍，云其"又称西园堂，是元代老铺"②。

8. 博雅书堂，刊刻（元）林桢《联新事备诗学大成》三十卷，牌记为"永乐戊子孟春博雅书堂新刊"。

按，瞿冕良《中国古籍版刻辞典》"博雅书堂"条，云此为"元至正间建阳人熊姓的书坊名"③。

9. 日新书堂，刊刻（元）佚名《新编排韵增广事类氏族大全》十集，牌记为"永乐己亥孟春日新书堂新刊"。

按，方彦寿《建阳刻书史》云"刘氏日新堂乃元代名肆，入明后子孙仍操旧业……惜刻书家名、字、号均失考"④。瞿冕良《中国古籍版刻辞典》"日新堂"则云，日新堂一作日新书堂，为"元代建阳人刘锦文的书坊名。锦文字叔简，其后裔世守其业"⑤。

（二）江西（3家书坊，3则牌记）

1. 建溪精舍，刊刻（元）傅若金《傅与砺诗集》八卷，牌记为"洪武壬戌仲冬渝川百丈山前建溪精舍新刊"。

2. 庐陵李氏明经堂，刊刻（元）安正斋《新刊详明算法》二卷，牌记为"洪武癸丑春庐陵李氏明经堂刊"。

3. 庐陵勤有堂，刊刻（唐）韩愈著，（宋）朱熹考异，（宋）王伯大音释《朱文公校昌黎先生文集》四十卷、《外集》十卷、《遗文》一卷，牌记为"洪武壬戌春庐陵勤有堂刊"。

按，瞿冕良《中国古籍版刻辞典》"勤有堂"条，云此为"明洪武间润州人王敬仁的室名，刻印过《贞观政要》《魁本对相四言

---

① 瞿冕良：《中国古籍版刻辞典》，苏州大学出版社 2009 年版，第 181 页。
② 方彦寿：《建阳刻书史》，中国社会出版社 2003 年版，第 271 页。
③ 瞿冕良：《中国古籍版刻辞典》，第 834 页。
④ 方彦寿：《建阳刻书史》，第 250 页。
⑤ 瞿冕良：《中国古籍版刻辞典》，第 91 页。

杂事》《朱文公校昌黎先生文集》"①。然据现存版本中的牌记可知，刊刻《朱文公校昌黎先生文集》者为"庐陵勤有堂"，刊刻《魁本对相四言杂事》者为"金陵勤有堂"。《贞观政要》为王敬仁勤有堂所刊，然王氏并非润州人。后文对此有具体考辨。

（三）南京（3 家书坊，3 则牌记）

1. 王敬仁勤有堂，刊刻（唐）吴兢《贞观政要》十卷，牌记为"洪武庚戌仲冬王氏勤有堂刊"。书首宋濂《重刻贞观政要序》云，"昇有良士曰王敬仁，故大族也，欲刊梓于家塾以传"②，昇州即为南京别称之一。

2. 王举直勤有堂，刊刻（明）刘仔肩《雅颂正音》，牌记为"右《雅颂正音》前集五卷，本家已刊梓行世，□有后集，今将编类。四方君子或有佳作，毋惜示及，以成盛事，幸甚。金陵王举直谨白"。

3. 王氏勤有书堂，刊刻（明）《魁本对相四言杂字》一卷，牌记为"洪武辛亥孟秋吉日金陵王氏勤有书堂新刊"。

关于王敬仁勤有堂、王举直勤有堂、王氏勤有书堂及其所刻书，本书第五章第一节有详细讨论。

（四）浙江（2 家书坊，2 则牌记）

1. 杨家经坊，刊刻（宋）《天竺灵签》一卷，牌记为"洪武乙□岁在仲冬吉日刊杭州众安桥北杨家经坊印行"。

2. 古杭勤德书堂，刊刻（宋）杨辉《杨辉算法》七卷，牌记为"洪武戊午冬至勤德书堂新刊""古杭余氏勤德书堂刊行"③。

---

① 瞿冕良：《中国古籍版刻辞典》，第 603 页。

② （唐）吴兢：《贞观政要》，中国国家图书馆藏明洪武三年王氏勤有堂刻本。

③ 按，古杭勤德书堂刻本《杨辉算法》已佚，然今台北"故宫博物院"图书文献馆藏有此书的明宣德八年朝鲜翻刻洪武十一年古杭勤德书堂刻本。另据叶德辉《书林清话》卷 5 著录，古杭勤德书堂还于洪武十一年刊刻了（元）傅习、（元）孙存吾《皇元风雅》前集六卷、后集六卷。然笔者对叶氏此则著录存疑，故未将其统计在内。详见本书附录《皇元风雅》则。

按，瞿冕良《中国古籍版刻辞典》"勤德书堂"条，云此为"元至正间建安（一作杭州）人余姓的书坊名"①。笔者认为，古杭勤德书堂与建安勤德书堂当为两家不同书坊。书坊主以"古杭"冠名，或即意在与建安同名书坊作出区分。叶德辉《书林清话》亦分别著录二家，古杭勤德书堂见于卷五"明人私刻坊刻书"，建安勤德书堂则见于卷二"宋建安余氏刻书"②。

（五）所在地待考者（6家书坊，6则牌记）

1. 梅溪书院，刊刻（元）王幼学《资治通鉴纲目集览》五十九卷，牌记为"洪武戊辰孟夏梅溪书院重刊"。

按，南宋绍兴年间，王十朋创办梅溪书院，地点在浙江乐清；清代丁丙《善本书室藏书志》卷二九著录有"吉州东冈刘宅梅溪书院"牌记；③当然，此"梅溪书院"的所在地，还存在其他可能。

2. 遵正堂，刊刻（唐）吴兢《贞观政要》十卷，牌记为"洪武庚午仲冬范氏遵正堂刊"。

3. 遵正书堂，刊刻（宋）何士信《增修笺注妙选群英草堂诗余前集》二卷、《后集》二卷，牌记为"洪武壬申孟夏遵正书堂新刊"。

4. 与畊书堂，刊刻（元）程钜夫《楚国文宪公雪楼程先生文集》三十卷、《年谱》一卷，（元）程世京《附录》一卷，牌记为"洪武乙亥孟春与畊书堂刊行"。

按，瞿冕良《中国古籍版刻辞典》"与畊书堂"条云，"明初建昌人程潏的室名。洪武二十八年刻印过其曾祖元程钜夫《楚国文宪

---

①　瞿冕良：《中国古籍版刻辞典》，第889页。

②　（清）叶德辉《书林清话》卷2："元时有建安余氏勤德堂，于至正甲申四年仲夏刊《增修互注礼部韵略》五卷；亦称余氏勤德书堂，刻《广韵》五卷，无元号"；卷5："古杭勤德书堂，洪武戊午十一年刻《皇元风雅》前集六卷、后集六卷……刻杨辉《算书》五种七卷"〔（清）叶德辉著，李庆西标校：《书林清话》，复旦大学出版社2008年版，第44—45、114页〕。

③　（清）丁丙：《善本书室藏书志》卷29"《卢溪先生文集》五十卷，明嘉靖五年刊本""《卢溪先生文集》五十卷，谢氏钞本"提要，《清人书目题跋丛刊》，中华书局1990年影印清光绪刻本，第741页。

公雪楼程先生文集》"①。然据前引程潜识语可知，程潜为出版者，而"朱氏之肆"亦即与畔书堂为刊刻者。瞿著误将程潜和与畔书堂等同，可能是受到了已有著录将出版者、刊刻者并提，谓"程潜与畔书堂刻本"的影响。

5. 广成书堂，刊刻（宋）陈彭年等重修《广韵》五卷，牌记为"永乐甲辰良月广成书堂新刊"。

6. 竹所书堂，刊刻（明）梁寅《策要》六卷，牌记为"洪武丁卯喻南镏氏竹所书堂新刊"。

以上即为笔者搜辑到的这一时期书坊牌记信息。② 以此为据，不难得出这一结论：洪武至永乐年间，全国各地中，福建、江西、南京、浙江四地拥有较多书坊，出版业比较兴盛。其中，福建书坊最多，出版最盛。

然问题在于，这一结论的获得是基于现存版本与相关史料，而版本、史料的存佚具有偶然性，无规律可循。今天所见福建书坊牌记最多，可能因其出版为当时最盛，但也可能是福建书坊刻本得到了妥善存藏，因此多流传至今；其他地区书坊牌记鲜少，可能由于当时鲜有书坊、出版业萧条，然亦不能排除当时出版的书坊刻本佚失、相关史料亦散佚不存的可能。因此，还需从其他角度展开考察，从而落实或修订此结论。

《古今书刻》的著录，是笔者选定的又一角度。周弘祖《古今书刻》是明代第一部以朝廷机构和行政区划为类著录书籍、石刻的书目，共著录中央机构、地方布政司、按察司、府、州等一百余个单位的书籍两千余种，其中绝大部分书籍为刻本。前文已述，《古今书刻》现存明黄嘉善刻本。据笔者考证，黄嘉善刊刻《古今书刻》的时间很可能是万历十二年（1584）。因此，通过此本《古今书刻》著录的书

---

① 瞿冕良：《中国古籍版刻辞典》，第21页。

② 此外，日本尊经阁文库藏有洪武年间勤德书堂刻本（元）虞集《新编翰林珠玉》六卷，然笔者尚未得见此本，未知其牌记信息及书坊所在地。

籍种数，大体可以看出万历十二年以前明代各地出版业的情况。

据统计，黄嘉善刻本《古今书刻》著录的各地书籍种数，由多至少，依次为：南直隶490种、福建479种、江西329种、浙江193种、陕西125种、湖广112种、河南105种、北直隶85种、山西81种、四川70种、山东64种、广东51种、云南43种、广西10种、贵州8种。

黄嘉善本外，《古今书刻》的现存版本还有清光绪三十二年（1906）叶德辉观古堂刻本。二本著录书籍种数有所不同，① 因此有必要对叶德辉本《古今书刻》的著录作一统计，以为参考。叶德辉本著录的各地书籍种数，由多至少，依次为：福建479种、南直隶459种、江西326种、浙江173种、陕西109种、湖广99种、北直隶78种、四川68种、河南58种、山东52种、广东50种、云南42种、山西41种、广西9种、贵州8种。②

可见，在黄嘉善本、叶德辉本《古今书刻》的著录中，全国各地中书籍种数最多的前四位，皆为福建、南直隶、江西、浙江。其中，福建、南直隶、江西的书籍种数，远远多于其他地区。这与笔者利用牌记内容、书坊信息得到的洪武至永乐年间各地出版业情况的结论丝丝入扣。

在黄嘉善本《古今书刻》的著录中，南直隶书籍种数为全国第一。此中原因，主要在于苏州一地。明初，受元末战争影响，吴中地区经济遭到较严重的破坏。明太祖更对吴中课以重赋。在前文统计中，吴中地区无一家书坊。随着时间的推移，吴中经济逐渐恢复。至明代中后期，苏州成为全国刻书技术最精、出版业最为兴盛的地

---

① 据陈清慧《〈古今书刻〉版本考》统计，在黄嘉善本中，有211种书籍为叶德辉本所无；在叶德辉本中，有9种书籍为黄嘉善本所无（《文献》2007年第4期，第161—168页）。

② 笔者对黄嘉善本、叶德辉本《古今书刻》著录各地书籍种数的统计，参考了钱亚新《谈谈〈古今书刻〉上编的意义和作用》（《图书馆论坛》1982年第1期，第22—28页）、陈清慧《〈古今书刻〉版本考》。

区。黄嘉善本《古今书刻》凡著录苏州府书籍 192 种，叶德辉本则为 177 种，是以南直隶书籍总数遥遥领先。

　　那么，福建是否为洪武至永乐年间全国出版业最兴盛的地区呢？还需从其他角度对此加以考察。据《明太祖实录》记载，洪武二十四年六月，"命礼部颁书籍于北方学校。上谕之曰……朕常念北方学校缺少书籍，士子有志于学者，往往病无书读。向尝颁与五经四书，其他子史诸书未曾赐予，宜于国子监印颁。有未备者，遣人往福建购与之"①。洪武二十四年十二月戊寅，"国子生夏伦、杨砥自福建购书还，命颁赐北方儒学"②。

　　据此可知，至洪武后期，即使北方地区的学校，亦少有四书五经以外的书籍。前文统计的书坊亦皆属南方地区，北方无一家。可见这一时期，北方地区出版业是比较落后的。凡有未备之书，即往福建购买，由此可见其地出版之盛。在浙江、江西距离南京更近的情况下，仍遣人前往更远的福建购书，可见在福建、江西、浙江、南京四地中，以福建出版业为最盛。《大明一统志·建宁府》"建安县"于"土产"下专列"书籍"一项，并云"建阳县有书坊，天下所资"③。不难想见，此时南方特别是福建文人能够读到的书籍，远多于其他地区的文人。

　　不仅明太祖遣使至福建购书，官僚士大夫、普通民众亦专程前往福建刻版，如前文提到的王惠即然。据正德《琼台志》本传可知，王惠字仲迪，号霜筠，合肥人，"洪武末用大臣荐至京，以三丧未举，力辞归隐。天下闻其节行"④，有《截山咏史》《岭南声诗鼓吹》等著作。

　　王惠是明初著名学者赵谦任琼山教谕时的得意门生。赵谦字撝

---

　　① 《明太祖实录》卷 209，第 3122 页。
　　② 《明太祖实录》卷 214，第 3164 页。
　　③ 《大明一统志》卷 76，三秦出版社 1990 年影印本，第 1168 页。
　　④ 正德《琼台志》卷 36，《天一阁藏明代方志选刊》，上海古籍书店 1964 年影印明正德刻本。

谦，著有《声音文字通》《六书本义》《易学提纲》《造化经纶图》等，焦竑谓其著述多达三百余卷。① 洪武二十二年，赵谦任琼山教谕。"造就后进，一时士类翕然从之，文风不变。守令为筑考古台于学右，为著述之所。"② 据《琼山教谕赵㧑谦传》，在赵谦的学生中，"远方从游者，若合肥王惠仲迪、莆田朱继伯绍、三山郑观尚宾、凤阳孙一仲岳、临川吴均平仲辈，为最著"③。

赵谦去世之后数年，王惠将其著作《学范》出版。王惠刻本《学范》末有其识语，云：

> 时先生典教琼山，惠获从游于其门，既睹是书成，心诚悦焉……急欲锓梓，以广其传。尝拟游闽访匠氏，以成厥事。已而值先母有疾，弗果。适沙阳邓子富以商至琼，将还，惠于是以是书而谨托焉，时洪武甲戌也。明年，先生捐馆。自时厥后，音问寥寥，迨今十有一年矣。每以道路阻修，不克躬诣于

<hr/>

① （明）焦竑：《焦氏笔乘》卷4"赵古则"，上海古籍出版社1986年点校本，第134页。

② （明）焦竑：《国朝献征录》卷100《琼山教谕赵㧑谦传》，第4493页。另，美国学者富路特、房兆楹主编《明代名人传》赵谦传云："1379年，他被授予中都国子监典簿的职位，但后因与宋濂不和而被辞退。"（北京时代华文书局2015年版，第179页）然《琼山教谕赵㧑谦传》云："洪武十二年，太祖命词臣修《正韵》，先生应聘而出，众以年少黜之，为中都国子典簿。时宋学士景濂为总裁，徒为叹息，而竟不能留。明年，又与僚友论事不合，罢去。"〔（明）焦竑：《国朝献征录》卷100，第4493页〕据此，《明代名人传》所言有误。

③ （明）焦竑《国朝献征录》卷100，第4493页。赵谦还将其《造化经纶图》授以王惠，并云"观此以明其理，寡欲以养其心，调息以养其气，读书以验其诚。圣贤之域，不难到矣"〔（明）焦竑：《国朝献征录》卷100，第4494页〕。按，《造化经纶图》是赵谦著作中非常重要的一部。黄宗羲《明儒学案》即云，赵谦"著述甚多，而为学之要，则在《造化经纶》一图"〔（清）黄宗羲著，沈芝盈点校：《明儒学案》卷43"诸儒学案上·琼山赵考古先生谦"，中华书局1985年版，第1052页〕。以此授王惠，可见赵谦对他的青睐。《赵考古文集·遗言》亦载，《造化经纶图》乃"传授心法切要之言，当时惟王仲迪为能达此，故因其问而发也"〔（明）赵谦：《赵考古文集》，中国国家图书馆藏清抄本〕。

兹……第恐此书因而沦没，以负先生于地下为深慊。今岁甲申秋，惠特来闽……遂俾匠氏历山罗友庆鸠工以刊之……负版以归，愿贻四方同志。①

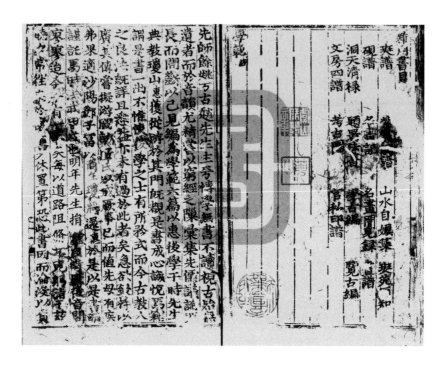

图 2 - 1　永乐二年王惠刻本《学范》书影②

据此可知，先是，王惠拟亲至福建刻版，然未成行。王惠遂于甲戌亦即洪武二十七年（1394），将《学范》托之福建商人（按，沙阳为沙县别称）。然十数年间，杳无音信。甲申亦即永乐二年，王惠自海南前往福建，专程刻版。由此亦见福建出版业之盛，亦知当时海南本地刻工难觅。

早在赵谦任琼山教谕之时，王惠即欲将《学范》出版。然此愿

① （明）赵谦：《学范》，中国国家图书馆藏明永乐二年王惠刻本。
② （明）赵谦：《学范》，中国国家图书馆藏明永乐二年王惠刻本。

望的最终实现，却在赵谦去世十一年后。此中曲折，皆因王惠需自海南至福建刻版。可见，这一时期全国各地出版业水平不均，使大多数地区的出版者需专程前往福建等地刻版，从而令出版费用更高，出版用时更长，出版过程更难。但此时身在福建、江西等地的出版者，他们出版作品就比较便利。

通过以上考察，可以落实笔者之前的结论，即洪武至永乐年间，福建、江西、南京、浙江出版业水平较高、比较兴盛，其中以福建为最。其他地区则相对落后。

福建、江西等地出版业相对发达，与其地理位置有关。南方多山林竹木，这就为制造书版、纸张提供了丰沛的原材料。这些地区的造纸工艺亦比较精湛，在全国领先。如宋应星《天工开物》即云，"凡造竹纸事山南方，而闽省独专其盛"[1]。万历《江西省大志·楮书》记载江西纸槽云，"国朝自洪武年间，创于玉山一县。至嘉靖以来，始有永丰、铅山、上饶三县"，"玉山槽坐峡口等处……皆水土宜槽。穷源石峡，清流湍急，漂料洁白，蒸熟捣细，药和溶化，澄清如水，帘捞成纸，制作有方"[2]。晚明江西新建学者陈弘绪亦记，"国初贡纸，岁造于吾郡西山"[3]，等等。

再就刻书技术而言，这些地区具有悠久的出版历史，早在宋代即为重要刻书中心。如叶德辉即言，"夫宋刻书之盛，首推闽中，而闽中尤以建安为最，建安尤以余氏为最"[4]。刻书技术可以不断传承，很多书坊遂绵延数代。如建安余氏即自宋至明，世代刻书，流传数百年之远。是以在明初，仍以这些地区出版为盛。

通过以上两节论述可知，洪武至永乐年间出版成本普遍较高，

---

① （明）宋应星著，钟广言注释：《天工开物》卷中"造竹纸"，广东人民出版社 1976 年版，第 325 页。

② 万历《江西省大志》卷 8，《中国方志丛书》华中地方第 779 号，台北：成文出版社 1989 年影印明万历刻本，第 919 页。

③ （清）陈弘绪：《寒夜录》卷下，中华书局 1985 年点校本，第 36 页。

④ （清）叶德辉著，李庆西标校：《书林清话》卷 2"宋建安余氏刻书"，第 45 页。

出版用时普遍较长。全国各地出版业水平不均，福建、江西、南京、浙江四地比较发达，其他地区相对落后。

　　然而，皇帝、太子、藩府等统治阶级可以跨越出版成本高、时间长、各地水平不均的障碍。他们想要出版的书籍，能够得到大规模、快速、高质量的刊印。为满足他们的出版意愿，大量刻工被征用、资源被挤占，从而让官僚士大夫、普通民众的出版更为困难。

第三节　出版意愿

　　明太祖、明成祖等最高统治者的御制、敕撰书籍可以得到大规模出版，对此学界多有注意，然大都将其归功于经厂。如曹之《中国古籍版本学》云，"明代最高统治者把刻书当作巩固其统治地位的重要手段。经厂所以大量刻印经、诰、训、律、戒、鉴、忠、孝等图书的原因正在于此"①；董洪利主编《古典文献学基础》亦云，"经厂刻书大多是奉诏行事，发行量极大，如《御制大诰》几乎是户户有一本"②；等等。但实际上，为满足统治者的出版意愿，调动的远远不止经厂，而是全国各地的出版力量。

　　当时出版业最为兴盛的福建，承担了不少刊刻任务。前文已述，据实录记载，明太祖曾"命礼部遣使购天下遗书，令书坊刊行"。洪武二十三年（1390），福建布政使司向中央进《南唐书》《金史》、苏辙《古史》刻本。复据《明太祖实录》，洪武二十一年（1388）二月癸丑，"福建布政使司进《礼记注疏》三十一部"③。《明宪宗实录》更明确记载，成化四年（1468）五月乙丑，"山西按察司提调学校佥事胡谧请颁《大明一统志》于天下。礼部乞于司礼监关领原

---

① 曹之：《中国古籍版本学》，武汉大学出版社1992年版，第254—255页。
② 董洪利主编：《古典文献学基础》，第93页。
③ 《明太祖实录》卷188，第2818页。

本，付福建布政司，下书坊翻刻印行，从之"①。

由此可知，中央对于一些宫廷未备的图书，以及出版规模较小的御制、敕撰书籍，很多时候是交付福建书坊刻印的。《礼记注疏》当有旧版，故刷印即可，无须新刻。而对需要大规模出版的御制、敕撰书籍，不仅福建，全国各地都要参与刊刻工作。仍以《大诰》为例，简要论之。

在《大诰续编》末有明太祖谕，云："近监察御史丘野奏，所在翻刻印行者，字多讹舛，文不可读，欲穷治而罪之。朕念民愚者多，况所颁二诰，字微画细，传刻之际，是致差讹。今特命中书大书，重刻颁行，使所在有司就将此本，易于翻刻，免致传写之误"，末题时间为"洪武十九年十一月二十五日"②。复考之《大诰初编》，首有明太祖御制序，末题时间为"洪武十八年十月朔"③。据此，则在一年左右的时间里，中央完成了《大诰初编》《大诰续编》样书出版，并将其授予全国各地翻刻，地方据之翻刻，由于一些地方翻刻本存在讹误，中央又出版了新的样书，再次颁行。

这里有一个问题：既然此时各地出版业水平不均，那么，福建、江西、南京、浙江四地以外的地区，能够落实这一翻刻任务吗？

太原府翻刻本《大诰续编》今天尚存，现藏中国国家图书馆，④为深入探讨这一问题提供了上佳样本。该本最末有一则牌记，全文如下：

提调翻刻太原府知府张景哲。对读较正无差阳曲县知县何

---

① 《明宪宗实录》卷54，第1094页。

② （明）朱元璋：《大诰续编》，《续修四库全书》史部第862册，影印明洪武十九年刻本，第305页。

③ （明）朱元璋：《大诰初编》，《续修四库全书》史部第862册，影印明洪武十八年刻本，第243页。

④ 索书号为A00885。按，国家图书馆联机目录以及"中华古籍资源库"皆著录此本为"《御制大诰续编》二卷"，卷数著录有误。

素直。太原府学训导安处善。刊字匠李孝思、刘伯通、牛智、侯德林、张友信、王成、郭宗道、王十、李岩、王三、牛小三、史挨驴、崔与、牛大本、范继祖、陶允中、王八、金小二、王文刚、葛贞、李致。刷印匠李彦良、王秉彝、夏德、吴本。①

考之成化《山西通志》可知张景哲于洪武十八年任太原知府，后为刘德，洪武二十年任。②《大诰续编》有洪武十九年十一月明太祖谕，中央刊刻样书亦需一定时间，则太原府得到样书的时间当不早于洪武二十年年初；牌记既谓知府为张景哲而非刘德，则太原府翻刻《大诰续编》所用时间定不超过一年。

为翻刻《大诰续编》，太原府共征用刻工 21 人。这 21 位刻工，是如何开展翻刻工作的呢？太原府刻本《大诰续编》凡 79 叶，只有最后一叶无刻工姓名，少数版心下方漫漶不清。笔者共识读了其中 70 叶的刻工姓名。在这 70 叶中，只有三叶刻工姓名与前一叶相同（分别为李孝思、牛智、金小二），其余皆与前一叶不同。③ 由此推测，太原府的多位刻工是在同一时间翻刻《大诰续编》各叶，这样做显然是为了提高效率。

各位刻工所刻叶数亦有所不同。崔与、牛智、范继祖、牛三、

---

① （明）朱元璋：《大诰续编》，中国国家图书馆藏明洪武二十年太原府翻刻本。
② 成化《山西通志》卷 8："张景哲，河南武陟人，洪武十八年任太原知府。刘德，洪武二十年任太原知府。"（《四库全书存目丛书》史部第 174 册，齐鲁书社 1996 年影印民国二十二年影钞明成化十一年刻本，第 260 页）
③ 按，据笔者识读，中国国家图书馆藏太原府刻本《大诰续编》各叶刻工姓名，依次为：崔与、李孝思、王三、王文刚、崔与、张友信、牛智、范继祖、金小二、葛真（当即葛贞）、王三、范继祖、崔与、牛三（当即牛小三）、牛大本、刘伯通、崔与、王成、牛大本、陶允中、李孝思、李孝思、王三、牛智、牛智、李致、刘伯通、牛三、李岩、刘伯通、王十、牛智、张友信、李岩、范继祖、侯德林、陶允中、李岩、王成、牛大本、（漫漶）、（漫漶）、（漫漶）、侯德林、王八、（漫漶）、王八、（漫漶）、（漫漶）、张友信、（漫漶）、李孝思、牛大本、王成、陶允中、崔与、葛真、牛三、李致、范继祖、牛三、史挨驴、刘伯通、牛大本、范继祖、金小二、金小二、王八、王成、（漫漶）、陶允中、李岩、牛三、王八、葛真、牛智、王八、侯德林。

牛大本、王八，每人刻有五叶；李孝思、王成、陶允中、李岩、刘伯通，每人四叶；王三、金小二、张友信、葛真、侯德林，每人三叶；李致刻有二叶；王文刚、王十、史挨驴，则各有一叶。行款既为半叶 10 行行 20 字，则刻字最多的刻工，共需完成不到两千字，工作量并不大。这同样是为了尽快完成翻刻工作，落实明太祖的出版意愿。

可见，太原府不仅落实了《大诰续编》的翻刻任务，而且出版效率较高。另，太原府安排的《大诰续编》刷印匠仅有四名，而这一时期太原府的户数，至少在十二万左右。① 由此亦知拥有刻本《大诰》的平民只是少数，明太祖"户户有此一本"的愿望并未实现。②

为早日完成《大诰续编》翻刻工作，太原府共征用二十一名刻工，这对该地而言，想来并非易事。且刻工们不仅要快速完成工作，还需保证较高的刊刻质量。

通过目验大量刻本可以发现，洪武、永乐年间，中央出版的明太祖、明成祖御制、敕撰书籍，其刻书风格比较固定。刻书字体普遍为赵体，版式风格普遍为上下黑口，对黑鱼尾、间有纹样，版心中部上题卷数、下题页码，行款比较疏朗。各叶的书口粗细、鱼尾样式基本一致。刊刻工艺比较精美，给观者较愉悦的感受。

赏心悦目的体验背后，是较高的出版成本。精美的刻书字体，各

---

① 据万历《太原府志》卷 11 记载，洪武年间太原府各地户数为：阳曲县 15018、太原县 9053、榆次县 15684、太谷县 11755、祁县 5446、清源县未著录、徐沟县 2926、文城县 4967、文水县 8962、寿阳县未著录、孟县 3048、静乐县 3400、平定州 2809、□平县 1541、忻州 10210、定襄县 3850、代州 6669、繁峙县 2346、五台县未著录、□县 4844、岢岚州 1400、岚县 1500 有奇、兴县 1593、保德州 550、河曲县 923。（《原国立北平图书馆甲库善本丛书》第 337 册，国家图书馆出版社 2013 年影印明万历刻本，第 465—467 页）

② 有趣的是，据郑晓《今言》记载，洪武二十八年，始令法司拟罪引《大诰》减等、无者加等，"然至今但有减等，而无加等"［（明）郑晓著，李致忠点校：《今言》卷 1，中华书局 1984 年版，第 39 页］。

叶书口粗细、鱼尾样式基本一致，意味着刻工需要花费更多的时间、精力；相比紧密的排版，疏朗的行款，则要求更多的书版、纸张。

　　不妨将此与这一时期的书坊刻本作一对比。据笔者查考，中央出版的御制、敕撰书籍，大多半叶不超过 10 行、每行不超过 20 字。而书坊刻本的行款，大多半叶 10 行以上、每行字数在 24 字上下。至如建安书堂刻本《元史节要》，行数、字数多达半叶 17 行行 29 字；翠岩精舍刻本《事林广记》，更为半叶 19 行行 32 字。坊刻本如此紧密排版，显然是为了节约成本。

　　以下书影，为敕撰书籍《天文书》刻本与词选《草堂诗余》书坊刻本。其行款分别为半叶 8 行行 18 字，半叶 13 行行 23 字。前者每叶可容纳 288 字，后者则为 598 字。同样内容，前者所需书版、纸张是后者的两倍。

图 2-2　洪武十六年刻本《天文书》书影①

---

　　①　（明）海达儿等口授，（明）李翀等译：《天文书》，《续修四库全书》第 1063 册，上海古籍出版社 2000 年影印明洪武十六年刻本，第 517 页。

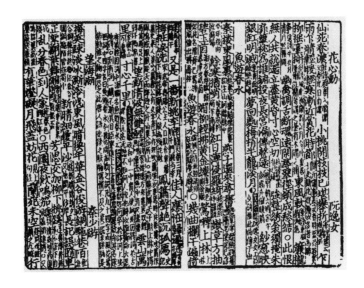

图 2 - 3　遵正书堂刻本《增修笺注妙选群英草堂诗余》书影①

那么，太原府刻本《大诰续编》的刊刻质量如何呢？

今中国国家图书馆还藏有另一本《大诰续编》②，其刻书字体为赵体、版式、行款为半叶 10 行行 20 字，四周双边、上下阔黑口、对花鱼尾。正文版心中部上书"大诰续编"，下书页码；书末明太祖谕，版心中部上书"大诰续编后序"，页码为"一"。各叶版式一致，刊刻精美。版心下方，皆无刻工姓名。此本字体、版式、行款俱与前文所述中央出版御制、敕撰书籍的风格高度一致，由此推测，此本当即中央颁发各地翻刻的样书，是以既无翻刻牌记，亦无刻工姓名。

将此本与太原府刻本《大诰续编》对勘可以发现，在刊刻字体方面，太原府刻本极忠实于样书，各叶皆为赵字，全书字体风格高度一致。整体观之，与样书几无二致。二本行款，亦同为半叶 10 行行 20 字。总之，太原府刻本《大诰续编》的刊刻质量较高，由此可

---

① （宋）何士信：《增修笺注妙选群英草堂诗余》，《续修四库全书》第 1728 册，上海古籍出版社 2002 年影印明洪武二十五年遵正书堂刻本，第 18 页。

② 索书号为 A00416。

以想见刻工们的付出，以及木版、纸张的大量支给。

这里略作说明的是，太原府刻本各叶同样为四周双边，版心亦皆上书"大诰续编"、下书页码，序言、目录、正文页码均与样书同。然书末明太祖谕，太原府刻本版心仍作"大诰续编"，页码亦接续之前，作"七十四"。除最后一叶外，太原府刻本各叶版心下方，皆有刻工姓名。二本最显著的不同在于，太原府刻本各叶书口粗细不一，鱼尾款式参差不齐。

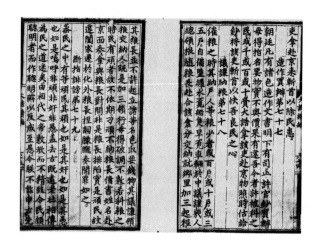

图 2-4　太原府翻刻本《大诰续编》书影（前后两个
半叶一为单黑鱼尾，一无鱼尾）①

这一现象，当与多位刻工同时翻刻有关。由此观之，地方官奉命翻刻《大诰》时，最重要的是要求刻工刊刻的内容准确，以及字体、行款与中央所颁样书一致，而未对各叶版式作严格要求。《大诰续编》末载明太祖谕明令指出，"敢有仍前故意差讹，定拿所司提调，及刊写者，人各治以重罪"②，也是针对内容、字体、行款而言。

---

① （明）朱元璋：《大诰续编》，中国国家图书馆藏明洪武二十年太原府翻刻本。

② （明）朱元璋：《大诰续编》，《续修四库全书》史部第 862 册，影印明洪武十九年刻本，第 305 页。

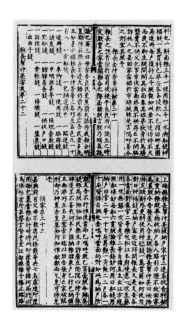

图 2 - 5　中央刻本《大诰续编》书影（各叶对黑鱼尾整齐）①

通过太原府翻刻本《大诰续编》，可见太原府快速、高质量地落实了明太祖的出版意愿。然此后不久，《大诰三编》《大诰武臣》又成。《大诰三编》书首御制序，末题时间为"洪武十九年冬十有二月望日"②；《大诰武臣》书首御制序，首云"洪武二十年十二月"③。同样，《大诰三编》《大诰武臣》需要各地翻刻、大规模出版。

今中国国家图书馆藏有《大诰三编》一卷。该本为残本，书首无明太祖序，内容到"朋奸匿党第三十七"而止，末无跋文，亦无

---

① （明）朱元璋：《大诰续编》，《续修四库全书》史部第 862 册，影印明洪武十九年刻本，第 276 页。

② （明）朱元璋：《大诰三编》，《续修四库全书》史部第 862 册，影印明洪武十九年刻本，第 307 页。

③ （明）朱元璋：《大诰武臣》，《续修四库全书》史部第 862 册，影印明洪武二十年刻本，第 351 页。

牌记。然其版心下方，题有刻工姓名。通过识读可知，该本刻工仍
为李孝思等人，故此《大诰三编》亦当为太原府翻刻本。可以想见，
持续的翻刻任务给全国各地，特别是大多数出版业并不发达的地区
带来的压力。

明太祖御制、敕撰书籍极多，《大诰》诸编只是其中四种。此
后，明成祖以抨击建文帝改制、力倡"恢复祖制"来标榜其夺位合
法性，是以在政治制度、经济政策、社会组织、意识形态等诸多方
面，永乐时期皆与洪武年间存在相似之处。① 明成祖御制、敕撰书
籍，同样数量颇丰。据李晋华《明代敕撰书考附引得》统计，明代
敕撰书近二百种。顾颉刚指出，其中"成于洪武、永乐两朝者超过
半数，洪武一朝又几两倍永乐"②。

这些御制、敕撰书籍，很多皆于当时顺利出版。李晋华统计诸
书时，未考证其是否得到刊刻。此后，如张德信、毛佩琦主编《洪
武御制全书》前言，③ 马怀云《朱元璋敕撰书述论》④ 等论著，亦未
讨论诸书出版与否。⑤ 据笔者统计，洪武、永乐年间得到出版的明太
祖、明成祖御制、敕撰书籍，具体如下（以四部分类为序；这些书
籍的具体信息，俱见本书附录）：

----

① 明成祖对"祖制"的恢复，可以落实到极琐细的层面。如沈德符《万历野获
编》"禁殿更名"则云："金陵十五歌楼中，有'醉仙'等三楼，洪武间被火灾。至永
乐八年，上命鼎新之，且仍旧号。盖先朝所建，有举莫废。即一教坊，尚存故事如
此。"［（明）沈德符：《万历野获编》，第 793 页］
② 顾颉刚：《明代敕撰书考序》，载李晋华《明代敕撰书考附引得》，顾序第 2 页。
③ 张德信、毛佩琦主编：《洪武御制全书》，黄山书社 1995 年版，第 52—65 页。
④ 马怀云：《朱元璋敕撰书述论》，《许昌师专学报》（社会科学版）1998 年第 3
期，第 67—71 页。
⑤ 按，海外学者对此则颇为重视，如酒井忠夫《中国善书研究》强调，"在明朝
的教化政策中，为了教化的目的而敕撰刊行训谕、道德书具有很大的意义"［［日］酒
井忠夫：《中国善书研究》（增补版），刘岳兵等译，第 23 页］；卜正民《明代的社会
与国家》专设"官刻书籍"一节，重在论述明太祖"对知识的控制和传播"（［加］卜
正民：《明代的社会与国家》，陈时龙译，第 155 页）；等等。然而，他们在判断一部御
制、敕撰书籍是否出版时存在一些问题，如未注意不同书目间的源流关系、将"颁行"
等同于刊刻，等等。对此绪论已述，这里不再赘言。

洪武年间

经部：《书传会选》六卷、《洪武礼制》一卷、《礼仪定式》一卷、《春秋本末》三十卷、《孟子节文》七卷、校定《广韵》、《洪武正韵》十六卷、《韵会定正》《华夷译语》

史部：《元史》二百十二卷、《祖训录》不分卷、《祖训条章》不分卷、《皇明祖训》一卷、《资世通训》一卷、《大诰初编》一卷、《大诰续编》一卷、《大诰三编》一卷、《大诰武臣》一卷、《赐诸番诏敕》一卷、《大明律》三十卷、更定《大明律》三十卷、《大明律诰》不分卷、《宪纲》四十条、重刻《律令宪纲》不分卷、《教练军士律》不分卷、《昭鉴录》二卷、《孝慈录》一卷、《相鉴》二十卷、《臣戒录》十卷、《瘴恶录》不分卷、《精诚录》三卷、《志戒录》二卷、《大明志》、《大明清类天文分野之书》二十四卷、《寰宇通衢》一卷、《洪武志》（《洪武京城图志》）一卷、《醒贪简要录》（《醒贪录》）二卷、《诸司职掌》十卷

子部：《天文书》四卷、《回回历法》一卷、新定《韵府群玉》、《洪武南藏》七千一百余卷、新注《金刚经》一卷、新注《心经》一卷、新注《楞伽经》一卷

集部：《御制文集》五卷、《御制诗集》一卷

永乐年间

经部：《五经大全》一百五十四卷、《四书集注大全》四十三卷

史部：《历代名臣奏议》三百五十一卷、《古今列女传》三卷、《高皇后传》不分卷、《为善阴骘》十卷、《孝顺事实》十卷

子部：《圣学心法》四卷、《性理大全书》七十卷、《永乐南藏》六千三百三十一卷、《永乐北藏》六千三百六十一卷、《诸佛世尊如来菩萨尊者神僧名经》不分卷、《金刚般若波罗蜜

经集注》一卷、《神僧传》九卷

集部：《诸佛如来菩萨名称歌曲》五十卷

此外，还有多种史料云"诏行""颁布""颁示"而未明言刊刻的御制、敕撰书籍，如《礼制集要》《稽古定制》《省躬录》《存心录》《辨奸录》《武士训戒录》《稽制录》《永鉴录》《世臣总录》《为政要录》等，由于证据不足，笔者尚未纳入统计。

《大诰》诸编各仅一卷，刊刻工作量还较小；这些书籍中，如《历代名臣奏议》凡三百余卷，《洪武南藏》《永乐南藏》《永乐北藏》更多达数千卷，需要刻工长年累月的工作。而在《大诰》诸编外，如《五经大全》《四书大全》《性理大全书》《洪武正韵》等，亦皆为大规模出版物。此外，如洪武二十年成书的《礼仪定式》，明太祖明令"在京公侯以下、在外诸司官员，并舍人、国子生及儒学生员、民间子弟，务在讲习遵守，违者问如律"①，则其印数亦不会少。长期以来，各地要完成一部部御制、敕撰书籍的快速、高质量刊印，可以想见，其对于各地出版业的沉重压力。

在各地的通力配合下，明太祖、明成祖的出版意愿可以快速、顺利落实。另外，洪武、永乐年间中央出版的御制、敕撰书籍，其刻书风格又比较明确、固定。由此，我们或可对一些目前著录为"明初刻本""明刻本"版本的刊刻时间做出进一步推断。

比如，今中国国家图书馆藏有《书传会选》六卷，②《中国古籍善本书目（经部）》、国家图书馆联机目录俱著录该本为"明初刻本"③。考其版式、行款，为半叶 8 行行 16 字、双行小字字数同、四周双边、黑口。刊刻风格，与洪武、永乐年间中央出版的明太祖、明成祖御制、敕撰书籍一致。复据《明太祖实录》卷二三四记载，

---

① 《明太祖实录》卷 186，第 2794 页。

② 索书号为 18633。

③ 《中国古籍善本书目（经部）》，上海古籍出版社 1985 年版，第 110 页。

洪武二十七年九月"定正蔡氏《书传》成……赐名曰《书传会选》，命礼部刊行天下"①。考虑到明太祖的出版意愿可以高效落成，此本版式、字体风格亦与前述相符，因此笔者认为，或可将其著录为"洪武二十七年刻本"。在附录表格中，有更多这样的推断事例，这里就不再列举。

行文至此，读者或许注意到，笔者在论及明代宫廷刻书时，使用的一直是"中央出版"，而非版本学界普遍使用的"内府刻书"。这样做的原因在于，首先，内府不能指代明廷全部的出版者。诚然，从根本上说，明廷的出版者就是皇帝。然在具体操作上，明太祖、明成祖会将其意愿下达至机构、部门。考之《明太祖实录》即知，这些单位包括礼部、户部等，并非只有内府。上文所述《书传会选》，即"命礼部刊行天下"。再如卷八二云"《祖训录》成……今令礼部刊印成书，以传永久"，卷一七八云"申明游民之禁，命户部板刻训辞，户相传递，以示警戒"，卷二三九云"尔五府六部等衙门以朕言刊梓，揭于官署，永为遵守"②等亦然。其次，内府也不能指代明廷全部出版工作的实际刊刻者。由前述福建书坊承担的工作即可想见，在礼部、户部等单位落实皇帝出版意愿、出版样书的过程中，很可能亦有福建书坊等外部力量的参与。

内府或可指代的角色，其实是明廷出版物的收藏者。如弘治五年（1492）丘濬疏即云，"御制诗文虽已编辑刻板，藏在内府，天下臣民得见者尚罕"③，成于崇祯末年的刘若愚《酌中志·内板经书纪略》亦明言，"凡司礼监经厂库内所藏祖宗累朝传遗秘书典籍，皆提督总其事，而掌司监工分其细也"④，等等。

---

① 《明太祖实录》卷 234，第 3421—3422 页。
② 《明太祖实录》卷 82、178、239，第 1470—1471、2691、3478—3479 页。
③ 《明孝宗实录》卷 63，第 1214 页。
④ （明）刘若愚著，冯宝琳点校：《酌中志》卷 18，北京古籍出版社 1994 年版，第 157 页。

由于版本学界普遍采用明代"内府刻书"之说，已有著录亦大都称这些版本为"内府刻本"。笔者认为，以"收藏者"著录版本信息，其实是不太妥当的。另外，"内府刻书"说也会导致读者乃至研究者过分放大经厂在明代出版中的作用。因此本书涉及明代宫廷出版活动时，俱以"中央出版"言之。①

除最高统治者外，出版意愿能够得到高效、高质量落实的，还有太子以及藩府。永乐初年，时为太子的朱高炽，即命令出版了真德秀《大学衍义》以及多达一百五十三卷的欧阳修《欧阳文忠公集》。关于此次欧集出版，本书第四章有进一步讨论。

再就藩府而言，据笔者统计，洪武至永乐年间藩府出版的书籍，有如下数种（按，陈清慧《明代藩府刻书研究》"明代藩府刻书总表"凡著录明藩府本581种，其中128种"皆张秀民《明代藩府印书表》及各家研究者所未及者"②，是目前最为丰富的明代藩府刻书统计成果。因此，笔者将自己的统计结果与之相互对照，不同之处，皆以按语说明。这些书籍的具体信息，俱见本书附录）。

周藩朱橚（1361—1421），洪武二十四年出版《袖珍方大全》四卷。永乐四年（1406）左右出版《救荒本草》二卷。永乐十三年

① 马学良对版本学界所谓"明代内府刻书"有一系列论文，如《明代内府刻书机制考论——以敕纂修图书为中心》[《河北大学学报》（哲学社会科学版）2015年第3期，第86—92页]、《明代内府刻书续考——明代内府刻书目录》（《文津学志》第十一辑，国家图书馆出版社2018年版，第160—174页）等。其对"内府刻书"这一概念的观点是，"明代内府刻书就是皇家的刻书"[马学良《明代内府刻书机构探析》，《河北大学学报》（哲学社会科学版）2014年第3期，第46页]，认为沿用这一概念没有问题。笔者的看法与此不同。

② 陈清慧：《明代藩府刻书研究》，第79页。按，是著《明代藩府刻书研究》则统计为127种（国家图书馆出版社2013年版，第57页）。关于明代藩府出版书籍种类的代表性研究，还有昌彼得《明藩刻书考》[昌彼得《版本目录学论丛》（第一辑），高雄：学海出版社1977年版，第39—104页]、张秀民《中国印刷史》"明代藩府印书表"（张秀民《中国印刷史》，第417—445页）、曹之《明代藩府刻书考》（《图书与情报》1991年第2期，第45—48页）等。

（1415）出版《袖珍方》四卷。永乐年间出版《普济方》一百六十八卷。朱橚嫡长子朱有燉（1379—1439），永乐年间出版《诚斋杂剧》（至宣德年间完成）。

陈清慧《明代藩府刻书研究》"明代藩府刻书总表"（以下简称陈氏"总表"）著录《袖珍方大全》的刊刻时间为洪武二十三年。① 按，周藩原刻今已不传，然弘治十八年（1505）集贤书堂刻本《魁本袖珍方大全》现存。该本首有朱橚序，云"……名之曰'袖珍'，命工刊梓，以广其传"，末题时间为"洪武二十四年八月望日"②。因此当著录为二十四年。

楚藩朱桢（1364—1424），永乐元年（1408）前后出版《蚓窍集》十卷。

陈氏"总表"著录此本刊刻时间为"洪武间"，备注云："《中国古籍善本书目》作永乐元年。张秀民《中国印刷史》：洪武，一作永乐元年。"③ 按，此本书首有胡粹中《蚓窍集序》，明言"贤王侈公之德，欲寿其傅④，命刻诸板，余不敏僭序"，末题时间为"永乐元年岁次癸未春三月望日"。因此，可著录此本为永乐元年刻本。另，由于此本首有洪武三十一年吴勤序，序后为周子冶《全庵记》，记后为永乐元年胡粹中序，三者版式、行款、刻书字体皆一致，是以已有著录多谓此本为"（明）管时敏著，（明）丁鹤年评《蚓窍集》十卷、（明）周子冶《全庵记》一卷，永乐元年刻本"。然细考之，《全庵记》言及管时敏子"永乐十四年（1416）奏为伴读"，与永乐元年相去较远。且《全庵记》亦云，"次其所闻见者为之记。若夫公所自著曰《蚓窍集》《秋香百咏》《还乡纪行》者，已并行于当世云"。因此笔者认为，《蚓窍集》出

---

① 陈清慧：《明代藩府刻书研究》，第81页；亦见是著第73页。
② （明）李恒：《魁本袖珍方大全》，中国国家图书馆藏明弘治十八年集贤书堂刻本。
③ 陈清慧：《明代藩府刻书研究》，第83页；亦见是著第75页。
④ 按，"傅"疑为"传（傳）"字之讹。

版于永乐元年前后，而《全庵记》当为此后补刻，二者不当著录
为同一刊刻时间。

蜀藩朱椿（1371—1423），洪武年间出版《蜀汉本末》三卷，
《蜀鉴》十卷，《皇朝仕学规范》四十卷，《自警编》五卷，《伊川击
壤集》二十卷、《集外诗》一卷，洪武至永乐年间出版《诗集传》
十卷、《诗传纲领》一卷、《诗图》一卷、《诗序辨说》一卷。

陈氏"总表"于蜀藩未著录《诗集传》《皇朝仕学规范》《伊川
击壤集》，或可补入。按，《诗集传》第四卷末有"庐陵黎让奉敕教
正"字样。李文衡《天津李氏荣先阁藏书杂记》云，"黎让，洪武
时蜀府教授也"①。重庆图书馆亦著录此本为"洪武蜀府黎让校刻
本"。然据笔者查考，张弘道、张凝道《皇明三元考》"洪武二十九
年丙子科解元"下著录"江西黎让，吉水人，蜀府教授"②；《明太
宗实录》卷一七三则记载，永乐十四年二月"升蜀府教授郑楷本府
左长史致仕"③。实录及《本朝分省人物考》郑楷小传等材料，俱未
言其出任蜀府教授的时间。然郑楷在任时已属永乐后期，则黎让任
蜀府教授的时间，很可能自洪武末年延续至建文、永乐年间。故黎
让为蜀府校书，可能在洪武年间，亦有可能在建文、永乐年间。

庆藩朱㮵（1378—1438），洪武三十一年出版《文章类选》四
十卷。

宁藩朱权（1378—1448），洪武三十一年前后出版《太和正音谱》
二卷、《琼林雅韵》不分卷、《务头集韵》四卷。建文四年（1402）前
后出版《汉唐秘史》二卷。永乐四年前后出版《天运绍统》一卷。永
乐十八年（1420）前后出版《救命索》一卷。永乐九年（1411）前后
出版《原始秘书》十卷。永乐年间出版《斗南先生诗集》六卷。

---

① 李文衡：《天津李氏荣先阁藏书杂记》，载《重庆市图书馆建馆四十周年纪念
文集》，重庆市图书馆1987年版，第46页。
② （明）张弘道、（明）张凝道：《皇明三元考》卷1，《四库全书存目丛书》史
部第271册，齐鲁书社1996年影印明刻本，第63页。
③ 《明太宗实录》卷173，第1913页。

陈氏"总表"著录《务头集韵》刊刻时间为洪武三十二年①、《汉唐秘史》刊刻时间为建文三年，误。著录《救命索》刊刻时间为"永乐间"。按，《救命索》首有朱权序，末题时间为"永乐庚子人日"，亦即永乐十八年。

通过上述梳理可见，藩府出版的书籍种类很多，囊括经、史、子、集四部。其中一些篇帙宏富，如周藩朱橚刊刻的《普济方》即多达一百六十八卷。黄虞稷《千顷堂书目》"簿录类"著录有《宁献王书目》一卷、《徽府书目》一卷、《衡府书目》一卷、《江宁王府书目》一卷，② 由此亦可想见藩府刻书之盛。

藩府出版不仅种类丰富，刻书质量同样较高，其间多有精椠。即如极不喜爱明刻的叶德辉，③ 亦于《书林清话》中设"明时诸藩府刻书之盛"一则，称赞"惟诸藩时有佳刻"④。尤其值得注意的是，即使身在出版业颇落后之地，诸藩亦能顺利落实自己的出版意愿。如本章上节提到，周藩朱橚寓居云南期间，主持编纂了《袖珍方大全》，并面向云南群众发行。"小版"刊刻对刻工技术有更高要求，难度更大。由此推想，朱橚很可能是遣人携书稿前往福建，在福建刻版，刻成后再将书版带回云南，于当地印行。

然而，与王惠出版《学范》不同，朱橚《袖珍方大全》的刊刻似乎未经波折。其《又序》云"至洪武庚午，寓居滇阳……得家传应效者，令本府良医编类，锓诸小版"，庚午即洪武二十三年。其作

<hr />

① 陈清慧：《明代藩府刻书研究》，第 89 页；亦见是著第 84 页。以下《汉唐秘史》《救命索》同。

② （清）黄虞稷编，瞿凤起、潘景郑整理：《千顷堂书目》卷 10，第 294 页。

③ 如《书林清话》卷 5"明时诸藩府刻书之盛"云："堂堂风宪有司，而刻书如此之轻诞"；卷 5"明人刻书之精品"云："至晚季胡文焕《格致丛书》、陈继儒《秘笈》之类，割裂首尾，改换头面，直得谓之焚书，不得谓之刻书矣"；卷 7"明时书帕本之谬"云："然则昔人所谓刻一书而书亡者，明人固不得辞其咎矣"；卷 7"明人不知刻书"云："吾尝言明人好刻书，而最不知刻书"［（清）叶德辉著，李庆西标校：《书林清话》，第 103、113、157、158 页］；等等。

④ （清）叶德辉著，李庆西标校：《书林清话》卷 5，第 103 页。

于洪武二十四年八月的《袖珍方序》复云，"名之曰《袖珍》，命工刊梓，以广其传"。这与王惠十数年的等待，形成了鲜明对比。

再如，庆藩朱㮵于洪武三十一年出版《文章类选》，时朱㮵就藩宁夏，亦为出版不发达之地。然《文章类选》不仅顺利刊刻，而且工艺较精。庆藩刻本《文章类选》今藏中国国家图书馆，其版式、行款为半叶 14 行行 20 字、四周双边、细黑口、对黑鱼尾，版心中部上题卷次、下题页码。清人贺涛盛赞其"雕镂之工雅近宋、元，非洪、永后所能及。所见明刻，惟此为最先，亦惟此为最精"①，傅增湘亦谓此本"版式宽展，字体疏朗，尚存元代风范"②。笔者推测，此亦当为他处刻版。

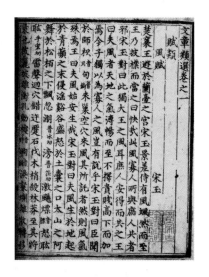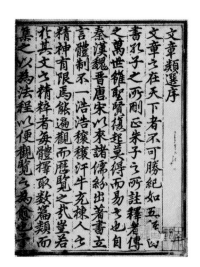

图 2 - 6　洪武三十一年庆藩刻本《文章类选》序文、正文书影③

---

① （清）贺涛：《书文章类选卷首》，见（清）贺涛著，祝伊湄、冯永军点校《贺涛文集》，华东师范大学出版社 2011 年版，第 113 页。
② 傅增湘：《藏园群书经眼录》，中华书局 1983 年版，第 1499 页。
③ （明）朱㮵：《文章类选》，中国国家图书馆藏明洪武三十一年庆藩朱㮵刻本。

　　藩府的出版意愿能够顺利落实，与其身份地位有关。明太祖极为信任、优待、重用宗藩，诸藩不仅廪禄优渥，而且拥有兵权。是以建文帝即位，着力削藩。靖难变后，明成祖一方面剥夺宗藩兵权，另一方面遵循"祖制"，照给亲王厚禄。诸藩不仅廪禄丰厚，还经常获得最高统治者赐予的礼物。以朱橚为例，据《明太宗实录》记载，仅永乐元年一年中，明成祖即于正月癸卯"赐钞一万锭"；七月甲申，以朱橚生日，赐"钞币、衣服、鞍马、羊酒"；十二月己卯，复赐朱橚"彩币、羊酒、鞍马"①。经济条件优渥的藩府，能够承担高昂费用，故其出版工作速度既快，工艺亦精。

　　除充足的资金外，藩府还拥有闲暇的时间、丰富的藏书、延揽的人才。这些有利条件，皆有助藩府成为理想的出版者。特别是明成祖即位以后，诸藩"被极其苛刻地限制人身自由，彻底退出了政治舞台"②。政治舞台的被迫退场，亦推动他们在文化舞台粉墨登场。是以藩府编纂、出版了多种作品，然藩府的频繁出版，令本已稀缺的书版、纸张变得更少，本已难觅的刻工更难寻，从而使大多数官僚士大夫、普通民众的出版更为困难。

　　综上所述，为满足明太祖、明成祖等最高统治者的出版意愿，从中央到地方皆需付出努力。其中既有精准下达福建书坊完成的任务，也有全国各地都要落实的翻刻工作。各地的翻刻工作不仅高效、快速，刊刻工艺亦比较精美，质量较高。明太祖、明成祖御制、敕撰书籍极多，从而使各地担负了繁重的出版任务。太子、藩府因其廪禄优渥等有利条件，频繁开展出版活动，刻书质量同样较高。皇帝、太子、藩府的出版活动，挤占了本已稀缺的出版资源，进一步加剧了官僚士大夫、普通民众出版的难度。这是当时出版成本较高的深层原因。

　　通过以上二章论述可知，从书籍出版的种类、规模、篇幅等方

---

①　《明太宗实录》卷 16、卷 21、卷 26，第 297、396、478 页。

②　李新峰：《论元明之间的变革》，第 93 页。

面来看，洪武至永乐年间的出版整体情况，都不应以"萧条"来形容。但具体到每一个人，这一时期，不同阶级、不同群体所占有的出版资源严重不均，出版书籍的难易程度呈现出严重分化。作品得到出版的官僚士大夫、普通民众凤毛麟角，与明后期"达官贵人与中科第人，稍有名目在世间者，其死后则必有一部诗文刻集，如生而饭食、死而棺椁之不可缺"①的全面繁荣景况截然不同。因此笔者认为，或可以"局部繁荣"作为洪武至永乐年间出版情况之概括。

那么，这一出版情况，对文学创作产生了怎样的影响呢？

---

① （明）唐顺之：《荆川集》文集卷 6《答王遵岩》，见（明）唐顺之著，马美信、黄毅点校《唐顺之集》，浙江古籍出版社 2014 年版，第 276 页。

第 三 章

出版对文学作品面貌的影响

出版不仅在微观上影响了"刻本时代"作品的具体面貌，还在宏观层面上参与塑造了文学史的进程。在分析了洪武至永乐年间的出版情况、特点之后，本章即从作者、出版者两个角度，探讨这一时期出版在微观层面上对文学的影响。

第一节　出版对作者的影响

正如美国学者摩西·哈达斯《古典读物之附属》（*Ancilla to Classical Reading*）所言，"所有古典文学的构思都是作为与一位'听众'之间的对话或教谕……在明亮的日光下为四万名观众表演的戏剧，不可能像在黑屋子里为四百名观众表演的戏剧一样"；麦克卢汉亦指出，"就像为一个小乐队谱写的音乐曲调和节拍不同于为大音乐厅设计的音乐，书籍也是一样。印刷书籍放大了作者表演的'音乐厅'，直到书籍风格的所有方面都被改变"①。出版使作者意识到自己的作品将拥有更多读者，这种意识对其创作具有重要影响。

---

① ［加］马歇尔·麦克卢汉：《谷登堡星汉璀璨——印刷文明的诞生》，杨晨光译，第166页。

　　然而，要考察这种影响的具体表现却非易事。首先研究对象的确立，就是一个难题。研究对象必须满足这一条件：它是作者在明确的出版意识下创作的作品。作者书写之时，即知笔下作品将会出版。

　　那么在洪武至永乐年间，哪些作品是符合条件、可以作为研究对象的呢？从作品本身来看，尽管在很多诗文的序跋、小引中，都有对写作背景的介绍，然作者大都未谈及这一作品未来是否出版。既然作品内部鲜少确证，我们再尝试根据这一时期外部的出版特点，展开推断。在此时期，对于绝大多数官僚士大夫、普通民众而言，出版成本颇高、难度很大。因此他们在创作时，大多不会笃定自己的作品必将付梓、在较大范围内传播。但如果作者在此时期，已有作品成功出版，则其后续写作时具有出版意识的可能性，将显著提升。

　　洪武至永乐年间，已有一些作者将自己的作品整理、编定成集，并请他人作序。然成于此时的序文，多数亦未明言别集即将刊刻。则这些作者在编定别集时，大多也不确定其集未来能否出版。事实上，这一时期的很多别集，自编成后一直藏于作者家中，或在小范围内传抄、为特定读者所见，多年后方得付梓。① 但也有少数时人别集，当时即已出版。这些刻本别集中的作品，很可能经过了作者为出版而作的修订。

　　由此观之，生前即有作品出版的作者，大概率拥有在明确出版意识下写作的经历。这类作者的部分创作，或可用来考察出版意识对作者的影响。笔者据序跋所载别集刊刻细节及相关史料考证，发现在洪武至永乐年间，生前即见自己别集（由于本书关注的是诗文创作，因此将作品范围缩小至别集）出版的作者，仅有谢应芳、宋

① 如戴良（1317—1383）《九灵山房集》于正统年间方得到首次刊刻。其从曾孙所作后序明言，"其遗稿藏于家久矣"，末题时间为正统十年六月［载（明）戴良《九灵山房集》，《四部丛刊初编》，上海商务印书馆1922年影印明正统刻本］。

濂、王逢、明太祖朱元璋、管时敏五人。

　　谢应芳（1296—1392）在世时得到出版的别集为《龟巢摘稿》。在《答崑山袁子英书》中，谢应芳明言，"学子王著欲以《龟巢稿》锓梓，因摘数十篇与之，名曰《摘稿》"①。复据卢熊《龟巢摘稿序》可知，王著提出刻版的时间，在洪武十年前后。②在王著提议前，谢应芳创作时，未必具有明确出版意识；其后，在选取旧作、编制《龟巢摘稿》的过程中，谢应芳确知这些作品能够出版，这很可能促使他对旧作进行了修改。谢应芳《龟巢稿》亦存，且与《龟巢摘稿》存在共同篇目、其间有异文。然而，现存《龟巢稿》版本皆为传抄、刊刻时间较晚的后人重编本，故其所收未必为谢应芳"旧作"原貌。《龟巢摘稿》刻本也已佚，唯抄本现存。故《龟巢稿》与《龟巢摘稿》间的异文，既可能为谢应芳本人修改造成，也可能是后人编次时所作改动，还可能是抄手、刻工导致的。因此，这些异文并不足以用来探讨出版意识对作者的影响。

　　管时敏（1337—1416）生前得到出版的别集为《蚓窍集》。永乐刻本《蚓窍集》今存，书首有吴勤、胡粹中序，末题时间分别为洪武三十一年正月、永乐元年三月。胡序明言，"贤王侈公之德，欲寿其傅，命刻诸板，余不敏僭序"③。据此，则管时敏得知自己作品将会出版，当在洪武三十一年前后。而管时敏诸诗的写作时间，大都在此之前。④故其写作时，不一定有明确的出版意识。若有早于永

---

　　①　（明）谢应芳：《龟巢稿》卷12，《四部丛刊三编》，影印双鉴楼藏钞本。

　　②　（明）卢熊《龟巢摘稿序》："洪武十年冬……先生以书谕熊曰：某有旧作，学子王著欲刻板刻之，乃为摘数十篇，以从其请。"［载（明）谢应芳：《龟巢摘稿》，台湾"国家图书馆"藏明洪武十二年王著刻本影钞本］

　　③　（明）管时敏著，（明）丁鹤年评：《蚓窍集》，《四部丛刊三编》，上海商务印书馆1936年影印明永乐刻本。

　　④　周子冶《全庵记》谓管时敏"幼而颖异，九岁能诗"；吴勤《蚓窍集序》亦记载，管时敏壮年时，自己与之"邂逅旅邸，一见知为佳士。读其诗，风格高古……别去二十年，余忝膺教命，来是邦，复得朝夕见。读公篇什，愈老愈健"［俱见（明）管时敏著，（明）丁鹤年评《蚓窍集》］。

乐刻本的《蚓窍集》初稿传世，则可通过对勘，探究作者在出版意识下对作品的改动，然初稿现已不传。现存文献中，亦无管时敏在《蚓窍集》出版后的新作。因此，管时敏的作品也无法作为研究对象。

明太祖（1328—1398）《御制诗集》《御制文集》的出版在洪武七年前后。据郭传记载，明太祖对于其作品，"犹以为未至也，欲去其稿。而翰林学士承旨臣詹同等固请宜锓诸梓，以遗圣子神孙，俾有矜式"；宋濂亦云，明太祖"当万机之暇，时御翰墨，多不留稿。见于侍臣之所录者，得若干篇。臣窃以为……是宜刻于文梓，流布四海，使见之者，咸获咏叹"①。据此，则明太祖本无出版别集、让更多读者阅读的打算。但郭传、宋濂之言，可能是臣子的谀美之词，未必是实际情况的反映。那么，明太祖写作之时，是否具有明确的出版意识呢？笔者认为，即使明太祖写作时预设了更多读者，这一预设的关键因素也不在于出版，而在于明太祖的身份、地位。至高的权力，让他可以轻易拥有庞大的读者群。对普通文人士大夫而言，出版可以让其作品为更多人所见，意义重大；但对明太祖来说，出版只是一种传播手段。即便不出版，通过传抄、通过口耳相传，其意旨也可达至千门万户。故明太祖之作，不适宜用来考察出版意识对作者的影响。

在这五人中，唯王逢、宋濂的部分创作，可以作为研究对象。下面即以二人为中心，从题材选择、笔法运用两方面，探讨出版意识对作者创作的影响。

一　题材选择

不同于小范围的作品传抄，出版意味着一个规模更大的读者群。不仅如此，在作品未刊刻时，作者多向自己相识之人出示文稿、请

①　（明）郭传《御制文集后序》、（明）宋濂《恭题御制文集后》，载（明）朱元璋著，胡士萼点校《明太祖集》，黄山书社1991年版，第474、475页。

其品评。作者面对的，多为特定读者。而当作品出版后，与作者素不相识的人同样有机会阅读其作，此时作者的读者群，是不确定的。

这个更大的、不确定的读者群，对王逢、宋濂原本的选材好尚，产生了截然不同的影响：王逢围绕自己偏好的题材，书写了更多诗篇；宋濂回避了自己喜爱的题材，鲜少再写。

（一）王逢："名复待予传"

王逢（1319—1388），字原吉，号梧溪子、席帽山人、最闲园丁，江阴（今江苏省江阴市）人。少时即有令名，台省荐辟，皆不就。张士诚开藩辟士，亦不受。① 明洪武十四年，明太祖以文学征之，经王逢长子王掖恳求而止。② 先后转徙于无锡梁鸿山、松江青龙镇等地，晚年隐居于松江乌泾，以布衣终老。③ 元至正年间，时人即谓王逢"穷而在下，能自以诗鸣家"④。后人对王逢诗亦评价较高，如四库馆臣称其"得虞集之传，才气宏敞而不失谨严"⑤，钱谦益更

---

① 正德《松江府志》卷31："王逢，字原吉，江阴人。才气俊爽，弱冠有美名。台臣荐之，以疾固辞。大府交辟，皆不就。"（《中国方志丛书》华中地方第 455 号，台北：成文出版社 1983 年影印明正德七年刻本，第 1467 页）（明）毛宪《毗陵人品记》卷5："（王逢）号席帽山人，又号梧溪子……伪吴张士诚开藩辟士，逢不受辟。"（《四库全书存目丛书》史部第 110 册，影印明万历刻本，第 71 页，下同）此外，王逢在《圹铭》中，以"最闲园丁"自称。［（明）王逢著，李军点校：《梧溪集》卷7，北京师范大学出版社 2016 年版，第 562 页］

② （明）王逢著，李军点校《梧溪集》卷 7《遂归二首时岁癸亥上春有序》序云："洪武辛酉夏，平阳府隰州大宁县丞蒋会以逢文学疏闻于上，既有旨召……乃十二月朔，京师大雪，时长子掖承乏通事司令，从百官侍间奏，蒙特恩，命吏部符止之。"（第 567 页，下同）

③ （明）王逢著，李军点校《梧溪集》卷 7《遂归二首时岁癸亥上春有序》序云："姑记去乡兵垂三十霜，侨乌泾亦十有七暑。"（明）毛宪《毗陵人品记》卷5："居梁鸿山，未几迁松之青龙江，又移居横泖，卜隐乌注。"按，"注"当为"泾"字之讹。

④ （元）汪泽民《序》引时人"太平王生光大"之语，序末时间为"至正丙戌夏"［（明）王逢著，李军点校：《梧溪集》，序文第 2—3 页］。

⑤ （清）永瑢：《四库全书总目》卷 168 "《梧溪集》七卷"提要，第 1457 页。

云"江阴之诗人，以王逢原吉为宗"①，等等。

王逢诗歌今存一千二百余首，集中见于其别集《梧溪集》，凡七卷。现存刊刻时间最早的《梧溪集》版本为明景泰七年（1456）陈敏政重修本，今藏日本静嘉堂文库，中国国家图书馆藏有抄配本。此外，现存版本还有清道光三年（1823）《知不足斋丛书》本、同治十三年（1874）思补楼活字本、《四库全书》本等。诸本所收序跋不一，其中写作时间最早者为汪泽民序，末题时间为至正丙戌亦即元至正六年（1346）；其次为周伯琦序、杨维桢序，末题时间为至正十九年。此三序，皆未言及《梧溪集》刊刻事宜。复次为陈敏政《梧溪诗集后序》，末题时间为景泰七年，是序云：

> 先生未殁，而是集已梓行于世。先生尝自标题其微词奥义，及人名、地里之难晓者于各诗之首。其第七卷，则先生既殁而掖之所刊也……始辂来南康时，留是板于乌泾故居。正统戊午，颜归省先垅，始携以来，则板之失脱与字之昏剥者十有余矣。岁乙亥，余来守南康，闻之亟取视焉，幸其家尚有原本。乃命孟逐一酬对，缮写而命工重刊之，以补其缺，是集乃复得其全云。②

陈序所言"掖"即王掖；"辂"指王辂，为王掖之孙；"颜""孟"则指王颜、王孟，为王辂二子。③ 据陈序，王逢在世时，《梧溪集》前六卷即已出版；洪武二十一年王逢去世后，《梧溪集》第

---

① （清）钱谦益著，（清）钱曾笺注，钱仲联标校：《牧斋初学集》卷33《徐仲昭诗序》，上海古籍出版社1985年版，第947页。

② （明）王逢著，李军点校：《梧溪集》，第578页。

③ （明）陈敏政《梧溪诗集后序》："掖子徕，尝以才德荐至京师，未官而卒。徕子辂，宣德中以秀才授江西南康府照磨，到任未几以疾卒。二子曰颜、曰孟，俱幼不能还，遂侨居南康星子之东涧。"〔（明）王逢著，李军点校：《梧溪集》，第577—578页〕

七卷由王掖付梓。此为王逢《梧溪集》之初刻本。后书版有损，陈敏政遂加以重刊。

那么，在王逢生前，《梧溪集》前六卷的出版过程是怎样的呢？对此，今人叶莱有如下论述：

> 王逢在世时《梧溪集》前六卷已行世，第七卷在王逢死后由其子王掖刊行，两次雕版都在洪武年间（1368—1398）。根据卷六《书西厦时洪武丙寅沿海筑城》作于洪武十九年（1386），王逢卒于洪武二十一年（1388），前六卷当刊于这三年间。顾千里《重刊〈梧溪诗集〉序》称七卷刊印"皆在洪武时"，即据此而来。①

顾千里即"清代校勘学第一人"② 顾广圻，曾受鲍廷博委托校勘《梧溪集》。考其《重刊梧溪诗集序》，原文为"元王逢原吉《梧溪诗集》七卷。前六卷，原吉未殁时已梓行；末一卷，其子掖所刊，皆在洪武时……观钱曾《读书敏求记》云，于剑映斋藏书中购得前二卷，是洪武年间刊本"③，全序并未言及王逢诗作内容。据此，则顾广圻所言"皆在洪武时"，或与钱曾《读书敏求记》云"洪武年间刊本"有关。叶文"即据此而来"之说，不知何据。

叶文以卷六《书西厦时洪武丙寅沿海筑城》作于洪武十九年为据，提出前六卷当刊于洪武十九年至洪武二十一年间。问题是，这只能说明卷六刊于这三年间，并不足以说明前五卷亦刊于此时。据

---

① 叶莱：《〈梧溪集〉版本考：以国图藏陆贻典手校本为中心》，《山东图书馆学刊》2009 年第 4 期，第 106 页。另，何丽娜《〈梧溪集〉版本源流考》亦以《书西厦时洪武丙寅沿海筑城》为据，云"《梧溪集》前六卷应刊于洪武十九年至洪武二十一年这三年间"［《长沙铁道学院学报》（社会科学版）2010 年第 2 期，第 99 页］。

② ［日］神田喜一郎：《顾千里先生年谱》，孙世伟译，《国学月刊》1926 年第 1 期，第 14 页。

③ （明）王逢著，李军点校：《梧溪集》，序文第 7 页。

笔者查考,《梧溪集》卷七有《遂归二首时岁癸亥上春有序①》诗,序云:"逢性矿野,寒宗微迹,窃已略具《内兄李四莆萄图咏》,版行旧矣。"② 《内兄李四莆萄图咏》即指《题内兄李四彦梁所遗温日观蒲萄有序》,见于卷一。癸亥即洪武十六年(1383),王逢既言"版行旧矣",则《梧溪集》卷一的出版必在洪武十六年以前,叶说有误。

　　进一步分析,叶说的提出,其实是预设了前六卷系一次完成出版。然而现存《梧溪集》诸本序跋皆未语及此,其预设实为需要考证的问题。王逢言卷一"版行旧矣",既可能因为一次刊刻前六卷历时数年,其中卷一率先完成,也可能前六卷并非作为一个整体出版,而是各卷分批刊行,卷与卷的出版间又存在时间差。

　　哪种情况更符合实际呢?下面即就此展开考证。首先,考《梧溪集》各卷,于诗题、正文、诗序、识语中明确标示了王逢写作时间的作品,具体见表3-1。③

表3-1　　　　　　　　　王逢《梧溪集》中明确的时间线索

诗题、正文、诗序、识语	时间线索	对应时间
卷一		
《赠别浙省黑黑左丞国宝自常州移镇徽州三十韵时岁癸巳》	癸巳	元至正十三年(1353)
《壬辰冬十一月避乱绮山简丘文中贡原甫二教授》	壬辰	至正十二年
《题内兄李四彦梁所遗温日观蒲萄有序》,诗序末云"是年至正己亥"	己亥	至正十九年

————————

　　① 按,"有序"为题注,因此笔者使用五号字,以与诗题(小四号字)区分,后同。下文表格中,诗题为五号字,故题注文字相应使用小五号字。
　　② (明)王逢著,李军点校:《梧溪集》,第567页。
　　③ 当然,根据一些诗题中提到的官职,诗序、识语中记载的史事,亦可考证出相应时间。但考虑到官职、史事俱可能为王逢追述,则其诗歌写作时间与考证结果存在时间差,因此未将此类诗歌作为证据列出。

续表

诗题、正文、诗序、识语	时间线索	对应时间
《丙戌二月廿六日夜梦游异境见碧玉楼三字为赋二首》①	丙戌	至正六年
卷二		
《辛卯仲冬廿四日吴山游望》	辛卯	至正十一年（1351）
《山行二首有序》，诗序首云"庚子十月二日"	庚子	至正二十年（1360）
《丙申正月十八夜吴门雨黑雨廿二日午见日中黑子刘都漕贡总管留不果既出舟次口号》②	丙申	至正十六年（1356）
卷三		
《辛丑四月朔西日下黑气相荡久之口号八句》③	辛丑	至正二十一年（1361）
卷四		
《席帽山先陇图诗有引》，诗序云"至正乙未冬，不肖逢不幸避乱于外，寝五年矣"	乙未后五年	至正二十年
《炎风辛亥五月作是年四月十三日得男孙》	辛亥	洪武四年
《乙未八月避地前湖三首》	乙未	至正十五年（1355）
《丙申八月纪事时自乡里入吴还华馆遂卜隐鸿山》	丙申	至正十六年
《至正丙午三月廿八日自横泖迁居乌泾宋张骥院故居有林塘竹石因扁堂曰俭德园曰最闲得六首》	丙午	至正二十六年（1366）
《得儿掖书时戊申岁》④	戊申	洪武元年
卷五		
《癸丑正月三日述怀一首》《癸丑上元日试笔寄示外甥俞董》《癸丑九月松府遣徐掾具舟再辟复谢免口号简徐》	癸丑	洪武六年
《壬寅岁经时宰别第》⑤	壬寅	至正二十二年（1362）

———————

① 以上诸诗，分别见于（明）王逢著，李军点校《梧溪集》，第60、67、68—69、76页。

② 以上诸诗，分别见于（明）王逢著，李军点校《梧溪集》，第99、140—141、153页。

③ （明）王逢著，李军点校：《梧溪集》，第220页。

④ 以上诸诗，分别见于（明）王逢著，李军点校《梧溪集》，第251—252、273、337—338、340、349—350、355页。

⑤ 以上诸诗，分别见于（明）王逢著，李军点校《梧溪集》，第440、440、468、476页。

续表

诗题、正文、诗序、识语	时间线索	对应时间
卷六		
《庚申正月四日试笔是晓庭雪盈尺》	庚申	洪武十三年（1380）
《辛酉立春日溪园试笔寄钱艾衲张云庄二叟》《辛酉杂题》	辛酉	洪武十四年
《甲子岁初度重阳范道士来祝香就书以遗之》《甲子冬偶书》	甲子	洪武十七年
《庚申七月一首时谢病松江》	庚申	洪武十三年
《乙丑秋书》	乙丑	洪武十八年
《丙寅清明日书二首》①	丙寅	洪武十九年
卷七		
《遂归二首时岁癸亥上春有序》	癸亥	洪武十六年
《丁卯冬季即事》②	丁卯	洪武二十年

　　别集编排多以诗文体裁分卷，亦有编年体例，还有将分体、编年二者结合。通过表 3 - 1 可以发现，无论在每卷之内，还是就整体而言，有明确写作时间的诗歌都没有依照时间先后排序。可见，王逢并没有为其作品编年。同时，《梧溪集》也没有分体编排，它的每一卷都包含了多种体裁，前后卷所收体裁还有重复。如卷三、卷四各有多首挽词归于一处，卷六、卷七各有数首铭文置于一起，等等。这些现象说明，《梧溪集》全书并未经过整体层面上的统稿。

　　由此推测，相比六卷作为一个整体出版，更可能的情况是前六卷分批次刊刻，各批次间存在一定时间差。卷一最先出版，叠加时

---

　　①　以上诸诗，分别见于（明）王逢著，李军点校《梧溪集》，第 524、526、529、535、539—540、543、546、546 页。

　　②　以上诸诗，分别见于（明）王逢著，李军点校《梧溪集》，第 567—568、570—571 页。

间差最多，故曰"版行旧矣"。王逢应是编定了一卷，即谋求付梓，其后继续创作、编定下一卷，再争取下一次出版机会，所以没能统一、规整全集体例。由于王逢持续写作，并不断将新作编入后续各卷中，因此在没有编年意图的情况下，前六卷中可以系年的作品，亦从宏观上呈现出时间先后顺序。在卷一、卷二、卷三者，皆作于入明以前；卷四、卷五中，除元时诗歌外，还收入了洪武初年作品；卷六、卷七，则主要为洪武中后期诗作。

前六卷分批次刊刻，亦与当时的出版实际以及王逢家的经济状况更相符。前文已述，由于出版成本较高，这一时期绝大多数官僚士大夫、普通民众出版需要资助，出版用时大多较长。分批次刊刻也是当时比较常见的现象，如刘翼南出版谢肃集、黄钧出版黄镇成集皆如是。

具体到王逢，其家亦较难承担一次刊刻六卷的费用。《梧溪集》卷七《即事五首寄桃浦诸故知附后序》末有王掖识语，揭示了他出版这一卷的细节：

> 是诗五首，先君子即事写怀，乡尝寄桃浦诸旧友者也。先君子辱诸友见知之深，每一往游，追从款迎惟恐后。及以殁告，孙宏叔远、归厚谨先、王庭与立，具礼来奠。而李韶九成、侯性自诚，洎雪域、以闻二上人，亦踵至焉。明年冬，掖走谒以谢，叔远恳恳劳问。因语诗卷刊未完毕，叔远慨然倡捐重赀，以闻并率诸友助之，亟召镌工，俾终卷帙。附识诗后，不敢泯其实也。不肖孤掖谨识。①

据此可知，王掖顺利出版《梧溪集》卷七，离不开资助者的经费支持。而卷七，只是《梧溪集》中篇幅最小的一卷。笔者据国图

----

① （明）王逢著，李军点校：《梧溪集》，第 557 页。

藏景泰七年陈敏政重修本《梧溪集》统计，① 各卷叶数分别为：卷
一 45 叶，卷二 43 叶，卷三 44 叶，卷四 77 叶，卷五 57 叶，卷六 36
叶，卷七 16 叶。前六卷总叶数，为卷七的 18.875 倍。则出版前六
卷的费用，当远多于出版卷七所需。由此亦可想见，前六卷应非一
次出版完成。

　　王逢在出版前六卷的过程中，同样获得了出版资助。《梧溪
集》卷四有《忆朱芹湖有序》一诗，是王逢在朱芹湖去世后所作。
诗序云："公讳显忠，字彦良，如皋之芹湖人……予尝客隐吴下，
每过，听言论，无倦色。及戍曹，遣千户史岳逻徼，就馈问予，
再躬往饷焉。席上徐谓曰：'窃审子制作，率节义事。私钱四万，
敬为寿梓助。'予辞文不称事。公曰：'事非文不传，幸毋让。'
今节义事盛行，公力太半焉。"是诗亦云，"寿文钱四万，时往致
予思"②。

　　由此可知，王逢曾得到朱显忠（芹湖）的出版资助。据《明太
祖实录》记载，朱显忠初与其兄共事张士诚。及朱元璋军下松江，
显忠兄弟率部降。吴元年，授濠梁卫指挥佥事。后守河州，复守文
州。洪武四年六月，丁世真攻文州，城破，朱显忠遇害。③ 吴元年即
至正二十七年。复据《淞故述》，朱显忠"尝为张士诚守松江。丙
午冬，俞通海兵临太仓，昆山、嘉定等处皆附。显忠知天命有在，
以城降"④。丙午为至正二十六年。而据《梧溪集》卷三《赵待制画
为邵台掾题有序》序云"丁酉仲夏，予自梁鸿山复辟地青龙镇"⑤ 可

　　① 按，虽然国图所藏明景泰重修本《梧溪集》卷一至卷四皆系抄配，卷六、卷
七亦有零星抄配叶，然所有抄配叶的行款都与刻印叶相同，皆为半叶 13 行行 22 字，
因此可以采用此本统计各卷篇幅。另，"中华古籍资源库"收录此本（索书号 07126），
"出版发行项"著录"元至正明洪武间（1341—1368）"，出版者著录"陈敏政"，"版
本项"则为空，遗漏了"景泰七年重修"这一信息。

　　② （明）王逢著，李军点校：《梧溪集》，第 356 页。

　　③ 《明太祖实录》卷 66，第 1239—1240 页。

　　④ （明）杨枢：《淞故述》，中华书局 1985 年点校本，第 4 页。

　　⑤ （明）王逢著，李军点校：《梧溪集》，第 227 页。

知，王逢于至正十七年（1357）移居松江。王逢与朱显忠交游并得到其资助，当发生于二人皆在松江之时，因此，应在至正十七年至至正二十六年间。再考虑到末题时间为至正十九年的周伯琦序、杨维桢序皆未言及《梧溪集》刊刻事宜，则此事或发生于至正十九年以后。

前文提到，顾广圻云《梧溪集》前六卷初刻"皆在洪武时"；钱曾《读书敏求记》亦称，"购得《梧溪集》前二卷，是洪武年间刊本"[①]。如从钱、顾之言，则朱显忠资助王逢在前、《梧溪集》卷一出版在后。

钱曾、顾广圻是清代卓著的版本学家，其言理应遵从，但这里有几个问题。首先，目前所见最早论及《梧溪集》刊刻事宜的材料是陈敏政后序，然陈序仅云"先生未殁，而是集已梓行于世"，并未提到洪武年间。再有，从集中有明确时间线索的作品来看，卷一、卷二、卷三所收写作时间最晚者，分别作于至正十九年、至正二十年、至正二十一年，至卷四始有作于洪武年间的作品。前三卷皆于洪武年间出版，其中却无一首有洪武时间线索的作品，此亦于理不合。此外，据陈序可知，景泰重修本基本保存了《梧溪集》初刻本旧貌。[②] 考之国图藏本，其中并无揭示各卷刊刻于洪武年间的牌记、序跋、刻工姓名等信息。[③] 没有这些信息，仅据版式行款、字体风

---

①　（清）钱曾著，丁瑜点校：《读书敏求记》卷4"王逢《梧溪集》七卷"提要，书目文献出版社1983年版，第139页。

②　陈敏政后序明言，"始辂来南康时，留是板于乌泾故居。正统戊午，颜归省先垄，始携以来，则板之失脱与字之昏剥者十有余矣……幸其家尚有原本，乃命孟逐一酬对，缮写而命工重刊之，以补其缺"。由此可知，刷印景泰本利用了初刻本《梧溪集》的板片，其间失脱、剥蚀之处，亦是据初刻本修补。

③　尽管国图藏本为抄配本，然抄配叶与刻印叶行款相同，版式亦皆为黑口、对黑鱼尾，版心中部上题卷次、下题页码，显系同一版本系统。诚然，今国图藏本与钱、顾所见并非同一本《梧溪集》，然钱曾、顾广圻仅云"洪武年间""洪武时"而未提供更确切的时间信息，顾广圻《重刊梧溪诗集序》谈到了景泰七年陈敏政后序而未提及其他序跋、牌记，由此推想，他们所见本亦无作于洪武某年的牌记、序跋等更为精确的时间线索。

格，是不足以判定该本为洪武刻本的。特别是元末、明初相去不远，刻书风格极近，因此如最早出版的《梧溪集》卷一，完全可能刊于元末。当然，自卷四以降，皆初刻于洪武年间。

由此，再来考察朱显忠资助王逢与《梧溪集》卷一出版的先后。笔者认为，更可能的情况是卷一出版在前、获得资助在后。

前文已述，《梧溪集》并未采用编年体例，如卷一有诗作于至正十九年，而卷四有诗作于至正十五年，等等。据此推想，王逢在面对每一次、每一卷的出版机会时，并不是按照作诗顺序依次交付出版，而是对其过往与新近诗作加以挑选、编排。其诗作编选亦颇多巧思，如卷一开篇之诗，依次为《孔子琴操四首》《颜子琴操一首居陋巷作》《吴季子琴操一首聘鲁作》《卫女琴操一首思归作有序》。① 将数首琴操置于一处，作为开篇，不仅格式严整，而且给人以格调高古、淡泊之感。而琴操之后，即为言其情操的《席帽山辞》，等等。另外，在这一时期得到刊刻的作品中，读者常会见到出版资助者之名。② 这可能是当时作者有意为资助者"留名"，以此向出版资助者表达感谢。

由此观之，如朱显忠捐资在前、卷一出版在后，则卷一即可收入与朱显忠有关的作品。然卷一并无这样的诗作，而卷二有《海宴轩前双鸳鹅歌为曹泾分镇朱芹湖作》一诗。③ 则朱显忠资助之事，更可能在《梧溪集》卷一出版以后。笔者推测，此事大概率发生在卷一出版后、卷二出版前。朱显忠先是看到了刻本《梧溪集》卷一，发现王逢之作值得资助，因此提出捐资。而王逢为了让资助者尽快

---

① （明）王逢著，李军点校：《梧溪集》，第1—2页。

② 如前文提到，张端（字希尹）在谢应芳出版《思贤录》过程中，赞助了"楮版百片"。在谢应芳《龟巢稿》中，多篇诗作题目即皆有张希尹之名，如卷5《夏五之初偕江阴张希尹等过邹忠公墓即事口占以寓感慨并用郡守张侯吊墓之行》、卷11《沁园春》题注"寄张希尹兼简刘小齐张熙载"等。（明）谢应芳：《龟巢稿》，《四部丛刊三编》，影印双鉴楼藏钞本。

③ （明）王逢著，李军点校：《梧溪集》，第150—151页。

读到与其相关的作品，遂于卷二即收录海宴轩诗。①

综上所述，《梧溪集》各卷并非一次完成出版，而是分批次刊刻。我们今天所见浑然一体的"定本"《梧溪集》，其实蕴藏了一个"连载出版"的动态过程。与当时绝大多数终其一生未见自己作品出版的文士不同，王逢持续创作的同时，一次次看到《梧溪集》各卷出版；在写作过程中，王逢又获得了来自朱显忠的出版资助，凡四万文，从而消弭了成本较高这一出版过程中的棘手问题。此前成功出版的经历，会让王逢在后续写作过程中，带有明确的出版意识；在每一卷付梓之前，王逢也会基于作品出版的考量，而对其作进行修改。因此可以确认，今天所见《梧溪集》含有王逢在明确出版意识下的创作。② 下面即从整体上考察这种意识对王逢诗歌选材的影响。

通过《梧溪集》可知，王逢诗歌选材的一个显著特点在于多记载史事，其中又以忠孝节义事迹为最。钱谦益《列朝诗集》小传即谓王逢"记载元宋之际人才国事，多史家所未备"③，《四库全书总目》亦云《梧溪集》"载宋元之际忠孝节义之事甚备"④。目前学界对此亦多有注意，如许守泯《叙史寓志于诗：对元人王逢〈梧溪集〉的一些考察》从"妇女""夫妇节行"等方面，分类概括了

---

① 当然，以上仅为笔者的一种推测。根据已有材料，目前尚难确考朱显忠捐资一事发生在《梧溪集》出版过程中的哪个阶段。不过，这并不影响本节的论述。

② 这里之所以说"含有"，而不说《梧溪集》所收皆为王逢在明确出版意识下的创作，是因为在这些作品中，可能会有王逢尚未得到资助、亦未见到《梧溪集》卷一出版，尚无明确出版意识时的创作。诚然，有的旧作应经过了王逢基于出版考量的修改；而有的可能并未修改，保持了王逢当时创作的旧貌。如果是后者，就不是在明确出版意识下的创作了。然据现有材料，无法确考此类旧作是否存在、具体为哪些诗篇。因此，下文选择从整体上考察出版意识对王逢选材的影响，而未对各卷所收题材做精确的分类统计。

③ （清）钱谦益：《列朝诗集》甲集前编卷4"席帽山人王逢"，《列朝诗集小传》，上海古籍出版社1983年点校本，第14页。

④ （清）永瑢：《四库全书总目》卷168"《梧溪集》七卷"提要，第1457页。

《梧溪集》中有关忠孝节义的内容;① 《梧溪集》点校者李军亦云,王逢"诗歌内容可分为如下几大类:旌扬忠孝节义、'志在乎元'的故国情怀、感时哀民、寄友酬赠、杂闻琐事,其中前两类数量最多,也最为重要"②;等等。

学界大多将此现象,归因于王逢经历乱世、具有遗民心态等。就笔者目前所见,还未有研究者注意到出版意识对王逢选材的影响。实际上,明悉自己作品能够出版,促使王逢书写了更多旌扬忠孝节义的诗篇。

已有研究大都是从横向上,对王逢此类题材做进一步的分类、归纳,笔者则尝试从纵向上,考察王逢写作忠孝节义题材随时间发展的变化趋势。尽管《梧溪集》中多数诗歌难以明确系年,但仍可考见,王逢的忠孝节义诗作数量,随着时间推移不断增长。自元入明,王逢持续进行此类型创作,未曾中断、停止。

王逢早期创作,即显露出偏爱忠孝节义题材的特点。《梧溪集》卷二《避地梁鸿山六言四首》其四即云,"风尘涉五六载,忠孝录数十人"③。既言"避地梁鸿山",则此为至正十七年以前事。在至正十九年所作《梧溪集序》中,杨维桢亦云,"予读其诗,悼家难,悯国难,采撷贞操,访求死节,网罗俗谣与民讴,如《帖木侯》《张武略》《张孝子》《费夫人》《赵氏女》《丙申纪事》《月之初生》《天门行》《竹笠黄》《官柳场》《无家燕》诸篇,皆为他日国史起

---

① 许守泯:《叙史寓志于诗:对元人王逢〈梧溪集〉的一些考察》,中国传统文化与元代文献国际学术研讨会论文,北京,2007 年 11 月。

② (明)王逢著,李军点校:《梧溪集》,《点校说明》第 2 页。此外,如杨镰《元诗史》亦云,"他的诗,就是他在这一特殊时期的遭遇的实录"(人民文学出版社 2003 年版,第 602—603 页)。与此相关的主要研究,还有何丽娜《元遗民诗人王逢考论》(硕士学位论文,中南大学,2010 年)、张文澍《新朝胜国感前尘——论元末明初诗人王逢及其诗作》(《厦门广播电视大学学报》2012 年第 4 期,第 30—37 页)等。

③ (明)王逢著,李军点校:《梧溪集》,第 106 页。

本，亦杜史之流欤"①。杨序所列诸诗中，前五首俱为忠孝节义题材。② 而《梧溪集》卷六《故乡先执赣州兴国县尹叶公挽诗_{有序}》序云，"予惟生晚去乱，甘晦以老，窃尝录忠孝节义事数十百"③。王逢既明言老，则此当作于洪武年间。洪武二十一年王逢自作《圹铭》，其中亦有"诗旌忠孝节义鬼，币交将相公侯礼"④ 之语。

　　从"数十"到"数十百"，再到临终之际将书忠孝节义诗事写入自制《圹铭》，由此可见，王逢长期以来坚持创作这一题材。

　　进一步分析，王逢持续创作此题材的原因与重要动力，皆与出版有关。王逢为忠孝节义者作诗的根本目的，不是抒发心曲，也不是显示诗才，而是为了让更多人了解那些忠孝节义者，让他们的事迹流传更广更远。通过王逢诗作可以感受到，他很希望那些人的令名得到彰显，亦担心年代久远的事迹失传。如其《连环歌_{有序}》序文即明言，"逢惧岁远而事泯也，故序而歌之"⑤，等等。

　　出版正可让王逢愿望成真。书版可传至后代，印本可布于远方。一卷卷《梧溪集》刻本，可以让王逢希望颂扬的事迹流传久远、广为人知。王逢深知这一点。如其《忆朱芹湖》所言"今节义事盛行，公力太半焉"，即道出了在朱显忠资助下的成功出版，令忠孝节义事迹得到了很好的传播这一事实。王逢的作品有出版的机会，出版的力量又与王逢的意愿不谋而合，这自然会激励王逢围绕忠孝节

---

　　① （明）王逢著，李军点校：《梧溪集》，序文第 6 页。

　　② 《帖木侯》《张武略》《张孝子》，即《帖侯歌》《张武略有序》《张孝子有序》。《费夫人》疑为《朱夫人有序》，诗序云"夫人讳元琇，江阴知事朱道存之妻，都漕万户费雄之女也"［（明）王逢著，李军点校：《梧溪集》，第 169 页］。《赵氏女》当指《赵氏双珠辞》，诗云"民人颠连社稷圮，我固当为贞白鬼"［（明）王逢著，李军点校：《梧溪集》，第 172 页］。即使非此二诗，然据诗题，即可想见《费夫人》《赵氏女》亦为忠孝节义题材。另，刘廷乾《江苏明代作家文集述考》将"《竹笠黄》《官柳场》"点成"《竹笠》《黄官》《柳场》"（南京大学出版社 2014 年版，第 245 页），误。

　　③ （明）王逢著，李军点校：《梧溪集》，第 504 页。

　　④ （明）王逢著，李军点校：《梧溪集》卷 7，第 562 页。

　　⑤ （明）王逢著，李军点校：《梧溪集》卷 2，第 125 页。

义题材，创作更多诗歌。

忠孝节义题材，还可以吸引出版资助。且以前文提到的王著出版谢应芳作品为例观之。由于王著难以承担全部出版费用，谢应芳遂代其作《刊龟巢摘稿》，寻求资助。是文云："尝观石鼓之书，阅二千余年，剥落未尽，学者犹可得而传焉。近代版刻，亦类此……敢用告诸君子与巢翁相知，请为协力，以玉其成。夫巢翁之诗，多以忠孝节义形于咏歌。苟得刻木以广其传，于世教岂小补哉。"① 这生动说明，忠孝节义题材是当时颇为热门的出版资助对象。可见，王逢写作忠孝节义诗，不仅符合自己的追求，还可供出版资助者以及潜在的资助者阅读。如朱显忠，就是因为王逢诗"率节义事"而慷慨捐资②。出版能够更好地传播忠孝节义诗，而忠孝节义诗又符合资助者的喜好，能够为后续出版吸引资助。出版与创作由此形成一个良性循环，有力推动王逢继续创作此类诗歌。

出版引发的效应，又为王逢写作忠孝节义诗带来了更多素材。在前二卷中，王逢得知忠孝节义事迹，主要通过自己的阅读、听闻、走访。如卷一《题烈女庙有引》引云，"郡志所载略异，逢盖得先大母所传云"；卷二《毗陵秋怀有后序》后序云，"至正甲申秋八月，逢金陵归，泊常城下，有老兵能道刘都统事"③；等等。而在后几卷中，可以看到更多人专程来向王逢讲述自己亲友的事迹，或宴请王逢，请求王逢为之作诗。如卷三《题僧教求传先世姚氏遗事有序》序云，"僧祖教，复之中子，于君为曾孙，谒予，以遗烈告……忠、义、孝萃于一门，而可使之无传乎？教泣载拜曰，愿有传也。乃述

---

① （明）谢应芳《龟巢稿》卷13，《四部丛刊三编》，影印双鉴楼藏钞本。按，是文题注"代王尚䌹作"。

② 朱显忠资助忠孝节义题材，亦与其性情有关。据王逢记述，"前进士杨维桢褒且老，（朱显忠）岁周禄米"［（明）王逢著，李军点校：《梧溪集》，第356页］，可见其乐善好施。另据《明太祖实录》，文州被攻时，城中食将尽，外援不至。部下皆劝降，朱显忠"厉声曰：为将守城，城存与存，城亡与亡，岂有求活将军耶"（《明太祖实录》卷66，第1240页），最后遇害。

③ （明）王逢著，李军点校：《梧溪集》，第14、90页。

其概，系以诗"；卷五《赠孝僧琳_{有序}》序云，"一日，携血书《华严经》谒予海上。予嘉琳学佛氏教而克孝克义，赠之以诗"；卷五《览曹架阁祖平章画像父河中府君死迹_{有序}》序云，"架阁名庄……至是宴予别业，奉平章画像、府君死迹，拜请文。予嘉庄孝谨，且闻客有木员外言……并录而系以诗"；卷六《故乡先执赣州兴国县尹叶公挽诗_{有序}》序云，"一日，袖同进士出身傅贵全录事所制公墓铭过予，拜有请……乃叙其概，追挽以诗"①；等等。

笔者推测，这一变化同样与出版密切相关。随着一卷卷《梧溪集》刻本的传播，更多读者得悉王逢着力忠孝节义题材的写作，且其作品能够出版。其中一些读者的亲友，亦有此类事迹。这些读者也想让自己亲友的事迹得到更广泛、久远的流传，因此专程拜访王逢，主动提供素材，请其写入诗中。王逢亦由此获得更多材料，其写作得以持续进行。更重要的是，这些事迹为亲友所述，故其可信度更高，内容也更充分。

综上所述，出版意识促使王逢围绕其喜好的忠孝节义题材，持续书写了更多诗篇。"诗旌忠孝节义鬼"，回顾自己一生时，王逢发现，这不断的书写，是他生命中极为重要的事业。

（二）宋濂："一字一寸心"

宋濂（1310—1381），字景濂，号潜溪，浦江（今浙江省浦江县）人。至正九年（1349）被荐为翰林国史院编修，固辞。至正二十年，与刘基、叶琛、章溢应朱元璋聘至应天，任江南等处儒学提举，并授朱元璋嫡长子朱标经学。至正二十四年（1364），改起居注官。洪武二年（1369）任《元史》总裁，除翰林学士。洪武三年迁编修。洪武四年，迁国子司业、贬为安远知县、召还礼部主事。洪武五年（1372）迁太子赞善大夫。洪武六年，复翰林学士，兼赞善大夫。洪武九年，拜翰林学士承旨嘉议大夫，兼赞善大夫。洪武十年，致仕。洪武十三年，宋濂受胡惟庸案牵连，流放茂州。洪武十

---

① （明）王逢著，李军点校：《梧溪集》，第202、429、412、504页。

四年，于流放途中去世。①

　　自民国以来，学界对宋濂文学创作的研究不断深入，成果迭出。已有研究中，既有对《送东阳马生序》等名篇的细致分析，亦有对宋濂寓言、传记等文体写作的整体考察；既有对宋濂诗文创作的全面梳理，亦有对其诗论、文论的深入探讨。更有学者在论析宋濂文学成就时，不局限于题材内容、艺术手法等要素，还关注宋濂的仕宦经历、心态变化等，对此作出了多元、综合的考察。如廖可斌老师《论宋濂前后期思想的变化及其它》提出，宋濂后期诗文创作手法、风格越发单调，其深层原因，"恐怕还在于他的思想感情日趋禁锢封闭，丧失了心灵的自由"②；徐永明《不同处境下宋濂的活动及创作》则认为，宋濂亲历元末动乱、明初仁政，他的不少文章是真心颂扬明王朝，其后期作品亦有不少优秀之作；③ 等等。这些研究为更全面、深入地理解宋濂，更理性、客观地评价其文学创作，提供了重要思路。

　　然而就笔者目前所见，还少有学者从出版意识的角度观照宋濂的文学创作。本节即以宋濂诗歌为中心，对此展开探讨。

　　据目前所见材料，宋濂诗歌凡五百一十余首。关于其诗歌选材，学界已有一些研究，陈昌云专著《宋濂文学新论》即为其中代表。是著将宋濂诗歌题材，细致划分为题画诗、咏怀诗、山水纪游诗、闺怨诗、送别诗、友情诗、乐府歌辞、歌行体叙事诗、咏物诗九类，并一一举例说明。其结论是，宋濂"诗歌内容多以题画、送别、抒怀、咏物为主……这主要是由于他元末诗歌多作于入道仙华山的十

　　① 宋濂生平资料甚繁。读者如有兴趣，可参阅《明太祖实录》卷 111 宋濂本传（第 1837—1840 页），（清）丁立中、孙锵《潜溪录》，（清）戴殿江、（清）朱兴悌、孙锵《宋文宪公年谱》等。《潜溪录》《宋文宪公年谱》，黄灵庚编辑校点本《宋濂全集》俱已收录。

　　② 廖可斌：《论宋濂前后期思想的变化及其它》，《中国文学研究》1995 年第 3 期，第 49 页。

　　③ 徐永明：《不同处境下宋濂的活动及创作》，《浙江大学学报》（人文社会科学版）2005 年第 5 期，第 142 页。

年间，对社会现实关注不够，而入明后所作又属台阁体范畴"①。

　　陈著在分析原因时，注意到宋濂诗歌分为不同创作阶段，然其分类举例时，却未对宋濂的元末、明初创作作出较明确的区分。实际上，与王逢自元入明持续、稳定的忠孝节义诗创作不同，随着时间发展，宋濂的诗歌选材呈现出显著的变化。

　　宋濂之诗，绝大多数见于《萝山集》，《芝园集》（包括前、后、续三集，凡三十卷）亦有一些作品，还有少数篇章见于《翰苑集》（包括前、后、续、别四集，凡四十卷）等。目前学界多以《萝山集》为宋濂元末作品集、《翰苑集》为明时在朝作品集、《芝园集》为致仕后作品集，如任永安《宋濂集类著述新考》等即然。② 然笔者认为，对于诸集所收诗的写作时间，应作出更为细致的划分。是以在开始论述之前，首先以《萝山集》为例，对此作一说明。

　　《萝山集》是目前所知宋濂的唯一一部纯粹的诗集，凡五卷，收录诗歌四百五十首。其中，三百二十余首为别本宋濂诗文集所未收。③《萝山集》原刻已佚。2011 年，任永安发现日本国立公文书馆藏《萝山集》抄本，发表《日本藏宋濂〈萝山集〉抄本考述》。2014 年，由其点校的《萝山诗集》收入黄灵庚辑校《宋濂全集》。2015 年，慈波发现日本国会图书馆亦藏有《萝山集》五卷抄本，与公文书馆藏本存在大量异文。④

　　目前学界普遍认为，《萝山集》为宋濂元末作品集。如任永安云"收录宋濂元末诗作的诗集《萝山集》国内久已亡佚"，陈昌云提出《萝山集》"所收诗歌创作时间断限为至正二十一年宋濂出仕金陵后

---

　　① 陈昌云：《宋濂文学新论》，黄山书社 2016 年版，第 346 页。

　　② 任永安：《宋濂集类著述新考》，《殷都学刊》2011 年第 1 期，第 76—80 页。再如，陈昌云《宋濂文学新论》亦云，"《萝山集》五卷，为宋濂入明前诗歌总集""《芝园集》三十卷，宋濂致仕后所作"（第 13、15 页），等等。

　　③ 任永安：《日本藏宋濂〈萝山集〉抄本考述》，《文学遗产》2011 年第 1 期，第 93 页。

　　④ 慈波：《记新见宋濂〈萝山集〉别本》，《古典文学知识》2015 年第 6 期，第 145—149 页。

一年""绝大多数是元至正二十五年（1365）以前的作品"①，等等，
然俱未给出明确的判断依据。

据笔者查考，在抄本《萝山集》中，唯卷二末有宋濂识语，云
"右此卷诗，凡百余首，皆乙未、丙申岁所作也。情寓于此……谩钞
新稿后，以俟他日删去"②。据此，可以确定卷二的写作时间为至正
十五年、至正十六年。

那么，其余四卷诗歌作于何时呢？《萝山集》首仅有郑涛作于至
正十三年的《宋太史诗序》，而无宋濂自制序跋。在目前所见宋濂作
品中，亦无涉及《萝山集》写作时间的材料。既如此，不妨以集名
本身为据，进行推测。此集既名"萝山"，则其所收，或皆为宋濂居
青萝山时之作。如是，则诸诗写作时间当在至正六年至十八年，以
及至正二十七年。③

情况是否如此呢？考之全书，宋濂在诗题、正文、诗序、识语
中明言其写作时间的作品，具体见表3-2。

表3-2　　　　　　　　宋濂《萝山集》中明确的时间线索

诗题、正文、诗序、识语	时间线索	对应时间
卷三		
《兰花篇》，序云"延祐戊午年赋诗，予始九岁，屡焚旧诗。而此时以旧作存今，后录之"。	九岁、延祐戊午	元延祐五年（1318）

---

① 任永安：《日本藏宋濂〈萝山集〉抄本考述》，第90页；陈昌云：《宋濂文学新论》，第324—325页。

② （明）宋濂著，黄灵庚编辑校点：《宋濂全集》，第2368页。

③ 考之宋濂《萝山迁居志》，可知其于至正六年十月建室青萝山，至正十年（1350）二月携家自金华来迁，至正十四年（1354）十二月扁其居曰"青萝山房"，至正十八年（1358）六月入诸暨、十九年三月还潜溪，至正二十七年四月复还青萝山。[（明）宋濂：《芝园后集》卷1《萝山迁居志》，见（明）宋濂著，黄灵庚编辑校点《宋濂全集》，第1751—1752页]复据《明太祖实录》卷111宋濂本传等材料可知，宋濂至正二十年三月前往应天，至正二十五年因病归潜溪，洪武元年回应天。

续表

诗题、正文、诗序、识语	时间线索	对应时间
《寄郑检讨》，题注云"甲申秋作"	甲申	至正四年
《还潜溪故居》，题注云"己亥春作"	己亥	至正十九年
《思春辞》，题注云"丙申春作"	丙申	至正十六年
《行路难》，题注云"丙戌秋"①	丙戌	至正六年
卷四		
《赋日东曲十首问海上僧僧多不能答时辛丑冬十月也》②	辛丑	至正二十一年
卷五		
《辛巳春望小龙门山作》	辛巳	至正元年（1341）
《阳翟新声同朱定甫赋》，题注云"庚午春作"	庚午	至顺元年（1330）
《读项羽本纪》，题注云"十四岁作"③	十四岁	至治三年（1323）

尽管集中有明确时间线索的诗歌很少，但由此即可发现，在《萝山集》中，不仅有至正十九年宋濂还潜溪时的作品，更有宋濂九岁、十四岁写下的诗篇。可见，是集虽名"萝山"，然其所收并非皆为宋濂居青萝山时之作。另，作于洪武十年的郑济《宋学士文粹后识》记载，"先生平日著述颇多，其已刻行世者，《潜溪集》四十卷、《萝山集》五卷、《龙门子》三卷。其未刻者，《翰苑集》四十卷。归田以来，所著《芝园集》尚未分卷"④。据此可知，《萝山集》出版于洪武十年以前。由此推想，在元时作品之外，此

---

①　以上诸诗，分别见于（明）宋濂著，黄灵庚编辑校点《宋濂全集》，第2375、2380、2380、2385、2388页。

②　（明）宋濂著，黄灵庚编辑校点：《宋濂全集》，第2407—2408页。

③　以上诸诗，分别见于（明）宋濂著，黄灵庚编辑校点《宋濂全集》，第2425、2431、2438页。

④　（明）宋濂著，黄灵庚编辑校点：《宋濂全集》，第2743页。按，笔者查考了中国国家图书馆藏明初刻本《宋学士文粹》末郑济识语，发现存在异文。"平日"，刻本作"平生"。"萝"，刻本作"罗"。

集中可能也有宋濂作于明初的诗歌。

　　进一步考察，在《萝山集》卷三有《玄麓山八咏有序》，序中明言"予不作诗者十年"①。而在《芝园续集》卷一〇《题方方壶画钟山隐居图》《送黄伴读东还故里》二诗序文中，宋濂亦有此类表述："予十年不作诗，见方壶子此图，不觉逸兴顿生。会仲修请题，欣然命笔"，"赋诗十四章为赠，然绝吟事者已十余年矣"②。

　　陈昌云注意到《芝园续集》的二处材料，并认为"'会仲修请题'是指洪武六年三月，江西道士刘永之应征至金陵""送齐王府伴读黄昶回乡省亲的时间约在洪武七年十一月"，进而提出"'十年不作诗'的下限当在洪武七年"③，然未给出其考证所依据的史料。再如，饶龙隼《明初台阁体的生成及泛衍》亦云"洪武六年春月某日，江西道士刘永之赴京，与宋濂交接甚相投契"④，也未提供相应的史料依据，等等。

　　据笔者查考，清抄本刘永之《刘仲修先生诗文集》卷六有诗，诗题明言"庚戌十月仆有金陵之行"，诗中复有"君向云山我朝市，江城风雨倍伤情"之句。⑤ 庚戌为洪武三年，其应征金陵时间当为

---

　　① （明）宋濂著，黄灵庚编辑校点：《宋濂全集》，第 2372 页。

　　② （明）宋濂著，黄灵庚编辑校点：《宋濂全集》，第 2448、2450 页。按，本节征引宋濂诗较多。为免脚注过多，对于此前已注出页码、后文论述中再次出现的诗歌，一般不再出注。

　　③ 陈昌云：《宋濂文学新论》第六章"宋濂的诗歌创作成就"，第 322 页。按，是著第三章第四节"宋濂与江右名人"亦言"洪武六年三月，道士刘永之应征至金陵"（第 102 页），但同样未提供史料依据。

　　④ 饶龙隼：《明初台阁体的生成及泛衍》，《苏州大学学报》（哲学社会科学版）2012 年第 1 期，第 127 页。另，徐永明《宋濂年谱》"洪武六年"部分，亦于"三月九日，郑真等谒见""四月，朱元璋夺诚意伯刘基禄"之间，著录"约是年清江道士刘永之至金陵"（浙江大学出版社 2011 年版，第 164—165 页）。

　　⑤ 刘永之此诗全名，为《庚戌十月仆有金陵之行而商翁将归高安同舟至湄湘留数日不能相违夜宿王氏甥西斋吹箫酌酒为别夫倾盖相逢犹有分携之感况平生故人耶书此以见眷恋之情耳》［（明）刘永之：《刘仲修先生诗文集》卷 6，《续修四库全书》第 1326 册，上海古籍出版社 2002 年影印清抄本，第 35 页］。

是年。① 笔者尚未找到明言其于洪武六年应征的材料。同卷复有《酬别宋赞善大夫景濂四首》，既云"赞善大夫"，结合宋濂仕履，则此诗写作时间不早于洪武五年。在卷七《仁斋记》中，刘永之又有"洪武七年冬，余游渝川，舍章皖子白氏"② 之语，可见是时他已离开应天。综上，"会仲修请题"亦即宋濂自言"十年不作诗"的时间，当在洪武五年或六年。

第二首诗中的"黄伴读"即黄昶。据《明太祖实录》可知，其自洪武六年起参与编纂《大明日历》,③ 宋濂《恭题御和诗后》对此事有详述。④ 复据实录，可知"洪武七年五月丙寅朔，修《大明日历》成"⑤。未几黄昶任王府伴读。三年归省。宋濂《送黄伴读东还故里》诗曰："天子坐法宫，诏缮金匮书。尔独当青年，执笔与之俱。九天游降敕，持经赞藩王……双亲在乌伤，不见今三年。青宫为奏请，即日乘舟旋。"⑥ 据此，则宋濂送别黄昶，亦即自称"绝吟事者已十余年矣"的时间，当在洪武八年前后。

---

① 按，隆庆《临江府志》卷 12 本传记载，刘永之"国初应召编礼书成，以疾辞归"（《天一阁藏明代方志选刊》，上海古籍书店 1962 年影印隆庆六年刻本）。既言国初礼书，则似当为《大明集礼》。然据《明太祖实录》卷 56 记载，洪武三年九月"修礼书成，赐名曰《大明集礼》……通五十卷，诏颁行之"（第 1113—1114 页），在具体时间上又与刘永之诗存在抵牾之处。

② （明）刘永之：《刘仲修先生诗文集》卷 7，《续修四库全书》第 1326 册，影印清抄本，第 53 页。

③ 《明太祖实录》卷 85："（洪武六年九月）壬寅，翰林学士承旨兼吏部尚书詹同等言……乞编日历，藏之金柜，传与后世。上从其请，命同与侍讲学士宋濂为总裁官……乡贡巡士黄昶、国子生陈孟旸等誊写。"（第 1507—1508 页）

④ （明）宋濂《恭题御和诗后》："即成稿，思得俊秀有文者通考义例而缮书之。于是遴选二生，具名氏以闻，上可其奏。其一则乂乌黄昶。昶时以《春秋》中浙江行省第十七名文解，肄业成均，因移文博士征之，十月二十六日昶至。"〔（明）宋濂著，黄灵庚编辑校点：《宋濂全集》，第 813 页〕

⑤ 《明太祖实录》卷 89，第 1573 页。

⑥ （明）宋濂著，黄灵庚编辑校点：《宋濂全集》，第 2451 页。（明）徐象梅《两浙名贤录》卷 47"监察御史黄叔旸昶"亦载，"未几任王府伴读，三年归省，宋濂赋诗十四章送之。起拜监察御史，卒"（《北京图书馆古籍珍本丛刊》，书目文献出版社 1987 年影印明天启徐氏光碧堂刻本，第 1335 页）。

　　由此上溯，可知宋濂所谓"不作诗"的十余年，是至正二十六年至洪武八年前后。然在此时期，宋濂其实是写诗的，其中不乏应制之作。① 可见，宋濂此言所指并非具体行动，笔者认为，它是形容一种状态。对宋濂而言，可称"作诗"的时光，是如至正十三年郑涛《宋太史诗序》所谓"二十年间，随作随焚，常有歉然不足之色"②，是如至正十五年、十六年间"百余首"的创作，是努力习诗、充满热情地磨炼诗艺，勤奋地创作。然而在明朝初建、百废待兴的几年里，宋濂官居要职，总裁《元史》《大明日历》等要籍，他根本没有足够的时间、精力去锤炼诗艺、耕耘诗篇，是以称自己"不作诗"。在宋濂一生中，亦找不到另一个如此"不作诗"的十年。因此，《萝山集》卷三所收、亦称"予不作诗者十年"的《玄麓山八咏有序》，定为洪武年间作品。

　　综上，在《萝山集》中，既有宋濂居青萝山时的作品，亦有避地他处的诗歌；既有元末作品，亦有明初篇章，还有宋濂的儿时之作。因此不当以"元末作品集"概言之。而如任永安《宋濂集类著述新考》云"宋濂《萝山集》卷五有诗《自题前后续别四集集以识予愧》。《萝山集》为宋濂元末所作诗歌集，可知《潜溪别集》当成书于元末"③，这种考证也是不太恰当的。

　　与此相类，尽管《芝园集》是以宋濂洪武十年《致政谢恩表》《致政谢恩笺》开篇，诸多文章末题时间皆为洪武十年及其以后，郑济亦谓《芝园集》为宋濂"归田以来所著"，然此亦不足以论证《芝园集》所收诗歌俱为洪武十年及以后所作。通过《萝山集》收

---

　　① 如宋濂《应制冬日诗序》即载，"洪武二年冬十一月二十有二日，上御外朝……酒终，上亲御翰墨，赋诗一章，复系小序于首，命各以诗进。臣濂最先"[（明）宋濂著，黄灵庚编辑校点：《宋濂全集》，第455—456页]，等等。再如上文考证的《题方方壶画钟山隐居图》诗，亦作于此阶段。
　　② （明）郑涛：《宋太史诗序》，载（明）宋濂著，黄灵庚编辑校点《宋濂全集》，第2319页。
　　③ 任永安：《宋濂集类著述新考》，第76页。

录的宋濂九岁、十四岁作品即可看出，宋濂对其满意的旧作有妥帖的存藏。故《芝园集》虽为致仕以后所编，然其所收亦间有旧作。如前述《芝园续集》中的二首，通过上文考证，即知作于宋濂致仕之前。

因此，笔者接下来论述不同时期宋濂诗歌选材的区别时，不会全部统计《萝山集》《芝园集》《翰苑集》等诸集所收，并以《萝山集》为宋濂元末创作，《芝园集》《翰苑集》为其明初创作，而是只选择宋濂诸集中具有明确时间线索的诗歌作为论据。下面，即就生命意识、人生经历、个人情感这三方面题材，展开论述。

在宋濂作于元代的诗中，可以感受到强烈的生命意识。许是体质较弱、心灵敏感的缘故，在多首诗中，宋濂细致地书写自己病中的情形、不豫的情绪，描摹揽镜见白发生的情景。如至正七年（1347）之作《病疟新起》① 云，"疟鬼胡为苦见雠，使我枯肠益凄哽。初疑筋骸稍钳束，引臂嘘呵绝驰骋。须臾颤掉力弗禁，齿牙上下声相并……寒衰热壮惨尤极，百束薪蒸燃九鼎。锻膏铄髓无不到，高及头颅卑脚胫。四支似石下深潜，一气如尘寄寥迥"；至正十九年前所作《病怀》云，"一从婴弱疴，筋力渐告疲。凌晨频揽镜，且复伤鬓丝……如何未五十，摧塌已不支"；至正二十年左右所作《答戴学正》云，"玄造亦何为，使之仍遘病。热中郁不舒，攻上风逾劲。仅存气半丝，养此一朝命""昔年发如漆，转盼已半皤……我年逾半百，来日知几何"②；等等。

病痛与变老，更引发了宋濂对生命、存在本身的体悟与思考。因此在这些诗中，还可以看到宋濂慨年华易逝、叹人生苦短、哀生命无常、伤前程坎坷等种种复杂的情感。如《病怀》云，"人生老须至，在我不敢辞……固知非金石，难可百年期""历观宇宙内，气

① 按，是诗首句云"岁在强梧大渊献，独蛰衡门悲逝景"。强梧、大渊献为丁、亥别称，由此知此诗作于至正七年。

② （明）宋濂：《萝山集》卷5、卷5、卷3，见（明）宋濂著，黄灵庚编辑校点《宋濂全集》，第 2428—2429、2427、2376—2378 页，后同。

化相推移。试求古贤豪，存者今为谁"；《答戴学正》云，"人寿纵金石，刮剥当亦销""此身元无根，宁不随岁化。东衢西巷间，逝者日苦多。唯有山上石，亘古终弗磨"；至正二十年前后所作《始衰》云，"四时相推斥，行年五十过……人生大化中，飘萧风中花。百年终变灭，感慨欲如何"；《忆与刘伯温章三益叶景渊三君子同上江表》云，"此生几冠屦，两间寄蜉蝣。宣尼嗟逝水，漆园叹悬疣。天德在所务，人役将焉酬"①，等等。

自元入明，宋濂年岁日高。衰老、疾病对他的困扰，较之从前也更为强烈。如其《故岐宁卫经历熊府君墓铭》即云"后数年，余致政归，衰老多病"，末题时间为洪武十三年的《题王鲁公授少保致仕诰》亦言自己"病痁新起，精神昏昧"②，等等。洪武年间，宋濂对生命的感悟更深，然而在诗中，对生命意识的书写反而变得极少。时间流逝，而老之将至的慨叹、衰病侵寻的哀愁，反而难觅踪影。

即使偶尔触及年华逝去，宋濂的笔调，也与元时截然不同。如其致仕后所作《和郑奉常先生燕集诗韵》云，"年华自觉随流水，造化谁言类小儿。别梦屡形分讲席，归田一似旧游时。常随采药衣霑雾，几度寻花屦带泥"③，用波澜不惊的笔触，将人生晚景描绘得春和景明。再如《和苏编修游东明山诗并简同游诸友》亦写到白发、衰龄，然其内容、基调，同样与前述诸作迥异。是诗云：

　　东明胜概实佳哉，图画天然八面开。云影入帘纷似絮，峦光染袂碧于苔……数茎白发虽侵镜，百炼丹心不作灰。中使传

① （明）宋濂：《萝山集》卷1、卷5，见（明）宋濂著，黄灵庚编辑校点《宋濂全集》，第2324、2416—2417页。按，《忆与……》诗题全文，为《忆与刘伯温章三益叶景渊三君子同上江表五六年间人事离合不齐而景渊已作土中人矣慨然有赋》。叶景渊即叶琛，于至正二十二年去世。
② （明）宋濂：《芝园续集》卷4、卷2，见（明）宋濂著，黄灵庚编辑校点《宋濂全集》，第1551、866页。
③ （明）宋濂：《芝园续集》卷7，见（明）宋濂著，黄灵庚编辑校点《宋濂全集》，第2448页，后同。

宣承顾问，东朝进讲每低佪。月移禁掖藏书署，花压瀛洲视草
台。岂意衰龄霑异渥，因兹胜赏得重陪……但知笑齿时频启，
何事愁肠日九回。寄语山灵休厌我，有花莫待作诗催。①

就笔者目前所见，这是洪武年间宋濂唯一一首述及白发、衰龄
之作。然宋濂笔下，失去了对生命深层的、痛苦的思索，而是跃动
着一派积极、明媚的情感。

宋濂的元代诗作，具体、充实地摹写了自己的过往经历。如至
正二十五年、二十六年前后所作《韩教谕见过山中因问孟徵君近隐
何处却忆王架阁架阁之死已十年矣》云，"弱冠事觚翰，独学叹沉
寥。举目何所见，万叠青岩峣……乃携一束书，不惮百里遥。城南
依硕师，立雪常满腰。诸生纷纭中，子如鹗冲霄……顾予厕其间，
秋枯杂春翘。衣冠况弊陋，出语辄献嘲。子独不我鄙，谓言比嘉
苗"②，以冲淡的五言，坦率地诉说自己的过往。

在元时作品中，不仅可见宋濂对旧时经历的追忆，还能看出他
对未来的期许。有时，宋濂袒露自己不甘于籍籍无名的心曲，如
《答戴学正》云，"犬马齿未衰，但得日加勤。一息能契道，何须浪
云云。年当四五十，所愧在无闻。于此苟不忧，可复名为人"；有
时，宋濂又流露出不如及时行乐的态度，如《韩教谕见过山中》云，
"死者木已拱，生者知几朝。胡宁不作乐，虚使岁月飘"；等等。

入明以后的宋濂，自然不用担忧此生默默无闻的问题了；然随
着时光流逝，想来宋濂会更多地追忆自己的过往经历。特别是致仕
之后，宋濂有了更多的闲暇，可以让自己沉浸在回忆里。如其《和

---

①　（明）宋濂：《芝园续集》卷10，见（明）宋濂著，黄灵庚编辑校点《宋濂全
集》，第2452页。

②　（明）宋濂：《萝山集》卷5，见（明）宋濂著，黄灵庚编辑校点《宋濂全
集》，第2439—2440页。按，（清）戴殿江、（清）朱兴悌、孙锵《宋文宪公年谱》于
"十六年丙申，先生四十七岁"目下，著录"九月，作《哭王架阁辞》"〔（明）宋濂
著，黄灵庚编辑校点：《宋濂全集》，第2938页〕。

王内翰见怀韵并序》序即云，"余寻以年高纳禄，归金华。独游山水间，追数平生故人，未尝不深念吾子充也"①。子充即王袆，与宋濂交情甚深。王袆尝谓二人"同门同里复同官，心事相同每共叹"②。然观此和诗，宋濂仅于序文介绍其与王袆"旧同师，逮入国朝，复同官词林、同总裁《元史》"，全诗以"帝德如天覆万邦，定期归棹到龙江"开篇，盛情歌咏着"才名老去惬休官，圣泽高深只自叹。侍燕每容亲绣衮，从游偏许近和銮"，而对二人过往的交游只字未提。

《送黄伴读东还故里》则是宋濂为黄昶所作。黄昶为其师黄溍诸孙，是以在此诗开篇，宋濂即追忆自己从师求学的过往，然仅有"我昔弱龄时，辄侍而翁游。经畬日耕穊，艺圃兼旁搜"寥寥数句，而无"立雪满腰""衣冠弊陋""出语献嘲"等精微的细节。

这一时期宋濂诗作中，言及自己过往最多的，当属《和郑奉常先生燕集诗韵》。然其内容，同样与元时作品呈现出显著差异：

> 我生空负月临奎，文学何曾遂昔期。柳子未成非国语，匡衡徒患作人师。探珠赤水欣同调，结屋青萝得所依。泉石要为中世托，姓名岂料九重知。东西御馔尝分赐，出入天门更不疑。

这段回忆的姿态谦和、笔调典雅，然而读罢这些诗句，读者亦难以捕捉宋濂过往，特别是早期生活中具体的场景。

宋濂的元代诗作，流露出强烈的个人情感。如《病怀》云，"老人多寿康，我胡病扰之"；《答戴学正》云，"我坐我不怿，我行我悽辛。我生七尺躯，不乐复何因。成童即穷经，岂意坠白纷。为是动中怀，有泪沾衣巾"；《忆与刘伯温章三益叶景渊三君子同上江

---

① （明）宋濂：《芝园续集》卷10《和王内翰见怀韵并序》，见（明）宋濂著，黄灵庚编辑校点《宋濂全集》，第2455页，后同。

② （明）王袆：《王内翰诗附》，见（明）宋濂著，黄灵庚编辑校点《宋濂全集》，第2455页。

表》云，"我歌何太苦，触事增百忧……恶怀不可抑，衰涕何能收"；《辛巳春望小龙门山作》云，"我爱龙门山中最高顶，丹崖有足如悬珰……醉来一笑天地阔，落日未落云峥嵘"①；《韩教谕见过山中》云，"忽闻叩门声，出迎步青苔。所思忽在前，顿使百恨消。惊呼诧妻儿，急把银烛烧……百年能几见，念此肠内焦"；等等。烦闷、困惑、抑郁、忧愁、欢快、惊喜，种种情绪，倾洒笔端。种种鲜活的表情，跃然纸上。

这些鲜明的情感，在洪武年间的作品中，大多被一种心满意足、充满感激的情绪替代，总体呈现出一种平易的温和、收敛的欣喜。前述洪武时期诸作，莫不如是。读者很难从这些作品中，感受到宋濂明显的情绪波澜。

这一时期宋濂作品中，抒发情感最为强烈的，当属《和王内翰见怀韵并序》"喜极欲持如意舞，醉来应使软舆扛。此情纵切何由遂，吟对西南月满窗"几句。其次则为《送黄伴读东还故里》"悬灯青照夜，不翅父子情。别言不忍出，况复为新吟。吟成意莫尽，一字一寸心"数句，以及《送方生还宁海并序》中对方孝孺极真挚的赞美与嘱托（后文分析宋濂笔法部分，对此二诗有详细讨论）。然而这些最强烈的感情，也都是欣慰的；那些闷闷不乐、郁郁寡欢、愤愤不平的心绪，都难以寻觅了。

以上论述了在元、明两个时期，宋濂关于生命意识、人生经历、个人情感这三方面题材的诗歌创作发生的变化。这三方面变化可以归结为一点，那就是：在明代诗歌创作中，宋濂有意识地隐藏了自我。

宋濂曾处江湖之远，入明以后，更居庙堂之高。年华逝去，宋濂的人生阅历亦倍于往昔。这一时期的宋濂，对生命自然会有更丰富、更深邃的体悟与理解。即使一般人的情绪，也不会只有那样一

---

① （明）宋濂：《萝山集》卷5，见（明）宋濂著，黄灵庚编辑校点《宋濂全集》，第2425页。

种平易与欢喜，更何况是心思敏感、感情细腻的宋濂。宋濂也没有遗忘过往。洪武十三年冬，宋濂被流放茂州。临行之际，宋濂作别诗云："平生无别念，念念只麟溪。生则长相思，死当复来归。"①更深刻的生命意识、具体的人生经历、细腻的个人情感，都会在宋濂心里，但他未写入诗里。种种更为自我的内容，被宋濂隐藏了。

宋濂诗歌对自我的隐藏，是否因其忌惮明太祖、为其明哲保身之道呢？笔者认为并不尽然。郑楷《翰林学士承旨宋公行状》记载了一些宋濂与明太祖相处的细节，颇值得玩味：

> 上尝问，昨日饮酒否、座客为谁、馔为何物，悉以其人及膳羞品对。上笑曰：卿饮时，朕令人视之，果如卿言，卿信不欺我。故上久而益信其诚。
>
> 上忻然曰，卿可为善谏矣。然先生绝不以语人。至于应制之作，亦不留稿。署"温树"二字于居室之壁，有问及内事者，指以示之。
>
> 及先生既行数日，上问璲曰：尔父道中无恙否？璲以安对。未几，复谓璲曰：朕畴昔之夜，梦见尔父笑谈如曩时。尔父虽去，其容仪俨然在朕目中也。②

由此可知，在明太祖看来，宋濂的理想状态，是一方面对禁中之事秘而不宣，另一方面对自己的日常起居知无不言。如此，才能实现对宋濂全方位的掌控。为官数年间，明太祖时而赐以宋濂琼浆玉液，时而将其贬官安远知县，恩威并施，亦是其控制宋濂的手段。宋濂想必深知这一点。洪武十年宋濂得蒙厚赍致仕归乡，由此即知其洞明上意、练达人情。即使致仕以后，宋濂同样战战兢兢，如履

---

① （明）郑柏：《宋潜溪先生遗像记》，载（明）宋濂著，黄灵庚编辑校点《宋濂全集》，第2547—2548页。

② （明）程敏政：《明文衡》卷62，《四部丛刊初编》，上海商务印书馆1922年影印明嘉靖刻本，后同。

薄冰。据郑楷记载，宋濂"致政归青萝山，辟一室曰'静轩'，终日闭户纂述，人不见其面……或谈及时事，辄引去，不与语"。

由是观之，若为忌惮明太祖、明哲保身计，则宋濂反而应在诗中，详尽描述自己平居的细节，而不是以笼统的语言概述。

那么，这种对自我的隐藏，是否因为所谓的"文字狱"呢？很多学者在论及洪武年间文人时，会谈到这一点。如程千帆、徐有富《校雠广义·版本编》云，"明太祖朱元璋在夺取政权以后，为了巩固政权，一方面大兴文字狱"①；陈昌云《宋濂文学新论》亦云，"洪武七年，著名诗人高启被腰斩于市，随后刘基被害，朝廷文字狱大行"②；等等。

进一步考之，已有研究所言明初"文字狱"，大多本于清代史学家赵翼《廿二史札记》"明初文字之祸"一则。如章培恒主编《中国文学史》云，"朱元璋还制造了许多起看来是莫名其妙的文字狱。如浙江府学教授林元亮、北平府学训导赵伯宁、福州府学训导林伯璟、桂林府学训导蒋质"③，其所举例俱见于赵翼《廿二史札记》；王齐洲《中国通俗小说史》亦云，"朱元璋在大兴党狱的同时，也大兴文字狱，实行文化专制。这样的事例不胜枚举"，后直引《廿二史札记》，其后云"这样的文字狱实在防不胜防"④；等等。

这里需要指出，陈学霖于20世纪七八十年代发表的《徐一夔刑死辨诬兼论洪武文字狱案》《明太祖文字狱案考疑》⑤已经考证，

---

① 程千帆、徐有富：《校雠广义·版本编》，第152页。

② 陈昌云：《宋濂文学新论》，第323页。

③ 章培恒主编：《中国文学史》第七编"明代文学"，第199页。

④ 王齐洲：《中国通俗小说史》，第153—154页。

⑤ 〔美〕陈学霖：《徐一夔刑死辨诬兼论洪武文字狱案》，载氏著《史林漫识》，中国友谊出版公司2001年版，第257—275页（按，是文初刊于《中国学人》第六期，香港新亚研究所，1977年）；《明太祖文字狱案考疑》，《明史研究论丛》1991年第2期，第418—450页（按，是文初刊于台湾《中央研究院国际汉学会议论文集》历史考古组第二册，1981年，第495—516页）。

《廿二史札记》等记载的明太祖文字狱案，"皆系依据弘治至万历间野史稗乘所传故事，其间抵牾百出，亦有荒诞可笑，不可视为史实"①。因此，明初"文字狱"之说也是不太准确的。

　　既然如此，那么宋濂诗歌的自我隐藏，是因为什么呢？笔者认为，主要原因就在于，宋濂深知自己笔下的诗即将出版，并将为一个规模极巨的读者群所共见。"一字一寸心"，宋濂不想让那么多不确定的读者窥见其内心世界、平昔生活，是以在创作之时，选择将其隐藏。

　　其实在元代，宋濂即已看到自己的作品出版。郑涣《潜溪集题识》云，"《潜溪集》一编，总六万有余字，皆金华宋先生所著之文也……仲父都事公取以锓梓"，"嗣是而有所作者，当为后集以传"，末题时间为至正十六年（1356）冬十月。② 赵汸《潜溪后集序》亦云，"《潜溪前集》凡十卷，冠以陈公众仲序文，浦阳义塾既刻而传之"③。由此可知，至正十六年前后，《潜溪前集》即由浦阳郑氏家族出版。此后宋濂继续担任郑氏教师，然至正十八年六月朱元璋军队攻入，宋濂遂离开浦江，避地诸暨、潜溪多年。当时环境纷乱、战火四起，这加剧了刻版、刊印书籍的难度；宋濂又不再任教郑氏家族，与之分隔两地。由此推想，自至正十八年中至元末，宋濂写作诗歌时，并不确定自己的后续作品能否顺利刊行。

　　入明以后，宋濂的政治地位日益显赫，其作品的传播范围也不断扩展。前文所举宋濂明代诗作，大都为其致仕后亦即洪武十年以后所作。此时的宋濂在写作之际即清楚知道，自己的诗歌将刻于书版，且其传播范围不仅遍于国中，更远至高丽、日本、安南等海外国家。

　　对此，时人皆已明言。如在洪武八年所作《潜溪前后续别四集

① ［美］陈学霖：《明太祖文字狱案考疑》，第 437 页。
② （明）宋濂著，黄灵庚编辑校点：《宋濂全集》，第 2723 页。
③ （明）宋濂著，黄灵庚编辑校点：《宋濂全集》，第 2725 页。

序》中，贝琼云，"翰林侍讲学士金华宋公景濂，自少以文雄一时，人不远数千里求之，迨遍于中国四夷矣"①。刘基亦言，"（《元史》）书成，入翰林为学士。海内求文者，项背相望。碑版之镌，照耀乎四方。高丽、日本、安南之使，每朝贡京师，皆问安否，且以重价购其《潜溪集》以归，至有重刻以为楷式者"②。郑楷所作行状亦记，"蛮夷朝贡者，数问先生安否。日本得《潜溪集》，刻板国中。高句丽、安南使者至，购先生文集，不啻拱璧"，等等。

在宋濂《翰苑别集》中，有《跋日本僧汝霖文稿后》一文，末题时间为洪武九年三月。是文云：

> 右日本沙门汝霖所为文一卷。予读之至再，见其出史入经，旁及诸子百家，固已嘉其博赡。至于遣辞，又能舒徐而弗迫，丰腴而近雅，益叹其贤。颇询其所以致是者，盖来游中夏者久，凡遇文章钜公，悉趋事之，故得其指教，深知规矩准绳，而能使文字从职无难也。汝霖今泛鲸波东还，以文鸣其国中，盖无疑矣。③

汝霖名良佐，为日本僧人。尽管宋濂未直言，然通过"凡遇文章钜公，悉趋事之"之语即可想见，汝霖不仅向宋濂呈示自己的文章，还会请求拜读宋濂的作品。汝霖有可能直接自宋濂处获赠其作，也可能于书肆重价购买其集。随着汝霖归国，宋濂的作品亦传至日本。

洪武十年，宋濂文章选本《宋学士文粹》由郑济出版。这部作品，同样传至日本。如五山文学代表、日本京都建仁寺诗僧天隐龙

①　（明）宋濂著，黄灵庚编辑校点：《宋濂全集》，第 2739 页。
②　（明）刘基：《潜溪文粹序》，载（明）宋濂著，黄灵庚编辑校点《宋濂全集》，第 2742 页。
③　（明）宋濂：《翰苑别集》卷 7，载（明）宋濂著，黄灵庚编辑校点《宋濂全集》，第 956 页。

泽（1422—1500）即云，"大明诗人，余平生所阅者宋濂《文粹》"①，等等。

看着自己的一部部作品被各国使臣阅读、揣摩，致仕以后的宋濂提笔之际，定会想到其笔下的诗句将远播至高丽、日本、安南等国，为无数完全陌生的读者所共见。而宋濂本人，更是"天朝上国"的第一文臣，他怎么能向"四夷"暴露自己的衰老、病痛，倾吐消极、负面的情感，分享隐秘、精微的思考呢？是以在这些诗作中，洋溢着积极的情绪，流动着温和的感情，这是宋濂面对庞大、陌生的读者群体给予自己的保护，亦令我们感到分明的疏离与隔膜。宋濂诗云，"一字一寸心"，我们却难以透过这些文字，感触宋濂的真心了。

综上所述，出版意识让王逢更多地讴歌忠孝节义，令宋濂更少地描摹自己的思索、情感与生活。两种影响看似相反，实则相关。王逢的题材着眼于他者，其实质更近乎"史"；宋濂的题材关注个人，是真正的"文"。出版仿佛扩音器，正适宜高声宣传他人事迹，而不宜浅吟低唱个人心曲。是以王逢继续创作，宋濂回避、隐藏。

二　笔法运用

王逢、宋濂不仅明悉自己的作品能够出版，亦深知出版的力量。他们利用了这种力量，而出版也在无形中影响了他们的笔法。

（一）王逢："自标题其微词奥义"

出版意识对王逢笔法的影响，主要表现在体式设计方面，亦间接影响了诗歌语言。

就体式而言，王逢诗中多有自作注释，诗前、后多附有序、引等文字，此为其诗歌创作又一显著特点。如《四库全书总目》即注意到王逢诗多小序的现象，云《梧溪集》"载宋元之际忠孝节义之

---

① 〔日〕天隐龙泽：《天隐和尚文集》，转引自任永安《日本藏宋濂〈萝山集〉抄本考述》，第91页。

事甚备，每作小序以标其崖略，足补史传所未及，盖其微意所寓也"①，等等。一般来说，诗歌注释、序、引的功用，主要就是解释、补充、说明有关信息，帮助读者更好理解自己的作品。然而，王逢的作品却呈现出一些不同特点，而其不同又与《梧溪集》的出版密不可分。

不妨从一篇作品看起。《梧溪集》卷四有《奉题车玉峰先生世运录后有引》一诗，诗云："有宋车先德，生成道学资。义辞丞相聘，经证大贤遗。泮水涵鱼藻，高冈老凤枝。再观世运录，仰企不胜思。"② 其引云：

> 车氏世居永嘉，由唐末徙黄岩始盛大。一家师学渊源，实肇敬斋先生。敬斋曾孙隘轩，有《五经论》《平居录》。隘轩孙是为玉峰，讳若水，字清臣。贾似道三聘入史馆，辞不受。夙承父某《春秋》学，复师杜清献公范。清献学于从父讳晔，字良仲南湖公，南湖学于朱子。玉峰巍然诸先辈后，所著述曰《宇宙略纪》，曰《世运录》。清献尝序之曰：《重证大学章句》，则鲁斋王先生为沿革论以实之，曰得车君书言致知格物，传未尝亡也。自"知止而后有定"以下，合"听讼"一章，俨然为格物一传。使朱子闻之，当莞尔一笑云。玉峰孙浚、浚之子程，咸与予交。因示《世运录》，读之大有裨于《通鉴纲目》，然未板行于时。慨叹不足，姑叙世系大略于左，并颂以诗曰。

此诗引文凡 240 字，篇幅是诗的六倍，其内容也远远多于读者理解此诗所需的背景知识。复据国图藏本《梧溪集》可知，序、引部分并未采用双行小字刊刻，其字体与正文是完全相同的。刻印这则长引文，意味着需要更多的板片、纸张，刻工花费更多的时间；

---

① （清）永瑢：《四库全书总目》卷 168 "《梧溪集》七卷"提要，第 1457 页。
② （明）王逢著，李军点校：《梧溪集》，第 351 页，下"引"同。

如刻书的原材料一定，则意味着其余诗作的篇幅被挤占。以常理思之，在此卷付梓之前、审视文稿之时，王逢应删减此引文。然而，这则"信息过载"的引文，最终呈现在了刻本《梧溪集》中。

王逢为何这样处理呢？引文最末三句，揭示了个中缘由。王逢与车若水的后人有交游，又知晓车若水著作《世运录》未能"板行于时"。王逢明悉《梧溪集》卷四将会出版，亦深知此间出版之难，遂于能够出版的、自己的作品中，利用引文的空间，简述车氏世袭、学术渊源以及车若水生平，保存《世运录》相关内容。显然，王逢希望这些事迹能够借助自己别集出版的机会而流传更久，为更多读者所共见。出版，就是这则引文"信息过载"的根本原因。

在王逢诗作的序、引中，还不时可见他人诗文。如卷二《题焦白所画其父奉礼府君夜直诗意图有引》引，记述了焦文炯"忆昨停骖便殿西，柳沟风软絮霑泥。一弯月子梨花上，冷浸香云伴鸟栖"诗；① 卷二《题林芝隐所藏龚翠岩临昭陵什伐赤马图龚诗附》引，载录了龚开"赤骥驮僧去玉关，换他白马载经还。谁怜什伐蜚龙子，赢得金创卧帝闲"诗；② 等等。

序、引载录相关的他人作品，当然有补充信息、方便读者的功用。然细观之，前引王逢二首并非和焦文炯、和龚开诗，而是独立的题画诗。即使王逢不提供焦、龚诗作，也不会影响读者理解。另外，如《梧溪集》卷一《和张率性经历竹枝词二首》、卷二《和张率性推官小游仙词四首》③ 俱属应和之作，对读者来说，张率性原作可谓很有必要的背景知识，《梧溪集》却没有载录张作。

可见，让读者更好地理解自己的诗作，并非王逢在序、引中收录他人作品的首要目的。结合上文《世运录》例推想，王逢收录与己作相关度不高的他人作品，更花费资财、将其刻版的首要目的，

---

① （明）王逢著，李军点校：《梧溪集》，第 105 页，下"引"同。
② （明）王逢著，李军点校：《梧溪集》，第 105—106 页。
③ （明）王逢著，李军点校：《梧溪集》，第 75、104 页。

就是要保存、传播这些作品。有的作品可能为王逢青睐，有的可能是作者本人或其亲友与王逢有交游往来。王逢是借自己作品出版的机会，以《梧溪集》为平台，为这些人及其作品留名。

且以《题焦白所画诗意图》为例，具体观之。此诗引文以焦文焴诗开篇，其后云："右社稷署奉礼郎焦君追念先朝眷遇之隆而作也。君讳文焴，字仲明，淮阳人也。少通敏，由文皇东宫时说书为前职而卒。白，君之次子也。日诵其诗，尤拳拳孝思，不忘于心，乃手写诗意图，属予和其上。诗曰。"引文凡 107 字，而王逢自作仅有 28 字，篇幅为引文的四分之一。

不难发现，在这首属于王逢的诗中，扮演主要角色的其实是焦文焴。引文不仅保存了焦文焴诗，还简明介绍了其生平。王逢的身份更像一位选家，选了一首焦诗，并为其作了小传。由此，亦见王逢通过序、引为他人留名的考量。事实上，焦文焴也确实借由《梧溪集》，而在文学史中留下了自己的名字。如清代张豫章等奉敕纂修的《御选四朝诗》元诗部分即著录"焦文焴"，选其诗一首，即王逢引文所存之诗；① 陈衍《元诗纪事》卷七亦著录"焦文焴"，同样仅录此一首，小传亦皆据王逢引文；② 等等。

王逢还有不少诗作，附有他人所作传、记、铭等文字。如《梧溪集》卷二《奉题薛茂弘所示张仲举承旨藏经序铭后序铭附》，以及卷四《读郭孝子传传附》《读吕节妇传传附》《读贞燕记有怀鲁道原提学记附》《题章叔敬诗稿志铭后附》③ 等皆是。相比前述序、引中的他

---

① （清）张豫章：《御选四朝诗》元诗卷 73，台湾商务印书馆 1986 年影印清文渊阁《四库全书》本。

② （清）陈衍《元诗纪事》卷 17"焦文焴"小传云："字仲明，淮阳人。"诗题《夜直》，诗下注云："《梧溪集》：右社稷署奉礼郎焦君追念先朝眷遇之隆而作也。少由文皇东宫时说书，为前职而卒。白，君之次子。日诵其诗，手写诗意图。"（上海古籍出版社 1987 年点校本，第 398 页）按，点校本作"白君之次子日诵其诗"，并为"白君"划专名线，误。

③ 以上诸诗，分别见于（明）王逢著，李军点校《梧溪集》，第 97—98、253—254、254—255、255、334—335 页。

人作品，这些文字与王逢诗作的相关度更高。然而，由于诗歌本身即自成语境，这些相关内容亦非必须提供。以稍早于王逢的元后期重要诗人为例观之，如杨载（1271—1323）、揭傒斯（1274—1344）、张翥（1287—1368）的此类型诗作，俱未附他人之文。① 由此观之，王逢将这些篇幅多为己作数倍的记、铭等文字呈现在刻本《梧溪集》中，亦有为这些作者保存、传播作品的考量。

在保存、传播作品的目的之外，王逢为《读郭孝子传》《读吕节妇传》等忠孝节义诗附载传文，还有更重要的意图。诗歌语言相对凝练，难能详细、具体地叙述事件，传记则能明晰地记述人物生平事迹。因此，载录、出版传文，能够更充分地旌扬诗作主人公的忠孝节义事迹。

以上讨论了王逢诗附载序、引等文字的问题。再就注释而言，目前学界多将王逢诗中的纷繁自注，归因于其多用典。如邓绍基主编《元代文学史》云，"王逢的诗作用典较多，陈敏政《梧溪集后序》说王逢'尝自标题其微词奥义及人名地里之难晓者于各诗之首'，实际上同他多用典事之习有关，这种现象在元末诗坛显得比较特殊"②，等等。

但问题在于，《梧溪集》中很多用典之处，王逢并未出注。如卷三有《秋感六首》组诗，用典甚密。其二诗云："纷纷攘攘厌黄巾，妖血徒膏草野尘。马化一龙犹王晋，楚存三户未亡秦。飓风天静浮青海，朔漠山高直紫宸。莫为鬼方劳外伐，猃弧箕服最愁人。"其一

---

① 杨载此类作品，有《题秋江钓月诗卷》《题王参政积翁别故人诗卷后》《题沈君湖山春晓图诗卷》《题夏氏济饥诗卷》《题广寒龙先生诗卷》[（元）杨载：《翰林杨仲弘诗集》卷3、卷4、卷6、卷7、卷8，《四部丛刊初编》，上海商务印书馆1922年影印明嘉靖十五年刻本]。揭傒斯，则有《题张使君弃官学道诗卷》《题南顿孔子复明诗卷》《题彭尊师祷雨诗卷》[（元）揭傒斯：《揭文安公全集》卷3、卷3、卷5，《四部丛刊初编》，上海商务印书馆1922年影印旧钞本]。张翥亦有《题郝内翰书所作梦观琼花赋后》《题昌化陈孝子传》[（元）张翥：《蜕庵诗》卷2，《四部丛刊续编》，上海商务印书馆1932年影印明刻本]。

② 邓绍基主编：《元代文学史》，人民文学出版社1991年版，第538页。

"吴门叶落季鹰船，朔野霜横白雁天"、其三"连城不换相如璧，百结何妨子夏衣"、其四"烈士暮年心未已，无言思解白登围"等句，亦皆用典。然王逢于此，未出一注。再如卷四《赠穷独叟》"汉酬张良志，吴乞伍员师"、卷五《感衷四首》其一"濂溪遡道统，庐陵应文昌"① 等，亦皆未出注。

可见，"多用典"不足以解释王逢频繁注释之举。细考之，王逢注释之处，实少有历史人物，而多为当时之人；少有历史事件，而多为名物信息。

比如，《梧溪集》卷二有《观钱塘江潮时教化平章大谯江上》，诗云"惧成庾郎哀，窃效杜陵哭……枭雄扈将军，竟作机上肉"。王逢未注"庾郎""杜陵"，而于"将军"下注云"谓福建扈海元帅"②。王逢注释的时人，既有名士，亦多普通民众。前者，如卷二《投赠柯博士》题注"名九思，字敬仲"，其中"委蛇退食收金钥，怵惕存心表翠珉"句，"翠珉"下注"文皇常赐其父江西提学谦训忠碑"；后者，如卷二《古孝篇赠军曹陈贞》题注"军曹例视为军役，不丁忧。而贞能行之。贞读书，睦人"；卷四《闻何上海子敬毁淫祠开乡校因寄四韵》题注"名纬，吴陵人"；卷四《奉寄翟池州》题注"名谅"③；等等。

这一现象的出现，实亦与《梧溪集》的出版密切相关。王逢为这些人，特别是与其交游者作注的主要原因，就在于他明悉笔下作品即将出版。当别集为稿本、抄本形制时，其传播范围大多较小，此时的读者多与作者熟识，二者拥有相近的朋友圈。在这种情况下，作者并不需要频繁注释其交游者的信息。而当别集出版后，刻本会在较广范围里传播，《梧溪集》的读者可能与王逢并不相识，亦不知其交游往来。是以王逢要注释这些信息，以便刻本别集的读者阅读、

---

① （明）王逢著，李军点校：《梧溪集》，第 193—194、261、383 页。

② （明）王逢著，李军点校：《梧溪集》，第 113—114 页。

③ 以上诸诗，分别见于（明）王逢著，李军点校《梧溪集》，第 130—131、83、313、314 页。

理解。此外，注释中涉及名士，或兼具王逢向读者展示自己交游的作用；为普通民众作注，或亦有王逢借助作品出版，为他们留名的考量。

由此，亦可理解王逢频繁注释名物的原因。《梧溪集》中此类注释甚多，如卷二《和沈掾中秋月》"金晶气爽飘风露，银汉波翻动鼓旗"，"鼓旗"下注"二星名"；卷四《望大小贡二山》"将军虽相望，邈若越与秦"，"将军"下注"山名"；卷六《梦濯足》"君黄青属兮，归鞅其税"，"君黄"下注"二乡山名"；卷六《鹓生鷟传》"色窈蓝、玄白间"，"窈"下注"古'浅'字"；卷六《辛酉杂题》其二"看云暮影齐巾角，滴露春声落枕凹"，"看云"下注"杖名""滴露"下注"酒名"①；等等。王逢知道，自己的读者可能来自各个地区，其知识结构各不相同，是以王逢对天文、地理等各方面读者可能费解的内容加注，以便阅读、以免误解。还有很多注释，意在为读者补充相关信息，同样是为了让读者更好地理解。如卷三《朱夫人有序》"尊姑养之植德堂，堂阶珠树联瑶芳"，"植德堂"下注"朱氏堂名"②，等等。

可见，王逢注释的出发点并不在于某处是否用典，而在于能否帮助刻本别集读者更好地阅读、理解自己的作品。由此，亦可理解前述用典之处不出注的原因。王逢诗作用典多为熟典，如前文提到的"黄巾""相如璧""张良志""季鹰船"等皆然。尽管刻本《梧溪集》读者的具体身份、知识背景是不确定的，但可以确定的是他们皆为别集读者、为诗文作品读者，这意味着他们具有阅读诗文所需的基本文学素养与知识储备。因此对他们而言，这些熟典是没有必要注释的。

综上所述，王逢在写作过程中具有明确的出版意识，知道自己面对的是一个规模较大的、不确定的读者群，因此注释了诸多时人、

---

① （明）王逢著，李军点校：《梧溪集》，第 135、239、486、500、529 页。

② （明）王逢著，李军点校：《梧溪集》，第 169—170 页。

名物信息，并在序、引中补充相关内容，来帮助刻本《梧溪集》的读者更好地阅读、理解作品，避免误解。同时，王逢利用自己别集出版的机会，在序、引中收录了多篇他人诗作，亦于诗前、后附载了诸多他人传、记、铭等文字。其主要目的在于保存、传播这些作品，亦有为这些作者留名的考量。

王逢的自注，对后之读者阅读、理解其作具有不可替代的重要意义。"诗家总爱西昆好，独恨无人作郑笺"，然再好的笺注者，在把握作品本意层面，也比不上作者本人。王逢本人的注释，是其为方便读者阅读刻本别集而做出的努力，最大限度地消减了读者可能的误解。注释与序、引中补充的传记材料、他人诗文等，不仅可为读者提供更多的背景资料，更可为相关史传、文集的辑佚、校勘工作提供帮助。

但从文学角度而言，诗中多注释、前后多序引、多附载文字的体式，对王逢诗歌实有一定的消极影响。注释的叙事性语言与诗歌语言截然不同，不时中断读者的诗歌阅读，对作品文气、文脉产生了些许干扰。多序、引、附载文字的问题就更为明显。序文、诗歌、引文、附文参差交错，带给读者杂糅之感。不少序、引、附载文字提供的信息远远超出读者背景知识所需，还有一些篇幅过大，远迈诗歌，如卷二《毗陵秋怀有后序》《连环歌有序》①等，实有喧宾夺主之病。咏忠孝节义的诗歌与所附传记之间，亦存在重复之处。王逢也许是太过看重出版的机会，因此收录了大量他人作品，导致《梧溪集》字里行间太多他者身影重叠，最终遮蔽了王逢自己。或可将此称为王逢的"出版之累"。

相比之下，如宋濂《萝山集》亦有自注之诗，如卷四《寄王德润》《赋日东曲十首问海上僧僧多不能答时辛丑冬十月也》；亦有保存他人诗作之诗，如卷四《赠日本僧》，等等。但此类作品数量很

---

① 以上诸诗，分别见于（明）王逢著，李军点校《梧溪集》，第90—92、124—125页。

少，是以阅读《萝山集》的总体感受，也就更为顺畅。

（二）宋濂："此意竟谁知，为尔言谆谆"

在作于至正十五年、十六年的《萝山集》卷二中，宋濂诗歌笔法的变化多端，有着淋漓尽致的展示。如其代言体闺怨诗中，既有《春愁曲》"妾颜如花娇蕊蕊，妾若比花妾能语……双泪如何向东注，贞白不将死何暮"的缠绵悱恻，亦有《古意》"妾心比铁铁可折，妾心比月月可阙。皦然一片太古色，万岁千秋如一日"的辽远宏阔，还有《古别离》"但见征鸿仰天望，恐有寄来云外书"、《塞外曲》"殷勤裁作合欢被，恐君塞外多风寒"① 的精微细节。卷二中还有多首乐府古诗。其中，既有《古从军行》"阴山墨云黑如铁，一夜北风吹作雪"的鲜明寥廓，亦有《秋夜长》"四壁无人静如水，何处笛声呜咽起"② 的清寂萧索。此外，该卷还有《莫弹乌》《山乌行》《白翎雀行》《杂体五十首》《拟古谣》③ 等诸多拟古之作。由此可见宋濂笔力，亦可见其诗歌创作的勤于探索、勇于尝试。

而在宋濂的明代诗作中，就笔者目前所见，乐府诗、拟古诗很少，闺怨诗更是罕有。然而，我们并不能将此变化简单归因为出版意识对宋濂笔法造成影响。这种转变可能与宋濂的读者群体规模变化有关，然亦可能有其他原因。如据郑涛记载，宋濂二十岁时，问诗于吴莱。吴莱教导宋濂，学诗当本于《诗经》，而后沉酣楚辞，潜泳汉魏，参摩六朝、隋唐，迄乎宋季。"必穷其体裁，按其音节，考其辞句，观其气象，原其奥致"，日就月将、孜孜弗懈，此之谓"追辙古作"。宋濂闻之"汗流浃背，于是悉焚所为稿，一依吴公之命而致力焉"。至元六年（1340）吴莱去世后，宋濂复求学于黄溍、柳贯。"二公之所传授，与吴公不异"，宋濂"益务刻深为之。二十年

---

① （明）宋濂著，黄灵庚编辑校点：《宋濂全集》，第 2346、2353、2352、2353 页。

② 俱见（明）宋濂著，黄灵庚编辑校点《宋濂全集》，第 2359 页。

③ （明）宋濂著，黄灵庚编辑校点：《宋濂全集》，第 2354、2361、2362、2362—2368、2361 页。

间，随作随焚，常有歉然不足之色"①。由此推想，至正十五年、十六年时，宋濂很可能正着意训练自己的代言体、乐府诗、拟古诗写作，是以在《萝山集》卷二中，此类诗歌甚多。

宋濂的明代作品少代言体、乐府诗、拟古作，还可能与其诗学观念的调整、转变有关。明朝建国，百废待兴。在政治制度上，明太祖"远稽汉唐，略加损益，亦参以宋朝之典"②。具体到表笺写作上，亦提倡简古文风，以唐宋名家为楷式。据实录记载，洪武六年九月庚戌，"诏禁四六文辞。先是，上命翰林儒臣择唐宋名儒表笺可为法者，翰林诸臣以柳宗元《代柳公绰谢表》及韩愈《贺雨表》进。上命中书省臣录二表，颁为天下式"③。在这样的背景下，时为文臣领袖的宋濂，自然亦追求高古、雅正的诗风。在其作于明初的《杏庭摘稿序》中，有如下论述：

> 濂颇观今人之所谓诗矣。其上焉者傲睨八极，呼翕风雷，专以意气奔放自豪。其次也造为艰深之辞，如病者乱言，使人三四读，终不能通其意。又其次也，傅粉施朱颜，燕姬越女，巧自衒于春风之前，冀长安少年为之一顾。诗而至斯，亦可哀矣。④

那些色彩明艳、笔触精工的闺怨诗，已成为此时宋濂眼中的"可哀"，是以创作亦鲜。

可见，时代背景、仕宦经历、诗学思想等多方面因素，都会对宋濂不同阶段诗歌笔法的转变产生影响。因此在探讨出版意识对宋濂笔法的具体影响时，亦需注意将多种因素纳入考虑，综合考察。

---

① （明）郑涛：《宋太史诗序》，载（明）宋濂著，黄灵庚编辑校点《宋濂全集》，第2318—2319页。

② 《明太祖实录》卷129，第2051页。

③ 《明太祖实录》卷85，第1512页。

④ （明）宋濂著，黄灵庚编辑校点：《宋濂全集》，第434页。

下面，笔者试以宋濂元末、明初所作的四首五言交游诗为中心，对此问题展开初步探讨。

至正二十五年、二十六年间，宋濂作《忆与刘伯温章三益叶景渊三君子同上江表》。其时叶琛去世，宋濂在诗中追念他们的相识，追述他们的交游云：

> 有美济时彦，来自处士州。金茎擎白液，玉瓒含黄流。长山同蹑屦，严濑仍维舟。雨花掠篷走，风蒲向人愁。冒险前至歙，计程几经邮……川尽青逗晓，城新白凝秋。贤踽访阙里，仙踪索浮丘。鸟聊就神卜，绮席征童讴。颍滨所谪宦，绩溪倚荒陬。丛祠尚颙颀，苔碣犹蛟虬。摩挲未及读，行迈焉能留。随山转荦确，满目只梧楸……
>
> 层楼眺叠嶂，汇水寻宛句。红线毯方软，木瓜酝新篘。风流忆江谢，文藻胜枚邹。落日惨平楚，悲风吟古楸。三湖渺空阔，一棹成穷搜。苍茫日月浴，震荡乾坤浮。水落近成浦，沙屯远为洲……涂经华林岸，地接秦淮沟。穹塔屹天秀，列尘布城周。河山互联络，龙虎相穷道……
>
> 泮宫共一榻，江树闻鸣鸠。钟阜足游衍，龙湾更夷犹。谈锋述王霸，政柄分嬴刘。淬文砺戈戟，博古陈罍卣。合庖集鱼雁，响屐锵琅球。桂窗足每跣，花日首多囚。赌棋或握算，斗酒恒投钩。下关避沉酗，抵掌争嘲啾。一旦分客袂，三年感灯篝。剖符洪都郡，瞻云苍岭头。晨星遂落落，宵梦长悠悠。怀生悯契阔，悼死隔明幽。

由于此诗较长，这里未能全部展示其中有关交游的部分。然通过引文，即可注意到此诗密集的用典、繁复的意象，而这些典故、意象又组合成鲜明的画面，营造出深远的意境。以开篇几句为例，"金茎"指擎承露盘的铜柱，典出班固《两都赋》"抗仙掌以承露，擢双立之金茎"；"玉瓒""黄流"则出自《诗经·大雅·旱麓》

"瑟彼玉瓒，黄流在中"。连续用典的上下句，复呈现出明丽的色彩。后句中的"严濑"指子陵滩，在富春江北岸。许浑《送客归兰溪》诗云，"众水喧严濑，群峰抱沈楼"。再后一句"雨花掠篷走，风蒲向人愁"，情景交融，对仗工丽。其中"风蒲"指蒲柳，杜牧《赴京初入汴口晓景即事先寄兵部李郎中》诗云，"露蔓虫丝多，风蒲燕雏老"①。

篇幅所限，这里不能一一分析。总之，重重典故与意象，令诗歌典雅、含蓄，内涵丰富，充满层次。阅读此诗，自然而然让读者感到，宋濂与叶琛等人的交游富有况味，言有尽而意无穷，正如此诗所言，晨星落落，宵梦悠悠。

《韩教谕见过山中》同样作于至正二十五年、二十六年间。诗中，宋濂回忆了自己与韩教谕、孟徵君、王架阁等人的交游：

> 举目何所见，万叠青岩峣……城南依硕师，立雪常满腰。诸生纷纭中，子如鹗冲霄……顾予厕其间，秋枯杂春翘。衣冠况弊陋，出语辄献嘲。子独不我鄙，谓言比嘉苗。托根丽腴土，所欠蓑与蓧。孟君亦相骧，诲言甚嚣嚣。文成加窜点，芟蒿采芳蕙。王生济宁来，奋迅云间雕。辩言耸群听，志希投笔超。力诋嫫母丑，自誉越女妖。如何亦见知，灯火连秋霄。荒城足登眺，胜围时歌谣。德非重戏狎，或者声气调。聚首四三年，宝剑逢夫裱。一旦风雨散，西东各飘飘。

与前作相比，此诗运用典故、意象的密度有所降低，诗中提到的班超、嫫母、越女等亦皆为人所熟知，是以令读者更为易懂。尽

---

① 本段引用诗文，依次出自《后汉书·班固传》，中华书局1965年点校本，第1342页；（清）阮元校刻《十三经注疏附校勘记》，中华书局1980年影印本，第515页；（唐）许浑著，（元）祝德子订正《元刊丁卯诗集》，福建人民出版社2008年影印本，第190页；（唐）杜牧著，吴在庆校注《杜牧集系年校注》，中华书局2008年版，第121页。

管如此，然阅读此诗，仍给人一种古雅之感。"如何亦见知，灯火连秋霄。荒城足登眺，胜圃时歌谣"等句，近乎白描，却带给人冲淡洗练的美感。

洪武八年左右，宋濂作《送黄伴读东还故里》。此诗有序，云"濂，黄文献公老门人也，尝恨无以报深恩。一旦，诸孙昶从予学经，为之喜而不寐。会其还家觐省，赋诗十四章为赠"，清楚交代了此诗的写作背景。在开篇简略回忆自己的问学经历之后，宋濂写道：

> 岂意麒麟儿，复出湖水东。尔年逾二十，文采照青秋。灿灿五色锦，孰肯窴道周。一朝捧贡函，群彦让先登。毡墨新题处，祥云为之升。南宫虽免试，成均复渐摩。庭中犙且叶，几厌寒雨多。天子坐法官，诏繙金匮书。尔独当青年，执笔与之俱。九天游降敕，持经赞藩王。出入禁闼中，衣分沉水香。有时献新文，跽诵黼宸前。帝曰尔小臣，才思何蝉联。声名落人间，一如潮水生……别去期早来，立业继而翁。翁名亘天地，不见初与终。

此诗对黄昶的赞美，可谓浓墨重彩；然更引人注目、令人费解的，是此诗的浅易与直白。全诗少典故、意象，多平铺直叙，如"尔年逾二十，文采照青秋""帝曰尔小臣，才思何蝉联""别去期早来，立业继而翁。翁名亘天地，不见初与终"等句，皆浅显如话。是以作者之意，读者一望即知，从而失去了言外之意、袅袅余音。

《送方生还宁海并序》一诗，作于宋濂致仕之后。在三百余字的诗序中，宋濂已详细记述了其与方孝孺的相识，盛赞了方孝孺的精敏绝伦、文义森蔚、辞意常新，"以近代言之，欧阳少师、苏长公辈姑置未论，自余诸子，与之角逐于文艺之场，不识孰为后而孰为先也"。序文还特别指出，"予今为此说，人必疑予之过情。后二十余年，当信其为知言，而称许生者非过也"①。诗歌层次复与序文脉络相同，首先记述二人相识，再描写方孝孺的聪敏，最后对方孝孺提出希望：

> 方生海上来，玉立而春温。袖携绨绣书，面带黼黻纹。揖逊入礼域，陈义凌秋旻。同餐太仓米，共勘典与坟。潜将索幽邃，穷欲攀嶙峋。踏雪忽言别，涉险涛江津。梅花似相怜，沿途慰孤鞏……
>
> 漏泄混沌窍，出入造化神。变幻波起伏，清温玉璘珣。尽抽神奇秘，不堕臭腐尘。所以日出之，愈见光景新。山鬼当洒泣，湘灵且逡巡。振古著作家，后先胡缤纷。岂知万牛毛，难媲一角麟。古今二千载，有如星在辰。岂意荒砾中，获此席上珍。
>
> 予生发未燥，立言鄙河汾。结交一世士，暮齿越七旬。妍蚩与苦良，入目无留痕。自非病狂易，颠倒甲为矜。宁因一学徒，谀辞浪云云？大言心不怍，只为所见真……
>
> 岂无赠别言，有意须当遵。真儒在用世，宁能滞弥文。文繁必丧质，适中乃彬彬……生乃周容刀，生乃鲁玙璠。道贵器乃贵，奚须事空言。孳孳务践形，勿负七尺身。敬义以为衣，忠信以为冠。慈仁以为佩，廉知以为鞶。特立睨千古，万象昭无昏。此意竟谁知，为尔言谆谆。无徒谓强聒，一一宜书绅。

尽管此诗运用了一些典故与意向，然通篇平铺直叙的语言，消减了其本可以达到的艺术效果。如"山鬼当洒泣，湘灵且逡巡""生乃周容刀，生乃鲁玙璠"等句，可以让读者感受到宋濂对方孝孺的评价之高，却难以让读者感受到其作为诗歌之美。而如"岂

---

① （明）宋濂著，黄灵庚编辑校点：《宋濂全集》，第 2458—2459 页，下同。

知万牛毛，难媲一角麟。古今二千载，有如星在辰""敬义以为
衣，忠信以为冠。慈仁以为佩，廉知以为鞶"等句，就更是平易
明白。

以上分析了宋濂作于元末、明初的四首交游诗。明初二首诗歌
俱有序文，已将写作背景交代明晰；元末二首作品无序，仅以诗题
说明背景。在这样的情况下，反而是元末二首运用了繁复的典故、
意象，注重意境营造，富有余韵，需要读者反复阅读、咀嚼其义；
明初二首已有诗序，诗歌却直白浅易，多平铺直叙，其义读者一望
即知。

为何会产生这样的差别呢？

是入明以后宋濂诗学理论变化导致的吗？尽管明太祖诏禁四六
文辞，但这并不意味着要放弃对文字之美的追求。即明太祖本人，
亦明令臣下之辞不仅"务从简古"，还需"悉从典雅"①。尽管宋濂
的诗学理论有所变化，但他从未改变对美的追求。洪武年间，宋濂
为刘崧所作《刘兵部诗集序》云：

> 诗，缘情而托物者也。其亦易易乎？然非易也。非天赋超
> 逸之才，不能有以称其器。才称矣，非加稽古之功，审诸家之
> 音节体制，不能有以究其施。功加矣，非良师友示之以轨度，
> 约之以范围，不能有以择其精。师友良矣，非雕肝琢瞥，宵咏
> 朝吟，不能有以验其所至之浅深。吟咏侈矣，非得夫江山之助，
> 则尘土之思，胶扰蔽固，不能有以发挥其性灵。五美云备，然
> 后可以言诗矣……古之人所以擅一世之名，虽其格律有不同，
> 声调有弗齐，未尝有出于五者之外也。②

---

① 《明太祖实录》卷85，第1513页。

② （明）宋濂著，黄灵庚编辑校点：《宋濂全集》，第495—496页。按，据《明
太祖实录》卷54，刘崧于洪武三年七月任兵部职方郎中（第1067页）。

在宋濂看来，作诗不仅需要天赋才华，还要经过刻苦训练；诗歌不仅有音节、体制等方面的要求，更要发挥性灵。由此，可见宋濂对诗歌的艺术性的深刻体认。左东岭《论宋濂的诗学思想》即指出，宋濂入明之后，仍保有关注审美的倾向，其诗学思想是"政教与审美的兼顾"①。既如此，前述二首作品，何以写得如此直白浅易呢？

是入明以后宋濂的诗才不如往昔吗？宋濂在元时即饱读诗书，名篇《送东阳马生序》云，"余幼时即嗜学……人多以书假余，余因得遍观群书"②。通过前述诗歌中的用典，即可见其博学。入明以后，宋濂的政治地位与此前截然不同，然好学这一点，并未改变。郑楷所作行状云，"先生惟刻意于学，自少至老，未尝一时去书不观"。特别是洪武初，因总裁《元史》，宋濂见到了更多书籍、阅读了更多作品。如戴表元《剡源集》，即为其中之一。宋濂《剡源集序》云："会有诏纂修《元史》，命濂总裁其事……窃以谓先生著作有关于胜国宜多，乃属使者入鄞遍求之……曾未几何，有司果以《剡源集》二十八卷来上，濂始获而尽览焉。"③ 其《题剡源清茂轩记后》亦云："剡源先生戴公，以文辞名天下。曾未百年，学者鲜有见其全集者。予总修《元史》，欲为先生立传，于是白丞相、下有司，即先生之家，誊其文稿二十卷以上，至今藏之秘府。"④ 由此一例可以想见，宋濂利用总裁《元史》的机会，读到了不少时人难见的作品。如此，宋濂明代诗作，似应运用更多稀见典故、写得更加含蓄才是，现实为何相反呢？

笔者认为，宋濂平铺直叙、浅易的笔法，是受到了出版意识的影响。上一节提到，出版如同扩音器，适宜高声宣传他人事迹；而

① 左东岭：《论宋濂的诗学思想》，《首都师范大学学报》（社会科学版）2009 年第 4 期，第 105 页。

② （明）宋濂著，黄灵庚编辑校点：《宋濂全集》，第 662 页。

③ （明）宋濂著，黄灵庚编辑校点：《宋濂全集》，第 447—448 页。

④ （明）宋濂著，黄灵庚编辑校点：《宋濂全集》，第 853 页。

宋濂这二首诗的主旨，正是宣传黄昶、方孝孺的才华横溢。拥有巨大读者群的宋濂，比王逢更加清楚出版的力量。宋濂也想借助出版的力量，让更多的人得知黄昶、方孝孺。然问题在于，这个范围远至海外的读者群体过于庞大，宋濂不知道其中每个读者的知识结构与审美趣味。由此，就可以理解宋濂的笔法选择了。

正如葛兆光所言，典故具有密码性，"它的通畅与晦涩、平易与艰深，仅仅取决于作者与读者的文化对应关系"①。与典故相类，意象更近于一种艺术符号，其作用"是在头脑中绘出一幅画面或引发某种感觉，它是表现而不是判断，它诉诸于我们的想象而回避理解"②。在元末，宋濂写作时，并不清楚笔下的诗行能否出版，更未想到自己的作品将远播海外。王祎《宋景濂文集序》云，宋濂"于文章尤自爱重，不轻以示人。以祎辱有同门之雅，特出其所著一编，俾为之序"③。可见，此时宋濂诗歌的读者，大都是与其多有交流、拥有相近知识背景的人。是以在作品中，宋濂尽情地驰骋才能，展示技艺。因为他知道，自己的读者能够理解这些典故与意象，能够领会自己的作品。

而在明初，面对"遍于中国四夷"的读者群，宋濂提笔之际，必然会考虑到他们能否读懂的问题。与王逢一样，宋濂亦制作了详明的序文，向广大读者清楚交代了写作背景。同时，宋濂很少使用典故、意象，以免读者费解、误解。王逢诗作多用熟典，当亦有照顾所有刻本读者阅读、理解的考量。

这里有一个问题：若宋濂担心读者费解、误解，那么，他可以在用典的同时，像王逢注释时人、名物信息那样，"自标题其微词奥义，及人名地里之难晓者"，何必以牺牲诗歌之美的代价，平铺直叙呢？

---

① 葛兆光：《汉字的魔方——中国古典诗歌语言学札记》，复旦大学出版社 2008 年版，第 132 页。

② ［美］高友工、［美］梅祖麟：《唐诗的魅力——诗语的结构主义批评》，李世耀译，武菲校，上海古籍出版社 1989 年版，第 106 页。

③ （明）宋濂著，黄灵庚编辑校点：《宋濂全集》，第 2721 页。

　　对此笔者认为，宋濂如此运用笔法，不仅是为方便读者阅读，更有为其主旨服务的考量。这二首诗，意在宣传黄昶、方孝孺。典故、意象、意境，都会弱化宣传的效果。浅易直白的平铺直叙美感不足，却具有冲击力，会令读者印象深刻。

　　王逢之诗，亦可为此提供旁证。在有序、引说明的情况下，王逢很多忠孝节义诗，仍近乎文章，多平铺直叙。其语言更为浅近，如《题乌泾夏孝妇叶氏妙真卷》诗云，"吾邻夏冢妇，姆媪争播说。翁初病重腿，既瘥七岁月。捧汤俯涤秽，操箪躬致洁"①，等等。当然，王逢亦有少数作品，运用了更多艺术手法，如《刘节妇有序》诗云：

　　　　芳气飘兰茞，和音节珮琚。遂闻兵死际，不失礼防初。野白冰霜骨，尘黄鸟兽墟。潴沱血净洗，好过洛神居。②

　　起兴、精致对偶、色彩鲜明对比、用典，皆令此诗的艺术水准高于《夏孝妇》。但与此同时，艺术手法掩盖了史实。诚然《刘节妇》诗有序，然仅就诗而言，其描摹的刘节妇事迹是模糊的，远不如《夏孝妇》的具体而微。因此我们对刘节妇其人（而非《刘节妇》其诗）的印象，亦不如夏孝妇深刻。

　　再如，王逢《二胡节士有后序》诗云：

　　　　列仙之癯山泽儒，连璧回映清冰壶。一寒太高黄道士，一贫不诣罗司徒。古来夷齐砺风节，元方季方方轨辙。祥麟威凤不可招，断霞落日鸦明灭。③

---

① （明）王逢著，李军点校：《梧溪集》，第263页。
② （明）王逢著，李军点校：《梧溪集》，第336页。
③ （明）王逢著，李军点校：《梧溪集》，第291页。

　　此诗首联有意象，颈联有典故，尾联有意境，然读毕此诗，读者对二胡节士事迹的了解，却是来自平铺直叙的颔联。由此可知，王逢、宋濂笔法的选择，是为了更好地宣扬诗中人的事迹，令广大刻本读者留下更深刻的印象。

　　综上所述，在题材选择之外，出版意识还影响了王逢、宋濂的笔法运用。与王逢诗作多序、引相类，宋濂的二首明初交游诗，亦俱有详明序文。在诗歌语言方面，为了向广大读者更好地宣传诗中人物的事迹，王逢的忠孝节义诗、宋濂的二首交游诗，多采用平铺直叙的笔法，而较少运用典故、意象，营造意境。这样直白浅易的文风，亦方便广大读者理解诗义。出版仿佛扩音器，不仅影响宣读的内容，还影响宣读时的姿态与腔调。

　　以上以王逢、宋濂为中心，探讨了出版意识对作者题材选择、笔法运用两个方面的影响。宋濂在世之时，即有多部作品顺利出版。其作品传播范围之巨，不仅为当时独一无二，即在整个明代，也是数一数二。王逢生前就看到了《梧溪集》六卷付梓，这在洪武年间亦属凤毛麟角。

　　宋濂、王逢的别集出版，并非这一时期的普遍情况。实际上，洪武至永乐年间出版的别集，大多是在作者去世多年后，由其亲友、门人、同乡等主持付梓的。下面即考察这一时期出版者对作品的影响。

第二节　出版者对作品的影响

　　在上一章中，已见出版者对作品的出版速度、出版规模、出版质量具有显著影响。如明太祖、明成祖的御制、敕撰书籍，即可得到大规模、快速出版，刊刻工艺亦颇为精美。藩府出版，亦多佳椠。

　　皇帝、太子、藩府之外，少数官僚士大夫出版的作品，亦体现出很高的刊刻水平。金幼孜即为其中之一。永乐十九年（1421），时为文渊阁大学士的金幼孜，出版了其父金固的别集《雪崖先生诗集》。此本今天尚存，其版式、行款为半叶 11 行行 21 字、四周双边、阔黑口、对黑鱼尾，版心中部上题卷次、下题页码。从刻书字体到鱼尾线条，无不显示出刻工的较高水平。特别是各叶的阔黑口、对黑鱼尾样式非常整齐，加之文字清晰，行款疏朗，从而带给读者赏心悦目的体验。

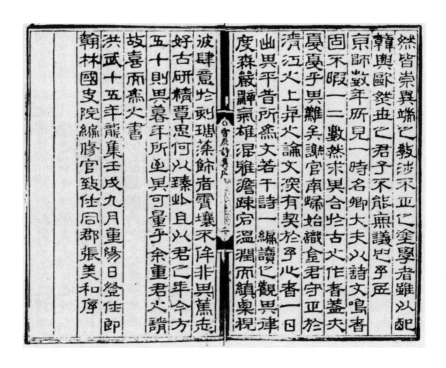

图 3 - 1　金幼孜刻本《雪崖先生诗集》序文叶书影①

大多数官僚士大夫、普通民众出版的作品，难以达到如此刊刻质量。不妨以同样来自江西的傅若川为例，与金幼孜作一对比。洪

---

① （明）金固：《雪崖先生诗集》，《续修四库全书》第 1325 册，上海古籍出版社 2002 年影印明永乐十九年刻本，第 244 页。

武十七年，傅若川将其兄傅若金的《傅与砺文集》出版。此本亦存，其版式、行款为半叶 10 行行 21 字、左右双边、黑口、顺黑鱼尾，版心中部上题卷次、下题页码。一方面，此本行款亦颇疏朗，各叶字体风格，顺黑鱼尾、版心题卷次、页码的版式亦保持一致，比较美观。但另一方面，不少书叶着墨不均、文字模糊不清，严重影响了读者阅读，与金幼孜刻本形成鲜明对比。

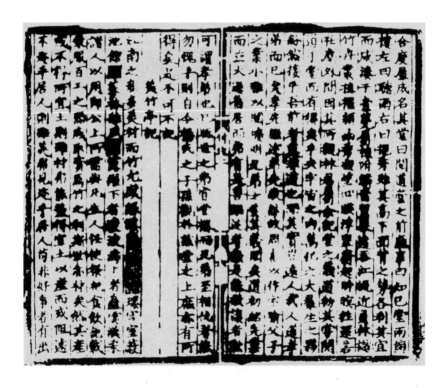

图 3 - 2　傅若川刻本《傅与砺文集》正文叶书影①

这一差异的原因，主要在于二部作品的出版成本不同。《雪崖先生诗集》显系高成本出版物。《傅与砺文集》的着墨不均，则说明

---

① （元）傅若金：《傅与砺文集》，《北京图书馆古籍珍本丛刊》第 92 册，书目文献出版社 1991 年影印明洪武十七年刻本，第 692 页。

所选书版木质不够均匀、纹理不够规则，并非优质材料。而这，又
与出版者的身份地位密切相关。金幼孜官居高位，傅若川则为平民
百姓。在傅若金诗集、文集以及现存江西方志等材料中，皆无傅若
川参加科举考试、任官的记载。另据苏天爵为傅若金所作墓志铭可
知，傅若金、傅若川祖父傅允迪，官曲江簿；父傅明可、母胡氏，
为平民。① 复据傅若金诗文以及曹安《谰言长语》等记载，可知其
家比较清贫。② 是以傅若川难以承担更高昂的出版费用。

可见，在不同出版者的主持下，作品的刊刻水平、印刷质量存
在显著差异。然出版者对作品面貌的影响不仅表现在版本层面，更
在文学层面；不仅在书口、鱼尾的样式，更在文本的字里行间。下
面即从内容、体例两方面，对此展开论述。

一　内容

洪武至永乐年间出版的别集，其作者大多已去世数年。也就是
说，这一时期的出版者，大多是面对作者遗留的诗文作品开展工作，
而无法与作者就作品出版，进行直接的交流、沟通。这与明中后期
出版者征寻、邀请、乞求作者开展特定类型创作，甚至干预作者写
作进度的"出版者—作者"双向、互动关系截然不同。

在这些别集中，有的出版时间与成书时间相对较近，如高启

---

① （元）苏天爵著，陈高华、孟繁清点校《滋溪文稿》卷13《元故广州路儒学
教授傅君墓志铭》："实之生典江簿允迪。允迪生明可，是为君父。其母胡氏。"（中华
书局1997年版，第214页）

② 如傅若金《寄寄亭记》云："傅子客游京师，数岁贫不能自居。恒寄于人，而
业笔研以衣食。前年有日南之役，既还，待选天官，业遂废而益贫。"[（元）傅若金：
《傅与砺文集》卷2，《北京图书馆古籍珍本丛刊》第92册，影印明洪武十七年刻本，
第690页] 据此可知，及傅若金北游之时，亦乏赀财随身。再如傅若金《赠相士潘碧
山》亦云，"近者遇子岳阳城，知我贫薄谓我清。颜回屡空吾岂敢，猗顿多赀非所荣"
[（元）傅若金著，杨匡和校注：《傅与砺诗集校注》卷3，云南大学出版社2015年版，
第150页。按，点校本作"非所崇"，误]，等等。（明）曹安《谰言长语》卷下亦记，
"傅与砺素贫。初学织席，坐于地。一家用裁缝，因缝衣，坐于凳。傅遂学裁缝。又一
家延客，令裁缝出外。傅愧之，乃读书"（中华书局1991年点校本，第36页）。

《姑苏杂咏》的刊刻，在成书二十余年之后；有的则相去数百年，如韩愈（768—824）别集在洪武十五年的出版。再从出版次数的角度观之，有的别集系首次出版，如胡翰《胡仲子集》于洪武十四年付梓；有的则为重刊，如洪武年间欧阳修（1007—1072）《居士集》的版行。下面，即结合这一时期出版者在作品出版过程中承担的具体工作，论析他们对作品内容的影响。

在出版者面对的作品中，有的已经编定成集，篇帙完整。此时，一些出版者的主要工作就是筹措经费，将其付梓。如吴海《闻过斋集》的出版即然。吴海（1322—1386）字朝宗，号鲁斋，闽县（今福建省福州市）人。洪武初使者欲荐之于朝，有司推毂，吴海力辞不就。① 今中国国家图书馆藏有明抄本《闻过斋集》，该本首有徐宗起序，云"先生没殆今逾十一年，是集藏于门人王俌家，近吾友胡伯宁氏同知盐运于闽，见而喜之，将与其同志建宁郡守芮君志文率好义之士为锓诸梓，以广其传"，末题时间为"洪武戊寅春正月既望"②。戊寅即洪武三十一年。可见对于《闻过斋集》，芮麟（字志文）等出版者的主要任务，就是"率好义之士，为锓诸梓"。在这种情况下，出版者对于文本内容，基本不存在干预。

还有一些出版者会在筹资之外，或亲力亲为，或延请他人对作品加以校勘、正其讹误，以求提升出版作品的质量。高启《缶鸣集》《姑苏杂咏》的出版者即如是。在高启逝世近三十年后，其内侄周立自高启夫人处得到了他的手稿，并于永乐元年将《缶鸣集》付梓。周立识语云，"因不揆庸陋，益加考订校正，重编足一千首，俾学子

---

① （明）过庭训：《本朝分省人物考》卷70 吴海本传，《续修四库全书》第535册，上海古籍出版社1999年影印明天启刻本，第120页。

② （明）吴海：《闻过斋集》，中国国家图书馆藏明抄本。徐宗起序后有成化三年邵铜序，亦云"洪武间曾镂板，未几years散失无存"。洪武刻本《闻过斋集》今已不传。成化刻本《闻过斋集》今存，现藏福建省图书馆等单位。另，这一末题时间在别本《闻过斋集》中存在异文，详见本书附录《闻过斋集》则。

李盛缵写成帙，用绣诸梓，贻于不朽"①。据此，可知周立本人承担了出版前的校订工作。高启成于洪武四年的《姑苏杂咏》则于洪武三十一年由蔡伯庸出版。此本尚存，其中有周傅识语，云"锡山蔡伯庸氏得其全集，谋锲诸梓，虑其传写之讹，属傅编次而校正之"②。可见，出版者蔡伯庸是延请周傅从事校订。再如，在黄应龢《华川文派录》成书五十年后，张永诚发现此书，并决定将其出版。付梓之前，张永诚亦"请邑士傅君藻精加校雠"。程钜夫《楚国文宪公雪楼程先生文集》的出版者程潜，同样为此书安排了校雠工作。其识语云，"始终相其事者，嘉禾唐彦清也。曾孙潜请于邑庠训导李叔钧、吴嗣宗，与同志之士校雠毕，遂记其后云"。程集出版完成之时，距程钜夫去世已近八十年。

还有年代更为久远的作品，同样得到了出版者的校订，如蔡玘出版欧阳修集即是。今中国国家图书馆藏有洪武六年永丰县学刻本《居士集》卷一一至三〇，各卷端题名为"临川后学曾鲁得之考异、古舒后学蔡玘行素订定、番阳后学李均度校理、古溧后学俞允中校正"③。卷二一第六叶，有"洪武六年癸丑九月永丰县学新刊"牌记。危素为此本所序，序云"龙舒蔡玘来知永丰县，以公乡邑，首出廪禄，倡率好义者，取鲁氏所较，刻诸学宫"④。综合以上记载可知，《居士集》出版者、时任永丰县令的蔡玘不仅为是集版行而出

---

① （明）高启著，（清）金檀辑注：《高青丘集》，第 984 页。

② （明）高启：《姑苏杂咏》，中国国家图书馆藏明洪武三十一年蔡伯庸刻本。高启《姑苏杂咏序》末题时间为"洪武四年十二月"，周傅识语末题时间为"洪武三十一年岁戊寅五月朔"。按，金开诚、葛兆光《古诗文要籍叙录》将此本著录为洪武三十一年周傅刻本（中华书局 2005 年版，第 467 页），然据周傅识语可知，周傅为编校者，出版者为蔡伯庸，故此本著录为"蔡伯庸刻本"或更恰切。

③ （宋）欧阳修著，（明）曾鲁考异：《居士集》，中国国家图书馆藏明洪武六年永丰县学刻本（存二十卷）。

④ （明）危素：《欧阳文忠公集后记》，《全元文》卷 1475，凤凰出版社 2004 年版，第 369 页。

资、筹款，① 还参与了文字校订工作。

这里亦需指出，王岚《宋人文集编刻流传丛考》认为，蔡玘刻本《居士集》"最初刊刻于洪武四年"，"今原刊已不存，所见皆为后出重修、翻刻之本"。国图所藏洪武六年永丰县学刻本，"当是后出的据洪武原版重印之本"②。然考之书目，黄佐《南雍志·经籍考》著录"《欧阳居士文集》五十卷，存者四百四十七面，今补八十六面乃完"，注云："此集修所亲定，故诸本相同，讹阙亦少……岁久，遗脱者多。洪武辛亥，永丰尹蔡玘参互考订，重锓梓以广其传，至洪武六年癸丑乃成。番阳李均度、临川危素皆序之"③。据此，则洪武四年为蔡玘出版《居士集》的开始时间，洪武六年为出版完成时间，二者指的是同一次出版行为，而非《居士集》于洪武四年首次出版、洪武六年再次印行。《居士集》凡五十卷，篇幅较大，用时二年刊刻完成，亦与洪武年间的出版实际比较相符。

危素序中提到的"鲁氏"即《居士集》卷端题名中的曾鲁，字得之。本书第四章会进一步探讨曾鲁所作《考异》对欧阳修作品出版的助益，以及洪、永年间欧阳修作品的出版对当时文学思潮的影响。

通过文字校订，上述出版者使作者作品的字句呈现出了不同面貌。不过，他们面对的作品还是篇帙完整之作，这对于出版者来说，属于比较理想的情况。实际上，随着时间流逝，很多作品未能得到

---

① 万历《吉安府志》卷3"永丰知县"于"乙巳年"著录"蔡玘，安庆人"，其后则为洪武六年著录"王序"（《日本藏中国罕见地方志丛刊》，书目文献出版社1991年影印明万历刻本，第30页）。由此可知，蔡玘任永丰知县的时间，为元至正二十五年至明洪武五年。

② 王岚：《宋人文集编刻流传丛考》，第98—99页。

③ （明）黄佐《南雍志·经籍考》，《明代书目题跋丛刊》，影印清光绪年间叶德辉重刻本，第457页。按，"至洪武六年癸丑乃成"，叶德辉本"癸丑"作"癸亥"，中国国家图书馆藏民国二十年影印明刻本《南雍志·经籍考》作"癸丑"。洪武六年为癸丑年，据影印明刻本改。

长期妥善存藏。再加上兵火等书厄影响，不少出版者面对的作品都有散佚。因此，很多出版者在付梓之前，还承担了广泛搜罗、辑佚作品的工作。而此对作品面貌的干预，就更为显著。

即以石光霁出版其师张以宁诗作为例，来近观出版者的搜求工作。张以宁（1301—1370）字志道，古田（今福建省古田县）人。元泰定四年（1327）进士，官至翰林学士。入明，拜翰林侍读学士、朝列大夫、知制诰、兼修国史。洪武二年出使安南，洪武三年（1370）去世。①

张以宁别集名《翠屏集》，现存刊刻时间最早的版本为宣德三年（1428）刻本，今藏南京图书馆，然仅存一卷。其次为成化十六年（1480）张淮刻本，今藏中国国家图书馆等单位。国图藏本书首依次有宋濂、刘三吾、陈琏、陈南宾序，其中，陈南宾序云：

> 今年春，仲濂遣其子诣维扬，购先生遗稿，得诗百余篇，遂以示予，予伏而读之……读毕，仲濂谓予曰："吾沐先生之教多矣。先生之诗文虽未获其全，今姑以其存者镂诸枣，而其未得者，续当求而传之。吾兄尝见知于吾先生，曷一言以弁其首。"……先生平日所为诗不知其若干首，兵燹以来，其全稿不可复见。而百篇之诗，读者莫不击节称叹，况求而有得乎！②

末题时间为洪武己巳二月望日。陈南宾序后、《翠屏集目录》前，复有一则牌记，云"诗文一依监本，博士石仲濂先生批点。中间漏板，不复刊行。今将家本增于后。成化十六年庚子岁孟冬吉旦，

---

① （明）杨荣：《杨文敏公集》卷19《故翰林侍读学士朝列大夫张公墓碑》，中国国家图书馆藏明正德十年刻本。

② （明）张以宁：《翠屏集》，中国国家图书馆藏明成化十六年张淮刻本。按，游友基点校本《翠屏集》（广陵书社2016年版）同样收录了陈南宾、宋濂等人序文，然点校者并未详细介绍自己整理《翠屏集》使用的底本、校本版本情况。因此，笔者选择查核馆藏版本。下文引用牌记、跋语内容，亦出自国图藏本，不再出注。

嗣孙张淮捐俸重刊"。《翠屏集》卷二末又有一则跋语，云："先师张先生……素欲寿其遗稿，以报万一。近罹多故，散逸罕存。仅得其杂诗百篇，姑锓诸枣，余俟求之，次第刊行，非止是而已也"，末题为"洪武庚午二月初吉国子监博士石光霁再拜谨书"。

综合以上序文、牌记、跋语信息，可知张以宁诗早在洪武年间即获出版，出版者为石光霁。石光霁字仲濂，泰州（今江苏省泰州市）人。元末从张以宁游，洪武十三年任国子监学正，洪武十七年任国子监博士。[1] 张以宁诗歌颇多，然因战乱等原因，篇帙散佚、全稿不存。洪武二十二年春，石光霁购得张以宁诗百余篇，此后将其出版，张以宁诗歌遂为众多读者所共见。

在作者张以宁原稿散佚的情况下，出版者石光霁的搜求成果替代原稿，构成新的作品面貌。不仅如此，它还成为后世重刻张以宁集的文献基础。如作于宣德三年的陈琏序即云，"先生平昔著述甚富，后多散佚……诗则其门人国子博士石仲濂编次"；复据前引成化十六年牌记可知，张淮重刻《翠屏集》，亦以石光霁的搜求成果为本。因此，尽管石光霁原刻已不传，然其搜求的百余篇诗歌，实为一代代读者所阅读，直至今天。

出版者在搜求的过程中，还有机会收集到作品的不同版本，校勘异文遂为题中之义。仍以傅若川为例简论之。洪武年间，与《傅与砺文集》一样，《傅与砺诗集》亦由傅若川出版。此本尚存，现藏中国国家图书馆等单位。其中有傅若川跋语，云："（先兄）不幸早亡，既而□□□上率众力刊之……壬辰兵毁之后，欲求正稿刊行，而力弗逮。至壬戌夏，偶得宋应祥伯祯钞录点校先兄正稿。予过稀年，恐斯文之泯，遂僭编次，率众力锓梓，仍将此本参对。或有文辞不同，则两存之，庶使学者有考焉。"[2]

---

[1]　（明）黄佐：《南雍志》卷 6 "职官年表"、卷 23 石光霁本传，江苏省立国学图书馆 1931 年影印明刻本。

[2]　（元）傅若金著，杨匡和校注：《傅与砺诗集校注》，第 317 页。

壬辰即至正十二年。则早在是年以前，傅若金诗集即已出版，然该本被毁，傅若川遂谋重刊。《傅与砺诗集》首胡行简序亦云，"傅广文诗，旧有刻本而燬。令弟若川，恨其久而传弗广也，欲重锓梓。介友人袁大宾征序其端"①。胡序末题时间，为"至正戊戌仲冬月"，亦即至正十八年。至洪武十五年，傅若川得到了傅若金诗集的宋应祥钞本，遂将此钞本与其已有版本校勘，并保存了其中异文。考之《傅与砺诗集》，如卷三《奉题达兼善御史壁间刘伯希所画古木图》诗，"百怪聚"下有注文"一作'任形势'"，"安得刘侯写其趣"下亦有注文"一作'安得挥毫纵奇气'"，此当为傅若川的校勘工作。校勘之外，傅若川还对傅若金作品进行了重新编次，后文即对此作专题讨论。

综上，洪武至永乐年间的出版者对作者作品内容的影响，主要表现为两方面，一为搜罗、辑佚，一为正讹、校勘，二者俱令作品原貌发生了改变。

在作者原稿散佚的情况下，一方面，出版者的搜求成果构成新的作品面貌，有保存作品之功。但另一方面，这意味着对于此类作品，学界需要进一步辨伪、辑佚。以石光霁出版张以宁诗作为例，石光霁并未言及，其子是自何人之处购得的张以宁百余篇作品。这些作品可能为张以宁部分原稿，也可能经过了他人的传抄，而每一次传抄都可能增加异文，改变原作的面貌。甚至，这些作品中还可能有意或无意地混入了他人之作。因此，对于以出版者搜求成果替代作者原稿的作品，辨伪工作实为必要。石光霁购得的百余诗作，亦非张以宁原帙全部，故辑佚工作仍需进行。游友基即据唐兀崇喜《述善集》、叶翼《余姚海堤集》、钱谦益《列朝诗集》等文献，辑得了《赋段节妇》《春晖堂诗》《奉上御芝隐公》等六首张以宁佚诗。②

---

① （元）傅若金著，杨匡和校注：《傅与砺诗集校注》，第47页。
② （明）张以宁著，游友基整理：《翠屏集》，第201—213页。

正讹与校勘，则意味着对作者原稿字句的改动。一部作品在传抄、流传过程中，难免产生转写之误，即周傅所言"传写之讹"。出版者本人或其延请的文人学者通过校订文字，力图修正讹误、最大限度地恢复作者原意，是值得肯定的。但问题在于，在作者去世、出版者无法与其沟通的情况下，出版者方只能凭己意判定讹误、予以修正，然作品原文、作者笔误与传写之讹，有时并不容易分辨。有的文句可能是作者本意如此，而出版者读来窒碍，以不误为误，进而修改，遂不错成错。即使对讹误之处的判断正确，出版者的回改也未必得当，错误的回改，亦造成新的异文。

倘若出版者于修改之处——出校，注存异文及校改依据，读者亦可据之判断。然而有的出版者并未出校，而是直接改动了作者原文。这种情况下，读者欲辨识作者原稿，就更为困难。以程潏出版程钜夫《楚国文宪公雪楼程先生文集》为例，根据识语，可知程潏为此集安排了校雠工作。笔者逐叶核查了国图藏洪武刻本，却未发现一处"某，一作某""某，当作某"之类的校记与异文注存。由此推想，程潏等人在校勘过程中，可能有的地方直接校改了程钜夫原文，而未出校记。洪武刻本《楚国文宪公雪楼程先生文集》中程钜夫的文字，或已蕴含了出版者的修改意见。

再如高启《姑苏杂咏》，据前引周傅识语可知，蔡伯庸获得的是高启"全集"，令周傅校正的是"传写之讹"。然正文卷端题署的"高季迪赋姑苏杂咏　郡人周傅叔训编"提示我们，周傅对高启作品面貌的干预，实不止于文字校勘，更有篇目编次。蔡伯庸刻本《姑苏杂咏》首高启序明言，是集"合今古诸体，凡一百二十三篇"，周傅识语亦称，"右《姑苏杂咏》一百二十三首，乡先生高太史季迪所作也"，然此本收录的作品，实为一百三十六首。① 有学者提出，"一百三十六篇皆为高启所作，当属无疑，颇以为一百二十三篇

---

① 按，蔡伯庸刻本高启《姑苏杂咏》中有《临顿里》组诗，为次韵皮陆诗十首。但即使将这十首计作一首，数字也非一百二十三。

为高启删定之本"①。如是，则出版者的全收，其实偏离了作者的本意。另外，目前也难以排除这样一种可能，即在一百三十六篇中，已经窜入了他人之作。而后，在万历四十六年周希夔所编《姑苏杂咏合刻》中，高启序文又变成了"合古今诸体凡一百三十六篇"②。出版者以现存版本《姑苏杂咏》修改高启原文，在表面上弥合矛盾的同时，将作者原意又更改了几分。

　　尽管这一时期出版者的工作，令作品原貌发生了或多或少的改变，有的字句甚至篇章偏离了作者原意，但我们仍需充分肯定他们整理、出版作品的功绩。无论是首次出版还是重新刻印的别集，皆为保存、传播诗文作品做出了贡献。在洪、永年间出版的不少别集，还成为后之出版者翻刻、重刻作品的依据，如永丰县学刻本欧阳修集、周立刻本高启《缶鸣集》等皆是。此外，别集出版亦影响了相应作家作品的文学史地位以及文学思潮，本书第四章对此有详细讨论。

　　长期以来，受叶德辉"明人好刻书，而最不知刻书"等观点影响，学界大多指责明代出版存在的问题，而很少注意其取得的成绩。近年来，明代出版逐渐得到学界重视，明代出版者的工作也得到了更为全面、客观、公允的评价。如巩本栋《论明人整理宋集的成绩》即认为，明人"在宋人别集的整理方面，作出了很大成绩……若就明人整理、刊刻前人撰述的总成绩及其在古籍流传过程中的作用来看，则显然是功远大于过的"③；叶晔亦指出，"对汉魏六朝隋唐文学研究者来说，明刻本是绕不过的一个话题"，并提出"中国古典文

---

① 贾继用：《吴中四杰年谱》，齐鲁书社 2014 年版，第 336 页。另，是著云，"周跋云'一百二十三首'，然书实录一百三十六首"（第 336 页）。按，周傅所言就是"《姑苏杂咏》一百三十六首"。"一百二十三首"为高启自序所云，周傅并未提及。

② （明）周希夔：《姑苏杂咏合刻》，《四库全书存目丛书》集部第 290 册，齐鲁书社 1997 年影印明万历四十六年周氏刻本，第 49 页。

③ 巩本栋：《论明人整理宋集的成绩》，《江西师范大学学报》（哲学社会科学版）2007 年第 4 期，第 68 页。

学文本的整体凝定"是明代文学的一个重要面相，① 等等。

出版者不仅影响了作品内容，还会改变作者原本的编排体例。下面，即就此展开个案考察。

二　体例

本节以傅若川出版傅若金《傅与砺诗集》为中心，考察出版者对作品体例的干预。

傅若金（1303—1342），初字汝砺，揭傒斯以汝砺多重名，改其为与砺，② 新喻（今江西省新余市）人。少时问学于范椁。③ 弱冠游湖南，为宣慰使阿荣所延，后被荐为岳麓书院直学，然弃去。④ 其后数度北游京师，颇有文名，为当时士大夫所重。⑤ 元统三年（1335）七月，随吏部尚书铁柱、礼部郎中智熙善出使安南（今越南北部），元统四年（1336）夏返回。⑥ 归后，"以功授广州路儒学教授……未

① 叶晔：《明代：古典文学的文本凝定及其意义》，《中国社会科学》2020 年第 2 期，第 157 页。

② （元）揭傒斯《序》："傅君初字汝砺，余以天下同其姓字者众也，而易之曰'与砺'，且以'与'与'汝'声相近而便于改称也。"（元）傅若金著，杨匡和校注：《傅与砺诗集校注》，第 41 页，下同。

③ （明）梁寅《傅与砺文集序》："范太史德机先生居百丈峰之下，（傅与砺）自少承其面论口传者为多。"（《北京图书馆古籍珍本丛刊》第 92 册，影印明洪武十七年刻本，第 685 页）（元）揭傒斯《序》："德机盛矣。余每读与砺诗，风格不殊，神情俱诣，如复见德机也。"

④ （元）苏天爵著，陈高华、孟繁清点校《滋溪文稿》卷 13《元故广州路儒学教授傅君墓志铭》："弱冠游湖南，宣慰使阿荣招延于家，宾主吟咏不辍。久之，荐为岳麓书院直学，即弃去。"（第 214 页）

⑤ （元）虞集《使还新稿序》："傅君与砺始以布衣至京师，数日之间，词章传诵。名胜之士，无不倒屣而迎之，以为上客。"〔（元）傅若金著，杨匡和校注：《傅与砺诗集校注》，第 44 页〕（元）苏天爵著，陈高华、孟繁清点校《滋溪文稿》卷 13《元故广州路儒学教授傅君墓志铭》："至顺三年，新喻傅君与砺挟其所作歌诗来游京师。不数月，公卿大人知其名，交口称誉之。"（第 213 页）

⑥ （元）傅若金《傅与砺文集》卷 4《南征稿序》："元统三年，诏遣吏部尚书铁柱、礼部郎中智熙善使安南，而以若金为辅行。其年秋七月辞京师，明年夏还至阙下。"（《北京图书馆古籍珍本丛刊》第 92 册，影印明洪武十七年刻本，第 704 页）

几遇暴疾卒，至正二年三月某日也"①。尽管傅若金享年不永，然其拥有的游历之丰富，实为当时大多数人所不可及。

傅若金诗，在当时即受到虞集、范梈、揭傒斯等名家称赏。虞、范、揭三公皆曾为傅若金诗集作序，云其"妙年工诗，自古今体、五七言，皆廑廑焉力追古人，有唯恐不及意""他日足为学诗者之依归"②，等等。后世对其诗歌创作亦评价颇高，如胡应麟《诗薮》即谓"宋元排律少大篇。独高子勉《上黄太史三十韵》、傅与砺《寿陈都事四十韵》，风骨苍然，多得老杜句格"，更云"元五言古作者甚希，七言古诸家多善。五言律，傅与砺为冠"③。王士禛亦谓傅若金"歌行颇得子美一鳞片甲，七律亦有格调，视南宋俚俗之体相去远甚。时借竹垞太史钞本宋元人集十数种，如行黄茅白苇间，忽逢嘉树美箭，为之眼明"④ 等。

今存傅若金诗九百余首，集中见于《傅与砺诗集》，凡八卷。在探讨傅若川对傅若金诗歌篇次的调整之前，首先对洪武刻本《傅与砺诗集》的版本信息展开考察。此本今藏中国国家图书馆等单位，版式、行款为半叶 10 行行 21 字、⑤ 左右双边、黑口、顺黑鱼尾，版心中部上题卷次、下题页码。

由于洪武刻本《傅与砺诗集》有"洪武壬戌仲冬渝川百丈山前建溪精舍新刊"牌记，中国国家图书馆、南京图书馆等单位遂将此本著录为"洪武十五年傅若川建溪精舍刻本"，第二批国家珍贵古籍名录亦如此处理。但这一著录存在两个问题。

其一，在于出版时间。前文已述，此本有傅若川跋语，云"遂

---

① （元）苏天爵著，陈高华、孟繁清点校：《滋溪文稿》卷 13《元故广州路儒学教授傅君墓志铭》，第 214 页。

② 引文分别出自范梈《牛铎音序》、揭傒斯《序》［（元）傅若金著，杨匡和校注：《傅与砺诗集校注》，第 39、41 页］。

③ 俱见（明）胡应麟《诗薮》外编六，中华书局 1958 年点校本，第 223、233 页。

④ （元）傅若金《傅与砺诗集》金侃抄本卷尾王士禛跋，转引自（元）傅若金著，杨匡和校注《傅与砺诗集校注》，第 333 页。

⑤ 按，中国国家图书馆联机目录著录此本行款为"10 行 18 字"，此误。

僭编次，率众力锓梓"，末题"时岁癸亥仲春新喻曹溪傅若川次舟谨志"。由此可知，《傅与砺诗集》刊刻完成的时间为癸亥亦即洪武十六年，"洪武十五年"著录有误。

其二，在于出版者。由于牌记云"建溪精舍新刊"，该本首卷卷端又有"任丘宋应祥伯祯点校、弟傅若川次舟编刊"字样，已有著录遂言"傅若川建溪精舍刻本"，将二则信息合一。这样著录极易令人以为，傅若川是书坊建溪精舍的主人，然实际情况并非如此。

首先据牌记可知，建溪精舍在"百丈山前"，而傅若川跋语云"新喻曹溪"，二者地理位置并不相同。进一步考察，据苏天爵所作墓志铭，傅若金"无子，父命以弟若霖之子德麟为后"①；傅若金亦有《寄鄂季弟幼霖并寄仲弟次舟》诗。由此可知，傅若川外，傅若金还有弟傅若霖。② 傅若川、傅若霖俱无别集传世，因此再查考傅若金诗文，看其中有无傅若川经营书坊的记载。傅若金文集并未收录尺牍书信，然很多诗句都言及其弟。阅读诸诗，可知傅若霖曾游岭南，傅若川在家侍奉双亲、照应门户等许多细节。③ 傅若金亦常与

---

① （元）苏天爵著，陈高华、孟繁清点校：《滋溪文稿》卷13《元故广州路儒学教授傅君墓志铭》，第214页。

② 《寄鄂季弟幼霖并寄仲弟次舟》诗，见（元）傅若金著，杨匡和校注《傅与砺诗集校注》卷5，第230—231页。按，《傅与砺诗集》点校者杨匡和，云傅若金"二弟傅若川，字次舟。三弟傅若雨，字幼霖"［（元）傅若金著，杨匡和校注：《傅与砺诗集校注》，第11页］；王蓓《傅若金诗歌研究》亦云傅若金"是长子，下面还有二弟若川（字次舟），三弟若雨（字幼霖）"（硕士学位论文，郑州大学，2015年，第5页），误。

③ 据傅若金《善原道弟原性处问舍弟信》"岭南予季在，书问岂浮沉"［（元）傅若金著，杨匡和校注：《傅与砺诗集校注》卷4，第188页］，可知傅若霖曾游岭南。关于傅若川侍奉双亲、照料家庭，傅若金《寄鄂季弟幼霖并寄仲弟次舟》诗即已明言："弟兄终岁长羁旅，南北何时却定居……仲氏应门独辛苦，平安消息近何如""吾亲霜鬓日纷纷，为客艰难不使闻……季弟还家报兄好，归期犹恐过春分"。此外，如傅若金《京师守岁》"久客烦朋友，双亲倚弟兄"、《秋兴》其二"复喜诸公扶社稷，只怜弱弟奉庭闱"、《杂兴》其四"老亲坐堂白发生，诸弟治家幽意成"等诗句亦言及此。（元）傅若金著，杨匡和校注：《傅与砺诗集校注》卷4、卷5、卷8，第182、196、293页。

傅若川通信，以了解家中近况。① 因此，若傅若川经营书坊，则其兄似应提及。然遍考傅若金诗文，其中并无此类记载。最后，在洪武刻本《傅与砺文集》卷端，亦有"弟傅若川次舟编刊"字样，② 但无建溪精舍牌记。③ 若傅若川为建溪精舍主人，何以同样由其出版的《傅与砺文集》，却无自己书坊的牌记呢？

　　基于以上三点，笔者认为，傅若川为《傅与砺诗集》的出版者，而建溪精舍为傅若川委托的、承担刊刻工作的书坊，亦即刊刻者。出版《傅与砺文集》时，傅若川又选择了其他书坊。因此在洪武刻本《傅与砺诗集》的出版项上，不应合二者为一，而应对出版者、刊刻者这两个主体加以区分，或著录为"傅若川刻本"，或著录为"建溪精舍刻本"。

　　下面，即来考察傅若川对傅若金作品面貌的干预。在跋语中，傅若川谓其"遂僭编次"，并对此作了进一步说明："先兄本意以壬申至乙亥夏为《初稿》，乙亥秋至丙子夏为《南征稿》，则皆冠以揭文安公之序；由丙子夏以后为《使还新稿》，则虞文靖公实序之；而删甲子至辛未为《牛铎音》，则范太史之序存焉。"④ 据此可知，傅若金本意是以创作时间先后为序，将其作品整理编定成

---

　　① 傅若金有很多诗作言及与其弟的通信，如卷6《寄别林允恭兼简其子钟英》"期人每恨违鸡黍，忆弟频劳致雁书"，等等。阅读诸诗，可知傅若金为不得信而焦急，如卷4《卧病》云"淹留未足恨，昆弟久无书"、卷6《送杨仲刚之藤州学正》云"傥逢舍弟烦相语，日望乡书抵万金"；为收到信而欢喜，如卷4《得舍弟书有喜》云"忽有乡关客，能传舍弟书。披衣喜不定，倒屣问何如。竹巷新容马，花溪夜得鱼。吾亲足自慰，邻舍总安居"；更将旧信反复阅读，如卷6《和危山矖寄弟》其四云"天涯骨肉久离居，京国风尘鬓欲疏。娱日强倾开岁酒，忆家频看隔年书"，等等。以上诗句，分别出自（元）傅若金著，杨匡和校注《傅与砺诗集校注》，第264、187、260、163、236页。

　　② （明）梁寅《傅与砺文集序》，载（元）傅若金《傅与砺文集》，《北京图书馆古籍珍本丛刊》第92册，影印明洪武十七年刻本，第686页。

　　③ 在洪武刻本《傅与砺诗集》外，笔者尚未发现其他有"建溪精舍"牌记的刻本。在明清藏书家的提要解题目录中，亦未见其他有此牌记的书籍著录。

　　④ （元）傅若金：《傅与砺诗集》，中国国家图书馆藏明洪武十六年刻本。

《牛铎音》《初稿》《南征稿》《使还新稿》四集，并分别请范梈、揭傒斯、虞集为之作序。在《傅与砺文集》中，还保存了傅若金本人所作的《南征稿序》。

而考之今本《傅与砺诗集》，卷一为杂著、楚辞、三言、四言，卷二为五言古诗，卷三为七言长短句古诗，卷四为五言律诗，卷五、卷六为七言律诗，卷七为五言长律，卷八为五言绝句、七言绝句。由此可知，傅若川将傅若金《牛铎音》《初稿》《南征稿》《使还新稿》四集合为《傅与砺诗集》，将体例从原有的"以时为序"变成"以体标目"，从而改变了作者原意与作品面貌。

傅若川将傅若金四集诸诗，依据文体重新分卷。那么，每一卷内诗歌的先后顺序，又是如何安排的呢？学界对此鲜有讨论。笔者的观点是，每卷内诸诗先后，大体遵循傅若金四集原有的诗歌顺序，傅若川基本未作新的调整、改动。

比如，在《傅与砺诗集》卷二前部，依次有《使至真定赴都计事遇大雹伤谷时逆臣唐其势诛》《中山北道傍丘阜》《八月十三日至京》《九日夷山驿》；卷四中部靠前，依次有《蒲圻道》《港口晓行》《临湘》《平江道中》《柳先生祠》《桂林》《宾州》《仙弈山》《大小石叠》《腊日入安南》《凭高》（诗云"世祖初开业，安南早贡琛"）《陀览驿》《将归》；卷五中部，依次有《七月十一日赴安南》《马上》《涿州楼桑村先主庙》《登真定龙兴寺阁》《公事毕重发京师》《范阳》《栾城驿》《赵州石梁》《磁州》《武城》《淇州》《汴梁》《上蔡》《汝南》《武昌》《登岳》《兴安县》《谒罗池庙》《书南宁驿》《次韵智礼部赠黄忠州》《书如月江桥市驿》《泸江》《题天使馆》《却侍姬》诸诗。以上作品，明显皆为傅若金出使安南及返程期间所作，原属《南征稿》。

再如，卷四开篇，依次为《发武昌留别诸友》《江州社日阻风》《大雾过安庆》《吕梁洪》《下邳怀留侯》《对雨》（诗云"到京余二月，听雨独今朝"）；卷五前部，依次为《宿迁舟行》《黄河》《徐州》《沛公亭》《济州遇大风》《会通河伯祠晚眺》《至京》诸诗。以上作品，显系傅若金北上所作。可见，傅若川根据体裁，将原属同一集的诗歌划进不同卷内，但并未打乱诸诗在原集中的先后顺序。

傅若川的划分、整合，意味着新的每一卷内包含了原属于不同集的作品。笔者认为，傅若川编排时大体遵循了傅若金四集的先后顺序，亦即依次排列出自《牛铎音》《初稿》《南征稿》《使还新稿》的作品。证据在于，同一卷内的诗歌，大多呈现出了时间先后顺序。

比如，在《傅与砺诗集》卷三中部靠前，有《立春日对雪乙亥》，乙亥为至元元年；卷三最末一首则为《牧牛图歌并叙》，诗序末题"至元四年十月某再拜"①。再如，卷八中部靠前，有《偶成》，诗云："去年诏书禁乘马，今年诏下禁持弓。犹闻白昼多豪客，骑马射人官道中。"② 考之元代禁约，与此诗所述相符，亦与傅若金活动时间吻合者，有至元三年（1337）四月癸酉，"禁汉人、南人、高丽人不得执持军器，凡有马者拘入官"③，以及至元五年（1339）四月己酉，"申汉人、南人、高丽人不得执军器、弓矢之禁"④。则《偶成》当作于至元三年至五年之间。而卷八末亦即全卷倒数第六首诗为《寄赵德隆检校》，是诗题注云："德隆名构，相人。父天纲，字知微，时为湖南宪副。"⑤ 考之嘉庆《临桂县志》卷七"山川"，"栖霞洞"题名下著录有"至元六年庚辰冬十一月，余由南台奉诏来岭南，暇日，宪使朵儿只班、正议宪副赵天纲……监察御史必申达儿题、静江路吏李森摹刻"⑥。则是诗

———————

① 以上诸诗，分别见于（元）傅若金著，杨匡和校注《傅与砺诗集校注》，第125、151—152页。

② （元）傅若金著，杨匡和校注：《傅与砺诗集校注》，第300页。

③ 《元史》卷39，中华书局1976年点校本，第839页。

④ 《元史》卷40，第852页。

⑤ （元）傅若金著，杨匡和校注：《傅与砺诗集校注》，第315页。

⑥ 嘉庆《临桂县志》，《中国方志丛书》第15号，台北：成文出版社1967年影印清嘉庆七年修光绪六年补刻本，第109页。

当作于至元六年前后。后二年，傅若金去世。

综上，傅若川将傅若金依据创作时间先后编定的四集，整合成《傅与砺诗集》一集，并依据文体重新分卷，此为傅若川对傅若金诗歌篇次、编排体例的调整。然每卷内的作品，基本依照傅若金四集原有的诗歌顺序，按创作时间先后排列，此为傅若川对傅若金原意的遵循、对作品原貌的保留。赵翼《瓯北诗话》所言"既分体为卷，自不专在编年，然分体中亦须随其年之先后"①，可为傅若川编次工作之概括。

傅若川如此编次的原因，可能因其本人对"以体标目"的编排体例比较青睐，亦可能是为了方便读者。将诸诗按不同体裁分卷后，读者即可快速查阅某一体裁的傅若金诗歌。这样分卷，亦可为读者模仿傅若金诗，进行特定体裁的诗歌创作带来方便。

傅若川在其"分体"的新框架下，基本保留了傅若金"编年"的旧序，可以说是审慎之举，亦体现了出版者对作者原作的高度尊重。但即使这样微小的改动，亦改变了傅若金原意，更影响了后之读者的阅读体验以及学界对傅若金文学创作的研究方向。下面即以《南征稿》为中心，对此展开讨论。

前文已述，傅若金一生走南闯北、行旅匆匆。此诚如其《远将归》所言，"人家生子少离乡，一生长在父母傍。自怜出入无年月，北走京师南走越"②。长为羁旅客的傅若金，常常思念家乡，更惦记家乡的父母、兄弟。在《傅与砺诗集》中，有很多诗句寄此情思，如《四月十四日发京》"燕蓟岂不乐，吴楚为我乡。父母久违侍，兄弟不在旁。当兹遂归志，聊可慰中肠"，《群雁图》"鸿雁将栖息，飞鸣求其伴……使我怀弟兄，因之中肠乱"，《和危山

---

① （清）赵翼著，胡主佑、霍松林点校：《瓯北诗话》卷 8，人民文学出版社 1963 年版，第 127 页。

② （元）傅若金著，杨匡和校注：《傅与砺诗集校注》卷 3，第 140 页。

瞿寄弟》其三"故园兄弟总相思，久客怀归屡失期"①，等等。当阔别亲人多年的傅若金途经家乡时，亲情令他倍感慰藉，其《初归》诗云："远道趋乡国，中宵梦弟兄。松篁数里见，桑柘十年成。慈母惊相问，邻儿笑共迎。无钱未足恨，骨肉慰离情。"②

尽管羁旅时分思乡情切，但若在"居乡"与"行旅"中，令傅若金选择其一，他会毫不犹豫地选择后者。傅若金《送邓朝阳归赴分宁州杉市巡检》诗即直言，"男儿生当游八区，焉能郁郁守座隅"③。傅若金喜爱旅行，并且赋予旅行重要的意义。傅若金《送张闻友游湘中序》云：

> 士之游必之通州大邑者，岂徒极登览之胜、角声利之雄哉！观乎山川神物之富，以发其气，益其见闻，必有进于道者矣。
>
> 昔者余过熊绎之封、登定王之台、访太傅之庙，古今交于前，忧乐集于中。南望苍梧，九疑细缊，而有虞巡狩之迹缤然结乎吾虑矣。北眺大别，江流滔滔，而禹平水土之功悠然兴乎吾怀矣。左瞻炎帝之陵，则思未耜之教矣。右顾三苗之山，则慕干羽之舞矣。由是浮沅湘，求骚人之事；并江汉，询文王之化；历河岱，挹邹鲁之风。然后北之京师，以观其会；南至越裳，以极其远。凡吾气之所发、见闻之所益，而于道少有进焉，游之助也。④

在傅若金看来，行旅、游历不仅可以饱览山川名物，更能够

---

① 以上诸诗，分别见于（元）傅若金著，杨匡和校注《傅与砺诗集校注》卷2、卷2、卷6，第95、109、236页。

② （元）傅若金著，杨匡和校注：《傅与砺诗集校注》卷4，第186页。

③ （元）傅若金著，杨匡和校注：《傅与砺诗集校注》卷3，第120页。

④ （元）傅若金：《傅与砺文集》卷5，《北京图书馆古籍珍本丛刊》第92册，影印明洪武十七年刻本，第715页。

"发其气，益其见闻，有进于道"。可以想见，行旅中的傅若金，其状态、心情、感受都与平日有所不同，而这些或明显或细微的不同，也会渗透进他的诗文作品中。

安南之行，无疑是傅若金一生中最特别的游历。元统三年秋七月，傅若金随吏部尚书铁柱、礼部郎中智熙善辞京师，元统四年夏返回，"往返万六千余里"①。在这场漫漫旅程中，既有沿途景色变幻，亦有异国风物新鲜，当然还有艰辛与疲惫。使臣的身份是荣光，更带来紧张。在旅途中，新奇与喜悦、压力与劳倦，种种心绪交织，而傅若金也将这些复杂的情绪，写入自己的诗。其《南征稿序》即言：

> 道途所经山川城郭、宫室墟墓、草木禽虫百物之状，风雨寒暑、昼夜明晦之气，古今之变、上下之宜，风土人物之异，凡所以感于心、郁于情、宣于声而成诗歌者，积百余篇。内弟孙宗玉见而录之，其意若将惧其零落而欲久其存者……余独有感于行迹之远，而悯夫宗玉之志之勤，于是叙而存之。

因此，倘若完整阅读《南征稿》，对于傅若金的行旅及其一路的心情，将会获得比较充分的感悟与理解。但在今本《傅与砺诗集》中，这些诗歌被打散编排至全书各卷，傅若金的安南行旅不再连贯，他变幻的心绪也更难体验。

比如，《七月十一日赴安南》诗云："燕城秋早五云开，路入南交几月回。奉使始从天上出，行人争看日边来。班超万里终投笔，郭隗千金更筑台。圣主恩深极炎海，伏波铜柱任苍苔。"《马上》诗云："四牡光华照早秋，路人传看使交州。青云北趋飞龙

---

① （元）傅若金：《傅与砺文集》卷4《南征稿序》，《北京图书馆古籍珍本丛刊》第92册，影印明洪武十七年刻本，第704页，下同。

阙，白日西明洗马沟"①。二首洋溢着喜悦之情，意气风发，当位于《南征稿》开篇。然在今本《傅与砺诗集》中，则因其文体，被置之卷五。而如《中山北道傍丘阜》诗云，"道傍多高阜，累累若丘坟……焉知非陵墓，下有长逝人。棺椁化为土，衣冠腐为尘。既往不可见，来者不可闻。百岁何足恃，为生良自勤"②，为行旅途中，触景生情，作于《七月十一日赴安南》《马上》之后。然在今本《傅与砺诗集》中，置于卷二。

此外，由于傅若川是以体裁为类划分《南征稿》，而傅若金此集中，诸体裁的比例并不均衡。在《南征稿》中，五、七言律诗较多，而五言古诗较少。因此在《傅与砺诗集》卷二中，出自《南征稿》的诗作，只有《使至真定赴都计事遇大雹伤谷时逆臣唐其势诛》《中山北道傍丘阜》《八月十三日至京》《九日夷山驿》四首。《九日夷山驿》之后，即为《使还至长沙侍严亲及外舅孙公游》。对《南征稿》分割、重排后呈现的文本，其实消减了傅若金人生最重要一场旅行的意义。

《傅与砺诗集》以体分卷，亦影响了学界对傅若金文学创作的研究。这使得研究者更多地从体裁上探讨傅若金的创作特点、风格，③而很少关注不同时段内傅若金创作的变化、不同行旅中傅若金作品的区别。而这些，恰恰是傅若金本人更为重视的。

本章从作者、出版者两个角度，探讨了洪武至永乐年间出版在微观层面上对文学的影响。出版意识影响了作者的题材选择与笔法运用，使作者倾向宣扬他人事迹，更少描绘个人心曲，语言多平铺直叙，增加了解释性文字。面对作者遗留的文稿，出版者通

---

① 俱见（元）傅若金著，杨匡和校注《傅与砺诗集校注》卷5，第210页。

② （元）傅若金著，杨匡和校注：《傅与砺诗集校注》卷2，第80页。

③ 如王蓓《傅若金诗歌研究》即云，"傅若金的诗歌的体裁形式和题材内容都相当丰富。体裁形式上，骚、三言、四言、五古、七古、五律、七律、排律、五绝、七绝诸体皆备，且主要以近体律诗为主"（硕士学位论文，郑州大学，2015年，第40页）。

过搜罗辑佚、正讹校勘，使作品得到更好的保存、传播，同时也在不同程度上改变了作品的面貌。即使是高度尊重作者的出版者对作品顺序的微调，亦造成了作者本意的偏离。

　　出版不仅在微观上影响了"刻本时代"作品的具体面貌，还在宏观层面参与塑造了文学史的进程。下面，即对此展开考察。

第 四 章

出版参与塑造文学史的进程

就宏观层面而言，出版不仅影响了作家作品的文学史地位，还在文学流派、文学思潮的形成过程中发挥了作用。

第一节　出版对作家作品文学史地位的影响

当我们回望中国古代文学时，会看到作家作品数量繁多，如灿烂星河。然而能够在文学史上占有一席之地的，实寥寥可数。原因在于，文学史地位的确立，不仅要求作品本身优秀、动人，还需要许多其他因素。在为贝琼别集所作序文中，徐一夔即揭示了其中一个重要环节：

> 余见前辈以著作名家，焦心劳思于占毕之下，其言未必不可传也。而卒至于湮没无闻者，良以为之后者不能继夫前人之志故也。先生之文固足传诸远矣，然亦幸甚有子。故虽不获收大用之效于前，亦奚憾哉！①

---

① （明）徐一夔：《贝助教文集序》，见徐永恩点校《徐一夔集》，浙江古籍出版社 2017 年版，第 414 页。

诚如徐一夔所言，很多作品不为后人所知的原因，并非作品本身不够优秀，而是它们未能得到传播。长期、广泛的传播，正是作家作品获得文学史地位过程中不可或缺的条件。而实现这一点最重要的途径，就是出版。

要考察洪、永年间出版对作家作品文学史地位的影响，研究对象既可以是在此时期有所创作，亦有作品在洪、永年间出版的作家，也可以是在这一时期出版的前代作品。然而，考察这种影响同样并非易事。

不妨以朱右《唐宋六家文衡》为例作一说明。朱右（1314—1376）字伯贤，号邹阳子，浙江临海（今浙江省临海市）人，后徙居上虞（今浙江省绍兴市上虞区）。元时曾任萧山县学教谕、主簿等官。洪武三年应召至京，先后与修《元史》《大明日历》《皇明宝训》《洪武正韵》等诸多要籍。洪武六年授翰林国史院编修，洪武八年改晋府长史，洪武九年去世。①

朱右有别集《白云稿》等多种著述。近年来，颇为文学史界关注的朱右作品并非《白云稿》，而是其编制的选本《唐宋六家文衡》。据贝琼《唐宋六家文衡序》可知，朱右此选凡收录唐代韩愈、柳宗元，宋代欧阳修、曾巩、王安石、苏洵、苏轼、苏辙八位文人

---

① （明）陶凯《故晋相府长史朱公行状》："公讳右，字伯贤，姓朱氏。其先河南偃师人……建炎初，扈从南迁，至台之临海，遂家焉……（朱右）时往来吴越间，又徙居上虞五大夫里。调绍兴萧山县儒学教谕，江浙行省丞相察里公承制，擢公为其县主簿……庚子，除江浙行省照磨左右司都事，转员外郎，皆不就"，"洪武三年春，用荐召至京师，预修《元史》。既竣事，以疾辞还，蒙赐金帛有差……（六年）九月四日，上命公等入史馆，纂修《日历》"，"（六年）十二月二十一日，《日历》稿成……特旨授公与赵埙、朱廉三人翰林国史院编修官。七年，学士宋公与公等又奏上《皇明宝训》五卷……六月十一日，学士宋公传旨，俾公入晋府讲书……八年秋，授晋府长史。公生于延祐甲寅九月十又七日，至是不幸以疾卒，洪武九年春正月十四日也"［（明）朱存理著，王允亮点校：《珊瑚木难》卷5，浙江人民美术出版社2012年版，第416—419页］。关于朱右生平，亦可参阅宋濂《故晋相府长史朱府君墓铭》［（明）宋濂著，黄灵庚编辑校点：《宋濂全集》，第1595—1596页，后同］。

作品330篇，①因苏氏父子合计一家，故云六家。贝琼序云，朱右"间尝挟之过予成均，与之商确累日，且俾序其首"，序末时间为洪武九年。则《唐宋六家文衡》书成，当在洪武九年左右。复据朱右《新编六先生文集序》可知，其在元末编有《六先生文集》，亦收录上述八位唐宋文人作品，共320篇。②二书俱已不传，然其所选作者相同、选篇数量亦近，由此推测，《唐宋六家文衡》很可能是朱右在《六先生文集》基础上修改而成。此外，朱右还曾挑选二十八篇战国、先秦、西汉文，编成《秦汉文衡》二卷。③

朱右所选"唐宋六家"，就是今天家喻户晓的"唐宋八大家"。长期以来，人们广泛认为，明代中期唐顺之《六家文略》、茅坤《唐宋八大家文钞》是最早的、仅编选八大家文章的总集。而朱右此选，实早于唐顺之、茅坤二百余年。这就是学界关注《唐宋六家文衡》的主要原因。清代学者即注意到此，如朱彝尊《静志居诗话》指出，"世传'唐宋八大家'之目，系鹿门茅氏所定，非也。临海

---

① （明）贝琼《清江文集》卷28《唐宋六家文衡序》："《唐宋文衡》总三百三十篇，天台朱伯贤氏之所选也。文不止于此，而特约之为学文之法……昌黎韩子倡于唐，而河东柳氏次之。五季之败腐不论也。庐陵欧阳子倡于宋，而南丰曾氏、临川王氏及蜀苏氏父子次之。盖韩之奇、柳之峻、欧阳之粹、曾之严、王之洁、苏之博，各有其体，以成一家之言。"（明）贝琼著，李鸣校点：《贝琼集》，吉林文史出版社2010年版，第169页，下同。另需指出，《贝琼集》点校前言云，"本次校点，以四部丛刊影印之明洪武抄本《清江贝先生集》为底本"（前言第4页），此言不确。据笔者查考，收录于《四部丛刊初编》的《清江贝先生集》为影印洪武刻本，并非抄本。

② （明）朱右《新编六先生文集序》："邹阳子右编《六先生文集》，总一十六卷。唐韩昌黎文三卷六十一篇，柳河东文二卷四十三篇；宋欧阳子文二卷五十五篇、见《五代史》者不与，曾南丰文三卷六十四篇，王荆公文三卷四十篇，三苏文三卷五十七篇……年将五十，始知好之，未能乐而不厌也。迩以课子之余，取六先生所著全集，遍阅而编辑之。"［（明）朱右：《白云稿》卷5，中国国家图书馆藏明初刻本］按，朱右生于元延祐元年（1314），既言"年将五十"，则《六先生文集》编成，当在至正二十三年前后。

③ （明）朱右《白云稿》卷5《秦汉文衡序》："予既辑《春秋》三传、《国语》为之类编，复取战国、先秦、西汉之文，撷其醇正者，萃于三卷，凡二十八篇，标曰《秦汉文衡》。将与同志共学之士正之，乃为之序。"（中国国家图书馆藏明初刻本）

朱伯贤定之于前矣。彼云六家者，合三苏为一尔"①；《四库全书总目》亦云，"考明初朱右已采录韩、柳、欧阳、曾、王、三苏之作为八先生文集，实远在坤前"②；等等。

当代学者普遍认为，朱右此书是"唐宋八大家"概念形成过程中的重要一环，也是茅坤编纂《唐宋八大家文钞》的依据。如黄强《朱右及其〈唐宋六家文衡〉述考》即高度评价此书，并认为"茅坤实际上依据的还是朱右这部八先生齐备的《唐宋六家文衡》"③。龚鹏程《中国文学史》云，"唐顺之的《文编》、茅坤《唐宋八大家文钞》皆本于此"④。王永波《明刊〈柳河东集〉述略》亦云，此书"开明代选编唐宋八大家风气之先……万历初年，茅坤依据朱右、唐顺之选本为依据，又选编《唐宋八大家文钞》一百六十四卷"⑤。毛德胜《苏洵古文论要》亦认为，《唐宋六家文衡》问世"不仅促进了八大家文章的传播，而且对于明代'唐宋八大家'称谓的提出也有重要的先导作用。明代很多文评家显然是从此受到了启发的"⑥，等等。

---

① （清）朱彝尊：《静志居诗话》卷12"茅坤"，见（清）朱彝尊著，（清）姚祖恩编，黄君坦校点《静志居诗话》，人民文学出版社1990年版，第349页。

② （清）永瑢：《四库全书总目》卷189"《唐宋八大家文钞》一百六十四卷"提要，第1718页。

③ 黄强《朱右及其〈唐宋六家文衡〉述考》："朱右的《唐宋六家文衡》不仅首次将后来称之为唐宋八大家的八先生之文选为一编，无一遗漏，而且借助于书名在古文选本领域里首次树起唐宋古文的旗帜……这部选本在文学史上的出现，对集合韩、柳和欧阳、王、三苏、曾这两组从中唐到北宋、文学活动年代相距三百多年的古文家为古文流派，无疑具有重要的意义。"（《文学遗产》2001年第6期，第132、134页）

④ 龚鹏程：《中国文学史》（下），东方出版社2015年版，第195页。

⑤ 王永波：《明刊〈柳河东集〉述略》，《古籍研究》总第65卷，凤凰出版社2017年版，第108—109页。

⑥ 毛德胜：《苏洵古文论要》，华中师范大学出版社2017年版，第215页。按，是著云，《唐宋六家文衡》"选录了唐宋八大家文章十六卷320篇，只是他把'三苏'文章合为一家，选文三卷57篇"。其统计依据，当为朱右《新编六先生文集序》。然此二者并非一书。

亦有不少学者，论述了朱右此书对"唐宋八大家"这一整体，以及其中具体作家的文学史地位的影响。前者，如高洪岩《元代文章学》认为，《唐宋六家文衡》"基本稳定了'唐宋八大家'的称谓，为明代'唐宋八大家'散文选本的定型奠定了基础"①；后者，如王志《汉文学史小讲》提出，《唐宋六家文衡》"极力推尊曾巩的文章，影响很大"②，翟满桂《柳宗元永州事迹与诗文考论》则云，"明洪武年间，朱伯贤又编刻了《唐宋六家文衡》，把柳宗元推为唐宋两代最有成就的六位散文家之一"③，等等。

贝琼《唐宋六家文衡序》还写道，"伯贤工文，三十余年，实倍于予。其定《六家文衡》，因损益东莱吕氏之选，将刻诸梓，使子弟读之"④。既云"将刻诸梓"，则《唐宋六家文衡》当于洪武年间得到出版。前引翟著谓朱右"编刻"，当即以此为据。由此观之，朱右此书似可作为本章一个精彩案例，用来论证出版对前代作家文学史地位的影响。

然细考之，《唐宋六家文衡》出版一事，实疑点重重。首先，关于朱右生平最原始的传记材料，当属陶凯所作行状、宋濂所作墓志。陶凯论及朱右著作时，提到了《白云稿》《秦汉文衡》以及"选《唐宋六先生文集》"，而未言及"《唐宋六家文衡》"⑤。宋濂亦提及《白云稿》《秦汉文衡》，以及"《唐宋文》一十七

---

① 高洪岩：《元代文章学》，上海三联书店 2014 年版，第 210 页。

② 王志：《汉文学史小讲》，上海三联书店 2019 年版，第 342 页。

③ 翟满桂：《柳宗元永州事迹与诗文考论》，上海三联书店 2015 年版，第 3 页。

④ （明）贝琼著，李鸣校点：《贝琼集》，第 169 页。按，"将刻诸梓"，点校本作"将刻之梓"，无校记。考之点校者所用底本即《四部丛刊初编》影印明洪武刻本《清江贝先生集》（上海商务印书馆 1922 年版），此处作"将刻诸梓"。

⑤ （明）陶凯《故晋相府长史朱公行状》："公平生著述，有《白云稿》十一卷、《春秋传类编》三卷、《三史钩玄》三卷、《秦汉文衡》三卷、《深衣考》一卷、《邾子世家》一卷、选《唐宋六先生文集》、修《李邺侯传》一卷、《补注汉魏诗》四卷、《历代统纪要览》一卷、《元史补遗》十一卷，藏于家。"（第 419 页）

卷、《汉魏诗》四卷"，也未语及"《唐宋六家文衡》"①。诚然，陶凯、宋濂所谓"选《唐宋六先生文集》""《唐宋文》一十七卷"或即《唐宋六家文衡》，然是书如已出版行世，缘何竟无定名呢？

复考之此后方志、传记中的朱右本传，如弘治《赤城新志》卷一一本传、廖道南《殿阁词林记》卷八"编修朱右"、万历《绍兴府志》卷三九本传等，可以发现，诸家论及朱右著述时，皆提到了《白云稿》《秦汉文衡》，但都未言及《唐宋六家文衡》，亦皆未提到一部与"唐宋文"有关的作品。②

再考察书目记载，就笔者目前所见，仅晚出的黄虞稷《千顷堂书目》著录"朱右《唐宋六家文衡》"，然仅有书名、作者，再无其他信息。③而如成于明代早期、与朱右活动时间最为接近的《文渊阁书目》，则仅著录了"朱右《白云稿》一部一册"，而无《唐宋六家文衡》。再如，明后期重要官修目录《内阁藏书目录》亦著录了朱右"《白云稿》一册全"，注云"元至正间天台朱右诗文，附有《深衣考》"，亦无《唐宋六家文衡》。焦竑《国史经籍志》同样无此

---

① （明）宋濂《故晋相府长史朱府君墓铭》："君善著书，有《春秋传类编》《三史钩玄》《秦汉文衡》各三卷，《深衣考》《邳子世家》《李泌传》《历代统纪要览》各一卷，《唐宋文》一十七卷、《汉魏诗》四卷、《元史补遗》十一卷，又为《元史编年》，未成。其杂著文有《白云稿》十二卷，行于世。"

② 弘治《赤城新志》卷 11 朱右本传："所著有《白云稿》《春秋类编》《三史钩玄》《秦汉文衡》《深衣考误》《历代统纪要览》《元史补遗》，凡若干卷。"（《四库全书存目丛书》史部第 177 册，齐鲁书社 1996 年影印明弘治刻嘉靖天启递修本，第 290 页）（明）廖道南《殿阁词林记》卷 8 "编修朱右"记载朱右著作与弘治《赤城新志》完全相同（中国国家图书馆藏明嘉靖刻本）。万历《绍兴府志》卷 39 朱右本传："所著有《性理本原》《书传发挥》《春秋传类编》《三史钩玄》《秦汉文衡》《深衣考》《邳子世家》《元史补遗》《历代统纪要览》《白云稿》，行于世。"（《四库全书存目丛书》史部第 201 册，齐鲁书社 1996 年影印明万历刻本，第 245 页）

③ （清）黄虞稷编，瞿凤起、潘景郑整理：《千顷堂书目》卷 31，第 757 页。

书，而著录"朱右《白云稿》九卷"①。

笔者继续查考方志中的经籍志、艺文志，但仍未寻得《唐宋六家文衡》的身影。如弘治《赤城新志》著录了"《□秋类编》，朱右著，今亡"②"《历代统纪要览》，朱右著，今亡"，嘉靖《浙江通志》史部著录了朱右《元史补遗》《三史钩玄》《历代统纪要览》《深衣考误》，集部著录了《白云稿》《秦汉文衡》，同样皆未载录《唐宋六家文衡》。③

《唐宋六家文衡》在朱右传记以及官修、史志、私人目录中一次次地缺席，不禁引发我们思考，此书真的出版了吗？如已出版，何以诸家传记皆未载其名，从中央到地方、从官府到民间，也鲜少有人收藏它呢？

细察之，贝琼序的末题时间，为"洪武九年岁在丙辰春正月七日"；而据陶凯所作行状可知，朱右于洪武九年春正月十四日去世。由此笔者推想，朱右确有出版《唐宋六家文衡》的计划，是以邀请贝琼作序、贝琼亦将此事写入序文中；然而序成之后一周朱右的去世，为出版一事画上了休止符。《唐宋六家文衡》并未成功出版，故流传亦稀，是以与朱右同时期的陶凯、宋濂不知此书定名，而后的传记作者则已不知朱右编有此书，各类藏书目录也鲜少载录。朱右此例也再次提醒我们，考辨已佚版刻信息需结合序跋、史料、书目

---

① （明）杨士奇：《文渊阁书目》卷9，《明代书目题跋丛刊》，书目文献出版社1994年影印清《读画斋丛书》本，第97页；（明）张萱：《内阁藏书目录》卷3，《明代书目题跋丛刊》，书目文献出版社1994年影印民国年间《适园丛书》本，第513页；（明）焦竑：《国史经籍志》卷5，中华书局1985年点校本，第276页。

② 按，《四库全书存目丛书》影印本"□"处文字剥落，据上下文可知当为"春"字。

③ 弘治《赤城新志》卷21，《四库全书存目丛书》史部第177册，影印明弘治刻嘉靖天启递修本，第351—352页；嘉靖《浙江通志》卷54、卷56，《天一阁藏明代方志选刊续编》第26册，上海书店1990年影印明嘉靖刻本，第466—467（《元史补遗》《三史钩玄》《历代统纪要览》）、474（《深衣考误》）、499（《白云稿》）、503（《秦汉文衡》）页。

记载等多种材料综合分析。

因此，如前引朱右"编刻《唐宋六家文衡》"之说，是不太妥当的。另外，学界也已有研究提出，朱右此书并未出版，如前述黄强论文即然。是文复云，"这样一部未能付梓问世的古文选本在集唐宋八大家为古文流派的过程中竟有着重要影响，不能不说是朱右的幸运"①。然笔者认为，《唐宋六家文衡》未能出版、流传稀少，也就意味着它的读者其实寥寥。与朱右同时，为之撰写行状、墓志的陶凯、宋濂尚不言《唐宋六家文衡》之名，晚于朱右五十年出生、平生阅书蔚为丰富的杨士奇（1365—1444）尚未见到此书，而后朱右传记不言、公私书目不载此书，则二百余年后的唐顺之、茅坤，又如何得见《唐宋六家文衡》呢？唐顺之《文编序》②、茅坤《唐宋八大家文钞总叙》、顾宪成《六大家文略序》等材料，亦皆未言及朱右。

综上所述，笔者认为，唐顺之、茅坤并未见到朱右此书，他们很可能根本不知朱右集八大家古文为一书的举动。明代中期《六家文略》《唐宋八大家文钞》汇集八家之举，并非受到朱右影响。出版计划意外的中止，让《唐宋六家文衡》在当时未能发挥出应有的作用，这是朱右的遗憾。

朱右此例亦可提示我们思考，很多被写进文学史，被纳入文体演进脉络、文论发展序列等进程中的作品、事件，它们在历史进程中，确实发挥了那样的影响吗？站在今天回望，我们可以将过往的一个个散点连缀成线，进而划分阶段、赋予不同点位起承转合的意义，然而在历史现场，有的散点之间可能毫无关联。

---

① 黄强：《朱右及其〈唐宋六家文衡〉述考》，第134页。

② 按，唐顺之《文编》凡六十四卷（一说六十卷），收录周代至宋代文，其中唐宋两代只取八家之文。《六家文略》即《六家文略》。（明）顾宪成《六大家文略序》："二怀蔡伯子敦行嗜古，予雅重焉。一日，携《六大家文略》示予，曰：'此吾先孝廉受之荆川先生者也，今将梓而行之，敢乞子题其端。'"（清）黄宗羲：《明文海》卷241，中华书局1987年影印本，第2493页。

下面，即就出版对作家作品文学史地位的影响展开研究。笔者选取的对象，是高启与袁凯。他们也是洪武至永乐年间的诗人中，获得后世最高赞誉的二位。前者被誉为"据明一代诗人之上"，后者则被视作"国初诗人之冠"。

一　高启："一代诗人之上"

高启（1336—1374），字季迪，号槎轩、青丘子，长洲（今江苏省苏州市）人。元时隐居不仕。洪武初与修《元史》，授翰林院编修，擢户部右侍郎，乞归，放还。洪武七年，因魏观得罪连坐，腰斩。①

民国以来，学界在探讨明代文学时，多以高启为明代诗坛第一人。如刘麟生《中国文学史》云，"明初的诗，高启不但是这个时候的大诗人，且为明代唯一的大诗人"②；杨荫深《中国文学史大纲》云，"在明代只有高启可称为一大家"③；宋佩韦《中国大文学史·明代文学》亦云，"伟大作家，首推高启。他不仅是明初的大作家，而且明朝一代的诗人，再没有能胜过他的了……启天才高逸，实据明一代诗人之上"④，等等。

细辨其言可以发现，民国至今，学界普遍予以高启极为重要的文学史地位，很大程度是受到《四库全书总目》评论的影响。《四库全书总目》卷一六九《大全集》提要云："启天才高逸，实据明一代诗人之上。其于诗拟汉魏似汉魏，拟六朝似六朝，拟唐似唐，拟宋似宋。凡古人之所长，无不兼之……然行世太早，殒折太速，

---

① 记载高启生平的第一手材料，有其友人李志光洪武八年所作本传、其门人吕勉所作本传。李志光《本传》末题时间为"洪武乙卯二月"，二传见（明）高启著，（清）金檀辑注《高青丘集》，第994—997页。

② 刘麟生：《中国文学史》，世界书局1933年版，第366页。

③ 杨荫深：《中国文学史大纲》，第390页。

④ 柳存仁、陈中凡等：《中国大文学史》，上海书店出版社2001年版，第677—679页。

未能镕铸变化，自为一家。"①

很多文学史著作评价高启地位时，都直接引用或间接化用了四库馆臣之语。如游国恩、王起主编《中国文学史》云，"他的诗歌，众体兼长，模拟取法，不限于一代一家。虽然因为死于壮年，未能熔铸洗炼，自成一家，内容也不够广阔深厚。但才华横溢，清新超拔，不愧为明代成就最高的诗人"②；袁行霈主编《中国文学史》第四卷亦云，"明初众诗人中，高启是位最有成就的诗人，所谓'天才高逸，实据明一代诗人之上'（《四库全书总目》集部《大全集》提要)"③，等等。然这一评论，实带有四库馆臣的个人好尚与主观色彩。近年来，已有学者对此提出质疑，如左东岭提出，四库馆臣之评"只具备同情的情感倾向而并不是经过深思熟虑的学术判断"④，等等。

不过，尽管这一评论带有个人色彩，但它也不完全是四库馆臣的一家之言，其产生有一定依据。如在清初最重要的两部明诗总集——钱谦益《列朝诗集》、朱彝尊《明诗综》中，高启诗歌的数量，俱为集中诗人之冠。⑤ 作于康熙年间的王士禛《香祖笔记》亦云，"高季迪，明三百年诗人之冠冕"⑥，等等。但问题在于，清初距离高启生活的年代，已有三百余年之远。这不觉令我们思考一个问题，那就是，高启"据明一代诗人之上"的文学史地位，是何时开始确立的呢？

对此，何宗美、刘敬《明代文学还原研究》有比较详细的讨论。是著将《四库全书总目》之前的高启评价，分为明初到成化、

---

　　① （清）永瑢：《四库全书总目》卷 169 "《大全集》十八卷"提要，第 1471—1472 页。

　　② 游国恩、王起主编：《中国文学史》，人民文学出版社 1982 年版，第 54 页。

　　③ 袁行霈主编：《中国文学史》第 4 卷，高等教育出版社 2005 年版，第 53 页。

　　④ 左东岭：《高启之死与元明之际文学思潮的转折》，《文学评论》2006 年第 3 期，第 101 页。

　　⑤ 《列朝诗集》共选录高启诗 964 首，《明诗综》共选录 138 首。

　　⑥ （清）王士禛：《香祖笔记》，上海古籍出版社 1982 年点校本，第 10 页。

明中后期、明末清初三个阶段。是著认为，第一阶段对高启的评价便是极高的，"通常的认为，无疑多以高启为明初最杰出的诗人"。第二阶段，高启在明初诗人中至高无上的地位受到了动摇。第三阶段，高启文学史地位得到抬升，"主流看法是把高启放在明代诗人的最高位置上……这也是《四库全书总目》有关评价出台的背景"①。

是著在充分胪列数百年来重要的高启评价的基础上，概括出三个不同阶段的特点，富于启发。特别是对第二、第三阶段的总结，令人信服。然对于第一阶段，笔者有不同观点。

是著所列第一阶段的高启评价凡六家，分别为王祎、王彝、谢徽、李东阳、张泰、吴宽。笔者重点考察了洪武年间王祎、王彝、谢徽三家之评，具体如下。

王祎、王彝、谢徽对高启之评，皆出自他们为《缶鸣集》所作序。三家评价确实颇高，如王祎言，"季迪之诗，隽逸而清丽，如秋空飞隼，盘旋百折，招之不肯下；又如碧水芙蕖，不假雕饰，翛然尘外有君子之风焉"，"其于诗则已能自成家，与唐宋以来作者，又不知孰先孰后也"；王彝云，"今汉、魏、晋、唐之作，其诗具在，以季迪之作比而观焉，有不知其孰为先后者矣"②，等等。

但问题在于，王祎诸人之评，全部是基于为高启诗集作序这一目的而存在的。古往今来，在为他人别集所作序文中，本就鲜少批评之语，大多溢美之词。王祎、谢徽、王彝与高启不仅皆为南人，有地缘之亲，③ 更同修《元史》，具同僚之谊。其中，王祎为总裁，

---

① 何宗美、刘敬：《明代文学还原研究——以〈四库总目〉明人别集提要为中心》，人民出版社 2014 年版，第 89—93 页。

② 以上诸序，分别见于（明）高启著，（清）金檀辑注《高青丘集》，第 980、981 页。

③ 按，王祎为浙江义乌人，王彝为江苏昆山人，谢徽、高启同为江苏长洲人。

高启、谢徽、王彝为纂修。① 王祎、谢徽、王彝在序文中，亦皆述及高启与修《元史》一事。因此，在王祎诸人对高启诗作的赞誉中，亦有受作序要求、地缘因素与同僚关系影响而必然增强的主观色彩。

何宗美、刘敬著作还提出，王祎诸人所言高启"能自成家，与唐宋以来作者，又不知孰先孰后"等，是"把视野放到了高启之前的整个中国诗歌史来给高启作出定位"，从而"更能显示高启实际的文学地位和价值"。其上溯到唐代的原因，在于南宋至元代诗歌发展长期低落，"高启的出现无异是经漫漫长夜之后的黎明的曙光"②。然笔者认为，此类评语同样是受到了作序要求与序言写法的影响。

以王祎为例，在为《缶鸣集》所作序中，他一方面称赞高启诗"已能自成家"，另一方面又强调"其所自见殆不止于诗"，更将其比之唐宋作者，"不知孰先孰后"。然考之王祎所作其他序文，在《杨季子诗序》中，王祎以同样的方式，称赞杨镃"益以所学自名其家，而尤长于诗"，并将杨镃比之前代，"浸淫于汉魏，视唐宋不多让也"③。在《练伯上诗序》中，又称赞练高"益肆其学而昌于诗""自成其家"，并将练高比之元代范梈、虞集、揭傒斯，"足以绍其声光而踵其轨辙"④。如果说在《缶鸣集序》中，王祎给予了高启极高的文学史地位，那么在《杨季子诗序》《练伯上诗序》中，他也给予了杨镃、练高同样的位置。

可见，王祎、谢徽、王彝为高启所作序文，既受到地缘因素及同僚关系影响，又为作序要求与序言写法所制约。因此，其内容并不等同于王祎诸人对高启诗作成就及文学史地位的真实评价，更不

---

① 《明太祖实录》卷39："洪武二年二月丙寅朔，诏修《元史》……乃诏中书左丞相宣国公李善长为监修，前起居注宋濂、漳州府通判王祎为总裁，征山林遗逸之士汪克宽、胡翰、宋禧、陶凯、陈基、赵埙、曾鲁、高启、赵汸、张文海、徐尊生、黄箎、傅恕、王锜、傅著、谢徽十六人同为纂修，开局于天界寺"（第783页）。

② 何宗美、刘敬：《明代文学还原研究——以〈四库总目〉明人别集提要为中心》，第88—89页。

③ （明）王祎著，颜庆余点校：《王祎集》，浙江古籍出版社2016年版，第150页。

④ （明）王祎著，颜庆余点校：《王祎集》，第153—155页。

能代表洪武年间文人的普遍想法。

恰恰是这三篇序文以外的材料，能够提供更为客观、真实的高启评价。首先，不妨考察在王祎、谢徽、王彝之外，其他《元史》纂修者对高启的评价。修史之时，一众文人切磋文章、畅谈政事，交游密切。宋濂《味梅斋稿序》回忆当时情景云："洪武初，余奉诏总裁《元史》。于时预执笔者凡数十人，皆四方豪俊。余日与之周旋会聚，间一休沐，辄相过从，饮酒为欢。酒阑气盛，抚掌大噱。论古人文章政事，不深夜弗止。信一时之乐哉！"① 在此期间，他们亦多有诗歌唱酬。如贝琼亦有《京师雨夜一首呈宋景濂学士王子充待制张孟兼主事》②，等等。

高启集中，同样有《会宿成均汲玉兔泉煮茗诸君联句不就因戏呈宋学士》等诗作。③ 高启复有《天界玩月》诗，序云："洪武二年八月十三日，《元史》成……阅二日中秋，诸君以史事甫成而佳节适至，又乐上赐之优渥，而惜同局之将违也。乃即所寓天界佛寺之中庭，置酒为玩月之赏，分韵赋诗，以纪其事。启得衢字云。"④ 由此可知，王祎、谢徽、王彝之外，宋濂等其他纂修者亦多有机会阅读高启之诗。然考之现存宋濂诸作，仅《元故孝友祝公荣甫墓表》中提及高启，云"孝友之人动至数千，皆溢浮辞而乖实行。濂令史官高启撰次成编，而亲为笔削之，唯存一百六人"⑤。可见，宋濂完全未言及高启的诗歌创作成就。与高启同时为纂修的汪克宽，其《环谷集》中亦未提及高启。

---

① （明）宋濂著，黄灵庚编辑校点：《宋濂全集》，第 656 页。
② （明）贝琼《清江诗集》卷 6 ［（明）贝琼著，李鸣校点《贝琼集》，第 275 页］。按，《明太祖实录》卷 49："（洪武三年二月）乙丑，诏续修《元史》……仍命翰林学士宋濂、待制王祎为总裁，儒士赵壎、朱右、贝琼、朱世廉、王彝、张孟谦（按，"谦"误，当作"兼"）、高逊志、李懋、李汶、张宣、张简、杜寅、殷弼、俞同十四人同纂修。"（第 965 页）
③ （明）高启著，（清）金檀辑注：《高青丘集》，第 393—394 页。
④ （明）高启著，（清）金檀辑注：《高青丘集》，第 286 页。
⑤ （明）宋濂著，黄灵庚编辑校点：《宋濂全集》，第 1712 页。

　　就笔者目前所见，在其他纂修者中，唯胡翰曾论及高启诗歌创作，然亦是在其为高启《缶鸣集》所作序文中："吴郡高季迪，少有俊才。始余得其诗于金华，见之未尝不爱。及来京师，同在史局，又得其所谓《缶鸣集》者，阅之累日不倦，合古今体数百首。其事虽微，可以考得失，备史氏之所惩劝。其辞则余之所欲摹拟而莫之工者。"① 此评固然为褒扬，然非王祎、谢徵、王彝的高度赞美。可见，即使在作序的场合中，同为南人的胡翰，② 亦未予高启诗歌创作以极高评价。

　　待《元史》修成，高启授官翰林院编修，时危素任翰林侍讲学士。高启集中，亦有《雪夜宿翰林院呈危宋二院长》诗。③ 然考之危素《危学士全集》，其中亦未谈及高启。倘若此时多以高启为明初最杰出的诗人，何以高启的同僚皆未言及此呢？

　　再如，洪武年间徐一夔作有《师友集序》，云："既入国朝，士敏年日以壮，而文日益有名。凡著作家论当世能言之士，必曰高士敏氏不敢后也……夫惟士敏之奇伟卓绝，不独有以成其先人之志，而一旦挺然立于作者之林。使高氏之文章自士敏始，庸非卓然有志之士也哉！"④ 据《本朝分省人物考》等，可知高士敏名逊志，萧县（今安徽省萧县）人，曾任建文二年（1400）庚辰科会试考试官。⑤ 高启亦有《题高士敏辛丑集后》，云："今观宗人士敏《辛丑集》，有春容温厚之辞，无枯槁险薄之态，岂山林、馆阁者乎……嗟夫！吾宗之衰久矣，振而大之者，其在斯人欤！"⑥ 由此可知，高启与高逊志为族人。同样，若时人多以高启为明初最杰出的诗人，何以徐

---

　　① （明）高启著，（清）金檀辑注：《高青丘集》，第 979 页。

　　② 按，胡翰为浙江金华人。

　　③ （明）高启著，（清）金檀辑注：《高青丘集》，第 474 页。

　　④ （明）徐一夔：《始丰稿》卷 11，见徐永恩点校《徐一夔集》，第 305 页。

　　⑤ （明）过庭训：《本朝分省人物考》卷 41 高逊志本传，《续修四库全书》第 534 册，上海古籍出版社 1999 年影印明天启刻本，第 95 页。

　　⑥ （明）高启《凫藻集》卷 4，见（明）高启著，（清）金檀辑注《高青丘集》，第 925 页。

一夔在谈论高氏文章时，竟只字未及高启呢？

还可以从杨基、张羽等高启挚友为其所作挽诗中，考察此问题。据周立记载，高启"时与嘉陵杨基孟载、浔阳张羽来仪、郯郡徐贲幼文，名重当世，人称为'高杨张徐'，比唐之四杰也"①。四人别集中，亦多唱酬之作。高启遭戮后，杨基、张羽作有数首挽诗。倘若此时多以高启为明初最杰出诗人，则挽诗中定会提及。张羽《悼高青丘季迪》凡三首，诗云：

> 灯前把卷泪双垂，妻子惊看那得知。江上故人身已没，箧中寻得寄来诗。
> 消息初传信又疑，君已谁复可言诗。中郎幼女今痴小，遗稿千篇付与谁。
> 生平意气竟何为，无禄无田最可悲。赖有声名消不得，汉家乐府盛唐诗。②

"生平意气竟何为，无禄无田最可悲"，分明倾诉着对高启怀才不遇的伤感。由此可以想见，"赖有声名消不得"并非时人公认，而是充满了张羽的个人情感。其《观高吹台遗稿以诗哀之季迪太史也》云，"若人抱奇才，独为泉下客。华章委空箧，一览动余戚。妙咏长传世，精灵已归寂。幸兹墨泽存，零落篇翰迹"③，亦未言及高启时名。

对高启怀才不遇的感伤，在杨基诗中更为强烈。其《哭高季迪旧知》云："鹦鹉才高竟殒身，思君别我愈伤神。每怜四海无知己，顿觉中年少故人。祀托友生香稻糈，魂归丘陇杜鹃春。文章穷壤成何用，哽咽东风泪满巾。"《梦故人高季迪三首》其一云："诗社当

---

① （明）高启著，（清）金檀辑注：《高青丘集》，第984页。
② （明）张羽：《静居集》卷6，《四部丛刊三编》，上海商务印书馆1936年影印明成化刻本。
③ （明）张羽：《静居集》卷1，《四部丛刊三编》，影印明成化刻本。

年共颉颃，我才惭不似君长。可应句好无人识，梦里相寻与较量"；其二云："老来久不诵君诗，得见都忘是梦时。我最怜君君识我，此中未许俗人知。"① "可应句好无人识""此中未许俗人知"，明白道出高启并未获得时人广泛的认可。

最后，在袁凯《海叟集》、谢应芳《龟巢稿》中，亦未言及高启。二人俱有文名，亦广读诗书。谢应芳为武进（今江苏省常州市）人，袁凯为华亭（今上海市松江区）人，与长洲相近。且谢应芳于洪武二十五年（1392）去世，袁凯去世亦在洪武二十年之后，是洪武年间享年较久的文人。然而，他们都没有谈及高启的诗歌创作成就。

综上所述，洪武年间，高启的文学创作并未获得比较广泛的高度评价。而其主要原因，就在于直至洪武三十年，高启的作品都没有得到出版。

阅读是评价作品的基础。正如胡翰因同修《元史》，与高启成为同僚，才有机会读到《缶鸣集》。也只有读过《缶鸣集》后，胡翰才可能对高启的文学创作加以评价。而由于各人审美趣味不同，并非所有读者都会给予高启诗歌高度评价。高启作品没有出版，其传播范围小，读者数量本就较少。在这少数的读者中，有的给予高启充分肯定，而有的评价就比较中正平和，如胡翰之评即然；还有读者可能不予置评，如宋濂、危素等即是。因此，高启作品在此时期，难以获得比较广泛的充分认可、普遍的高度好评。

高启作品没有出版，并不是因为出版成本高、未获得资助。恰恰相反，有意资助出版者众，是高启自己不愿出版。

洪武八年（1375）亦即高启去世次年，友人李志光为之作传，其中明言，"其诗类稿藏于家，未即显。初，富商陈宝生欲为寿诸

---

① （明）杨基：《眉庵集》卷9、卷11，《四部丛刊三编》，上海商务印书馆1936年影印明成化刻本。

梓，启不许，乃止"①。高启内侄周立亦云，"时多好事者，欲为板行。先姑父恐其致声益隆，乃止之"②。目前所知刊刻时间最早的高启别集版本，为洪武三十一年蔡伯庸刻本《姑苏杂咏》、永乐元年周立刻本《缶鸣集》。

通过友人为高启所作诸序，亦可见这一点。在查考大量版本后，笔者发现，若别集即将付梓，或已有出版计划，作序者基本都会明言这一点。如前述金幼孜出版其父金固《雪崖先生诗集》，请胡俨作序，胡序即云"今幼孜复集先生之诗若干卷，将锓梓以行"③；再如永乐三年（1405），李光出版其曾祖李存《鄱阳仲公李先生文集》，邹济为之作序，亦云"又幸其曾孙光好学……求言于闻人，以传不朽"④，等等。而在王祎、谢徽、王彝、胡翰诸序中，皆未言此。由此，亦见高启没有出版自己作品的计划。

高启不出版自己的别集，个中原因，或如周立所言"恐其致声益隆"，或许还有其他考量。而这一决定带来的，是高启在写作过程中，拥有更大的自由。在题材选择上，高启既不必如王逢一般，需要顾及出版资助者、潜在资助者的喜好，亦不会像宋濂一样，因念及自己作品拥有的庞大读者群而隐藏自我。高启的读者群是小范围的，是由他精心选择的。

元明之际，高启为吴中"北郭诗社"领袖，他的读者，是杨基、张羽、徐贲等人。杨基《梦故人高季迪三首》诗序即云，"季迪在

---

① （明）李志光：《本传》，载（明）高启著，（清）金檀辑注《高青丘集》，第994页。

② （明）高启著，（清）金檀辑注：《高青丘集》，第984页。

③ （明）胡俨：《金先生诗集后序》，末题时间为"永乐十九年岁次辛丑十一月朔日"［（明）金固《雪崖先生诗集》，《续修四库全书》第1325册，影印明永乐十九年刻本，第277页］。

④ （明）邹济：《序》，末题时间为"永乐三年岁在乙酉"［（元）李存《鄱阳仲公李先生文集》，《北京图书馆古籍珍本丛刊》第92册，影印明永乐三年刻本，第533—534页］。

吴时，每得一诗，必走以见示，得意处辄自诧不已"①。入明以后，高启参与《元史》纂修，授官翰林院编修。在此期间，他的读者，是宋濂、王祎、胡翰、危素等人。待高启辞官回乡，此间他的读者，仍能予其重要帮助。如卢熊《群书杂记》记载了这样一件事：

> 昔吾友高季迪作《吴中杂咏》，尝以示余，且曰："子该洽好古，试为我评之。闻子纂《吴记》，有古迹可命题者，幸并示我，续为赋咏。"余因复季迪云："旧志如《吴郊台》《丁令威》《禄里村》《黄姑庙》等题，皆无其实……其它'古题'云云，尤可补《杂咏》之缺。"季迪跃然以喜曰："非子之言，吾几踵其谬矣，幸详述其故。"②

卢熊所言《吴中杂咏》即《姑苏杂咏》。据高启自序可知，《姑苏杂咏》的创作缘起，是高启回到吴中后，"偶得郡志阅之，观其所载山川、台榭、园池、祠墓之处……皆历历在目"，"遂采其著者，各赋诗咏之辞"③。高启欲为续咏，而他选中的读者卢熊，正是洪武《苏州府志》的纂修者，熟稔吴中古迹，可以给高启极具针对性的反馈。

从徐贲、张羽、杨基等吴中名士，到危素、宋濂等名公大臣，再到卢熊等文人学者，高启的读者，大都具有较高的知识水平与文学素养。是以高启不需担心读者难解典故、意象的问题，在笔法运用上不必刻意平铺直叙。这些读者阅读后提出的意见，亦对高启进一步修改、完善作品具有积极作用。

更重要的是，这些读者令高启得以自由自在地书写自我。高启是吴中文人，吴中地区环境优美、物产丰饶，这种地理环境，影响

---

① （明）杨基：《眉庵集》卷11，《四部丛刊三编》，影印明成化刻本。
② （明）高启著，（清）金檀辑注：《高青丘集》，第1020页。
③ （明）高启：《姑苏杂咏》，中国国家图书馆藏明洪武三十一年蔡伯庸刻本。

了当地人的诗文创作。正如廖可斌老师所言，"吴中派诗人较少受理学思想的束缚，大都侧重于抒发个人的情思，描写文人日常生活"①。环境影响加以个人禀赋，使得高启不同流俗，极注重个人天性，拥有珍贵的自我。

高启醉心于自己看重的事业，不在意旁人的眼光。其名篇《青丘子歌》云，"不肯折腰为五斗米，不肯掉舌下七十城。但好觅诗句，自吟自酬赓。田间曳杖复带索，旁人不识笑且轻。谓是鲁迂儒、楚狂生。青丘子闻之不介意，吟声出吻不绝咿咿鸣"。高启重视个人的生活与感受，胜于功名利禄、青史留名。其《寓感二十首》其二十诗云："鸿鹄横四海，鹪鹩恋蓬榛。长松凌风烟，小草亦自春。各禀造化育，逍遥适其真。无将赫赫者，下比栖栖人。"《太湖石》篇末则以石作比，云："人生嗜此亦可笑，有身岂得如石坚。百年零落竟谁在，空品甲乙烦题镌。又嗟此石何献巧，自召凿取亏天全。不如顽矿世所弃，满山长作牛羊眠。"②

高启将这珍贵的自我，写入诗中。而作品的不出版，意味着其读者多与高启有所交游，为同乡、为同僚、为挚友，这个熟悉的读者群，亦助高启尽情表达，无须避忌。诚然历史不容假设，然不妨设想，倘若高启提笔之际亦如宋濂一般，想到自己的读者遍布海内，更有远在日本等国的陌生人，是否也会有所顾忌呢？

随着高启作品违背其意愿的一一出版，一代代读者得以在诗歌中，看到高启珍贵的自我。这种自我，是高启坦率地诉说自己的生活。无论是元时作品，还是明时诗歌皆然。前者，如《迁娄江寓馆》诗云，"寓形百年内，行止固无端。我生甫三九，东西宜未阑。去年宅山陲，今年徙江干。野性崇俭陋，经营唯苟完"③；后者，如《召修元史将赴京师别内》，将其与夫人分别的场景，描摹得细致入微：

---

① 廖可斌：《明代文学思潮史》，人民文学出版社 2016 年版，第 69 页。

② 以上诸诗，分别见于（明）高启著，（清）金檀辑注《高青丘集》，第 433—434、113、353—354 页。

③ （明）高启著，（清）金檀辑注：《高青丘集》，第 233 页。

　　　　承诏趣严驾，晨当赴京师。佳征岂不荣，独念与子辞。子
　　自归我家，贫乏久共之。闺门霭情欢，宠德不以姿。天寒室悬
　　磬，何忍远去兹。王明待纾文，不暇顾我私。恩恩愧子勤，为
　　我烹伏雌。携幼送我泣，问我旋轸时。行路亦已遥，浮云蔽川
　　坻。宴安圣所戒，胡为守蓬茨。我志愿裨国，有遂幸在斯。加
　　餐待后晤，勿作悄悄思。①

　　这种坦率的诉说尤其表现在，对一些似乎不值得入诗的生活琐
事，高启同样将其写入诗篇。高启的诸多"睡觉诗"，即为此中代
表。其中如《昼睡甚适觉而有作》诗云"闲居况懒拙，尽日无营
为。掩室聊自眠，一榻委四肢……觉来邻鸡鸣，已过亭午时。如游
钧天还，至乐不可追"，等等。再如为修《元史》至南京后所作
《京师尝吴粳》，诗云"我本东皋民，少年习耕鉏……门前半区田，
别来想已芜。长年盗寸廪，补报一事无"②，亦然。

　　高启的自我，亦在于诗中流动的真实的情感。入明以后，高启
诗中，有《登金陵雨花台望大江》"我生幸逢圣人起南国，祸乱初
平事休息。从今四海永为家，不用长江限南北"的喜悦，也有《次
韵周谊秀才对月见寄》"夜深诗成遣寄我，自诉穷愁兼疾病。嗟余比
君愁更多，旧感新忧来每并"的忧愁；有《答余新郑》"吾皇亲手
拥高篲，洒扫六合氛尘清。海中夷筐已入贡，陇外户版初来呈。大
开明堂议礼乐，学士济济登蓬瀛。大庙冬烝荐朱瑟，千亩春藉垂青
纮。用材不肯略疏贱，铢寸尽上天官衡"的昂扬，也有《客舍雨中
听江卿吹箫》"断猿哀雁总惊啼，我亦无端泪相续……愁望洞庭空落
木，梦游秦苑总荒芜。曲中只诉君心苦，不道人听更凄楚……恨无

——————————
　　①　（明）高启著，（清）金檀辑注：《高青丘集》，第274页。
　　②　以上诸诗，分别见于（明）高启著，（清）金檀辑注《高青丘集》，第272、
279页。

百斛金陵春，同上凤凰台上醉。始知巇谷枯篁枝，中有人间无限悲"
的哀伤。①

　　这些生活中琐碎的细节，细节里复杂的情感，细节与情感内的
真实的自我，是自元至明，一直存在于高启作品中的。这种珍贵的
自我，也正是读者在宋濂的元时诗歌中可以感受到的，亦是其明代
诗歌巧妙隐去了的。

　　综上所述，通过不出版自己的作品，高启有效地控制了其读者
群体的水平与规模，这使其在诗歌题材选择、笔法运用上拥有更大
的自由。通过与自己精选的读者开展小范围、富有针对性的交流，
高启得以进一步修改、完善其作。熟悉的读者群体，更让高启得以
在诗中尽情地抒发自我。而这样的作品，正是最易打动人心的。

　　因此，尽管洪武年间由于读者较少，对于高启诗歌未能形成广
泛的高度评价，然及至洪武三十一年《姑苏杂咏》出版、永乐元年
《缶鸣集》出版，高启作品的传播范围扩大，更多的读者读到了高启
的作品，对其创作的评价也就与日俱增。

　　比如，杨士奇《东里集》即著录"高季迪《缶鸣集》二集"，
提要云"右高季迪《缶鸣集》，建宁知府芮麟刻之郡斋。惜其谬误
颇多，未尝校正……芮来京时，以此册见遗"，"右高季迪近体诗，
余旧录于陆伯阳。季迪近体，五言律胜；其古体，则乐府及拟古胜；
为文长于叙事。洪武初，预修《元史》，除户部侍郎，遂罢归。后坐
事卒于京师"。亦著录"《姑苏杂咏》"，提要云："右《姑苏杂咏》
一册，前史官高启季迪撰，刻板在毗陵，王达善学士以见赠者。其
诗备诸体，每一披诵，恍然如亲游阖闾故墟，历览陈迹，兴怀古人，
可感可慕，不自知其慨叹之至矣。"②

　　考之方志，可知芮麟于洪武三十一年任建宁知府，永乐三年仍

──────────

　　①　以上诸诗，分别见于（明）高启著，（清）金檀辑注《高青丘集》，第451、
349、363、391—392页。

　　②　（明）杨士奇：《东里文集·续编》卷19《高季迪缶鸣集二集》《姑苏杂咏》，
中国国家图书馆藏明嘉靖二十九年黄如桂刻本。

在任。① 芮麟赠予杨士奇的版本，当为周立刻本《缶鸣集》的翻刻本。杨士奇得自王达善的《姑苏杂咏》，既言"刻板在毗陵"，则当即锡山蔡伯庸刻本或该本的翻刻本。正是因为《缶鸣集》《姑苏杂咏》出版，杨士奇才得以对高启创作展开评论。此后，杨士奇对高启的评论，又因其《东里集》出版而得到更广泛的传播。②

　　另外，随着《缶鸣集》《姑苏杂咏》出版，前述王祎、谢徽、王彝、胡翰诸序言，乃至出版者周傅、周立所作识语，亦皆得到广泛流传。这些已有评价，也会对读者认识、理解高启产生一定影响。如周立识语提及，时人称高启、杨基、张羽、徐贲为"高杨张徐"，比之初唐四杰。至明代中叶，李东阳作《怀麓堂诗话》，中云："国初称'高杨张徐'，高季迪才力声调过三人远甚，百余年来亦未见卓然有以过之者，但未见其止耳"③。这一评论，无疑给予了高启很高的文学史地位。李东阳或即自周立识语，得知"高杨张徐"之称。

　　与杨士奇一样，李东阳对高启的评论，亦随着《怀麓堂诗话》出版而为更多人所知。而李东阳文坛领袖的地位，又增强了这一评论的权威性。一百余年后，钱谦益纂修《列朝诗集》，亦引用了李东阳之评。④ 何宗美、刘敬著作认为，此后诸如"实据明一代诗人之

　　① 嘉靖《建宁府志》卷6："芮麟，字志文，宣城人。由监生，洪武三十一年任建宁府知府"（《天一阁藏明代方志选刊》，上海古籍书店1964年影印明嘉靖刻本）；弘治《八闽通志》卷44"建宁府·府学"下著录"永乐三年，知府芮麟、教授张信改建"（《四库全书存目丛书》史部第178册，齐鲁书社1996年影印明弘治刻本，第172页）。

　　② （明）李东阳《怀麓堂诗话》："若杨文贞公《东里集》，手自选择，刻于广东，为人窜入数篇。后其子孙又刻为续集，非公意也。"（明）李东阳著，李庆立校释：《怀麓堂诗话校释》，人民文学出版社2009年版，第194页。

　　③ （明）李东阳著，李庆立校释：《怀麓堂诗话校释》，第94页。

　　④ （清）钱谦益《列朝诗集》甲集卷4"高太史启"小传："李东阳曰：'国初称"高杨张徐"，高才力声调过三人远甚，百余年来亦未见卓然有过之者。'"（《列朝诗集小传》，第75页）

上"之类说法，亦不过套用李东阳之说而已。①

可见，洪武三十一年《姑苏杂咏》出版、永乐元年《缶鸣集》出版，为高启文学史地位确立过程中极重要的事件。行文至此，似可告一段落；然为了更全面、清晰地呈现出版对作家作品文学史地位的影响，下面再略及永乐以后高启作品的出版情况。

明中期以来，高启作品得到了持续出版。正统九年（1444），周忱自周立处得到手抄本高启作品，于吴中出版《凫藻集》《扣舷集》。成化二十二年（1486），吴中著名出版者张习再次将《姑苏杂咏》付梓，又于成化二十三年出版高启《槎轩集》。景泰元年（1450），吴中人徐庸以《缶鸣集》为基础，编刻了收诗近两千首的《高太史大全集》。

高启作品的优秀动人，自然是其不断得到出版的重要原因。除此之外，高启吴中人的身份，亦对此大有助益。在明代中后期，吴中出版水平为全国各地之冠。福建文人谢肇淛尝云，"近来闽中稍有学吴刻者，然止于吾郡而已。能书者不过三五人，能梓者亦不过十数人"②。高启作品就藏于吴中家中，因此在客观上，吴中出版者可以方便地获取书稿；在主观上，他们也很愿意将本土文人的作品付梓。先进的出版水平与出版者的积极意愿相结合，一部部高启作品由是顺利梓行。

吴中出版者主持刊刻了高启作品，吴中文人复为之制作了热情洋溢的序文。如张泰为张习刻本《槎轩集》所作序云，"先生天赋之厚、力学之博，造语工而用事当，才兼众长，而每出人意表""余初入词林，院长南阳李公、永新刘公谓余言：尔苏之诗，在当朝惟高太史为然……夫岂但一郡之诗，天下之诗也，数千百载之诗也"③，等等。

---

① 何宗美、刘敬：《明代文学还原研究——以〈四库总目〉明人别集提要为中心》，第89页。

② （明）谢肇淛：《五杂组》卷13，中华书局上海编辑所1959年点校本，第382页。

③ （明）高启著，（清）金檀辑注：《高青丘集》，第987—988页。

　　高启作品于吴中不断出版，传播范围持续扩大，更多的读者得以品读高启之作。已有序文的热情赞誉，又潜移默化地影响了读者之评。此后，高启获得的高度评价更多，其中更有杨慎、王世贞、王世懋等大家。① 这些大家对高启的赞誉，又因他们的著作出版而广为人知。一叶叶刻版如浪潮，将高启不断推向更高的位置。直至四库馆臣，为高启加冕"据明一代诗人之上"的王冠。

　　不过，明中叶以来，一直也有论者提名比高启更优秀的明代诗人。其中最有竞争力的候选人，就是袁凯。

二　袁凯："国初诗人之冠"

　　袁凯（1310—1387后②），字景文，号海叟，华亭（今上海市松江区）人。袁凯《白燕》诗为杨维桢叹赏，名动一时，时人以"袁白燕"称之。③ 洪武三年前后官监察御史，④ 后因言语得罪明太祖，⑤

---

　　①　如杨慎《升庵诗话》"胡唐论诗"："唐子元荐与予书，论本朝之诗。洪武初，高季迪、袁可潜一变元风，首开大雅，卓乎冠冕矣……以二子之论为的，故著之。"［（明）杨慎著，王仲镛笺证：《升庵诗话笺证》，上海古籍出版社1987年版，第128页］王世贞《艺苑卮言》卷5："迨于明兴，虞氏多助，大约立赤帜者二家而已。才情之美，无过季迪；声气之雄，次及伯温。"［（明）王世贞著，罗仲鼎校注：《艺苑卮言校注》，齐鲁书社1992年版，第231页］王世懋《艺圃撷余》："高季迪才情有余，使生弘、正李、何之间，绝尘破的，未知鹿死谁手。"（中华书局1985年点校本，第8页）

　　②　关于袁凯卒年，汤志波《明初袁凯诗集考辨——兼论其卒年》（《历史文献》第二十辑，2017年，第473—486页）有比较翔实的考辨。

　　③　（明）戴冠《濯缨亭笔记》卷6："廉夫作《白燕》诗，自以为工。凯读之，殊不首肯。翼日，自作诗投廉夫……廉夫得之，大称赏，一时呼'袁白燕'云。"（《四库全书存目丛书》子部第103册，齐鲁书社1996年影印明嘉靖二十六年刻本，第178页）

　　④　《明太祖实录》卷57，记载"洪武三年冬十月丙辰朔，监察御史袁凯言"（第1115页）。

　　⑤　（明）都穆《都公谈纂》卷上："时周王有罪，高皇帝欲诛之。懿文皇太子日夜号泣，上不能决。一日临朝，召问诸御史，凯对曰：'陛下欲诛之，法之正；太子欲宥之者，心之慈。'上怒，以为持两端，命系之狱。"（中华书局1985年点校本，第4页）正德《松江府志》记载则略有不同："故老相传，上一日录囚毕，令凯送东宫覆审，递减之。凯还复命，问：'朕与东宫孰是？'凯顿首曰：'陛下法之正，东宫心之慈。'"（正德《松江府志》卷30，第1427页）

托疾告归，佯狂得免。

自明中期以降，有不少观点认为，袁凯诗歌比高启更胜一筹。如何良俊《四友斋丛说》云，"松江袁景文凯，其古诗学《选》，七言律与绝句宗杜，格调最正……近有以高太史为过之者。高比袁稍阔大，然不能脱元人气习。若论体裁，终是袁胜"①；王兆云《皇明词林人物考》袁凯小传亦云，"凯号海叟，善为诗，为国初诗人之冠"②。及至清代，成书于顺治年间的梁维枢《玉剑尊闻》云，"凯字景文，松江人，仕为御史，明初诗人之冠冕，有《海叟集》行于世"③；朱彝尊《曝书亭集》袁凯传亦云，"凯诗绝去雕饰，论者推为明初诗人之冠"④；毛师柱《初夏闲居》诗更谓，"由来四杰首青丘，海叟高吟更绝侔"⑤；等等。当然，也有论者对此持反对意见。如据朱彝尊《明诗综》记载，沈进即以高启、刘基诗才更高，"以袁景文为明初诗人之冠，则置二公于何地乎"⑥，等等。

以袁凯胜于高启、为明初诗人冠冕者，其给予袁凯的极高文学史地位，自不待言。即反对者，也是反对以袁凯为明初第一，但大都亦同意袁凯为明初一大家。其实，能够成为"明初第一诗人"的"候选人"本身，就说明了袁凯的地位之高。

然而，在明前中期文人的叙述中，袁凯的文学史地位并未至此。成化二年（1466）进士张弼亦为华亭人，其《西郊笑端集序》云："皇明初，松江之善诗者，御史袁景文为最。判官陈文东、乡贡进士

---

①　（明）何良俊：《四友斋丛说》卷 26，中华书局 1959 年点校本，第 233 页。

②　（明）王兆云：《皇明词林人物考》卷 1，《四库全书存目丛书》史部第 111 册，齐鲁书社 1996 年影印明万历刻本，第 657 页。

③　（清）梁维枢：《玉剑尊闻》卷 9，上海古籍出版社 1986 年影印本，第 671 页。

④　（清）朱彝尊：《曝书亭集》卷 63，《四部丛刊初编》，上海商务印书馆 1922 年影印清康熙刻本。

⑤　（清）毛师柱：《端峰诗续选》卷 3，《四库未收书辑刊》第 8 辑 22 册，北京出版社 2000 年影印清康熙五十二年刻本，第 725 页。

⑥　（清）朱彝尊：《明诗综》卷 2，中华书局 2007 年点校本，第 67 页。

陆宅之、江西佥事董良史、处士吴子愚辈，亦相颉颃。"① 吴中名士文徵明《寿梅集序》亦言，"（松江）土著之士则有陆宅之、董良史、卫山斋诸人，皆才隽喜文，雅游相翼。虽更傲扰，无忘问学。唱酬吟讽，不以时废。风流文雅，照映一时。比入国朝，而袁景文、顾谨中遂以清辞丽句，大鸣国家之盛，不可谓无所自也"②。

张弼、文徵明所言陈文东、陆宅之、董良史、吴子愚、卫山斋、顾谨中诸人，分别为陈璧、陆居仁、董纪、吴哲、卫谦、顾禄。文徵明将陆居仁、董纪等人与袁凯并提，而无上下之分。张弼虽言袁凯为最，然品味其言可知，在他看来，陆居仁、董纪等人的诗歌创作，与袁凯亦相去不远。

与明后期相比，张弼、文徵明距袁凯的生活年代相对较近，更与袁凯有相同或相近的地缘关系，故他们的评价具有较高参考价值。然而此后却很少有人论及陆居仁、董纪等人的诗歌创作成就，更遑论"诗人之冠"一类的名目。后之选家亦很少采录其诗，如钱谦益《列朝诗集》甲集卷二、甲集卷三共收录袁凯诗二百九十四首，而仅录吴哲诗七首、顾禄六首、董纪四首、陈璧二首、陆居仁二首。陈田《明诗纪事》所收更少，仅有董纪四首、顾禄四首、陈璧一首，未收陆居仁、吴哲诗，且谓陈璧"诗非当家"，顾禄诗"看似汪洋大篇，实则一览易尽"③。朱彝尊《明诗综》则仅录顾禄二首、董纪一首，未收陈璧、陆居仁、吴哲诗，所选更少于《明诗纪事》。④

这种境况一直延续，在民国以至今天的文学史书写中，其间差

---

① （明）张弼：《张东海诗文集》文集卷1，《四库全书存目丛书》集部第39册，齐鲁书社1997年影印明正德十三年周文仪刻本，第443页。

② （清）黄宗羲：《明文海》卷242，第2499页。

③ 俱见（清）陈田《明诗纪事》甲签卷19，上海古籍出版社1993年点校本，第403、390页。

④ 按，卫谦为宋末进士，元时去世，是以《列朝诗集》等未收其诗。正德《松江府志》卷30："卫谦，字有山，一字山甫，号山斋……初登进士第，调丞永嘉，未行。元师及境，枢密董公与语，奇之，版授漳州龙溪尹，辞不就"（第1398—1399页）。

距更为明显。民国以来的中国文学史著作，有不少将袁凯与高启并提，如胡怀琛《中国文学史概要》云，明初"诗歌以高启、袁凯为最著……高启天才卓越，相当于唐代的李白，袁凯功力深厚，相当于唐代的杜甫"[1]。有的著作对高启、袁凯分别展开专题讨论，更多则是以高启为首、单设一节，视袁凯为明初重要的一家，亦以一定篇幅论述。如袁行霈主编《中国文学史》第四卷云，"在明初诗人中，袁凯是位值得一提的作家"[2]，等等。

然而，对陆居仁、董纪等人，几乎没有文学史著作谈及他们的诗歌创作。唯顾禄因李东阳《怀麓堂诗话》"国初顾禄为宫词，有以为言者。朝廷欲治之，及观其诗集，乃用《洪武正韵》，遂释之"[3] 记载，在学者讨论明初诗歌用韵时，得到点名。文学史地位曾不相上下的几人，今日之别，不啻霄壤。

是什么力量引起文学史地位的升沉？以笔者见，将袁凯推向更高位置的重要动力之一，就是出版。

首先，袁凯别集得到出版的时间较早。通过阅读诸家为《海叟集》所作序跋，可知《海叟集》最早的版本为"祥泽张氏刻本"。在嘉靖四十三年（1564）董宜阳序中，提及"国初刻于张氏者久燬"，隆庆庚午五月何玄之序亦云，"今春暇日与紫冈董君论及叟诗，董君出余师西谷张公家藏祥泽旧刻，即叟所自编者，喜出意外，因取活字板校印百部，传之同好"[4]。《四库全书总目》亦谓《海叟集》"旧有祥泽张氏刻本，乃凯所自定，岁久散佚"[5]。

那么，祥泽张氏为何人，其刊刻《海叟集》在何时呢？《袁凯

---

① 胡怀琛：《中国文学史概要》"明代文学变迁的大势"，商务印书馆1931年版，第141页。

② 袁行霈主编：《中国文学史》第4卷，第57页。

③ （明）李东阳著，李庆立校释：《怀麓堂诗话校释》，第155页。

④ （明）袁凯著，万德敬校注：《袁凯集编年校注》，上海古籍出版社2015年版，第380—381页。

⑤ （清）永瑢：《四库全书总目》卷169"《海叟集》四卷、《集外诗》一卷"提要，第1477页。

集编年校注》整理者万德敬言，"明何良俊《四友斋丛说》记曰'祥泽有张家'，而其他诸家都能点出名字，可见张氏之名至明中叶嘉靖（1522—1566）间已不可考"①。按，此可考。正德《松江府志·冢墓》著录有"祥泽张氏墓"，通读其下注文，可知明初张氏族人，"长恺、次悌、次琎。恺之子，曰龙、曰凤。悌之子，曰兴、曰旺。琎之子，曰麒"②。正德《松江府志·第宅》亦著录"积善堂，祥泽张氏所居"，其下有曹睿所作记文：

> 昭文馆学士雪庵李公因大书以名其堂，久而未有记者。于是瑞卿之子麒惧先世潜德湮没无闻，介吾友陶君九成来征予文。予惟君子与人为善，况积善如张氏者，尚可言之辞……余既喜张氏之世德，而又重九成请，乃为之记，俾来者知所自云。瑞卿名琎，号后山居士。③

由此可知，通过"陶君九成"亦即陶宗仪向曹睿求记文者，为明初祥泽张氏第三子张琎之子张麒，张琎号后山居士。本书第二章提到，陶宗仪《书史会要》出版资助者凡三十八人，现存洪武九年刻本首卷之末，有"后山居士张氏端卿琎命工锓梓"字样。可见，祥泽张琎曾资助出版《书史会要》（按，"端卿""瑞卿"之别，当为版刻讹误）。由此推测，《海叟集》出版者亦当为张琎或张麒，出版时间当在洪武年间。张氏付梓袁凯《海叟集》的原因，或与他们同为松江人有关。

由于袁凯去世于洪武二十年以后，而祥泽张氏决定出版其集亦当在洪武年间，因此，袁凯很可能是亲手编定了自己作品，并将其交付出版者。何玄之即言，"祥泽旧刻，即叟所自编者"。

---

① （明）袁凯著，万德敬校注：《袁凯集编年校注》，前言第6页。
② 正德《松江府志》卷17，第804—805页。
③ 正德《松江府志》卷16，第727页。

如是，则祥泽张氏刻本《海叟集》更好地保留了作者本意、作品原貌。①

　　中国国家图书馆现藏有《海叟集》（索书号为 A01090），著录为"明刻本"。此本版式、行款为半叶 12 行行 21 字、四周单边、黑口、四黑鱼尾，版心中部上题卷次、下题页码。傅增湘《校明初刊本袁海叟集跋》云此本"笔致疏古，刀法朴拙"，"镌雕古朴，可断为祥泽张氏所刻，决无疑义"②。然笔者以为，仅凭版式、字体风格，似不足以定论，尚需将此本与后之《海叟集》版本作全面对校、比勘。惜万德敬《袁凯集编年校注》未校勘此本。

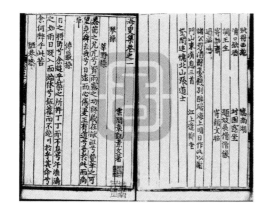

图 4 - 1　明刻本《海叟集》目录、正文叶书影③

　　与高启《姑苏杂咏》《缶鸣集》一样，袁凯别集的出版，令更多读者得以阅读、评论其作。在明代前中期，即多有文士论及袁凯

① 　按，由于文献不足，笔者尚难确考袁凯生前是否看到自己作品出版、在写作时是否具有明确出版意识。是以第三章第一节论述出版意识对作者的影响时，未讨论袁凯。

② 　傅增湘：《藏园群书题记》，上海古籍出版社 1989 年版，第 839 页。

③ 　（明）袁凯：《海叟集》，中国国家图书馆藏明刻本。

创作。洪武年间，别集能够得到出版的作者寥寥可数。《海叟集》的出版，意味着袁凯在作家作品接受史这条"赛道"上，在起跑之初，就领先了明初绝大多数作者一个身位。这是《海叟集》较早出版，对袁凯文学史地位的第一重影响。

不仅如此，祥泽张氏初版的《海叟集》，还构成了此后再版袁凯别集的重要文献基础。前文已述，如作者原稿散佚不全，则出版者在付梓之前，还需四处搜求作品、辑佚辨伪，工作量较大。而若有旧刻在前，出版者就不需辛苦搜辑，其主要工作就是校订文字，修补原版剥落、漫漶之处，工作量相对较小。另外，出版者的辑佚、重编努力，其实对作者本意造成了偏离；而据旧刻，特别是像袁凯《海叟集》这样较早刊刻的版本再版的作品，则离作品原貌、作者原意更近。

因此，无论对作者还是对出版者而言，作品旧刻的存在，都是一件上佳之事。旧刻尚存更会促使一些出版者以此为基础，再版作品。如据前引隆庆四年何玄之序可知，何玄之就是看到了张公家藏袁凯《海叟集》祥泽旧刻，"喜出意外"，进而"取活字板校印百部"的。初版与再版别集层叠累积，从而延长了作家作品的接受史，令其为更多读者所见，进而收获更多的评价。其中一二名家之评，就可能推动作家作品文学史地位提升。

袁凯文学史地位飞跃的一个关键，就是得到了一二名家的高度评价，且此赞扬不是写在单独的诗话中，而是出现在刻本《海叟集》的序言里。

通过考察可知，作于明前中期、处于袁凯作品接受史早期的评论，大多积极肯定其创作，然并未给予袁凯特别突出的文学史地位，如前述张弼、文徵明之评即然。及至弘治、正德间，松江著名文人、学者陆深，购得袁凯集刻本，并邀请"前七子"文学复古运动领袖李梦阳与自己共读此集。陆深《题海叟集后》云，"《海叟集》旧有刻，又别有选行《在野集》者。暇日因与李献吉员外共读之，又删次为今集云"①；李梦阳《海叟集序》亦明言，"子渊购得刻本于京师士人家，楮墨焦烂，蠹涅者殆半。乃删定为今集，仍旧名者，著叟志也"②。

在现存《海叟集》各版本中，并无刊刻于正德元年（1506）以前的版本。考之诸家序跋、书目著录，亦未见祥泽张氏以外、其他的《海叟集》早期版本。由此推测，陆深购得的，当即祥泽张氏刻本《海叟集》或该本的重刻、翻刻本。其刊刻年代较早，是以李梦阳云"楮墨焦烂，蠹涅者殆半"。

可见，正是《海叟集》在明初的出版，令陆深、李梦阳读到了袁凯作品。他们不仅阅读，更以此为据，重新编定了袁凯集，并为之作序。前述陆深、李梦阳序跋已谈及他们的删次之举，此外陆深《俨山诗话》亦记，"予为编修时，尝与李献吉梦阳、何仲默景明校选其集，孙世祺继芳刻在湖广"③。由此可知，复古派"前七子"领袖何景明亦参与了袁凯集编选工作。

陆深等人重编本《海叟集》凡三卷，李梦阳、何景明俱为此集作序。李梦阳序开篇谈及，袁凯《白燕》诗令杨维桢"惊叹以为不及"。随即话锋一转，云："集中《白燕》诗最下最传，诸高者顾不传。云间故吴地，叟亦不与'四杰'列，皆不可晓者。夫毁誉可尽信哉！"有学者提出，此为李梦阳对《白燕》的訾议。④ 然笔者认为，与其谓之批评，毋宁说此言体现了李梦阳的典型文风。李梦阳为庆阳（今甘肃省庆阳市）人，性情刚直。他表达的观点，大多是鲜明甚至激烈的，如"诗至唐，古调亡矣，然自有唐调……宋人主

---

① （明）陆深：《俨山文集》卷 86，中国国家图书馆藏明嘉靖陆氏刻崇祯十三年补修本。按，"中国基本古籍库 V8.0"亦收录嘉靖本《俨山文集》书影，然对照文本将"删次"整理作"远次"，误。

② （明）袁凯著，万德敬校注：《袁凯集编年校注》，第 379 页，后同。

③ 陈广宏、侯荣川编校：《明人诗话要籍汇编》第 1 册，复旦大学出版社 2017 年版，第 365 页。

④ 张稔穰：《袁凯〈白燕〉诗及其白燕意象的创造》，《文学遗产》2007 年第 6 期，第 139 页。

理不主调，于是唐调亦亡""宋儒兴而古之文废矣"① 等即然。同样，通过称袁凯最为人知的《白燕》为"最下"，李梦阳明确表达了自己对袁凯诗歌整体水平的高度赞赏。其后，李梦阳转述袁凯为御史时事，称赞其事"亦足以传矣"，并介绍陆深的删定工作。最后，以"仲默谓国初诗人，叟为冠。故子渊表扬甚力，君子以为知言"作结。"仲默"即何景明。李梦阳引何景明言，予袁凯以明初第一的文学史地位。

何景明《海叟集序》见于其别集《大复集》，然未见于现存正德元年李梦阳序刻本《海叟集》。自万历刻本《海叟集》以降，俱收录何景明序。其序明言：

> 吾郡守孙公懋仁笃于好古，其子继芳者从予论学，大有向往。尝索古书无刻本者以传。予谓古书自六经下，先秦两汉之文，其刻而传者，亦足读之矣。海叟为国初诗人之冠，人悉无有知之。可见好古者之难，而不可以弗传也。乃以授之，而并系以鄙言。观者亦将以是求叟之意矣。叟姓袁氏，名凯。其集陆吉士深所编定者，李户部梦阳有序。其履历可考而知也，兹不复述。

由此可知，孙继芳欲出版尚无刻本的古作，问于何景明，何景明以《海叟集》荐之。其授予孙继芳的版本，即其与陆深、李梦阳的重编本。前引陆深"孙世祺继芳刻在湖广"之言，可与此相互印证。

何景明以袁凯为明初第一诗人的主要原因，就在于袁凯的诗歌创作与何景明古诗学习汉魏、近体效法初盛唐的文学主张若合符节。何景明推重汉魏诗，其《汉魏诗集序》明言，"唐诗工词，宋诗谈

---

① （明）李梦阳：《空同集》卷 52《缶音序》、卷 66《外篇·论学上篇》，见郝润华校笺《李梦阳集校笺》，第 1694、1996 页。

理，虽代有作者，而汉、魏之风蔑如也"①。在具体实践中，"景明学歌行、近体，有取于二家（按，指李白、杜甫），旁及唐初、盛唐诸人，而古作必从汉魏求之"②。而袁凯之诗，在何景明看来，正是"歌行、近体法杜甫，古作不尽是。要其取法，亦必自汉魏以来者"，是以极推崇之。古诗学汉魏、近体诗学初盛唐不仅是何景明的主张，也是"前七子"复古派成员的普遍观点。如李梦阳《与徐氏论文书》亦云，"三代而下，汉魏最近古"③。是以李梦阳亦给予了袁凯极高的评价。

何景明、李梦阳将他们对袁凯的赞誉，写入《海叟集序》。两篇序言与袁凯诗作相伴，是《海叟集》的组成部分。为了更直观地说明李梦阳、何景明序的传播范围，这里略述正德以后《海叟集》的版本。就现存刻本而言，三卷本，有正德元年李梦阳序刻本，范钦、陈德文刻本。四卷本，除前文所述国图藏明刻本外，还有隆庆四年（1570）何玄之木活字本，万历三十七年（1609）张所望刻本。四卷本附《集外诗》《附录》本，有清康熙六十一年（1722）曹炳曾城书室刻本，光绪十九年（1893）徐士恺刻本，宣统三年（1911）江西印刷局石印本数种。④

自万历刻本至宣统刻本，书首俱收录了李梦阳、何景明序。因此，李梦阳、何景明对袁凯的赞誉，亦为一代代《海叟集》读者所共见。读者在阅读袁凯作品时，会潜移默化地受到李梦阳、

①　（明）何景明著，李叔毅等点校：《何大复集》，第593页。
②　（明）何景明：《海叟集序》，载（明）袁凯著，万德敬校注《袁凯集编年校注》，第380页，下同。
③　（明）李梦阳：《空同集》卷62，见郝润华校笺《李梦阳集校笺》，第1912页。
④　另据汤志波考证，《海叟集》至少还有明孙应鳌序刻本、万历年间林有麟翻刻本二种已佚版本。（汤志波《明初袁凯诗集考辨——兼论其卒年》，第480—481页。下文所述《在野集》已佚版本信息，亦参考了这部分内容）《海叟集》外，袁凯还有《在野集》二卷，二集内容大同小异。《在野集》现存版本，有正德元年刘氏刻二卷本。已佚版本，亦至少有天顺八年（1464）张璞序刻本、嘉靖八年刘诜刻本、万历三十三年（1605）乐尔律刻本三种。

何景明评论影响。二人文学复古运动领袖的身份，更使这种影响加倍放大。

本书绪论提到，晚明时期，无论是位极人臣的张四维，还是被诬下狱的李贽，他们都给予李梦阳高度评价。这里再以《战国策》为例，简要论之。《战国策》在明初鲜有刊刻。目前所知现存刊刻时间最早的《战国策》明刻，为嘉靖二年河南刻十卷本。为该本作序的，正是李梦阳。① 李梦阳针对传统视《战国策》为"离经叛道之书"的观念，从四个方面充分论证了《战国策》足以传世的原因。② 此后，《战国策》不断得到出版。穆文熙《七雄策纂序》即指出，"其书历千百载，皆秦灰遗烬，豕亥鲁鱼半居其间，而无善本，晦斯极矣。迨至我明弘、正间，乃刻于大梁，而李献吉序之，为始显"③。由此，亦可想见李梦阳的影响力与地位。

篇幅所限，这里不再举例。要言之，复古运动在明中后期文坛影响深远，李梦阳、何景明的地位，令读者倾向于相信他们的判断。隆庆年间《海叟集》的出版者何玄之即直言，"夫何、李当代名家，高视海内。今其言若此，则吴中四杰当出其下矣。及读其集，乐府、古诗，直窥汉魏；近体、歌行，专主于杜而出入盛唐诸家。其辞多悲歌慷慨者，实本于忧乱悯世之情，亦其时之所遭也。何、李之言不虚哉！"可见，是何景明、李梦阳的评论，令何玄之在袁凯与吴中四杰间作出了高下选择。同样，何玄之序亦随着《海叟集》，为后之读者所见。

读者之外，后之诗话作者、诗集编选者、诗人小传书写者，亦

---

① （明）李梦阳《刻战国策序》："嘉靖二年秋七月，河南省刻其《战国策》成……是年也，监察御史澶州王子公济会按河南，则谓李子曰史之义得失，列刻其策，以观来者，曾氏所谓因以为戒者也。"载（汉）刘向编定《战国策》，北京大学图书馆藏明嘉靖二年河南刻本，下同。

② （明）李梦阳《刻战国策序》："录往者迹其事，考世者证其变，攻文者模其辞，好谋者袭其智。袭智者谲，模辞者巧，证变者会，迹事者该。"

③ （清）黄宗羲：《明文海》卷212，第2130页。

很难不注意李梦阳、何景明在《海叟集序》中对袁凯的评论。其中不少作者直接引用了"国初诗人之冠"一语，如前文所述王兆云《皇明词林人物考》、朱彝尊《曝书亭集》皆然。袁凯遂成为高启的最有力竞争者，拥有了相当出众的文学史地位。

综上，《海叟集》在洪、永年间的出版，对袁凯文学史地位提升具有深远意义。别集出版较早，不仅将袁凯作品获得阅读、评论的时间点提前，还为之后袁凯作品再版奠定了基础。初版、再版别集一起，将袁凯作品的接受史延长。作品的接受史更长，其获得更多评论的概率也就更大。复古派领袖李梦阳、何景明正是读到了刻本袁凯别集，发现袁凯的艺术风格与自己的诗学主张相合，因此对其揄扬备至，袁凯的文学史地位由是飞跃。

如果将目光超越洪、永年间，以更为宏阔的视角观看袁凯的案例，或可归纳出这样一则结论：别集较早出版、此后持续出版、名家序言称赞这三重因素，共同推动了袁凯文学史地位的跃进。通过前文所列现存版本可知，自明中叶直至清末，《海叟集》每一百年至少出版一次。随着时间流逝，书版会日益剥落，刻本也会渐渐散佚甚至失传。每当旧本逐渐散佚之时，新刻又出，持续的出版保证了袁凯作品为一代代读者所见，这是非常重要的。

最后，我们再将视线移到曾经与袁凯并驾齐驱的陆居仁、董纪等人身上。他们或自一开始即未编定别集，或始终未将其别集出版，或一次付梓后未继续出版。

陈璧、吴哲、陆居仁，属于别集未获编定的情况。正德《松江府志》陈璧本传云："陈璧①，字文东，华亭人。少颖悟，以文学知名。尤善书篆隶、真草，流畅快健，富于绳墨。洪武间，以秀才任解州判官，调湖广郴州，卒。郡人学书者皆宗之。"② 钱谦益《列朝

---

① 按，"璧""壁"显系版刻讹误。
② 正德《松江府志》卷30，第1429页。

诗集》陈璧小传当本于此。① 已有传记皆未言及陈璧著作，由此推想，陈璧别集并未编定。

吴哲亦然。赖良《大雅集》仅云"吴哲，字子愚，华亭人，号淡云野人"②。复据正德《松江府志》本传，可知其"博学善文辞，尤以诗名。尝出佐戎幕，归教授于乡，至老不倦云"③。已有传记亦皆未言及吴哲著作，可以想见其别集亦未编定。

至于陆居仁，尽管顾嗣立《元诗选》三集收录陆居仁《云松野褐集》一卷，集中诗凡十二首，④ 然此显系顾嗣立的辑佚成果。"云松野褐集"或为顾嗣立据陆居仁号拟定之名，而非陆居仁确有是集。《大雅集》仅云陆居仁"字宅之，号云松野褐，云间人"⑤。复据正德《松江府志》本传，可知其"工古诗文，与杨维祯、钱惟善游，殁同葬干山，号三高士墓"⑥。明清时人所作传记，皆未言及陆居仁著作。唯近人陈衍《元诗纪事》谓其"有《云松野褐集》"⑦，此盖以顾嗣立《元诗选》为据。

顾禄则属于别集未获出版。顾禄有别集《经进集》，正德《松江府志》顾禄本传云，"高庙览其诗善之，今集名'经进'以此"⑧。前文已述，顾禄诗使用了《洪武正韵》，此当为明太祖善其诗的主要

---

① （清）钱谦益《列朝诗集》甲集卷 19 "陈郴州璧"："璧，字文东，华亭人。博学能诗文，尤善篆隶、真草。洪武间，以秀才举山西解州判官，调郴州，卒。"（《列朝诗集小传》，第 136 页）

② （元）赖良：《大雅集》卷 3，中国国家图书馆藏清初抄本。

③ 正德《松江府志》卷 30，第 1429 页。

④ （清）顾嗣立：《元诗选》三集，中华书局 1987 年点校本，第 586—589 页。

⑤ （元）赖良：《大雅集》卷 1，中国国家图书馆藏清初抄本。

⑥ 正德《松江府志》卷 30，第 1423 页。

⑦ 陈衍：《元诗纪事》卷 15，第 352 页。

⑧ 正德《松江府志》卷 30，第 1431 页。另据蒋一葵《尧山堂外纪》卷 79 记载，"一日近臣入便殿，见上所常御处有禄诗数帙，盖深喜之也"（《续修四库全书》第 1195 册，上海古籍出版社 2000 年影印明刻本，第 16 页）。

原因。① 焦竑《国史经籍志》著录"顾禄《经进集》二卷",《千顷堂书目》则著录"顾禄《经进集》二十卷",徐乾学《传是楼书目》复著录"顾禄《经进诗》十一卷"②,卷数存在较大差异。焦竑、黄虞稷俱未著录版本信息,徐乾学则明确著录该本为抄本。就目前所见,在《国史经籍志》《千顷堂书目》《传是楼书目》及以《千顷堂书目》为底本编次的《明史·艺文志》之外,其余明清目录皆未著录顾禄《经进集》,《经进集》今亦不传。由此推测,《经进集》并未出版,一直以抄本形制流传,是以诸家目录少有记载。刻本形制相对固定,抄本则具有更强的"流动性",《经进集》已有著录在卷数上的较大差异,亦当与其未经刊刻有关。

董纪有别集,别集亦曾刊刻,然此后未获得继续出版。据张弼《西郊笑端集序》可知,董纪曾为周仲鼎塾师,其集亦藏于周家。对于《西郊笑端集》,仲鼎子周溥"欲板行之而未果",溥子周尚文"遂躬为编校而行之"③。此本原刻今藏日本静嘉堂文库。据陆心源《皕宋楼藏书志》著录,此本有成化九年(1473)张弼序、成化四年(1468)钱溥序、宣德六年(1431)周鼎跋。④ 在目前所见现存《西郊笑端集》版本及书目著录中,皆未见是集其他版本。如丁丙《善本书室藏书志》著录"《西郊笑端集》二卷钞本",并云该本有"松江董良史著　后学周庠校刊"字样,"有宣德辛亥鼎跋,并同郡

① (清)朱彝尊《静志居诗话》卷5"顾禄":"谨中过鄱阳湖赋诗云……孝陵闻之,命尽进所作,披之便殿。桂彦良所云'秀句新传凤榻前'是也。说者谓因'破敌'句受知。窃疑《正韵》书成,无有遵之作律诗者。谨中特合真、元韵并用,此其所以深契帝怀尔。"(清)朱彝尊著,(清)姚祖恩编,黄君坦校点:《静志居诗话》,第116页。

② (明)焦竑:《国史经籍志》卷5,第278页;(清)黄虞稷编,瞿凤起、潘景郑整理:《千顷堂书目》卷17,第460页;(清)徐乾学《传是楼书目》卷4:"顾禄《经进诗》十一卷　明顾禄　一本抄本"(《续修四库全书》第920册,上海古籍出版社1999年影印清道光八年抄本,第845页)。

③ (明)张弼:《张东海诗文集》文集卷1,第443页。

④ (清)陆心源:《皕宋楼藏书志》卷111,《清人书目题跋丛刊》,中华书局1990年影印清光绪八年刻本,第1258页。

张弼、钱溥二序"①，显然亦属周氏刻本系统。由此推想，周庠之后，《西郊笑端集》未再出版。《四库全书总目》即言，"纪集明世未经再刻，流播颇稀"②。

无论是别集未编定、未出版，还是未继续出版，带来的问题是相同的。作品未能以比较稳定的刻本别集形制持续出版，因而未能得到长期、广泛传播。随着时间流逝，后之读者大多只能读到这些作者的零星章句，从而难以做出比较全面、深入的有效评价。有效评价尚且不足，文学史地位遂无从确立。

以陆居仁为例，赖良《大雅集》凡收录其《楚人弓》《国马足》《古意》二首四篇作品。由于陆居仁无刻本别集传世，后之读者欲了解其作，只能通过《大雅集》等总集。后之选家编纂总集，大多亦只能在这四篇作品中选择。是以如《列朝诗集》、陈焯《宋元诗会》、《元诗纪事》俱仅录陆居仁《楚人弓》《国马足》二首，③《明诗综》《明诗纪事》更一首未收。这样，明清绝大多数读者评价陆居仁诗的基础，最多是四篇作品；而袁凯《海叟集》所收，是将近四百篇作品。因此，读者对陆居仁、袁凯诗的评价，其实是基于数量截然不同的作品，自评价之初就是不公平的。

万历年间，张所敬为其弟张所望出版《海叟集》作跋，是文云："吾郡袁景文先生以诗鸣国初，所著有《海叟集》。因《白燕》诗脍炙人口，人人称为'袁白燕'，然未有当代名德为之表扬其诗者。盖百余年，而吾邑陆文裕公为吉士时，携示李、何两先生，两先生各为叙论，颇极推许，而叟之诗始重。又五十余年，而郡人何又玄以活字板印之，而叟之诗始行……吾是以知诗文之传世，显晦有时，

---

① （清）丁丙：《善本书室藏书志》卷 35，第 833 页。

② （清）永瑢：《四库全书总目》卷 169 "《西郊笑端集》二卷"提要，第 1474 页。

③ （清）钱谦益：《列朝诗集》甲集前编卷 11 "陆进士居仁"，上海三联书店 1989 年影印本，第 79—80 页；（清）陈焯：《宋元诗会》卷 97，《故宫珍本丛刊》，海南出版社 2000 年影印清康熙刻本，第 336—337 页；陈衍：《元诗纪事》卷 15，第 352—353 页。

而吾弟表章先哲之意，致可尚也。"① 正如张所敬所言，诗文传世，显晦有时。袁凯在文学史上声名得彰，正是借助了出版的力量。

可见，尽管出版意识影响了诗人的题材选择、笔法运用，对诗歌创作产生了一些消极作用，然出版亦令前代作品得以长期、广泛传播，为后之作者所阅读、所评论。在高启、袁凯文学史地位的确立过程中，作品出版皆发挥了举足轻重的作用。

出版不仅影响了作家作品的文学史地位，还在文学流派与文学思潮的形成过程中，发挥了作用。

第二节　出版对文学流派与思潮形成的作用

洪武至永乐年间不仅有诸多诗人，还涌现出了一些文学流派。对此，胡应麟总结云："国初，吴诗派昉高季迪，越诗派昉刘伯温，闽诗派昉林子羽，岭南诗派昉于孙蕡仲衍，江右诗派昉于刘崧子高。五家才力，咸足雄据一方。"② 在这一时期的诗人中，最为后世赞誉的是高启与袁凯；而在文学流派中，对明代诗坛具有最深远影响的，是以林鸿为领袖的闽中诗派。自洪武至永乐，闽中诗派不少成员的身份，发生了从"山林"到"台阁"的转变。而台阁体的流行，正是明前期最为显明、不容忽视的一股文学思潮。本节即分别以闽中诗派、台阁体为中心，来探讨出版对文学流派、文学思潮形成的作用。

一　文学流派：出版与闽中诗派"尊唐"主张的落实

在开始讨论前，首先需要辨析两组概念。一是"闽中诗派"与

---

① （明）张所敬《海叟集跋》，载（明）袁凯著，万德敬校注《袁凯集编年校注》，第 382 页。

② （明）胡应麟：《诗薮》续编卷 1，中华书局 1958 年点校本，第 327 页。

"闽中十子"的关系。《明史·林鸿传》云："闽中善诗者，称'十才子'，鸿为之冠。十才子者，闽郑定，侯官王褒、唐泰，长乐高棅、王恭、陈亮，永福王偁，及鸿弟子周玄、黄玄，时人目为'二玄'者也。"① 后世遂多以此为据，以"闽中十子"为明初闽中诗派主要成员。对此陈庆元已指出，"闽中十子"源于万历间袁表、马荧《闽中十子诗》，为后起称呼，洪武至永乐年间并无"十才子"之目。据其考证，洪、永之世，林鸿一派诗人至少在三十人以上。② 陈广宏《闽诗传统的生成》对此名目亦有明晰梳理。③ 因此在探讨"闽中诗派"相关问题时，不需拘泥于"闽中十子"范畴，亦不应将二者简单等同。

二是"闽中诗派"与"闽中"的关系。洪武至永乐年间，闽中并非诗派成员活动的唯一舞台，他们的影响亦不止于闽中一地。如林鸿洪武年间曾任礼部精膳司员外郎，其别集《鸣盛集》中，即有《甘露应制》《春日游东苑应制》④ 等应制作品。洪武十三年，时任吏部尚书的江西诗人刘崧为林鸿别集作序，盛赞"今观林员外子羽诗，始窥陈拾遗之阃奥，而骎骎乎开元之盛风，若殷璠所论神来、气来、情来者莫不兼备"，并为林鸿集题名"鸣盛"⑤。由此，可见林鸿之名闻于京师。另据都穆《南濠诗话》记载，"无锡浦源，字

① 《明史》卷286，第7335页。

② 陈庆元：《福建文学发展史》，福建教育出版社1996年版，第290—292页；亦见其《我的区域文学史研究——〈福建文学发展史〉撰写心得》，《古典文学知识》1997年第6期，第25—26页。

③ 陈广宏：《闽诗传统的生成——明代福建地域文学的一种历史省察》第二章第三节"'闽中十子'诗派"，上海古籍出版社2018年版，第171—175页。是著指出，"在回溯历来有关'闽中十子'的记载时，我们的头脑中恐怕应该形成一种层累的概念，从而便于将流传中混成一团的称名及由来厘清、还原"（第172页），颇具启发意义。

④ （明）林鸿：《鸣盛集》卷2、卷3，中国国家图书馆藏清抄本。

⑤ （明）刘崧《鸣盛集序》："谨题其集曰'鸣盛'"。末题"洪武庚申季春既望嘉议大夫礼部侍郎权吏部尚书庐陵刘崧子高序"。按，由于国图藏清抄本首仅有洪武三年倪桓序，此处刘崧序文内容，遂引自清文渊阁《四库全书》本《鸣盛集》（《四库明人文集丛刊》，上海古籍出版社1991年影印本）。后同。

长源，读书工诗。洪武中，为晋王府引礼舍人。闻闽人林子羽老于诗学，欲往访之而无由。一日，以收买书籍至闽……子羽甚加叹赏，遂许入社，与之唱酬"①。时任晋府舍人的无锡人浦源亦知林鸿擅诗，由此亦见林鸿声名。

　　这里需要提出的是，自明后期至今，文人学者在论及林鸿时，大都会述及"高皇帝临轩试《龙池春晓》《孤雁》二诗，（林鸿）一日名震京师"之事。此事见于《闽中十子诗》林鸿小传，焦竑《献征录》卷三五《礼部员外郎林鸿传》与之同。左东岭提出，《闽中十子诗》小传是关于林鸿生平的最早记载，《献征录》所载或录自是书。②

　　按，《闽中十子诗》首次出版于万历四年（1576）。据笔者查考，弘治《八闽通志》卷六二、嘉靖《延平府志·官师志》俱有林鸿小传，早于是书，距林鸿生活年代更近。且《闽中十子诗》的编者为林鸿立传时，带有强烈的主观色彩与弘扬其事迹的意图，相比之下，方志纂修者的写作态度更为客观。然弘治《八闽通志》③、嘉靖《延平府志》④ 俱仅云林鸿官至膳部员外郎，而未提及太祖试诗一事。在今本《鸣盛集》中，亦未见《龙池春晓》《孤雁》二诗。在《闽中十子诗》、曹学佺《石仓历代诗选》等明人编纂的诗歌总集中，林鸿部分亦未载录此二诗。《明太祖实录》中并无与林鸿有关

---

　　①　（明）都穆：《南濠诗话》，中华书局 1991 年点校本，第 3 页。

　　②　左东岭：《闽中诗派与主流诗坛关系研究》，《北方论丛》2009 年第 3 期，第 20—21 页。

　　③　弘治《八闽通志》卷 62："林鸿，字子羽，福清人。幼颖悟，读书一览，辄能记忆。尤工诗，音律体制，一以盛唐为宗。先朝遗老，如吴海、陈亮辈，皆极推许。而一时才士，如郑孟宣、高廷礼、周又玄、黄玄之、林伯璟、林汉孟之流，皆从之游。其后，王皆山、王中美、王孟杨、陈仲完、郑公启、张友谦、赵景哲诸名人，以诗名于时，又私淑于鸿者也。洪武中，以荐起，官至膳部员外郎。"（第 447 页）

　　④　嘉靖《延平府志·官师志》："林鸿，字子羽，三山人。以荐起，任将乐训导，启迪有方，多所造就。为人磊落不羁，常傲睨烟云以自适。尤好吟咏，凡所见闻，率于诗发之，有唐人风致。官至膳部员外郎，有《鸣盛集》。"（《天一阁藏明代方志选刊》，上海古籍书店 1961 年影印明嘉靖刻本）

的记载，刘崧为林鸿别集所作序同样未言及此事。笔者不敢遽言明
太祖试诗林鸿乃后人杜撰，然上述诸端表明，此事的可信度多少，
实有疑问。

　　靖难变后，永乐初年，更多闽中诗派的成员被征至京，而后进
入馆阁、居官翰林。如王褒、王偁俱任《永乐大典》副总裁，①解
缙盛赞王偁"眼空四海，壁立千仞""目如曙光，辩如悬河，真若
超千古而立于独者"②，王偁《虚舟集》中亦多《元夕午门侍宴》
《元夕黄庶子淮宅咏莲花灯和胡学士广韵》③等应制、唱酬之作。再
如高棅亦于永乐初以布衣入翰林，为待诏。永乐九年升典籍，永乐
二十一年（1423）卒于官舍，居翰林二十年，④等等。永乐年间，
京师成为闽中诗派新的活动中心，其影响亦进一步扩大。高棅、王
偁等人的创作，对台阁体诗风的形成也有一定影响。对此学界已有
不少研究，⑤这里不再赘论。

　　宗法盛唐，是闽中诗派明确的诗歌理论与创作特征。以诗派领

---

　　①　《明太宗实录》卷36："（永乐二年十一月）翰林院侍讲邹缉，修撰王褒、梁
潜、吴溥、李贯、杨觏、曾棨，编修朱纮，检讨王洪、蒋骥、潘畿、王偁、苏伯厚、
张伯颖，典籍梁用行，庶吉士杨相，左春坊左中允尹昌隆，宗人府经历高得旸，吏部
郎中叶砥，山东按察司佥事晏璧为副总裁"（第627—628页）。按，陈广宏《明初闽诗
派与台阁文学》在引用此则记载时，"朱纮"写作"宋纮"，此误。（《文学遗产》2007
年第5期，第64页）

　　②　（明）解缙：《虚舟集叙》，载（明）王偁《虚舟集》，中国国家图书馆藏明弘
治六年刻嘉靖元年重修本。

　　③　俱见（明）王偁《虚舟集》卷5，中国国家图书馆藏明弘治六年刻嘉靖元年
重修本。

　　④　（明）林志《漫士高先生墓铭》："永乐二十有一年二月三十日，翰林典籍漫
士高先生廷礼卒于南京之官舍，年七十有四……今上初，二人自布衣召入翰林。皆山
即除典籍，卒。先生为待诏，九年始升典籍……在翰苑二十年，四方求诗画者，争致
金帛修饩，岁常优于禄入。"载（明）程敏政：《明文衡》卷89，《四部丛刊初编》，
影印明嘉靖刻本。

　　⑤　代表性研究，有陈广宏《明初闽诗派与台阁文学》、左东岭《闽中诗派与主流
诗坛关系研究》、郑礼炬《闽中诗派对明代翰林诗歌创作的影响》（《闽江学院学报》
2007年第6期，第7—10页），等等。

袖林鸿为例，就创作实践而言，如李东阳《怀麓堂诗话》即指出，"林子羽《鸣盛集》专学唐，袁凯《在野集》专学杜。盖皆极力摹拟，不但字面句法，并其题目亦效之。开卷骤视，宛若旧本。然细味之，求其流出肺腑卓尔有立者，指不能一再屈也"①。再就诗学理论观之，如高棅《唐诗品汇》凡例即转述林鸿"惟李唐作者可谓大成。然贞观尚习故陋，神龙渐变常调，开元、天宝间，声律声秀，粲然大备，故学者当以是为楷式"② 之言，由此可见其对盛唐的崇尚。

　　此外，闽中诗派重要成员高棅还编纂了两部唐诗选本《唐诗品汇》《唐诗正声》，旗帜鲜明地标举盛唐，对此后诗坛产生了深远影响。二书在明中后期持续出版，不仅为明代广大士子学习唐诗的必读书目，还是后之选家编制新的唐诗总集时依据的底本，得到诸多名家的广泛赞誉。如胡应麟云，"习唐诗者必熟二书（《品汇》《正声》），始无他岐之惑"③。何良俊亦言"近世选唐诗者，独高棅《唐诗正声》颇重风骨，其格最正"④。《明史·高棅传》更谓，"《唐诗品汇》《唐诗正声》，终明之世，馆阁宗之"⑤，等等。

　　明后期以来，文人学者回望明代文学时，大多以"复古"作为这一时期的显著特点，如沈德潜云"宋诗近腐，元诗近纤，明诗其复古也"⑥，等等。闽中诗派宗法盛唐的理论、创作，特别是《唐诗品汇》《唐诗正声》的不断出版，令后之文学史家在梳理、建构明代诗文发展脉络时，大都会强调闽中诗派的先导作用。如谢肇淛云，

---

① （明）李东阳著，李庆立校释：《怀麓堂诗话校释》，第 72 页。
② （明）高棅：《唐诗品汇》，上海古籍出版社 1988 年影印本，第 14 页。
③ （明）胡应麟：《诗薮》外编卷 4，第 183 页。
④ （明）何良俊：《四友斋丛说》卷 24，第 224 页。
⑤ 《明史》卷 286，第 7336 页。
⑥ （清）沈德潜：《明诗别裁集序》，见（清）沈德潜、（清）周准《明诗别裁集》，上海古籍出版社 1979 年点校本，序文第 1 页。

"明诗所以知宗夫唐者，高廷礼之功也"①；《四库全书总目》评《唐诗品汇》时亦谓，"厥后，李梦阳、何景明等摹拟盛唐，名为崛起，其胚胎实兆于此"②；等等。其实不只是明代文学史，在考察近古时期唐诗学发展、唐诗谱系的构建等更为宏阔的问题时，明初闽中诗派的活动，《唐诗品汇》《唐诗正声》的编纂也是不容忽视的重要事件。

明初闽中诗派对明代乃至近古文学的影响及其文学史地位，使得学界对其有比较充分的研究。如前文所述陈庆元《福建文学发展史》、左东岭《闽中诗派与主流诗坛关系研究》等数家论著，即为其中代表。更有数部专著、博士学位论文是以高棅、《唐诗品汇》为题，展开讨论。③

在蔚为丰富的已有研究中，笔者尤为关注的，是从地域角度对明初闽中诗派的考察。早在1990年，蔡一鹏即提出，"闽中地区之成为尊唐复古文学思潮的策源地，这不仅是时代、社会大背景使然，同时还是区域文化小气候温润的结果"④。陈广宏《闽诗传统的生成》亦于开篇即强调"地域文学研究的背景与意义"，认为运用地域文学研究"能够为近世文学的重构拓展出纵深空间，从而为文学史研究提供新的解释框架"⑤。

就笔者目前所见，学界在从地域角度展开考察时，大都强调主

---

① （明）谢肇淛：《小草斋诗话》，周维德集校《全明诗话》第4册，齐鲁书社2005年点校本，第3512页。

② （清）永瑢：《四库全书总目》卷189 "《唐诗品汇》九十卷、《拾遗》十卷"提要，第1713页。

③ 就笔者目前所见，有蔡瑜《高棅诗学研究》（台湾大学出版委员会1990年版）、申东城《〈唐诗品汇〉研究》（黄山书社2009年版）、丁雪艳《高棅研究》（博士学位论文，河南大学，2013年）。

④ 蔡一鹏：《闽中诗派的诗歌创作与明初社会、文化背景》，《福建论坛》（文史哲版）1990年第3期，第55页，下同。

⑤ 陈广宏：《闽诗传统的生成——明代福建地域文学的一种历史省察》，第5—11页。

张师法盛唐的南宋诗论家严羽即为闽人，强调张以宁、蓝仁、蓝智诸闽中前辈对林鸿、高棅等人的影响。① 如蔡一鹏即云，"严氏诗学在闽中流传最广，影响尤深。自南宋以来，主唐音之一脉不绝如缕而独盛于闽中，原因即在于此"，等等。陈广宏则于强调严羽等人影响的同时，重点论述了地域文学的形成是其间文人群体自觉构建的结果。②

诚然，闽地前辈的诗学理论，对闽中诗派形成其主张具有重要作用。但问题是，在明初特别是洪武年间，宗法唐诗特别是盛唐，其实是全国诸多地区文人的普遍主张。闽中诗派能够对此后文坛影响深远、得以在文学史占据重要地位，其成功关键，其实不在于他们的主张，而在于他们拥有得天独厚的外部的物质基础，令他们将此主张落实。其物质基础，就是明初福建在全国首屈一指的出版业水平。对此，已有研究却鲜少论及。

关于明初文人普遍宗唐这一点，已有一些学者指出。如孙春青注意到，明初文人为他人诗集作序时，"最高的赞美便是能得唐人风气"③。这种赞美亦不只见于序文，如本章首节论高启时曾引张羽挽诗，诗中亦以"汉家乐府盛唐诗"称赞高启。刘海燕更明确提出，"崇唐抑宋"倾向是明初诗坛复古思潮的一个较明显特征。吴中、浙江、闽中、江右、岭南五大文人集团，各有不同的宗唐取向。④

那么，明初诗坛为什么会出现普遍的宗唐倾向呢？已有研究大都将其中原因归结为两点。一是明初外部环境，一是诗歌发展内

① 早在清初，朱彝尊在回顾、梳理明代唐诗学发展脉络时，即云"顾正、嘉以后言诗者，本严羽、杨士弘、高棅之说，一主乎唐，而又析唐为四，以初、盛为正始、正音，目中、晚为接武、遗响"［（清）朱彝尊：《曝书亭集》卷38《王先生言远诗序》，《四部丛刊初编》，影印清康熙刻本］，将严羽与高棅纳入一系。

② 陈广宏：《闽诗传统的生成——明代福建地域文学的一种历史省察》，第423页。

③ 孙春青：《明代唐诗学》，上海古籍出版社2006年版，第10页。

④ 刘海燕：《试论明初诗坛的崇唐抑宋倾向》，《文学遗产》2001年第2期，第66—77页，下同。

在规律。至于二者轻重，论者或不分其中高下，或以内部原因更为重要。如刘海燕言，明初宗唐"既与政治复古的时代背景相呼应，又符合诗歌自身发展规律的思想倾向"，似乎对二者等量齐观。然其具体论述以近两页篇幅探讨了南宋至明初的唐宋诗之争，而对"政治复古的时代背景"，仅征引了《明太祖实录》中"诏复衣冠如唐制"一句，显然更重视内部原因。

笔者认为，诗歌内在发展固然不可忽视，然在明初尤其是洪武年间这一特殊的时代背景之下，诗坛普遍宗唐特别是取法盛唐，更多是受到外部环境的影响。

前文已述，明太祖在政治制度上，"远稽汉唐，略加损益，亦参以宋朝之典"。据李新峰研究，明初政治制度的来源实相当复杂，糅合了"取法于汉唐宋旧制的、明朝建国历程中形成的特有的、元朝自然沿续下来的三种体制因素"[1]。其中，对旧制的取法表现在诸多层面。如《明太祖实录》记载，洪武元年二月"诏复衣冠如唐制"，"初，元世祖起自朔漠，以有天下，悉以胡俗变易中国之制……上久厌之，至是悉命复衣冠如唐制"[2]；洪武元年十二月，"拟立秋后辰日祀灵星，立冬后亥日祀司中、司命、司人、司禄，如唐制，为坛于城南。上从之"[3]；再如据李新峰考证，洪武初官俸序列很可能模仿《唐六典》；[4] 等等。

从衣冠、祭祀到官俸，摹拟旧制或有便于实际操作的考量，然其还有更深层的意义。取法汉、唐、宋制，其重心实不在"古"，而在于三朝皆为汉族统治。然宋朝非大一统王朝，是以在汉、唐、宋中，又以汉、唐为上。故"远稽汉唐，参以宋典"，并非简单的

---

① 李新峰：《论元明之间的变革》，第 94 页。

② 《明太祖实录》卷 30，第 525 页。

③ 《明太祖实录》卷 37，第 746 页。

④ 李新峰：《释明初官俸序列》，载吴艳红主编《明代制度研究》，浙江大学出版社 2014 年版，第 74—95 页。

"政治复古"，而实为"驱逐胡虏，恢复中华"①观念在政治制度层面上的某种具体实现。是以《明太祖实录》记载诏复衣冠事时，特别强调元朝衣装为"胡俗"，"变易中国"。

由是观之，此时诗坛的崇唐抑宋之风，与政治制度的"远稽汉唐，参以宋典"，实具有相似的内在理路。它们都深受这种出于建国需要的、尊崇汉唐之意的影响。且与衣冠样式、官俸序列等有所不同，诗歌本身即具有记录当时社会生活的功能，而中国古代又一直极为强调诗歌反映政教风化之用，认为诗歌可以揭示王朝的盛衰。《礼记·乐记》即云，"治世之音安以乐，其政和；乱世之音怨以怒，其政乖；亡国之音哀以思，其民困"②，毛诗序转引此言。孔颖达《毛诗正义》更谓，"其作诗者，道己一人之心耳。要所言一人心，乃是一国之心。诗人览一国之意，以为己心。故一国之事，系此一人，使言之也"③。因此，后世宗法唐诗特别是盛唐，不仅因其诗歌之美，更在于其"忆昔开元全盛日，小邑犹藏万家室。稻米流脂粟米白，公私仓廪俱丰实"④的浓墨重彩的盛世象征。故明初取法唐诗之举的象征意味，实远胜于效仿唐代衣冠、官俸。

明初文人深知这一点。他们在评论诗作时，大多会谈到国家的气运。如王祎为练高诗所作序云，"古今诗道之变，非一也。气运有升降，而文章与之为盛衰，盖其来久矣"⑤。而在为吴中张仲简诗所作序中，王祎开篇即云，"文章与时高下，代有是言也……开元以后，久于治平，其言始一于雅正，唐之诗于斯为盛"。进而提出，"国家致治，比隆三代。其诗之盛，实无愧于有唐"。最后盛

---

① 《明太祖实录》卷26，第402页。

② （清）阮元校刻：《十三经注疏附校勘记》，第1527页。

③ （清）阮元校刻：《十三经注疏附校勘记》，第272页。

④ （唐）杜甫《忆昔二首》其二，（唐）杜甫著，谢思炜校注《杜甫集校注》，上海古籍出版社2015年版，第631—632页。

⑤ （明）王祎：《王忠文公集》卷2《练伯上诗序》，见（明）王祎著，颜庆余点校《王祎集》，第153页。

赞，"仲简之诗，所谓温丽靖深，而类乎韦、柳者也。后之人读其诗，非惟知其人，虽论其世可也。仲简之乡先生文昌于公，谓为有盛唐气象"①。显然，相比"知人"，王祎称颂的意图更在乎"论世"。张仲简诗有盛唐气象，意味着洪武年间同样是一番"盛世"光景。

在《张仲简诗序》中，王祎亦已明言："士之达而在上者，莫不咏歌帝载，肆为瑰奇盛丽之词，以鸣国家之盛"。而这也正是刘崧以"鸣盛"命名林鸿集的题中之义。前文已述，刘崧谓林鸿诗"骎骎乎开元之盛风"。在此基础上，刘崧进而提出，"虽其天资卓绝，心会神融，然亦国家气运之盛驯致然也"，同样从林鸿之诗谈到了明初之世。再如，高棅《唐诗品汇总叙》亦明确提出，"观诗以求其人，因人以知其时，因时以辨其文章之高下、词气之盛衰"②。其针对"往体、近体、长短篇、五七言律句、绝句等制"而言的"兴于始，成于中，流于变，而陵之于终"③，显然亦与王朝的发展历程高度一致。马得华、林慈为《唐诗品汇》所作序，亦皆由高棅编选唐诗之举，谈到了"鸣国家之盛""鸣治世之音"④。

可见，明初宗法唐诗，并不纯粹是追求诗歌之美的行为。对广大文人而言，宗法唐诗还有着更切实的意义，即对尊崇汉唐这一主流价值观念的积极响应、贯彻落实。在明初尤其是洪武年间高压、紧张的背景之下，每一位诗人，不管身在何地，都被裹挟在这所谓"盛世"的洪流之中，各地诗人学习唐诗的愿望定然都是迫切的。但这一愿望的实现，需要物质基础。学习唐诗的前提与

---

① （明）王祎：《王忠文公集》卷2《张仲简诗序》，见（明）王祎著，颜庆余点校《王祎集》，第158—159页，下同。

② （明）高棅：《唐诗品汇》，第10页。

③ （明）高棅：《唐诗品汇总叙》，《唐诗品汇》，第8页。

④ （明）马得华《唐诗品汇叙》："全闽学古者，振发歆动，能相与鸣国家之盛，必廷礼为之倡"；（明）林慈《叙》："慨念吾廷礼十年用心之勤，思欲与海内学者共契唐人理趣，返淳风于后代，他日出而赓歌，鸣治世之音，列诸朝廷，以敦教戒，荐诸宗庙，以和神人"（明）高棅：《唐诗品汇》，第1—3、7—8页，后同。

必需，是读到一定量的唐诗作品。没有唐诗作品，自然无法摹拟唐朝。而在洪武至永乐年间，绝大多数文人都看不到足够多的唐诗作品。因此，尽管他们也有宗唐主张、迫切学习愿望，但受限于物质条件，绝大多数文人无法将其主张落实。

不妨通过数例具体观之。按，由于现存洪、永年间文人别集以及方志等史料较少，且普遍为南方文人所编纂，故仅据明前期材料，实难以勾勒京师、浙江、江西、福建等地以外，其他地区的唐诗作品出版情况。因此，这里尝试通过明中后期的一些记载，来推想明初其他地区的书籍出版。

比如，据陆容《菽园杂记》记载，"庆阳西北行二百五十里，为环县。县之城北枕山麓，周围三里许。编民余四百户，而城居者仅数十家……尝与索韵书，遍城中不可得"①。其时为成化、弘治年间，是陆容本人盛赞的"书版日增月益，天下古文之象，愈隆于前已"② 的时期。然陆容走遍甘肃环县城，竟不可得一部韵书。韵书是雕版印刷术发明以来最常见的出版物之一，尚且如此，则唐诗作品可想而知。成化、弘治年间尚且如此，洪武、永乐时期环县的书籍出版情况，亦可想而知。

周弘祖《古今书刻》亦可提供线索。据笔者统计，在叶德辉本《古今书刻》总共著录的 176 个单位中，仅 45 家名下著录了唐诗相关书籍；在黄嘉善本著录的 185 个单位中，这样的单位亦仅有48 家。③ 如广西、云南、贵州全境各单位下，皆未著录一部与唐诗

---

① （明）陆容著，佚之点校：《菽园杂记》卷1，第7页。
② （明）陆容著，佚之点校：《菽园杂记》卷10，第128—129页。
③ 叶德辉本的45家，具体为内府、都察院、国子监，南京国子监，北直隶保定府、真定府、广平府，南直隶苏州府、松江府、常州府、镇江府、徽州府、徐州，浙江杭州府、嘉兴府、绍兴府、衢州府，江西弋阳王府、吉安府、袁州府、临江府、赣州府、瑞州府，福建建宁府、书坊，湖广按察司、武昌府、楚府、德安府，河南布政司、彰德府、河南府，山东布政司，山西布政司，陕西布政司、西安府、凤翔府、庆府、巩昌府、延安府，四川布政司、重庆府、嘉定府、雅州，广东布政司。黄嘉善本在上述单位外，复多有顺天府、淮安府、大同府。

有关的作品。须知周弘祖为嘉靖三十八年（1559）进士，《古今书刻》大体反映了万历十二年以前各地出版业情况。此时的明代出版业，已经过嘉靖年间质的飞跃，文坛更经过了轰轰烈烈的推重盛唐诗的文学复古运动。然在此时，仍有诸多地区难能得见唐诗作品。则明初这些地区的唐诗书籍出版情况，可知寥寥。唐诗难见，则明初广西、云南、贵州等地文人，又谈何摹拟唐调呢。

　　明初的福建文人，则不需担心此问题。本书第二章已述，在洪武至永乐年间，福建出版业水平为全国之冠。故上自皇帝、下至平民，都会选择在福建出版书籍。前者，如福建布政使司进呈《南唐书》《金史》《古史》；后者，如王惠专程前往福建将《学范》刻版。因此，福建当地聚集了蔚为丰富的书版。是以明太祖明令，凡书籍有未备者，即"遣人往福建购与之"。前文所言浦源拜访林鸿，其契机亦为"收买书籍至闽"。相比外地文人购求书籍的舟车劳顿，福建本地人不啻坐拥书城。正因有全国第一的充沛书籍在侧，林鸿等诗派成员得以摹拟唐诗，高棅《唐诗品汇》《唐诗正声》亦得以完成。

　　首先就高棅的编纂实践而言，其《唐诗品汇》凡九十卷、拾遗十卷，共选录唐代诗人 620 家、诗作 5769 首。① 由于《品汇》卷帙浩繁，高棅复从中选取 929 首，编成《唐诗正声》。其《唐诗拾遗序》明言，"予既爱唐诗，喜编录，初采众作，裒为一集曰《唐诗品汇》……自洪武甲子迄于癸酉方脱稿，其用心亦勤矣"，"掇其漏，搜其逸，又自癸酉迄戊寅，是编始就……题曰《唐诗拾遗》，附于《品汇》之后，足为百卷，以成集"②。由此可知，高棅编纂《唐诗品汇》九十卷的时间为洪武十七年（1384）至二十

---

① 按，高棅《唐诗品汇总叙》云："通得六百二十人，共诗五千七百六十九首。"［（明）高棅：《唐诗品汇》，第 10 页，下同］陈国球据明汪宗尼刻本《唐诗品汇》统计总数为 5802 首。陈国球：《唐诗选本与明代复古诗论》，《唐代文学研究》，1994 年，第 785 页。

② （明）高棅：《唐诗品汇》，第 768 页。

六年，二十六年至洪武三十一年又完成《唐诗拾遗》。

据高棅《倚韵奉寄和陈沧洲留别之作》诗序"曩岁癸未秋，余以虚名被征赴京师，明年入翰林，又明年丁内艰，归田里"① 之语，可知其赴京时间为永乐元年（1408）。② 也就是说，包括《唐诗拾遗》在内的百卷《唐诗品汇》，完全是高棅在闽中时编纂的。

通过高棅《唐诗品汇总叙》可知，其编纂此书的具体做法，为"远览穷搜，审详取舍"，亦即在尽可能多地搜辑唐诗的基础上，再以自己的诗学理论、审美趣味，对诸多作品进行选择。复据高棅《凡例》可知，"是编不言选者，以其唐风之盛，采取之广……凡不可阙者悉录之，此'品汇'之本意也"③。林慈、马得华在《唐诗品汇》序中，亦皆强调了高棅对唐诗的广泛搜罗。如林慈云，"于是悉取唐诗，自贞观迄于龙纪，因其时世之后先，审其声律之正变，分编定目……凡有一题一咏之善者，皆采摭无遗"④，马得华亦云"凡唐之遗编断什散落人间者，搜括悉尽"⑤，等等。

可见，《唐诗品汇》是以数量颇丰的作品为基础编制而成的。高棅能够做到这一点，正因其有条件阅读大量书籍。在高棅《总叙》中，有这样一段论述：

> 载观诸家选本，详略不侔。《英华》以类见拘，《乐府》以题所界，是皆略于盛唐，而详于晚唐。他如《朝英》《国

---

① （明）高棅：《木天清气集》卷6，《四库全书存目丛书》集部第32册，齐鲁书社1997年影印清金氏文瑞楼钞本，第165页。

② 永乐年间林志为高棅所作墓志铭亦云，"今上初，二人（按，指高棅与王恭）自布衣召入翰林"。（明）林志：《漫士高先生墓铭》，载（明）程敏政《明文衡》卷89，《四部丛刊初编》，影印明嘉靖刻本。

③ （明）高棅《凡例》，见（明）高棅《唐诗品汇》，第14页。

④ （明）林慈《叙》，末题"洪武乙亥九月朔日伸蒙子后人林慈书"。洪武乙亥即洪武二十八年。

⑤ （明）马得华《唐诗品汇叙》，末题"洪武辛巳夏六月初吉玉融马得华序"。按，所谓"洪武辛巳"实为建文三年，亦即1401年。

秀》《箧中》《丹阳》《英灵》《间气》《极玄》《又玄》《诗
府》《诗统》《三体》《众妙》等集，立意造论，各该一端。
唯近代襄城杨伯谦氏《唐音》集，颇能别体制之始终，审音
律之正变，可谓得唐人之三尺矣。然而李、杜大家不录，岑、
刘古调微存，张籍、王建、许浑、李商隐律诗载诸正音，渤海
高适、江宁王昌龄五言稍见遗响。每一披读，未尝不叹息
于斯。①

据此可知，高棅广泛阅读了诸多前代诗文总集，如唐代《极
玄集》《又玄集》，宋代《文苑英华》《乐府诗集》，元代《唐音》
等。诚然高棅对上述总集有所不满，然诸家所收唐诗，无疑为其
编纂《唐诗品汇》提供了最直接的材料。以杨士弘《唐音》为例，
据统计，《唐诗品汇》与《唐音》重合之诗，数目如下。

表 4-1　　　　　《唐诗品汇》《唐音》选诗同异统计②

诗歌体裁	《唐音》选诗数目	《唐诗品汇》与之同者	《唐诗品汇》与之异者	重合度
五言古诗	170 首	160 首	10 首	94%
七言古诗	127 首	108 首	19 首	85%
五言绝句	126 首	104 首	22 首	82%
七言绝句	159 首	139 首	20 首	81%
五言律诗	137 首	110 首	27 首	80%
五言排律	10 首	9 首	1 首	90%
七言律诗	94 首	74 首	20 首	80%
七言排律	2 首	1 首	1 首	50%

① （明）高棅《唐诗品汇总叙》，见（明）高棅《唐诗品汇》，第9—10页。
② 按，此表数据，为王顺贵《〈唐诗品汇〉何以成为典范的唐诗选本》（《文学
遗产》2013 年第 2 期，第69—83 页）所统计，表格为笔者所绘制。

可见，《唐音》为《唐诗品汇》提供了海量材料。不仅如此，在体例设计、编纂思想方面，杨士弘很可能亦给予了高棅重要启发。陈国球即指出，严羽《沧浪诗话》提出的唐初体、盛唐体、大历体、元和体、晚唐体"只是'点'的揭示，而不是'线的切分'"，并非正式的文学史分期。至杨士弘《唐音》以"唐初盛唐诗""中唐诗""晚唐诗"等名目，将唐代分为武德至天宝末、天宝末至元和间、元和间至唐末三段，才是正式的诗史分期。① 高棅在评论诸总集时，即对《唐音》评价最高，谓之"颇能别体制之始终，审音律之正变"。其选录诗歌，与《唐音》亦甚多重合。由此推想，《唐诗品汇》确立初唐、盛唐、中唐、晚唐四分法，很可能受到了《唐音》影响，是在《唐音》三分法的基础上完成的。

仅《唐音》一书，即给予高棅如此重要的帮助。《总叙》提及的总集凡十五部，其对高棅编纂工作的助力可以想见。然高棅利用的书籍，还远不止于此。

在《唐诗品汇》凡例之后，有"引用诸书"一表。该表分为"正诗所集"与"夹注所引"两部分。"正诗所集"凡著录书籍三十余种，② 除《总叙》提到的《河岳英灵集》《中兴间气集》等总集外，还有《唐百家诗选》《万首唐人绝句》等数种。"夹注所引"著录的条目，更多达 187 种。即使将其中的《张曲江集序》《杜公自注》等并非明确书名的条目剔除，"夹注所引"著录的书籍，仍多达 99 种。

这些书籍，是《唐诗品汇》注释资料的来源。如《唐诗品汇》卷五三著录李商隐《绝句》，其中"不须看尽鱼龙戏，终遣君王怒偃师"句，"偃师"下有注云："《列子》云，偃师，周穆王时工

---

　① 陈国球：《唐诗选本与明代复古诗论》，第 779 页。
　② 按，据笔者统计，"正诗所集"所列条目凡三十一则，然第一则题作"唐诸家诗集"，显然包括了多种书籍［（明）高棅：《唐诗品汇》，第 15 页］。

人。献能倡者，歌舞千变万化。技将终，倡者瞬其目，招王之左右侍妾。王大怒，立欲诛偃师。偃师大慑，立剖能倡者以示王，皆傅绘草木、胶漆、黑白、丹青之所为。王乃叹曰，人之巧，与造化同功乎。"① 以上内容，俱为高棅据《列子》转述。

从正诗到夹注，丰富的材料是高棅编制《唐诗品汇》的根本，繁多的书籍是其成功的关键。不妨作一对比，以见高棅所用书籍之富。嘉靖年间，冯惟讷编成《诗纪》一百五十六卷。《诗纪》尽可能全备地搜辑先秦至隋代诗，"上薄古初，下迄六代，有韵之作，无不兼收"②。现存万历刻本《诗纪》首亦有"引用诸书"目录。据笔者统计，冯惟讷利用的书籍凡 189 种。③ 相比洪武年间，嘉靖时全国出版业水平有着质的飞跃。《诗纪》收录范围，亦远大于《唐诗品汇》。然高棅所用书籍至少 130 余种，由此可见其用书之丰。

高棅能够阅读、利用书籍琳琅，正因身在福建。以给予高棅卓著帮助的《唐音》为例，考之著录，现存版本中，著录为洪武刻本、"明初刻本"者共计四种，分别为洪武二十三年建安博文堂刻本、明初刻本、明初建安魏氏仁实堂刻本以及明初建安叶氏广勤堂刻本。④ 出版地点可考的三种《唐音》，全部是在福建梓行。

---

① （明）高棅：《唐诗品汇》，第 483 页。

② （清）永瑢：《四库全书总目》卷 189 "《古诗纪》一百五十六卷"提要，第 1716 页。按，"古诗纪"为四库馆臣之命名，冯惟讷此书原名就是"诗纪"。

③ 按，影印清文渊阁《四库全书》本《古诗纪》是目前最为易得的《诗纪》版本，多为研究者所用。需要注意的是，四库本《古诗纪》书首仅有冯惟讷凡例及张四维序，删去了"引用诸书"目录。笔者据明万历年间吴琯刻本《诗纪》整理了冯惟讷"引用诸书"目录，见于笔者《论仕宦经历对冯惟讷〈诗纪〉编刻的影响》一文（《北京大学中国古文献研究中心集刊》第十七辑，北京大学出版社 2018 年版，第 370—380 页）。

④ 本书附录对这四种《唐音》刻本的卷数、版式、行款、藏所、版本配补等信息皆有介绍，读者可以参阅。

　　再如，高棅编纂《唐诗品汇》还参考了诸多子史要籍。除前述《列子》外，据"引用诸书"可知，还有《史记》《唐书》《山海经》《初学记》等。此时在福建，多有子史书籍出版。如现存版本中，即有洪武二十一年建安书市刻本《资治通鉴纲目发明》；再如洪武二十三年，福建布政司进《南唐书》《金史》《古史》刻本，等等。而此时的北方，正面临着子史要籍的"书荒"。如前文谈到，洪武二十四年，明太祖命礼部颁书籍于北方学校，并云"北方学校缺少书籍，士子有志于学者，往往病无书读。向尝颁与五经四书，其他子史诸书未曾赐予"。显然，此时身在北方的士子，是难能如高棅一般，阅读、利用纷繁子史要籍的。子史著作尚难见，集部书籍就更不易得。

　　高棅利用的集部文献，不仅有唐诗总集，还有诸多不同时期的别集。比如，在书首《历代名公叙论》中，高棅引述了这样一则材料："豫章僧来复云，诗自删后，至于两汉，正音犹完。建安以来，寝尚绮丽，而诗道微矣。魏晋作者虽优，不能兼备诸体。其铿鍧轩昂，上追风雅，所谓集大成者，惟唐有以振之，降是无足采焉。"① 据笔者考，这段论述出自释来复为元代张翥《蜕庵诗》所作序文。② 明初刻本《蜕庵诗》尚存，且学界大都认定其为建本。如《中国版刻图录》云，"此本版式纸墨，纯系建本风格"；方彦寿《福建古书之最》亦判断此本为"洪武年间建阳刻本"③，等等。

　　通过以上数例即可想见，高棅能够利用如此丰沛的书籍，主要得益于福建繁盛的出版业。需要指出的是，我们不能简单认定高

---

① 　（明）高棅：《唐诗品汇》，第 13 页。
② 　（明）释来复：《潞国公张蜕庵诗集序》，载（元）张翥《蜕庵诗》，《四部丛刊续编》，影印明刻本。
③ 　方彦寿：《福建古书之最》，中国社会出版社 2004 年版，第 196 页。

棵参考的书籍皆为刻本，其中亦当有抄本。① 笔者推测，高棵所用刻本，亦非皆为洪武年间新刊。前文已述，福建有不少书坊为世代刻书。则高棵所用诸书中当有前代旧版，书坊不需新刊，直接刷印即可。

福建繁荣的出版业，不仅是高棵编制《唐诗品汇》的重要助力，还为其编纂工作提供了原始动力。只有四书五经可读的北方学子，是不会产生编纂一部唐诗总集的念头的。高棵决定编纂《唐诗品汇》，既因主观兴趣，如其所言"予既爱唐诗，喜编录""余夙耽于诗，恒欲窥唐人之藩篱"②，亦因客观条件允许，即其所云"再取诸书，深加捃扩"，二者缺一不可。

不仅如此，优渥的客观条件，还增进了高棵的主观兴趣。马得华即形容高棵阅读唐诗的过程为"初叹汪洋，罔知攸济。沉浸含咀，岁积月增。一悟之见，默会于鸢鱼之表，则古人声律兴象、长短优劣，不能逃心目之间矣"；林慈亦云，"长乐高君廷礼，潜心于诗二十余年，吟咏之际，如亲睹唐人眉宇，聆唐人声欬。一旦恍然有得，谓同志曰：诸君不有志于唐诗则已，苟有志焉，舍唐人名家弗由。虽曰能之，吾未之信"。可见，高棵对唐诗的喜爱在阅读过程中不断加深，其编纂唐诗总集的念头亦在阅读中愈发强烈。也正是福建的海量书版，令高棵敢于提出"远览穷搜"的编纂方针。不然，很可能自一开始即打消了念头。

以"远览穷搜"的丰富材料为基础，高棵《唐诗品汇》卷帙浩繁。高棵编纂此书的目的，就在于方便读者学习唐诗，所谓

---

① 高棵"引用诸书"仅注释了部分书籍的作者、卷数，而未及诸书版本信息。考虑到书籍散佚这一现实，我们不能简单查考诸书现存版本、书目著录，对有洪武及以前刻本传世或有相关著录的书籍，即认为高棵所用为刻本，反之为抄本。因此，目前尚无办法精确统计，高棵所用书中哪些为刻本、哪些为抄本。是以笔者亦未将高棵"引用诸书"中的书籍，纳入本书第一章确定出版的版刻信息。

② （明）高棵《唐诗拾遗序》《唐诗品汇总叙》，见（明）高棵《唐诗品汇》，第 768、9 页。下一则引文亦出自《唐诗拾遗序》。

"以为学唐诗者之门径"① 也。据统计，高棅在《唐诗品汇》中明确提及此编指导学者的地方，即多达二十次。② 因此高棅在编纂之时，定会想到此书的流传问题。书籍的广泛、长期流传离不开出版，而出版又与刻工、木版、纸张等要素密不可分。书籍的篇幅越大，对出版的要求也就越高。在此情况下，高棅仍编成内容宏富的《唐诗品汇》，盖因高棅深知，以福建的出版业水平，可以将卷帙浩繁之书付梓。

以上论述了福建的繁荣出版对高棅编纂实践的意义。再就闽中诗派成员摹拟唐诗而言，出版的作用是显而易见的。阅读唐诗，是开展拟唐创作的基础与必备条件。能够读到的唐诗作品越多，拟唐创作可资取法的内容就越丰富。林鸿"不但字面句法，并其题目亦效之"的创作离不开广泛阅读，而广泛的阅读正得益于丰沛书籍在侧。

出版对高棅拟唐创作的影响，就更为明显。出版助力《唐诗品汇》的编纂，而用于编集的材料又直接构成高棅拟唐创作的资源，故其创作亦水到渠成。如其《啸台集》卷一"学古录"33 首即全为拟作，所拟之诗亦皆在《唐诗品汇》中。陈音《啸台集后序》即指出，高棅"于天下书无所不读，而尤肆力于诗……既为之品汇编次，复模仿其体，随兴趣所到，见诸篇什。曰《啸台集》，则未仕时作；曰《木天清气集》，则官翰林时作也"③。在《高待诏集》《木天清气集》中，亦多拟唐之作。对此学界多有注意，这里不再展开。

《唐诗品汇》不仅于高棅助益颇多，更为其他闽中诗人开展创

---

① （明）高棅《唐诗品汇总叙》，见（明）高棅《唐诗品汇》，第 9 页。

② 此为申东城《〈唐诗品汇〉研究》所统计（第 37 页）。具体为"总叙"2 次，"历代名公叙论"1 次，各体"叙目"9 次（五古 6 次、七古 1 次、五律 1 次、五言排律 1 次），选诗正文评注中 8 次（五古 6 次、五律 2 次）。

③ （明）高棅《啸台集》，《明别集丛刊》第一辑 22 册，黄山书社 2013 年影印明成化十九年黄镐刻本，第 408 页。

作提供了宝贵资料，学界对此则较少论及。

自《唐诗品汇》书成直至高棅去世，是书一直未能出版。此或与永乐元年高棅即离开闽中，二十年居于南京有关。卷帙浩繁的《唐诗品汇》没有即时出版，意味着其时在闽中生活并与高棅有交游的诗人，是此书最早的读者。如马得华即云，"余阅是编，知廷礼用心之勤，而超卓之见异于人人也"；林慈亦云，"编次既成，总名曰《唐诗品汇》，暇日持以示余"。王偁亦曾阅读此书并为之作序，其序明言"编成，漫士持以质是非于偁"①。再如，诗派成员陈亮亦有《奉寄高廷礼，时求贤甚急，高且讲学编诗不暇》，诗云"见说新编又超绝，近来衡鉴复如何"②，可见陈亮亦明悉高棅的编选实践。与高棅颇多交游的诗派成员，还有王恭等数人。由此推想，陈亮等亦当为《唐诗品汇》的读者。此外，由于宗唐是当时诗人的普遍追求，即使与高棅无甚交游的闽中诗人，也有可能通过辗转传抄等方式读到《唐诗品汇》。尽管尚未出版，然《唐诗品汇》在闽中当有不少读者。马得华即云，"全闽学古者，振发歆动，能相与鸣国家之盛，必廷礼为之倡"。

对于志在学唐的洪武年间诗人而言，网罗数千首唐诗的《唐诗品汇》不啻为一座宝库。如林慈即明言，"余阅之久，喟然叹曰：昔吾夫子在齐闻韶，三月忘味。余得是编，诵之累月，无所不忘"。闽中诗派成员本就身在书籍丰沛的福建，又得到《唐诗品汇》这样的宝贵资源，从而省却了搜求、翻检唐诗之劳。因此，尽管处在同一时期，然闽中诗派成员开展拟唐创作，实拥有最优渥的条件，远胜其他地区诗人。③

---

① （明）王偁《叙》，末题"洪武岁在甲戌仲冬月灵武王偁序"［（明）高棅《唐诗品汇》，第5页］。洪武甲戌即洪武二十七年，时王偁尚未至京为官。

② （明）陈亮《陈徵君诗集》卷4，载（明）袁表、（明）马荧选辑，苗健青点校《闽中十子诗》，福建人民出版社2005年版，第125页。

③ 其实，当今的很多情境亦与此相类。比如，全国各地高校购置的学术数据库数量、种类有着很大差别，这又直接影响了各地学者的科研工作。

　　以上探讨了明初福建的繁盛出版，对闽中诗派成员开展拟唐创作、编纂唐诗选本的意义。出版令闽中诗派将宗法盛唐的主张落到实处，从而在明初诸多流派中独树一帜。自明中期以来，《唐诗品汇》《唐诗正声》得到了持续出版，这对闽中诗派文学史地位提升、确立具有重要意义。此问题已超出洪、永年间出版的范畴，然为了更为全面地把握闽中诗派与出版的关系，以下亦约略言之。

　　目前所见出版时间最早的《唐诗品汇》版本为成化十三年（1477）陈炜刻本，而陈炜亦为闽人。其跋语明言，"此吾闽高廷礼先生所编者也……吾近得之，不敢私诸箧笥，因命工锓梓以传焉"①。此后《唐诗品汇》不断出版，仅现存明刻本即有十余种。据考证，弘治六年（1493）张璁刻本、嘉靖十七年（1538）康河刻本、嘉靖十八年（1539）牛斗刻本、万历三十三年陆允中刻本、明张恂刻本、明汪宗尼刻本等数种现存《唐诗品汇》版本，俱出自陈炜刻本。②《唐诗正声》目前所知最早出版的版本，则为正统七年（1442）彭曜刻本，今已不传。现存明刻本《唐诗正声》，复有成化十七年（1481）黄镐刻本、嘉靖三年（1524）胡缵宗序刻本、嘉靖二十四年（1545）何城重刻本、万历七年（1579）计谦亨刻本③等，此外还有诸多评注本、批点本等。

　　倘若《唐诗品汇》《唐诗正声》一直未能出版，仅以抄本形制

---

　　①　按，成化十三年陈炜刻本《唐诗品汇》今藏辽宁省图书馆，笔者尚未得见，此处系转引自金生奎《明代唐诗选本研究》（合肥工业大学出版社 2007 年版，第 89 页）。另，金著介绍嘉靖十八年牛斗刻本《唐诗品汇》时，云该本末有陈炜、张璁、牛斗跋，"藏国家图书馆等二十一馆，笔者在南京图书馆、上海图书馆等地亲见"（第 90 页）。笔者查考了中国国家图书馆藏明嘉靖十八年牛斗刻本，发现国图藏本只有张璁、牛斗跋，而无陈炜跋。

　　②　金生奎：《明代唐诗选本研究》，第 101 页。

　　③　按，陈伯海、李定广《唐诗总集纂要》云《唐诗正声》有"万历七年（1579）吴郡宝翰楼刻本"（上海古籍出版社 2016 年版，第 289 页）。据笔者查考，今中国国家图书馆藏有万历七年刻本《唐诗正声》，其出版者为计谦亨。

流传，则其传播范围较小，影响亦相对有限，甚至可能在传抄过程中散佚。得益于不断出版，两部选本得以在更广阔的时空里传播，并为一代代读者所共见。借助刻本《唐诗品汇》《唐诗正声》，高棅的宗唐旨趣及其在凡例中引述的林鸿主张，亦皆为后之文人学者所知。

尤需看到的是，相比闽中诗派的拟唐创作，高棅的编纂实践更能充分地展示他们的宗唐主张，也更能为他们树立典范的意义。诗无达诂，每位读者对诗歌的理解，与其知识背景、审美趣味等诸多因素息息相关，是以后世读者阅读闽中诗派的拟唐作品时，对于这些诗歌如何宗唐、宗唐程度又有多深，其实见仁见智，难能形成定论。这些作品的艺术水准又非一流，有些更流于摹拟生硬、板滞之病，这更对闽中诗派的文学史地位与意义，造成了某种消减。

然而，透过卷帙浩繁的《唐诗品汇》《唐诗正声》，所有读者皆可明悉高棅的宗唐主张。再通过统计高棅所收诸家诗作多少，考察其"初、盛、中、晚"四分、"正始、正宗、接武、余响"等九品如何界定等，更可就其主张展开深入讨论。《唐诗品汇》《唐诗正声》还具有很高的实用价值，能为广大文士提供有力帮助。前文已述，如胡应麟、何良俊等名士俱给予二书高度评价，闽中诗派的文学史地位由是得到提升。

综上，尽管明初文人普遍有着宗法唐诗的主张，然唯有闽中诗派借助福建出版繁盛这一得天独厚的条件，从拟唐创作与唐诗编选两方面，将此主张真正落实。其诗学理论与编纂实践，又借由《唐诗品汇》《唐诗正声》的不断出版，而为后人所共知。是以后之文学史家回溯明代文学的"复古"历程时，大多强调闽中诗派，甚至只言闽中诗派的作用。闽中诗派得以在明初诸多流派中脱颖而出，在文学史上占据重要地位。

本节探讨了福建繁盛的出版业对闽中诗派的重要作用。其实，关于福建出版的意义，学界多有注意，然大都强调其对学术的影响。如日本学者清水茂《印刷术的普及与宋代的学问》云，"至于宋代，福建之地学者辈出，才人如林……这种现象应该和福建出版业的兴盛有重要关联"①。方彦寿《建阳刻书史》亦云，建阳刻书业的繁荣，对闽学亦即以朱熹为代表的理学思想学派的兴起，具有巨大推动作用，② 等等。

　　然在谈论闽中文学时，学界却鲜少言及出版的力量。如陈庆元云，福建"三面是高山，东边是大海，在交通不便的上古，部分限制了中原先进文化的辐射，一直到南朝，文学还相当落后……东晋末年永嘉南渡，唐代安史之乱和晚唐五代的战乱，北宋亡（南宋建都临安），许多文人来到福建，推动了福建文学的发展"③，强调外来文人的作用，而未言及福建本地的繁盛出版，等等。其实，出版对福建文学的影响，不会亚于对学术的作用。对此展开进一步探讨，不仅有助深化对福建文学的认识，更可为研究中国古代地域文学提供范式。

　　至此，不妨将目光自明初福建延伸至更广阔的南方。前文已述，洪、永年间，全国各地出版业水平不均，存在显著差异。福建、江西、南京、浙江比较发达，其他地区相对落后。明初吴、越、闽中、岭南、江右五大诗派皆出自南方，当亦与南方地区出版更为兴盛有关。若再将目光投向明初以前，在元代后期，编制《唐音》的杨士弘寓居于江西，同样为出版发达之地。

　　类似事例还有很多，这里不再列举。以明初闽中诗派为代表的诸多事例提示我们，不同地域、不同身份的作者掌握的物质资料，可能存在霄壤之别。作者占有的物质资料——尤其是书籍的多少对其文学创作的影响，是非常值得深入考察的问题。

---

　　①　［日］清水茂：《清水茂汉学论集》，蔡毅译，中华书局 2003 年版，第 96 页。按，是文原载《东方学会创立五十周年纪念东方学论集》（日本东方学会，1997 年）。
　　②　方彦寿：《建阳刻书史》，第 490 页。
　　③　陈庆元：《我的区域文学史研究——〈福建文学发展史〉撰写心得》，第 26—27 页。

　　阅读与写作，存在天然的紧密联系。作者运用的繁复典故、精致修辞、幽微意象，很大程度来自其所阅读的书籍。不仅如此，阅读行为还会激发写作欲望，拟作、和诗即为典型代表。不妨以一例具体观之。明中期常熟文人桑悦在《和朱文公诗有序》序中，这样写道："欲作诗一二章以摄性情，慨念到郡，三改岁，星日汩没，簿书期会之间，旧记音韵，遗亡过半。偶得文公古诗一卷，凡有所作，多借其韵，共成若干篇，聊以寄一时兴耳。"① 可见，促使桑悦在兔走乌飞、诗意消减的日常中提笔创作的，正是那一卷偶得的文公诗。

　　桑悦也曾读到《唐诗品汇》。其《跋唐诗品汇》云："是诗盛行，学者终身钻研，吐语相协，不过得唐人之一支耳。欲为全唐者，当于三百家全集观之。"② 身在出版繁荣的江南的桑悦此言，当然颇有道理。然实际情况是，即使在明代中期，很多地域的文人也根本没有遍阅唐三百家全集的条件。他们不得不依赖《唐诗品汇》这样的选本，在选家划定的畛域内获取古诗资源。当然还有不少文人，连选本都无从得观。在这场名为学古的竞赛中，不同文人早就处在不同的起跑线。

　　最后，或许可称安慰的一点是，起跑线并不能决定最终的结果。并不是拥有书籍越丰沛、阅读前代作品越多，就能写出越好的作品。如高棅、林鸿的诗，就未获得如高启、袁凯一般的评价。在为高棅所作的墓志铭中，林志写道："盖诗始汉魏，作者至唐号为极盛。宋失之理趣，元滞于学识，而不知由悟以入。"③ 在阅读之外，创作更

---

① （明）桑悦：《思玄集》卷11，《四库全书存目丛书》集部第39册，齐鲁书社1997年影印明万历二年桑大协活字印本，第138页。

② （清）黄宗羲：《明文海》卷212，第2127页。按，此文未见于万历二年本《思玄集》。张寅彭、黄刚《唐诗论评类编》（增订本）云此文见于"《思玄集》卷九"（上海古籍出版社2015年版，第1508页），然未提供《思玄集》具体的版本信息。

③ （明）林志：《漫士高先生墓铭》，载（明）程敏政《明文衡》卷89，《四部丛刊初编》，影印明嘉靖刻本。

需要巧思与妙悟。不然，丰富的书籍可能也变成作者的负累。①

二　文学思潮：出版与台阁文人"崇欧"风气的形成

"要使春容归大雅，须教敦厚更温柔。"② 追求雍容、典雅文风的台阁体的流行，是明前期最为显明的一股文学思潮。③ 然而在很长时间里，受元明清文学研究重戏曲小说、轻诗文，重山林、轻台阁的风尚影响，台阁体并未获得足够关注。20 世纪 80 年代末以来，简锦松《明代文学批评研究》"台阁体"章、廖可斌老师《论台阁体》④ 等论著，始就台阁体形成、流行的原因，台阁文风与官僚制度、地域文化的关系等问题展开详细讨论，推动了研究进程。近年来，相关研究不断深化，如左东岭《论台阁体与仁、宣士风之关系》、汤志波专著《明永乐至成化间台阁诗学思想研究》⑤ 等，皆为代表性成果。本节则聚焦于台阁文风，意在探讨台阁文人对欧阳修文的取法、推崇，与洪、永年间欧阳修集出版的关系。

---

① 陈广宏《闽诗传统的生成——明代福建地域文学的一种历史省察》即提出："高氏摹习唐诗的尽心尽力，似乎并未收获与之相应的功效，相反，主要应该还是缘于方法上的方向性错误，愈是刻意，愈显机械，因而愈多遭致诟病。"（第 196 页）

② （明）黄淮：《省愆集》卷下《与节庵论唐人诗法因赋长律三十五韵》，台湾"国家图书馆"藏明宣德八年刻本。

③ 关于明代"台阁体"的定义，陈广宏指出，"学界这些年来的研究，基本上已达成某种共识"，即台阁体"是一个特定的历史概念，是随着明代内阁制度的建立、完善，由以'三杨'为代表的台阁重臣所创立并倡导的一种诗文表现风格。从时间范围上来说，以永乐一朝为发端，盛行于仁宗、宣宗及英宗前期，至成、弘间，李东阳起而振之，成一转捩。从人员范围上来说，并非仅限于内阁大臣，至少还应包括翰林院、詹事府的官员，而翰林院被认为是这样一支作家队伍的基础构架"（陈广宏：《闽诗传统的生成——明代福建地域文学的一种历史省察》，第 226 页）。

④ 简锦松：《明代文学批评研究》，台湾学生书局 1989 年版，第 19—84 页；廖可斌：《论台阁体》，《中华文史论丛》第 46 辑，上海古籍出版社 1990 年版，第 149—184 页。

⑤ 左东岭：《论台阁体与仁、宣士风之关系》，《湖南社会科学》2002 年第 2 期，第 89—93 页；汤志波：《明永乐至成化间台阁诗学思想研究》，上海古籍出版社 2016 年版。

　　早在明代中期，时人即已注意到台阁文人的"崇欧"风气。如黄佐《翰林记》清晰点出，"国初，刘基、宋濂在馆阁，文字以韩、柳、欧、苏为宗，与方希直皆称名家。永乐中，杨士奇独宗欧阳修，而气焰或不及。一时翕然从之，至于李东阳、程敏政为盛"①，等等。对于台阁文人"崇欧"的原因，黄佐亦已指出其中一个关键，即明仁宗喜爱欧阳修文。《翰林记》明言，"（仁宗）尝与士奇言，欧阳文忠公之文，雍容醇厚，气象近三代，有生不同时之叹……故馆阁文字，自士奇以来，皆宗欧阳体"②。再如王世贞《艺苑卮言》亦谈到，"仁宗皇帝在东宫时，独好欧阳氏之文，以故杨文贞宠契非浅"③；钱谦益亦云，"仁宗在东宫久，圣学最为渊博。酷好宋欧阳修之文，乙夜翻阅，每至达旦。杨士奇，欧之乡人，熟于欧文，帝以此深契之"④；等等。

　　政治因素之外，台阁文人"崇欧"的又一重要原因在于地域。明人即已发现，从洪武到永乐，高级文臣、文坛领袖的籍贯，发生了从浙江到江西的转变。⑤ 地域文学传统亦令杨士奇等江西籍文人，在唐宋诸文章名家之间，更为推重欧阳修、曾巩等江西先辈。对此学界多已论及，如廖可斌老师指出，江西作家尤喜仿效欧、曾散文，如杨士奇推崇欧、曾，而其《东里续集》卷一八"对韩愈文颇有微词，对柳宗元、苏轼文也无一赞语"⑥，等等。

---

　　① （明）黄佐：《翰林记》卷19"文体三变"，中华书局1985年点校本，第342—343页。

　　② （明）黄佐：《翰林记》卷11"评论诗文"，第148页。

　　③ （明）王世贞著，罗仲鼎校注：《艺苑卮言校注》，第230页。

　　④ （清）钱谦益：《列朝诗集》乾集卷上"仁宗昭皇帝"，《列朝诗集小传》，第3页。

　　⑤ 如（明）黄佐《翰林记》卷19"文运"指出："国初，学士宋濂、太史令刘基、待制王祎，皆以文章冠天下。三人者，浙产也。同时者，有胡翰、苏伯衡、张孟兼之属，后进有方希直、王叔英之属，又皆浙产也……永乐甲申，选庶吉士读书中秘，以应二十八宿。其中十二人出江西，而官翰林者七人。"（第342页）

　　⑥ 廖可斌：《论台阁体》，第171页。

　　此外，还有学者从文学风格的角度，论析台阁体"崇欧"原因。如周兴陆《中国文论通史》云，"明代前期的台阁文臣取法的对象实质上只是欧阳修的文章，因为欧阳修的文风雍容醇厚，适应台阁体的需要"①；方宪《明初泰和士人群体与台阁体》亦云，"欧文风格是平正纡徐的……这种平和正契合创作主体的身份、气度"②；等等。

　　其实在政治、地域、文学因素之外，还有一重因素对台阁文人"崇欧"风气形成起到了重要作用，那就是洪、永年间欧阳修集的多地、多次出版，而学界对此很少论及。

　　先来看洪武、建文年间欧阳修集的出版情况。本书第三章已述洪武初期蔡玘出版欧阳修集之事，该本为洪武六年永丰县学刻本《居士集》，今存。复据邹缉《书居士外集后》"惟（曾鲁）所校《居士集》五十卷，洪武初，永丰县令蔡玘已为之镂板，而建宁书坊又为之传刻……其后，予官大学，居京师"③ 记载可知，永丰县学刻本《居士集》还得到了建宁书坊的重刊。据《明太宗实录》记载，建文四年七月"升国子助教邹缉为侍讲"④，则建宁坊刻本《居士集》出版于建文四年之前。今北京大学图书馆藏有李盛铎跋《居士集》，著录为"明刻本"。李盛铎认为，此即邹缉所言建宁坊刻本。⑤ 岛田翰《古文旧书考》亦记，"邹氏所谓建宁传刻本，予亦藏

----

　　① 周兴陆：《中国文论通史》，复旦大学出版社 2018 年版，第 292 页。

　　② 方宪：《明初泰和士人群体与台阁体》，载汤江浩主编《华中学术》第 21 辑，华中师范大学出版社 2018 年版，第 68 页。

　　③ （明）邹缉：《书居士外集后》，载（明）程敏政《明文衡》卷 48，《四部丛刊初编》，影印明嘉靖刻本，后同。

　　④ 《明太宗实录》卷 10 上，第 158 页。按，实录作"洪武三十五年"，实即建文四年。（明）黄佐《左春坊左庶子邹公缉传》亦云，邹缉"洪武中，以明经举，筮仕星子县学教谕。革除年间，用荐升国子助教"［载（明）焦竑《国朝献征录》卷 19，第 761 页］。

　　⑤ 王岚《宋人文集编刻流传丛考》则认为，北大藏本与明正德元年日新书堂刻本《新刊欧阳文忠公集》系同版，而刷印时间更早。邹缉所言建宁坊刻本已佚（第 103 页）。

之……可知建本自蔡刻本出，邹氏之言洵不诬矣"①。

此外，现存洪武刻本欧阳修集，还有洪武十九年陈斐刻本《居士集》，今藏中国国家图书馆。该本有"时柔兆摄提格县人陈斐允章校勘刊谬"字样，版式、行款与永丰县学刻本不同。"柔兆摄提格"为丙寅。岛田翰、张元济等学者复据刻工姓名，确定此本为洪武十九年刻本。今中国国家图书馆、上海图书馆还著录有"明初刻本"《欧阳文忠公集》五十卷。王岚认为，国图藏明初刻本当系"洪武十九年本旧版改剔书口之后再行刷印者"②。

综合以上信息可知，欧阳修集早在洪武初年就得到出版，且在洪武、建文年间多次出版，还版行于不同地方。考虑到明初刻本、史料有所散佚这一事实，则欧阳修集在洪武、建文年间实际出版的次数，还当多于此。在出版成本高、难度大的明初，欧阳修作品得到多次、多处刊行，是非常难得的。

不妨与苏轼作一对比。正如黄佐所言，国初"以韩、柳、欧、苏为宗"。如明太祖《华盖殿大学士刘仲质诰文》即云，"今特仿宋制，以诸殿阁之名礼今之儒，必欲近侍之有补，民同宋乐，文同欧苏"③，将欧阳修、苏轼并提。在洪武、建文年间文臣的取法体系中，苏轼与欧阳修地位亦不相上下。其时的文坛领袖宋濂，更以苏轼为第一文人，欧阳修、曾巩、王安石俱次之。如其《苏平仲文集序》明言，"自秦以下，文莫盛于宋，宋之文莫盛于苏氏。若文公之变化傀伟，文忠公之雄迈奔放，文定公之汪洋秀杰，载籍以来，不可多遇"④，等等。

然而，在海内外现存版本中，尚未发现洪武、建文刻本苏轼别集。笔者亦未见到明确记载苏轼别集曾在洪武、建文年间付梓的史

① ［日］岛田翰著，杜泽逊、班龙门、王晓娟点校：《古文旧书考》，上海古籍出版社 2017 年版，第 352 页。

② 王岚：《宋人文集编刻流传丛考》，第 102 页。

③ （明）朱元璋著，胡士萼点校：《明太祖集》，第 56 页。

④ （明）宋濂著，黄灵庚编辑校点：《宋濂全集》，第 647 页。

料。目前所见刊刻时间最早的明刻苏轼别集，是成化四年程宗刻本《东坡七集》，中日皆有收藏。由此推测，苏轼别集在洪武、建文年间，很可能从未获得出版。

这不觉引发了一个问题：在洪武、建文年间，"崇欧"风气尚未形成，欧阳修集缘何得到多次、多地出版呢？笔者认为，有两个因素起到了关键作用，一为江西，一为曾鲁。

和吴中出版者积极刊行高启别集一样，受地域历史文化影响，无论是时任永丰县令的蔡玘还是永丰士人，都更有热情为当地先贤欧阳修的作品出版而捐资。但仅仅筹款、捐资还是不够的，倘若当地没有足够的纸张、书版等刻书材料，没有可以胜任工作的刻工，即使蔡玘筹措了资金，也未必将欧集成功出版。前文提到的历经十数年方将《学范》付梓的王惠，即为例证。幸运的是，洪武年间江西的出版业比较发达（对此第二章已述，此处不赘）。由是，蔡玘等永丰官僚士人出版欧阳修作品的意愿，得以较快落实。

通过前引《居士集》卷端题名以及危素、邹缉序跋可知，曾鲁对此集展开了考异、校勘。曾鲁（？—1372）字得之，新淦（今江西省新干县）人。元末举进士不第，明初与修《元史》、礼书，擢礼部祠部主事。洪武五年迁中顺大夫、礼部侍郎，主考京畿乡试，是年十二月去世。有《居士集考异》《南丰类稿辨误》。① 对于曾鲁的《居士集》考校工作，危素有详细说明：

　　写本后归军器监簿曾天麟家。纸墨精好，字画端楷，有唐

---

① 《明太祖实录》卷77："（洪武五年十二月）壬辰，礼部侍郎曾鲁卒。鲁字得之，临江新淦人。幼聪敏，记诵过人。元末举进士不第，即弃去。博览群书，无所不记。国朝初，与修《元史》。史成，又与修礼书。遂擢礼部祠部主事……五年二月，上问丞相，曾鲁今何官职。对以礼部主事。即日超迁中顺大夫、礼部侍郎。鲁以顺字犯父讳，辞就，朝请下阶。吏部以法有定制，不之许"，"（洪武五年）八月，奉旨考京畿乡试……十二月，舟归，至南昌之石岐潭而卒……卒年五十四"（第1412—1413页）。关于曾鲁生平，亦可参阅宋濂《大明故中顺大夫礼部侍郎曾公神道碑铭有序》[（明）宋濂著，黄灵庚编辑校点：《宋濂全集》，第1247—1251页]。

人风致。皆识以公印章，藏诸曾氏，且四世，兵后独存。曾氏孙鲁避乱新淦山中，始能取他本详加校勘，而以写本为据，篇次卷第，则一以吉本为定。其异同详略，颇仿朱氏《韩文考异》义例。若吉本所阙而见于他本者，别为《拾遗》一卷。①

危素所言"写本"当即欧阳修孙欧阳恕手校本，② 其价值颇高。此本后归入曾天麟家，经几代递藏，乃为曾氏孙曾鲁所见。邹缉《书居士外集后》亦云，"曾氏家多古书。所校诸本，有吉本、家本、刊本诸集。辨其同异及其改易增损，皆朱书小字于其上下旁边，字极谨细，常满其边幅"。可见，曾鲁拥有诸多珍本善本，其考校工作亦颇认真。曾鲁本人又博学多才，如宋濂为所其作神道碑文即云，"凡典礼涉于制度者，必经公损益而后定。虽古者吏牍之繁简、署字之上下，人所不能知，公独稽诸书以为决"③。因此，曾鲁的工作可谓是对欧集的一种"加成"，令欧集的价值得到了进一步提升。

不仅如此，曾鲁还颇有声名，为时所称。明太祖很赏识曾鲁。如据实录记载，洪武五年九月，"膏露降钟山，群臣皆献颂，鲁为赋以进，独见称许，以为铺叙有法"④，等等。当时人有"南京有博学之士二人，以舌为笔者曾得之也，以笔为舌者宋景濂也"之语。⑤能与宋濂并提，曾鲁地位可见一斑。

洪武五年年末，兼具才华与时名的曾鲁去世，而其别集还未编

---

① （明）危素：《欧阳文忠公集后记》，载《全元文》卷1475，第369页，下同。

② （明）危素《欧阳文忠公集后记》云："欧阳文忠公之文……子棐又手写家集，而孙恕宣和五年校于景陵郡，卷帙多寡各异"，"……迨（周必大）病亟，始得写本于李参政光家，周公子纶属旧客订定编入，今每卷所谓'恕本'是已……写本后归军器监簿曾天麟家"。据此，则曾天麟家藏"写本"当即"恕本"，亦即欧阳恕手校本。

③ （明）宋濂：《大明故中顺大夫礼部侍郎曾公神道碑铭有序》，见（明）宋濂著，黄灵庚编辑校点《宋濂全集》，第1250页，下同。

④ 《明太祖实录》卷77，第1413页，下同。

⑤ （清）钱谦益：《列朝诗集》甲集卷15"曾侍郎鲁"，《列朝诗集小传》，第96页。

定。宋濂所作神道碑云，"公属文，不喜留稿。其徒虽有所辑录，犹未成书。其自著书，有《六一居士集正讹》《南丰类稿辨误》，藏于家。他咸未脱稿"①。曾鲁没有别集传世，这让其《居士集》考异更为世所珍。邹缉《书居士外集后》的记载，即生动地说明了这一点：

> 予少时客游新淦，新淦之仁和有李继武者……尝得故礼部侍郎曾鲁得之所校欧阳公居士内外集，知以为奇宝而藏之。予尝借得其外集，盖板本大字，上下边幅最高阔，曾公皆手自校雠。中间颇多缺板，又手自补完。曾氏家多古书，所校诸本，有吉本、家本、刊本诸集，辨其同异及其改易增损，皆朱书小字于其上下旁边，字极谨细，常满其边幅。以为其用心，何其若是之密也，非积日累月之勤，何能至是哉！是时曾公没已久，而其子坐事见籍，官散鬻其书，故继武购得之。予甚惜曾公用心之勤，而其子孙不能保而全之为可恨，又以外集之文罕有传者，其所考异尤为难得，因取而备录之。

字里行间，可以感受到邹缉对此书的重视，以及能借阅、抄录此书的幸福感。显然，李继武、邹缉珍视此书的原因，不仅在于欧阳修，更在于此集为曾鲁"手自校雠"。

总之，无论是曾鲁的声名，还是其高质量的考校工作，皆有助于增强洪武、建文年间出版者刊行欧阳修集的意愿。且曾鲁亦为江西人，因此对于蔡玘等出版者而言，其出版动力就又多了一分。

综上，在"崇欧"风气尚未形成的洪武、建文年间，得益于江西出版业较发达、曾鲁加以考校等诸多机缘，欧阳修《居士集》幸运地得到了多地、多次出版，其中还有建宁这样书坊林立、人们多专程前往购求书籍之地。这首先意味着，在此时期，相比其他前代

---

① 《明太祖实录》卷77亦记，曾鲁"家故储书甚多，鲁皆一一校雠其讹舛。有《六一居士集考异》今行于世"。

文章名家，更多的人有机会读到欧阳修的作品，且作品数量更多、种类也更丰富。与总集收录的、经过选家删汰的少数选篇不同，通过别集，读者可以看到一位作家的不同题材、体裁、风格的作品。读者阅读的作品更多，对作家的认识、评价也就更为全面、深入。相应地，如果读者读到的作品数量、种类较少，也就难以对作家作出比较高质量、深度的评价。仍以苏轼为例，有研究者注意到，明初苏轼评点甚罕。笔者认为关键之一，就在于其时很多文士根本看不到足够的苏轼作品，因此难以做出比较充分的评点。[①]

其次，拥有一部刻本欧集的读者，可以随时翻阅欧阳修作品。这样，无论是考据欧阳修其人其事，还是赏鉴其文学风格，抑或是化用典故、取法、摹拟欧文，都比较方便容易。倘若读者没有别集在手、无法随时翻检作家原作，则上述行为都难以顺利开展。因此，拥有刻本欧集，有助于读者更好地取法、摹拟欧阳修文。由于明初出版成本较高，定有读者难以购买刻本欧集，然他们有可能借阅刻本欧集，并抄录副本。拥有刻本欧集的副本，同样有助读者取法欧文。而摩挲纸页、反复研读欧阳修集的行为，亦有助于加深读者对欧阳修的喜爱。特别是在明初，前代诗文集刻本罕有，刻本欧集的拥有者，自然会对此集怀有珍爱之情，而这种情感也很容易投射到别集作者欧阳修的身上。

以杨士奇为领袖的明前期台阁派文人，大多为江西人。如邹缉

---

① 如樊庆彦、刘佳《苏轼诗文评点的演进历程》云，"明初仅出现了高启的苏文选评（明万历四十八年凌启康刻三色套印本《苏长公合作》八卷补二卷中有高启与李贽等人的批点）。稍后则有刘弘选评的《苏诗摘律》六卷（明天顺五年刻本）"，至明代中后期，方为苏轼评点的繁荣期。明初苏轼评点鲜少的原因，主要在于统治者"加强对思想文化的控制……甚至直接干预文人的写作，大兴文字狱，使之符合其教化政策。文人们不敢'激扬文字'，有所议论，整个文坛一片沉寂。评点文学亦难形成风气，繁荣发达"（《文史哲》2013 年第 5 期，第 96—97 页）。按，万历年间坊刻套印本中的"高启"批点，有可能为托名，其真实性需进一步考辨。是文所言明初"大兴文字狱"亦非严谨史实，对此第三章已述。笔者认为，明初苏轼评点鲜少，固然与高压政治有关，然苏轼别集在此时期鲜有出版，亦为重要因素。

即江西吉水（今江西省吉水县）人，系台阁派主要成员之一。这些江西籍台阁文人少时，很可能就有购买或借阅、传抄刻本欧集的经历。在他们之外，再如台阁重臣杨荣为建安（今福建省建瓯市）人，好藏书，且与建安书坊主叶景逵（按，"逵"一作"达"）颇多交游。在为叶氏所作《三峰书舍赋有序》《广勤堂铭》中，杨荣盛赞其"世以诗书为业，尝作室以贮古今书版，日积月增，栋宇充牣。凡四方有所购求者，皆乐然应之，由是缙绅大夫莫不称誉其贤"，"卓哉叶宗，阀阅有伟。家积简编，世敦诗礼"①，等等。由此推想，杨荣亦很可能读到建宁坊刻本欧集。

再有，洪武、建文年间永丰县学刻本、建宁坊刻本、陈斐刻本等版本的行世，更为后之出版者刊行欧阳修集提供了便利。一方面，出版者可以直接重刻、翻刻已有版本，从而省却搜求、辑佚文稿之劳。另一方面，出版者欲梓行新本，也可以参考已有版本、以其为校本，从而提升新版的质量。永乐年间，时为太子的朱高炽出版欧阳修作品，当即参考了洪武、建文年间出版的欧集。这次欧集出版，对台阁体"崇欧"文风的形成，产生了更卓著的影响。

很多史料记载了明仁宗出版欧集一事。如杨士奇《圣谕录中》记曰，"上在东宫，稍暇即留意文事。间与臣士奇言，欧阳文忠文，雍容醇厚，气象近三代，有生不同时之叹。且爱其谏疏明白切直，数举以励群臣。遂命臣及赞善陈济校雠欧文，正其误，补其阙，厘为一百五十三卷。遂刻以传，廷臣之知文者，各赐一部，时不过三四人"②。据《圣谕录中》行文体例，可知此事当发生在永乐二年

---

① （明）杨荣：《杨文敏公集》卷8《三峰书舍赋有序》、卷16《广勤堂铭》，中国国家图书馆藏明正德十年刻本。按，杨荣《三峰书舍赋有序》明言，叶氏"闲来征言于予，予于景达素相知，不可以辞"，可见二人颇多往来。此赋中数次出现叶氏之名，皆作"景达"。另，方彦寿《建阳刻书史》云杨荣所作为《广勤堂赋》（第260页），此误。

② （明）杨士奇：《东里别集》卷2，（明）杨士奇著，刘伯涵、朱海点校《东里文集》，中华书局1998年版，第394页。

（1404）七月至永乐七年（1409）之间。① 再如《明太宗实录》亦载，明仁宗"尝命刊修文，以赐群臣"②，等等。

明仁宗主持出版的欧集，今已不传。此或与该本印数稀少，且仅颁赐高级文臣有关。此本为一百五十三卷本《欧阳文忠公集》，其中包含《居士集》。杨士奇既云"校雠欧文，正其误，补其阙"，其《滁州重建醉翁亭记》亦谓明仁宗"尽取公文集，命儒臣校定刻之"③，则杨士奇等儒臣当收集了多种欧集版本，开展校雠工作。这些版本中，当有洪武、建文年间出版的欧集。

通过出版欧集，明仁宗成功将自己对欧阳修的喜爱"具象化"，其旨趣由此得到更鲜明的表达，从而更清晰地传达至众文臣。已有研究大多谈到明仁宗喜爱欧阳修文对文臣的影响，而很少论述明仁宗出版欧集这一行为的意义。笔者的观点是，倘若明仁宗对欧阳修的喜爱，仅仅表现为一些言语上的称赞，而未付诸需要投入更多精力的具体行动，则其对文臣的影响是相对微弱的。

不妨以明太祖对韩愈的态度为例观之。诚如陈广宏所言，"朱元璋对韩柳文之立意常有不满"④。如其《驳韩愈颂伯夷文》明言，"朕闻儒者多祖韩文，试取观之。及至检间，忽见颂伯夷之文，乃悉观之，中有疵焉"⑤，等等。然而，洪武中后期的重要文人方孝孺，仍对韩愈推崇备至。如《答王仲缙五首》其三云，"唐之文奇者，莫如韩愈。而其文皆句妥字适，初不难晓"；《张彦辉文集序》亦

---

① 杨士奇《圣谕录中》凡二十四条，其中有明确时间信息的条目，其先后位置皆遵循时间顺序。此则记载上一则，为"永乐二年七月"事，下一则为"永乐七年"事。由此推测，明仁宗出版欧集一事发生在永乐二年七月至永乐七年之间。

② 《明太宗实录》卷230（永乐十八年冬十月），第2231页。

③ （明）杨士奇：《东里文集》卷2，中国国家图书馆藏明正统刻本。按，由于该本书页略有残损，复参校了中国国家图书馆藏明刻本《东里文集》。尽管《东里文集》已有中华书局点校本，然其所用底本为清光绪刻本，刊刻年代颇晚，故未以之为据。

④ 陈广宏：《"古文辞"沿革的文化形态考察：以明嘉靖前唐宋文传统的建构及解构为中心》，《文学遗产》2012年第4期，第106页。

⑤ （明）朱元璋著，胡士萼点校：《明太祖集》，第263页。

云，"韩退之起中唐，始大振之……宋兴，至欧阳永叔、苏子瞻、王介甫、曾子固而文始备"①；等等。可见，即使是对臣子有着巨大震慑力的明太祖，其对前代文人的情感态度，也不足以让文臣亦步亦趋，随其好恶。

而当统治者将其喜好的文人作品出版时，事情就不同了。出版意味着人力、物力、财力的付出。特别是欧阳修集多达一百五十三卷，据杨士奇记载可知，全集装订成书凡四十五册。② 刊刻、刷印这样卷帙繁多的作品，需要花费更多资源。而在出版之后，又仅赠予少数高级文臣，完全不为获利。故此次出版，可以说是比较奢侈的行为。另外，明仁宗出版欧集的时间又很早。前文已述，此事当发生在永乐二年七月至永乐七年间，而朱高炽立为太子的时间是永乐二年三月。③ 朱高炽居储位不久，即主持出版百余卷的欧集，由此愈见其喜爱之深。

这里亦可与苏轼作一对比。在成化刻本《东坡七集》首，有成化四年李绍序。其中写道，"仁庙亦尝命工翻刻，而欧集止以赐二三大臣。苏集以工未毕，而上升遐矣"，海虞程侯"求欧公《大全集》，刻之郡斋……既以文忠苏公学于欧者，又其全集世所未有，复遍求之，得宋时曹训所刻旧本及仁庙所刻未完新本，重加校阅"④。据此可知，尽管明仁宗也决定将苏轼作品付梓，然至

① （明）方孝孺著，徐光大点校：《逊志斋集》卷10、卷12，第329、402页。

② （明）杨士奇《东里文集·续编》卷一六《恭题赐本欧阳文忠公集后》："此臣士奇所得者也……《总目》《年谱》一册，《居士集》十册，《外集》七册，《易童子问》一册，《外制》一册，《内制》二册，《四六》三册，《奏议》五册，杂著述六册，《集古录跋尾》四册，《书简》三册，附录二册，总四十五册。"（中国国家图书馆藏明嘉靖二十九年黄如桂刻本）

③ 《明太宗实录》卷29："（永乐二年三月）以世子为皇太子。"（第525页）

④ （明）李绍：《重刊苏文忠公全集序》，中国国家图书馆藏明成化四年程宗刻本。按，国图今藏有多个成化程宗刻本《东坡七集》复本。据笔者查考，书首有李绍序者，其索书号为06061。此本亦有翁同龢校并跋。

其去世，苏集出版尚未完成。① 可见，在欧、苏之间，明仁宗选择了先出版欧阳修的作品。由此，明仁宗心中欧、苏的排名先后，也就一目了然。

欧集出版后，明仁宗又将其赐予杨士奇、邹缉等重要文臣。此举对杨士奇等文臣的影响，就更为深远。刻本书籍本身即兼具了物质与文化双重属性，而明仁宗所赐欧集更在此之外，多了一重统治者对文人士大夫的情感关怀，这正是广大文士极为看重的。

在这种情感的驱动下，获赐欧集的文臣，更加珍惜此书。如邹缉写道，"永乐九年……又后五年，予再自北京扈从还京师，入见皇太子，获赐欧阳文忠公大全集一百五十七卷（按，邹缉所言卷数，应是包括了附录在内），装缮整齐，盖尤为至宝之物，既珍袭而秘藏之"②，等等。这种珍惜、爱重的情感，会推动文臣更多地取法欧阳修，而借助欧集，台阁文臣即可非常方便地研读、考据、摹拟欧文，从而将对欧阳修的取法落到实处。刻本欧集如同实验中的"催化剂"，令"崇欧"之风层层涌起，蔚然可观。

综上，洪武、建文、永乐时期，由蔡玘、建宁书坊、明仁宗等不同主体主持的欧阳修集出版，对当时文士全面、深入了解欧阳修，摹拟、取法其文很有助益，增进了他们对欧阳修的喜爱之情，是明前中期"崇欧"风气形成的关键因素之一。

在洪武至永乐年间的诗人中，被誉为"据明一代诗人之上"的高启、"国初诗人之冠"的袁凯，在后世拥有最高文学史地位。在他们文学史地位提升、确立的过程中，出版皆扮演了关键角色。闽中诗派与台阁文风，则分别为洪武、永乐时期重要的文学流派、文学思潮。对于闽中诗派"尊唐"主张的落实，台阁文人"崇欧"风气的形成，出版亦发挥了重要作用。

---

① 这可能也与苏轼别集在洪武、建文时期鲜少刻本有关。既有版本稀少，故校雠、编定等工作更难开展。

② （明）邹缉：《书居士外集后》，载（明）程敏政《明文衡》卷48，《四部丛刊初编》，影印明嘉靖刻本。

第 五 章

文学对出版业发展的作用

出版在微观、宏观层面上影响文学，文学亦对出版业发展产生作用。如明代中后期通俗小说风靡，书坊主遂积极邀约作者开展小说创作、组织文人编撰小说，甚至亲自编写并为之出版，小说出版从而更为兴盛即典型案例，此为学界熟知。其实在洪武至永乐年间，文学风尚、文学主张同样对出版者产生了重要影响，而学界对此还少有寓目。

第一节　文学风尚对出版者的影响

明初特别是洪武年间，全国各地文人普遍宗法唐诗，尤其推重"盛唐气象"。这一文学风尚，对以盈利为根本目的的出版者——书坊主产生了显著影响。

首先需要指出，并非所有坊刻作品皆为书坊主主动出版。本书第二章已述，书坊既可以完成其他出版者要求的任务，也会自主出版作品。在前一种情况下，藩府、官僚士大夫等出版者指定作品，交付书坊刊刻并支付费用。书坊主不参与出版作品的选取，也不需担心亏本的问题。而在后一种情况下，书坊主是需要通过自己出版的作品来收回刻书成本，进而实现盈利的。相比文化内涵，书坊主的主动出版行为更蕴含着投资意义。这些坊刻本书籍，具备鲜明的商品属性。

洪武至永乐年间，出版成本颇高。在这种背景下，书坊主就更需要精挑细选作品出版，以免入不敷出。正如法国学者费夫贺、马尔坦《印刷书的诞生》所言，"15 世纪的出版商，跟今天的出版商一样，只有那些能在合理时间内售出足够数量，并带来利润的书籍，才能说服他们掏腰包"①。书坊主主动出版的，大都是其判断销量会比较大的书籍，如此方能有利可图。

据本书第二章搜辑的书坊牌记可知，洪、永年间书坊主动出版的经部、史部书籍，有《周易经传集程朱解附录纂注》《春秋胡氏传》《资治通鉴纲目发明》《资治通鉴纲目集览》《贞观政要》《元史节要》等，皆与科举考试直接相关。子部书籍，有《新刊详明算法》《杨辉算法》《纂图增新群书类要事林广记》，为居家日用之书，还有童蒙识字读物《魁本对相四言杂字》。这些与时人学习、生活息息相关书籍，从古至今，一直是有着稳定需求的畅销书。②

值得注意的是，书坊主还主动出版了《唐音》《雅颂正音》等诗集。诗集与日常生活存在一定距离。复据《明太祖实录》记载可知，洪武三年定科举考试之法，"初场，《四书疑问》、本经义及四书义各一道。第二场，论一道。第三场，策一道。中式者，后十日复以五事试之，曰骑、射、书、算、律"③。可见，明初科举亦不考察士子的诗歌创作水平。故购买诗集的顾客，大多是从事诗歌创作或喜爱诗歌的文人士大夫，受众群体较小。由于诗集与居家生活、科举考试无甚关联，故其购买需求也不是很稳定。因此，出版诗集

---

① ［法］费夫贺（Lucien Febvre）、［法］马尔坦（Henri—Jean Martin）《印刷书的诞生》，李鸿志译，广西师范大学出版社 2006 年版，第 249 页。

② 在 21 世纪的今天，在各大购书网站上，教辅用书、生活类书、童书，依然是高居排行榜前列的畅销书。

③ 《明太祖实录》卷 55，第 1084 页。

对于书坊主来说，其实是存在较大风险的。①

如何减小风险呢？最好的办法，就是书坊主选择与诗坛流行风尚相符、受文人士大夫欢迎的作品出版，这样才有较多的购买者。反之，如果书坊主是以个人的文学好尚为导向，挑选符合个人趣味的诗集出版，则购买者很可能寥寥，难令书坊主收回成本。

出版杨士弘《唐音》、刘仔肩《雅颂正音》的书坊主，即皆作出了这样符合流行风尚的选择。《唐音》的出版很好理解。洪武年间，诗人普遍宗法唐诗。收录一千余首唐诗的《唐音》，可为诗人拟唐、学唐提供诸多宝贵范本。建安博文堂书坊主意识到这一流行风尚，想见《唐音》当有购买者众，遂于洪武二十三年，主动将此书付梓。

《雅颂正音》的出版，则需进一步观之。此书为刘仔肩编制的时人诗选，凡五卷，共收录 61 位诗人之作 315 首。编者刘仔肩字汝弼，鄱阳（今江西鄱阳县）人。洪武元年为陶安所荐，应召至京。②官至池州府同知，事见康熙《鄱阳县志》本传等。③ 宋濂、张孟兼曾为《雅颂正音》作序，二序末题时间俱为洪武三年冬十二月，张序明言，"鄱阳刘汝弼所辑《雅颂正音》若干卷，多名公卿之作"。

---

①　如包筠雅即指出，"作为奢侈品——即便是售价低廉、印刷粗糙的四堡小说，对贫困家庭来说也是奢侈品——它们对出版者来说可能有一些风险，至少这种风险比出版四书要高。在四堡的市场上，诗集和文集未必能保证拥有广大的读者群……因此，只有资本相当雄厚的书坊才会投资出版这类书。"（［美］包筠雅：《文化贸易　清代至民国时期四堡的书籍交易》，刘永华等译，第 333 页）

②　在刘仔肩《雅颂正音》卷 1，有陶安《赠刘汝弼赴京》，诗云"荐才吾所职，至珍得非易。掇此芝兰芳，移栽上林地"（中国国家图书馆藏明洪武三年王举直刻本。按，本节征引《雅颂正音》序文、牌记、诗歌，皆自此版本。为免脚注过多，后文引用《雅颂正音》文字不再出注）。复考之实录，可知陶安于洪武元年四月癸亥任江西参政，同年九月去世（《明太祖实录》卷 31、卷 35，第 554、627 页）。

③　康熙《鄱阳县志》卷 12 本传："仔肩，字汝弼，少从游元学录操公琬。洪武初，荐任荆州柘林河泊官。未几，迁御史。再迁池州府同知，卒于官。所著有《雅颂正音》《台阁遗迹》。"（《中国方志丛书》第 932 号，台北：成文出版社 1989 年影印清康熙二十二年刻本，第 848—849 页）

由此，可知刘仔肩书成于是年。这是目前所知成书时间最早的明诗总集。

在刘仔肩编集之时，诸位诗人大多还未整理、编定自己的别集。《雅颂正音》保存了这些诗作的早期面貌，可利用是书校勘诸诗人别集。更重要的是，还有一些诗人并无别集传世，其作品皆赖《雅颂正音》得流传至今。可见，《雅颂正音》具有很高的辑佚、校勘价值。对此学界亦有注意，如汪涌豪、骆玉明主编《中国诗学》即言《雅颂正音》"尤具史料价值"①，贾继用"元西域作家孟昉生卒年与创作考"亦指出，《雅颂正音》所收孟昉《十二月乐词》十三首"是孟昉仅存于世的十三首诗"，并据此判定孟昉卒于洪武三年或稍后，②等等。

然而，对于《雅颂正音》这一选本的文学价值，已有研究基本皆持批评态度。究其原因，主要有三。其一，在于刘仔肩选录了较多自己的作品。在《雅颂正音》中，平均每位诗人有诗五首左右，而刘仔肩之作有十六首。不仅如此，《雅颂正音》还收录了一些他人与刘仔肩唱酬之作，如陶安《赠刘汝弼赴京》等。此举招致了不少批评，如傅璇琮、许逸民等主编《中国诗学大辞典》即谓，《雅颂正音》"颇多吹捧之辞……故知刘氏编选此集大有自我标榜之嫌"③。其二，在编排体例上，《雅颂正音》亦有一些可商之处。如《中国诗学大辞典》认为，"有些作品似词似曲（如孟昉作品），不仅有悖于体例，而且也使得此选格调不高"，等等。

但显然，没有一部总集是尽善尽美，编排上存在问题实在所难免。选家利用编选的机会，多收录几首自己的作品，亦属情有可原。实际上，已有研究批评《雅颂正音》的根本原因，在于《雅颂正

---

① 汪涌豪、骆玉明主编：《中国诗学》第 3 卷，东方出版中心 2008 年版，第 120 页，下同。

② 贾继用：《元明之际江南诗人研究》，齐鲁书社 2013 年版，第 315 页。

③ 傅璇琮、许逸民等主编：《中国诗学大辞典》，浙江教育出版社 1999 年版，第 773 页，下同。

音》的主要内容为官僚士大夫所作诗歌。

本书绪论已述，民国以来，学界在探讨明代文学时，相比诗文，更重视小说、戏曲，相比台阁，更重视山林，呈现出鲜明的平民视角。《雅颂正音》所收多为官僚诗作，书首宋濂序复明言，"雅则燕飨会朝之乐歌，颂则美盛德、告成功于神明者也"。因此研究者论及是书时，多自然而然地流露出不值一提的态度。如《中国诗学》云，"取名'雅颂正音'，意在为新生王朝唱颂歌"，"所收不外应制酬唱、即景抒怀之作"，等等。先入为主的成见，甚至影响了研究者对《雅颂正音》内容等基本问题的判断。如有观点谓，"刘仔肩试图以吹牛拍马之功来巩固和提升自己的地位。其以'雅颂正音'来名其所编诗集，并只选择以大力歌颂新王朝为主题的诗歌，至于其他各类诗则置之不理"①。但如前述《赠刘汝弼赴京》《十二月乐词》，就都与歌颂新王朝无关。

因此，本节即以现存洪武刻本《雅颂正音》为中心，首先对其出版者王举直展开深入考察，进而结合《雅颂正音》的出版过程，以及是书所收诗歌在内容、笔法两个方面的艺术特点，论析《雅颂正音》与洪武初年诗坛流行风尚之间的关联。最后借由此书，观照明朝开国之初文人士大夫精神世界的一个侧面。总之，本节不仅探讨宗唐风尚对此书的出版者、南京书坊主王举直的影响，更在书籍出版的视域下，深入挖掘《雅颂正音》一书的独特价值。

关于《雅颂正音》的版本，已有研究是不够充分的。如《中国诗学大辞典》即谓，"此书初刊于洪武初年，已不传，有明弘治刊本传世"。实际上，《雅颂正音》洪武刻本今存，中国国家图书馆即有此版的两个印本，其中一为四库底本。此本版式、行款为半叶11行行20字、四周双边、黑口、顺黑鱼尾，版心中部上题卷次、下题页

---

① 叶官谋：《明诗总集编纂思想的演进》，《太原师范学院学报》（社会科学版）2015 年第 3 期，第 58 页。

码。书首有宋濂序、《雅颂正音目录》，末有张孟兼后序。① 在目录页，有"仔肩所采之诗，但得之即录入。不敢以爵位寿年分先后次第者，盖续有所得，庶几易增添云"字样。正文卷端题"鄱阳刘仔肩撰"。

张孟兼序最末写道，"王君举直，不没人善，取以锓诸梓"。在此序之后，四库底本复有一长方牌记，云："右《雅颂正音》前集五卷，本家已刊梓行世。所有后集，今将编类。四方君子或有佳作，毋惜示及，以成盛事，幸甚。金陵王举直谨白。"由此可知，该本《雅颂正音》的出版者为王举直。辨其语气，可知其为南京书坊主。洪武三年张孟兼序，已明言王举直取《雅颂正音》锓版。此本版式、刻书字体风格，亦与洪武年间中央出版的《大诰》《天文书》等御制、敕撰书籍非常相似。黄丕烈即言，此本"信属明初旧本，楮墨间犹饶元刻气息"②。故此本为洪武刻本，当无疑问。

自清代以来，藏书家、学者大多注意到"金陵王举直"，然在《雅颂正音》牌记外，他们皆未发现其他有关王举直的材料。如黄丕烈为"《雅颂正音》五卷明刊本"所作提要云，"金陵王举直，系书坊籍贯姓氏。今金陵多书坊，且多刻工，但剞劂不精。坊间亦无好事如举直者。于此可以观世变矣"。陆心源《皕宋楼藏书志》转引黄丕烈之言。③ 叶德辉《书林清话》"明人私刻坊刻书"亦仅著录

---

① 按，四库底本（索书号18105）首有宋濂序而无目录；另一印本（索书号04898）首有目录而无宋濂序，然书末张孟兼序亦以"后序"名之。由此推测，原本《雅颂正音》书首当既有宋濂序，亦有目录，现存二印本各脱落其一。另，影印清文渊阁《四库全书》本《雅颂正音》是目前最为易得的《雅颂正音》版本，多为研究者所用。如马汉钦专著《明代诗歌总集与选集研究》"《雅颂正音》研究"章（哈尔滨工程大学出版社2009年版，第10—16页），即据之展开讨论，等等。需要注意的是，四库本不仅无《雅颂正音目录》，亦未收录张孟兼后序。

② （清）黄丕烈：《荛圃藏书题识》卷10"《雅颂正音》五卷明刊本"提要，余鸣鸿、占旭东点校《黄丕烈藏书题跋集》，第626页，下同。

③ （清）陆心源：《皕宋楼藏书志》卷117，第1326页。按，陆心源著录此本为"明洪武刊本"。

"金陵王举直刻《雅颂正音》五卷"①。当代研究，如瞿冕良《中国古籍版刻辞典》"王举直"条云："明洪武间人，业书坊于南京。刻印过刘仔肩辑《雅颂正音》5卷（半页11行，行20字）。"② 南炳文、汤纲《明史》亦云，"长江下游的南京、苏州等地也有许多书坊……最早的是'金陵王举直'，于明初刻有《雅颂正音》"③，等等。

其实，在现存明人别集中，就有一则关于王举直及其书坊的详细材料。贝琼《清江文集》卷一八《勤有堂记》云：

> 穷天下之理，监古今之变，莫过书之所载矣。唐以前，经生学士传写而诵之，故犹鲜而未遍。至明宗长兴三年，始刻九经板，给其所求，正其所习焉。呜呼！治本乎教，教存乎书……自时厥后，刊者相继，陆走川通。四海九州之内，致之既易，而读之者遂轻；积之既多，而通之者亦寡，不亦悲夫！金陵王举直氏，粥④书于市，复颜其堂曰"勤有"，取昌黎韩子诗语也。余尝过而异之。盖一时善贾，视时废居，惟珠玉锦绣为上。而举直以经、史、子、集益于人者，大多畜善本，不翅珠玉锦绣。非特徼十一之利，旦示人必尽其力，又可知其贤也。命其子良来求记……今良为国子生，尤慕兒宽、匡衡，为人孜孜不怠，月试季考，恒中甲乙。是由举直示人之戒而自励其勤，且有譬稼而谷、圃而蔬也。⑤

由此可知，王举直位于南京的书坊名为"勤有堂"，贝琼为之作文。王举直子名王良，时为国子生。

---

① （清）叶德辉著，李庆西标校：《书林清话》卷5，第125页。
② 瞿冕良：《中国古籍版刻辞典》，第71—72页。
③ 南炳文、汤纲：《明史》，第1439页。
④ 按，"粥"或为"鬻"字之讹。
⑤ （明）贝琼著，李鸣校点：《贝琼集》，第108页。

图 5 - 1 　《雅颂正音》牌记叶书影①

　　进一步考察，可知在《雅颂正音》外，还有二书可能与王举直有关。首先，今日本藏有覆刻明本《魁本对相四言杂字》一卷，据该本影印本可知，此本首有"洪武辛亥孟秋吉日金陵王氏勤有书堂新刊"牌记。② 辛亥即洪武四年。由于书坊出版以盈利为目的，因此在命名时，大多注意与其他书坊相区别，以免读者混淆。如叶德辉即指出，宋代建安余氏族人刻书，堂名各有不同。③ 则此"金陵王氏勤有书堂"，有可能就是王举直勤有堂。此本《四言杂字》版

---

　　① （明）刘仔肩：《雅颂正音》，中国国家图书馆藏明洪武三年王举直刻本。图 5 -4同出处。

　　② （明）《魁本对相四言杂字》，《和刻本中国古逸书丛刊》第 15 册，凤凰出版社 2012 年影印大正九年（1920）东京米山堂景刻日本覆刻明洪武四年金陵王氏勤有书堂刻本。据日本学者户谷清一考证，覆刻本工匠为旅日刻工陈伯寿。

　　③ （清）叶德辉著，李庆西标校《书林清话》卷 2 "宋建安余氏刻书"："吾因悟余氏刻书堂名，各有分别。如'万卷堂'则为余仁仲刊书之记，'勤有堂'则为余志安刊书之记。"（第 44 页）

式为四周双边、黑口、顺黑鱼尾，皆与《雅颂正音》相同。①

图 5-2 《四言杂字》牌记叶书影②

再有，今中国国家图书馆藏有一洪武刻本《贞观政要》，版式、行款为半叶 13 行行 24 字、四周双边、黑口、对黑鱼尾，版心中部上题卷次、下题页码，字体风格与《雅颂正音》有一定相似性。此本书首《贞观政要序并目录》后，有"洪武庚戌仲冬王氏勤有堂刊"牌记。牌记边框无装饰，字体则为大字小篆。第二章已述，此本有宋濂序，序云"昇有良士曰王敬仁"。瞿冕良《中国古籍版刻

---

① 就坊刻本最重要的标志——牌记来看，《雅颂正音》《四言杂字》牌记的字体、样式都明显不同。《雅颂正音》牌记字体为赵字，牌记边框无任何装饰。《四言杂字》牌记则字体细长，四边复有精美花纹。然笔者以为，这并不足以证明王举直勤有堂、王氏勤有书堂为不同书坊。牌记的外观差异，可能由于二书受众不同。《雅颂正音》的读者是广大文人士大夫，而《四言杂字》是看图识字的童蒙读物，是以前者牌记无装饰、后者有花纹。字体样式，则与牌记形状密切相关。《四言杂字》牌记字数较少，故其形狭长，受此影响，牌记内字体亦趋于细长。《雅颂正音》牌记内容较多，其形状长方，近乎原书叶的等比例缩小版，是以牌记内字体亦与正文相同。

② （明）《魁本对相四言杂字》，《和刻本中国古逸书丛刊》第 15 册，影印东京米山堂景刻日本覆刻明本，第 329 页。

辞典》"勤有堂"条，谓其主人为"润州王敬仁"，未知何据。尤值得注意的是，在《贞观政要》宋濂序末，有"寓吴郡卢遂良刻"字样。而在王举直刻本《雅颂正音》张孟兼后序页的版心下端，同样有"赤城卢遂良刻"。因此，王举直、王敬仁也有可能为同一人。当然，这里也不能排除二位书坊主俱请卢遂良刻书的可能。

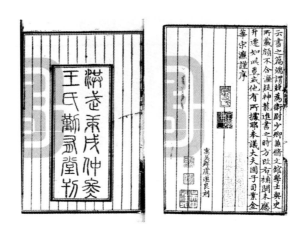

图5-3　王敬仁刻本《贞观政要》牌记叶、宋濂序叶书影①

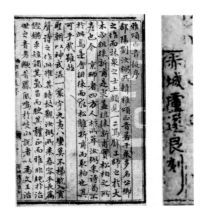

图5-4　王举直刻本《雅颂正音》张孟兼后序叶、版心局部放大书影

---

① （唐）吴兢：《贞观政要》，中国国家图书馆藏明洪武三年王氏勤有堂刻本。

《雅颂正音》既由书坊主王举直主动出版，则此书整体风格，当与诗坛流行风尚比较相符。实际情况是否如此呢？据笔者考，《雅颂正音》中的大多数作品，在内容与笔法方面，的确呈现出了宗法唐诗特别是盛唐的特征。

首先，在笔法运用层面，《雅颂正音》中有很多作品摹拟了唐诗名篇，且大多停留在模仿字句的层面，摹拟痕迹很重。比如，汪广洋《山有湫》"上有千尺之翠壁，下有百尺之苍虬。神灵鬼怪变恍惚，驱逐雷雨无停留"，从用字到对仗，从意象选择到文句安排，显系模仿李白《蜀道难》；林公庆《长沙三绝句》其三"岳麓道林何处是，郡人遥指水西村"，全然蹈袭题杜牧作《清明》；吴琳《开化道中》"一春王事过三月，千里家书系寸心"，明显本于杜甫《春望》；郑沂《至淞江》"水连三泖阔，山拥九峰高"，模仿了王维《汉江临眺》；吴云《题□□送别图》"人去长亭在，空余落雁声"，意境营造摹拟了钱起《省试湘灵鼓瑟》；吕复《章贡闻柝》"遥知孤枕金陵夜，还忆今宵月下闻"，模仿了王维《九月九日忆山东兄弟》；魏观《夜宿江夏水驿将往衡湘留赠亲友》"茅屋江声合，松舟月色迟。把杯频就席，剪烛共题诗"，分明摹拟孟浩然《过故人庄》，等等。①

---

① 本段所述作品，其摹拟的唐诗文句，具体为（唐）李白《蜀道难》："上有六龙回日之高标，下有冲波逆折之回川。黄鹤之飞尚不得过，猿猱欲度愁攀援"〔（唐）李白著，瞿蜕园、朱金城校注：《李白集校注》，上海古籍出版社 1980 年版，第 199 页〕；题（唐）杜牧《清明》："借问酒家何处有，牧童遥指杏花村"〔（唐）杜牧著，吴在庆校注：《杜牧集系年校注》，第 1432 页〕；（唐）杜甫《春望》："烽火连三月，家书抵万金"〔（唐）杜甫著，谢思炜校注：《杜甫集校注》，第 1521 页〕；（唐）王维《汉江临眺》："楚塞三湘接，荆门九派通"〔（唐）王维著，陈铁民校注：《王维集校注》，中华书局 1997 年版，第 168 页〕；（唐）钱起《省试湘灵鼓瑟》："曲终人不见，江上数峰青"〔（唐）钱起著，王定璋校注：《钱起集校注》，浙江古籍出版社 2015 年版，第 183 页〕；（唐）王维《九月九日忆山东兄弟》："遥知兄弟登高处，遍插茱萸少一人"〔（唐）王维著，陈铁民校注：《王维集校注》，第 3 页〕；（唐）孟浩然《过故人庄》："绿树村边合，青山郭外斜。开筵面场圃，把酒话桑麻"〔（唐）孟浩然著，李景白校注：《孟浩然诗集校注》，巴蜀书社 1988 年版，第 463 页〕。

　　篇幅所限，这里不再列举。通过以上数例，即可看出《雅颂正音》中的作品对唐诗的大力模仿。然集中诸诗的宗唐倾向不仅表现在字句层面，更体现在诗歌的整体风貌、气象风神。在《雅颂正音》中，从颂圣、应制之诗，到咏物、送别之作，大多亦洋溢着万象更新、蓬勃向上的气息，流淌着一派春和景明的喜悦，表现出对"笔力雄壮、气象浑厚"①、明朗昂扬的"盛唐气象"的模仿。

　　这里先要厘清的是，《雅颂正音》中的诗歌题材实蔚为丰富，并非多为阿谀颂圣、粉饰太平之作。据笔者统计，在全集 315 首诗中，以颂圣为主题的诗歌以及应制之作，一共只有 13 首。《中国诗学大辞典》谓《雅颂正音》"大多作品如《大祀》《大飨》等诗味甚少"，其实集中《大祀》《大飨》之类作品甚少，"大多作品"之说是不恰当的。在《雅颂正音》中，数量最多的其实是文人交游、唱酬诗，凡 111 首。为友人居所（如山房等）题诗，亦有 13 首。交游、唱酬外，复有山水田园、纪行、怀古诗共 45 首，题画、题诗卷、题扇诗 39 首，咏怀诗 30 首，纪人、咏物、纪梦、游仙、读书诗 19 首。此外，还有乐府古题 15 首，拟古诗 4 首，步虚词 5 首，闺怨诗 2 首，联句诗 1 首，以及词曲 18 首。

　　在诗歌顺序方面，颂圣、应制作品亦无特殊位置。《雅颂正音》的编排体例是以人系诗，然刘仔肩并未将有颂圣、应制诗的作者前置。如作有《车驾临蒋山》《同朝天宫道士朝回口号》的释来复即位于卷四，作有《圣寿节早朝》《甘露降宫庭柏树》的高启则位于卷五。若一位作者有多首诗入选，其中有颂圣、应制之作，该诗也未必为作者名下之首。如《雅颂正音》共收录詹同诗 15 首，其中《春日驾幸钟山应制》位置居中；而在刘仔肩本人的 16 首诗中，颂圣诗更位于最后，亦即全集最末。

━━━━━━━━━━

　　① （宋）严羽《沧浪诗话》："盛唐诸公之诗如颜鲁公书，既笔力雄壮，又气象浑厚。"（宋）严羽著，张健校笺：《沧浪诗话校笺》，上海古籍出版社 2012 年版，第 770 页。

了解这一点后，再来一一考察《雅颂正音》中各题材诗歌的风貌气象。颂圣、应制作品因主题所需，自然呈现出恢宏气派，如詹同《春日驾幸钟山应制》"瑶花如雨三千界，紫气成龙五百年"，高启《圣寿节早朝》"飞龙起江左，战马放山阳""金镜千秋篆，瑶池万岁觞"等皆然，此无须赘言。

在《雅颂正音》所收交游、唱酬诗中，有不少都直白地表达了对明太祖、对新朝的赞颂。有些作者的抒发，是因其交游、唱酬对象的身份为明朝官僚。比如，吴云《送李民瞻侍郎宣谕陕西》诗云，"侍郎将命出金銮，一路传呼远近欢。关内官曹迎使节，秦中父老识衣冠。云开太华三峰秀，水绕黄河九曲寒。寄语渭川千亩竹，西风还解报平安"，全诗摹拟盛唐气味颇重；宋濂为曾任《元史》纂修的操琬作诗，亦云"大明丽中天，流光照九有。僭乱皆削平，清净无纤垢……帝曰元有史，是非尚纷糅。苟不亟刊修，何以示悠久"[1]。再如《雅颂正音》所收涂颖此类诗，绝大多数都有歌功颂德之辞。其《送董太祝赴濠州》开篇云，"汉祖起丰沛，唐公兴晋阳。方今尧舜圣，肇迹自濠梁"；《送王典签南丰同知》开篇云，"圣主龙飞日，登庸选俊良。大廷兴礼乐，列牧重符章"；《送刘典签赴徐别驾》亦云，"圣代畅炎运，恩威闻九州。徐方既宾服，民物在怀柔"；等等。

还有一些交游、唱酬诗，作者的颂圣仿佛直抒胸臆，而与其写诗对象的身份关系不大。如胡翰《雪山亭诗为夏官章季明作》，全诗前段"炎浊自兹远，高寒去天尺""宇宙良悠哉，人生苦形役"数句，摹拟古诗十九首，中间"爽气浮清都，澄晖落瑶席"诸句，又令人想到谢灵运，整体营造出悠然澹远的氛围。而全诗最末，却是以"大明当中天，光被南与北。眷言羲和氏，为纪甲辰历"作结。甚至在一些宴集诗中，作者亦不忘抒发对新朝的歌颂。如张孟兼《春夜学宫宴集以春宵一刻直千金分韵得一字》篇末即云，"皇风既

---

[1]　宋濂诗题为《予奉诏总裁元史而故人操公琬实与纂修寻以病归作诗序旧情见乎词矣》。

远被，遐观四海一"，等等。

交游、唱酬诗中一大类，是送别诗。阅读《雅颂正音》所收送别诗，读者鲜少感到悲戚愁绪。想来是新朝建立，令广大文士产生强烈的建功立业愿望。是以在送别诗中，作者们大多热情劝勉对方报效国家。如陶谊《送魏太守之官姑苏》云"麟符剖玉君恩重，燕寝凝香吏牍清"，魏观《赠友》云"东山偶为苍生出，南纪来分圣主忧"，张孟兼《送朱仲雅经历赴任浙江》亦云，"为持纪纲地，振理实繁浩。西州风俗媮，君去宜再造。必若救疮痍，蟊贼期尽扫。明主忧黎元，到官须及早"，等等。在诗中，还可以读到作者们对扬名立万的期望。如王敬中《赠友赴广州》云"壮游万里须乘兴，好著声名到日边"，周子谅《赠别郭元达二首》其一亦云"勿怀一身计，勉树千载名"，等等。

甚至在一些挽诗中，作者的哀伤亦因对方的青史留名而消减，如夏煜《哀孙炎》诗云，"我皇入金陵，一见颜色厚。高谈天下计，响若洪钟叩"，"后闻遇害时，扞刀落双肘。奋怒发冲冠，大骂血漂臼……既有千载名，焉用百年寿。峨峨冯公岩，与子同不朽"，等等。

无论是对新朝的热情讴歌，还是建功立业、扬名立万的强烈愿望，它们俱令《雅颂正音》中的交游、唱酬诗大多充溢着昂扬气息，即送别诗亦鲜少离愁别绪。

这种因国家新建而生发的蓬勃之气，亦流淌在《雅颂正音》的纪行、怀古、题画、咏物等各题材诗中。比如，吴琳《广南舟中》诗云，"岭海重瞻宇宙新，民风尚似古时淳"；陶凯《长平戈头歌》全篇咏物，篇末云"吁嗟戈兮徒尔悲，尔今还当太平世，人间销兵铸农器。愿寿吾皇千万年，终古不用戈与铤"。再如郑沂《题安庆府城楼》诗云，"高阁崔嵬倚碧空，五云深处望江东。势牟太华群山伏，地压长淮亘古雄。桂子影团千里月，梅花声断五更风。从今钟鼓分明听，过客争夸太守功"，同样涌动着欣欣向荣的气象。

在《雅颂正音》中，还有很多纪行、怀古、题画、咏物等题材诗，其中完全没有歌功颂德之句，然亦流动着明快爽朗之风。如陶安《石假山诗》开篇云，"是何峰峦落几案，数寸气象排苍旻。我闻好山芙蓉三十六，从有鸿蒙露岩谷。一宵神运霹雳斧，但见二十四峰青立玉。翩然飞去十二峰，来向君家伴幽独"，令人神清气爽。再如刘丞直《金山寺》"势与波涛相上下，影随鱼鸟共浮沉"，詹同《寄方壶道人》"都将金玉句，一一写空青"，滕毅《采石》"千山落日送樵笛，万里长风吹客衣"，宋濂《题胡博士嘉树诗卷后》"晴影落庭生远思，秋丹入叶惬新题"等，亦令读者逸兴遄飞。

《雅颂正音》所收诸诗，从纪实到题画，其中风景，绝大多数为色彩明艳的春景。如吴云《题魏仲远见山楼》"平湖霁雨鸥波静，画栋春风燕子回"，刘丞直《咏兰得咏字》"春阳丽空谷，幽花被芳迳。葳蕤浥露光，萧散迎风劲"，释廷俊《次孟天暐南山杂韵》其一"南湖三月水如天，共爱风流贺监船"，其二"日上南山春雾开，雨余镜水绿如苔"，等等。即使是送别诗，背景亦大多为春景。如杨训文《赋得凤凰池送李教授归河南》诗云"凤凰池上送归船，渺渺清波接远天。沙嘴雨添苍色润，溪毛春濯锦纹鲜"，王敬中《送商公礼赴温州》亦云"城东飞花点客舟，花间春雨啼钩辀"，等等。

集中诸诗，背景为秋景者仅零星数篇，夏景、冬景就更为鲜见。描写这些季节时，诗人的笔触大都也是温柔的。阅读诸诗，既无秋日的瑟瑟萧索，亦无夏天的暑气炎炎。前者，如戈镐《题野塘秋景》"芙蓉秋色满银塘，白鹭双飞下晚凉"，李克正《送刘汝弼归鄱阳》"枫叶江天爽气高，石头送子上轻舠。遥看一雁归彭蠡，秋水偏宜濯羽毛"；后者，则如释宗泐《朝来》"朝来暑气清，疏雨过檐楹。径竹欹斜处，山禽一两声"，吴志淳《夏日园中清暑二首》其二"疏林归鸟度花影，近水流萤浮竹光。东山坐待月已出，不觉凉露沾衣裳"，等等。

由于背景多为春天，《雅颂正音》诸诗中的风物大都生机盎然。在咏怀、题友人居所等题材诗中，常有文人日常生活的细节，这些细节大多亦饶有趣味。如詹同《张氏白石山房诗》云"读书日平树，看泉风满衣"，《题定子静山阴草堂马九霄为之篆扁》云"茶烟满室写墨竹，花雨一帘观白鹇"，《寄方壶道人》云"卧云歌酒德，对雨著茶经"，无不令人心驰神往。再如宋濂《浩怀》云"青青林间雨，勃勃谷窦烟。松花行将熟，采之酿红泉"，杨训文《答山堂上人见招》云"高竹青当户，香醪绿满瓢。好留诗兴在，相与醉明朝"，刘丞直《题陈氏中静轩》云"窗下晨香烧柏子，瓮头春酒酿松花"等，亦富有生活之美。

从明媚的春景，到琳琅的风物，再到诗人笔下颇具兴味的生活，可见《雅颂正音》集中跃动的诗人心绪，大多是欢快的，诚如刘丞直《除夕分韵得马字》所言"欢乐讵终极，襟怀共潇洒"。在《雅颂正音》中，摹写自我的烦闷、痛苦、哀愁等消极情绪之作很少。在少数咏怀、怀古等题材作品中，作者流露出欢快以外的情绪，然而那情绪大多也是冲淡的、含蓄的。如吴云《秋夜二绝句》其一云，"中秋不见月，相思情未绝。倦对读书灯，风来自吹灭"，刘丞直《采石蛾眉亭》云"江山有待仍青眼，岁月无情易白头。满目闲愁怀李谢，数声渔唱起沧洲"等。

综上所述，《雅颂正音》中的大多数作品，从遣词造句到意象风神，俱呈现出宗法唐诗特别是盛唐的艺术特征。这印证了本节开篇提出的观点，即书坊主为实现盈利，大都选择与当时诗坛流行风尚相符的诗集出版，以此确保销量。

诗坛宗唐风尚，令王举直作出《雅颂正音》销量较高的预判，进而将其出版。而《雅颂正音》也确实得到了读者的欢迎。对勘国图所藏两个印本可以发现，在全书最后半叶上，四库底本《雅颂正音》有牌记，另一印本没有牌记，只有界行。书页干净、界行整齐，完全没有挖改痕迹。笔者推想，《雅颂正音》出版之初并无牌记，它是王举直后来补刻的。复考牌记内容，"本家已刊梓行世，所有后集，今将编类"，俨然是王举直发布的《雅颂正音》续集预告。而其所言"四方君子或有佳作，毋惜示及，以成盛事，幸甚"，更是主动向广大读者约稿。这一约稿行为，很容易令我们联想到明代后期书坊主征求通俗小说之举。王举直应是看到《雅颂正音》售卖很好，因此补刻了同系列新书广告，并发布征稿启事，以求再次出版此类作品销售，从中盈利。

通过书坊主王举直主动出版《雅颂正音》、刊发续集预告、向各位读者约稿等举动可知，《雅颂正音》在洪武年间颇受欢迎。而其畅销，又将推动宗唐风尚在明初更为流行。因此，通过《雅颂正音》所收数百首时人作品，我们可以更为真切、具体地感知，明初诗坛流行的宗唐风尚，究竟是以怎样的笔法、通过什么内容，落实于时人诗作之中。这是《雅颂正音》独特的文学史价值之一。

不仅如此，利用《雅颂正音》，还可以探讨集中诸诗人在当时文坛的评价与接受程度。洪武年间，除宋濂等极少数作者外，绝大多数文人的别集皆未出版。因此，畅销的《雅颂正音》很可能是当时广大读者获取作品的最主要途径。以高启为例，其别集《姑苏杂咏》《缶鸣集》至洪武三十一年（1398）、永乐元年（1403）方首次出版，故当时很多读者对高启诗歌创作的了解，很可能只限于《雅颂正音》所收的八首诗，其中还有《圣寿节早朝》《甘露降宫庭柏树》等颂圣诗作。而他们对高启创作的评价，也是以这八首诗为据。

《雅颂正音》凡收录 61 位诗人作品，其中，既有后世公认的名家，亦有此后默默无闻的诗人。这些作品，可为考察诸诗人在明初的接受情况提供重要材料基础。以下为笔者统计的各卷所收诗人及诗作数目，仅供研究者参考。

表 5-1 　　　　　　　　　《雅颂正音》收录诗人作品统计

卷数	诗人及诗作数目
卷一	陶安 2 首、胡翰 2 首、刘基 1 首、詹同 15 首、宋濂 9 首、夏煜 4 首、王袆 7 首
卷二	汪广洋 4 首、魏观 2 首、吴琳 4 首、陶凯 4 首、曾鲁 1 首、郑渊 5 首、杨训文 9 首、滕毅 5 首、周祯 5 首、吴志淳 6 首

续表

卷数	诗人及诗作数目
卷三	危素 3 首、孟昉 13 首、张以宁 4 首、林公庆 4 首、程国儒 1 首、涂颖 7 首、刘丞直 18 首、熊鼎 2 首、吴彤 4 首、兰以权 5 首、张绅 5 首、杨翮 7 首
卷四	黄肃 11 首、李质 2 首、吴植 7 首、刘崧 10 首、牛谅 4 首、顾观 7 首、吴去疾 3 首、徐尊生 1 首、吴云 5 首、郑沂 3 首、吴伯宗 3 首、周子谅 5 首、戈镐 7 首、王敬中 3 首、释似杞 2 首、释来复 4 首、释宗泐 5 首、释廷俊 2 首、释怀渭 4 首、释子楩 1 首
卷五	孙炎 6 首、李克正 2 首、苏伯衡 4 首、吕复 5 首、唐肃 1 首、陶谊 4 首、萧执 3 首、张孟兼 11 首、宋璲、张孟兼、高启《莲房联句》1 首①、高启 8 首、孙蕡 4 首、宋璲 3 首、刘仔肩 16 首

　　在《雅颂正音》初版数十年后，吴讷编纂《文章辨体》，凡收录 31 位明初诗人诗作。② 其中不见于《雅颂正音》者，只有杨基、谢肃、朱孟辨、袁凯、邹立诚五人。《文章辨体》所收詹同、王祎、刘丞直、张孟兼、郑渊、陶凯、宋璲、魏观、苏伯衡、刘仔肩、夏煜、吴志淳、张绅、吴琳、熊鼎、牛谅、吴云、危素、吴植、顾观、郑沂、杨训文③ 22 家的 28 首诗作，全部见于《雅颂正音》；所收刘崧三首，两首见于《雅颂正音》；所收高启、宋濂、胡翰三家 24 首诗，则不见于《雅颂正音》。由此推测，吴讷编纂《文章辨体》时，参阅了《雅颂正音》以及得到编刻的高启、宋濂、胡翰等人别集。得益于《雅颂正音》的出版，明初诸多没有别集刊刻传世的诗人，其作品亦为后之选家、读者所共见。

　　最后，《雅颂正音》还有助我们更为全面、深入地感知明朝建国

---

　　① 按，马汉钦《明代诗歌总集与选集研究》将"莲房联句"写作"莲房聊句"，并以此为"卷五所选诗人"之一（第 16 页），误。

　　② 诸明初诗人诗作，见于《文章辨体》卷 8 "乐府三"、卷 9 "乐府四"、卷 10 "古诗一"、卷 12 "古诗三"、卷 13 "古诗四"、卷 14 "歌行"、外集卷 2 "律诗一"、外集卷 3 "律诗二"以及外集卷 4 "绝句联句诗杂体诗"。（明）吴讷《文章辨体》，《四库全书存目丛书》集部第 291 册，影印明天顺八年刻本。

　　③ 《文章辨体》所收杨训文《采石》一诗，在《雅颂正音》中系于滕毅名下。

之初文人士大夫的精神世界。学界在论及明前期特别是洪武年间文学时，大都强调高压政治对文人心灵的损伤、对创作的消极影响，强调当时文人压抑、紧张、凄苦的境遇。这当然有其道理，然稍显笼统。洪武一朝长达三十一年，其间社会环境不断发生变化，士大夫的生活和思想感情也经历了一个变化过程。洪武初年士大夫的感受和心态，与洪武中期以后存在显著差异。

元明之际，面对不同的人生境遇，广大文士作出了各自的选择。或死节，如汪泽民、余阙；或隐逸，如王逢、戴良。《雅颂正音》集合的诗人，则属于第三种类型，即愿为新朝效力的文士。从《雅颂正音》可以看出，在洪武之初宏阔的时代背景下，有一部分文人士大夫，一度是逸兴遄飞的。

正如李新峰所言，从元末战乱爆发到朱元璋称帝，只有短短十六年。朱元璋部队纯粹以武力定生死，未曾遭遇严重挫折。称帝以后，更仅用两年多，即实现汉地统一。速胜过程，即汉高祖、唐太宗亦未可比拟。① 当时选择效力明朝的文人士大夫，心灵定会强烈震动。他们对国家经过大分裂和剧烈战乱之后重归一统、社会恢复和平充满喜悦，对新的王朝抱有良好愿望与期待，因而予以真诚赞颂。

因此，如《雅颂正音》所收宋濂《平江汉颂》云"天命皇帝，为亿兆生民主。旌麾所向，悉臣悉庭……天眷有德，实维哲皇。肆其神略，以靖寇攘"，陶凯《君道篇》云"龙飞应景运，居中揽乾纲。百川宗巨海，众星避太阳……梧桐生，凤凰鸣，四海为一家"等，固然有阿谀奉承之嫌，但也蕴含了诗人们在元明易代、国家新建大背景下真实的感受。《雅颂正音》所收各题材诗歌普遍流淌的昂扬气息，是当时文人士大夫心灵的一个侧面。此诚如集中所收王祎《奉题王会图》诗云，"千年观盛际，允矣在今兹"。

只可惜，这种明快的心情是短暂的。广大文士渐渐觉察，现实并不如其所愿。最高统治者的残忍、刻薄，令文人士大夫战战兢兢、

---

① 李新峰：《明前期军事制度研究》，第 308—309 页。

如临深渊、如履薄冰。洪武四年，宋濂贬官安远知县，刘基亦被排挤出朝廷，回到浙江青田。文坛领袖宋濂、刘基如此，其他人的境遇可想而知。洪武七年，高启腰斩。洪武十年，曾热情歌咏皇风远被、四海为一的张孟兼，被明太祖"命卫士捽发摘笿，垂死，特论弃市"①。如此等等，一言难尽。士大夫群体人人自危，情绪也渐渐跌落谷底。他们也曾歌咏"我生幸逢圣人起南国，祸乱初平事休息。从今四海永为家，不用长江限南北""吾皇亲手拥高箒，洒扫六合氛尘清。海中夷筐已入贡，陇外户版初来呈……用材不肯略疏贱，铢寸尽上天官衡"，然残暴的君权专制令他们在洪武初年燃起的热情如刹那花火，旋即黯淡于漫漫的长夜。《雅颂正音》记录下的，就是那稍纵即逝的花火吧。

本节以王举直出版刘仔肩《雅颂正音》为中心，探讨了文学风尚对书坊主这一类出版者的影响，更深入挖掘了《雅颂正音》这一明诗总集的价值和意义。在元明易代、社会环境巨变的背景之下，士人群体心态、文学观念、文学风尚等亦发生转变。成于明初、亦出版于明初的《雅颂正音》，实为观察明初诗歌创作、文学出版的实际情形，考察当时诗学思潮发展动向的重要标本。且《雅颂正音》所收并非皆为歌功颂德之作，其选录作品题材实相当广泛，可以说是"在场式"地反映了当时文士的生活、思想和创作活动，对我们感知明初文人士大夫的精神世界、更准确把握当时士人心态的变化过程，皆具重要意义。

洪武至永乐年间，在书坊主之外，文人士大夫亦出版了诗歌总集。与书坊主不同，盈利并非他们的首要与根本目的。因此，对文人士大夫的出版行为具有更重要影响的，不是当时文坛的流行风尚，而是他们自己的文学主张。下面，即以许中丽出版其《光岳英华》为例，对此展开考察。

---

① （明）方孝孺著，徐光大点校：《逊志斋集》卷21《张孟兼传》，第702页。

第二节　文学主张对出版者的影响

《光岳英华》为诗歌总集，包括唐诗、元诗、明诗三部分。20世纪 30 年代，傅增湘访得洪武刻本《光岳英华》，并将其转寄董康。今人颜庆余云，"傅增湘访得、董康收藏的明洪武刊本，今已不知下落"，"明洪武刊本下落不明，而国家图书馆所藏明洪武刊、明递修本 15 卷，亦未易得见"①。其论文《〈光岳英华〉考》遂据傅增湘、董康等所作《光岳英华》题跋，转述了该本的版式、行款、藏书印、刻工等项内容。

得益于古籍数字化事业的发展，据笔者查考，"中华古籍资源库"数据库已全文收录了中国国家图书馆藏洪武刻本《光岳英华》书影。其版式、行款、字体风格、序文内容、卷端字样等诸项信息，皆与傅增湘《藏园群书经眼录》卷一七"《光岳英华》诗集十五卷"、《藏园群书题记》卷一八"明本《光岳英华》诗集跋"记载相合。② 且据傅增湘跋可知，其所见本，有"王懿荣""显处视月""海上精舍藏本""安乐堂藏书记""明善堂览书画记""福山王氏正孺藏书"数印。今考之国图藏本，书首《光岳英华诗集序》叶，有"安乐堂藏书记""明善堂览书画记""福山王氏正孺藏书"数印；正文首卷卷端，有"王懿荣""显处视月""海上精舍藏本"数印。由此可知，傅增湘访得、后为董康收藏的洪武刻本《光岳英华》今藏中国国家图书馆，③ 通过数据库即可得见。

这里亦需指出，国家图书馆联机目录以及"中华古籍资源库"数据库对此本《光岳英华》的著录，是存在错误的。其一是作者信

---

① 颜庆余：《〈光岳英华〉考》，《图书馆杂志》2018 年第 1 期，第 110—111 页。

② 傅增湘：《藏园群书经眼录》，第 1489—1490 页；傅增湘：《藏园群书题记》，第 920—922 页。

③ 索书号为 04788。

息。此本正文首卷卷端题有"汝南后学许中丽仲孚编辑，豫章揭轨孟同校正"字样，据此可知《光岳英华》编者为许中丽。然国图已有著录俱题作"许中麓"，盖因"麓"与"丽"繁体字"麗"形近而误。不仅洪武刻本如是，国图藏清抄本《光岳英华》，[①] 作者信息亦为"许中麓"。其二是版式、行款信息。此本版式、行款为半叶11行行20字、四周双边、黑口、顺黑鱼尾，版心中部题有卷次。国图已有著录俱谓此本"白口"，亦误。

图5-5 洪武刻本《光岳英华》序文、正文书影[②]

此本书首有揭轨《光岳英华诗集序》，云："汝南许仲孚雅好吟咏，尝录二代之诗，取其合作者，分律诗、歌行，凡若干首，刻之于梓，题之曰'光岳英华'。观其编次之序，以有元直接盛唐，其知诗也哉……仲孚既刻二代之诗于环翠亭，又采圣朝治世之音，得其

---

① 索书号为A00747。

② （明）许中丽：《光岳英华》，中国国家图书馆藏明洪武十九年刻本。图5-6同出处。

善鸣者并刻之，以续于后，意谓皇家厚人伦、美教化，将于此乎征也"，末题时间为"洪武十九年岁次丙寅正月望日"①。

通过揭轨序言，可提取出以下信息。首先，《光岳英华》的出版者就是此集编者许中丽。揭序所言"环翠亭"，为许中丽亭台。宋濂写景名篇《环翠亭记》，即为其所作：

> 临川郡城之南……是为罗家之山，大姓许氏，世居其下。其居之后，有地数亩余。承平之时，有字仲孚者，尝承尊公之命，植竹万竿，而构亭其中。当积雨初霁，晨光熹微，空明掩映，若青琉璃然。浮光闪彩，晶荧连娟，扑人衣袂，皆成碧色。冲融于北南，洋溢乎西东，莫不绀联绿涵，无有亏欠。仲孚啸歌亭上，俨若经翠水之阳，而待笙凤之临也。虞文靖公闻而乐之……乃以"环翠"题其颜。至正壬辰之乱，烽火相连。非惟亭且毁，而万竹亦剪伐无余……及逢真人龙飞，六合载清，仲孚挈妻孥自山中归。既完其阎庐，复构亭以还旧贯，而竹之萌孽亦丛丛然生，三年而成林。②

由此可知，环翠亭位于临川。其名为虞集所题，盖因翠竹环绕故也。至正十二年兵乱被毁，洪武初年重建。此本《光岳英华》中，亦有四首《题许氏环翠亭》，作者分别为释来复、陈瑛、吴世忠、周启。诸诗亦描绘了环翠亭绿竹森森之景，如陈瑛诗云，"城西高亭森万竹，重门积翠常阴阴。云开不见月在地，雨至忽惊秋满林。已闻深处可留客，向复静中宜鼓琴。潜溪学士有高咏，清风划起蛟龙吟"，释来复亦云"绕亭万竹碧琅玕，每共高人赋考槃"，等等。因

① （明）许中丽：《光岳英华》，中国国家图书馆藏明洪武十九年刻本。按，本节征引《光岳英华》序文、诗歌，皆自此版本。为免脚注过多，后文引用《光岳英华》文字不再出注。
② （明）宋濂：《翰苑别集》卷7，见（明）宋濂著，黄灵庚编辑校点《宋濂全集》，第160—161页。

此，如瞿冕良《中国古籍版刻辞典》"环翠亭"条，云此为"明初
江西临川人揭轨的室名。轨字孟同……洪武十九年刻印过许中麓编
《光岳英华诗集》15 卷"①，是有误的。另，《光岳英华》中还有周
启《题许仲孚碧梧翠竹堂》、释来复《题许仲孚梅桂轩》。碧梧翠竹
堂的位置，当与环翠亭相近。复据释来复"雪后花围东阁曙，月中
子落广寒秋"之句可知，梅桂轩亦当为许中丽亭台。

　　环翠亭既为"浮光闪彩，晶荧连娟"的秀美亭台，则揭轨言许
中丽"刻二代之诗"于此，又是何意呢？通过宋濂"仲孚啸歌亭
上"、陈瑛"静中宜鼓琴"、释来复"每共高人赋考槃"等语可以想
见，环翠亭是许中丽的清赏之所，他不仅于此以琴歌自娱，亦与友
人吟咏赋诗。由此推测，许中丽编选《光岳英华》工作，很可能主
要在环翠亭中进行。复据《光岳英华》卷端，可知揭轨参与了此集
校正。揭轨可能亦多次在此亭中，与许中丽讨论《光岳英华》。故其
所言"刻二代之诗于环翠亭"，其实主要是指许中丽的编选工作。与
王举直的勤有堂不同，环翠亭本身并无出版职能。在此本《光岳英
华》序文叶最末，有"临川李作恭刻"字样。可见，许中丽是延请
当地刻工，完成刊刻工作的。瞿冕良《中国古籍版刻辞典》未著录
李作恭，或可增补。

　　其次，据揭轨序言，可知《光岳英华》包括唐诗、元诗、明诗三
部分。所选诗歌既有律诗，亦有歌行。今国图藏本《光岳英华》凡十
五卷，其中唐诗三卷、元诗七卷、明诗五卷。三部分的卷端，分别题
作"有唐光岳英华""有元光岳英华""皇明光岳英华"。许中丽未选
录宋诗之举，与洪武年间诗坛"崇唐抑宋"② 的普遍风气相合。

---

　　① 瞿冕良：《中国古籍版刻辞典》，第 505 页。
　　② 以刘崧为例，如前文提到其作于洪武十三年的《鸣盛集序》，即云"至开元、
天宝间……诸君子各鸣其所长，于是气韵声律，粲然大备。及列而为大历，降而为晚
唐，愈变而愈下，迨夫宋则不足征矣"。黄容《江雨轩诗序》亦记，"近世有刘崧者，
以一言断绝宋代，曰宋绝无诗"［载（明）叶盛《水东日记》卷 26，中华书局 1980 年
点校本，第 257 页］，等等。

这里有一个问题，那就是此本《光岳英华》所收皆为七律，而无一首歌行。唐诗三卷卷端，右下依次有注"七言律诗卷之一/二/三"，元诗首卷卷端，右下注为"七言律诗卷之四"，其后卷数依次递增。至明诗首卷卷端，则注为"七律卷之十一"，此后依次递增。刻本之外，今中国国家图书馆、南京图书馆还藏有二种十五卷《光岳英华》清抄本，然与刻本属同一版本系统，当自刻本抄出，亦仅有七律。由此可知，现存《光岳英华》并非全本。

对此学界早有注意，董康即指出，"揭序中有歌行而卷中无之，是此本出之丛残可以断言"①。董康还注意到，钱谦益《列朝诗集》甲集前编第十一、甲集第十八中有部分诗人诗作，钱氏言其录自《光岳英华》，然未见于现存《光岳英华》刻本。甲集前编第十一中的六位诗人、第十八中的五位诗人，更未为《光岳英华》著录。颜庆余则指出，董康所言前编的六位诗人，其实都见于《光岳英华》元诗部分，对董康之论作出了订补。② 然甲集第十八中的刘秩、朱弘祖、涂守约、聂同文、高伯恂五位诗人，确实未为现存《光岳英华》刻本著录。前编第十一、第十八中，亦有多首诗歌未见于《光岳英华》，其中既有七律，亦有五律、七绝、五古、七古。

综上，可以肯定的是，许中丽《光岳英华》是分体编制的，现存七律十五卷只是其中一部分。七律之外，还当有五律、七绝、五古等体裁数卷，卷端分别题作"五言律诗卷之一""七言绝句卷之二"等。钱谦益编制《列朝诗集》时，尚能得见诸卷，然今已失传。因此，如朱彝尊《成周卜诗集序》云"许中丽之《光岳英华》专收七律，余皆舍而不录"③，实有失偏颇。

那么，现存的十五卷七律，是否亦有残阙呢？董康认为此非足本，并以"目录第四叶至周启夏然而止"为证据，颜庆余转引此论。

---

① 董康著，朱慧整理：《书舶庸谭》卷5，中华书局2013年版，第190页，下同。
② 颜庆余：《〈光岳英华〉考》，第109页。
③ （清）朱彝尊：《曝书亭集》卷39，《四部丛刊初编》，影印清康熙刻本。

董康之言，似意在今本《光岳英华》目录叶有脱落。但问题是，此本正文最末，就是周启诗作。目录于周启以后脱落数叶、正文恰巧亦自周启之后脱落，这种可能性是相对较小的。许中丽所选七律部分，应当就是到周启而止。

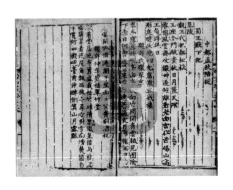

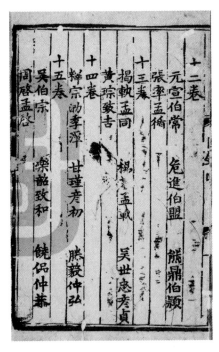

图 5–6　洪武刻本《光岳英华》目录末叶、正文末叶书影

笔者以此本书首《光岳英华目录》逐叶核对全书，发现目录所记与相应正文有所不同者，只有三处。目录叶卷六"柯九思"后为"李存"，正文柯九思诗后有顾逖《赠张玉筍》一首，后李存诗，其后又有童全《奉旨祀桐柏山》一首。目录叶卷七"危素太朴"后为"黄昺殷士""曾坚子白"，然正文危素诗后卷七即止，无黄昺、曾坚诗。目录叶卷八著录顺序为赵学子、杨维桢、成廷珪，正文则为赵学子、成廷珪、杨维桢。这些微小出入，显系许中丽编集时的疏失。卷七末叶危素诗后只有界行，说明黄昺、曾坚诗当时即未刊刻，而非流传中脱叶。除此三处之外，其余所有作者姓名及先后顺序，目录、正文完全一致。通读全书，前后各叶皆衔接连贯，无脱叶情况。因此笔者认为，就七律部分而言，现存十五卷本《光岳英华》是完整的，可以此为据，进一步分析许中丽的文学主张。至于《列朝诗集》所收七律与此本存在出入，既可能是《光岳英华》此后有增补版本，也可能是钱谦益搜辑前述诗人作品时，以《光岳英华》为主，亦旁及其他资料，但未一一列出。

最后，通过揭轨序，还可知许中丽的编选、出版工作是分批次进行的。首先编选、出版的是唐诗、元诗，其后是明诗。尽管出版工作有时间差，然综观全书，版刻风格是一致的。可见，许中丽视明诗部分，为此前唐诗、元诗的接续，是以在版刻风格上，亦有意与之前保持一致。

据揭轨序言，可知《光岳英华》明诗部分出版于洪武十九年（1386）前后，那么唐诗、元诗部分，出版于何时呢？阅读此集可知，唐诗部分以杜审言《守岁》《大酺》开篇，诗云"欲向正元歌万寿，暂留欢赏寄春前""火德云官逢道泰，天长地久属年丰"，是浓墨重彩的颂圣之作。卷一所收绝大多数为应制诗，如沈佺期《侍宴安乐公主山庄应制》、宋之问《奉和太平公主南庄应制》等。少数非应制诗，大都亦为歌功颂德之作，如贾至《早朝大明宫》"银烛朝天紫陌长，禁城春色晓苍苍。千条弱柳垂青琐，百啭流莺绕建章。剑佩声随玉墀步，衣冠身惹御炉香。共沐恩波凤池里，朝朝染翰侍君王"等。据笔者统计，在卷一的 30 首诗中，与颂圣无关者，唯卷末崔颢《行经华阴》《登黄鹤楼》，李白《送贺监归四明》《登凤凰台》四首。

卷三所收，则大多是交游、唱酬之作，而颂圣之意蕴含其中。如王维《奉和圣制从蓬莱向兴庆道中望春之作》《和贾至舍人早朝》，岑参《西掖即事》《和王员外雪后早朝》，皇甫曾《早朝寄所知》等皆然。至如高适《送王李二少府贬峡》，尽管送别对象遭到贬谪，诗人仍赞美"圣代只今多雨露"，鼓励对方"暂时分手莫踌躇"。诗中亦有不少春景，如钱起《赠补阙裴舍人》诗云"二月黄鹂飞上林，春城紫禁晚阴阴。长乐钟声花外尽，龙池柳色雨中深"①，等等。

环翠亭位于临川，意味着许中丽是在出版业比较兴盛的江西，开展编选工作。而据宋濂所言"大姓许氏"，以及许中丽坐拥环翠亭、梅桂轩之事实，可以想见其家境较好。因此，许中丽是有条件读到较多唐诗作品的。揭轨序言即提到，"近世襄城杨伯谦作《唐音》，不可谓之不精，求其备则未也。蓟人宋褧著《国朝风雅》，亦不可谓之不备，言其精则未也"。由此推测，许中丽亦当读到《唐音》。在诸多唐诗中，特意选取歌功颂德之作并编集出版，此事定然发生在国家新建的洪武年间，而不会是在元末。复考此本《光岳英华》整体版式、刻书字体风格，亦与洪武年间中央出版的《大诰》等御制、敕撰书籍非常相似。

《光岳英华》卷一、卷三呈现的诗歌风貌，自然而然地令我们联想到刘仔肩《雅颂正音》。然此二卷，实非许中丽工作重心所在。据

---

① 按，此诗《中兴间气集》《才调集》俱题作《阙下赠裴舍人》，复有异文。《中兴间气集》作"二月黄鹂飞上林，春城紫禁晓阴阴。长乐钟声花外尽，龙池柳色雨中深"［（唐）高仲武：《中兴间气集》卷上，《四部丛刊初编》，上海商务印书馆 1922 年影印明翻宋刻本］，《才调集》则作"春城紫陌晓阴阴，二月黄鹂飞上林。长乐钟声花外尽，龙池柳色雨中深"［（五代）韦縠：《才调集》卷 8，《四部丛刊初编》，上海商务印书馆 1922 年影印述古堂景宋钞本］。

笔者统计，卷一、卷三所收作者及其作品数目，具体如下。

卷一：杜审言2首、沈佺期3首、宋之问2首、李峤2首、宋邕1首、李尚贞1首、卢子潜1首、李恺1首、徐彦伯1首、韦元旦1首、卢象1首、苏颋2首、贾至1首、张说1首、李适1首、马怀素1首、崔日用1首、岑羲1首、包何1首、崔曙1首、崔颢2首、李白2首。

卷三：王维6首、岑参5首、高适2首、李颀2首、严武2首、郭受1首、皇甫曾1首、皇甫冉2首、刘长卿6首、钱起6首、卢纶3首、李端3首、杨巨源3首、韩翃2首、耿沣1首、权德舆2首、韩愈1首、柳宗元4首、张籍1首、武元衡2首、薛逢3首、许浑2首、李郢2首、刘威1首、曹唐1首。卷三之后，有"七律补遗"。补遗所收，为王维1首、岑参1首、郎士元2首、温庭筠1首、李商隐1首。

以上总计51位诗人，作品100首。而在《光岳英华》卷二，许中丽只收录杜甫一人的作品，总计106首，超过李白、王维、韩愈等51位诗人诗作总和。由此悬殊对比可知，许中丽的文学主张，就是七律以杜甫为最高。三卷七律唐诗的编选，是许中丽的总集编纂实践，更是其文学主张淋漓尽致的展示。

许中丽对杜甫的推崇，不仅表现在选诗数量上，更体现在诗歌题材的选择。在卷一、卷三中，许中丽的编选，将绝大多数诗人装扮成了同一副面孔。我们看不到王维的悠游山水，也无从寻觅高适、岑参的边塞豪情。韩愈吟咏着"天仗宵严建羽旄，春云送色晓鸡号"，王维歌颂着"共欢天意同人意，万岁千秋奉圣君"①。在一派春和景明的天色中，绝大多数诗人都带着欢乐的面容，歌功颂德。唯极少数诗人，流露出不同的表情，如柳宗元。卷三所收其四首作

---

① （唐）韩愈：《奉和库部卢四兄曹长元旦早朝》，载（明）许中丽《光岳英华》卷3；（唐）王维：《大同殿生玉芝龙池上有庆云百官共睹蒙恩锡宴敢书即事》，载（明）许中丽《光岳英华》卷3补遗。

品，从《别舍弟宗一》"零落残魂倍黯然，双垂别泪越江边。一身去国六千里，万死投荒十二年"、《登柳州城楼寄漳汀封连四州》"城上高楼接大荒，海天愁思正茫茫"，到《再授连州至衡阳别刘梦得》"归目并随回雁尽，愁肠正遇断猿时"、《得卢衡州书因以诗寄》"蒹葭淅沥含秋雨，橘柚玲珑透夕阳"，惆怅之情流淌于字里行间。

而在卷二杜甫的 106 首作品中，既有"却看妻子愁何在，漫卷诗书喜欲狂"的喜悦，也有"艰难苦恨繁霜鬓，潦倒新停浊酒杯"的烦闷，还有"闻道长安似弈棋，百年世事不胜悲"的哀伤。品读诸作，诗人的欢乐趣、离别苦，种种情绪，跃然纸上，令读者感同身受，五味杂陈。所收杜甫诗歌，亦囊括了咏怀、纪行、怀古等各种题材，至如《秋兴》八首、《咏怀古迹》五首、《诸将》五首等组诗，都是全部收录。可以说，在卷一、卷三中，绝大多数诗人都沦为群众演员，共同为许中丽上演一出颂圣的戏。而在卷二，杜甫是唯一的主演，也是戏剧的全部。许中丽单纯地展现杜诗的精妙，让读者感受杜甫的喜乐与哀愁。

许中丽编集之时，可能也读到了畅销的刘仔肩《雅颂正音》。即使未见此集，亦必知晓当时文坛的流行风尚。若许中丽汲汲于通过出版盈利，如王举直一般，则其编纂时，应努力扩大卷一、卷三的篇幅。然许中丽却以双倍的篇幅著录杜诗。这意味着刊刻卷二的成本，包括版材、纸张等，亦是卷一、卷三的两倍。显然，对许中丽而言，盈利并非出版的核心要义。出版《光岳英华》的主要目的，是为弘扬许中丽自己的文学主张。换言之，是其文学主张推动许中丽，在出版成本颇高的洪武年间，将《光岳英华》付梓。环翠亭多有客人来访，前述宋濂记文即云，"州之寿俊与其有连者，咸诣夫仲孚，举觞次第为寿"①。由此推测，许中丽很可能将《光岳英华》刻本，赠送给前来环翠亭的朋友。

---

① （明）宋濂《环翠亭记》，（明）宋濂著，黄灵庚编辑校点《宋濂全集》，第 161 页。

在元诗、明诗部分，许中丽的文学主张，同样有着鲜明的呈现。与唐诗卷一、卷三不同，尽管元诗七卷亦有不少应制、颂圣之作，如揭傒斯《御书雪林二字赐赵中丞应制》"政欲清如林上雪，已闻声奋地中雷。君臣千载明良会，咫尺薇垣接上台"，陈益稷《扈驾畋柳林》"太平气象民同乐，南北梯航共一家"，范梈《和吴宗师退朝》《诣天光门上进三朝实录》《大明殿退朝》《清谶奉教》等，但此已非元诗部分的主流。

据笔者统计，元诗部分共收录 97 位诗人诗作 534 首，不仅规模倍于唐诗，诗歌题材亦更为多样。其中，既有罗朋《唱名日与同年赋诗》"风定玉炉香影直，日高金榜墨痕干"的得意，亦有黄溍《题丁文苑同年哀词后》"不才后死知何用，坐对诸郎独泫然"的悲戚。有揭傒斯《梁安峡梦故妻有感》"南风尽日迎归棹，落月空江梦故妻"的思念，亦有李材《楚城秋夕》"此身天地流萍远，故国关山落木多"的漂泊。可见，许中丽编制元诗部分的一个主要目的，是保存元代文人诗作，并由此展现他们的精神世界与日常生活。

与唐诗部分杜甫傲视群雄不同，元诗部分诸诗人的诗作数目更为多样，由此亦见许中丽的诗学好尚。笔者统计了元诗各卷所收诗人及诗作数目，具体如下。

表 5-2　　　　　《光岳英华》元诗部分收录诗人作品统计

卷数	诗人及诗作数目
卷四	刘因 5 首、张易 1 首、李孟 1 首、元明善 2 首、郝经 1 首、吴澂（按，"澂"误，当作"澄"）2 首、赵孟頫 29 首
卷五	虞集 89 首、范梈 20 首、马祖常 6 首、杨载 21 首、杨奂 1 首、王仪伯 1 首、袁桷 3 首
卷六	王士熙 7 首、柳贯 8 首、揭傒斯 21 首、李材 4 首、陈孚 1 首、张养浩 1 首、陈益稷 4 首、萨天锡 5 首、达兼善 2 首、邓文原 4 首、柯九思 1 首、顾逖 1 首、李存 1 首、童全 1 首
卷七	欧阳玄 1 首、傅若金 26 首、甘立 3 首、黄溍 19 首、黄清老 1 首、吴元德 6 首、张伯远 4 首、危山矔 2 首、杨镒 7 首、罗朋 1 首、危素 1 首

续表

卷数	诗人及诗作数目
卷八	张翥32首、黄复圭7首、辛敬9首、李隼14首、贾德举1首、桂如祖1首、燕敬1首、定子静2首、萧宇2首、赵学子1首、成廷珪1首、杨维桢1首
卷九	张天雨6首、薛玄曦6首、吴全节1首、查广居1首、释大䜣5首、释克新2首、释来复38首、胡宽1首、邓绍先4首、倪太初5首、吴德基1首、练高6首、吴会3首、邓贲3首、王翊2首、倪瓒1首、吴志淳2首
卷十	贝阙1首、管讷2首、游庄3首、郭翼1首、宋处仁1首、张以宁1首、董成1首、郯韶2首、释昙埙1首、王中6首、董纪1首、李孝光1首、刘俨1首、张枢1首、丘民2首、郑洪1首、陈安2首、胡布2首、章士熙1首、刘廉2首 卷十后为"七律补遗"，依次收录虞集1首、张翥7首、张天雨1首、傅若金1首、吴当3首、傅生2首、胡棣1首、贡师泰6首、龙骧1首、练高1首、龚伟1首、麦敬存1首、陈瑛1首、饶宗鲁1首

在这97位诗人中，入选诗作最多的前八名，依次是虞集、释来复、张翥、赵孟頫、傅若金、杨载、揭傒斯、范梈，他们的作品都超过了20首。而危素、杨维桢的诗歌，俱仅有一首入选。通过选诗数量的多寡，可以清楚获悉许中丽的诗学好尚。

同样的，对于自己推崇的诗人，许中丽广泛选录他们多种题材的作品，读者从中可以感受到诗人们丰富的生活、复杂的感情。如在虞集作品中，既有交游、唱酬之作，亦有题画、题诗卷、纪行、咏物、怀古、咏怀等各类题材，如《题孙氏金碧山水图》《题陈维新诗卷》《题文忠臣庙》《御风亭》《赋壶洲》《游仙游山》《题鳌峰石》《神凤琴》《赋石竹》《与陈众仲读王临川遗事》《八月十五日伤感》等。至如《城东观杏花》"明日城东看杏花，叮宁儿子早将车"朴素描绘生活细节，更是令人观之可亲。

再如赵孟頫，其《和姚子敬秋兴》五首，许中丽全部收录。五首诗歌，无不流淌着哀愁。如其一云"山川萧瑟秋云净，草木凋伤暮雨悲。多病长卿嘲暇日，数奇李广不逢时"，其四云"金樽绿酒无钱共，安得愁中却暂欢"，其五云"黄菊欲开人卧病，可怜三径已荒芜"，等等。再如《题岳武穆王墓》"莫向西湖歌此曲，水光山色不胜悲"、《钱塘怀古》"千古兴亡尽如此，春风麦秀使人愁"，亦令人怅惘。与唐代部分的作家们不同，这些诗人各自拥有鲜明的面庞。

明诗五卷，则收录 22 位诗人诗作 121 首，作品数量为唐诗、元诗、明诗三部分中最少。各卷所收诗人及诗作数目，分别为：卷一一，魏观 2 首、吴云 1 首、陶谊 2 首、张绅 1 首、刘丞直 2 首、李宗颐 2 首、朱梦炎 2 首；卷一二，元宣 5 首、危进 7 首、熊鼎 8 首、张率 15 首；卷一三，揭轨 21 首、杨基 5 首、吴世忠 6 首、黄琮 2 首；卷一四，释宗泐 5 首、甘瑾 15 首、滕毅 2 首；卷一五，吴伯宗 3 首、乐韶 3 首、饶侃 4 首、周启 8 首。

可见，尽管在明诗部分，许中丽选录不同诗人作品同样多寡有别，然此间的差异并不大。入选诗作最多的揭轨仅 21 首，位居次席的甘瑾、张率不过 15 首，远不似杜甫、虞集在唐诗、元诗部分一般突出。再就题材而言，尽管揭轨序谓许中丽"又采圣朝治世之音，得其善鸣者并刻之，以续于后，意谓皇家厚人伦、美教化，将于此乎征也"，然考之明诗五卷，其中既有颂圣、交游、唱酬之诗，也有题画、纪行、咏怀之作，并无一种题材占据垄断地位。"鸣盛"气味并不突出，不似唐诗部分卷一、卷三那样主题鲜明。由于选录作品总数较少，明诗部分亦难如元诗部分一般，可令读者充分感知诸位诗人的世界。

那么，许中丽在唐诗、元诗之后，复编选明诗部分并将其出版，目的为何呢？颜庆余已指出，明诗五卷"采录范围表现出明显的地域特征"①。通过查考不难发现，明诗部分中的诗人多为江西人，江西人中最多临川人。具体言之，熊鼎、揭轨、甘瑾、饶侃为临川人，张率、周启为广信人，吴世忠、吴伯宗为金溪人，刘承直为章贡人，李宗颐为豫章人，朱梦炎为进贤人，危进为南城人。江西诗人数目占诗人总数的 54.5%。这一比例超过了江西人刘仔肩编制的《雅颂

---

① 颜庆余：《〈光岳英华〉考》，第 112 页。

正音》。在《雅颂正音》中，江西诗人凡 20 位，所占比例为 33%①。

由是观之，许中丽编选并出版明诗部分，可能是为了宣扬江西地区的诗风。然笔者认为，相比地域因素，推动许中丽编选、出版这一部分的更大动力是交游。证据在于，滕毅、杨基等 10 位作者皆非江西人，然其作品同样得到了入选。以滕毅为例，廖道南《楚纪》记载其为镇江人。② 据《明太祖实录》可知，洪武元年九月乙亥，以滕毅为江西行省参政。③ 则许中丽收录滕毅之作，应是因为滕毅任官期间，二人有所往来。许中丽居于临川，故与其交游的文人肯定多为江西人，其中尤多临川人，是以其选录江西诗人最多，江西人中又以临川人最多。

许中丽这样做的原因也是显而易见的。洪武年间，出版成本高、难度大，绝大多数文人没有机会出版自己的别集。许中丽既有出版作品的能力与条件，遂借此机会，收集、出版与自己交游往来的文人作品，以助这些诗歌得到更广泛、长远的流传，此与前文所述王逢《梧溪集》保存他人诗作之举相类。许中丽选录揭轨作品最多，固然有文学层面的考量，然亦当与揭轨为其校正《光岳英华》、二人交游更为密切有关。④ 由此推想，明诗部分诸家作品的数量相近，其中或亦蕴含了许中丽在人情方面的考量。

事实上，许中丽选录的 22 位诗人，不仅在洪武年间皆未出版自己的别集，即在此后漫长的数百年里，得到出版机会的亦属寥寥。这些诗人中，有刻本别集传世者，唯杨基、魏观、吴伯宗三人。幸赖许中丽，其余诗人的作品亦得以流传至今。

---

① 这 20 位江西诗人，具体为曾鲁、周祯、危素、程国儒、涂颖、刘丞直、熊鼎、吴彤、黄肃、刘崧、吴伯宗、周子谅、释似杞、释来复、释廷俊、释怀渭、李克正、吕复、萧执、刘仔肩。

② （明）廖道南：《楚纪》卷 54，《北京图书馆古籍珍本丛刊》第 7 册，书目文献出版社 1990 年影印明嘉靖二十五年刻本，第 972 页。

③ 《明太祖实录》卷 35，第 632 页。

④ 有趣的是，在洪武刻本《光岳英华》各卷卷端，大都题有"豫章揭轨孟同校正"字样。唯在收录揭轨本人作品的卷 13，卷端仅题许仲孚编辑，而不题揭轨校正。

从唐诗、元诗到明诗，许中丽都没有为诸诗人编制小传，仅于少数诗人名下注其字而已。因此长期以来，研究者大都强调《光岳英华》在保存诗人诗作方面的价值，而鲜少关注这一选本的诗学旨趣。如朱彝尊《静志居诗话》即言，"是时许中丽仲孚则编《光岳英华》……虽择焉不精，然草昧之初，干戈甫戢，风雅未坠于地，至今得存，不可谓非群贤扬抉之功也"①。颜庆余亦云，"如果着眼于此书流传至今的文献价值，明诗五卷则是最重要的部分。唐诗三卷所录都是习见的诗与人，并无辑佚的价值"②，等等。

然通过本节论述可知，现存《光岳英华》七律部分，实蕴含了许中丽鲜明的诗学好尚与文学主张。尽管许中丽未撰写小传，但通过考察其选录诗人作品数量、题材种类可知，就七律这一体裁而言，许中丽推崇的诗人以唐代杜甫为最，其后依次为元代虞集、释来复、张翥、赵孟頫、傅若金、杨载、揭傒斯、范梈，呈现一个由点至线的清晰谱系。这一文学主张，是其出版《光岳英华》的重要动力。

在宣扬自己的文学主张之外，许中丽编选并出版唐诗卷一、卷三及明诗五卷，还带有其他目的。前者为借唐代诗人之口，对明太祖歌功颂德；后者是利用出版机会，保存交游对象诗作。唐、元、明三部分中，元诗七卷的编制，是最纯粹的。它单纯展示了元代诗人的丰富生活与精神世界，价值最高。清初文坛盟主王士禛在得到十五卷本《光岳英华》后，"乃删去唐诗三卷，别次为七卷，定为《元诗光岳英华集》，仍以明初诗五卷附之，通十二卷，藏之箧中"③，也是以元诗为最佳。

刘仔肩《雅颂正音》、许中丽《光岳英华》俱编制、出版于洪

---

① （清）朱彝尊著，（清）姚祖恩编，黄君坦校点：《静志居诗话》卷5 "刘仔肩"，第120页。

② 颜庆余：《〈光岳英华〉考》，第112页。

③ （清）王士禛：《带经堂集》卷39《光岳英华序》，《清代诗文集汇编》第134册，上海古籍出版社2010年影印清康熙五十年七略书堂刻本，第313页。

武年间，作者一为江西人、一在江西生活。已有研究普遍重视二集的史料价值，而忽视其作为诗歌选本的文学价值。实际上，《雅颂正音》代表了当时文坛的主流风尚，《光岳英华》则寄寓了编者鲜明的文学主张。文学风尚与文学主张，是推动书坊主、文人出版《雅颂正音》《光岳英华》的重要力量。

结　　语

绪论已述，本研究的意义主要表现在以下方面：其一是深化对洪武至永乐年间出版情况、出版特点的认识；其二是从探析出版与文学关系的角度，拓宽、深化对这一时期诗文的研究；其三是为书籍史与阅读史研究、进一步深化已有作家作品评价、寻找新的典范作家等问题提供思路。本书结语，即以此为序展开。

一　出版与文学

首先，来回顾本书关于洪武至永乐年间的出版、文学，获得的发现与新知。

由于使用论据以及论证方式不同，目前学界对明前期出版情况，有出版繁荣、出版萧条两种截然不同的观点。为了对洪武至永乐年间出版情况获得更近乎历史真实的结论，笔者尽可能多地搜辑、考辨这一时期的现存、已佚版本，共获得287则洪武、建文、永乐年间版刻信息。这些版刻信息，是探讨当时出版情况最有力、最可靠的证据。

以这些版刻信息为主要依据，同时结合相关史料可知，洪武至永乐年间出版的书籍，囊括经、史、子、集各个部类。其中一些作品的出版规模颇为可观，如《大诰》诸编、《五经大全》《四书大全》；还有一些卷帙浩繁，如《洪武南藏》《永乐南藏》《永乐北藏》。通过书籍出版的种类、规模、篇幅三个角度皆可看出，以井上进《中国出版文化史》"穷匮""出版之冬"为代表的明前期出版萧条之说，与这一时期出版实际情况不符，是不恰当的。研究者形成这一观念的主要原因，在于未将洪武至永乐年间出版、而后佚失的刻本纳入考虑。

以上是对出版情况的考察。笔者亦探析了这一时期的出版特点，结论是，在洪武至永乐年间，出版成本普遍较高，出版用时普遍较长。全国各地出版业水平不均，福建、江西、南京、浙江四地比较发达，其他地区相对落后。尽管如此，这一时期，皇帝、太子、藩府想要出版的书籍，仍能得到大规模、快速、高质量的刊印。这大大挤占了本已稀缺的出版资源，从而加剧了官僚士大夫、普通民众出版作品的难度，是当时出版成本较高的深层原因。

因此，尽管从整体上看，洪武至永乐年间的出版不可以"萧条"称之，但具体到个人，这一时期，不同阶级、不同群体出版书籍的难易程度呈现出严重分化，作品得到出版的官僚士大夫、普通民众凤毛麟角，故亦不当以"出版繁荣"名之。或可用"局部繁荣"，来概括此时期的出版情况。

受既有评价影响，目前学界对洪武至永乐年间文学创作的考察，大都集中于高启、宋濂、高棅《唐诗品汇》、闽中诗派等少数在文学史上有重要地位的作家、作品、文学流派，而对这一时期其他文人的创作、文坛的流行风尚等问题，则较少深入探讨。

本书认为，宗法唐诗特别是盛唐，是洪武至永乐年间诗坛的流行风尚，全国各地诗人的普遍主张。相比诗歌发展内在因素，这一风气的形成更多是受到外部政治环境的影响。在此风尚的影响下，南京书坊主王举直主动出版了洪武三年成书的刘仔肩《雅颂正音》。是集所选诗歌，从遣词造句到整体风貌、气象风神，大多呈现出对"盛唐气象"的规摹，具有鲜明的宗唐倾向。即使是意在宣扬自己文学主张的许中丽《光岳英华》，其中唐诗二卷，亦明显受此风气熏染。

与诗坛鲜明的崇唐风气有所不同，文章层面，这一时期的文人在韩愈等唐代名家之外，同样推崇欧阳修、苏轼等宋代文章大家。如欧阳修别集在洪、永年间，即得到了多地、多次出版。欧集出版，对台阁文人"崇欧"风气的形成具有重要意义。欧集之外，傅若金诗集、文集等多种别集亦于洪、永年间出版。总体观之，这一时期得到出版的别集，其作者大多已去世数年。作者亲见其集出版的情况，凤毛麟角。别集出版者多从内容、体例两方面对作品面貌加以干预，从而在不同程度上改变了作者本意。

在高启、宋濂等明初"热点"之外，刘仔肩《雅颂正音》、许中丽《光岳英华》、王逢《梧溪集》等洪、永年间编纂、创作的总集、别集，同样值得关注。已有研究大都强调《雅颂正音》《光岳英华》的史料价值，轻视、贬抑其文学价值。在书籍出版的视域下，可知《雅颂正音》反映了洪武年间诗坛的普遍风尚，《光岳英华》寄寓了作者独特的文学主张。此外，《雅颂正音》亦有助于深入体认明朝开国之初文人士大夫的精神世界，等等。

尽管今天看来，《梧溪集》中诗歌语言多平铺直叙、题材多歌颂忠孝节义，诗味稍嫌淡薄，然此实为当时热门的出版资助对象。王逢在世时即获得出版资助，并看到《梧溪集》前六卷一一出版，这在当时属于凤毛麟角。通过时人专程拜访或宴请王逢、请求王逢为自己的亲友作诗，亦知《梧溪集》在洪武年间传播较广，拥有不少读者，是当时具有一定知名度的作品。然已有研究对此鲜少寓目。

对于这一时期出现的、此后在文学史上有重要地位的作家、作品、文学流派，本书在充分了解已有研究基础上，亦考察了其创作实际、文学史地位形成等问题。高启通过不出版自己的作品，有效地控制了读者群体的水平与规模，从而在诗歌题材选择、笔法运用上获得了更大的自由。熟悉的读者群体，令高启得以在诗中尽情抒发自我。宋濂则因明悉自己的诗歌将出版并传播至高丽、日本、安南等国，而较少在诗中描摹自己的思索、情感与生活，有意识地隐

藏了自我。规模庞大、知识结构不确定的读者群，亦对宋濂诗歌笔
法运用造成了消极影响。闽中诗派诸诗人得以摹拟唐诗创作，高棅
得以编制《唐诗品汇》《唐诗正声》的关键，俱在于福建地区繁荣
的书籍出版、位居全国之冠的出版业水平。

高启在洪武年间，并未获得比较广泛的高度评价。其主要原因，
就在于直至洪武三十年，其作品都没有出版。袁凯在明前中期，亦
未获得较高的文学史地位。作品出版在二人文学史地位的提升、确
立过程中扮演了重要角色。高启、袁凯别集俱较早得到了出版，且
此后得到持续出版，在出版过程中更有名家为之作序称赞。以上三
者合力，推动高启、袁凯至文学史上更高的位置。闽中诗派能够在
明初诸多流派中脱颖而出、在文学史上占据重要地位，亦与高棅
《唐诗品汇》《唐诗正声》不断出版密切相关。

二 评价与范式

下面，我们再将目光聚焦于高启与宋濂之上。

通过本书第三、四章讨论可知，入明以后，宋濂在诗里隐藏了
自我，而高启与元时一般，诗中仍然流动着种种真实的情感。"从今
四海永为家""洒扫六合氛尘清"，"中有人间无限悲""旧感新忧来
每并"，都是他情感的倾诉。再如高启辞官归乡后所作《步至东皋》
诗云：

> 斜日半川明，幽人每独行。愁怀逢暮惨，诗意入秋清。鸟
> 啄枯杨碎，虫悬落叶轻。如何得归后，犹似客中情。①

清秋暮色，枯杨破碎，小虫悬荡，落叶飘零。描摹景物的笔触

---

① （明）高启著，（清）金檀辑注：《高青丘集》，第522—523页。

极精细，诗人情感也极其复杂。诗歌流淌着仿佛不知所起的惆怅，又隐隐透露出哀伤，哀伤萧条与凋零。由此亦见诗人心灵的敏感、感情的细腻。

宋濂、高启在同样时代背景下的创作之别，不觉提示我们在重视政治环境对个人心灵、艺术创作影响的同时，还需将出版等其他因素纳入考量。诚然，政治环境是高启、宋濂等文人开展一切活动的大背景，但诗歌创作亦有其小背景、小语境。政治环境的剧烈变化固然重要，但对诗人创作而言，作品能否出版、读者规模大小也很关键。

自元入明，时代背景截然不同，然高启不愿出版自己作品的态度与行动始终未改变，高启精心选择自己的读者、与之交流的做法也未改变。由于读者规模一直得到有效的控制，故高启在诗歌里书写自己真实的生活、倾诉自己真实的情感亦未改变。因此，透过一首首高启洪武年间的作品，我们仍然可以真切感受到诗人珍贵的自我，既非强颜欢笑、矫揉造作，亦无遮蔽，未隐藏。这些作品一样闪耀着高启的才华，具有打动人心的力量。高压的政治环境令高启方值盛年遭受刑戮，但人的精神气质，是不易磨灭的。

在元代，宋濂也曾与高启相类，作品拥有比较确定的读者。然入明以后，作品的传播范围与他的身份地位一样发生剧变。此时宋濂面对的读者群体，实在过于庞大、过于陌生，是以在作品中，他将自己有意识地隐藏。

出版对作家创作还会有很多幽深、微妙的影响，渗透于字句之间，需要细致品读、深入发掘。笔者试通过王逢的四首同题作品，对此作一说明。《梧溪集》卷一、卷二，俱有《感宋遗事二首有引》。卷一所收二首，诗云：

> 五月无花草满原，天回南极夜当门。龙香一篆魂同返，犹藉君王旧赐恩。

天遣南姝死北燕，宋朝家法最堪传。当时赐葬崇双阙，混
一当过亿万年。①

卷二所收二首，诗云：

支渐元丰士，浮沉四百年。孝曾蒙帝宠，名复待予传。白
兔归蟾窟，青松合墓田。感怀庞礼部，不忍释遗编。
长安高处士，气得伯夷清。安素承殊渥，归来遂隐名。雪
寒深屋卧，雨夜一经横。太白鸿飞阔，思瞻紫翠晴。②

四首诗作，俱表达了王逢对忠孝节义者的感佩之情。然在感佩
之外，卷二作品中的"归来遂隐名""名复待予传"，更洋溢着一
种为他者扬名的使命感。而阅读卷一同题作品，就没有这种感受。

笔者推测，个中原因在于，王逢写作卷一《感宋遗事》时，还
不确定自己的作品能为多少读者所见；而写作卷二《感宋遗事》时，
他已确知笔下文字能够在较大范围内传播，自己的诗篇可以让默默
无闻者声名彰显。使命感，也就自然而然地流淌在字里行间。

在王逢的不少忠孝节义诗中，除使命感外，还可以读出其满足
与成就感。这或许同样因为，王逢写作之时确知这些作品能够出版。
如《赠嘉定故吏尤鼎臣有序》序云，"昔汉符玺郎事殊壮烈，然史失
其名。今鼎得予诗，亦足暴其心矣"；《题何妇黄氏卷有序》序云，
"予谓昔郑休妻石、郑义宗妻卢，遗事并著晋唐史。今何妇兼类之，
可称述也已"③；等等。

出版对高启、宋濂、王逢等作家创作的影响，又引发我们关于
进一步深化作家作品评价的思考。

---

① （明）王逢著，李军点校：《梧溪集》，第22页。
② （明）王逢著，李军点校：《梧溪集》，第101—102页。
③ （明）王逢著，李军点校：《梧溪集》卷5，第420—421、428页。

校勘学有一个术语叫"存真复原"，是校勘的根本原则，意指通过搜罗众本、版本校勘，改正作品在流传过程中的讹误，恢复原本面貌。然通过本书第三章讨论可知，其实很多作品在初次出版之际，即因出版者的干预而与作者的原本有所不同。作品尚未进入流传环节，便已偏离了作者本意。傅若川刻本《傅与砺诗集》、周立刻本《缶鸣集》，俱为各自版本系统中的祖本，但它们在内容、体例上，就已不完全是傅若金、高启作品的原貌。①

我们还可以将这个"偏离本意"的时间点再提前。对于具有明确出版意识的作者而言，本意偏离的过程，在创作之时即已开始。也许，王逢本想描摹自己的田园生活更多，宋濂本想抒发个人幽微的情感，但在出版这一强大的扩音器面前，他们或投入更大力量讴歌他人，或直接选择将自我隐藏。

不妨再以王逢为例，具体观之。本书第三章已述，王逢诗歌语言多平铺直叙，然此实与其诗多忠孝节义题材密切相关。阅读王逢其他题材诗作，可见其中多有佳句。如《梧溪集》卷一《梧溪有怀二首》云：

　　薄云天欲晚，微雨水先凉。燕子交飞处，梧花满树香。怀人路非永，对酒世相忘。不怪衣裳湿，中宵延露光。

　　虚馆凉气集，方池白水生。幽花含晚艳，嘉木有余清。酒绿尊中泻，琴丝膝上横。疏帘映微雨，益起故人情。②

全诗轻盈空灵，生机盎然。再如卷四《赠沈耕云》"佳士谢吏

_____

①　在周立出版《缶鸣集》六十余年后，意大利古典学者尼科洛·佩罗蒂（Niccolo Perotti）在写给弗朗切斯科·瓜尔内里奥（Francesco Guarnerio）的信中说，"即使人们出版了一些有价值的作品，他们也会扭曲其本来面目、破坏作品中隐藏的含义"（［美］罗伯特·达恩顿：《阅读的未来》，熊祥译，引言第12—13页）。时为1471年（亦即成化七年），距离谷登堡活字印刷发明还不到二十年。

②　（明）王逢著，李军点校：《梧溪集》，第61页。

禄，心耕九山云。雨余暗流泉，石田上絪缊。不与牛马运，甘同麋鹿群。千日酒春熟，黄鸟醉中闻"①，同样清新喜人。

由此笔者不禁想到，诚然王逢本人有兴趣、有热情开展忠孝节义诗创作，但这些颂扬他者的作品，是否挤占了其他类型诗作的空间，而那些被挤占的作品，其语言可能更优美、内容也更贴近王逢的自我？资助者在给予王逢资财、助力《梧溪集》为更多人所见的同时，是否也或多或少地影响了王逢创作的自由？②

偏离本意的时间，甚至会在创作以前。如在明初宏阔的时代背景之下，北方地区的文人，亦定有规摹唐诗的创作热情。然当地出版业萧条、书籍匮乏，文人自一开始就无法将其本意实现。另外，身处出版业水平落后地区的文人，早在写作之前，即知自己的作品出版难度较大。这很可能从一开始便打击了文人的创作热情。

因此，在评价"刻本时代"的作家作品时，实应将与出版有关的诸多因素，如作家所在地区的书籍出版情况与出版业水平、作家创作时是否具有明确的出版意识、作家面对的读者群体规模等纳入考虑。在此基础上对作家作品作出的评价，想必会更为客观、公允，抱有更多"理解之同情"。

这些与出版有关的诸多因素，亦可为对照研究"抄本时代"与"刻本时代"作品提供思路。唐代以前，文人作品无从刊刻，口耳相传外，只能通过传抄流传。而抄本大都意味着规模较小、

---

① （明）王逢著，李军点校：《梧溪集》，第 248 页。

② 王逢的资助者，亦令笔者想到法国学者托马《手抄本》所言"赞助人制度"：13 世纪末 14 世纪初，更广大的一批群众兴起，"但最确定的成功途径，仍是依附于赞助人……作诗人不仅有极大机会获得物质报酬慰其劳苦，更可能欣见一己作品之大为风行"；"14 及 15 世纪，赞助人制度广为流行……在某种程度上，赞助人制度便让文坛人士得借摇笔杆来谋生；作家为此付出的代价，就是不管发表什么，都不能让赞助人不悦，而面对日益增加的阅众，还得同时投其所好。尤有甚者，直接依赞助人命令制作书本的情况，也颇为频繁"（转引自［法］费夫贺、［法］马尔坦《印刷书的诞生》，李鸿志译，序言第 16—17 页）。

比较确定的读者群体。则"抄本时代"的作者，其本意偏离的程度，是否普遍低于"刻本时代"的作者呢？或许，这是可以进一步探讨的问题。

作家书写一部作品的背后，有多种因素发挥各自作用。作家作品、文学流派文学史地位的确立，更是诸多要素合力的结果。在当时文坛与后世文学史上皆享有崇高地位的作家是极少的，宋濂即为其中之一。有的作家在当时之名盛于后世，比如王逢。还有的作家后世之名盛于当时，比如高启、袁凯。作品得到较早出版、此后持续出版、有名家作序以为楷式，三者合力，将高启、袁凯推向文学史上更高的位置。在此过程中，地域因素亦发挥了重要作用。周立、陆深、陈炜等出版者，俱为高启、袁凯、高棅同乡，如陆深序言即明言，"深，先生乡人也……姑诵其诗，以附孟氏私淑之义云"①。

由此可以想见，不仅明前期，甚至可以说，不仅明代，对于其他朝代而言，同样存在这样的问题：后世文学史上标举的名家，当时未必有如此地位，甚至不一定广为人知；当时有地位的作家作品，在后世文学史上可能黯淡无名。这又引发我们思考两个问题，一是文学研究的求"真"，二是对已有评价的重新审视。

在真善美三者中，文学研究可能更多被视为对"美"的追求。然当时文坛的实际情况与后世文学史构建、塑造的形象之间的差异，分明提示我们求"真"的必要。特别是在古籍数字化事业飞速发展的今天，我们足不出户，即可调阅善本书影，获取前代作品更为便捷。借此有利条件，通过广泛阅读更多作家作品，而非专注于文学史上的"散点"，相信我们会与当时文坛的真实情况距离更近。

出版对作家作品、文学流派文学史地位提升、确立的关键作用，亦提示我们重新审视已有评价。很多已有评价，其实在很大程度上，

---

① （明）袁凯著，万德敬校注：《袁凯集编年校注》，第 379 页。

受到纯文学以外因素的影响。很多作家作品、文学流派文学史地位的获得，其实主要得益于他们的作品曾经出版、传世，并为后世研究者所见。比如，由于收录了刘仔肩十余首诗歌的《雅颂正音》得到出版且一直流传，钱谦益《列朝诗集》、朱彝尊《明诗综》、陈田《明诗纪事》遂皆著录刘仔肩其人、选录其诗，① 此为陈璧、陆居仁、吴哲所未及。然而，刘仔肩的诗歌创作成就，是否真的高于陆居仁等人呢？

再如，由于收录临川诗人作品最多的《光岳英华》得到出版，并且为朱彝尊所见，其《静志居诗话》遂提出"临川诗派"一说："明初临川诗派专学唐人者，揭孟同、甘彦初也，尚有张可立、甘克敬，惜其诗不多见"②。而朱彝尊的地位，又使得后之研究者纷纷沿用"临川诗派"的说法。如朱易安《唐诗学史论稿》《中国诗学史》（明代卷），申东城《〈唐诗品汇〉研究》等，即皆以"临川诗派"为明初诗学流派之一。③ 但正如前文所述，许中丽收录临川诗人最多的原因，更可能在于他们交游频繁。揭轨、甘瑾等人，当时未必有明确的流派意识。

因此，对于已有评价，特别是《列朝诗集》小传、《四库全书总目提要》等后之研究者多视作权威的评价，笔者以为，不当唯其是从。通过广泛阅读，或许我们会在既有的、已颇为固定的散

---

① 钱谦益《列朝诗集》、朱彝尊《明诗综》、陈田《明诗纪事》所选刘仔肩诗歌数目，分别为八首、三首、五首。

② （清）朱彝尊著，（清）姚祖恩编，黄君坦校点：《静志居诗话》卷4"甘瑾"，第106页。

③ 朱易安《唐诗学史论稿》"明代格调派唐诗观的确立"："当时被称为'吴中四杰'的高启、杨基、张羽、徐贲，华亭袁凯、越诗派的刘基、岭南派的孙蕡，临川诗派的甘瑾、揭轨以及刘松（按，'松'误，当为'崧'）、贝琼等人，都提倡学习唐音"，注引朱彝尊《静志居诗话》卷4（广西师范大学出版社2000年版，第149页）。其《中国诗学史》（明代卷）亦如是言（鹭江出版社2002年版，第35页）。申东城《〈唐诗品汇〉研究》："流派的传承也是高棅成书的背景因素。明初诗派很多，如'吴中诗派'、'岭南诗派'、'越诗派'、'临川诗派'、'江左诗派'、'闽中诗派'等，这些诗派主要代表作家都不同程度地提倡学习唐代诗歌。"（黄山书社2009年版，第34页）

点序列之外，发现新的典范作家。基于本研究，笔者认为，"刻本时代"具有典范意义、文学创作达到高水平的作家，或具有以下条件。

其一，作家生活地区的出版业水平较发达，书籍出版较繁荣。出生、成长于苏州、建阳等地，成年或仍居于此或历官京师等书籍丰富之地，是最佳情况。即生于北方出版业水平落后地区，若此后长年仕宦京师或南方，亦非不可。由此，作家有条件广泛阅读。

其二，作家写作时，并无明确出版意识，甚至明确不出版自己的作品。出版意味着面向更多的、不确定的读者。出版仿佛扩音器，更适合宣扬他人事迹，会影响作者对自我的表达。出版甚至会影响作者的笔法，令作者倾向于解释与平铺直叙，而消减含蓄、幽微的语言。这对于追求意境美的诗歌来说，尤具消极影响。不确定出版甚至不出版，会让作家在题材选择、笔法运用上，拥有更大的自由。

其三，作家在当时，即拥有一个比较确定的小范围读者群体。张弼《西郊笑端集序》尝以"漫尔而著，弗冀有传"[1]，形容董纪写作时的心态。"漫尔而著"固然理想，但"弗冀有传"，可能会让作家失去不断提高、完善自己作品的动力。一个小范围的、比较确定的读者群体，将为作家进一步提升自己的创作水平提供重要动力。当然，倘若这些读者与作家志同道合，同样具有较高的文学素养，自是更佳。

如果作家当时没有邂逅合适的、具有较高水平的读者，或许，与想象中的理想读者对话，也是一个解决方案。在写作之时，想象理想读者会如何反应、给予怎样的批评，从而鞭策自己，完善作品。也许未来某天，自己的作品与理想的读者，就会在现实中遇见。此诚如当代诗人张枣《云天》末节所云："我想我的好运气/终有一天

---

[1]　（明）张弼：《张东海诗文集》文集卷1，第443页。

会来临/我将被我终生想象着的/寥若星辰的/那么几个佼佼者/阅读，并且喜爱。"①

　　高启就是完美符合上述条件的作家。高启身后，其作品一部部出版，此或非高启所愿，却实为读者之幸。在浩如烟海的现存抄本、刻本别集中，一定还藏有符合上述条件的作家。

---

　　① 张枣著，颜炼军编：《张枣的诗》（修订版），人民文学出版社 2020 年版，第95 页。

附录

明代洪、永年间（1368—1424）书籍版刻信息初编

　　本目录共收录明代洪武至永乐年间（1368—1424）书籍版刻信息 287 则、可能出版于这一时期的书籍信息 15 则，以及现存"明初刻本"版刻信息 233 则，旨在为研究者提供一份较为全面、具体、信实且便于利用的明前期书籍出版资料。为方便研究者使用，下面谨述本目录的编制缘起、工作方法、凡例、参考文献等有关内容。

一　编制缘起

　　有明一代，雕版印刷术繁荣发展，活字印刷术日益普及，印刷书籍的数量、种类皆远超宋、元，出版事业达到鼎盛。美国学者牟复礼（Frederick W. Mote）认为，"明代任何时候存在的印刷书籍，要多于世界上其他地方存在的同期印刷书籍的总和"①。从明代到今天，藏书家、研究者们编制了大量书目著录明刻。然而，研究者若

---

　　① ［美］牟复礼（Frederick W. Mote）、［英］崔瑞德（Denis Twitchett）编：《剑桥中国明代史》，张书生等译，中国社会科学出版社 1992 年版，第 10—11 页。

要通过书目，快速获得明代某一时期较为全面的书籍出版信息，仍存在很大困难。

《中国古籍善本书目》《明代版刻综录》等今人编制的联合馆藏目录，是当前著录版刻信息相对较多的书目。但问题在于，一方面，这些书目著录的明刻皆为现存版本，而没有纳入当时刊刻、其后佚失的书籍信息。"现存明代刻本"与"明代实际刻书"之间相隔数百年，无法等同。因此，仅翻阅《中国古籍善本书目》《明代版刻综录》等，并不能获得比较全面的明代书籍出版情况。另一方面，就现存明刻而言，由于我国古籍收藏单位甚多，而各单位对自己所藏古籍的熟悉程度、著录情况存在显著差异，① 这就使在综合各单位著录基础上编制的联合馆藏目录有所阙漏、存在错误。即使是目前质量最好的《中国古籍善本书目》，亦在所难免。而且，当下的联合馆藏目录大都未纳入我国香港、澳门、台湾地区的古籍著录，也没有统计日本、韩国、美国等海外国家的汉籍收藏情况。

当前联合馆藏目录的著录方式主要有两类。一是以内容为类著录书籍，大多分为经、史、子、集、丛，以《中国古籍善本书目》为代表；一是以出版地区、出版单位为类著录书籍，以《明代版刻综录》《全明分省分县刻书考》为代表。就笔者目前所见，还没有按照刊刻时间顺序著录现存刻本的目录。因此，研究者如欲了解明代某一时期的书籍出版情况（仅就现存刻本而言），必须从头至尾将《中国古籍善本书目》《明代版刻综录》或其他类似目录全部读完。这些目录大都卷帙浩繁，有的多达数千页，研究者全部读完，需要

---

① 按，2015 年暑假，笔者作为志愿者前往河北省博物馆，协助当地工作人员进行了为期一个月的古籍普查。在出发前参加中国国家图书馆安排的集中培训以及实地参与普查的过程中，有幸和很多从事编目的老师交流。据几位老师说，某些古籍收藏单位的工作人员对古籍并不了解，他们会将本单位所藏古籍全部著录为"明刻本"，盖因宋元刻本珍善、清刻本去古未远，著录为中间的明刻本最"稳妥"。

耗费相当的精力、时间。①

在每一类下，联合馆藏目录著录每一个版本，皆提供该本的藏所信息，从而为研究者查阅所需版本、开展进一步研究提供了便利。然而，由于古籍收藏单位遍布全国各地，研究者访书，通常需要花费一定的时间和金钱。更大的问题在于，当前越来越多的单位出于保护古籍的考虑，在大多数情况下，不向读者出借古籍尤其是善本古籍原书②。明代刻本皆属善本古籍，因此研究者奔赴全国各地访书，很可能是劳而少功。

基于这一现状，笔者希望通过自己的努力，编制一部既有较充足的现存明刻信息，亦有可信的已佚明刻资料的目录。目录按照书籍刊刻时间顺序，分为洪武、建文至永乐等表，每表之内再以经、史、子、集为序，按照内容著录书籍。无论是现存还是已佚明刻，皆详细著录其书名、作者、卷数、刊刻时间等信息。著录的每一个现存明刻本，皆指出最易读到该本的途径；每一则已佚明刻信息，皆提供判断该书曾经刊刻的史料依据。希望这部目录不仅能让研究者快速获得明代某一时期较为全面的书籍出版信息，还可为查找、阅读、利用相关版本进而开展深入研究提供便利。

---

① 按，2018 年 6 月 1 日，"中华古籍书目数据库"上线《中国古籍总目》在线检索功能，读者可以出版时间为关键词进行高级搜索。然此数据库乃照录《中国古籍总目》信息，而未对其著录加以考辨。且该库需要购买，故能利用这一功能的读者、研究者实为少数。另，上海图书馆近年发布的"中文古籍联合目录及循证平台"亦提供《中国古籍善本书目》《中国古籍总目》检索功能，读者不需购买即可使用。然此数据库亦为照录信息，且读者只能通过"题名""责任者""编号"检索，还不能通过出版时间检索条目。

② 如北京大学图书馆即明确规定，"为有效保护古籍"，凡属"宋元典籍及敦煌文献；已制作胶卷、光盘的古文献；已影印出版的古文献；书品不佳，破损严重的古文献；书内附有签条的古籍及信札原件；古籍项目或其他研究用书"等情况者，皆不提供原书。（北京大学：《古籍图书馆古文献服务指南》，https：//www. lib. pku. edu. cn/portal/fw/jyfw/gujitushuguan）

二　工作方法

　　下面谨述笔者在编制这一目录的过程中，摸索的一些工作方法，以就正于方家。

（一）现存版刻信息搜辑

　　关于"版刻信息"的概念，本书绪论已述，这里不再赘言。由于版刻信息关注的是一部书籍曾经出版的事实，因此在搜辑现存版刻信息时，不需通检全世界各个藏有中国古籍的单位的馆藏目录、调查每位古籍收藏者的藏书、阅读每一场古籍拍卖目录。原因在于，大多数单位、个人收藏的，拍场流通的，皆为有多个复本现存的常见古籍版本，它们不会带来新的版刻信息。只要我们把握住最重要的单位、个人的古籍收藏及古籍拍卖资讯，即可搜辑到绝大多数甚至全部的现存明前期版刻信息。

　　全世界最重要的中国古籍收藏地，当然就是中国。在我国，绝大部分古籍现藏于图书馆、博物馆等单位。如前所述，《中国古籍善本书目》是目前编制质量最好的联合馆藏目录，其所著录的现存古籍信息也是当下所有目录中最多的。①　因此，首先从头至尾通检《中国古籍善本书目》经部、史部、子部、集部、丛部诸册，从中钩稽著录为明洪武刻本、建文刻本、永乐刻本（亦包括洪武、建文、

---

　　①　按，《中国古籍善本书目》于 1996 年全部出版完毕。2005 年，署名翁连溪编校的《中国古籍善本总目》经部、史部、子部、集部、丛部诸册由线装书局出版。傅璇琮《序》云，《总目》相较《书目》，是"一部更为精细详实的整理本"（《中国古籍善本总目》第 1 册，线装书局 2005 年版，序言第 3 页）。然而，曾全程参与《中国古籍善本书目》编纂的沈津提出，"《总目》除大篇幅照搬《书目》内容外，还将《书目》最终稿中被弃用的部分内容也进行了收录"（方圆：《古籍学者反映〈中国古籍善本总目〉涉嫌侵权》，《中国新闻出版报》2010 年 3 月 25 日）。有鉴于此，笔者还是采用《中国古籍善本书目》。

永乐时期刻后代递修本）以及明初刻本的古籍信息，将其汇总。需要说明的是，由于笔者关注的是一部书籍曾经出版的事实，因此，凡洪武至永乐年间单纯刷印前代旧版，而未做任何修版、补版工作者，皆不在此次搜辑范围之内。

在此基础上，再检索"全国古籍普查登记基本数据库"中著录为以上诸项的古籍信息，同样将其汇总。自 2007 年以来，我国大力实施"中华古籍保护计划"，在全国范围内开展古籍普查。与启动于 20 世纪 70 年代的《中国古籍善本书目》编纂不同的是，国家古籍保护中心明确规定了古籍普查的著录体例、内容要求，印发了统一的工作手册，并为全国各地从事普查工作的人员提供专门培训，还请各高校古文献专业的学生作为志愿者协助地方古籍普查（笔者就是其中的一员）。各个古籍收藏单位的普查数据，随时登入"全国古籍普查登记平台"。通过古籍普查数据库，可以更快获得数量更多、总体准确度更高的现存古籍信息，特别是能够了解到很多还没有馆藏目录出版的单位的古籍存藏情况。因此我们利用古籍普查的成果来补充《中国古籍善本书目》的古籍信息，以求减少阙漏。

得此二者之后，再检索"高校古文献资源库"，该数据库内有北京大学图书馆、清华大学图书馆、南开大学图书馆等国内 23 家高校图书馆藏古籍信息，可供查漏补缺。

通过以上三者，可以收集到绝大部分内地单位所藏明前期古籍信息。下面，来考察我国香港、澳门、台湾地区馆藏古籍情况。香港地区，首先通检贾晋华《香港所藏古籍书目》，此目收录了香港大学等十一家图书馆所藏古籍。考虑到联合馆藏书目难免阙漏，再检索香港中文大学图书馆、香港大学冯平山图书馆联机目录，作局部检查。澳门地区，就笔者目前所见尚无综合书目出版，因此阅读邓骏捷《澳门各藏书系统汉文古籍的特色》《澳门古籍藏书》，① 同时

---

① 邓骏捷：《澳门各藏书系统汉文古籍的特色》，《文献》2009 年第 3 期；邓骏捷：《澳门古籍藏书》，香港：三联书店有限公司 2012 年版。

检索澳门大学图书馆、澳门中央图书馆联机目录。台湾地区，则检索"中文古籍联合目录"。该数据库收录了台湾"国家图书馆"、台湾图书馆、台湾大学图书馆、台北"故宫博物院"图书文献馆、"中研院"史语所傅斯年图书馆等十余家重要古籍收藏单位的数据。

图书馆、博物馆等单位之外，在我国还有很多藏书家。尽管他们所藏古籍的数量远少于古籍收藏单位，但其种类颇丰，甚至有些为孤本，因此同样值得重视。藏书家中最重要的一位，自然是被誉为"国内最大的藏书家""中国民间藏书第一人"的韦力。其所藏古籍四部齐备、逾十万册，其中明版逾八百部。然韦力所藏古籍目录尚未出版，因此先阅读《芷兰斋书跋》一至四辑、《失书记·得书记》等已出版的古籍题跋，从中钩稽信息。另一位重要藏书家，是北大历史学系辛德勇老师。辛老师在版本鉴定方面颇多独到心得，拥有丰富的访书经历。因此需要再阅读《未亥斋读书记》《读书与藏书之间》一至二集、《困学书城》《纵心所欲——徜徉于稀见与常见书之间》等文集。

古籍不仅为单位、个人所藏，还于拍卖市场流通。1994 年秋，嘉德公司举行了中国第一场正式的古籍善本拍卖会。此后，"古籍拍卖已绝对地成为中国古籍善本流通的最重要渠道"[1]，直至今天。因此，还需阅读姜寻《中国拍卖古籍文献目录（1993—2000）》、韦力《中国古籍拍卖述评》等古籍拍卖目录、资讯。

为了最大限度地减少阙漏，再来考察海外藏中国古籍情况。

就收藏中国古籍而言，海外二百余个国家和地区中，最重要、最值得关注的，就是日本。日本藏中国古籍不仅数量多、种类丰富、保存状况好，而且多有孤本。如冯梦龙"三言"中的第一部《古今小说》（《喻世明言》），即失传于我国，而藏于日本尊经阁、内阁文库。因此，我们首先检索"日本所藏中文古籍数据库"（『全國漢籍データベース』），从中钩稽信息。该数据库由京都大学人文科学研

---

① 韦力：《中国古籍拍卖述评》，紫禁城出版社 2011 年版，第 9 页。

究所管理、运营，目前已汇集了来自东京大学、京都大学、国立国会图书馆、国立公文书馆、静嘉堂等 74 个中国古籍收藏单位的数据 92 万余条。同时，参考山根幸夫《增订日本现存明人文集目录》以及严绍璗《日藏汉籍善本书录》。①

其次值得关注的国家，以笔者见，当为美国、韩国。目前美国藏有中国古籍的单位达数十个，其中，美国国会图书馆、哈佛大学哈佛燕京图书馆、普林斯顿大学东亚图书馆等重点单位所藏明刻本皆有千余部。因此，首先利用"中文古籍联合目录"数据库检索，该库集成了前述三家重点单位以及芝加哥大学图书馆、柏克莱加州大学东亚图书馆、耶鲁大学图书馆、哥伦比亚大学东亚图书馆、加州大学洛杉矶分校图书馆、康奈尔大学图书馆、华盛顿大学东亚图书馆、伊利诺伊大学香槟分校图书馆等馆藏数据。同时检索"中华古籍善本联合书目"数据库，相互参照。② 再阅读王重民《美国国会图书馆藏中国善本书录》、沈津《美国哈佛大学哈佛燕京图书馆藏中文善本书志》等，互为参考。韩国方面，则阅读全寅初主编《韩国所藏中国汉籍总目》，同时利用"中文古籍联合目录"，检索韩国中央图书馆、国会图书馆、首尔大学图书馆等馆藏目录。

最后，搜辑英国、法国、德国等国家的中国古籍存藏信息。笔者曾参与大英图书馆藏汉籍目录的编制，在编制过程中，不仅翻阅、查核了馆藏威妥玛式拼音卡片目录等珍贵材料，还前往大英图书馆

---

① 按，2017 年 11 月 25 日，由杜泽逊主持的《日本藏中国古籍总目》项目启动仪式于山东大学举行。这一项目是当前关于日本藏中国古籍的最新调查。此目录尚未出版。

② 据中国国家图书馆网站最新介绍可知，"中华古籍善本联合书目"数据库"是由中文善本书国际联合目录项目发展而来的新数据库"。按，介绍所言"中文善本书国际联合目录项目"，当即指"中华古籍善本国际联合书目系统"。复据国图网站此前的介绍可知，该系统是由美国研究图书馆组织建立，除国会图书馆外，美国所有主要中文古籍善本收藏图书馆都参加了这一项目。是以在搜辑美国馆藏中国古籍信息时，检索此数据库以为参照。

实地访书。因此，首先基于笔者的目录编制实践，梳理大英图书馆藏古籍信息。

在此之后，再利用"中文古籍联合目录"数据库，检索其收录的英国牛津大学图书馆、伦敦大学亚非学院图书馆，法国国家图书馆、法兰西学院汉学研究所、里昂市立图书馆、里昂第三大学图书馆，德国柏林国家图书馆、巴伐利亚邦立图书馆、莱比锡大学图书馆、慕尼黑大学图书馆，加拿大多伦多大学图书馆，越南社会科学院社会科学通讯所，梵蒂冈图书馆，波兰华沙大学东方研究学院图书馆、亚捷隆大学图书馆，比利时皇家图书馆、鲁汶大学图书馆，澳大利亚国家图书馆、国立大学图书馆，马来西亚大学图书馆，捷克科学院东方研究所鲁迅图书馆，匈牙利科学院图书馆，以及斯洛文尼亚卢比亚纳大学图书馆等单位的馆藏目录。

汇集上述著录之后，再根据著录信息，将分藏于不同单位、属于同一版古籍的不同印本的著录条目，归并为一。完成归并工作后，再利用原书书影，对已有著录的书名、作者、卷数等诸项信息，一一加以考辨。

在各项信息中，版本项上存在问题最多。针对已有著录中的问题，本书主要作出三方面修订、补充、完善，对此绪论已述。下面，笔者对绪论中提到、但因篇幅所限未能展开的一些细节，作进一步说明。

在将已有著录中的明确时间进一步细化为"成书时间""作序时间""刊刻时间"的过程中，查验此类书影，基本都会发现牌记或序跋。牌记近乎版权页，是鉴定、著录版本信息时最重要、最有力的依据。比如，中国国家图书馆藏有明张美和《元史节要》二卷、《释文》一卷，该本书首《元史节要纲目》末有"洪武丁丑孟夏建安书堂新刊"牌记，即清楚记录了刊刻者与刊刻时间。牌记著录的时间，大都可以认定为刊刻时间。

这里需要注意的是，并非所有牌记文字皆指向一个精确的刊刻时间。如中国国家图书馆藏会文堂刻本《集千家注批点杜工部诗集》

二十卷、《文集》二卷、《年谱》一卷、《附录》一卷，其牌记云"云衢会文堂戊申孟冬刊"。考之史料，会文堂于元元统三年（1335）刻印了《文场备用排字礼部韵注》。因此，牌记中的"戊申"既可能是元至大元年（1308），亦可能是明洪武元年（1368），其版刻时间还需进一步判断。

此外需注意的是，仅仅阅读牌记文字并不足以著录版本，还需细观该牌记的刊刻刀法。一方面，坊刻书版易主时，原有牌记大多会被挖改、换成新的牌记，因此需注意牌记有无挖改痕迹。另一方面，也有书坊伪造牌记冒充古本的情况。不过，绝大多数是伪造宋版，造假牌记冒充明前期刻本是极鲜见的。

尽管牌记是鉴定、著录版本时最重要、最有力的依据，然拥有牌记的刻本只是少数。绝大多数牌记，皆出自书坊主之手。官府、家庭、个人等出版主体大都不会制作牌记，而是多写作序跋以记录其出版事实。因此，序跋内容特别是序跋的末题时间，也是鉴定、著录版本信息时极为重要的依据。

然而，序跋末题时间，却可能是此书的成书时间、作序时间、刊刻时间中的任何一个。而成书时间、作序时间与刊刻时间存在的差异，又会因出版者的各自情况而迥然有别。如明太祖、明成祖御制、敕撰的作品，普遍能得到迅速出版，故其成书时间或作序时间，与刊刻时间相近。有的书籍则因经费不足，迟迟未能出版，故其成书、作序时间与刊刻时间相去较远。已有著录普遍将序跋末题时间直接等同于这部古籍的刊刻时间，这一做法其实是不够精确的。①

因此，笔者在遇到序跋时，仔细阅读序跋内容，进而初步判断序跋末题时间属于成书、作序、刊刻哪一个阶段。如序跋内容不能提供足够信息，再结合史料记载、书目著录等其他材料进一步推理。

---

① 这一做法之普遍，或与现实情况有关。我国古籍收藏单位的工作人员通常还有其他任务在身，难以在古籍著录，特别是其中的版本鉴定一项工作上投入足够时间。将序跋末题时间直接著录为版本刊刻时间，确实最为省时。

而由于古籍刊刻、流传极为复杂，其间存在旧版重印加刻新序、翻刻覆刻保留原序、原序散佚不全或被书商抽取挖改等诸多情况，因此在仔细阅读序跋内容的同时，必须还要考察这部古籍的版式、行款、字体风格等其他元素，与序跋末题时间相互参照发明。实际上，笔者此次对已有著录中的明确时间作进一步划分，主要就是针对序跋末题时间的复杂性。

对一些模糊著录为"明初刻本""明刻本"的版本的刊刻时间，笔者努力做出进一步推断。在绪论所举例中，鉴定《大诰三编》版本主要利用了刻工姓名。笔者认为，以刻工为主要依据鉴定版本是一种颇为高效、科学的方法。由于每位刻工的工作时间是有限的，因此，如在多种不同的刻本中发现了同样的刻工姓名，若其中一种刻本有较明确的刊刻时间，则可推算其他几种的大致刊刻时段。目前已有多种古籍刻工姓名目录、索引出版，亦为利用此法提供了帮助。

这里再举一例，为利用刻工信息纠正已有著录之误。香港中文大学图书馆著录有"明初刻本《九经》白文"，版式、行款为半叶20 行行 27 字、左右双边、细黑口、双鱼尾。笔者利用数据库调阅其书影，发现该本版心上刻字数、下有刻工姓名，其刻工包括王良、袁电、吴江、陆天定、马相、刘采、刘朝、徐敖等人。冀叔英研究指出，这些刻工为明中期苏州刻工。① 由此，可知明初刻本著录之误。

使用此法需要小心的，是不同刻工同姓名、同一刻工经历不同朝代、新版翻刻旧版刻工姓名等问题。此外，就是载有刻工姓名的版本，其数量还是相对较少。

下面再通过一些实例，近观已有著录中的具体错误。

比如，《北京图书馆古籍珍本丛刊目录（附索引）》著录了"明

---

① 冀叔英：《我和中国版本学》，载张世林主编《学林春秋——著名学者自序集》，中华书局 1998 年版，第 636 页。

永乐刻本"明刘麟《盘谷集》十卷。① 笔者复查考了《北京图书馆古籍珍本丛刊》第 101 册影印本刘麟《盘谷集》，发现此本实为抄本。② 此即将抄本著录为刻本之误。这类错误，是比较少见的情况。

就笔者所见，具体错误中最常见的类型，是误认旧序为出版者新序。比如，北京大学图书馆有一则古籍著录为"明乐韶凤《洪武正韵》十六卷，明洪武八年（1375）刘以节刻本"③。然考之史籍，可知刘以节为嘉靖三十二年（1553）癸丑科进士，其生活年代与洪武八年相隔二百年。与此相类，辽宁大学图书馆、内蒙古大学图书馆皆著录"《周会魁校正四书大全》十八卷，明永乐十三年（1415）刻本"④。考是书可知作者"周会魁"为周士显，复考此人，可知其为万历二十九年（1601）辛丑科进士，其生活年代与永乐十三年亦相隔二百年。

显然，上述著录中的版本信息都是错误的。进一步查考可以发现，刘以节刻本《洪武正韵》书首有宋濂《洪武正韵序》，序末时间为"洪武八年三月十八日"。《周会魁校正四书大全》书首有胡广等《进五经四书性理大全表》，末题时间为"永乐十三年九月十五日"。可见致误原因，就在于著录者鉴定版本时，首先误以旧序为出版者新序，又在此错误基础上，直接将旧序末题时间等同于版本刊刻时间。因此如前所述，在阅读序跋内容同时，对其版式、行款、字体风格等元素加以考察，是非常必要的。

而在古籍的书名、作者、卷数等项，同样有一些错误。如作者项著录不全，未将原作者、后之增补者、校订者等信息全部录入

---

① 《北京图书馆古籍珍本丛刊目录（附索引）》，第 44 页。

② 按，今中国国家图书馆确藏有明永乐刻本刘麟《盘谷集》（索书号 A00695），其版式、行款为半叶 12 行行 24 字、左右双边、黑口，然《北京图书馆古籍珍本丛刊》所收并非该本。

③ 《"秘籍琳琅"北京大学数字图书馆古文献资源库》（http：//rbdl. calis. edu. cn），2018 年 4 月 17 日检索。

④ 《"学苑汲古"高校古文献资源库》（http：//rbsc. calis. edu. cn），2018 年 4 月 17 日检索。

（如前述《周会魁校正四书大全》一书，辽宁大学图书馆著录作者
为周士显，内蒙古大学图书馆则著录为胡广，而完整著录应为胡广
等纂，周士显校正），卷数统计有误，著录钤印时由于识别篆文有误
而出现错别字，等等。

经上述汇集、归并、考辨工作之后，笔者再从中提取信息。至
此，现存版刻信息搜辑方告一段落。

（二）已佚版刻信息搜辑

对已佚版刻信息的搜辑，实际考验的是对材料的查找、取舍、
解读。在本书绪论以及第一章第一节中，已就别集、总集的版本选
择，序跋题识的阅读，利用书目著录判定书籍刊刻需要注意的问题，
方志目录的利用，对《明太祖实录》等重要史籍中材料的把握等方
面作出了说明。以下再举数例以为补充。

前文已述，在利用文集时，需注意序跋题识中的"刻""梓"
等语并不足以说明某部作品曾经出版。还有一些序跋题识，其中并
无"刻""梓""刊""版"等文字，这时更需结合上下文及其他相
关材料，来判断该作品有无刊刻的可能。如宋濂有《剡源集序》，是
文云："会有诏纂修《元史》，命濂总裁其事。事有阙遗者，遂以上
闻，遣使访于郡国。窃以谓先生著作有关于胜国宜多，乃属使者入
鄞遍求之。鄞，先生乡国，庶几有得之者。曾未几何，有司果以
《剡源集》二十八卷来上，濂始获而尽览焉。"[1]

有司送上的《剡源集》，是抄本还是刻本呢？仅据宋濂《剡源
集序》，似不足以获知这一点。复考之，宋濂还作有《题剡源清茂轩
记后》，是文云："剡源先生戴公，以文辞名天下。曾未百年，学者
鲜有见其全集者。予总修《元史》，欲为先生立传，于是白丞相、下
有司，即先生之家，誊其文稿二十卷以上，至今藏之秘府。"[2] 由此

---

① （明）宋濂著，黄灵庚编辑校点：《宋濂全集》，第447—448页。

② （明）宋濂著，黄灵庚编辑校点：《宋濂全集》，第853页。

可知，有司送上的《剡源集》为抄本。

关于目录，前文已论及，需要考证书目的作者、成书、版本情况，结合其他史料对书目著录加以考辨，注意不同书目记载间的源流关系等。这里要补充的一点是，在考辨著录前，首先应对现存明清书目的最基本情况有所了解。笔者所言"最基本情况"，一谓详略，一指真伪。

现存的诸多明清目录中，既有详明的提要解题式目录，亦有著录简略的簿录式目录。仍以《古今书刻》为例，该目是目前所知我国古代第一部以朝廷机构和行政区划为类著录书籍、石刻的书目，因此颇为学界所重。然而，在《古今书刻》著录的包括中央机构、地方布政司、按察司、府、州在内的一百余个单位的 2700 余种书籍中，绝大多数书籍的具体信息仅为书名，只有极少数于书名下标注作者或刊刻者，只有三种标注了刊刻时间，没有一种注明卷数。《古今书刻》的著录极为简略，因此在使用其记载时，必须结合其他材料，多加考证。而如清代著名藏书家的详式目录，包括钱曾《读书敏求记》、瞿镛《铁琴铜剑楼藏书目录》、丁丙《善本书室藏书志》等，则可为我们提供更多信息，而且比较可信。

现存明清目录很多，其中亦间有伪作，尤需注意。如明代前中期著名藏书家叶盛编有《菉竹堂书目》，然现存清代《粤雅堂丛书》本《菉竹堂书目》实为抄撮《文渊阁书目》而成的伪书，并非原帙。

至于对史料的把握，前文已具，这里就不再举例说明。

对于用上述工作方法搜辑到的全部明前期现存、已佚版刻信息，笔者再按照一定规则、顺序，将其著录成表。以下即为凡例。

三 凡例

（1）本目录的主要收录对象，为明代洪武、建文、永乐年间

（1368—1424）在中国出版的书籍。

（1.1）少数民族、外国人这一时期在中国撰写、出版的书籍（如洪武年间刻本火源洁《华夷译语》不分卷），纳入考察。此时期于中国出版、今天存藏于海外的古籍（如今藏日本静嘉堂文库的永乐元年周立刻本高启《缶鸣集》十二卷，有黄丕烈识语），纳入考察。

外国对此时期中国刻本的覆刻本、翻刻本、重刻本等，同样纳入考察，从中提取版刻信息。如据《韩国所藏中国汉籍总目》著录，韩国高丽大学今藏一覆刻永乐本《大广益会玉篇》三十卷，其牌记为"永乐辛卯菊节日新北轩刊行"。由此推知，日新北轩于永乐九年刊刻《大广益会玉篇》三十卷。

此时期中国人在海外撰写、出版的书籍，不纳入考察。这一时期的外国人在海外撰写、出版的汉籍（如朝鲜太宗、世宗年间刻本权近《礼记浅见录》二十六卷），亦不纳入考察。

（1.2）为本目录所收的书籍，需满足以下二个条件。就形制而言，其应由一定的纸张组成。单张、零星印刷页，如明代里甲户口页①等，不纳入考察。就内容而言，其应有一定的知识含量。单纯地提供信息，如日历等，亦不纳入考察。

（2）本目录包括三张表格，依次为"洪武年间版刻信息""建文至永乐年间版刻信息""现存'明初刻本'版刻信息"。

（2.1）洪武、建文至永乐年间版刻信息表所收录信息，包括以下二大类。

其一，是笔者确定于这一时期出版的书籍，里面又包括二小类。一是以海内外现存洪武、建文、永乐年间刻本为基础，汇集、归并、考辨已有著录之后，得到的现存版刻信息。二是有明确、充分材料

---

① 万历《大明会典》卷20："有司先将一户定式誊刻印板，给与坊长、厢长、里长并各甲首。令人户自将本户人丁事产依式开写，付该管甲首。"（影印明万历重修本，第357页）

证明其曾经出版的已佚版刻信息（笔者搜辑、考辨的具体工作方法，可参阅绪论第三节、第一章第一节及附录第二节）。

其二，是笔者认为可能于这一时期出版的书籍，里面同样包括二小类。一是可能刊刻于此时期，但亦可能刊刻于其他时间的版刻信息。二是有一定材料表明其应当出版，但还不足以断定此问题的版刻信息。为了最大限度地保证用来探讨这一时期出版情况、出版特点材料的真实、可信，此类信息并未列入第一章第一节表格。然其或可为相关研究提供线索，研究者亦可对这些版本的刊刻时间展开进一步考察。因此，笔者将这些信息同样收入表格，皆以星号（＊）标示于前，以为区分。

（2.2）现存"明初刻本"版刻信息表，辑录了各古籍收藏单位著录为"明初刻本"的版刻信息，包括二类。其一，是笔者得观书影，但还难以对其刊刻时间作出进一步推断者。其二，是笔者未能寓目，转引已有著录者。

前文已述笔者对一些模糊著录版本刊刻时间的进一步推断。这里需要补充的是，被模糊著录的版本中，还有很多属于既无牌记、序跋，又无刻工姓名、避讳之处等细节可供考据的情况。即综合书籍内容、作者信息、版式字体风格等因素考察，目前亦很难将其刊刻时间进一步界定在一个较短时段内。这些尚难进一步鉴定刊刻时间的版本，正是需要我们更加努力研究的对象。因此，笔者将目前被模糊著录为"明初版本"的现存版本信息，汇集、编制为独立一表，希望它能为有志于此的研究者提供便利。

不同古籍收藏单位对"明初"分期多有不一。由于笔者此次制作的是洪武、建文、永乐三朝目录，因此，对于明显为永乐以后刊刻、然著录为"明初刻本"者，笔者皆未收录。如台北"故宫博物院"著录"明初宁藩刊本朱权《乾坤生意》二卷"，然考是书成书时间在宣德四年左右，故不收录；台湾"国家图书馆"著录"明初叶建刊巾箱本刘剡《增修附注资治通鉴节要续编》三十卷"，然考其作者为正统间人，亦不收录；等等。

（3）每一表内，依次分经部、史部、子部、集部四类。每一类下，再参考《四库全书总目》分类方法，分出若干小类。每小类下，著录相应书籍。

（3.1）每小类下，首先将题材、体裁相同的书籍置于一处。如史部"地理类"，依次著录总志、府志、州志、县志。为避免表格琐细，对于各题材、体裁，皆不在表内专设一行说明。

（3.2）对同题材、体裁的书籍，再以其著者的出生年份先后排序。如集部"别集类"明人别集，即先后著录胡翰（1307—1381）、宋濂（1310—1381）、贝琼（1315—1379）、王逢（1319—1388）、释来复（1319—1391）、明太祖朱元璋（1328—1398）、高启（1336—1373）别集。

当然，并非所有作者生年皆历历可考。对于生年不详者，笔者尽可能考证其生年的大致范围，进而排序。仍以明人别集为例，其中刘秩、谢肃、汪广洋三人，生年皆不详。据万历《新修南昌府志》刘秩小传，其于"吴元年，授典签，寻除检阅，出为徐州同知。洪武元年，召议即位礼，升崇明州知州……未几，以诬被谪。幼子孙，孙年十二"[1]，笔者推测其生年在贝琼之后、朱元璋之前。复据《明太祖实录》卷三、卷一二八，汪广洋于乙未年（即元至正十五年）"为帅府令史"、洪武十二年"坐事贬海南，死于道"[2]，推测其生年亦在贝琼之后、朱元璋之前。再根据刘翼南《密庵稿后序》所言"然其殁后之六年，余亦察荐于天官。遂得拜命南宫，哀密庵所著诗文凡十卷，编类成帙，置诸座右。尝与四方往来鸿生硕彦相加订证，阅八年始克。先锓梓诗……始书锓梓之岁月云"，以及末题时间"洪武戊寅春正月"，可知谢肃于洪武十七年去世。[3] 细味刘翼南"洪武

---

① 万历《新修南昌府志》卷19，《日本藏中国罕见地方志丛刊》，书目文献出版社1985年影印明万历刻本，第396页。

② 《明太祖实录》，第34、2035页。

③ 按，钱谦益《列朝诗集》"谢金事肃"小传云其"洪武十九年举明经，历官福建按察司金事"（《列朝诗集小传》，第114页），误。

十有六年冬，而密庵领荐于朝，出金闽宪……不幸遽绝余已逝，可胜痛哉！可胜痛哉"之语，推测其生年在朱元璋之后、高启之前。

（3.3）在"建文至永乐年间版刻信息"表中，若某小类下有建文年间版刻信息，亦有永乐年间版刻信息，则先依照小类内部的题材、体裁、著者顺序，列出所有建文年间信息，再依次列出永乐年间信息。

（4）每一则著录，都至少包括"书籍信息""出版信息""出版信息来源"三部分内容。其中一些条目，还有"备注"。现存"明初刻本"版刻信息表著录的内容，相对简略。

（4.1）"书籍信息"部分，依次著录作者朝代、作者姓名、书名、卷数四项内容。对于经历易代的作者，笔者皆以其卒年定其朝代。疑为伪托者，皆于其作者姓名前加一"题"字。一书有多位作者，为节约篇幅计，仅列出一二位主要作者，后加一"等"字。有些成于众手的敕撰书籍，其主要作者难以确考，遂以"官修"著录其作者。

（4.2）"出版信息"部分，首先著录时间，其中既包括具体年份，亦包括"洪武年间"等较为宽泛的时间段；其后另起一行，在括号内注明此时间具体为成书时间、作序时间还是刊刻时间；最后起一行，著录此本的具体出版形式，如刻本、重刻本、递修本等。对于有明确出版者、刊刻者信息的版本，皆于具体出版形式前，著录出版者、刊刻者信息。

这里再强调一下出版者与刊刻者的区别。前者是指有出版意愿，并采取行动（绝大多数情况是出资）将其意愿落实的人。后者则是指具体承担刻版、刷印等工作的人。[①] 已有著录对"出版者""刊刻者"这两个主体，并未加以区分。著录所言"某某刻

---

① 这里要注意的是，对于书坊的角色，需具体问题具体分析。书坊有刻工，可以完成他人要求的出版任务，在此情况下，书坊为刊刻者；书坊主也会出版自己觉得可以盈利的作品，在此情况下，书坊为出版者兼刊刻者。

本"，"某某"有时为出版者，有时为刊刻者，还有时为出版者、刊刻者连写，如本书第三章第二节所言"傅若川建溪精舍刻本"即然。笔者本拟以"某某刊本""某某刻本"区别出版者、刊刻者，然虑此带来歧义，① 遂作罢，仍俱以"刻本"言之。然笔者在著录时，或仅言出版者，或仅云刊刻者，避免了出版者、刊刻者连写的问题。

对于可能出版的书籍，若其为可能刊刻于此时期，亦可能刊刻于其他时间者，则于首行著录所有可能的时间，以"或"字连接。若其为相关史料不够充分者，则于最后一行著录"可能刊刻"。

（4.3）"出版信息来源"部分，首先著录此为"现存"或"已佚"，之后括号内注明具体出处。其后另起一行，摘引此本确定或应当出版的证据，如现存版本之牌记、序跋内容，已佚版本之史料、书目著录等。对于现存版本，再起一行，著录其版式、行款特征。

（4.3.1）关于具体出处，如为现存版本，即注明其所在影印丛书、影像数据库或馆藏信息。

为方便读者调阅相关文献，在著录现存版本的出版信息来源时，本目录优先著录影印丛书、影像数据库信息。唯其仅藏于图书馆等单位、从未出版时，才著录馆藏信息。当一现存版本被多部丛书影印、多个数据库收录时，著录收录内容最全的出处，其余不著录；当内容相同时，则选择最为易得的出处（如《四库》系列影印丛书、"中华古籍资源库"数据库等），其余不著录。

本目录涉及的影印丛书的名称、出版信息及其在目录中的简称，具体如表1所示（以首字音序排序，后文所列数据库、古籍收藏单位、馆藏书目等排序亦然）：

---

① 当前，我国大陆已有著录普遍采用"刻本"，我国台湾地区以及日本等地则普遍使用"刊本"。故"刊本""刻本"之别，很可能令读者误会，以为是指不同藏所。

表1　　　　　　　　　　　**相关影印丛书信息**

丛书名称	出版信息	简称
(1) 综合丛书		
《北京图书馆古籍珍本丛刊》	书目文献出版社，1989 年至 2000 年	北图
《故宫珍本丛刊》	海南出版社，2000 年	故宫
《涵芬楼秘笈》	上海商务印书馆，1916 年至 1921 年	秘笈
《四部丛刊》初编、续编、三编	上海商务印书馆，1922 年、1932 年、1936 年	丛刊初编、丛刊续编、丛刊三编
《四库全书存目丛书》、《四库全书存目丛书补编》	齐鲁书社，1994 年至 1997 年、2001 年	存目、存目补编
《四库未收书辑刊》	北京出版社，2000 年	未收
《续修四库全书》	上海古籍出版社，1994 年至 2002 年	续修
《原国立北平图书馆甲库善本丛书》	国家图书馆出版社，2013 年	甲库
《中华再造善本》	北京图书馆出版社/国家图书馆出版社，2002 年至 2015 年	再造善本
(2) 专题丛书		
方志		
《北京大学图书馆藏稀见方志丛刊》	国家图书馆出版社，2013 年	北大方志
《福建师范大学图书馆藏稀见方志丛刊》	北京图书馆出版社，2008 年	福建师大方志
《上海图书馆藏稀见方志丛刊》	国家图书馆出版社，2011 年	上图方志
《天一阁藏明代方志选刊》	上海古籍书店，1961 年至 1966 年	天一阁方志
科举录		
《天一阁藏明代科举录选刊·登科录》	宁波出版社，2006 年	天一阁登科录
《天一阁藏明代科举录选刊·会试录》	宁波出版社，2007 年	天一阁会试录
《天一阁藏明代科举录选刊·乡试录》	宁波出版社，2010 年	天一阁乡试录
其他		
《禅门逸书初编》	台北明文书局，1981 年	禅门
《景刊宋金元明本词》	上海古籍出版社，1989 年	宋明词

涉及的数据库的名称、网址及其在本目录中的简称，具体如表 2 所示。

表2   相关数据库信息

数据库名称	网址	简称
全国古籍普查登记基本数据库	http：//202.96.31.78/xlsworkbench/publish	古籍普查
中华古籍资源库	http：//www.nlc.cn/pcab/zy/zhgj_zyk/	中华古籍
台湾"国家图书馆"古籍与特藏文献资源数据库	http：//rbook.ncl.edu.tw/NCLSearch/	古籍特藏
台北"故宫博物院""图书文献数位典藏资料库"	http：//rbk－doc.npm.edu.tw/npmtpc/npmtpall	数位典藏
"汉典重光"古籍数字化平台	http：//wenyuan.aliyun.com/	汉典重光
日本关西大学东亚数字档案馆	http：//www.iiif.ku-orcas.kansai-u.ac.jp/books	关大档案

　　涉及的海内外古籍收藏单位的名称及其在本目录中的简称，具体如表3所示。

表3   相关古籍收藏单位信息

古籍收藏单位名称	简称
安徽师范大学图书馆	安徽师大
北京大学图书馆	北大
长春市图书馆	长春
常熟市图书馆	常熟
重庆市图书馆	重庆
（日本）东京大学东洋文化研究所	东文研
复旦大学图书馆	复旦
（韩国）高丽大学	高丽大
故宫博物院图书馆	故宫
（日本）国会图书馆	国会

续表

古籍收藏单位名称	简称
哈尔滨市图书馆	哈尔滨
河南省图书馆	河南
湖北省图书馆	湖北
湖南省博物馆	湖南省博
湖南省社会科学院图书馆	湖南社科
湖南省图书馆	湖南
华东师范大学图书馆	华东师大
吉林大学图书馆	吉大
吉林省图书馆	吉林省
吉林市图书馆	吉林
（日本）京都大学工学部建筑图书室	京大建
（日本）京都大学人文科学研究所	京文研
（日本）京都建仁寺两足院	两足院
（日本）静嘉堂文库	静嘉堂
辽宁省图书馆	辽宁
南京图书馆	南京
南开大学图书馆	南开
（日本）内阁文库	内阁
清华大学图书馆	清华
山东省博物馆	山东省博
山东省图书馆	山东
（日本）山口大学	山口大
山西省文物局	山西文物
陕西师范大学图书馆	陕师大
上海市图书馆	上海

续表

古籍收藏单位名称	简称
首都图书馆	首都
四川省图书馆	四川
苏州大学图书馆	苏大
苏州市图书馆	苏州
苏州市西园寺	西园寺
台北"故宫博物院"图书文献馆	台北"故宫"
台湾"国家图书馆"	台湾
天津市图书馆	天津
香港中文大学图书馆	港中文
新疆社会科学院图书馆	新疆社科
徐州市图书馆	徐州
(韩国) 雅丹文库	雅丹
云南省图书馆	云南
中国国家图书馆	国图
中国历史博物馆	史博
中国人民大学图书馆	人大
中国中医科学院	中医
中山大学图书馆	中山
"中研院"史语所傅斯年图书馆	傅斯年
(日本) 尊经阁文库	尊经阁

（4.3.2）关于现存版本的版式、行款特征，依次记录半叶行数、每行字数、大小字字数异同、边框、书口、鱼尾、版心特征等。

本书第二章已述，洪武、永乐年间，中央出版的明太祖、明成祖御制、敕撰书籍，其刻书风格比较固定。具体表现为：刻书字体为赵体，版式风格为上下黑口，对黑鱼尾、间有纹样，版心中部上题卷数、下题页码，行款比较疏朗。各叶的书口粗细、鱼尾样式基本一致。刊刻工艺比较精美，令人赏心悦目。前引《天文书》《大诰续编》书影，即为其直观呈现。今所见洪武至永乐年间刻本中，很多在版式、字体方面亦呈现出如此风格。对于此类版本，笔者在著录其版式、行款特征之外，还会补充此本"版式、字体风格与中央出版的明太祖御制、敕撰书籍一致"，以更好地说明这一现象。

（4.3.3）如为已佚版本，则注出判断其确定或可能出版的史料依据。史料依据的主要来源有三，分别为文集、史书与目录。

笔者为制作本目录而查考的别集，具体如表4所示（以别集作者的生年先后排序）。

表4   **相关别集信息**

作者	作者生卒年	文集选用版本	版本出版信息
杨维桢	1296—1370	邹志方点校本《杨维桢集》	浙江古籍出版社 2017 年版
谢应芳	1296—1392	影印本《龟巢稿》二十卷、《补遗》一卷	《四部丛刊三编》影印双鉴楼藏钞本，上海商务印书馆 1936 年版
朱升	1299—1370	刘尚恒点校本《朱枫林集》	黄山书社 1992 年版
张以宁	1301—1370	馆藏本《翠屏集》四卷；游友基点校本《翠屏集》	中国国家图书馆藏明成化十六年张淮刻本；广陵书社 2016 年版
倪瓒	1301—1374	江兴祐点校本《清閟阁集》	西泠印社出版社 2010 年版
胡翰	1307—1381	馆藏本《胡仲子集》十卷	中国国家图书馆藏明洪武十四年王懋温刻本
宋濂	1310—1381	黄灵庚辑校本《宋濂全集》	人民文学出版社 2014 年版
袁凯	1310—1387 后	万德敬校注本《袁凯集编年校注》	上海古籍出版社 2015 年版
刘基	1311—1375	林家骊点校本《刘伯温集》	浙江古籍出版社 2011 年版
宋讷	1311—1390	影印本《西隐文稿》十卷、《附录》二卷	《明人文集丛刊》影印明万历六年东莱刘氏刻本，台北文海出版社 1970 年版

作者	作者生卒年	文集选用版本	版本出版信息
刘三吾	1313—1400	影印本《坦斋刘先生文集》二卷；陈冠梅点校本《刘三吾集》	《四库全书存目丛书》集部第 25 册影印明万历六年贾缘刻本，齐鲁书社 1997 年版；岳麓书社 2013 年版
刘夏	1314—1370	影印本《刘尚宾文集》五卷、《附录》一卷、《刘尚宾文续集》四卷	《续修四库全书》第 1326 册影印明永乐刘拙刻成化刘衢续修本，上海古籍出版社 2002 年版
朱右	1314—1376	馆藏本《白云稿》五卷	中国国家图书馆藏明初刻本
朱善	1314—1385	影印本《朱一斋先生文集》前十卷、后五卷、《广游文集》一卷	《四库全书存目丛书》集部第 25 册影印明成化二十二年朱维鉴刻本，齐鲁书社 1997 年版
贝琼	1315—1378	李鸣校点本《贝琼集》	吉林文史出版社 2010 年版
陶宗仪	1316—1402前后	徐永明、杨光辉整理本《陶宗仪集》	浙江古籍出版社 2014 年版
戴良	1317—1383	影印本《九灵山房集》三十卷	《四部丛刊初编》影印明正统刻本，上海商务印书馆 1922 年版
释宗泐	1318—1391	馆藏本《全室外集》九卷、《续集》一卷	中国国家图书馆藏明永乐刻本
王逢	1319—1388	李军点校本《梧溪集》	北京师范大学出版社 2016 年版
释来复	1319—1391	影印本《蒲庵集》十卷（存六卷）	《禅门逸书初编》影印明洪武刻本，台北明文书局 1981 年版
徐一夔	1319—1398	徐永恩校注本《始丰稿校注》	浙江古籍出版社 2008 年版
吴海	1322—1386	馆藏本《闻过斋集》八卷	中国国家图书馆藏明抄本
王祎	1323—1374	颜庆余点校本《王祎集》	浙江古籍出版社 2016 年版
林弼	1325—1381	影印本《登州林先生续集》五卷	《原国立北平图书馆甲库善本丛书》第 699 册影印明初刻本，国家图书馆出版社 2013 年版
杨基	1326—1378	影印本《眉庵集》十二卷	《四部丛刊三编》影印明成化刻本，上海商务印书馆 1936 年版

续表

作者	作者生卒年	文集选用版本	版本出版信息
朱元璋	1328—1398	胡士尊点校本《明太祖集》	黄山书社 1991 年版
谢肃	1384 年去世	影印本《密庵稿》十卷	《四部丛刊三编》影印明洪武刻本，上海商务印书馆 1936 年版
张羽	1333—1385	影印本《静居集》六卷	《四部丛刊三编》影印明成化刻本，上海商务印书馆 1936 年版
徐贲	1335—1380	影印本《北郭集》十卷、《补遗》一卷	《四部丛刊三编》影印明成化刻本，上海商务印书馆 1936 年版
高启	1336—1374	徐澄宇、沈北宗点校本《高青丘集》	上海古籍出版社 2013 年版
管时敏	1337—1416 后	影印本《蚓窍集》十卷	《四部丛刊三编》影印明永乐刻本，上海商务印书馆 1936 年版
方孝孺	1357—1402	徐光大点校本《逊志斋集》	宁波出版社 1996 年版
夏原吉	1366—1430	馆藏本《夏忠靖公集》六卷	中国国家图书馆藏明弘治十三年刻本
杨士奇	1366—1444	馆藏本《东里文集》二十五卷、《东里文集·续编》六十二卷、《东里别集》三卷	《东里文集》，中国国家图书馆藏明正统刻本；《东里文集·续编》，中国国家图书馆藏明嘉靖二十九年黄如桂刻本；《东里别集》，中国国家图书馆藏清光绪二年刻本①
金幼孜	1368—1431	馆藏本《金文靖公集》十卷	中国国家图书馆藏明成化四年刻弘治六年重修本
解缙	1369—1415	影印本《解学士先生集》三十一卷	《中华再造善本》影印明天顺元年黄谏刻本，国家图书馆出版社 2010 年版

---

① 按，杨士奇集现有点校本出版，为刘伯涵、朱海点校《东里文集》（中华书局 1998 年版）。然考之点校前言，整理者所用底本为清光绪三年刻《东里文集》二十五卷本。该本刊刻年代颇晚，内容亦非杨士奇别集全部，是以笔者未选用之。另，《东里文集》点校前言云，"我们现在见到的黄如桂刻本《别集》凡五卷"（前言第 2 页），此误，当为三卷。

作者	作者生卒年	文集选用版本	版本出版信息
胡广	1370—1418	影印本《胡文穆公文集》二十卷	《四库全书存目丛书》集部第 29 册影印清乾隆十六年刻本，齐鲁书社 1997 年版
杨荣	1371—1440	馆藏本《杨文敏公集》二十五卷	中国国家图书馆藏明正德十年刻本
杨溥	1372—1446	馆藏本《杨文定公文集》不分卷	中国国家图书馆藏清抄本
刘鬺	永乐中去世（其父刘璉生于 1348 年）	馆藏本《盘谷集》十卷	中国国家图书馆藏明永乐刻本

查考的总集，具体如表 5 所示（以总集编者的生年先后排序）。

表 5　　　　　　　　　　　　相关总集信息

作者	书名	选用版本及其出版信息
吴讷	《文章辨体》	《四库全书存目丛书》集部第 291 册影印明天顺八年刻本，齐鲁书社 1997 年版
程敏政	《明文衡》	《四部丛刊初编》影印明嘉靖刻本，上海商务印书馆 1922 年版
张时彻	《皇明文范》	《四库全书存目丛书》集部第 302—303 册影印明万历刻本，齐鲁书社 1997 年版
何乔远	《皇明文徵》	《四库全书存目丛书》集部第 328—329 册影印明崇祯四年自刻本，齐鲁书社 1997 年版
黄宗羲	《明文海》	影印清涵芬楼钞本，中华书局 1987 年版

查考的史书，具体如表 6 所示（以史书体裁排序）。

表6　　　　　　　　　　　　　**相关史书信息**

作者	书名	选用版本的出版信息
姚广孝等	《明太祖实录》《明太宗实录》《明仁宗实录》《明宣宗实录》《明英宗实录》《明宪宗实录》《明孝宗实录》《明武宗实录》	台北"中研院"史语所据北平图书馆藏明红格钞本校印本，1966 年版
陈建	《皇明资治通纪》	《四库禁毁书丛刊》史部第 12 册影印明刻本，北京出版社 2000 年版
谈迁	《国榷》	点校本，中华书局 1958 年版
郑晓	《吾学编》	《续修四库全书》第 424—425 册影印明隆庆元年郑履淳刻本，上海古籍出版社 1996 年版
李东阳、申时行等	万历《大明会典》	影印明万历重修本，广陵书社 2007 年版
陆容	《菽园杂记》	点校本，中华书局 1985 年版
郑晓	《今言》	点校本，中华书局 1984 年版
沈德符	《万历野获编》	点校本，中华书局 1959 年版

查考的官修、史志、私人目录出版信息，具体如表 7 所示①。

表7　　　　　　　　　　　　　**相关目录信息**

作者	书名	出版信息
杨士奇	《文渊阁书目》	《明代书目题跋丛刊》影印清《读画斋丛书》本，书目文献出版社 1994 年版
黄佐	《南雍志·经籍考》	《明代书目题跋丛刊》影印清光绪年间叶德辉重刻本，书目文献出版社 1994 年版
高儒	《百川书志》	点校本，古典文学出版社 1957 年版
周弘祖	《古今书刻》	点校本，古典文学出版社 1957 年版
晁瑮	《晁氏宝文堂书目》	《明代书目题跋丛刊》影印明抄本，书目文献出版社 1994 年版

---

①　笔者查考方志目录，主要依据李新峰《明代卫所政区研究》附录《丛书影印明代政区方志初录》，这里不再列出。

续表

作者	书名	出版信息
张萱	《内阁藏书目录》	《明代书目题跋丛刊》影印民国年间《适园丛书》本，书目文献出版社 1994 年版
黄虞稷	《千顷堂书目》	瞿凤起、潘景郑点校本，上海古籍出版社 2001 年版
钱曾	《也是园书目》 《述古堂书目》 《读书敏求记》	瞿凤起编《虞山钱遵王藏书目录汇编》，上海古籍出版社 2005 年版
黄丕烈	《荛圃藏书题识》 《荛圃藏书题识续录》 《荛圃藏书题识再续录》 《士礼居藏书题跋补录》	余鸣鸿、占旭东点校《黄丕烈藏书题跋集》，上海古籍出版社 2015 年版
陆心源	《皕宋楼藏书志》	《清人书目题跋丛刊》影印清光绪八年刻本，中华书局 1990 年版
瞿镛	《铁琴铜剑楼藏书目录》	瞿果行、瞿凤起点校本，上海古籍出版社 2000 年版
丁丙	《善本书室藏书志》	《清人书目题跋丛刊》影印清刻本，中华书局 1990 年版

（4.3.4）需要强调的是，笔者所言"已佚"，是针对一部书籍的特定版本。比如《广韵》一书现存版本颇多，然如宋濂洪武九年《新刻广韵后题》所云"濂等奉敕校定，一遵《洪武正韵》分合之例，布列如左，注则并仍其旧。旧韵凡二百又六，今省为七十六"① 的《广韵》版本，就笔者目前所考，今已不存，因此著录此本为"已佚"。

对于一些特定版本失传，但仍有重刻本、增刻本等其他版本存世的书籍，笔者复于"已佚"后注明"内容存"，以为说明。在"内容存"之后，再注出是书的一个传世版本。篇幅所限，这里就不再著录该版本的馆藏信息或影印丛书、影像数据库收录情况。如有

---

① （明）宋濂：《翰苑别集》卷 8，见（明）宋濂著，黄灵庚编辑校点《宋濂全集》，第 844 页。

多个版本存世，亦仅著录其中之一。

（4.4）"备注"部分，主要著录以下内容：①对"出版信息来源"的补充说明。主要有三方面内容。一是关于出版规模。如在太原府翻刻本《大诰续编》条目，补充说明全国其他地区同样皆需翻刻《大诰续编》。对于科举文献，亦在现存版本备注栏，说明其他地区在哪些年份，同样有乡试录、会试录、进士登科录出版。二是关于出版时间。如程钜夫别集主体部分洪武二十八年完成出版，书首熊钊序为洪武二十九年补刻。在著录出版时间时采用洪武二十八年，而在备注中说明补刻序文情况。三是关于存卷情况。若笔者著录的现存版本卷数不全，亦于备注说明。②如已有书目、数据库等对现存版本的著录存在错讹，或本为模糊著录、可进一步推断其刊刻时间，则于备注中提出笔者的修订意见。③如笔者著录的最为易得的版本，有名人批校、题跋、收藏印等，亦于备注中说明。④介绍学界对此版本书籍的相关重要研究。

（4.4.1）本目录多次引用的书目、题跋及研究论著，其出版信息及在本目录中的简称，具体如表8所示。

表8　　　　　　　　　相关书目、题跋、研究论著信息

书目名称	出版信息	简称
《北京图书馆古籍珍本丛刊目录》	北京图书馆出版社 2000 年版	《北图》
杜信孚《明代版刻综录》	江苏广陵古籍刻印社 1983 年版	《综录》
姜寻《中国拍卖古籍文献目录》	上海书店出版社 2001 年版	《目录》
瞿冕良《中国古籍版刻辞典》	苏州大学出版社 2009 年版	《辞典》
全寅初主编《韩国所藏中国汉籍总目》	学古房出版社 2006 年版	《韩藏》
韦力《中国古籍拍卖述评》上册、下册	紫禁城出版社 2011 年版	《述评》
严绍璗《日藏汉籍善本书录》	中华书局 2007 年版	《日藏》
《中国古籍善本书目（经部）》	上海古籍出版社 1985 年版	《书目（经部）》
《中国古籍善本书目（史部）》上册、下册	上海古籍出版社 1991 年版	《书目（史部）》

续表

书目名称	出版信息	简称
《中国古籍善本书目（子部）》上册、下册	上海古籍出版社 1994 年版	《书目（子部）》
《中国古籍善本书目（集部）》上册、中册、下册	上海古籍出版社 1996 年版	《书目（集部）》
《中国古籍善本书目（丛部）》	上海古籍出版社 1989 年版	《书目（丛部）》

（4.5）在上述别集、总集、史书、书目之外，本目录各项内容还引用了很多文献。为节省目录篇幅、方便读者阅读，如所引文献的出版信息已见于本书"参考文献"表，则仅于引文后出注页码，不再注释其出版信息。

四　目录

表 9　　　　　　　　　　　　洪武年间版刻信息

书籍信息	出版信息	出版信息来源	备注
		经部	
		易类：	
（元）董真卿《周易经传集程朱解附录纂注》十四卷、《朱子易图附录纂注》一卷、《朱子启蒙五赞附录纂注》一卷、《朱子筮仪附录纂注》一卷	洪武二十一年（刊刻时间）建安务本堂刻本	现存（影印—甲库—第 3 册）书首"周易会通总目"末叶，有"洪武戊辰年建安务本堂重刊"牌记（第 3 页）。此本版式、行款为半叶 11 行行 19 字、双行小字字数异、四周双边、黑口、顺黑鱼尾，版心中部上题卷次、下题页码	

续表

书籍信息	出版信息	出版信息来源	备注
书类：			
（明）刘三吾等《书传会选》六卷	洪武二十七年（刊刻时间）刻本	现存（馆藏—国图） 《明太祖实录》卷二三四："（洪武二十七年九月）定正蔡氏《书传》成……赐名曰《书传会选》，命礼部刊行天下"（第3421—3422页）。明太祖的出版意愿可以高效落成，故此书刊刻时间当在洪武二十七年末，或其后不久。 国家图书馆联机目录、《书目（经部）》皆著录"明初刻本"《书传会选》（第110页）。此本版式、行款为半叶8行行16字、双行小字字数同、四周双边、黑口。其版式、字体风格与中央出版的明太祖御制、敕撰书籍一致。笔者推测，此本或即为洪武后期中央刻本《书传会选》，也可能是地方据中央样书翻刻本。因此，暂系此则信息为"现存"	《书传会选》其时在全国各地当多有翻刻本。 按，《日藏》著录有"刘三吾等《书传会通》六卷，明洪武年间（1368—1398年）味经堂刊本"（第52页），此误。其一，书名当为《书传会选》；其二，味经堂刻本为赵康王朱厚煜（1498—1560）主持出版，非洪武刻本
诗类：			
（宋）朱熹集传，（元）许谦音释《诗集传》十卷、《诗传纲领》一卷、《诗图》一卷、《诗序辨说》一卷	洪武至永乐年间（刊刻时间）蜀藩刻本	现存（馆藏—重庆） 据李文衡《天津李氏荣先阁藏书杂记》记载，此本第四卷末有"庐陵黎让奉敕教正"字样。李文进而指出，"黎让，洪武时蜀府教授也"（《重庆市图书馆建馆四十周年纪念文集》，重庆市图书馆1987年版，第46页）。考之重庆图书馆目录，亦著录此本为"洪武蜀府黎让校刻本"。 据笔者查考，张弘道、张凝道《皇明三元考》卷一"洪武二十九年丙子科解元"下著录"江西黎让，吉水人，蜀府教授"（第63页）。另据《明太宗实录》卷一七三，永乐十四年二月，"升蜀府教授郑楷本府左长史致仕"（第1913页）。实录以及《本朝分省人物考》郑楷小传等材料，郑楷在任时已属永乐后期，则黎让任蜀府教授的时间，很可能自洪武末年延续至建文、永乐年间。故其为蜀府校书的时间，亦可能在建文、永乐年间。 以上是对刊刻时间的考证。另，黎让仅为校者，此书的出版者当为蜀藩。因此，修订版本信息如左。 此本版式、行款为半叶12行行22字、双行小字字数同、左右双边、细黑口	《书目（经部）》著录此重庆图书馆藏本为"宋朱熹集传、元许谦音释《诗集传》十卷、《诗传纲领》一卷、《诗图》一卷，明初刻本"（第133页）。按，或可著录此本为洪武至永乐年间刻本，或"明初（1396—1416）"刻本，使版本信息更为明确

书籍信息	出版信息	出版信息来源	备注
*（明）朱善《诗经解颐》四卷	洪武年间或元末（刊刻时间）刻本	已佚【内容存】（清抄本） 清初毛氏汲古阁抄本朱善《诗经解颐》尚存，今藏国图。其末有朱善门生丁隆跋，云"其子叔既既锓诸梓，远迩读《诗》之士，往往称之……但岁久，不能无亥豕鲁鱼之难辨，于是佥议命工重刊，以广其传。愚僭分章析类，正其讹误，以便观览"，末题时间为"洪武三十五年岁在壬午孟夏"，即建文四年。朱善生于元延祐元年（1314），《诗经解颐》成书时间尚难确考。丁隆既谓"岁久"，则是书初次刊刻既可能在洪武年间，也可能在元末	
礼类：			
（明）官修《洪武礼制》一卷	洪武二十年前（刊刻时间）刻本	已佚【内容存】（明刻本） 刘三吾《礼仪定式后序》："上之朝廷有仪注，次之京兆，又次之外府、州、县有《洪武礼制》，中外奏行，亦有年矣"（影印本《坦斋刘先生文集》，第90页）。按，既云"中外奏行"，则《洪武礼制》当出版，且出版规模较大。《礼仪定式》于洪武二十年成书，则《洪武礼制》出版在此之前	《洪武礼制》其时在全国各地当多有翻刻本
（明）李原名等《礼仪定式》一卷	洪武二十年（成书时间）刻本	已佚【内容存】（《皇明制书》本） 《明太祖实录》卷一八六："（洪武二十年十月）条列成书，名曰《礼仪定式》。命在京公侯以下、在外诸司官员，并舍人、国子生及儒学生员、民间子弟，务在讲习遵守，违者问如律"（第2794页）。按，既云公侯以下、诸司官员、舍人、国子生、生员、民间子弟皆需"讲习遵守"，则《礼仪定式》当于成书后不久出版，且出版规模较大。另，刘三吾《礼仪定式后序》亦云："尚书臣李原名、侍郎臣张衡则如旨条奏……乃以颁示，永为定式"（影印本《坦斋刘先生文集》，第90页）	《礼仪定式》其时在全国各地当多有翻刻本

续表

书籍信息	出版信息	出版信息来源	备注
*（明）刘三吾《礼制集要》一卷	洪武二十八年（成书时间）可能刊刻	已佚【内容存】（明嘉靖刻本） 《明太祖实录》卷二四三："（洪武二十八年十一月）《礼制集要》成……颁布中外"（第3529—3530页）。按，《明太宗实录》卷四七云："（永乐三年十月）礼部进《冕服图簿》《仪仗图》，并洪武礼制仪定式、《礼制集要》《稽古定制》等书"（第724—725页）。按，"洪武礼制仪定式"不通，此或衍一"制"字，为洪武《礼仪定式》，或"制"下脱一"礼"字，为《洪武礼制》《礼仪定式》。据此推测，《礼制集要》《稽古定制》可能与《礼仪定式》相同，亦为刻本	
*（明）官修《稽古定制》一卷	洪武二十九年（成书时间）可能刊刻	已佚【内容存】（《皇明制书》本） 《明太祖实录》卷二四八："（洪武二十九年十一月）诏颁《稽古定制》……命颁之功臣之家，俾遵行之"（第3598—3599页）	

春秋类：

书籍信息	出版信息	出版信息来源	备注
（明）傅藻等《春秋本末》三十卷	洪武十二年（刊刻时间）刻本	已佚 宋濂《芝园后集》卷一〇《春秋本末序》："傅藻等受命纂辑……缮写为三十卷……皇上闻而嘉之，赐名曰《春秋本末》，敕内官刊梓禁中，以传示四方"，末题"洪武十二年岁次己未五月五日……金华宋濂稽首谨序"（第641页）	
（明）石光霁《春秋书法钩玄》四卷	洪武二十五年（成书时间）刻本	现存（数据库—中华古籍） 此本并无序跋，正文首卷卷端题"国子博士淮南石光霁辑、国子助教章贡黄庄校正"。复考黄佐《国子监博士石光霁传》《南雍志》卷六，可知石光霁始任国子博士时间为洪武十七年，黄庄任国子助教时间为洪武十四年至十五年。笔者进一步查考，发现《四库全书》本《春秋书法钩玄》（按，四库本"钩玄"俱作"钩元"，系避清讳，这里径改之）收录有石光霁《原序》，序文未言及刊刻事宜，末题"洪武二十五年岁在壬申，国子博士淮南石光霁书"。疑此本原亦有序，或于流传过程中脱落。 此本卷一最末有"缮写监生石镇"字样，卷三最末有"缮写监生王彦谦"字样，卷四最末有"缮写监生张德新"字样。据此，则此本当刊刻于石光霁任国子博士之时。 此本版式、行款为半叶10行行26字、双行小字字数同、四周双边、黑口	国家图书馆联机目录著录此本为"明初（1368—1424）刻本"。笔者倾向认定此本为"明洪武（1392—1398）刻本"。或者，可著录此本为"明初（1392—1424）刻本"，在已有基础上缩小时间范围

续表

书籍信息	出版信息	出版信息来源	备注
		四书类：	
（明）刘三吾《孟子节文》七卷	洪武二十七年（刊刻时间）刻本	现存（影印—北图—第 1 册） 此本书首有刘三吾《孟子节文题辞》，末题"洪武二十七年十月癸酉翰林学士奉议大夫臣刘三吾等谨上"（第 956 页）。 明太祖的出版意愿可以高效落成，故《孟子节文》刊刻时间当在洪武二十七年末，或其后不久。 此本版式、行款为半叶 7 行行 12 字、四周双边、阔黑口、双黑鱼尾，版心中部上题"孟子节文"、下题页码。刊刻精美。版式、字体风格与中央出版的明太祖御制、敕撰书籍一致。笔者推测，此本或即为洪武后期中央刻本《孟子节文》，也可能是地方据中央样书翻刻本。因此，暂系此则信息为"现存"	《孟子节文》其时在全国各地当多有翻刻本。 国家图书馆联机目录、《书目（经部）》《北图》等皆著录此本为"明初刻本"（第 312 页、第 1 页）
（明）刘三吾《孟子节文》七卷	洪武二十七年（作序时间）刻本	现存（数据库—中华古籍） 此本书首亦有刘三吾《孟子节文题辞》，行款则为半叶 8 行行 16 字。版式同样为四周双边、阔黑口、双黑鱼尾，刊刻亦比较精美。版心中部上题"孟子节文"、下题页码，版心下方则有刻工姓名。笔者推测，此本或为地方翻刻本，刊刻时间在洪武二十七年后不久	国家图书馆联机目录、《书目（经部）》等皆著录此本为"明初刻本"（第 312 页）。按，或可著录此本为"明洪武二十七年序刻本"，使版本信息更为明确。 另，张佳佳《孟子节文研究》写道，"国家图书馆保存的《孟子节文》也有两个版本"（硕士学位论文，清华大学，2007 年，第 17 页），并介绍了 7 行本与 10 行本，似乎未见到此本

续表

书籍信息	出版信息	出版信息来源	备注
（明）刘三吾《孟子节文》七卷	洪武三十年至永乐九年（刊刻时间）刻本	现存（数据库—中华古籍） 此本书首无刘三吾《孟子节文题辞》。张佳佳《孟子节文研究》提出，洪武三十年刘三吾获罪戍边，此本"或许因此将刘氏所作《题辞》删除"（第 17 页）。另外，永乐九年废止《孟子节文》。因此，笔者暂将此本刊刻时间系于洪武三十年至永乐九年间。当然，此本题辞也有可能是在流传中散佚。 此本版式、行款为半叶 10 行行 22 字、双行小字字数同、四周双边、黑口、三黑鱼尾。此本为夹注本，当出自书坊	国家图书馆联机目录、《书目（经部）》等皆著录此本为"明初刻本"（第 312 页）
小学类：			
（明）赵谦《六书本义》十二卷首一卷	洪武十三年（作序时间）赵冲彰刻本	现存（馆藏—北大） 书首有徐一夔序，云"书成，俾余序之"，无末题时间。后为鲍恂序，云"今赵君辑是编而名之曰'本义'"，"乃以是编介予友人程原道来求为之序"，末题"洪武十有三年岁次庚申孟夏朔日，环中老人檇李鲍恂谨书"。后为"天台林右序"，无末题时间。后为《六书本义自序》，末题"洪武十有一年春正月朔"。以上诸序，皆未言及刊刻事宜。自序后为《六书总论》，末有"刊生赵冲彰"字样。 此本版式、行款为半叶 14 行行 28 字、四周双边、细黑口、无鱼尾，版心中部上题卷次、下题页码。刊刻比较精美	著录中的"赵冲彰"为刊刻者，而非出版者
（宋）陈彭年等修，（明）宋濂等校定《广韵》	洪武九年（作序时间）刻本	已佚 宋濂《翰苑别集》卷八《新刻广韵后题》："濂等奉敕校定，一遵《洪武正韵》分合之例，布列如左，注则并仍其旧。旧韵凡二百又六，今省为七十六云"，末题"洪武九年九月壬子朔，翰林学士承旨金华宋记"（第 844 页）	

续表

书籍信息	出版信息	出版信息来源	备注
（明）乐韶凤、（明）宋濂等《洪武正韵》十六卷	洪武八年（刊刻时间）刻本	现存（数据库—中华古籍） 书首有宋濂《洪武正韵序》，末题时间为"洪武八年三月十八日"。《明太祖实录》卷九八亦载："（洪武八年三月）至是书成，赐名《洪武正韵》，诏刊行之"（第1678页）。 此本版式、行款为半叶8行行12字、双行小字24字、四周双边、阔黑口、对黑鱼尾，版心中部上题卷次、下题页码。刊刻较精美。版式、字体风格与中央出版的明太祖御制、敕撰书籍一致。 此本为七十六韵本	按，《洪武正韵》为大规模出版物。其时全国各地应当俱有翻刻、重刻本。下同
（明）汪广洋总裁，（明）朱孟辩等重校《洪武正韵》十六卷	洪武十二年（作序时间）刻本	现存（影印—《国家图书馆藏明刻洪武正韵》，中华书局2016年版） 书首有吴沉《洪武正韵序》，云"既奏，有旨命臣沉序之"，未言及刊刻，末题时间为"洪武十二年冬十一月二十日"。 此本版式、行款为半叶13行行18字、双行小字36字、四周双边、黑口。 此本为八十韵本	存三卷
（明）孙吾与《韵会定正》四卷	洪武二十三年（刊刻时间）刻本	已佚 《明太祖实录》卷二○五："（洪武二十三年十月戊寅）诏刊行《韵会定正》。时《洪武正韵》颁行已久，上以其字义音切未能尽当，命翰林院重加校正。学士刘三吾言，前太常博士孙吾与所编韵书，本宋儒黄公绍《古今韵会》，凡字切必祖三十六母，音韵归一。因以其书进。上览而善之，赐名曰'韵会定正'，命刊行焉"（第3064—3065页）	
（明）火源洁等《华夷译语》不分卷	洪武二十二年（刊刻时间）刻本	现存（影印—秘笈—第四集） 书首有刘三吾《华夷译语序》，云"遂命以华文译胡语……俾辑录刊布焉"，末题时间为"洪武二十二年冬十月十五日"。 此本版式、行款为半叶8行行16字、四周双边、黑口、对黑鱼尾，版心中部上题卷次、下题页码。版式、字体风格与中央出版的明太祖御制、敕撰书籍一致。此本当为中央刻本	

续表

书籍信息	出版信息	出版信息来源	备注
		史部	
		正史类：	
（元）脱脱《金史》一百三十五卷、《目录》二卷	洪武二十三年（刊刻时间）福建书坊刻本	已佚【内容存】（明刻本）《明太祖实录》卷二〇六："（洪武二十三年十二月）甲戌，福建布政使司进《南唐书》、《金史》、苏辙《古史》。初，上命礼部遣使购天下遗书，令书坊刊行，至是三书先成，进之"（第3075页）	
（明）宋濂等《元史》二百十卷、《目录》二卷	洪武三年（刊刻时间）刻本	现存（影印—再造善本）书首有李善长《进元史表》，末题时间为"洪武二年八月十一日"。《明太祖实录》卷五四："（洪武三年七月）续修《元史》成，计五十有三卷，《纪》十、《志》五、《表》二、《列传》三十六。凡前书未备者，悉补完之，通二百一十二卷……诏刊行之"（第1059页）。此本版式、行款为半叶10行行20字、双行小字字数同、四周双边、细黑口、双黑鱼尾，版心中部上题卷次、下题页码，版心下方有刻工姓名。版式、字体风格与中央出版的明太祖御制、敕撰书籍一致。此本当为中央刻本	数据库"中华古籍"存三十七卷、目录全
		编年类：	
（宋）尹起莘《资治通鉴纲目发明》五十九卷	洪武二十一年（刊刻时间）建安书市刻本	现存（影印—甲库—第143册）书首《资治通鉴纲目发明序》末，有"洪武二十一年孟春建安书市鼎新刊行"牌记（第71页）。此本版式、行款为半叶12行行20字、双行小字字数同、四周双边、细黑口、顺黑、对黑、三黑鱼尾皆有，版心中部上题卷次、下题页码	数据库"中华古籍"存十三卷（卷三三至卷四五）
（元）王幼学《资治通鉴纲目集览》五十九卷	洪武二十一年（刊刻时间）梅溪书院刻本	现存（影印—甲库—第143—144册）书首王实序后有"洪武戊辰孟夏梅溪书院重刊"牌记。此本版式、行款为半叶10行行16字、双行小字24字、四周双边、阔黑口、顺黑、对黑、三黑鱼尾皆有，版心中部上题卷次、下题页码	存五十卷。数据库"中华古籍"存三十一卷（卷二九至卷五九）

书籍信息	出版信息	出版信息来源	备注
别史类：			
（宋）苏辙《古史》六十卷	洪武二十三年（刊刻时间）福建书坊刻本	已佚【内容存】（明刻本）《明太祖实录》卷二〇六："（洪武二十三年十二月）甲戌，福建布政使司进《南唐书》、《金史》、苏辙《古史》。初，上命礼部遣使购天下遗书，令书坊刊行，至是三书先成，进之"（第3075页）	按，今国图藏有《古史》，著录为明初刻本（其版式行款信息可见表3）。据笔者查考，其刊刻字体风格，与国图藏明初刻本《南唐书》一致。因此笔者认为，现存的明初刻本有可能就是此本。然证据不足，遂仍以"已佚"著录此本
（元）赵居信《蜀汉本末》三卷	洪武年间（刊刻时间）蜀藩刻本	已佚【内容存】（元刻本）方孝孺《逊志斋集》卷一二《蜀汉本末序》："蜀王殿下抚国之暇，览而悦之，命重刻之以示学者，而俾臣序其意"（第388页）。复据陈纪《正学先生事状》"壬申复召，除汉中府学教授……甲戌春，朝蜀献王""丙子考文京府，戊寅高皇帝宾天，皇孙嗣位，召为翰林博士"（《逊志斋集》，第885页）等记载，可知方孝孺与蜀王的交游，自洪武二十五年以后	
杂史类：			
（唐）吴兢《贞观政要》十卷	洪武三年（刊刻时间）王氏勤有堂刻本	现存（数据库—中华古籍）书首《贞观政要序并目录》后有"洪武庚戌仲冬王氏勤有堂刊"牌记。此本版式、行款为半叶13行行24字、四周双边、阔黑口、对黑鱼尾，版心中部上题卷次、下题页码	

续表

书籍信息	出版信息	出版信息来源	备注
（唐）吴兢《贞观政要》十卷	洪武二十三年（刊刻时间）范氏遵正堂刻本	现存（馆藏—常熟） 据《综录》第6册著录，书首目录后有"洪武庚午仲冬范氏遵正堂刊"牌记。此本版式、行款为半叶13行行24字、四周双边、黑口（第19页）	存五卷
＊（元）佚名《元朝秘史》十二卷	洪武年间或其他时期（刊刻时间）刻本	现存（影印—甲库—第121册） 此本版式、行款为半叶5行行字数不等，行内大、中、小号字俱有，仅大字每行22字左右，仅中字每行40字。四周单边、细黑口、顺黑鱼尾，版心中部上题卷次、下题页码。 《甲库》著录此本为"明洪武刻本"。按，此本字体风格的确与中央出版的明太祖御制、敕撰书籍高度一致。然此本并无牌记、序跋等资料，仅据字体风格，笔者认为还不足以断定其为洪武年间刻本，此本也有可能出版于永乐年间或其他时期	存四卷
诏令奏议类：			
（明）太祖朱元璋《祖训录》不分卷	洪武六年（刊刻时间）礼部刻本	已佚【内容存】（《皇明祖训》） 《明太祖实录》卷八二："（洪武六年五月）《祖训录》成……今令礼部刊印成书，以传永久……于是颁赐诸王"（第1470—1471页）。廖道南《楚纪》卷六"楚昭王"亦载："二十年秋九月甲戌，上赐《祖训录》"（第82页）。可见《祖训录》当出版	
（明）太祖朱元璋《祖训条章》不分卷	洪武二十八年（刊刻时间）礼部刻本	已佚【内容存】（《皇明祖训》） 《明太祖实录》卷二四一："（洪武二十八年九月）庚戌，颁《祖训条章》于内外文武诸司，敕谕礼部曰……尔礼部其以朕训颁行天下诸司，使知朕立法垂后之意，永为遵守"（第3503—3504页）。另，《明太宗实录》卷三六亦记："（永乐二年十一月）湖广给事中何海言，洪武中颁布《祖训条章》《诸司职掌》《行移体式》诸书，历年既久，官吏迁易，多所遗失；亦有经兵之处，焚毁不存。乞重刊诸书，颁布中外"（第620页）。通过"重刊"，亦知洪武年间已刊《祖训条章》	

书籍信息	出版信息	出版信息来源	备注
（明）太祖朱元璋《皇明祖训》一卷	洪武二十八年（刊刻时间）礼部刻本	现存（数据库—中华古籍） 书首有明太祖朱元璋《皇明祖训序》，云"今令翰林编辑成书，礼部刊印，以传永久"，并无末题。据《明太祖实录》卷二四二可知，洪武二十八年闰九月，"上于是重定《祖训录》名为《皇明祖训》，其目仍旧，而更其篇戒章为祖训首章。以是编之作，将垂之万世"，"既而遣使召诸王至京……且以《皇明祖训》赐之"（第3518页）。《皇明祖训》中的"祖训首章"，当即为《祖训条章》内容。 此本版式、行款为半叶10行行20字、四周双边、黑口、无鱼尾，版心中部上题"祖训"，下题页码。版式、字体风格与中央出版的明太祖御制、敕撰书籍一致。此本当即为礼部刻本	国家图书馆联机目录、《再造善本》等皆著录此本为"明洪武（1368—1398）礼部刻本"。按，如此著录或因此本书首序无末题时间。考之《明太祖实录》，可知其刊刻时间当为洪武二十八年。因此，或可将此本进一步著录为洪武二十八年刻本
（明）太祖朱元璋《资世通训》一卷	洪武八年（成书时间）刻本	已佚【内容存】（明刻本） 《明太祖实录》卷九七："（洪武八年二月）御制《资世通训》成……诏刊行之"（第1664页）	今国家图书馆藏有《资世通训》一卷，著录为"明刻本"。其版式、行款为半叶14行行22字、四周双边、阔黑口、单黑鱼尾，版心中部上题"资世通训"、下题页码。此本刊刻较粗，当为坊刻本
（明）太祖朱元璋《大诰》一卷	洪武十八年（刊刻时间）中央刻本	现存（影印—续修—第862册） 书首有明太祖朱元璋《御制大诰序》，云"今将害民事理，昭示天下诸司"，末题时间为"洪武十八年十月朔"（第243页）。 此本版式、行款为半叶10行行20字、四周双边、阔黑口、对黑鱼尾，版心中部上题"大诰"、下题页码。版式、字体风格与中央出版的明太祖御制、敕撰书籍一致。 此本各叶版式一致，书口粗细均匀，版心下方无刻工姓名，书末无翻刻牌记。因此笔者认为，此本当为中央刻本，亦即中央颁发各地翻刻的样书	《大诰》诸编皆为大规模出版物

书籍信息	出版信息	出版信息来源	备注
（明）太祖朱元璋《大诰续编》一卷	洪武十九年（刊刻时间）中央刻本	现存（影印—续修—第862册） 书首有明太祖朱元璋《御制大诰续编序》，末题"洪武十九年春三月望日序"（第267页）。末有明太祖谕，云"所颁二诰，字微画细……今特命中书大书，重刻颁行，使所在有司就将此本，易于翻刻"，末题时间为洪武十九年十一月（第305页）。 此本版式、行款为半叶10行行20字、四周双边、阔黑口、对黑鱼尾，版心中部上题"大诰续编"、下题页码。版式、字体风格与中央出版的明太祖御制、敕撰书籍一致。 此本各叶版式一致，书口粗细均匀，版心下方无刻工姓名，书末无翻刻牌记。因此笔者认为，此本当为中央刻本，亦即中央颁发各地翻刻的样书	据此本末明太祖谕可知，此前中央还出版过"字微画细"的《大诰》《大诰续编》
（明）太祖朱元璋《大诰续编》一卷	洪武二十年（刊刻时间）太原府翻刻本	现存（数据库—中华古籍） 书末有牌记，其中提及"提调翻刻太原府知府张景哲"。据（成化）《山西通志》可知，张景哲于洪武十八年任太原知府，其后为刘德，于洪武二十年任（第260页）。因此，此本当于洪武二十年完成刊刻。 此本版式、行款为半叶10行行20字、四周双边、阔黑口、无鱼尾，版心中部上题"大诰续编"、下题页码，版心下方有刻工姓名。 此本各叶书口粗细不一，鱼尾款式参差不齐	由太原府一地可以想见，其时全国其他地区，亦皆需翻刻《大诰》诸编。另，国家图书馆联机目录以及"中华古籍"数据库皆著录此本为"《御制大诰续编》二卷"，卷数著录有误
（明）太祖朱元璋《大诰三编》一卷	洪武十九年（刊刻时间）中央刻本	现存（影印—续修—第862册） 书首有明太祖朱元璋《御制大诰三编序》，云"此诰三须良民君子家传人诵"，末题时间为"洪武十九年冬十有二月望日"（第307页）。 此本版式、行款为半叶10行行20字、四周双边、阔黑口、对黑鱼尾，版心中部上题"大诰三编"、下题页码。版式、字体风格与中央出版的明太祖御制、敕撰书籍一致。 此本各叶版式一致，书口粗细均匀，版心下方无刻工姓名，书末无翻刻牌记。因此笔者认为，此本当为中央刻本，亦即中央颁发各地翻刻的样书	

续表

书籍信息	出版信息	出版信息来源	备注
（明）太祖朱元璋《大诰三编》一卷	洪武十九年（作序时间）太原府翻刻本	现存（数据库—中华古籍） 此本为残本，书首无明太祖朱元璋序，内容到"朋奸匿党第三十七"而止，末无跋文、亦无牌记。通过识读版心下方刻工姓名可知，此本刻工仍为李孝思等人，故此本亦为太原府刻本。 此本版式、行款为半叶 10 行行 20 字、四周双边、黑口、无鱼尾，版心中部上题"大诰续编"、下题页码，版心下方有刻工姓名。 此本各叶书口粗细不一，版心上下线条也不一致。 此本刊刻时间当在洪武十九年后不久	
（明）太祖朱元璋《大诰三编》一卷	洪武十九年（作序时间）地方翻刻本	现存（数据库—中华古籍） 书首有明太祖朱元璋《御制大诰三编序》，末题"洪武十九年冬十有二月望日序"。 此本版式、行款为半叶 10 行行 20 字、四周双边、黑口、无鱼尾，版心中部上题"大诰三编"、下题页码。 此本各叶书口粗细不一，亦无鱼尾，后期书叶刊刻明显有些潦草。由此推测，此本亦为地方翻刻本。 此本刊刻时间当在洪武十九年后不久	国家图书馆联机目录以及"中华古籍"数据库皆著录此本为"明初刻本"。按，或可著录此本为"明洪武刻本"，使版本信息更为明确
（明）太祖朱元璋《大诰武臣》一卷	洪武二十年（刊刻时间）中央刻本	现存（影印—续修—第 862 册） 书首有明太祖朱元璋《大诰武臣序》，首云"洪武二十年十二月"，序云"我将这备细缘故做成一本书，各官家都与一本"（第 351 页）。 此本版式、行款为半叶 10 行行 20 字、四周双边、阔黑口、对黑鱼尾，版心中部上题"大诰武臣"、下题页码。版式、字体风格与中央出版的明太祖御制、敕撰书籍一致。 此本各叶版式一致，书口粗细均匀，版心下方无刻工姓名，书末无翻刻牌记。因此笔者认为，此本当为中央刻本，亦即中央颁发各地翻刻的样书	

续表

书籍信息	出版信息	出版信息来源	备注
（明）太祖朱元璋《赐诸番诏敕》一卷	洪武十二年后（刊刻时间）刻本	现存（数据库—中华古籍） 此本首末并无序跋、牌记。然刊刻精美，版式、字体风格与中央出版的明太祖御制、敕撰书籍一致。考虑到明太祖出版意愿可以高效落成，此本当出版于洪武年间。在全书各篇中，题注时间最晚者，为《谕元相驴儿敕》题注"洪武十二年六月二十日"。则此本刊刻时间在此之后。 此本版式、行款为半叶10行行20字、四周双边、细黑口、无鱼尾，版心中部上题"诏敕诸番"、下题页码，版心下方偶有刻工姓名，为"吕忠""朱方"等	"中华古籍"数据库著录此本为"明内府刻本"
（明）刘惟谦《大明律》三十卷	洪武七年（刊刻时间）刻本	已佚【内容存】（明正德刻本） 《明太祖实录》卷八六："（洪武六年十一月）诏刑部尚书刘惟谦详定《大明律》……及成，翰林学士宋濂为表以进，命颁行天下"（第1534—1535页）。复据宋濂《进大明律表》可知，"臣惟谦以洪武六年冬十一月受诏，明年春二月书成"（第49页）	《大明律》为大规模出版物
（明）官修《大明律》三十卷	洪武二十二年（刊刻时间）刻本	已佚【内容存】（明正德刻本） 《明太祖实录》卷一九七："（洪武二十二年八月）更定《大明律》……凡三十卷"，"书成，命颁行之"（第2955—2956页）	
（明）官修《大明律诰》不分卷	洪武三十年（刊刻时间）刻本	已佚【内容存】（明刻本《大明律》） 《明太祖实录》卷二五三："（洪武三十年五月）《大明律诰》成……故命刑官取《大诰》条目，撮其要略，附载于律"，"今编次成书，刊布中外，令天下知所遵守"（第3647—3648页）	黄彰健有《〈大明律诰〉考》，载氏著《明清史研究丛稿》（台湾商务印书馆1977年版，第155—207页）
（明）官修《宪纲》四十条	洪武四年（刊刻时间）刻本	已佚【内容存】（万历《大明会典》） 《明太祖实录》卷六〇："（洪武四年正月）御史台进拟《宪纲》四十条。上览之，亲加删定，诏刊行颁给"（第1176页）	

续表

书籍信息	出版信息	出版信息来源	备注
（明）官修《律令宪纲》不分卷	洪武六年（刊刻时间）刻本	已佚 《明太祖实录》卷八一："（洪武六年四月）重刊《律令宪纲》，颁之诸司"（第1465页）	
（明）官修《教练军士律》不分卷	洪武六年（刊刻时间）刻本	已佚【内容存】（《明太祖实录》） 《明太祖实录》卷七八："（洪武六年正月）戊午，上念天下既定，恐中外将卒习于安逸，弛武艺，于是命中书省臣同大都督府、御史台、六部官定议《教练军士律》……仍命刊印，颁给内外卫所遵守"（第1427—1430页）	
传记类：			
（明）郑涛《浦江郑氏旌义编》三卷	洪武三十年（作序时间）刻本	现存（数据库—中华古籍） 书首有宋濂《郑氏旌义编引》，云"厘为三卷，通名曰《郑氏旌义编》，既刊板，可模印，请言其故于篇端"，末题时间为"洪武十一年冬十月庚子朔"。后为张统书，末题时间为"洪武丁丑孟夏"。后为王钝书，末题时间为"洪武三十年岁次丁丑仲夏丁未吉日"。按，宋濂《引》明言"刊板""模印"，然张统、王钝二文中，俱未言及是书曾经刊刻。因此以"洪武三十年（作序时间）"标识此本信息。 此本版式、行款为半叶12行行23字、四周双边、细黑口、对黑鱼尾，版心中部上题卷次、下题页码	卢敦基等《看见传承》云："宋濂文云：'厘为三卷，通名曰《郑氏旌义编》。'据当地的地方文化研究者张伟文考证，此书原文本为二卷，从未见有三卷本。'三卷'云云，或刊刻之误。"（红旗出版社2016年版，第114页）按，此误。今研究者以"中华古籍"数据库检索，即可得见三卷本
（明）黄显仁等《休邑黄氏思本图》一卷	洪武二十二年（刊刻时间）刻本	现存（影印—《中国古籍珍本丛刊天津图书馆卷》，国家图书馆出版社2013年版—第8册） 书首有程昆《思本图序》，云"黄君显仁、观仁、义仁……因为寿梓……乞余为序"，末题时间为"洪武二十二年二月望日"。 此本版式、行款为半叶10行行18字、四周双边、阔黑口、单黑鱼尾，鱼尾处有花纹，版心中部上题"休邑黄氏思本图"、下题页码。内容多为图像，文字较少	

书籍信息	出版信息	出版信息来源	备注
（明）谢应芳《思贤录》四卷	洪武十六年（刊刻时间）刻本	已佚【内容存】（清道光刻本） 谢应芳《龟巢稿》卷七有《思贤录，元末为宋先贤邹忠公祠墓而作也，洪武壬戌会崑山王仲昭语之，慨然有镂板之意，后果如其言……追念畴昔，乃口占以抒其情》诗，诗中有"故人家住千墩麓，为侬版刻《思贤录》……乃将楮币折青蚨，七万五千钱数足"。据此可知《思贤录》在洪武十五年后不久开始刊刻。复据《龟巢稿》卷二〇《祝亡子文》"洪武十六年十一月二十一日，老父命汝弟森持《思贤录》一簿，置汝灵儿"，"今老父偶逢于知己，又为刻思贤之录……工数月而就绪"记载，可知洪武十六年《思贤录》刊刻完成	
（明）陶凯等《昭鉴录》二卷	洪武六年（刊刻时间）刻本	已佚【内容存】（明刻本） 《明太祖实录》卷八〇："（洪武六年三月）《昭鉴录》成。先是，命礼部尚书陶凯、主事张筹等，采摭汉唐以来藩王善恶可为劝戒者为书……至是书成，缮写为二卷，太子赞善大夫宋濂为序以进，赐名曰《昭鉴录》，以颁赐诸王"（第1448—1449页）。宋濂《銮坡集》卷五《昭鉴录序》："越二十又二日甲子，书成，缮写为二卷……先是，有诏礼部亦修是书。前尚书臣陶凯、今尚书臣牛谅、主事臣张筹遂录为一卷……臣筹因会粹众论，合而为一，承诏刻梓以传。名之曰《昭鉴》，臣濂因得而序之"，末题时间为洪武六年五月三日（第503—504页）	今国家图书馆藏有《昭鉴录》一卷，著录为明初刻本（其版式行款信息可见表3）。考其存卷为卷五。宋濂序、《明太祖实录》俱言《昭鉴录》为二卷，因此笔者认为，现存《昭鉴录》卷五与洪武六年版《昭鉴录》非同一版本
（明）宋濂等《孝慈录》一卷	洪武七年（刊刻时间）刻本	已佚【内容存】（《纪录汇编》本） 《明太祖实录》卷九四："（洪武七年十一月）《孝慈录》成……上亲为之序，命镂诸梓而颁行之"（第1631—1636页）	
（明）太祖朱元璋《相鉴》贤臣传十六卷、奸臣传四卷	洪武十三年（刊刻时间）刻本	现存（影印—甲库—第235册） 书首有吴沉《贤臣传序》，云"皇帝在位之十三年，稽古建官，大新朝政，诛权奸，罢中书……爰命儒臣与国子生，取两汉、唐、宋之贤相……为书十六卷，题曰'贤臣传'，刻而布之，为天下后世劝，有旨命臣为之序"（第932页）。此本版式、行款为半叶10行行20字、四周双边、黑口、对黑鱼尾，版心中部上题卷次、下题页码。版式、字体风格与中央出版的明太祖御制、敕撰书籍一致	贤臣传存十四卷、奸臣传存二卷

书籍信息	出版信息	出版信息来源	备注
（明）太祖朱元璋《臣戒录》十卷	洪武十三年（刊刻时间）刻本	现存（影印—甲库—第 235 册） 《明太祖实录》卷一三二："（洪武十三年六月）《臣戒录》成，时胡惟庸谋叛，事觉……既成，赐名曰《臣戒录》，颁布中外之臣，俾知所警"（第 2100 页）。 此本版式、行款为半叶 10 行行 20 字、四周双边、黑口、对黑鱼尾，版心中部上题卷次、下题页码。版式、字体风格与中央出版的明太祖御制、敕撰书籍一致	存五卷。 《甲库》著录此本为"明洪武内府刻本"。按，或可著录此本为"明洪武十三年刻本"，使版本信息更为明确
（明）太祖朱元璋《痒恶录》不分卷	洪武年间（刊刻时间）刻本	现存（馆藏—台北"故宫"） 据台北"故宫"著录，此本有"崔、王士贤、和、王八、王复礼、王添、孙仁祐、王仕贤、牛大本、李待话、卫百占、翟从善、侯德林、张仲、李孝思、武、王六□、□士威"诸刻工名。其中，王八、牛大本、侯德林、李孝思四位刻工姓名，俱见于洪武二十年太原府翻刻本《大诰续编》。且此为明太祖之作，其出版意愿可以高效落成。综上笔者推测，此本当出版于洪武年间。 据"数位典藏"数据库提供的首页书影可知，此本版式、行款为半叶 10 行行 20 字、四周双边、黑口、无鱼尾，版心中部上题"痒恶录"、下题页码	
（明）吴沉等《精诚录》三卷	洪武十六年（成书时间）刻本	已佚 《明太祖实录》卷一五二："（洪武十六年二月）东阁大学士吴沉等进《精诚录》……书凡三卷"（第 2386 页）。郑楷《精诚录后序》："（明太祖）赐名曰《精诚录》，而颁之王国焉……伏蒙睿旨，命教授臣顾禄临写此书，臣楷为之后序，将欲重刻摹印，以广其传焉"［（明）程敏政《明文衡》卷四一］。时任蜀府教授的郑楷既云"重刻"，则洪武年间诸藩所得，当为刻本	
（明）官修《志戒录》二卷	洪武十九年（刊刻时间）刻本	已佚 《明太祖实录》卷一七九："（洪武十九年十月）颁《志戒录》……赐群臣及教官、诸生讲诵，使知所鉴戒"（第 2712 页）。按，是书既赐及教官、诸生，则应出版	

续表

书籍信息	出版信息	出版信息来源	备注
*（明）官修《省躬录》七卷	洪武十九年（成书时间）可能刊刻	已佚 《明太祖实录》卷一七七："（洪武十九年三月）《省躬录》成……诏颁行之"（第2684页）。按，仅云"颁行"，尚不足以确认其是否出版	
*（明）宋濂《辨奸录》一卷	洪武六年（成书时间）可能刊刻	已佚 郑楷《翰林学士承旨宋公行状》："（洪武六年）先生奉诏搜萃历代奸臣之迹，编为《辨奸录》，及进太子，诸王各分赐焉"［（明）程敏政《明文衡》卷六二］。按，仅云"分赐"，尚不足以确认其是否出版	
（明）《洪武四年会试录》一卷	洪武四年（刊刻时间）刻本	现存（影印一天一阁会试录） 此本版式、行款为半叶9行行19字、四周双边、黑口、对黑鱼尾	洪武四年外，洪武年间举办会试的年份还有洪武五年、洪武十八年、洪武二十一年、洪武二十四年、洪武二十七年、洪武三十年。其时亦皆有《会试录》出版，然今俱不传。 洪武年间举办乡试的年份，则为洪武三年（举办地点为直隶、河南、山东、山西、北平、福建、江西、浙江、湖广、广东、广西、陕西）、洪武四年、洪武五年（举办地点增加四川）、洪武十七年、洪武二十年、洪武二十三年、洪武二十六年、洪武二十九年。其时，各地亦皆有《乡试录》出版，然今皆不传

续表

书籍信息	出版信息	出版信息来源	备注
（明）《洪武四年进士登科录》一卷	洪武四年（刊刻时间）刻本	现存（影印—天一阁登科录） 此本版式、行款为半叶 10 行、行内大小字字数不等、四周双边、黑口、对黑鱼尾	洪武五年、洪武十八年、洪武二十一年、洪武二十四年、洪武二十七年、洪武三十年亦皆有《登科录》出版，然今俱不传
史钞类：			
（明）张美和《元史节要》二卷、《释文》一卷	洪武三十年（刊刻时间）建安书堂刻本	现存（数据库—中华古籍） 书首《元史节要纲目》末有"洪武丁丑孟夏建安书堂新刊"牌记。 此本版式、行款为半叶 17 行行 29 字、四周双边、细黑口、顺黑鱼尾	
（明）梁寅《元史略》四卷	洪武十九年（刊刻时间）刻本	现存（影印—甲库—第 466 册） 书首有梁寅《元史略序》，云"窃尝有是志，遂纂为四卷，俾刻而传之……君子从而刊正之，则如金之加砺、玉之剔股"，末题时间为"洪武十九年岁在丙寅秋八月"（第 561 页）。 此本版式、行款为半叶 11 行行 24 字、四周双边、阔黑口、对黑鱼尾，版心中部上题卷次、下题页码	
载记类：			
（宋）马令《南唐书》三十卷	洪武二十三年（刊刻时间）福建书坊刻本	已佚【内容存】（明刻本） 《明太祖实录》卷二〇六："（洪武二十三年十二月）甲戌，福建布政使司进《南唐书》《金史》、苏辙《古史》。初，上命礼部遣使购天下遗书，令书坊刊行，至是三书先成，进之"（第 3075 页）	按，今国图藏有《南唐书》，著录为明初刻本（其版式行款信息可见表 3）。据笔者查考，其刊刻字体风格，与国图藏明初刻本《古史》一致。因此笔者认为，现存的明初刻本有可能就是此本。然证据不足，遂仍以"已佚"著录此本

书籍信息	出版信息	出版信息来源	备注
（宋）郭允蹈《蜀鉴》十卷	洪武二十八年（刊刻时间）蜀藩刻本	已佚【内容存】（明刻本） 方孝孺《逊志斋集》卷一二《蜀鉴序》："殿下受封兹土……暇日览是书而有取焉，俾臣序之，将重锓而传于世"（第386—387 页，下同）。序文亦云"恭惟殿下，之国甫五载"。考之《明太祖实录》，卷一九九记载洪武二十三年正月，"蜀王椿之国成都府"（第2981 页）	
地理类：			
（明）魏俊民等《大明志》	洪武三年（刊刻时间）秘书监刻本	已佚 《明太祖实录》卷五九："（洪武三年十二月）《大明志》书成……命送秘书监锓梓颁行"（第1149 页）	据谢贵安《〈大明志书〉修纂及特点考论——兼论朱元璋的狭隘心胸》，"《大明志书》虽然已佚，但其对《洪武志书》《寰宇通志》《明一统志》都有一种史料和学术上的渊源关系"（《明清安徽典籍研究》，黄山书社2005 年版，第41 页）。按，谢文对"洪武志书"理解有误，说详见下《洪武京城图志》一则
（明）刘基等《大明清类天文分野之书》二十四卷	洪武十七年（刊刻时间）刻本	现存（影印—甲库—第511 册） 书首有《凡例》，末题时间为"洪武十七年岁次甲子闰十月二十七日"（第5 页）。《明太祖实录》卷一六七亦载，"（洪武十七年十月）《大明清类天文分野》书成……诏颁赐秦、晋、燕、周、楚、齐六王"（第2563—2564 页。按，原文"燕"作"今上"，显为永乐时改写，故回改为"燕"）。 此本版式、行款为半叶8 行行19 字、四周双边、黑口、对黑鱼尾，版心中部上题卷次、下题页码。版式、字体风格与中央出版的明太祖御制、敕撰书籍一致	《大明清类天文分野之书》其时在全国各地当有翻刻本。《甲库》著录此本为明洪武刻本。按，或可著录此本为"明洪武十七年刻本"，使版本信息更为明确

续表

书籍信息	出版信息	出版信息来源	备注
（明）官修《寰宇通衢》一卷	洪武二十七年（成书时间）刻本	现存（影印—存目—史部第 166 册） 《明太祖实录》卷二三四："（洪武二十七年九月）修《寰宇通衢》书成"（第 3423 页）。 此本版式、行款为半叶 10 行行 24 字，左右双边、阔黑口、对黑鱼尾，版心中部上题"寰宇通衢"、下题页码。版式、字体风格与中央出版的明太祖御制、敕撰书籍一致。然刊刻工艺较粗疏，各叶书口粗细不一。 由于明太祖的出版意愿可以高效落成，此本版式、字体风格亦相符，因此笔者认为，此本当刊刻于洪武二十七年成书后不久。 此本可能为地方翻刻本或书坊翻刻本	国家图书馆联机目录、《存目》等皆著录此本为"明初刻本"。按，或可著录此本为洪武刻本，并注其成书时间为洪武二十七年
（明）官修《洪武志》（《洪武京城图志》）一卷	洪武二十八年（刊刻时间）刻本	已佚【内容存】（明弘治刻本） 现存弘治刻本首有杜泽《洪武京城图志序》，云"皇上万几之暇，命工绘图，颁示天下"，末题时间为"洪武二十八年冬十有二月二十二日"。《明太祖实录》卷二四三亦载，"（洪武二十八年十二月）《洪武志》书成。其书述都城山川、地里、封域之沿革，宫阙、门观之制度，以及坛庙、寺宇、街市、桥梁之建置更易，靡不具载。诏刊行之"（第 3534 页）	按，《大明志》一则提到的谢贵安论文，将实录记载点作"《洪武志书》成"，并以"《洪武志书》"为全国总志，此误。据实录记载时间及"其书述都城"之描述，可知《洪武志》即指《洪武京城图志》
（明）胡琏、（明）虞自铭 洪武《永州府志》十二卷	洪武十六年（刊刻时间）刻本	现存（影印—甲库—第 363 册） 书首有永州知府虞自铭《永州府图志序》，云"鸠工锓梓……庶使后之君子考诸一郡之事者有所据焉"，末题时间为"洪武拾陆年癸亥夏六月二十四日"（第 405 页）。 此本版式、行款为半叶 12 行行 22 字、四周双边、黑口、对黑鱼尾，版心中部上题卷次、下题页码	

续表

书籍信息	出版信息	出版信息来源	备注
（明）卢熊洪武《苏州府志》五十卷	洪武十二年（刊刻时间）刻本	现存（影印—甲库—第306—307册） 书首有宋濂《苏州府志序》，云"洪武十一年，知府庐陵李侯亨嘉是书之有系于政也，将命工刻版以传，丁内艰去。已而高邮汤侯德来继其职，遂督成之……为序其概，俾刻焉"，末题时间为"洪武十二年四月既望"（第307—308页）。 此本版式、行款为半叶13行行23字、四周双边、黑口、单黑鱼尾。版心中部上题卷次、下题页码，版心上方记有每叶字数，版心下方有刻工姓名	《甲库》著录此本为明洪武刻本。按，或可著录此本为"明洪武十二年刻本"，使版本信息更为明确
*（明）张度、（明）谢应芳洪武《常州府志》十九卷	洪武年间（刊刻时间）可能刊刻	已佚【内容存】（清抄本） 《上图方志》第46—49册为影印清抄本（洪武）《常州府志》，该本首有谢应芳序，云"洪武十年春，中宪大夫广东张度来守是邦。下车之初，适朝廷命天下郡县纂修志书，于是会集耆之士，稽义订古，博采见闻，撰次成帙"，末题时间为"是岁丁巳十月既望"（第46册，第19—20页），未言及刊刻。 抄本版式、行款为半叶9行行22字、四周双边、单黑鱼尾，版心中部上题卷次、下题页码。字体为赵字	
（明）张昌洪武《平阳志》	洪武十五年（作序时间）刻本	现存（影印—再造善本） 书首有朱林可序，序文前几叶残缺，末叶云"二贤守独举其未备，于数十百年之下……后之览者，或有所采撷，则二贤守之于斯，岂为无补也夫"，未言及刊刻。末题时间为"洪武壬戌春三月甲子"。 此本版式、行款为半叶10行行20字、四周双边、黑口、对黑鱼尾，鱼尾处有花纹，版心中部上题卷次、下题页码	存九卷
		职官类：	
（元）张养浩《三事忠告》三卷	洪武二十七年（刊刻时间）黄毅刻本	现存（数据库—中华古籍） 书首有张士谔《三事忠告序》，云"广右宪金黄公士弘……遂命工锓梓，以永其传"，末题时间为"洪武二十又七年春二月望日"。 此本版式、行款为半叶10行行20字、四周双边、黑口、对黑鱼尾，版心中部题有卷次	《书目（史部）》仅著录四卷本，未著录三卷本（第1099页）

书籍信息	出版信息	出版信息来源	备注
（明）《醒贪简要录》（《醒贪录》）二卷	洪武二十五年（刊刻时间）刻本	已佚 《明太祖实录》卷二二〇："（洪武二十五年八月）颁《醒贪简要录》于内外诸司……颁布中外，俾食禄者知所以恤民"（第 3228—3229 页）。《内阁藏书目录》卷一《醒贪录》提要："洪武间命户曹将官员月俸条刻成书，颁布中外"（第 471 页）	
（明）太祖朱元璋《诸司职掌》十卷	洪武二十六年（刊刻时间）中央刻本	现存（影印—甲库—第 411 册） 《明太祖实录》卷二二六："（洪武二十六年三月）《诸司职掌》成……诏刊行，颁布中外"（第 3308 页）。 此本版式、行款为半叶 10 行行 22 字、四周双边、阔黑口、对黑鱼尾，版心中部上题卷次、下题页码。 此本各叶版式一致，书口粗细均匀，鱼尾末端有纹样。版心中部所题卷次，为"诸司职掌卷二 礼四十九"，文字完整。因此笔者认为，此本当为中央刻本	存一卷。《甲库》著录此本为"明刻本"
（明）太祖朱元璋《诸司职掌》十卷	洪武二十六年（成书时间）刻本	现存（影印—甲库—第 411 册） 《明太祖实录》卷二二六："（洪武二十六年三月）《诸司职掌》成……诏刊行，颁布中外"（第 3308 页）。 此本版式、行款为半叶 10 行行 22 字、四周双边、阔黑口、对黑鱼尾，版心中部上题卷次、下题页码。字体风格与现存一卷本一致。 此本各叶版式一致，书口比较整齐，鱼尾末端有纹样。版心中部所题卷次，为"吏 选部"、"吏 考功部"等，比较简略。 此本刊刻的精美程度、书口整齐程度俱不如现存一卷本，因此笔者认为，此本当为地方翻刻本，出版时间在洪武二十六年以后不久	存三卷。《甲库》著录此本为"明洪武二十六年内府刻本"
（明）太祖朱元璋《诸司职掌》十卷	洪武二十六年（成书时间）刻本	现存（影印—甲库—第 411 册） 《明太祖实录》卷二二六："（洪武二十六年三月）《诸司职掌》成……诏刊行，颁布中外"（第 3308 页）。 此本版式、行款为半叶 10 行行 22 字、四周双边、黑口、无鱼尾，版心中部上题卷次、下题页码。字体风格与现存一卷本、现存三卷本一致。 此本各叶书口粗细不一，亦无鱼尾，版心中部所题卷次，为一"吏"字或一"民"字，最为简略。因此笔者认为，此本当为地方翻刻本，出版时间在洪武二十六年以后不久	存二卷。《甲库》著录此本为"明初刻本"

续表

书籍信息	出版信息	出版信息来源	备注
政书类：			
*（明）刘三吾等《存心录》十余卷	洪武四年（成书时间）可能刊刻	已佚【内容存】（明刻本） 《明太祖实录》卷六七："（洪武四年七月）《存心录》成……（上览之谓）今将俾子孙永为法守"（第1253页）。 按，仅云"俾子孙永为法守"，似不足以说明其曾于洪武年间刊刻	《甲库》第424册影印有《存心录》，存二卷（卷一〇、卷一一），著录为"明洪武刻本"。其版式、行款为半叶10行行20字、四周双边、黑口、对黑鱼尾，版心中部上题卷次、下题页码。据笔者查考，该本的刊刻字体风格，与《大诰》等中央出版的明太祖御制、敕撰书籍有所不同。笔者倾向于认为，该本为明中后期刻本
子部			
法家类：			
（明）何广《律解辩疑》三十卷	洪武十九年（作序时间）刻本	现存（影印—甲库—第450册） 书首有何广序，云"编成别集，名之曰《律解辩疑》，其待识见高明之士观之者，尚冀校正无谬，以使迷惑涣然冰解"，末题时间为"洪武丙寅春正月望日"（第1页）。末有《律解辩疑后序》，末题"洪武丙寅春二月上澣四明却敬书"（第84页），二序俱未言及刊刻。 此本版式、行款为半叶14行行30字、四周双边、阔黑口、对黑鱼尾，版心中部题有页码。版式、字体风格与中央出版的明太祖御制、敕撰书籍相近，由此推测此本当出版于洪武年间。此本排版紧密，由此推想，可能为书坊刻本	

续表

书籍信息	出版信息	出版信息来源	备注
医家类：			
＊（金）刘完素《新刊刘河间伤寒直格》三卷、（元）镏洪《后集》（《伤寒心要论》）一卷、（元）马宗素《续集》（《伤寒医鉴》）一卷、（金）张从正《别集》（《张子和心镜》）一卷	元皇庆二年或明洪武六年（刊刻时间）陈氏书堂刻本	现存（数据库—中华古籍）书首目录叶有"岁次癸丑仲冬妃仙陈氏书堂刊"牌记。叶德辉《书林清话》认为，此为元皇庆二年（1313）刻本（第95页）。瞿冕良《辞典》则谓陈氏书堂为洪武年间刊刻者，显然是以此为明洪武六年（1373）刻本（第472页）。笔者目前尚难确考其刊刻时间。此本版式、行款为半叶13行行24字、四周单边、黑口、顺黑鱼尾	国家图书馆联机目录著录此本为明洪武六年刻本
（明）赵宜真《仙传外科集验方》一卷、《秘传外科方》一卷、《仙授理伤续断方》一卷	洪武二十八年（刊刻时间）渊然道者刻本	现存（数据库—中华古籍）《秘传外科方》末有渊然道者跋，云"既得是本，焉敢缄藏，复以济急仙方并用锓刻，与有缘者共"，末题时间为"洪武二十八年乙亥岁孟冬"。此本版式、行款为半叶12行行20字、四周双边、黑口、对黑鱼尾，版心中部下题页码	
（明）李恒《袖珍方大全》四卷	洪武二十四年（刊刻时间）周藩刻本	已佚【内容存】（明弘治刻本）弘治十八年集贤书堂刻本《魁本袖珍方大全》现存，今藏国家图书馆等单位。该本首有周王朱橚序，云"……名之曰'袖珍'，命工刊梓，以广其传"，末题时间为"洪武二十四年八月望日"	

续表

书籍信息	出版信息	出版信息来源	备注
天文算法类：			
（宋）杨辉《杨辉算法》七卷	洪武十一年（刊刻时间）古杭勤德书堂刻本	已佚【内容存】（朝鲜翻刻本） 今台北"故宫"藏有"宣德癸丑朝鲜庆州府翻刊洪武戊午古杭勤德书堂本"《杨辉算法》，数位典藏数据库收录了全文书影。此翻刻本书名叶题有"古杭勤德书堂"，目录叶亦有"洪武戊午冬至勤德书堂新刊""古杭余氏勤德书堂刊行"牌记。由此可知，洪武十一年古杭勤德书堂刊刻了此书。 翻刻本版式、行款为半叶 16 行行 25 字、四周双边、黑口、对黑鱼尾	
（元）安正斋《新刊详明算法》二卷	洪武六年（刊刻时间）庐陵李氏明经堂刻本	现存（拍品—嘉德 2004 年秋） 《述评》云，"此书国内外公私藏均不见著录"，然未记牌记、序跋等信息。此本笔者尚未得见，然《续修四库全书》第 1042 册影印了清抄本《新刊详明算法》，该本卷下末，有"洪武癸丑春庐陵李氏明经堂刊"字样（第 225 页）。 此本版式、行款亦待考	据《述评》，此本以 3.5 万元成交（第 52 页）
（明）海达儿等口授，（明）李翀、（明）吴伯宗译《天文书》四卷	洪武十六年（刊刻时间）刻本	现存（影印—续修—第 1063 册） 书首有吴伯宗《译天文书序》，云"刻而列之，与中国圣贤之书并传并用，岂惟有补于当今，抑亦有功于万世云"，末题时间为"洪武十六年五月辛亥"（第 518 页）。 此本版式、行款为半叶 8 行行 18 字、四周双边、细黑口、对黑鱼尾，版心中部上题卷次、下题页码。版式、字体风格与中央出版的明太祖御制、敕撰书籍一致	
（明）佚名《回回历法》一卷	洪武年间（刊刻时间）刻本	现存（影印—续修—第 1036 册） 此本书首有吴伯宗序，然字体刊刻风格与正文明显有别。阅读可知，此序实为吴伯宗《译天文书序》，末题时间亦同。可见此本书首序文为后人补刻，然张冠李戴。 此本版式、行款为半叶 11 行行 22 字、左右双边、阔黑口、对黑鱼尾，版心中部上题"回回历法"、下题页码。版式、字体风格与中央出版的明太祖御制、敕撰书籍一致。因此笔者认为，此本当出版于洪武年间。 吴伯宗《译天文书序》既云，十五年秋九月癸亥明太祖谕，"西域阴阳家，推测天象，至为精密……宜译其书，以时披阅"（第 517 页），则《回回历法》出版，亦当在洪武十五年之后不久	

续表

书籍信息	出版信息	出版信息来源	备注
术数类：			
（晋）郭璞著，（元）吴澄删，（元）郑谧注《刘江东家藏善本葬书》一卷	洪武年间（刊刻时间）刻本	已佚【内容存】（覆刻洪武本） 今台湾"国家图书馆"著录有"覆明洪武刊本"，据此，则此书曾于洪武年间出版	
（明）朱隐老《皇极经世书说》十八卷	洪武年间（刊刻时间）刻本	现存（馆藏—台湾） 此本笔者尚未得见，有待进一步查考。据台湾"国家图书馆"著录，此本有"后学朱隐老序"。此本版式、行款为半叶 10 行行 18 字、阔黑口、双鱼尾	据台湾"国家图书馆"著录，此本为洪武年间刻后代修补本。 按，笔者检索台图数据库，未见此本书影，然据其提供的版式、行款等信息推测，台图藏本与《存目》子部第 56—57 册影印南京图书馆藏本当为同一版。《存目》著录版本为明刻递修本
艺术类：			
（金）张天锡《草书韵会》五卷	洪武二十九年（刊刻时间）刻本	现存（馆藏—国图） 书首序后有"洪武二十九年丙子新刊"牌记。 此本版式、行款为半叶 7 行行字数不等、四周单边、白口	按，路矼主编《简明书法辞典》"草书韵会"条云"今则原本及翻刻本皆未见"（上海书画出版社 2004 年版，第 285 页），此误

书籍信息	出版信息	出版信息来源	备注
（明）陶宗仪《书史会要》九卷、《补遗》一卷	洪武九年（刊刻时间）张珵等刻本	现存（数据库—中华古籍） 书首有宋濂序，云"……以誊钞之不易也，共锲诸梓，而以首简授予序"，末题时间为洪武九年。除第八卷外，每卷末皆有资助刊刻者姓名，凡三十八人。首卷末为"后山居士张氏端卿珵命工锓梓"。 此本版式、行款为半叶 11 行行 20 字、左右双边、黑口、顺黑鱼尾，版心中部上题卷数、下题页码	国家图书馆联机目录著录此本为"卢祥、林应麟等刻本"。按，考之此书，卢祥、林应麟之名见于卷三末。目前尚未见到有关资助比例的材料。在此情况下，以首先出现的资助者姓名，亦即卷一末之"张珵"统领，著录于版本项，似更为妥当
杂家类：			
（宋）张镃《皇朝仕学规范》四十卷	洪武年间（刊刻时间）蜀藩刻本	现存（馆藏—上海） 方孝孺《逊志斋集》卷一二有《仕学规范序》，云："贤王殿下……既重刻《自警编》以训国人，复取《仕学规范》将刻以传示好学者，有教命臣为序"（第 390 页）。 据郭立暄《明洪武蜀藩刻书三种》考证，上图著录为"宋刻本"的《仕学规范》，当即洪武蜀藩刻本（《版本目录学研究》第 4 辑，北京大学出版社 2013 年版，第 261—269 页）。 此本版式、行款为半叶 12 行行 25 字、左右双边、白口、单鱼尾	
（宋）赵善璙《自警编》五卷	洪武年间（刊刻时间）蜀藩刻本	现存（馆藏—辽宁） 方孝孺《逊志斋集》卷一二《自警编序》："宋季之士尝辑为《自警编》，贤王治蜀，于经艺之余，览而甚嘉之……于是遍布是书于天下，将与人人共之"（第 389 页）。 据郭立暄《明洪武蜀藩刻书三种》考证，辽图著录为"宋刻本"的《自警编》，当即洪武蜀藩刻本。 此本版式、行款为半叶 10 行行 20 字、左右双边、白口、双鱼尾	

续表

书籍信息	出版信息	出版信息来源	备注
*（明）刘基《郁离子》十卷	元末或洪武元年或洪武二年（刊刻时间）章溢刻本	已佚【内容存】（明洪武十九年序刻本） 今存洪武十九年序刻本《郁离子》书首有吴从善序，云"故御史中丞龙泉章公虽已刊置乡塾，然未盛行于世，先生之子仲璟与其兄之子廌谋重刻以传"。"龙泉章公"即章溢，其于洪武二年去世，则《郁离子》或刊于元末，或刊于洪武之初	
（明）刘基《郁离子》十卷	洪武十九年（作序时间）刘氏家刻本	现存（馆藏—台湾） 书首有徐一夔序，末题时间为"洪武十九年冬十有一月"，然仅云"今公已薨，其子仲璟惧其散轶"，未言及刊刻。亦有吴从善序，云"先生之子仲璟与其兄之子廌谋重刻以传"，然末题无明确时间。综上，笔者以洪武十九年为作序时间而非刊刻时间。 此本版式、行款为半叶 11 行行 21 字、四周双边、黑口、双黑鱼尾	此本为铁琴铜剑楼旧藏本
类书类：			
（宋）胡继宗编，（宋）胡古林校《增广事吟料诗韵集大成》二卷	洪武七年（刊刻时间）崇文堂刻本	现存（馆藏—山口大） 此本笔者尚未得见，然著录既云"崇文堂"，则此本当有牌记，故洪武七年当为刊刻时间。有待进一步查考。 此本版式、行款亦待考	
（元）阴时夫编，（明）新定《韵府群玉》	洪武八年（刊刻时间）刻本	已佚 宋濂《翰苑别集》卷八《韵府群玉后题》："入我圣朝，近臣奉敕编《洪武正韵》……定为七十六韵。今重刻是书，一依新定次序，而字下所系诸事，并从阴氏之旧"，末题时间为"洪武八年夏五月既望"（第845页）	
（元）吴黼《丹墀独对》二十卷	洪武十九年（刊刻时间）广勤书堂刻本	现存（馆藏—北大） 书首《丹墀独对策料大成总目》末，有"洪武丙寅良月广勤书堂刊行"牌记。 此本版式、行款为半叶 14 行行 24 字、左右双边、黑口、顺黑鱼尾，版心中部题有页码	存十卷

续表

书籍信息	出版信息	出版信息来源	备注
（明）《魁本对相四言杂字》一卷	洪武四年（刊刻时间）金陵王氏勤有书堂刻本	现存（馆藏—京大建） 《和刻本中国古逸书丛刊》第十五册（凤凰出版社 2012 年版）影印了此本覆刻本。据影印覆刻本可知，此本书首有"洪武辛亥孟秋吉日金陵王氏勤有书堂新刊"牌记。 此本版式、行款为半叶 4 行行 8 字、上下二栏、左图右字。 本书第五章第一节有覆刻本书影	
释家类：			
《洪武南藏》七千一百余卷	洪武五年至永乐十二年（刊刻时间）南京蒋山寺刻本	现存（影印—四川省佛教协会 1999 年版） 按，学界大多认为《洪武南藏》于洪武三十一年刊刻完毕。日本学者柳田圣山《古尊宿语录考》指出，玄极居顶《续传灯录序》云"洪武辛巳冬，朝廷刊大藏经律论将毕"，此为建文三年（《花园大学研究纪要》，1971 年，第 8—9 页）；野泽佳美《明初的两部南藏——再论从〈洪武南藏〉到〈永乐南藏〉》复据《永乐南藏》本《古尊宿语录》附题记等材料提出，《洪武南藏》正藏于建文三年冬完成刊刻，续藏于永乐十二年冬完成刊刻（《藏外佛教文献》2008 年第 1 期，第 443—459 页，译者绥远）。笔者从此说。 此本为经折装，行款为每版 30 行、每面 6 行，行 17 字	据姜寻《目录》，嘉德 1996 年秋拍，《洪武南藏》零本《大方广佛华严经》四卷以 35200 元成交（第 269 页）
（后秦）释鸠摩罗什译《妙法莲华经观世音菩萨普门品经》一卷	洪武二十八年（刊刻时间）应天府沙福智刻本	现存（数据库—中华古籍） 书末有牌记，云"京都应天府，弟子沙福智，志慕大乘法，舍所有净资，刊造大乘经，印施广流布……洪武乙亥岁，夏五月既望，弟子沙福智，焚香陈所愿"。 此本为经折装，版式、行款为每面 4 行行 11 字、上下单边	

续表

书籍信息	出版信息	出版信息来源	备注
（唐）释般刺蜜帝译，（元）释惟则会解《大佛顶首楞严经会解》十卷	洪武年间（刊刻时间）重刻本	现存（馆藏—傅斯年） 据傅斯年图书馆著录，此本有释弘道后序。 此本笔者尚未得见，有待进一步查考。 此本版式、行款亦待考	傅斯年图书馆著录此本为"明洪武间（1368—1398）重刊本"
（明）释宗泐等注《金刚经》一卷	洪武十一年（成书时间）刻本	已佚【内容存】（金陵刻经处本） 宋濂《芝园前集》卷七《金刚般若经新解序》："《金刚经》专言住修降伏，而与《心经》《楞伽》二经大旨略同……乃诏天界禅师季潭泐公会江南禅教有学诸师，参用古注而定其说。于是季潭与演福法师大璞玘公同加笺释"，"皇上览而可之，敕同新笺二经，锼梓流通。季潭贻书，俾濂序其事"（第629—630页）；宋濂《芝园续集》卷二《新注楞伽经后序》："（洪武十一年）春三月，《心经》《金刚经》新注成"（第643页）	
（明）释宗泐等注《心经》一卷	洪武十一年（成书时间）刻本	已佚【内容存】（《大正藏》本） 宋濂《芝园续集》卷二《新注楞伽经后序》："（洪武十一年）春三月，《心经》《金刚经》新注成……上览已，悦曰：此经之注，诚为精确。可流布海内，使学者讲习焉。宗泐即奉诏锼梓于京师天界禅林"（第643页）	
（明）释宗泐等注《楞伽经》一卷	洪武十一年（成书时间）刻本	已佚【内容存】（《大正藏》本） 宋濂《芝园续集》卷二《新注楞伽经后序》："（洪武十一年）秋七月，《楞伽注》又成"（第643页）	
（宋）张商英《护法论》一卷	洪武九年（作序时间）刻本	现存（数据库—中华古籍） 书首有叙，书叶残缺，然可辨认出末题时间为洪武丙辰，作者为"月印居士贾士能"。就笔者辨识的叙文部分而言，并未言及刊刻事宜。 此本版式、行款为半叶10行行20字、左右双边、黑口、对黑鱼尾，鱼尾处有花纹。版式、字体风格与中央出版的明太祖御制、敕撰书籍相近	国家图书馆联机目录著录此本为"明洪武（1368—1398）刻本"。按，或可著录此本为洪武九年序刻本，使版本信息更为明确

续表

书籍信息	出版信息	出版信息来源	备注
（明）沈士荣《原教论》一卷	洪武十九年（刊刻时间）刻本	现存（数据库—中华古籍） 书末有跋，书叶残缺，然可辨认出"遂锓刻以传"之语，末题时间为"洪武十九年冬日"。此本版式、行款为半叶 11 行行 20 字、左右双边、黑口、对黑鱼尾	国家图书馆联机目录著录此本为"明洪武（1368—1398）刻本"。按，或可著录此本为洪武十九年刻本，使版本信息更为明确
（宋）释祖心《冥枢会要》三卷	洪武十三年（刊刻时间）刻本	现存（馆藏—傅斯年） 据"中研院"史语所"善本古籍"数据库提供的序文书影可知，此本有释来复序，云"然则本空刊是集，以酬恩者，惠利其可思议哉"，末题时间为"洪武十三年岁次庚申六月辛卯朔"。此本序文部分的版式、行款为半叶 10 行行 18 字、左右双边、黑口、单黑鱼尾	中文古籍联合目录、"中研院"史语所"善本古籍"数据库，俱云此本有洪武十三年释豫章序。按，此误。序文末题为"释豫章来复序"，豫章为地名，其作者为释来复
（宋）释延一《广清凉传》三卷	洪武二十九年（刊刻时间）山西崇善寺释性彻刻本	现存（数据库—中华古籍） 国图现有藏本不全（无下卷），据傅增湘《藏园群书经眼录》著录，书后有"大明洪武岁次丙子正月十有五日，山西崇善禅寺住山雁门野衲了庵性彻洞然劝缘率众重刊"牌记（第 875 页）。此本版式、行款为半叶 11 行行 20 字、四周双边、黑口、对黑鱼尾，版心中部上题卷次、下题页码	存上、中二卷
（宋）陈实《大藏一览集》十卷	洪武二十二年（刊刻时间）陈道坚等刻本	现存（影印—存目—子部第 254 册） 卷六末，有"陈道坚同妻沈妙果、男陈昌、陈盛等舍财刊《大藏一览》第六卷"字样，末题"洪武二十二年中夏一日宗樊书"（第 598 页）。此本版式、行款为半叶 11 行行 21 字、左右双边、黑口、对黑鱼尾，版心中部上题卷次、下题页码	现存本为永乐、正统间递修本。《存目》著录此本作者为"（明）陈实"。按，陈实当为宋人

书籍信息	出版信息	出版信息来源	备注
（元）释明本《净土诗》一卷	洪武二十四年（刊刻时间）重刻本	现存（数据库—中华古籍） 书末有"岁次洪武辛未仲春吉日重刊"字样。 此本版式、行款为半叶10行行17字、四周单边、白口、单黑鱼尾，版心上方题"净土诗"、下方题页码	
题（晋）僧肇《晋僧肇法师宝藏记》一卷	洪武二十五年（刊刻时间）刻本	已佚【内容存】（明刻本） 北大图书馆著录"明永乐四年刻本、正统弘治间（1436—1505）续刻本《佛说四十二章经》"。是书凡三册，其中《晋僧肇法师宝藏记》册，其首有怀晖《宝藏论序》，无末题时间，后为允中《重刊宝藏论序》，云"兹有四明甬东月峰张居士……幸遇道左钱伯如同究妙义，发殊胜志，叶谋慕于众檀，重行镂板，用于流通"，末题时间为"洪武二十五年龙集壬申闰腊月初吉"。书末有弘治甲子春识语、正统十二年序	考北大图书馆此则著录，其于正题名项书《佛说四十二章经》，复于"合刻书名"项书"宝藏论；唯心论；宗镜录序；定慧相资歌"，著录版本信息相同。笔者以为，是书包含的《宝藏记》《唯心诀》等各部分内容，其牌记、序跋提示的刊刻时间有所不同，似应将其分为不同条目著录。后文《永明智觉禅师唯心诀》一则对此亦有说明，读者可参
（宋）颜丙《如如居士三教大全语录》二卷	洪武十九年（刊刻时间）翠岩精舍刻本	现存（馆藏—两足院） 此本笔者尚未得见，然著录既云"翠岩精舍"，则此本当有牌记，故洪武十九年当为刊刻时间。有待进一步查考。 此本版式、行款亦待考	按，《辞典》"翠岩精舍"条（第927—928页）、方彦寿《建阳刻书史》"刘文寿翠岩精舍及其刻本"节（第249页）俱未载《如如居士三教大全语录》，或可补入

续表

书籍信息	出版信息	出版信息来源	备注
（宋）释道谦《大慧普觉禅师宗门武库》一卷、《雪堂行和尚拾遗录》一卷	洪武十二年（刊刻时间）释慧钦刻本	现存（数据库—中华古籍） 《大慧普觉禅师宗门武库》末有牌记，云"昭武西山白云禅庵比丘慧钦，谨抽己资兼募众缘，雕刊斯本，用广流通，普愿见闻，洞明祖意者，洪武己未孟春圆日比丘宗延谨识"。 此本版式、行款为半叶 10 行 18 字、左右双边、黑口、顺黑鱼尾，版心中部上题卷次、下题页码	
（元）释至柔《石屋和尚住嘉兴当湖福源禅寺语录》一卷、《山居颂》一卷	洪武十五年（作序时间）刻本	现存（数据库—中华古籍） 书首有释来复序，末题时间为"洪武十五年岁在壬戌春三月"，未言及刊刻。 此本版式、行款为半叶 10 行 20 字、左右双边、黑口、顺黑鱼尾，鱼尾处有花纹，版心中部上题"石屋语录"或"山居颂"、下题页码。 版式、字体风格与中央出版的明太祖御制、敕撰书籍相近	国家图书馆联机目录著录此本为"明洪武（1368—1398）刻本"。按，或可著录此本为明洪武十五年序刻本，使版本信息更为明确
（元）释慈寂《天目中峰和尚广录》三十卷	洪武二十年（刊刻时间）刻本	已佚【内容存】（《永乐南藏》本） 徐一夔《始丰稿》卷一二《重刊中峰和尚广录序》："时和尚之慈风被于人者未泯，乐助者众。版材既具，择日命工以镂刻焉。逾年而功完，请余为序"，末题时间为洪武二十年（第 320 页）	
（元）千岩元长《千岩禅师语录》	洪武初年（作序时间）重刻本	已佚【内容存】（明万历刻本） 宋濂《銮坡集》卷七《千岩禅师语录序》："且禅师在时，其弟子嗣诏尝录其语，锲梓以传，予尝获观之……禅师既入寂，兵燹方张。所谓语录者，皆为煨烬，经今十有余年矣。一庵邻上人自幼侍禅师，与闻其道，乃以旧本重刻，不远一千余里，来征予序"（第 515 页）。按，千岩元长于元顺帝至正十七年（1357）去世	

续表

书籍信息	出版信息	出版信息来源	备注
（宋）《天竺灵签》一卷	洪武年间（刊刻时间）杭州杨家经坊刻本	现存（馆藏—国图） 卷末有"洪武乙□岁在仲冬吉日刊杭州众安桥北杨家经坊印行"牌记。 此本为经折装，上图下文	国家图书馆联机目录著录此本为"明洪武（1368—1398）刻本"。张秀民提出"乙□"是洪武十八年（乙丑）。笔者认为，洪武二十八年（乙亥）、洪武八年（乙卯）亦有可能，此本刊刻时间尚难确定
（元）释西庵《藏乘法数》一卷	洪武十三年（刊刻时间）释妙贤刻本	现存（数据库—中华古籍） 书后有"洪武庚申孟冬朔日妙贤谨发命工刊板印行"字样。 此本正文无界行，每行字数不等。板框为左右双边，黑口，顺黑鱼尾。版心中部上题"法数"、下题页码	
《十斋素念佛式》一卷	洪武二十九年（刊刻时间或作序时间）建阳县刻本	现存（馆藏—上海） 此本笔者尚未得见，因此还不能确定已有著录中的"洪武二十九年"是作序时间还是刊刻时间。有待进一步查考。 此本版式、行款亦待考	
《冥司语录》一卷	洪武三十一年（刊刻时间）顿克贞刻本	现存（数据库—中华古籍） 书末有释宗郁识语，云"特命友人顿克贞校讹锓梓"，末题时间为洪武三十一年。 此本版式、行款为半叶11行行22字、四周单边、黑口、对黑鱼尾	

续表

书籍信息	出版信息	出版信息来源	备注
道家类：			
（宋）俞琰《周易参同契发挥》三卷、《释疑》一卷	洪武十三年（刊刻时间或作序时间）张本真刻本	现存（数据库—中华古籍）国家图书馆联机目录、《辞典》等皆谓此为洪武十三年张本真刻本。今笔者所见国图藏本，仅有《释疑》卷上，翻检该卷，未见与张本真、洪武十三年有关的序跋或牌记。笔者推测，此类序跋、牌记或位于其他卷，然笔者尚未得见。是以未知洪武十三年为刊刻时间还是作序时间。此本版式、行款为半叶12行行22字、左右双边、黑口、单黑鱼尾	存《释疑》卷上。按，晚出的中华古籍资源库著录此本为"明初刻本"，盖因著录者亦未见到相关序跋、牌记
集部			
别集类：			
＊（唐）杜甫著，（宋）黄鹤补注，（宋）刘辰翁评点《集千家注批点杜工部诗集》二十卷、《文集》二卷、《年谱》一卷、《附录》一卷	元至大元年或明洪武元年（刊刻时间）会文堂刻本	现存（馆藏—国图）此本有"云衢会文堂戊申孟冬刊"牌记。叶德辉《书林清话》卷四认为"戊申当是至大元年"（第94页）。按，会文堂于元元统三年（1335）刻印《文场备用排字礼部韵注》。笔者认为，牌记中的"戊申"既可能是元至大元年（1308），亦有可能是明洪武元年（1368）。有待进一步查考。此本版式、行款为半叶14行行25字、左右双边、黑口	
（唐）韩愈著，（宋）朱熹考异，（宋）王伯大音释《朱文公校昌黎先生文集》四十卷、《外集》十卷、《遗文》一卷	洪武十五年（刊刻时间）庐陵勤有堂刻本	现存（馆藏—国图）书首序后有"洪武壬戌春庐陵勤有堂刊"牌记。此本版式、行款为半叶13行行23字、双行小字字数同、四周双边、黑口	

续表

书籍信息	出版信息	出版信息来源	备注
（宋）欧阳修著，（明）曾鲁考异《居士集》五十卷	洪武六年（刊刻时间）永丰县学刻本	现存（数据库—中华古籍） 卷二一第六叶，有"洪武六年癸丑九月永丰县学新刊"牌记。各卷端题名，为"临川后学曾鲁得之考异、古舒后学蔡玘行素订定、番阳后学李均度校理、古溧后学俞允中校正"。黄佐《南雍志·经籍考》著录"《欧阳居士文集》五十卷，存者四百四十七面，今补八十六面乃完"，注云"洪武辛亥，永丰尹蔡玘参互考订，重锓梓以广其传，至洪武六年癸丑乃成"（第457页）。据此可知，此本开始刊刻的时间为洪武四年。 此本版式、行款为半叶 11 行行 23 字、四周单边、细黑口、对黑鱼尾，版心中部上题卷次、下题页码	存二十卷
（宋）欧阳修著，（明）曾鲁考异《居士集》五十卷	洪武十九年（刊刻时间）陈斐刻本	现存（馆藏—国图） 书首有危素《欧阳氏文集目录后记》，其后另页有"时柔兆摄提格县人陈斐允章校勘刊谬"字样。柔兆摄提格为丙寅。岛田翰、张元济等学者根据刻工姓名，定此本为洪武十九年刻本（1386）。 此本版式、行款为半叶 12 行行 21 字、左右双边、黑口、单黑鱼尾	中国国家图书馆著录此本为明正统间刻本，原因当是以丙寅为正统十一年（1446）。 王岚《宋人文集编刻流传丛考》指出，台湾"国家图书馆"著录的"明洪武初年永丰知县蔡玘刊本"、日本宫内厅书陵部藏"明洪武年间蔡玘刊本"，以及中国国家图书馆藏"明初刻本《欧阳文忠公集》五十卷"，实皆属此本（第102页）

书籍信息	出版信息	出版信息来源	备注
（宋）欧阳修著，（明）曾鲁考异《居士集》五十卷	洪武六年后、建文四年前（刊刻时间）建宁书坊刻本	已佚【内容存】（明洪武刻本） （明）邹缉《书居士外集后》："惟（曾鲁）所校《居士集》五十卷，洪武初，永丰县令蔡玘已为之镂板，而建宁书坊又为之传刻……其后，予官大学，居京师"［（明）程敏政《明文衡》卷四八］。复据《明太宗实录》卷一○上记载，建文四年七月"升国子助教邹缉为侍讲"（第158页），由此可知建宁书坊刻本《居士集》出版于建文四年之前。李盛铎认为今北京大学图书馆藏明刻本《居士集》即为此本，王岚《宋人文集编刻流传丛考》则认为北大藏本与明正德元年日新书堂刻本《新刊欧阳文忠公集》系同版，而刷印时间更早，邹缉所言建宁坊刻本已佚（第103页）。笔者从王说	
（宋）邵雍《伊川击壤集》二十卷、《集外诗》一卷	洪武年间（刊刻时间）蜀藩刻本	现存（数据库—中华古籍） 国家图书馆联机目录著录此本为"明初（1368—1424）刻本"。郭立暄《明洪武蜀藩刻书三种》通过查考刻工姓名，考证此本亦为洪武蜀藩刻本。 此本版式、行款为半叶10行行21字、左右双边、黑口、顺黑鱼尾，版心中部上题卷次，下题页码	
（宋）罗愿《罗鄂州小集》五卷、（宋）罗颂《罗郢州遗文》一卷、《附录》一卷	洪武二年（作序时间）罗宣明刻本	现存（影印—北图—第88册） 书首有乙巳夏六月赵壎序，云"鄂州七世诸孙传道来为丞于江右之靖安……（传道）惟先世遗书泯坠是惧，求访抄写……厘为五卷"，"且俾予为之校雠，将再刻于梓"（第538页）。传道为罗宣明字。乙巳为元至正二十五年。此本首末还有宋濂、李宗颐、苏伯衡、林公庆等所作序多篇，末题时间最晚为洪武二年。 此本版式、行款为半叶11行行21字、四周双边、阔黑口、顺黑鱼尾，版心中部上题卷次、下题页码	

续表

书籍信息	出版信息	出版信息来源	备注
（元）戴表元《剡源集》二十八卷	洪武四年（作序时间）夏阅刻本	已佚【内容存】（明刻本） 宋濂《銮坡集》卷六《剡源集序》："曾未几何，有司果以《剡源集》二十八卷来上，濂始获而尽览焉……濂在史局，既命汇入《儒学传》中，及司业、成均复将录其《剡源集》者归，以示诸人。而先生之乡有夏君阅来为国子正，方与先生之孙资先谋刻于梓，夏君遂以题辞为请"，末题"洪武四年秋八月望日，金华后学宋濂谨序"（第447—448页）	
（元）程钜夫《楚国文宪公雪楼程先生文集》三十卷、《年谱》一卷、（元）程世京《附录》一卷	洪武二十八年（刊刻时间）与畊书堂刻本	现存（数据库—中华古籍） 书首诸序之后，《元史·程钜夫传》前有"洪武乙亥孟春与畊书堂刊行"牌记。 此本版式、行款为半叶13行行23字、左右双边或四周双边、黑口、顺黑鱼尾	缺《文集》第三卷。按，书首有熊钊序，云"今其全集行于世者……凡三十卷，公之曾孙潪重刻梓成。清朝适征其集，欲备乙览，亦既送官矣。潪复属钊序之"，末题时间为洪武二十九年春三月甲子。由此可知，程钜夫集主体部分于洪武二十八年刊刻完成，熊钊序则为洪武二十九年前后补刻
（元）柳贯《上京纪行诗》不分卷	洪武十年（作序时间）刻本	现存（数据库—数位典藏） 书末有宋濂记，云"先生之孙叔雍以濂尝受业先生之门，请题识其末"，未言及刊刻，末题时间为"洪武丁巳夏五月五日"。 此本版式、行款为半叶10行行16字、四周单边、白口、无鱼尾，版心中部上题"纪行诗"、下题页码	

续表

书籍信息	出版信息	出版信息来源	备注
（元）虞集《新编翰林珠玉》六卷	洪武年间（刊刻时间）勤德书堂刻本	现存（馆藏—尊经阁） 日本所藏中文古籍数据库、《日藏》俱著录此本为洪武刻本，然未记版式、行款等信息。 此本笔者尚未得见，有待进一步查考	台湾"国家图书馆"现存抄本《新编翰林珠玉》六卷，著录为"明初传钞洪武间古杭余氏勤德书堂刊本"。笔者通过数据库查考了此抄本书影，书首目录叶末有余氏勤德书堂牌记
（元）黄镇成《秋声集》九卷	洪武十一年（刊刻时间）黄钧刻本	现存（影印—续修—第1323册） 书首有黄钧《秋声集后叙》，云"钧汲汲于刊行，则力有所不逮。今年秋，始克命匠肇工，而卷帙浩伙，未获全刊，姑称力为之。继此又当续刊也。洪武十有一年冬十月甲子男钧稽拜恭题"（第547页）。 此本版式、行款为半叶12行行22字、四周双边、阔黑口、顺黑鱼尾，版心中部上题卷次、下题页码	
（明）谢应芳《龟巢摘稿》三卷	洪武十二年（刊刻时间）王著刻本	已佚【内容存】（影钞本） 余诠《龟巢摘稿序》："先生之门人王著，集先生之诗锓诸梓。先生摘其诗之什一与之，凡若干卷，名《龟巢摘稿》，复征予叙卷端"，末题时间为"洪武十二年岁己未七月既望"。[（明）谢应芳《龟巢摘稿》书首，下同]卢熊《龟巢摘稿序》亦云："先生以书谂熊曰：某有旧作，学子王著欲板刻之，乃为摘数十篇，以从其请"	台湾"国家图书馆"藏有钞本《龟巢摘稿》，著录为"影钞明洪武十二年王著刊本"，有黄丕烈跋，其版式、行款为半叶10行行20字
（元）吴莱《渊颖吴先生集》十二卷、《附录》一卷	洪武年间（刊刻时间）刻本	现存（馆藏—上海） 上海图书馆联机目录著录此本为"明洪武（1368—1398）刻本"。据《辞典》，此本行款为半叶13行行23字。 此本笔者尚未得见，有待进一步查考	《四部丛刊初编》影印有《渊颖吴先生集》，著录为元刻本。该本书首士谔跋末，有"金华后学宋璲誊写"字样。其行款为半叶13行行23字

续表

书籍信息	出版信息	出版信息来源	备注
（明）张以宁《翠屏诗集》	洪武二十三年（刊刻时间）石光霁刻本	已佚【内容存】（明宣德刻本） 中国国家图书馆藏成化刻本《翠屏集》有陈南宾序，云"今年春，仲濂遣其子诣维扬，购先生遗稿，得诗百余篇"，"仲濂谓予曰……先生之诗文虽未获其全，今姑以其存者锓诸枣"，末题时间为洪武己巳二月望日。复有石光霁跋，云"仅得其杂诗百篇，姑锓诸枣，余俟求之，次第刊行，非止是而已也"，末题时间为"洪武庚午二月初吉"	
（明）张以宁《翠屏文集》	洪武二十三年之后不久（刊刻时间）石光霁刻本	已佚【内容存】（明宣德刻本） 黄佐《国子监博士石光霁传》："光霁遣其子往维扬，购得其诗百余篇，捐俸梓行之。后以宁子炬贡入国学，以其文稿示光霁。光霁一见，悲喜交集，复捐俸梓行焉"［（明）焦竑《国朝献征录》卷七三，第3163页］	
（元）傅若金《傅与砺诗集》八卷	洪武十六年（刊刻时间）傅若川刻本	现存（馆藏—国图） 正文首卷卷端有"任丘宋应祥伯祯点校、弟傅若川次舟编刊"字样，可知出版者为傅若川。末有其跋语，云"遂僭编次，率众力锓梓"，末题"时岁癸亥仲春新喻曹溪傅若川次舟谨志"。 此本版式、行款为半叶10行行21字、左右双边、黑口、顺黑鱼尾，版心中部上题卷次、下题页码	国家图书馆、南京图书馆等皆据此本"洪武壬戌仲冬渝川百丈山前建溪精舍新刊"牌记，将其著录为"洪武十五年刻本"，似未注意到跋语信息
（元）傅若金《傅与砺文集》十一卷、《附录》一卷	洪武十七年（刊刻时间）傅若川刻本	现存（影印—北图—第92册） 书首有梁寅序，云"君之弟次舟以后进愿见之多，而旧刻不存，乃取而重刻之，且续刻其文，属寅为之序"，末题时间为"洪武甲子岁冬十月"。正文首卷卷端亦题"弟傅若川次舟编刊"（第685—686页）。 此本版式、行款为半叶10行行21字、左右双边、阔黑口、顺黑鱼尾，版心中部上题卷次、下题页码	《北图》著录此本为"明洪武十七年刻本"（第40页）。按，或可著录为"明洪武十七年傅若川刻本"，使版本信息更为具体

续表

书籍信息	出版信息	出版信息来源	备注
（明）胡翰《胡仲子集》十卷	洪武十四年（刊刻时间）王懋温刻本	现存（数据库—中华古籍） 王懋温《识记》："吾师特手类先生集，将欲图诸不朽，家君遂与诸仲父谋为之刊梓……起手于洪武庚申夏六月，而毕工于明年冬十一月也。" 此本版式、行款为半叶 10 行行 21 字、四周双边、黑口、单黑鱼尾	存五卷
（明）宋濂《潜溪集》四十卷	洪武年间（刊刻时间）刻本	已佚【内容存】（《宋学士文集》本） 洪武十年郑济作《宋学士文粹后识》云："先生平日著述颇多，其已刻行世者，《潜溪集》四十卷、《萝山集》五卷、《龙门子》三卷。其未刻者，《翰苑集》四十卷。归田以来，所著《芝园集》尚未分卷"（《宋濂全集》，第 2743 页）。刘基《潜溪文粹序》亦云，"海内求文者，项背相望。碑版之镌，照耀乎四方。高丽、日本、安南之使，每朝贡京师，皆问安否，且以重价购其《潜溪集》以归，至有重刻以为楷式者"（《宋濂全集》，第 2742 页）。郑楷《翰林学士承旨宋公行状》亦云，"蛮夷朝贡者，数问先生安否。日本得《潜溪集》，刻板国中。高句丽、安南使者至，购先生文集，不啻拱璧"［（明）程敏政《明文衡》卷六二］。由此可知，《潜溪集》曾于洪武年间重刊	据刘基、郑楷记载，可知其时日本有翻刻本、重刻本《潜溪集》
（明）宋濂《萝山集》五卷	洪武年间（刊刻时间）刻本	已佚【内容存】（抄本） 洪武十年郑济作《宋学士文粹后识》，提及《萝山集》"已刻行世"。据笔者查考，《萝山集》中有诗作于洪武五年、六年前后。由此可知，《萝山集》曾于洪武年间刊刻	
（明）宋濂《宋学士文粹》十卷、《补遗》一卷	洪武十年（刊刻时间）郑济刻本	现存（影印—再造善本） 郑济《宋学士文粹后识》："于是命印工十人镂梓以传。自今年夏五月十七日起手，至七月九日毕工，凡历五十二日云"，末题"洪武丁巳七月"（《宋濂全集》，第 2743 页）。 此本版式、行款为半叶 16 行行 27 字、左右双边、黑口	

书籍信息	出版信息	出版信息来源	备注
（明）宋濂《宋学士文粹》十卷、《补遗》一卷	洪武十年（作序时间）刻本	现存（数据库—中华古籍） 国家图书馆联机目录凡著录二本"明初（1368—1424）刻本"《宋学士文粹》，其一索书号10339，存卷七至十；其二索书号02221，存卷一至六。笔者观此二本版式、行款、字体风格，其当为同一版。存四卷本者，书末亦有洪武十年郑济识语。 此本版式、行款为半叶13行行25字、四周双边、黑口、顺黑鱼尾，版心中部上题卷次、下题页码	按，傅增湘《藏园群书经眼录》将上述16行27字本定为洪武十年郑济刻本，而将此13行25字本著录为明刻本（第1378页）。然以笔者观之，此本行款更为疏朗，刊刻也更精美。据郑济识语，《文粹》为方孝孺等人"相与缮写成书"，则此本似更近乎郑济原刻。有待进一步查考。笔者这里暂且将洪武十年著录为作序时间，以示二本《文粹》区别
*（明）袁凯《海叟集》四卷	洪武年间或建文、永乐年间（刊刻时间）祥泽张氏刻本	已佚【内容存】（何玄之木活字刻本） 嘉靖四十三年董宜阳《海叟集序》，云"国初刻于张氏者久毁"，隆庆庚午五月何玄之序亦云，"今春暇日与紫冈董君论及叟诗，董君出余师西谷张公家藏祥泽旧刻"（《袁凯集编年校注》，第380—381页）。据笔者查考，"祥泽张氏"为张珌或张麒，则《海叟集》出版当在洪武年间，然也可能在建文、永乐年间	
（明）朱善《朱一斋先生文集》前十卷、后五卷、《广游文集》一卷	洪武十八年后不久（刊刻时间）刻本	已佚【内容存】（明成化刻本） 现存成化二十二年朱维鉴刻本《朱一斋先生文集》首有聂铉序，云"……未几而先生卒，悲夫！今先生令子集诗文若干卷，将镂诸梓，而征言于予"。成化刻本最末，复有刊记"成化丙午孟春之月六世孙朱维鉴重刊于家居之退学庭"。 据此，则朱善别集当由其子初刻，复为朱维鉴重刊。聂铉序末题"赐同进士出身、前国子助教清江聂铉叙"，无作序时间。复据《明太祖实录》卷一三一、卷一七五可知，洪武十三年四月"国子助教聂铉以老疾赐归"，洪武十八年朱善去世（第2080、2663页）。则朱善之子出版其集，当在洪武十八年后不久。在成化本各卷中，未见"补遗"之类字样，则该本面貌或即为初刻本之旧	

续表

书籍信息	出版信息	出版信息来源	备注
（明）贝琼《清江贝先生文集》三十卷、《诗集》十卷、《诗余》一卷	洪武年间（刊刻时间）刻本	现存（影印—丛刊初编） 书首有徐一夔洪武年间所作序（徐序无末题时间，然通过文中"及值维新之朝，起自布衣，预修《元史》"等语，可知作于洪武年间），序前复有贝墉识语，云："洪武板清江公全集四十卷，流传甚少……嘉庆戊辰，以白金二十四两向同郡黄荛圃主事易得。" 此本版式、行款为半叶 13 行行 24 字、四周双边、黑口、顺黑鱼尾，版心中部上题卷次、下题页码	
（明）王逢《梧溪集》七卷	洪武年间（刊刻时间）刻本	已佚【内容存】（明景泰重修本） 景泰七年陈敏政《梧溪诗集后序》云："先生未殁而是集已梓行于世……其第七卷，则先生既殁而掇之所刊也。"（《梧溪集》，第 578 页，下同）王逢于洪武二十一年去世，《梧溪集》卷四至卷七皆收录了明确作于洪武年间的诗作。洪武刻本《梧溪集》今已不传，现存者为景泰七年重修本。陈敏政《后序》："岁乙亥，余来守南康，闻之，亟取视焉。幸其家尚有原本，乃命孟逐一酬对缮写，而命工重刻之，以补其缺，是集乃复得其全云。"	据笔者考证，《梧溪集》各卷并非一次性出版完成，而是分批次刊刻，各批次间存在一定时间差（详见本书第三章）
（明）释来复著，（明）释法住编《蒲庵集》十卷	洪武十二年（作序时间）刻本	现存（影印—禅门—第 7 册） 书首有宋濂《蒲庵集叙》，云"皇上诏侍臣取而览之，特褒美弗置……其徒昙锽编类成书，厘为十卷，来征濂为之序"，末题时间为"洪武十二年二月三日"。 此本版式、行款为半叶 13 行行 24 字、四周双边、黑口、三黑鱼尾，版心中部上题"蒲集"、下题页码	存六卷。《禅门逸书》丛书、中文古籍联合目录等皆著录此本为"明洪武间刊本"。按，或可著录此本为明洪武十二年序刻本，使版本信息更为明确
（明）刘秩《听雪篷先生诗集》七卷、《附录》一卷	洪武二十年（作序时间）刻本	现存（馆藏—国图） 书首有胡仲简序，末题时间为洪武二十年。正文卷端题"观海翁丰城刘秩伯序撰 槎溪王氏仲本编次"。 此本版式、行款为半叶 12 行行 21 字、四周单边、黑口	

续表

书籍信息	出版信息	出版信息来源	备注
（明）吴海《闻过斋集》八卷	洪武三十一年（刊刻时间）芮麟刻本	已佚【内容存】（明成化刻本） 笔者查考了国家图书馆藏明抄本《闻过斋集》，该本首有徐宗起序，云"先生没殆今逾十一年，是集藏于门人王偁家，近吾友胡伯宁氏同知盐运于闽，见而喜之，将与其同志建宁郡守芮君志文（按，志文为芮麟字）率好义之士为镂诸梓，以广其传"，末题时间为"洪武戊寅春正月既望"。后为成化三年邵铜序，亦云"洪武间曾镂板，未几皆散失无存"。全书末有王偁《闻过斋集后序》，末题时间为"洪武戊寅仲秋初吉"	笔者亦查考了《嘉业堂丛书》本《闻过斋集》。其首徐宗起序内容与笔者所见明抄本相同，然末题时间为"岁在辛巳春正既望"；王偁后序末题时间，则为"岁次辛巳仲秋初吉"。辛巳当为建文三年。嘉业堂本末有刘承幹跋，刘氏认为辛巳为正。考虑到邵铜序文亦云"洪武间"，笔者遂暂取"洪武戊寅"异文，将此版刻信息系于洪武年间
（明）太祖朱元璋《御制文集》五卷	洪武七年（成书时间）刻本	已佚【内容存】（明初刻三十卷本） 刘基《御制文集后序》："《御制文集》五卷：论、记、诏、序、诗、文，凡若干篇"，末题时间为"洪武七年岁在甲寅冬十二月甲寅"。郭传《御制文集后序》："宜镂诸梓，以遗圣子神孙，俾有矜式。"宋濂《恭题御制文集后》："是宜刻于文梓，流布四海，使见之者咸获咏叹。"（俱见《明太祖集》，第471—474页）五卷本《御制文集》当为明太祖集之首次出版	
（明）太祖朱元璋《御制诗集》一卷	洪武七年（成书时间）刻本	已佚【内容存】（明初刻三十卷本） 《文渊阁书目》凡著录"《御制诗集》，一部五册，残缺""《御制诗集》，一木匣，完全""《御制诗集》，一部四册，完全"等《御制诗集》条目十七则（第6页）。复本如此之多，则是集当出版。另，《明孝宗实录》卷六三载弘治五年丘濬疏亦云，"御制诗文虽已编辑刻板，藏在内府，天下臣民得见者尚罕"（第1214页）	

续表

书籍信息	出版信息	出版信息来源	备注
（明）谢肃《密庵稿》十卷（《诗稿》五卷、《文稿》五卷）	洪武三十一年（刊刻时间）刘翼南刻本	现存（影印—丛刊三编） 《诗稿》末有刘翼南后序，云"（余）衷密庵所著诗文凡十卷，编类成帙……阅八年始克，先镂梓于诗然。诗五卷，卷以天干为第，其文卷亦如之"，末题时间为洪武戊寅。正文卷端亦署"门人始宁任守礼校正、沛郡刘翼南编次"。 此本版式、行款为半叶 12 行行 22 字、四周双边、黑口、顺黑鱼尾，版心中部上题卷次、下题页码	此本有抄补
（明）高启《高季迪赋姑苏杂咏》一卷	洪武三十一年（刊刻时间）蔡伯庸刻本	现存（馆藏—国图） 书末有周傅识语，云"锡山蔡伯庸氏得其全集，谋镂诸梓，虑其传写之讹，属傅编次而校正之"，末题时间为"洪武三十一年岁戊寅五月朔"。 此本版式、行款为半叶 13 行行 20 字、四周双边、黑口、对黑鱼尾，版心中部下题页码	国家图书馆联机目录凡著录二种洪武三十一年刻本高启《姑苏杂咏》。此本之外，另一种为"明高启著、明卫拱宸辑《高季迪姑苏杂咏》二卷"。按，卫拱宸为万历年间人，万历三十六年曾出版邓云霄《百花洲集》二卷、《京华元夕诗》一卷，故该本不会是洪武三十一年刻本。这一著录的致误原因，当在于著录者将周傅识语末题时间直接当作了版本刊刻时间
（明）刘璉《自怡集》一卷	洪武十三年（刊刻时间）刻本	现存（数据库—中华古籍） 书首有黄伯生《自怡集序》，云"其子廌以是编将刻诸梓，属予序之，予义不得辞"，末题时间为"洪武十三年二月望日"。全书末有吴从善《故参政刘君孟藻哀辞》，末题时间为"洪武十有三年……冬十月戊午朔"。 此本版式、行款为半叶 11 行行 20 字、四周双边、黑口、对黑鱼尾，版心中部上题"自怡集"、下题页码	国家图书馆联机目录著录此本为"明初（1368—1424）刻本"。按，或可著录此本为"明洪武十三年刻本"，使版本信息更为明确。或者，可著录此本为"明初（1380—1424）刻本"，在已有基础上缩小时间范围。 另，钱仲联等主编《中国文学大辞典》"《自怡集》"条云，"本集……明初原本不存。有《四库全书》本"（上海辞书出版社 1997 年版，第 925 页），此误

书籍信息	出版信息	出版信息来源	备注
总集类：			
（元）杨士弘《唐音》十四卷	洪武二十三年（刊刻时间）建安博文堂刻本	现存（馆藏—国图） 书首《始音》目录后有"洪武庚午仲冬建安博文堂刻"牌记。 此本版式、行款为半叶 10 行行 18 字、四周双边、黑口	存七卷
*（元）傅习、（元）孙存吾《皇元风雅》十二卷（《前集》六卷、《后集》六卷）	可能为洪武十一年（刊刻时间）古杭勤德书堂刻本	已佚【内容存】（元刻本） 叶德辉《书林清话》卷五"明人私刻坊刻书"条著录，"古杭勤德书堂，洪武戊午十一年刻《皇元风雅》前集六卷、后集六卷"（第 114 页）。按，《四部丛刊初编》影印有《皇元风雅》，著录为"高丽翻元刊本"。该本《后集》目录叶末有牌记，牌记末云"古杭勤德书堂谨咨"，然笔者并未见"洪武戊午"信息。笔者推测，可能叶德辉所见勤德书堂本《皇元风雅》确有"洪武戊午"信息，然也不能排除叶氏误记的可能。特别是古杭勤德书堂刊刻《杨辉算法》的时间亦为洪武十一年，则叶氏所记，有可能张冠李戴。因此，笔者暂系此则版刻信息为可能出版	
（明）赖良《大雅集》八卷	洪武年间（刊刻时间）刻本	已佚【内容存】（影刻本） 罗振玉《元人选元诗》收录《大雅集》，著录为影刻"艺风堂藏影洪武刊本"。影刻本首有至正壬寅钱鼐《大雅集叙》、至正辛丑杨维桢《大雅集叙》，以及王逢《大雅集后序》。王序无末题时间，其文云"尝哀元之诗鸣者凡若干人，篇帙凡若干首……铁厓杨公首叙，且锓且传，会兵变止，今年善卿拟毕初志，适有好义之士协成厥美，诣余征序后"	影刻本版式、行款为半叶 9 行行 16 字、左右双边、黑口、对黑鱼尾，版心中部上题卷次、下题页码

续表

书籍信息	出版信息	出版信息来源	备注
（明）孙原理采辑，（明）陈孟凝选，（明）张中达校《元音》十二卷	洪武十七年（作序时间）张中达刻本	已佚【内容存】（明建文三年刻本） 建文三年张再隆增刻本《元音》尚存，今藏复旦大学图书馆。该本首有曾用藏跋，云"邑人张君中达学博见高……故丞于浙之定海也，得以间日校正元朝百余年间诸公诗歌而板行之……近年此板几于遍传，而君之美意竟泯……君有子曰再隆，今充邑庠生，惓惓以其尊府校正《元音》而不得表白其姓名为恨，故征予言以弁其端"。据此，可知张中达首刻《元音》，后其子再隆增刻跋语。曾用藏跋之前，有乌斯道序，末题时间为"洪武十七年岁在甲子冬十月既望"	
（明）刘仔肩《雅颂正音》五卷	洪武三年（刊刻时间）王举直刻本	现存（数据库—中华古籍） 书首、尾分别有宋濂《雅颂正音序》、张孟兼《雅颂正音后序》，末题时间俱为洪武三年十二月。张孟兼序明言，"王君举直，不没人善，取以锓诸梓"。书末复有牌记，云："右《雅颂正音》前集五卷，本家已刊梓行世，□有后集，今将编类。四方君子或有佳作，毋惜示及，以成盛事，幸甚。金陵王举直谨白。" 此本版式、行款为半叶 11 行行 20 字、四周双边、黑口、顺黑鱼尾，版心中部上题卷次、下题页码	
（明）许中丽《光岳英华》十五卷	洪武十九年（刊刻时间）刻本	现存（数据库—中华古籍） 书首有揭轨序，云"仲孚既刻二代之诗于环翠亭，又采圣朝治世之音，得其善鸣者并刻之，以续于后"，末题时间为"洪武十九年岁次丙寅正月望日"。序文叶最末，有"临川李作恭刻"字样。 此本版式、行款为半叶 11 行行 20 字、四周双边、黑口、顺黑鱼尾，版心中部上题卷次	《光岳英华》包括唐诗、元诗、明诗三部分。据揭轨序，可知唐诗、元诗刊刻在前，明诗部分刊刻在后。 国家图书馆联机目录著录二本《光岳英华》，一为明刻（亦即此本）、一为清抄，然作者俱题作"许中麓"，误。联机目录、数据库俱著录此本为"白口"，亦误

续表

书籍信息	出版信息	出版信息来源	备注
（明）沈易《幼学日诵五伦诗选》"内集"五卷	洪武二十年（作序时间）刻本	现存（影印—存目—集部第290册） 书首、末有钱惟善、钱云等所作序跋多篇，末题时间最晚者，为《书五伦诗后》"洪武二十年秋九月廿有四日益斋王彦文敬书"（第44页）。此本版式、行款为半叶12行行20字、左右双边、细黑口、顺黑鱼尾，版心中部上有卷次	《四库全书存目丛书》著录此本为"明洪武刻本"。按，或可著录此本为"明洪武二十年序刻本"，使版本信息更为明确
（明）沈巽编，（明）顾禄选《皇明诗选》二十卷	洪武三十年（作序时间）刻本	现存（数据库—古籍特藏） 书首有曹孔章序，云"凡编成二十卷，将脱稿，谒予序于首编"，末题时间为"洪武三十年岁丁丑正月望日"。其后有贝季翔（按，即贝翱）序，无末题时间。书末有沈巽识语，末题时间为"洪武三十年岁丁丑十一月既望"。上述序、识皆未言及刊刻。 此本版式、行款为半叶13行行20字、双行小字字数同、四周双边、黑口、对黑鱼尾，版心中部上题卷次、下题页码	台湾"国家图书馆"著录此本为"明洪武间（1368—1398）刊本"。按，或可著录此本为"明洪武三十年序刻本"，使版本信息更为明确
（元）黄应龢《华川文派录》六卷	洪武元年至七年之间（刊刻时间）张永诚刻本	已佚 宋濂《銮坡集》卷七《华川文派录序》："居士之族孙铁岩公应龢……乃自忠简至于岩堂，各编其粹精者十余篇，聚于一书，厘为六卷，名曰《华川文派录》"，"后五十年，豫章张侯来为县，读而善之……亟请邑士博君藻精加校雠，捐俸而刻置县庠，来征濂为之序"（《宋濂全集》，第464页）。据此，则《华川文派录》曾经出版。万历《金华府志·官师二·义乌县·国朝知县》著录"张永诚，南昌人，洪武元年任"，其后一条为"孔克源，字敦六，曲阜人，洪武七年任"。张永诚即"豫章张侯"，则《华川文派录》刊刻时间在洪武元年至七年之间	

续表

书籍信息	出版信息	出版信息来源	备注
（明）朱橚《文章类选》四十卷	洪武三十一年（刊刻时间）庆藩朱橚刻本	现存（数据库—中华古籍） 书首有朱橚自序，云"览是编者，不惟有以见文章之盛，亦可以见予之用心也。然其中写者不能无点画之讹，刊者不能无镂刻之误"，末题时间为"洪武三十一年龙集戊寅正月望日"。 此本版式、行款为半叶 14 行行 20 字、四周双边、细黑口、对黑鱼尾，版心中部上题卷次、下题页码	按，国家图书馆藏有两本《文章类选》，一著录为"明洪武三十一年刻本"（索书号 19207），一著录为"明初（1368—1424）刻本"（索书号 03207）。笔者对勘了此二本，发现它们并非二版，实属同一版本的不同印本
（明）梁寅《策要》六卷	洪武二十年（刊刻时间）喻南镏氏竹所书堂刻本	现存（数据库—古籍特藏） 书首有洪武二十年张美和序、梁寅序（二序末题时间，分别为"是岁丁卯洪武二十年夏五月甲子""洪武丁卯岁夏六月"）。梁寅序后，有"洪武丁卯喻南镏氏竹所书堂新刊"牌记。梁寅序亦写道，"镏君德恭司训郡庠……谓余之是编今之学者多未见，宜重刻之梓"。 此本版式、行款为半叶 14 行行 21 字、黑口、对黑鱼尾，版心中部下题页码	
（明）官修《乡试程文》	洪武五年（成书时间）刻本	已佚 徐一夔《始丰稿》卷五《乡试程文序》："洪武五年八月，省臣合属郡之士二百余人，命老于文学之士，如格试之，而差次其高下……既竣事，有司以其程文锓版，以贻四方。盖将以上昭国家兴文之盛，而下以励来者，有所矜式云尔。"（《始丰稿校注》，第 114 页）	

续表

书籍信息	出版信息	出版信息来源	备注
		词曲类：	
（宋）何士信《增修笺注妙选群英草堂诗余前集》二卷、《后集》二卷	洪武二十五年（刊刻时间）遵正书堂刻本	现存（影印—续修—第1728册） 书首《类选群英诗余总目》末有"洪武壬申孟夏遵正书堂新刊"牌记（第17页）。 此本版式、行款为半叶13行行23字、双行小字字数异、左右双边、黑口、顺黑鱼尾	
（明）刘基《写情集》四卷	洪武十三年（刊刻时间）刻本	现存（影印—宋明词） 书首有叶蕃序，云"今先生既薨，其子仲玱与其长孙廌谋以是编锓梓垂远，以蕃于先生辱平昔之好，命为之序"，末题时间为"洪武十三年岁在庚申春正月"（第1098页）。 此本版式、行款为半叶12行行24字、左右双边、黑口、对白鱼尾，版心中部上题卷次、下题页码	按，一些已有研究似未注意到《写情集》洪武十三年刻本尚存，且有影印本。如俞美玉《论刘基"三不朽"之三：所立之言》云，"《写情集》的早期刻本今不可见，最早的亦见于成化年间戴用、张僖《诚意伯刘先生文集》本"（《明史研究》第12辑，黄山书社2012年版，第169页），等等
（明）朱权《太和正音谱》二卷	洪武三十一年（作序时间）刻本	已佚【内容存】（抄本） 抄本《太和正音谱》书首有朱权序，云"……集为二卷，目之曰《太和正音谱》；审音定律，辑为一卷，目之曰《琼林雅韵》；蒐猎群语，辑为四卷，目之曰《务头集韵》。以寿诸梓，为乐府楷式。庶几便于好事，以助学者万一耳"，末题"时岁龙集戊寅序"（《续修四库全书》第1747册，第481页）。洪武三十一年序刻本《琼林雅韵》今天尚存。综上，笔者推测《太和正音谱》《务头集韵》亦曾刊刻	

续表

书籍信息	出版信息	出版信息来源	备注
（明）朱权《琼林雅韵》不分卷	洪武三十一年（作序时间）刻本	现存（影印—存目—集部第 426 册） 书首有朱权序，并无末题时间，然有"洪武戊寅"葫芦形印章（第 785 页）。另，朱权《太和正音谱序》亦提及《琼林雅韵》，末题时间同为洪武戊寅。 此本版式、行款为半叶 9 行行 16 字、双行小字字数同、四周双边、阔黑口、顺黑鱼尾	
（明）朱权《务头集韵》四卷	洪武三十一年（作序时间）刻本	已佚 据前引《太和正音谱》首朱权序，以及现存《琼林雅韵》刻本，笔者推想《务头集韵》亦曾出版	

表 10　　　　　　　　　**建文至永乐年间版刻信息**

书籍信息	出版信息	出版信息来源	备注
经部			
易类：			
（魏）王弼、（晋）韩康伯注，（唐）孔颖达疏《周易兼义》九卷，（唐）陆德明《经典释文》一卷，（魏）王弼著，（唐）邢璹注《周易略例注》一卷	永乐二年（刊刻时间）刻本	现存（数据库—中华古籍） 全书最末，有"永乐甲申岁刊"字样。 此本版式、行款为半叶 8 行行 18 字、双行小字字数异、四周双边、白口、顺黑鱼尾，版心中部上题卷次、下题页码	

书籍信息	出版信息	出版信息来源	备注
书类:			
（唐）孔颖达《附释音尚书注疏》二十卷	永乐二年（刊刻时间或作序时间）刻本	现存（馆藏—清华） 此本笔者尚未得见，因此还不能确定"永乐二年"是作序时间还是刊刻时间。有待进一步查考。 此本版式、行款亦待考	
诗类:			
（明）朱善《诗经解颐》四卷	建文四年（刊刻时间）刻本	已佚【内容存】（清抄本） 前《诗经解颐》则已述，今国图藏清初毛氏汲古阁抄本《诗经解颐》末有丁隆跋，云"命工重刊，以广其传"，末题时间为"洪武三十五年岁在壬午孟夏"，即建文四年。 今中华古籍数据库收录有刻本《诗经解颐》，著录为"明洪武（1368—1398）刻本"。该本无序跋、牌记，内容亦不全。笔者将其与汲古阁抄本对勘，发现二本版式、行款一致，该本所有内容亦见于抄本。笔者认为，该本有可能为建文四年刻本，然证据不足，尚难断定。因此，暂系此则信息为"已佚"	中华古籍数据库所收刻本，其版式、行款为半叶12行行28字、四周双边、黑口、对黑鱼尾，版心中部上题卷次、下题页码。漫漶较严重。笔者认为，或可将其著录明洪武、建文（1368—1402）刻本。 另，上海图书馆联机目录亦著录朱善《诗解颐》"明初（1368—1425）刻本"，存一卷。其版式、行款亦为半叶12行行28字、四周双边、黑口。此本与中华古籍数据库所收刻本，当属同一版

续表

书籍信息	出版信息	出版信息来源	备注
春秋类：			
（宋）胡安国《春秋胡氏传》三十卷，（蜀）冯继先《春秋名号归一图》一卷，《诸国兴废说》一卷，《春秋二十国年表》一卷	永乐四年（刊刻时间）广勤书堂刻本	现存（数据库—中华古籍） 书首《春秋二十国年表》末有"永乐丙戌孟秋广勤书堂新刊"牌记。 此本版式、行款为半叶16行行29字、四周双边、阔黑口、顺黑鱼尾，版心中部上题篇名、下题页码	存三卷
五经总义类：			
（明）胡广等《五经大全》一百五十四卷（《周易传义大全》二十四卷、《书传大全》十卷、《诗传大全》二十卷、《礼记集说大全》三十卷、《春秋集传大全》七十卷）	永乐十三年（刊刻时间）刻本	现存（馆藏—国图） 《明太宗实录》卷一六八："（永乐十三年九月）己酉，五经、四书大全及性理大全书成……广等上表进，上御奉天殿受之，命礼部刊赐天下。"（第1872页） 此本版式、行款为半叶10行行22字、双行小字字数同、四周双边、黑口、对黑鱼尾，版心中部上题卷次、下题页码	《五经大全》其时在全国各地当多有翻刻本。 据《述评》，北京德宝2006年秋拍有《诗传大全》二十卷，行款与国图本同、版框更大，以11万元成交（第169页）。上海国拍2008年秋拍有《诗传大全》二十卷首一卷，以18万元成交（第417页）；亦有包背装《春秋集传大全》三十七卷首一卷，以16万元成交（第419页）

书籍信息	出版信息	出版信息来源	备注
四书类:			
（宋）刘炳《四书问目》不分卷	永乐二十年（刊刻时间）刘文刻本	已佚 据方彦寿《建阳刻书史》，刘文于永乐二十年刻印刘炳《四书问目》不分卷。"今存《刘氏忠贤传》，卷四载刘文《睦堂四书问目序》，记刊刻此书之事甚详"（第233页）。《四库全书总目提要》卷三七"《四书问目》无卷数"提要亦云，"前有永乐壬寅其九世孙刘文序"（第308页）	
（明）胡广等《四书集注大全》四十三卷（《大学章句大全》一卷、《或问》一卷、《读大学法》一卷、《中庸章句大全》一卷、《或问》一卷、《读中庸法》一卷、《论语集注大全》二十卷、《序说》一卷、《读论语孟子法》一卷、《孟子集注大全》十四卷、《序说》一卷）	永乐十三年（刊刻时间）刻本	现存（馆藏—国图） 《明太宗实录》卷一六八："（永乐十三年九月）己酉，五经、四书大全及性理大全书成……广等上表进，上御奉天殿受之，命礼部刊赐天下。"（第1872页） 此本版式、行款为半叶10行行22字、双行小字字数同、四周双边、黑口、对黑鱼尾，版心中部上题卷次、下题页码	《四书大全》其时在全国各地当多有翻刻本。 《书目（经部）》、国家图书馆联机目录等皆著录此本为"明内府刻本"（第327页）。如此著录，盖因全书并无序跋末题等明确时间信息。此固为审慎之举，然笔者认为，此本版式、字体风格显系中央刻本，考虑到明成祖的出版意愿可以高效落成，或可结合实录记载，将此本著录为永乐十三年刻本

书籍信息	出版信息	出版信息来源	备注
小学类：			
（宋）陆佃《埤雅》二十卷	建文二年（刊刻时间）林瑜、陈大本刻本	现存（数据库—中华古籍） 书首《重刊埤雅序》云："建文二年，会奉议大夫、江西道肃政按察使司佥事古闽林公瑜字子润巡按赣上……曰：'吾欲散是书与四方学者共之，当令属官，谁可与者？'佥曰：'莫如太守陈大本，克承公意也。'乃命鸠工刻之，既告成，俾序于首"。序末题"庚辰八月中秋日京口后学张存性中叙"。 此本版式、行款为半叶 12 行行 23 字、左右双边、黑口、对黑鱼尾，版心中部上题"埤雅"、下题页码	存十二卷
（梁）顾野王著，（唐）孙强增补，（宋）陈彭年等重修《大广益会玉篇》三十卷	永乐九年（刊刻时间）新北轩刻本	已佚【内容存】（馆藏—高丽大） 据《韩藏》著录，今韩国高丽大学藏有《大广益会玉篇》覆刻本，该本有"永乐辛卯菊节日新北轩刊行"牌记。据此，则此书曾于永乐九年出版。 覆刻本版式、行款为半叶 10 行行字数不定、四周双边、黑口、对黑鱼尾	
（梁）顾野王著，（唐）孙强增补，（宋）陈彭年等重修《大广益会玉篇》三十卷	永乐十二年（刊刻时间）广勤书堂刻本	现存（馆藏—雅丹） 据《韩藏》著录，此本有"永乐甲午良月广勤书堂新刊"牌记。 此本版式、行款为半叶 12 行行字数不定、黑口、对黑鱼尾	《日藏》亦著录此版本，今藏杏雨书屋，然谓其为"永乐十四年（1414）广勤书堂刊本"，"十四年"误
（梁）顾野王著，（唐）孙强增补，（宋）陈彭年等重修《大广益会玉篇》三十卷附《广韵指南》一卷	永乐十四年（刊刻时间）朱氏与畊书堂刻本	现存（馆藏—台北"故宫"） 据"数位典藏"数据库提供的牌记页、首页书影可知，此本有"永乐丙申刊行"牌记、"朱氏"爵形墨记、"与畊书堂"鬲形印记。 此本版式、行款为半叶 12 行、行内大字字数不等、双行小字 28 字、四周双边、黑口、顺黑鱼尾	

书籍信息	出版信息	出版信息来源	备注
（宋）陈彭年等重修《广韵》五卷	永乐二十二年（刊刻时间）广成书堂刻本	现存（馆藏—台北"故宫"） 据"数位典藏"数据库提供的牌记页、首页书影可知，此本有"永乐甲辰良月广成书堂新刊"牌记。 此本行款为半叶 12 行、行内大字字数不等、双行小字 28 字、四周双边、黑口、顺黑鱼尾	叶德辉《书林清话》卷五"明人私刻坊刻书"条著录，"广成书堂，永乐甲辰二十三年翻刻元南山书院本《广韵》五卷"（第 114 页）。按，甲辰当为永乐二十二年

史部

编年类：

书籍信息	出版信息	出版信息来源	备注
（宋）尹起莘《资治通鉴纲目发明》五十九卷，（元）王幼学著，（明）陈济编《资治通鉴纲目集览》五十九卷	永乐年间（刊刻时间或作序时间）刻本	现存（馆藏—首都） 此本为馆内珍善本，笔者目前难能借阅，因此还未知已有著录判断此本为永乐刻本的依据。有待进一步查考。 据已有著录，此本版式、行款为半叶 8 行行 18 字、双行小字 21 字、四周双边、阔黑口、对黑鱼尾	
（明）胡粹中《元史续编》十六卷	永乐元年（作序时间）刻本	现存（数据库—中华古籍） 书首有胡粹中《元史续编序》，文中未言及刊刻事宜，末题时间为"永乐癸未春三月初吉"。 此本版式、行款为半叶 8 行行 18 字、双行小字字数同、四周双边、黑口	国家图书馆联机目录、全国古籍普查数据库等皆著录此本为"明永乐刻本"。按，或可著录此本为"明永乐元年序刻本"，使版本信息更为明确
（明）朱权《天运绍统》一卷	永乐四年（作序时间）刻本	现存（影印—甲库—第 469 册） 书首有《天运绍统序》，末题时间为永乐四年二月。序文仅云"书成"，未言及刊刻事宜。 此本版式、行款为半叶 13 行行 24 字、四周双边、黑口、对黑鱼尾，版心中部下题页码。版式、字体风格与中央出版的明太祖御制、敕撰书籍一致	

续表

书籍信息	出版信息	出版信息来源	备注
杂史类：			
（明）朱权《汉唐秘史》二卷	建文四年（作序时间）刻本	现存（影印—存目—史部第 45 册） 书首有朱楗跋，文中未言及刊刻事宜，末题时间为"岁在壬午十二月既望"（第 287 页）。 此本版式、行款为半叶 13 行行 22 字、双行小字字数同、四周双边、阔黑口、对黑鱼尾，版心中部上题"汉唐秘史"及卷次、下题页码。刊刻较精美	《存目》著录此本为"明建文刻本"。按，或可著录此本为"明建文四年序刻本"，使版本信息更为明确
（明）刘惟德《使蜀稿》二卷	永乐八年（刊刻时间）刻本	现存（数据库—中华古籍） 书首有李子仪序，序文叶残缺，然依稀可辨认出"既刻校，持以示其乡人李子仪，且俾序"字样。末题时间为"永乐八年五月丁丑"。 此本版式、行款为半叶 10 行行 24 字、四周双边、黑口、对黑鱼尾，鱼尾处有花纹，版心中部上题卷次、下题页码。版式、字体风格与中央出版的明太祖御制、敕撰书籍一致	存十一叶
诏令奏议类：			
（明）杨士奇等《历代名臣奏议》三百五十卷、《目录》一卷	永乐十四年（刊刻时间）刻本	现存（影印—上海古籍出版社 1989 年版） 《明太宗实录》卷一八三："（永乐十四年十二月）《历代名臣奏议》书成……遂命刊印，以赐皇太子、皇太孙及大臣。"（第 1971—1972 页） 此本版式、行款为半叶 12 行行 26 字、四周双边、阔黑口、对黑鱼尾，鱼尾处有花纹，版心中部上题卷次、下题页码。版式、字体风格与中央出版的明太祖御制、敕撰书籍一致	按，天津图书馆著录《历代名臣奏议》"明初刻本"一册，版式、行款为"十二行二十六字黑口四周双边"，与此本当属同一版
传记类：			
（明）《建文元年京闱小录》一卷	建文元年（刊刻时间）刻本	已佚【内容存】（清抄本） 清抄本今存三种，一为朱绪曾藏本、一有丁丙跋，俱藏南京图书馆，一为莫棠抄本，今藏上海图书馆	建文元年全国其他地区亦皆有《乡试录》出版，然今皆不传
（明）《建文二年会试录》一卷	建文二年（刊刻时间）刻本	已佚【内容存】（明抄本） 明抄本今藏中国国家图书馆，其版式、行款为半叶 9 行行 19 字、四周双边、阔黑口、对黑鱼尾，版心中部上题"会试录"，下题页码	

续表

书籍信息	出版信息	出版信息来源	备注
（明）《建文二年殿试登科录》一卷	建文二年（刊刻时间）刻本	已佚【内容存】（明抄本） 《甲库》第260册影印了明抄本，其版式、行款为半叶10行、行内大小字数不等、四周双边、阔黑口、对黑鱼尾，版心中部上题"登科录"，下题页码	
（明）解缙等《古今列女传》三卷	永乐元年（刊刻时间）刻本	现存（数据库—中华古籍） 书首有明成祖朱棣序，末题时间为永乐元年九月。《明太宗实录》卷二六："（永乐元年十二月）翰林侍读学士解缙奉敕修《古今列女传》成……命刊印，以赐百官。"（第475—477页） 此本版式、行款为半叶12行行22字、双行小字字数同、四周双边、黑口、对黑鱼尾，鱼尾处有花纹，版心中部上题卷次、下题页码。版式、字体风格与中央出版的明太祖御制、敕撰书籍一致。 此本当为中央刻本	据姜寻《目录》，中国书店1999年春拍，此本以46200元成交（第120页）
（明）《高皇后传》不分卷	永乐四年（刊刻时间）刻本	现存（数据库—古籍特藏） 书首有明成祖朱棣序、徐皇后序，末题时间为永乐四年二月。徐皇后序云："今请以《高皇后传》刻为一卷，遍赐内外，俾有所取法。"《明太宗实录》卷七二亦载："（永乐五年十月）丙戌，以《孝慈高皇后传》赐各王及百官。"（第1001页） 此本版式、行款为半叶8行行17字、双行小字字数同、四周双边、阔黑口、对黑鱼尾，鱼尾处有花纹，版心中部上题"传"字、下题页码。刊刻精美。版式、字体风格与中央出版的明太祖御制、敕撰书籍一致。 此本当为中央刻本	
（明）成祖朱棣《为善阴骘》十卷	永乐十七年（刊刻时间）刻本	现存（影印—甲库—第559册） 书首、末俱有明成祖朱棣序，末题时间俱为永乐十七年三月十三日。其后序云："编集成书，遂命刻梓，颁示天下，使人人得以遍观而勉于为善。"（第554页） 此本版式、行款为半叶10行行19字、四周双边、阔黑口、对黑鱼尾，鱼尾处有花纹，上鱼尾下端有小圆圈，版心中部上题"为善阴骘"及卷次、下题页码。各叶书口整齐，刊刻精美。 此本当为中央刻本	罗俊亮《明代〈为善阴骘〉考述》（《中国俗文化研究》2018年第1期，第33—44页）对此书有较翔实的论述

续表

书籍信息	出版信息	出版信息来源	备注
（明）成祖朱棣《孝顺事实》十卷	永乐十八年（作序时间）刻本	现存（影印—北图—第14册） 书首有明成祖朱棣《御制孝顺事实序》，序文未言及刊刻事宜，末题"永乐十八年五月十一日"（第489页）。 此本版式、行款为半叶10行行19字、四周双边、阔黑口、对黑鱼尾，版心中部上题"孝顺事实"及卷次、下题页码。刊刻精美	
（明）李庭贵辑，（明）王逊之增辑《徐苏传》二卷	永乐二十二年（刊刻时间）李贞等刻本	现存（数据库—中华古籍） 书首有胡俨序，云"刊之者，李贞士廉也"，正文首卷卷端亦有"南昌李贞士廉校刊"字样。 书末有"南昌 黎彦常 李瑛 张俊 李衢 徐瑨 丘让 捐赀锓梓"牌记，牌记后有"永乐甲辰正月上瀚刊"字样。 此本版式、行款为半叶10行行20字、四周双边、黑口、对黑鱼尾，版心中部上题篇名、下题页码	现存本为递修本
（明）刘庽《大明功臣诚意伯翊运录》一卷	永乐二年（作序时间）刻本	现存（影印—甲库—第232册） 书首有王景《翊运录序》，序文未言及刊刻事宜，末题时间为"永乐二年龙集甲申夏四月"（第914页）。 此本版式、行款为半叶12行行24字、左右双边、黑口、对黑鱼尾，版心中部上题"翊运录"，下题页码。版式、字体风格与中央出版的明太祖御制、敕撰书籍一致	《甲库》著录此本为"明永乐刻本"。按，或可著录此本为"明永乐二年序刻本"，使版本信息更为明确
（明）李元选《南昌丰城李氏族谱》一卷	永乐三年（刊刻时间或作序时间）刻本	现存（馆藏—湖南省博） 此本笔者尚未得见，因此还不能确定"永乐三年"是作序时间还是刊刻时间。有待进一步查考。 此本版式、行款亦待考	湖南省博著录此本为清雍正元年递修本
（明）《永乐十二年福建乡试录》一卷	永乐十二年（刊刻时间）刻本	已佚【内容存】（抄本） 抄本为天一阁乡试录所影印，其版式、行款为半叶9行行23字、四周双边、黑口、单黑鱼尾	

续表

书籍信息	出版信息	出版信息来源	备注
（明）《永乐十八年浙江乡闱小录》一卷	永乐十八年（刊刻时间）刻本	已佚【内容存】（抄本） 抄本为天一阁乡试录所影印，其版式、行款为半叶 8 行行 20 字、四周双边、黑口、单黑鱼尾	永乐元年、永乐三年、永乐六年、永乐九年、永乐十五年、永乐二十一年全国其他地区亦皆有《乡试录》出版，然今俱不传
（明）《永乐十三年会试录》一卷	永乐十三年（刊刻时间）刻本	已佚【内容存】（明嘉靖刻本） 明嘉靖刻本今藏上海图书馆，其版式、行款为半叶 10 行行 24 字、左右双边、阔黑口、单鱼尾	永乐二年、永乐四年、永乐七年、永乐十年、永乐十六年、永乐十九年、永乐二十二年亦皆有《会试录》出版，然今俱不传
（明）《永乐九年进士登科录》一卷	永乐九年（刊刻时间）刻本	现存（馆藏—上海） 此本版式、行款为半叶 10 行、行内大小字字数不等、四周双边、阔黑口、对黑鱼尾，版心中部上题"登科录"，下题页码	
（明）《永乐十年进士登科录》一卷	永乐十年（刊刻时间）刻本	现存（影印—甲库—第 260 册） 此本版式、行款为半叶 10 行、行内大小字字数不等、四周双边、黑口、对黑鱼尾，版心中部上题"登科录"，下题页码	永乐二年、永乐四年、永乐十三年、永乐十六年、永乐十九年、永乐二十二年亦皆有《登科录》出版，然今俱不传
地理类：			
（元）刘大彬《茅山志》十五卷	永乐元年（刊刻时间）重刻本	现存（影印—甲库—第 393 册） 此本书首只有元代序文，然其版式、字体风格与中央出版的明太祖御制、敕撰书籍相近。复考之弘治《句容县志》，卷一二有胡俨《重修茅山志序》，云"太子少师荣国恭靖姚公尝在史馆，以重刻《茅山志》，属俨为序"，"天朝永乐癸未，姚公得遗刻善本于本山灵官……乃合同志之士出赀，命工重锓梓以传"，"考其卷帙，自《诰副墨》至《金薤编》，凡十二篇，分为十五卷"（《天一阁藏明代方志选刊》影印明弘治刻本，上海古籍出版社 1981 年版）。据此，则《茅山志》于永乐元年由姚广孝主持重刊。笔者倾向认定此本为永乐元年重刻本，胡序或为流传过程中脱落。 此本版式、行款为半叶 13 行行 23 字、四周单边、阔黑口、对黑鱼尾	

书籍信息	出版信息	出版信息来源	备注
*（明）永乐《顺天府志》	永乐年间（成书时间）可能刊刻	现存（影印—北大方志—第 1 册） 影印本为清光绪年间缪氏艺风堂抄本，系缪荃孙自《永乐大典》抄出，仅存八卷，无序跋。就目前所见材料，尚难确考其于永乐年间出版与否。 抄本版式、行款为半叶 11 行行 22 字、四周单边、黑口、单黑鱼尾，版心中部下有页码	存八卷
（明）陈瑄永乐《颍川郡志》十七卷	永乐十一年（刊刻时间）刻本	现存（影印—甲库—第 346 册） 此本书叶较多漫漶不清，书末有张本《后序》，云"稷山田公本渊……升守许州，以志书久未板行，遂与同寅胡公弘道诸公捐俸鸠工，将绣梓以广其传。始工于永乐十一年冬十月，讫工于冬十一月，因属予以纪其实"，末题时间为"永乐十一年癸巳冬十一月"（第 212 页）。田公名深（字本渊），此本各卷卷端亦皆题田深校正。 进一步考之，可以发现张序前叶末，有"宣德四年夏四月吉日海昌孙子良识"字样（第 211 页）。卷一三在"颍川志卷之十三终"字样之后，复有内容，其末有黄璿《颍川郡志后跋》，末题时间为正统三年五月。阅读此跋，可知黄璿等在永乐原本的基础上增补了内容。此本当为永乐刻正统补刻本。 此本版式、行款为半叶 12 行行 25 字、四周双边、黑口、顺黑鱼尾，版心中部上题卷次、下题页码	存九卷。《甲库》著录此本为永乐十一年刻本。笔者认为，此本当著录为永乐十一年刻正统三年补刻本
（明）黄裳永乐《政和县志》四卷	永乐二年（作序时间）刻本	已佚【内容存】（抄本） 抄本首有刘彝《建宁政和县志序》，末题时间为"永乐甲申十有二月"（《福建师大方志》第 19 册影印本，第 5 页）。末有天顺三年雷春《政和志后》，云"《政和县志》，乃永乐间幕宾郭君伯载之所集录。郭之学，该博古今……诚吾邑为政者不可不之览也。梓版旧藏邑庠"（第 186—187 页）。由此知其曾经出版。 抄本版式、行款为半叶 12 行行 24 字。抄手未画边框、界行	

续表

书籍信息	出版信息	出版信息来源	备注
*（明）永乐《乐清县志》八卷	永乐年间（成书时间）可能刊刻	现存（影印—天一阁方志—第 20 册） 此本首尾并无序跋。据笔者查考，全书所记年代最晚者，为永乐十六年（见于卷四、卷六、卷七）。是书为方志，故其出版于永乐年间的可能性较大。然据目前所见材料，笔者尚难确考其出版时间，因此暂系此则信息为可能出版。 此本版式、行款为半叶 11 行行 20 字、左右双边、黑口、对黑鱼尾，版心中部上题卷次、下题页码	《天一阁方志》著录此本为明刻本
政书类：			
（明）官修《皇明典礼》不分卷	建文二年（作序时间）刻本	现存（影印—再造善本） 书首有建文帝序，末题时间为建文二年春正月初吉。 此本版式、行款为半叶 10 行行 20 字、四周双边、黑口、对黑鱼尾，鱼尾处有花纹，版心中部上题篇次、下题页码。刊刻精美	黄彰健有《读皇明典礼》，载氏著《明清史研究丛稿》（第 120—141 页）
子部			
儒家类：			
（汉）刘向《说苑》二十卷	建文四年（刊刻时间）钱古训刻本	现存（数据库—中华古籍） 书末有钱古训识语，明言"于岁壬午夏六月望板成"，末题时间为"岁次壬午夏六月望"。 此本版式、行款为半叶 10 行行 19 字、四周双边、黑口、对黑鱼尾，版心中部上题卷数、下题页码	存十卷（缺卷一至卷十）
（汉）刘向《新刊刘向先生说苑》二十卷	永乐十四年（刊刻时间）西园精舍刻本	现存（馆藏—吉林省） 据傅增湘《藏园群书经眼录》著录，书首目录后有"永乐丙申孟春西园精舍新刊"牌记。复据《藏园》著录，此本版式、行款为半叶 13 行行 24 字、四周双边、黑口（第 543—544 页）。吉林省图书馆著录则云此本行款为半叶 12 行行 24 字、顺鱼尾。有待进一步查考	

续表

书籍信息	出版信息	出版信息来源	备注
（宋）真德秀《大学衍义》	永乐二年七月至永乐七年间（刊刻时间）中央刻本	已佚【内容存】（明刻本） 杨士奇《东里别集》卷二《圣谕录中》记载，其向时为太子的朱高炽推荐《大学衍义》，"陛下即召翰林典籍取阅……因留一部朝夕自阅，又取一部命翻刊，以赐诸子……遂赐臣一部"。《圣谕录中》所收有明确时间信息的条目，其先后位置皆遵循时间顺序。此则记载上一则，为"永乐二年七月"事，下一则为"永乐七年"事。由此推测，朱高炽命翻刻《大学衍义》一事发生在永乐二年七月至永乐七年之间	
（明）成祖朱棣《圣学心法》四卷	永乐七年（作序时间）刻本	现存（影印—存目—子部第 6 册） 书首有明成祖朱棣《圣学心法序》，末题"永乐七年五月望日序"（第 137 页）。此本版式、行款为半叶 12 行行 22 字、双行小字字数同、四周双边、黑口、对黑鱼尾，版心中部上题"圣学心法"及卷次、下题页码。版式、字体风格与中央出版的明太祖御制、敕撰书籍一致	
（明）仁孝皇后徐氏《大明仁孝皇后内训》一卷	永乐五年（刊刻时间）刻本	现存（影印—故宫—第 344 册） 《明太宗实录》卷七三："（永乐五年十一月）乙丑，以《仁孝皇后内训》赐群臣，俾教于家……书成，未上。至是，皇太子以进。上览之怆然，命刊印以赐。"（第 1016 页） 此本版式、行款为半叶 8 行行 17 字、四周双边、黑口、单黑鱼尾，版心中部上题"内训"、下题页码。版式、字体风格与中央出版的明太祖御制、敕撰书籍一致	《故宫珍本丛刊》著录此本为永乐三年刻本。按，此为成书时间，时《内训》尚未刊刻

书籍信息	出版信息	出版信息来源	备注
（明）仁孝皇后徐氏《大明仁孝皇后劝善书》二十卷	永乐五年（作序时间）刻本	现存（影印—存目—子部第 120 册） 书首、末有明仁宗朱高炽等所作序跋，末题时间最晚者，为胡广跋末题"永乐五年十一月初六日"（第 481 页）。 此本版式、行款为半叶 14 行行 28 字、四周双边、阔黑口、对黑鱼尾，版心中部上题"劝善书"及卷次、下题页码。版式、字体风格与中央出版的明太祖御制、敕撰书籍一致	按，国家图书馆亦藏有此书，其联机目录著录版本为"明永乐三年刻本"，全国古籍普查数据库亦如此著录。考之国图藏本，其末亦有胡广跋等。笔者认为，该本亦当著录为"明永乐五年序刻本"。国图等或因书首序文末题"永乐三年二月初九日"而如此著录，没有注意到书末还有序跋。 另据《目录》著录，中国书店 2000 年秋拍，"《大明仁孝皇后劝善书》明永乐三年内府刊本"，存二卷，以 22000 元成交（第 195 页）
（明）胡广等《性理大全书》七十卷	永乐十三年（刊刻时间）刻本	现存（馆藏—国图） 《明太宗实录》卷一六八："（永乐十三年九月）己酉，五经、四书大全及性理大全书成……广等上表进，上御奉天殿受之，命礼部刊赐天下。"（第 1872 页） 此本版式、行款为半叶 10 行行 22 字、双行小字字数同、四周双边、阔黑口、对黑鱼尾，版心中部上题卷次、下题页码。版式、字体风格与中央出版的明太祖御制、敕撰书籍一致	

书籍信息	出版信息	出版信息来源	备注
医家类：			
（金）李杲《脾胃论》三卷	永乐年间（刊刻时间）韩夷刻本	已佚【内容存】（《东垣十书》本） 胡广为永乐十五年韩夷刻本《卫生宝鉴》所作序云："公达拳拳服膺不忘，既刻东垣《脾胃论》及《内外伤辨》《用药珍珠囊》三书已，又刻完是书"［（元）罗天益《卫生宝鉴》，第3—4页］；韩夷识语亦云，"迩年以来，东垣《脾胃论》《内外伤辨》《用药珍珠囊》三书，板刊已就"（第9页）。据此，亦知《内外伤辨惑论》《用药珍珠囊》曾经出版	
（金）李杲《内外伤辨惑论》一卷	永乐年间（刊刻时间）韩夷刻本	已佚【内容存】（《东垣十书》本） 据永乐十五年韩夷刻本《卫生宝鉴》胡广序、韩夷识语可知，《内外伤辨惑论》曾经出版	
（金）李杲《用药珍珠囊》一卷	永乐年间（刊刻时间）韩夷刻本	已佚【内容存】（明抄本） 据永乐十五年韩夷刻本《卫生宝鉴》胡广序、韩夷识语可知，《用药珍珠囊》曾经出版	
（元）罗天益《卫生宝鉴》二十四卷、《补遗》一卷	永乐十五年（刊刻时间）韩夷刻本	现存（馆藏—中医） 据胡广序，此书"独吴郡韩氏家藏为善本……（公达）刻完是书，为费不赀……间征广文为序"，末题时间为"永乐十五年岁次丁酉十二月戊戌"。 据《第一批国家珍贵古籍名录图录》（国家图书馆出版社2008年版）提供的书影可知，此本版式、行款为半叶12行行22字、四周双边、阔黑口、对黑鱼尾，版心中部上题卷次、下题页码	已有著录云此本为"吴郡韩彝刻本"，误
（明）李恒《袖珍方大全》四卷	永乐十三年（刊刻时间）周藩刻本	已佚【内容存】（明弘治翻刻本） 弘治十八年集贤书堂刻本《魁本袖珍方大全》书首有周王朱橚序，云"数年以来，印板模糊。今令良医等复校订正，刊行于世"，末题时间为"永乐十三年乙未季秋月"	

续表

书籍信息	出版信息	出版信息来源	备注
（明）朱橚《救荒本草》二卷	永乐四年（作序时间）周藩刻本	已佚【内容存】（明嘉靖重刻本） 嘉靖四年重刻本首《重刻救荒本草序》后，有卞同《救荒本草序》，云"敬惟周王殿下……汇次为书一帙，名曰《救荒本草》，命臣同为之序"，并未言及刊刻，末题时间为"永乐四年岁次丙戌秋八月"	
（明）朱橚《普济方》一百六十八卷	永乐年间（刊刻时间）周藩刻本	现存（馆藏—国图） 现存部分并无序跋。藩府的出版意愿可以高效落成，因此笔者推测，此本当于永乐年间得到出版。 此本版式、行款为半叶 15 行行 26 字、27 字不等、四周双边、黑口	存十九卷
术数类：			
（宋）杨维德《遁甲符应经》三卷	永乐十二年（刊刻时间）王巽刻本	已佚【内容存】（影钞本） 现存清代阮元《宛委别藏》钞本《遁甲符应经》，书末有王巽序，云"特用工重刊，以广其闻"，末题时间为"永乐岁在甲午孟秋良日"。 影钞本版式、行款为半页 11 行行 22 字、左右双边，版心中部上题卷次、下题页码	
（明）朱权《救命索》一卷	永乐十八年（作序时间）刻本	现存（馆藏—中山） 书首有朱权序，然序文未言及刊刻之事，末题时间为"永乐庚子人日"。 此本版式、行款为半叶 12 行行 22 字、四周双边、阔黑口	据"学苑汲古"数据库，中山大学图书馆著录其藏本为"明刻本"。按，或可著录此本为"明永乐十八年序刻本"，使版本信息更为明确
杂家类：			
（明）赵谦《学范》六篇	永乐二年（刊刻时间）王惠刻本	现存（数据库—中华古籍） 书末有王惠识语，云"今岁甲申秋，惠特来闽……遂俾匠氏历山罗友庆鸠工以刊之"；后有倪峻后叙，云"王仲迪氏……命工刻之，既成，俾余叙于后"，末题时间为"永乐二年甲申冬十月"。 此本版式、行款为半叶 11 行行 24 字、四周双边、黑口、三黑鱼尾，版心中部上题"学范"、下题页码	

续表

书籍信息	出版信息	出版信息来源	备注
类书类：			
（宋）陈元靓《纂图增新群书类要事林广记》十二卷（《前集》二卷、《后集》二卷、《续集》二卷、《别集》二卷、《新集》二卷、《外集》二卷）	永乐十六年（刊刻时间）翠岩精舍刻本	现存（馆藏—静嘉堂） 据方彦寿《建阳刻书史》，《前集》目录后有"永乐戊戌孟春翠岩精舍新刊"牌记（第249页）。 据《辞典》"翠岩精舍"条著录，此本版式、行款为半叶19行行32字	
（元）林桢《联新事备诗学大成》三十卷	永乐六年（刊刻时间）博雅书堂刻本	现存（馆藏—北大） 书首《联新事备诗学大成目录》末，有牌记，云"敬用锓梓，以广其传。收书君子幸鉴。博雅书堂谨志"。卷一末复有"永乐戊子孟春博雅书堂新刊"牌记。 此本版式、行款为半叶13行行25字、双行小字字数同、四周双边、黑口、顺黑鱼尾。每叶主要内容为双行小字注，故每行实容纳50字，排版极为紧密	
（元）佚名《新编排韵增广事类氏族大全》十集	永乐十七年（刊刻时间）日新书堂刻本	现存（数据库—汉典重光） 此本今藏美国加利福尼亚大学伯克利分校东亚图书馆。据数据库提供的书影可知，书首目录叶末，有"永乐己亥孟春日新书堂新刊"牌记。 此本版式、行款为半叶17行行28字、四周双边、黑口、顺黑鱼尾	此本有抄配
（明）朱权《原始秘书》十卷	永乐九年（作序时间）刻本	现存（影印—存目—子部第173册） 书首有朱权识语，末题时间为"永乐九年九月初三日"。 此本版式、行款为半叶12行行22字、四周双边、阔黑口、顺黑鱼尾，版心中部上题卷次、下题页码。刊刻较精美	《存目》著录此本为影印华东师范大学图书馆藏明刻本。按，或可著录此本为影印明永乐九年序刻本，使版本信息更为明确

书籍信息	出版信息	出版信息来源	备注
释家类：			
《摩诃般若波罗蜜多心经解注》一卷	建文三年（作序时间）刻本	现存（拍品—嘉德 2006 年春） 据《目录》，此本版式、行款为半叶 6 行行 15 字、四周单边	据《述评》，此本"为孤本无疑"，以 8000 元成交，"可谓奇廉"（第 136—137 页）。 然据笔者查考，台湾"国家图书馆"亦著录"《摩诃般若波罗蜜多心经解注》一卷，建文刊本"；日本关西大学内藤文库亦著录"《摩诃般若波罗蜜多心经》一卷，建文三年序刊本"，疑与此本皆属同一版
题（宋）无垢子注《摩诃般若波罗蜜多心经》一卷	建文三年（作序时间）刻本	现存（馆藏—国图） 书首有昆丘灵通子序，末题时间为"洪武辛巳年六月朔日"。 此本版式、行款为半叶 8 行行 20 字、四周双边、黑口	国家图书馆联机目录著录此本为"明洪武（1368—1398）刻本"。按，"洪武辛巳"实为建文三年
《永乐南藏》六千三百三十一卷	永乐十一年至十八年（刊刻时间）南京刻本	现存（馆藏—国图） 据何梅《明〈永乐南藏〉研究》考证，大报恩寺于永乐十一年重新建成，故可以此为《永乐南藏》开始刊刻时间；复据《金陵梵刹志·钦录集》相关记载，可知最迟至永乐十八年《永乐南藏》已刊刻完成。（《中国典籍与文化论丛》，北京大学出版社 2005 年版，第 52—73 页） 此本为经折装，行款为每版 30 行、每面 6 行，行 17 字	苏晓君《国家图书馆所藏四部南藏概说》（《文献》2004 年第 4 期，第 139—151 页）介绍了国图收藏的嘉靖三十年李朗印本等四部不同时期后印和增刻的南藏

续表

书籍信息	出版信息	出版信息来源	备注
《永乐北藏》六千三百六十一卷	永乐十七年至正统五年（刊刻时间）北京刻本	现存（影印—线装书局2000年版） 据《金陵梵刹志·钦录集》记载，永乐十七年三月明太宗敕令重刊。正统五年十一月刊刻完成。 此本为经折装，行款为每版25行、每面5行，行17字	
（后秦）释鸠摩罗什《妙法莲华经》七卷	永乐五年（刊刻时间或作序时间）刻本	现存（馆藏—国图） 此本正在修复，笔者尚难借阅，因此还不能确定"永乐五年"是作序时间还是刊刻时间。有待进一步查考。 据已有著录，此本版式、行款为半叶5行行15字、上下双边、白口	
（后秦）释鸠摩罗什《妙法莲华经》七卷	永乐七年（刊刻时间或作序时间）刻本	现存（馆藏—云南） 此本笔者尚未得见，因此还不能确定"永乐七年"是作序时间还是刊刻时间。有待进一步查考。 此本版式、行款亦待考	
（后秦）释鸠摩罗什《妙法莲华经》七卷	永乐十七年（刊刻时间或作序时间）刻本	现存（馆藏—国图） 此本正在修复，笔者尚难借阅，因此还不能确定"永乐十七年"是作序时间还是刊刻时间。有待进一步查考。 据已有著录，此本版式、行款为半叶5行行15字、上下双边、白口	国家图书馆联机目录著录此本为永乐十七年刻、嘉靖十七年重印本
（宋）释戒环《妙法莲华经解》七卷	永乐十七年（刊刻时间）释德仪刻本	现存（数据库—中华古籍） 书末有释道成跋，云德仪"睹斯妙法，如获至宝，载欣载喜，三叹三思。既不忘于付嘱，将镂板以流通……一日过余，征序于后"，末题时间为"永乐十七年岁在己亥秋九月望后三日"。 此本版式、行款为半叶14行行24字、四周双边、阔黑口、对黑鱼尾	

续表

书籍信息	出版信息	出版信息来源	备注
（后秦）释鸠摩罗什译，（元）释道肯集篆《金刚般若波罗蜜经》一卷	永乐十年（刊刻时间或作序时间）刻本	现存（馆藏—山东） 此本笔者尚未得见，因此还不能确定"永乐十年"是作序时间还是刊刻时间。有待进一步查考。 此本版式、行款亦待考	
（后秦）释鸠摩罗什《金刚般若波罗蜜经》一卷	永乐年间（刊刻时间或作序时间）刻本	现存（馆藏—陕师大） 此本笔者尚未得见，因此还未知已有著录判断此本为永乐刻本的依据。有待进一步查考。 此本版式、行款亦待考	
（明）成祖朱棣《金刚般若波罗蜜经集注》一卷	永乐二十一年（刊刻时间）刻本	现存（馆藏—国图） 书首有明成祖序，云"特命锓梓，用广流传"，末题时间为"永乐二十一年四月十七日"。 此本版式、行款为半叶7行行13字、双行小字字数异、四周双边、阔黑口	
（北凉）释昙无谶《大般涅槃经》四十卷	永乐五年（刊刻时间或作序时间）刻本	现存（馆藏—国图） 此本正在修复，笔者尚难借阅，因此还不能确定"永乐五年"是作序时间还是刊刻时间。有待进一步查考。 据已有著录，此本版式、行款为半叶5行行15字、上下双边、白口	
（北凉）释昙无谶《金光明经》四卷	永乐二十二年（刊刻时间）朱兴刻本	现存（馆藏—首都） 书首有溥洽《重刊金光明经序》，云"永乐二十年壬寅，钦取天下缁流于庆寿寺，开大法会"，"于时内官监太监朱兴……以《金光明经》在京原缺板本，遂捐囊镪，命工重绣诸梓。明年癸卯，复购楮墨印造是经若干部，散施中外僧刹，将使吾徒人人诵佛之言，行佛之行"，末题时间为"皇明永乐二十一年癸卯十二月初吉"。书末有朱兴识语，云"奉佛弟子信官朱兴……发心印造《金光明经》五千四十八部，散施流通，仰祝皇帝陛下万岁万岁万万岁"，末题"永乐二十二年正月吉日谨识"。 此本为经折装，版式、行款为每面5行行17字、双行小字28字、上下双边	存三卷

书籍信息	出版信息	出版信息来源	备注
（唐）释不空、（元）释法天译《佛说摩利支天菩萨经》一卷	永乐元年（刊刻时间）郑和刻本	现存（数据库—中华古籍） 书末有释道衍（即姚广孝）跋，云"今菩萨戒弟子郑和，法名福善，施财命工刊印流通"，末题时间为"永乐元年岁在癸未秋八月二十又三日"。 此本为经折装，行款为每面4行行13字	
（唐）释实叉难陀《大方广佛华严经》八十卷，（唐）释般若《大方广佛华严经》一卷	永乐十七年（刊刻时间或作序时间）福贤刻	现存（馆藏—国图） 此本正在修复，笔者尚难借阅，因此还不能确定"永乐十七年"是作序时间还是刊刻时间。有待进一步查考。 据已有著录，此本版式、行款为半叶5行行15字、上下双边、白口	云南省图书馆著录"（唐）释实叉难陀《大方广佛华严经》八十卷，永乐刻本"，存七十八卷，疑与此本系同一版。据《述评》，北京保利2008年秋拍，永乐十七年刻本《大方广佛华严经》卷四六至五〇，原装原签，封面为明代缂丝，以6万元成交（第408页）
（唐）释般若《大方广佛华严经入不思议解脱境界普贤行愿品》	永乐十二年（刊刻时间或作序时间）刻本	现存（馆藏—天津） 此本笔者未能借出阅览，因此还不能确定"永乐十二年"是作序时间还是刊刻时间。有待进一步查考。 据已有著录，此本版式、行款为半叶6行行17字、上下单边	
（宋）释圆觉《华严原人论解》三卷	永乐七年（刊刻时间或作序时间）刻本	现存（馆藏—湖北） 此本笔者尚未得见，因此还不能确定"永乐七年"是作序时间还是刊刻时间。有待进一步查考。 此本版式、行款亦待考	存一卷
（唐）释法海《六祖大师法宝坛经》一卷	永乐年间（刊刻时间或作序时间）刻本	现存（馆藏—台湾） 此本笔者尚未得见全帙，因此还未知已有著录判断此本为永乐刻本的依据。有待进一步查考。 据古籍特藏数据库提供的部分书影可知，此本版式、行款为半叶10行行20字、双行小字字数同、四周双边、黑口、对黑鱼尾，版心中部上题"坛经"、下题页码	有何焯藏书印、沈曾植跋

书籍信息	出版信息	出版信息来源	备注
《大方便佛报恩经》七卷	永乐十七年（刊刻时间或作序时间）刻本	现存（馆藏—云南） 此本笔者尚未得见，因此还不能确定"永乐十七年"是作序时间还是刊刻时间。有待进一步查考。 此本版式、行款亦待考	
《金光明最胜王经》十卷	永乐十七年（刊刻时间或作序时间）刻本	现存（馆藏—新疆社科） 此本笔者尚未得见，因此还不能确定"永乐十七年"是作序时间还是刊刻时间。有待进一步查考。 此本版式、行款亦待考	
《佛顶心陀罗尼经》三卷	永乐二十年（刊刻时间或作序时间）王法意刻本	现存（馆藏—国图） 此本笔者尚未得见，因此还不能确定"永乐二十年"是作序时间还是刊刻时间。有待进一步查考。 此本版式、行款亦待考	
《太上说天妃救苦灵验经》一卷	永乐十八年（刊刻时间）胜惠刻本	现存（数据库—中华古籍） 末有胜惠识语，云"永乐十四年，差往西洋公干，要保人船无事，发心告许《天妃灵验妙经》一藏，用作匡扶，祈求平善……命工印造原许经文，散施四方，流通读诵"，末题时间为"永乐十八年四月初八日"。 此本为经折装，行款为每面4行行13字	胜惠所言"西洋公干"，即第五次郑和下西洋（永乐十四年出发，永乐十七年回国）
《大乘经咒》四卷	永乐九年至十年（刊刻时间或作序时间）刻本	现存（馆藏—国图） 此本笔者尚未得见，因此还不能确定"永乐九年至十年"是作序时间还是刊刻时间。有待进一步查考。 据已有著录，此本版式、行款为每行12字，无格	此本索书号为04859
《大乘经咒》一卷	永乐九年至十年（刊刻时间）刻本	现存（数据库—中华古籍） 卷首有明成祖《御制金刚般若波罗蜜经序》，末题时间为"永乐九年五月初一日"。卷前复有邵章跋，云此为"明永乐九年十年经板，其刷印不知何时"。 此本为卷轴装，行款为每行12字	此本索书号为04860

续表

书籍信息	出版信息	出版信息来源	备注
《观世音菩萨普门品经佛说如意心陀罗尼神咒白衣大悲五印心陀罗尼咒》	永乐十三年（刊刻时间或作序时间）方妙莲刻本	现存（馆藏—国图）此本正在修复，笔者尚难借阅，因此还不能确定"永乐十三年"是作序时间还是刊刻时间。有待进一步查考。据已有著录，此本版式、行款为半叶 4 行行 13 字、上下双边、白口	
《大佛顶首楞严神咒》一卷、《大随求陀罗尼神咒》一卷	永乐十八年（刊刻时间）刻本	现存（馆藏—首都）书末有牌记，云"大明国　府　县　奉佛善信等发心刊施此咒"，末题"永乐十八年　月　日印施"。此本为经折装，版式、行款为每面 6 行行 17 字，上下双边	
《劝念佛诵经西方净土公据》一卷	永乐三年（刊刻时间）刻本	现存（数据库—中华古籍）书末有"永乐三年岁在乙酉孟夏佛诞日菩萨戒弟子沙福智奉劝"。此本为经折装，行款为每面 5 行行 15 字	
《念佛法门往生西方公据》一卷	永乐十四年（刊刻时间）释德仪刻本	现存（馆藏—首都）书末有净戒后序，云"京都佛弟子德仪……因绘像圈图，纂系嘉言，题曰《念佛法门往生公据》镂板"，末题时间为"永乐十四年龙集丙申冬至前三日"。净戒序前叶，亦有"永乐丙申弥陀生日京都佛子刊印流通"字样。此本为经折装，版式、行款为每面 6 行行 20 字、上下双边。书首有数幅精美版画	
《观音灵感真言》一卷	永乐十年（刊刻时间）刻本	现存（数据库—中华古籍）书末云"用是流布，以普福利，恭敬奉行，咸获如意"，末题时间为"永乐十年四月初八日"。此本为经折装，版式、行款为每面 4 行行 14 字、四周双边	
（后秦）释鸠摩罗什译《梵网经卢舍那佛说心地法门品菩萨戒本》一卷	永乐十一年（刊刻时间）释了证刻本	现存（数据库—中华古籍）书末有刊记，云"比丘僧了证发心手自书写菩萨戒经，刊板印施流通"，末题时间为"永乐癸巳年"。此本为经折装，版式、行款为每面 5 行行 15 字、上下单边	

书籍信息	出版信息	出版信息来源	备注
《御制三昧水忏》	永乐十四年（刊刻时间或作序时间）刻本	现存（馆藏—国图） 此本正在修复，笔者尚难借阅，因此还不能确定"永乐十四年"是作序时间还是刊刻时间。有待进一步查考。 据已有著录，此本版式、行款为半叶 5 行行 14 字、上下双边	存五叶
《弥陀往生净土忏仪》	永乐十八年（刊刻时间或作序时间）刻本	现存（馆藏—国图） 此本正在修复，笔者尚难借阅，因此还不能确定"永乐十八年"是作序时间还是刊刻时间。有待进一步查考。 据已有著录，此本行款为半叶 5 行行 16 字	
（唐）裴休《黄檗山断际禅师传心法要》一卷、《宛陵录》一卷	永乐十二年（刊刻时间）刻本	现存（数据库—中华古籍） 书首有《黄檗心要序》，云"予暇日偶观是编，爱其言论简奥而意味深远，遂命书刻，以广其传"，末题时间为"永乐十二年岁次甲午十月八日"，未署名。 此本版式、行款为半叶 9 行行 17 字、四周双边、阔黑口、对黑鱼尾，版心中部上题"法要"、下题页码	
（宋）延寿《永明智觉禅师唯心诀》一卷	永乐四年（刊刻时间）刻本	现存（馆藏—北大） 北大图书馆著录"明永乐四年刻本、正统弘治间（1436—1505）续刻本《佛说四十二章经》"，凡三册。其中《唯心诀》册首有序言，末题时间为"永乐四年岁在丙戌冬十有一月望日"，末有"大明永乐四年孟冬吉日刊行"牌记。 此本版式、行款为半叶 6 行行 15 字、四周双边	在《唯心诀》以及前述《晋僧肇法师宝藏记》册之外，北大藏本还包括《重刊四十二章经》一册，其首有明正统五年庚申仲冬初吉序，末有明正统五年十一月望日跋
（宋）陈实《大藏一览集》十卷	永乐十六年（刊刻时间）刻本	现存（馆藏—首都） 卷十末，有"信人王性海助刊此卷枝流通/愿祈父王福胜母尚氏善胜寿/命延长身穷康泰者/永乐戊戌孟冬吉日题"牌记。 此本版式、行款为半叶 11 行行 21 字、左右双边、黑口、对黑鱼尾，版心中部上题卷次、下题页码	存四卷（卷七至十）。首都图书馆书目检索系统著录此本作者为"（明）陈实"。按，陈实当为宋人

续表

书籍信息	出版信息	出版信息来源	备注
（宋）王日休《龙舒增广净土文》十四卷	永乐十六年（刊刻时间）宋福顺等刻本	现存（数据库—中华古籍） 书末有溥洽识语，云"北京善友宋福顺等，以为京师都会之地，不可缺是书，复衷信檀，为重寿诸梓而印施焉，征余志于卷末"，"然则宋福顺等刊施是书，劝人念佛，其亦有裨于圣化者欤"，末题时间为"永乐十六年龙集戊戌冬十月"。 此本版式、行款为半叶 8 行行 17 字、双行小字字数同、左右双边、黑口、对黑鱼尾、版心中部上题卷次、下题页码	
（宋）释印肃《普庵至善弘仁圆通智慧寂感妙应慈济真觉昭贶惠庆护国宣教大德菩萨实录》一卷、《语录》四卷、《家宝》一卷	永乐二十一年（刊刻时间）刻本	现存（数据库—中华古籍） 书首有明成祖序，云"谨用重加厘正，命工镂梓，广布流通"，末题时间为"永乐二十一年四月十七日"。 此本版式、行款为半叶 12 行行 22 字、双行小字字数同、四周双边、阔黑口、对黑鱼尾、鱼尾处有花纹、版心中部上题卷次、下题页码。刊刻精美。 此本当为中央刻本	
（元）释道泰、（元）释智境《禅林类聚》二十卷	永乐十五年（刊刻时间）刻本	现存（馆藏—北大） 书首有释道成序，云刊刻工作于永乐十五年毕工，末题时间为永乐十五年丁酉夏四月。 此本版式、行款为半叶 12 行行 22 字、左右双边、黑口	存四卷
（明）成祖朱棣《诸佛世尊如来菩萨尊者神僧名经》不分卷	永乐十五年（作序时间）刻本	现存（馆藏—首都） 书首有序、末有后序，俱未题作者，然序云"尝观诸佛世尊如来菩萨尊者神僧千经万典……间取佛经所载诸佛世尊如来菩萨尊者神僧名号，编成歌曲……因以锓梓流通广传"，因此当为明成祖所制。二序未言及是书刊事宜，末题时间俱为"永乐十五年四月十七日"。 此本版式、行款为半叶 16 行行 30 字、四周双边、阔黑口、对黑鱼尾、鱼尾处有花纹、版心中部上题卷次、下题页码。刊刻精美，开本阔大。 此本当为中央刻本	

续表

书籍信息	出版信息	出版信息来源	备注
（明）成祖朱棣《神僧传》九卷	永乐十五年（刊刻时间）刻本	现存（影印—存目—子部第254册） 书首有明成祖序，云"遂用刻梓以传，昭著其迹于天地间"，末题"永乐十五年正月初六日"（第347页）。 此本版式、行款为半叶12行行21字、四周双边、阔黑口、对黑鱼尾，版心中部上题"神僧传"及卷次、下题页码。刊刻精美	
道家类：			
《度人经》一卷	永乐四年（刊刻时间）刻本	现存（数据库—古籍特藏） 书末有"永乐四年　月　日印施"牌记。 此本为经折装，版式、行款为每面6行行14字、上下双边	
《新刊足本类编全相启圣实录》四卷（"前集"一卷、"后集"一卷、"续集"一卷、"别集"一卷）	永乐十一年（成书时间）刻本	现存（影印—甲库—第648册） 书首有多幅画像并配有文字，其中涉及时间最晚的记载，为"永乐十一年八月十九日，光中复现圣像，后有一神侍从"（第315页）。 此本序文部分为右图左文，文20行行30字，正文部分版式、行款为上图下文，文20行行20字、四周双边、黑口	
集部			
别集类：			
（元）陈孚《陈刚中诗集》三卷、《附录》一卷	建文四年（刊刻时间）浙江布政司刻本	已佚【内容存】（影刻本） 陶湘《托跋廛丛刻》收录有影刻本，该本末有皇甫睐《陈刚中诗集后序》，云"浙江布政司参政顺德赵公按部之暇，询及其家，而得是编。惧其久而湮没……捐资锓梓以行"，末题时间为"洪武壬午秋九月廿有三日"。其后复有天顺四年八月沈琮识语，云"余家藏……是为洪武壬午浙江布政司刻版，今不多见。天顺庚辰，余知广州……故用捐俸，绣梓以求其传"（中国书店2011年版，第225—226页）。按，"洪武壬午"实为建文四年。 影刻本版式、行款为半叶11行行20字、四周双边、阔黑口、对黑鱼尾，版心中部上题卷次、下题页码	

续表

书籍信息	出版信息	出版信息来源	备注
（明）宋濂《宋学士续文粹》十卷、《附录》一卷	建文三年（刊刻时间）郑氏义门书塾刻本	已佚【内容存】（明永乐翻刻本） 现存永乐年间翻刻本《宋学士续文粹》有郑柏《宋学士续文粹跋》，云"今请于家长英斋伯父，命印工应孟性等刊于义门书塾，以广其传。起手于辛巳年闰月二十一日，毕工于秋七月二十日，凡历一百一十六日云"。据此，可知《宋学士续文粹》刊刻于建文三年	
（宋）欧阳修《欧阳文忠公集》一百五十三卷	永乐二年七月至永乐七年间（刊刻时间）中央刻本	已佚【内容存】（明刻本） 杨士奇《东里别集》卷二《圣谕录中》记载，时为太子的朱高炽"遂命臣及赞善陈济校雠欧文，正其误，补其阙，厘为一百五十三卷。遂刻以传廷臣之知文者，各赐一部，时不过三四人"。《圣谕录中》所收有明确时间信息的条目，其先后位置皆遵循时间顺序。此则记载上一则，为"永乐二年七月"事，下一则为"永乐七年"事。由此推测，朱高炽主持出版欧集一事，发生在永乐二年七月至永乐七年之间	
（宋）释契嵩《镡津文集》二十二卷	永乐八年（刊刻时间）刻本	现存（馆藏—湖南） 据叶启勋所作跋语可知，此本书首有沙门文琇后序，云至永乐八年文琇刻成是集、始行刊之，末题时间为永乐八年。（《湖南近现代藏书家题跋选》第2册，岳麓书社2011年版，第105页，备注同） 此本版式、行款为半叶10行行18字、阔黑口	叶启勋跋云，此本版式、行款与日本森立之《经籍访古志》著录之宋刻本同，"知此本为重雕宋本，无改易也"
（宋）欧阳澈《欧阳修撰集》八卷	永乐十四年（刊刻时间）崇仁欧阳氏刻本	现存（影印—甲库—第672册） 书末有唐光祖《跋重刊欧阳修撰集后》，云"赞府士庄甫欧侯既重刊其十世祖秘阁修撰讳彻字德明者之集，俾冢子道佑持以见示"，"无孝子慈孙以阐其幽，则其书虽存，亦束于高阁而已，所以忧国闵时，所以尊主庇民者，孰得而见之！欧侯……恐其集之亡轶，永乐四年丙戌夏四月，会朝廷方访求遗书，即伏阙自陈家有显祖遗文，驰传还家，取进编入《永乐大典》，今复命工锓木，流行于世……其所用心，亦世之所罕也。三叹之余，谨识于后"，末题时间为"永乐丙申八月望"（第916页）。 此本版式、行款为半叶13行行24字、四周双边、阔黑口、顺黑鱼尾，版心中部上题卷次、下题页码	

续表

书籍信息	出版信息	出版信息来源	备注
（宋）文天祥《宋少保右丞相信国公文山集》四卷	永乐十八年（刊刻时间或作序时间）刻本	现存（馆藏一成都杜甫草堂） 此本笔者尚未得见，因此还不能确定"永乐十八年"是作序时间还是刊刻时间。有待进一步查考。 此本版式、行款亦待考	
（元）吴澄《支言集》一百卷	永乐四年（刊刻时间）吴燴刻本	已佚【内容存】（《临川吴文正公集》） 杨士奇为《支言集》所作提要云，"燴为常山丞，能持身爱民。欲重刻《支言集》而贫无资，乃归卖其家园田为之"（《东里文集·续编》卷一八）。永瑢《四库全书总目》卷一六六《吴文正集》一百卷"提要："是集为其孙当所编，永乐丙戌其五世孙燴所重刊，后有燴跋。"（第1428页）今国图藏明正统刻五卷本《文正公草庐吴先生文粹》书首吴讷序亦云："近岁裔孙燴重刊文集，凡一百卷，篇帙既多，字因细小。"今国图藏明宣德十年吴炬重刻本《临川吴文正公集》一百卷（存二十八卷），卷五四首还题有"燴重编"字样	
（元）李存《鄱阳仲公李先生文集》三十一卷	永乐三年（刊刻时间）李光刻本	现存（影印一北图一第92册） 书首有邹济序，云"又幸其曾孙光好学……求言于闻人，以传不朽"，末题时间为"永乐三年岁在乙酉"（第533—534页）。 此本版式、行款为半叶13行行24字、双行小字字数同、四周双边、黑口、三鱼尾，版心中部上题卷次、下题页码	
（明）宋濂《宋学士续文粹》十卷、《附录》一卷	永乐年间（刊刻时间）刻本	现存（数据库一古籍特藏） 陈昌云、张丽平《台湾藏孤本〈宋学士续文粹〉考述》（《图书馆工作与研究》2016年第4期，第88—91页）已指出，此本有楼琏《潜溪续文粹序》、郑柏《宋学士续文粹跋》，然正文中涉及方孝孺、宋恂之处或改作某或直接删去，由此可知此本非建文原刻，而当为永乐年间翻刻本。另，此本有郑楷作永乐壬辰改葬志，则其刊刻时间不早于永乐十年。 此本版式、行款为半叶12行行25字、黑口、单鱼尾	台湾"国家图书馆"著录此本为建文三年刻本，误

书籍信息	出版信息	出版信息来源	备注
（明）刘夏《刘尚宾文集》五卷、《附录》一卷、《刘尚宾文续集》四卷	永乐十八年（作序时间）刘拙刻本	现存（影印—续修—第1326册） 书首有周孟简序，云"今嗣孙愚鲁复能命工锓梓以传诸后"，末题时间为"永乐十八年庚子八月既望"（第65页）。愚鲁为刘拙字。 此本版式、行款为半叶12行行22字、四周双边、阔黑口、三鱼尾，版心中部上题卷次、下题页码	南京图书馆、《续修》著录此本为"明永乐刘拙刻成化刘衢续修本"
（明）释宗泐《全室外集》九卷、《续集》一卷	永乐元年（刊刻时间）刻本	现存（数据库—中华古籍） 书首有朱右、徐一夔、王达序，朱序、徐序无末题时间，王序明言"今将锓梓"，末题时间为"永乐元年龙集癸未十一月"。 此本版式、行款为半叶12行行21字、四周双边、黑口、顺黑鱼尾，版心中部上题卷次、下题页码	
（明）释睿略《松月集》一卷	永乐十一年（作序时间）刻本	现存（影印—存目—集部第27册） 书末有姚广孝《略禅师塔铭》，末题时间为"永乐十一年岁在癸巳春二月"（第548页）。 此本版式、行款为半叶11行行20字、四周双边、黑口、对黑鱼尾，版心中部上题"松月集"、下题页码	
（明）胡奎《斗南先生诗集》六卷	永乐年间（刊刻时间）宁藩刻本	现存（馆藏—上海） 此本笔者尚未得见，然据宁藩朱权《斗南老人集序》"先生……生于元至顺乙亥……居豫章七年，予悯其衰老，遣使送归海宁。明年卒于家，时年七十有五"，"故命寿诸梓，以传无穷焉"（徐永明点校《胡奎诗集》，浙江古籍出版社2012年版，第463—465页）记载可知，胡奎生于1335年亦即元元统三年（朱权所言"至顺"误），明永乐七年去世，永乐年间其集由朱权主持出版。 此本版式、行款待考	

续表

书籍信息	出版信息	出版信息来源	备注
（明）金固《雪崖先生诗集》五卷	永乐十九年（刊刻时间）金幼孜刻本	现存（影印—续修—第1325册） 书末有胡俨《金先生诗集后序》，云"今幼孜复集先生之诗若干卷，将锓梓以行，且征余序"，末题时间为"永乐十九年岁次辛丑十一月朔日"（第277页）。 此本版式、行款为半叶11行行21字、四周双边、阔黑口、对黑鱼尾，版心中部上题卷次、下题页码	《续修》、北大图书馆联机目录等皆著录此本为"明永乐十九年刻本"。按，或可著录此本为"明永乐十九年金幼孜刻本"，使版本信息更为具体
（明）袁珙《柳庄先生诗集》一卷	永乐九年（作序时间）刻本	现存（馆藏—内阁） 此本笔者尚未得见，然天一阁藏有清抄本《柳庄先生诗集》，据该本提要可知，书首有姚广孝《柳庄先生诗集序》，云"承直郎太常寺丞柳庄先生殁之明年，其子中书舍人忠彻录先生平日所作之诗……裒为一册，题曰《柳庄先生诗集》"，末题时间为永乐九年。（《天一阁藏徐时栋著作图录》，宁波出版社2014年版，第112页） 此本版式、行款待考	
（明）高启《缶鸣集》十二卷	永乐元年（刊刻时间）周立刻本	现存（馆藏—静嘉堂） 此本笔者尚未得见，然金檀辑注《高青丘集》收录有周立跋，云"俾学子李盛缮写成帙，用绣诸梓，贻于不朽"，末题时间为"永乐元年秋七月初吉"（第984页）。 此本版式、行款待考	据《日藏》，此本有黄丕烈手识，谓其"字迹清朗，首尾完善""前后胡、王、谢三人之序……属刻本，并多校刻周立公礼后序二叶，是可喜已"

续表

书籍信息	出版信息	出版信息来源	备注
（明）管时敏著，（明）丁鹤年评《蚓窍集》十卷	永乐元年（刊刻时间）楚藩刻本	现存（影印—丛刊三编） 书首有胡粹中《蚓窍集序》，云"贤王侈公之德，欲寿其傅（按，疑当作'传'），命刻诸板，余不敏僭序"，末题时间为"永乐元年岁次癸未春三月望日"。 此本版式、行款为半叶10行行20字、四周双边、黑口、对黑鱼尾，版心中部上题卷次、下题页码	按，此本书首有洪武三十一年吴勤序，序后为周子冶《全庵记》，记后为永乐元年胡粹中序，三者版式、行款、刻书字体一致。是以目前多将此本著录为"（明）管时敏著、（明）丁鹤年评《蚓窍集》十卷、（明）周子冶《全庵记》一卷"。然细考之，《全庵记》言及管时敏于"永乐十四年奏为伴读"，与永乐元年相去较远。《蚓窍集》为楚藩主持刊刻，藩府的出版意愿大多能得到快速落实。且《全庵记》云，"次其所闻见者为之记。若夫公所自著曰《蚓窍集》《秋香百咏》《还乡纪行》者，已并行于当世云"。综上，笔者认为，《蚓窍集》出版于永乐元年前后，而《全庵记》当为此后补刻

书籍信息	出版信息	出版信息来源	备注
（明）易恒《陶情稿》六卷	永乐四年（作序时间）刻本	现存（馆藏—南京） 书首有永乐三年岁次乙酉冬吴兴莫士安《陶情诗集序》，末有永乐四年岁在丙戌五月初吉汝南周傅《陶情集后序》。后序云"吴郡易先生久成甫，博学有文，尤刻意于诗……间汇次成编，题曰《陶情集》，属余序其后"，未及刊刻。 此本版式、行款为半叶 12 行行 20 字、四周双边、黑口、对黑鱼尾、版心中部上题卷次、下题页码	
（明）夏时《守黑斋遗稿》十一卷	永乐十五年（刊刻时间）上虞叶氏刻本	现存（数据库—古籍特藏） 书首有王钰《守黑先生文集叙》，末题时间为正统五年。书末有叶砥识语，末题时间为永乐丁酉秋。其后复有正统五年张居杰识语，云："右守黑先生遗稿十一卷，前饶郡太守叶公既锓诸梓，而太守即世，其孙应州学正绶与弟纬皆占籍于饶，藏其板于家有年矣"。识语亦记，王钰序为张居杰所请。 此本版式、行款为半叶 13 行行 22 字、四周双边、黑口、对黑鱼尾	台湾"国家图书馆"著录此本为"永乐十五年上虞叶氏刊正统五年补刊序跋本"
（明）刘庽《盘谷集》十卷	永乐三年（作序时间）刻本	现存（数据库—中华古籍） 书首有门人陈谷序，云"辄不自揆，窃敢以先生平日所作诗文汇次成秩，厘为十卷，名之曰《盘谷集》，复僭序于首"，未明言刊刻。其末题时间为"旃蒙作噩夏五月"。"旃蒙"即乙、"作噩"即酉，由此可知为永乐三年。 此本版式、行款为半叶 12 行行 24 字、左右双边、黑口、对白鱼尾，版心中部上题卷次、下题页码	
总集类：			
（明）孙原理采辑，（明）陈孟凝选，（明）张中达校《元音》十二卷	建文三年（刊刻时间）张再隆增刻本	现存（馆藏—复旦） 书首有曾用藏跋，其内容已征引于前，其末题时间为"辛巳九月"。 此本版式、行款为半叶 12 行行 22 字、双行小字字数同、四周双边、黑口、对黑鱼尾，版心中部上题卷次、下题页码	《辞典》"张中达"条云"建文三年（1401）刻印过邑人孙原理编《元音》12 卷"（第 427 页）。按，建文三年刻印《元音》者当为张再隆

续表

书籍信息	出版信息	出版信息来源	备注
（明）释净成编《三圣诗集》不分卷［（唐）释寒山《寒山子诗》、（唐）释丰干《丰干禅师诗》、（唐）释拾得《拾得诗》］	永乐十四年（刊刻时间或作序时间）刻本	现存（馆藏—上海） 此本笔者尚未得见，因此还不能确定"永乐十四年"是作序时间还是刊刻时间。有待进一步查考。 此本版式、行款亦待考	
（明）朱绍、（明）朱积编，（明）楼宏校正《鼓吹续编》十卷	永乐二十二年（刊刻时间）刻本	现存（数据库—关大档案） 书首有曾棨、楼文渊《鼓吹续编序》，末题时间分别为永乐二十二年夏四月、永乐二十二年夏五月。楼序云"……类为《鼓吹续编》，期锓梓以惠乡邦士子，复属吾儿宏绅绎刊误，将与前编并行也" 此本版式、行款为半叶 11 行行 20 字、四周双边、黑口、顺黑鱼尾，版心中部上题卷次、下题页码	
词曲类：			
（明）成祖朱棣《诸佛如来菩萨名称歌曲》五十卷	永乐十八年（作序时间）刻本	现存（馆藏—国图） 书首、末有明成祖序，末题时间分别为永乐十五年、永乐十八年，序文中未言及刊刻事宜。 此本版式、行款为半叶 7 行行 17 字、四周双边、黑口	按，国家图书馆联机目录著录此本为"永乐十五年内府刻本"，盖因著录者未发现此本复有后序
（明）成祖朱棣《诸佛世尊如来菩萨尊者名称歌曲》一卷、《感应歌曲》二卷	永乐十八年（作序时间）刻本	现存（馆藏—国图） 书首、末有明成祖序，末题时间分别为永乐十五年、永乐十八年，序文中未言及刊刻事宜。 此本版式、行款为半叶 16 行行 31 字、四周双边、阔黑口	

续表

书籍信息	出版信息	出版信息来源	备注
（明）成祖朱棣《诸佛世尊如来菩萨尊者名称歌曲》一卷、《感应歌曲》二卷	永乐十八年（作序时间）刻本	现存（馆藏—国图） 书首、末有明成祖序，末题时间分别为永乐十五年、永乐十八年，序文中未言及刊刻事宜。 此本版式、行款为半叶16行行23字、四周双边、阔黑口	
（明）朱有燉《诚斋杂剧》三十一卷	永乐、宣德、正统间（刊刻时间）刻本	现存（数据库—中华古籍） 朱有燉诸杂剧卷首有小引，其中末题时间最早者，为《张天师明断辰钩月》，末题时间为"永乐二年岁在甲申仲秋"。最晚者为《河嵩神灵芝庆寿》，末题时间为"正统四年二月十九日"。考虑到藩府的出版意愿可以高效落实，《诚斋杂剧》当于永乐年间即开始刊刻。 此本版式、行款为半叶10行行20字、四周双边、黑口、对黑鱼尾，版心中部题有页码	

表11   现存"明初刻本"版刻信息

书籍信息	出版信息	出版信息来源	备注
		经部	
		易类：	
（宋）胡方平《易学启蒙通释》二卷、《图》一卷	明初刻本	现存（馆藏—北大） 此本版式、行款为半叶10行行21字、双行小字字数同、左右双边、黑口、顺黑鱼尾，版心中部上题卷次、下题页码	北大图书馆联机目录著录此本为"明初（1368—1435）刻本"
（元）梁寅《周易参义》十二卷	明初刻本	现存（馆藏—上海）	上海图书馆联机目录著录此本为"明初（1368—1425）刻本"

续表

书籍信息	出版信息	出版信息来源	备注
（明）谢子方《易义主意》五卷、《读易纲领》一卷	明初刻本	现存（馆藏—北大） 此本版式、行款为半叶 12 行行 23 字、四周双边、黑口、顺黑鱼尾，版心中部上题卷次、下题页码。 此本首有李盛铎跋，云此书"《四库》未收，诸家书目亦罕著录，不得不视为秘笈也"	存三卷。 北大图书馆联机目录著录此本为"明初（1368—1435）刻本"
（明）胡广《周易传义大全》二十四卷	明初建阳刻本	现存（数据库—古籍特藏） 此本版式、行款为半叶 11 行行 21 字、双行小字字数同、四周双边、阔黑口、顺黑鱼尾，版心中部上题卷次、下题页码	
书类：			
题（汉）孔安国传，（唐）孔颖达疏《尚书注疏》二十卷	明初刻本	现存（数据库—古籍特藏） 此本版式、行款为半叶 8 行行 18 字、双行小字 25 字、四周双边、白口、顺黑鱼尾，版心中部上题卷次、下题页码	
（宋）蔡沈著，（元）邹季友音释《书集传音释》六卷	明初刻本	现存（数据库—中华古籍） 此本版式、行款为半叶 12 行行 23 字、双行小字字数同、四周双边、黑口、顺黑鱼尾，版心中部上题卷次、下题页码	存四卷。 国家图书馆联机目录著录此本为"明初（1368—1424）刻本"
（宋）蔡沈《书经集注》十卷	明初建阳刻本	现存（数据库—古籍特藏） 此本版式、行款为半叶 9 行行 17 字、双行小字字数同、四周双边、阔黑口、顺黑鱼尾，版心中部上题卷次、下题页码	
诗类：			
（明）朱善《诗解颐》四卷	明初刻本	现存（馆藏—上海） 此本版式、行款为半叶 12 行行 28 字、四周双边、黑口、对黑鱼尾	上海图书馆联机目录著录此本为"明初（1368—1425）刻本"

书籍信息	出版信息	出版信息来源	备注
		礼类：	
（宋）叶时《礼经会元》四卷	明初覆刻本	现存（数据库—古籍特藏）此本版式、行款为半叶 11 行行 24 字、左右双边、白口、无鱼尾，版心中部上题卷次、下题页码	台湾"国家图书馆"著录此本为"明初期覆元至正二十六年江浙行省刊明代修补本"
（宋）杨复《仪礼图》十七卷、《仪礼旁通图》一卷	明初刻本	现存（影印—甲库—第 13 册）此本版式、行款为半叶 10 行行 20 字、双行小字字数同、左右双边、阔黑口、对黑鱼尾，版心中部上题卷次、下题页码	存六卷
（元）吴澄《重刊仪礼考注》十七卷	明初刻本	现存（馆藏—上海）	上海图书馆联机目录著录此本为"明初（1368—1425）刻本"
《礼记》白文不分卷	明初刻本	现存（馆藏—复旦）据"学苑汲古"数据库提供的正文首叶书影可知，此本版式、行款为半叶 9 行行 17 字、四周双边、单黑鱼尾，版心中部上题"礼记"、下题页码	复旦图书馆联机目录著录此本为"明初（1368—1505）刻本"
（元）陈澔《礼记集说》十六卷	明初刻本	现存（数据库—中华古籍）此本版式、行款为半叶 11 行行 21 字、双行小字字数同、四周双边、黑口、顺黑鱼尾，版心中部上题卷次、下题页码	国家图书馆联机目录著录此本为"明初（1368—1424）刻本"
（明）官修《洪武礼制》一卷	明初刻本	现存（影印—甲库—第 439 册）此本版式、行款为半叶 10 行行 21 字、四周双边、黑口、无鱼尾，版心中部上题卷次、下题页码。版式、字体风格与中央出版的明太祖御制、敕撰书籍一致	

书籍信息	出版信息	出版信息来源	备注
		春秋类：	
（汉）董仲舒《春秋繁露》十七卷	明初刻本	现存（馆藏—复旦） 据"学苑汲古"数据库提供的正文首叶书影，可知此本版式、行款为半叶 9 行行 17 字、四周双边、黑口、黑鱼尾，版心中部上题卷次、下题页码	
（晋）杜预《春秋经传集解》三十卷、（蜀）冯继先《春秋名号归一图》二卷	明初覆刻本	现存（馆藏—复旦） 复旦图书馆联机目录著录此本题名为"晋杜预集解《春秋经传》"，未著录卷数。 考之"学苑汲古"数据库提供的此本正文首叶书影，其首题"春秋名号归一图卷上"，版式、行款为半叶 10 行行 17 字、双行小字字数异、左右双边、顺黑鱼尾，版心中部上题卷次、下题页码。 此版式、行款与刻书风格，与宋龙山书院刻本《春秋经传集解》三十卷、《春秋名号归一图》二卷的相应叶完全一致。是以增补书名、作者、卷数信息如左	存一卷首一卷。复旦图书馆联机目录著录此本为"据宋本覆刻"
（晋）杜预注，（宋）林尧叟音注《春秋左传》三十卷	明初刻本	现存（馆藏—清华）	清华图书馆联机目录著录此本为"明初（1368—1424）刻本"
（宋）胡安国《春秋胡传》三十卷	明初刻本	现存（馆藏—复旦） 据"学苑汲古"数据库提供的正文首叶书影，可知此本版式、行款为半叶 10 行行 20 字、双行小字字数同、四周单边、顺黑鱼尾，版心中部上题卷次、下题页码	
（宋）吕祖谦著，（宋）张成招注《详注东莱先生左氏博议》二十五卷	明初刻本	现存（数据库—古籍特藏） 此本版式、行款为半叶 10 行行 20 字、双行小字字数同、四周双边、黑口、顺黑鱼尾，版心中部上题卷次、下题页码	此本为巾箱本

书籍信息	出版信息	出版信息来源	备注
（元）朱申《音点春秋左传详节句解》三十五卷	明初刻本	现存（数据库—中华古籍）此本版式、行款为半叶 11 行行 21 字、双行小字字数同、左右双边、黑口、三黑鱼尾，版心中部上题卷次、下题页码	存十九卷。国家图书馆联机目录著录此本为"明初（1368—1424）刻本"
（明）胡广《春秋集传大全》三十七卷	明初建阳刻本	现存（数据库—古籍特藏）此本版式、行款为半叶 11 行行 21 字、双行小字字数同、四周双边、黑口、顺黑鱼尾，版心中部上题卷次、下题页码	
四书类：			
《四书》	明初司礼监刻本	现存（拍品—中国书店 2008 年秋）据《述评》提供书影可知，此本版式、行款为四周双边、阔黑口、对花鱼尾，版心中部上题卷次、下题页码，有整幅插图。刊刻精美	据《述评》著录，此本以 31 万元成交（第 373 页）
（元）涂溍生《四书拟题经疑主意》□卷	明初刻本	现存（影印—甲库—第 27 册）此本版式、行款为半叶 13 行行 23 字、左右双边。各叶版心漫漶剥蚀严重，依稀可辨认为黑鱼尾	存四卷
（元）倪士毅著，（元）程复心章图，（元）王元善通考《四书辑释》四十三卷	明初刻本	现存（影印—存目—史部第 155—156 册）此本版式、行款为半叶 13 行行 24 字、双行小字字数同、四周双边、黑口、顺黑鱼尾，版心中部上题篇目、下题页码	
（明）张洪《四书解义》二十卷	明初刻本	现存（影印—甲库—第 28 册）此本版式、行款为半叶 12 行行 23 字、四周双边、阔黑口、单黑鱼尾，版心中部上题卷次、下题页码	存二卷
（明）胡广《四书大全》三十八卷	明初建阳刻本	现存（数据库—古籍特藏）此本版式、行款为半叶 12 行行 23 字、双行小字字数同、四周双边、黑口、顺黑鱼尾，版心中部上题书名、下题页码	

续表

书籍信息	出版信息	出版信息来源	备注
（明）胡广《论语集注大全》二十卷	明初刻本	现存（拍品—上海国拍2008年秋）据《述评》著录，此本版式、行款为半叶10行行22字、双行小字字数同、四周双边、阔黑口、双鱼尾	据《述评》，此本为包背装，行款与国内公藏著录该书者皆不同，以23万元成交（第417页）
（元）李公凯《附音傍训句解孟子》七卷	明初刻本	现存（馆藏—国图）此本版式、行款为半叶12行行22字、双行小字字数同、四周双边、黑口	
（明）景星《孟子集说启蒙》	明初善化伍诚刻本	现存（数据库—古籍特藏）此本版式、行款为半叶12行行26字、四周双边、黑口、三黑鱼尾，版心中部上题卷次、下题页码	存三卷（卷一至三）
（明）胡广《孟子集注大全》十四卷	明初刻本	现存（拍品—上海国拍2008年春）	据《述评》著录，此本以25万元成交（第344页）
乐类：			
（宋）蔡元定著，（元）黄瑞节附录《律吕新书》	明初覆刻本	现存（馆藏—台北"故宫"）据"数位典藏"数据库提供的首页书影可知，此本版式、行款为半叶11行行21字、四周双边、黑口、顺黑鱼尾	存一卷。台北"故宫"、中文古籍联合目录皆著录此本为"朱熹《律吕新书》"。按，此不确。此本正文卷端题"朱子乐书""庐陵后学黄瑞节附录"，实为黄瑞节《朱子成书》本《律吕新书》。〔日〕山寺三知《蔡元定〈律吕新书〉版本问题初探》（载陈应时等主编《黄钟大吕》，文化艺术出版社2015年版，第314—321页）谈及了此本情况。中文古籍联合目录著录此本为"明初覆元至正元年日新书堂刻本"

书籍信息	出版信息	出版信息来源	备注
小学类：			
（梁）顾野王著，（唐）孙强增字，（宋）陈彭年等重修《大广益会玉篇》三十卷、《玉篇广韵指南》一卷	明初刻本	现存（数据库—中华古籍） 此本版式、行款为半叶12行行20字、双行小字字数异、四周双边、黑口、顺黑鱼尾	国家图书馆联机目录著录此本为"明初（1368—1424）刻本"。 另，据日藏中文古籍数据库，静嘉堂文库藏丽宋楼旧藏本《大广益会玉篇》三十卷，著录为"洪武刊本"，然未记版式、行款等信息。考之陆心源《丽宋楼藏书志》，仅著录《大广益会玉篇》永乐与畊书堂刻本。不知静嘉堂本与国图本是否为同一版，待考
（宋）陈彭年等编《广韵》五卷	明初刻本	现存（数据库—中华古籍） 此本版式、行款为半叶12行行16字、双行小字字数异、四周双边、黑口、顺黑鱼尾	国家图书馆联机目录著录此本为"明初（1368—1424）刻本"
（宋）陈彭年等编《广韵》五卷	明初刻本	现存（数据库—中华古籍） 此本版式、行款为半叶12行行20字、双行小字字数异、四周双边、黑口、顺黑鱼尾	国家图书馆联机目录著录此本为"明初（1368—1424）刻本"。 按，联机目录著录此本行款为半叶10行，此误。实为12行
（宋）张有著，（元）吴均增补《增修复古编》四卷	明初刻本	现存（影印—存目—经部第188册） 此本版式、行款为半叶7行行28字、四周双边、黑口、对黑鱼尾，版心中部上题篇目、下题页码	

书籍信息	出版信息	出版信息来源	备注
（宋）毛晃增注，（宋）毛居正重增《增修互注礼部韵略》五卷	明初覆刻本	现存（馆藏—台北"故宫"）据"数位典藏"数据库提供的序文、首页书影可知，此本版式、行款为半叶 11 行行 14 字、四周单边、黑口、顺黑鱼尾	台北"故宫"著录此本为"明初覆元刊本补配日本南北朝间刊本"
（元）熊忠《古今韵会举要》三十卷	明初刻本	现存（馆藏—湖南）	存二十八卷，有抄配页
（明）乐韶凤、（明）宋濂等《洪武正韵》十六卷	明初刻本	现存（馆藏—国图）此本版式、行款为半叶 13 行行大小字不等、双行小字 36 字、四周双边、白口	国家图书馆联机目录著录此本为"明初（1368—1424）刻本"
（明）乐韶凤、（明）宋濂等《洪武正韵》十六卷	明初刻本	现存（馆藏—国图）此本版式、行款为半叶 8 行行 29 字、双行小字字数同、四周双边、黑口	国家图书馆联机目录著录此本为"明初（1368—1424）刻本"
（明）乐韶凤、（明）宋濂等《洪武正韵》十六卷	明初刻本	现存（馆藏—安徽师大）	
（明）《经史海篇直音》五卷	明初刻本	现存（数据库—古籍特藏）此本版式、行款为半叶 11 行行 18 字、四周双边、黑口、顺黑鱼尾，版心中部上题卷次、下题页码	此本为蓝印本
（晋）郭璞注《尔雅》三卷	明初刻本	现存（馆藏—湖南）	

续表

书籍信息	出版信息	出版信息来源	备注
（宋）邢昺《尔雅疏》十卷	宋刻宋元明初递修本	现存（馆藏—国图）此本版式、行款为半叶 15 行行 30 字、左右双边、白口	此本为公文纸印本
（宋）陆佃《重刊埤雅》二十卷	明初刻本	现存（数据库—中华古籍）此本版式、行款为半叶 10 行行 19 字、四周双边、黑口	国家图书馆联机目录著录此本为"明初（1368—1424）刻本"

史部

正史类：

书籍信息	出版信息	出版信息来源	备注
（唐）李延寿《南史》八十卷	明初刻本	现存（馆藏—国图）此本版式、行款为半叶 10 行行 22 字、四周双边或左右双边、黑白口不一。据笔者查考，此本与后文的明初刻本《北史》《辽史》《金史》，刊刻风格一致	
（唐）李延寿《北史》一百卷	明初刻本	现存（馆藏—国图）此本版式、行款为半叶 10 行行 22 字、黑白口不一	
（宋）欧阳修、（宋）宋祁等《唐书》二百二十五卷，（宋）董衡《补音》二十五卷	明初南监刻本	现存（馆藏—苏大）	苏大著录此本为"明初南监刻成化嘉靖万历崇祯清顺治递修本"
（元）脱脱《宋史》四百九十六卷	明初刻本	现存（馆藏—苏州）	存三十卷
（元）脱脱《辽史》一百十六卷	明初刻本	现存（馆藏—国图）此本版式、行款为半叶 10 行行 22 字、左右双边、黑口	

续表

书籍信息	出版信息	出版信息来源	备注
（元）脱脱《金史》一百三十五卷、《目录》二卷	明初刻本	现存（馆藏—国图） 此本版式、行款为半叶 10 行行 22 字、左右双边、黑白口不一	
编年类：			
（宋）刘恕《重新校正入注附音通鉴外纪》四卷	明初刻本	现存（馆藏—河南）	
（宋）朱熹著，（宋）尹起莘发明，（元）王幼学集览，（元）汪克宽考异《文公先生资治通鉴纲目》五十九卷	明初刻本	现存（馆藏—上海）	存四十卷
（宋）尹起莘《资治通鉴纲目发明》五十九卷	明初刻本	现存（馆藏—哈尔滨）	
《宋史全文续资治通鉴宋朝事实通鉴》三十六卷、《事实》二卷	明初刻本	现存（影印—甲库—第 154 册） 此本版式、行款为半叶 16 行行 26 字、左右双边、阔黑口、顺黑鱼尾，版心中部上题卷次、下题页码。此本排版极为紧密，当为坊刻本	存十三卷

续表

书籍信息	出版信息	出版信息来源	备注
别史类：			
（宋）苏辙《古史》六十卷	明初刻本	现存（馆藏—国图） 此本版式、行款为半叶 14 行行 24 字、左右双边。刊刻字体风格，与国图藏明初刻本《南唐书》一致	存十六卷
（宋）王偁《东都事略》一百三十卷	明初宝华堂覆宋刻本	现存（馆藏—甘肃）	
（宋）黄震《古今纪要》十九卷	明初刻本	现存（影印—甲库—第 468 册） 此本版式、行款为半叶 10 行行 20 字、双行小字字数同、左右双边、白口、顺黑鱼尾，版心中部上题卷次、下题页码。版心下方多有刻工姓名，然多处以墨钉覆盖，间有漫漶。可辨认出"士通""伯义""付名仲"等姓名	存十一卷
杂史类：			
（晋）孔晁注《汲冢周书》十卷	明初刻本	现存（馆藏—上海）	
（汉）高诱注，（宋）鲍彪注，（元）吴师道重校《战国策》十卷	明初刻本	现存（馆藏—山东省博）	
诏令奏议类：			
（宋）包拯《孝肃包公奏议集》十卷附《孝肃包公传》一卷	明初刻本	现存（馆藏—天津） 此本版式、行款为半叶 10 行行 20 字、四周双边、黑口	存四卷

书籍信息	出版信息	出版信息来源	备注
（明）太祖朱元璋《皇明祖训》一卷	明初刻本	现存（馆藏—徐州）	
（明）太祖朱元璋《大诰》一卷	明初刻本	现存（影印—甲库—第 447 册） 此本版式、行款为半叶 10 行行 20 字、四周双边、阔黑口、顺黑鱼尾，版心中部上题"大诰"、下题页码。版式、字体风格与中央出版的明太祖御制、敕撰书籍一致。 此本各叶版式一致，书口粗细均匀，版心下方无刻工姓名，书末无翻刻牌记	《书目（史部）》似未著录此本（第 1340 页）
（明）太祖朱元璋《大诰续编》一卷	明初刻本	现存（馆藏—故宫）	
（明）太祖朱元璋《大诰武臣》一卷	明初刻本	现存（馆藏—国图） 此本版式、行款为半叶 10 行行 20 字、四周双边、黑口	《书目（史部）》似未著录此本（第 1340 页）
传记类：			
（宋）王素《韩忠献公文正王公遗事》一卷	明初刻本	现存（馆藏—南开） 此本版式、行款为半叶 12 行行 20 字、左右双边、白口	
（宋）李幼武《皇朝名臣言行续录》八卷、《别集》三卷	明初刻本	现存（数据库—中华古籍） 此本版式、行款为半叶 12 行行 23 字、左右双边、黑口、对黑鱼尾，版心中部上题卷次、下题页码	
（宋）李幼武《皇朝道学名臣言行外录》十七卷	明初刻本	现存（数据库—中华古籍） 此本版式、行款为半叶 12 行行 23 字、左右双边、黑口、对黑鱼尾，版心中部上题卷次、下题页码	

书籍信息	出版信息	出版信息来源	备注
（明）陶凯等《昭鉴录》五卷	明初刻本	现存（馆藏—国图） 此本版式、行款为半叶 10 行行 20 字、四周双边、黑口、无鱼尾，版心中部上题卷次、下题页码。版式、字体风格与中央出版的明太祖御制、敕撰书籍一致	存一卷
史钞类：			
（宋）林越《汉隽》十卷	明初刻本	现存（馆藏—首都） 此本版式、行款为半叶 9 行行内字数不等、四周双边、黑口、对黑鱼尾	首图著录此本为"明初刻后印本"
（元）曾先之《古今历代十八史略》二卷、《纲目》一卷	明初刻本	现存（馆藏—长春） 此本版式、行款为半叶 18 行行 32 字、四周双边、细黑口	此本入选第二批《国家珍贵古籍名录》
（明）张美和《元史节要》二卷	明初刻本	现存（馆藏—天一阁）	
载记类：			
（宋）马令《南唐书》三十卷	明初刻本	现存（馆藏—国图） 此本版式、行款为半叶 11 行行 22 字、左右双边。刊刻字体风格，与国图藏明初刻本《古史》一致	
（宋）郭允蹈《蜀鉴》十卷	明初刻本	现存（馆藏—北大） 此本版式、行款为半叶 8 行行 16 字、四周单边、白口、单白鱼尾，版心顶部题卷次、中部下题页码	存五卷。 北大图书馆联机目录著录此本为"明初（1368—1435）刻本"

续表

书籍信息	出版信息	出版信息来源	备注
地理类：			
（宋）咸淳《重修毗陵志》三十卷	明初刻本	现存（影印—续修—第699册） 此本版式、行款为半叶9行行20字、左右双边、白口、顺黑鱼尾	存二十九卷
《圣朝混一方舆胜览》	明初刻本	现存（馆藏—人大） 此本版式、行款为半叶12行行20字、四周双边、细黑口、顺黑鱼尾	人大图书馆著录此本为"明初（1368—1424）刻本"
子部			
儒家类：			
（元）王广谋《新刊标题句解孔子家语》三卷、《圣朝通制孔子庙祀》一卷	明初刻本	现存（数据库—中华古籍） 此本版式、行款为半叶10行行21字、双行小字字数同、四周双边、黑口、顺黑鱼尾，版心中部上题书名简称、下题页码	
（唐）杨倞《纂图互注荀子》二十卷	明初刻本	现存（数据库—中华古籍） 此本版式、行款为半叶11行行21字、双行小字25字、四周双边、黑口、顺黑鱼尾，版心中部上题卷次、下题页码	
（汉）桓宽《新刊盐铁论》十卷	明初刻本	现存（数据库—中华古籍） 此本版式、行款为半叶13行行26字、四周双边、黑口、顺黑鱼尾，版心中部上题篇名、下题页码	
（汉）刘向《说苑》二十卷	明初刻本	现存（数据库—中华古籍） 此本版式、行款为半叶13行行24字、四周双边、黑口、顺黑鱼尾，版心中部上题卷次、下题页码	
（汉）刘向《新序》十卷	明初刻本	现存（馆藏—台北"故宫"） 此本版式、行款为半叶10行行19字、四周双边、黑口、无鱼尾，版心中部上题卷次、下题页码	

书籍信息	出版信息	出版信息来源	备注
题（隋）王通著，（宋）阮逸注《中说》十卷	明初刻本	现存（数据库—中华古籍）此本版式、行款为半叶 11 行行 21 字、双行小字 25 字、四周双边、黑口、顺黑鱼尾，版心下部题有页码	此本有周星诒跋
（宋）朱熹《河南程氏外书》十二卷	明初刻本	现存（馆藏—清华）	清华图书馆著录此本为"明初（1368—1424）刻本"
（宋）叶士龙《晦庵先生语录类要》十八卷	明初刻本	现存（馆藏—北大）此本版式、行款为半叶 11 行行 19 字、四周双边、阔黑口、三黑鱼尾，版心中部上题卷次、下题页码	北大图书馆联机目录著录此本为"明初（1368—1435）刻本"
（元）黄瑞节《朱子成书附录》十卷	明初刻本	现存（数据库—中华古籍）此本版式、行款为半叶 11 行行 20 字、四周双边、黑口、顺黑鱼尾，版心中部上题篇名、下题页码	
（明）徐达左《传道四子书》八卷	明初刻本	现存（馆藏—静嘉堂）	
（明）张九韶《理学类编》八卷	明初刻本	现存（馆藏—上海）	
（明）胡广《性理大全》	明初建阳叶氏作德堂校刻本	现存（馆藏—台北"故宫"）此本版式、行款为半叶 12 行行 24 字、四周双边、黑口、顺黑鱼尾，版心中部上题篇名、下题页码。排版紧密	存五十八卷

续表

书籍信息	出版信息	出版信息来源	备注
兵家类：			
《武经七书》二十五卷	明初刻本	现存（影印—甲库—第 482 册） 此本版式、行款为半叶 14 行行 25 字、双行小字字数同、四周双边、阔黑口、顺黑鱼尾，版心中部上题卷次、下题页码	
医家类：			
《医药辑览》九卷（《难经》一卷、《脉赋》一卷、题（晋）王叔和《脉诀》一卷、（宋）刘开《脉诀》一卷、《药性赋》一卷、（金）张元素《珍珠囊》一卷、（明）吴恕《伤寒活人指掌》一卷、《用药歌诀》一卷、《诸病论》一卷）	明初刻本	现存（数据库—古籍特藏） 此本版式、行款为半叶 10 行行 20 字、四周双边、黑口、对黑鱼尾，版心中部，上分别题"难经""脉赋""脉诀""刘三点""药性赋""珍珠囊""活人指掌""歌诀""诸病论"，下题页码	
（唐）王冰注，（宋）林亿等校正，（宋）孙兆改误《补注释文黄帝内经素问》十二卷	明初刻本	现存（馆藏—湖南）	存六卷

续表

书籍信息	出版信息	出版信息来源	备注
（宋）刘温舒《素问入式运气论奥》三卷	明初刻本	现存（数据库—古籍特藏） 此本版式、行款为半叶 14 行行 22 字、四周双边、黑口、顺黑鱼尾，版心中部上题篇名、下题页码	
（宋）程迥《医经正本书》一卷	明初刻本	现存（影印—续修—第 1028 册） 此本版式、行款为半叶 12 行行 22 字、左右双边、黑口、顺黑鱼尾，版心中部上题"正本书"、下题页码	
（金）张元素《素问病机气宜保命集》三卷	明初宁藩朱权刻本	现存（馆藏—台北"故宫"） 此本版式、行款为半叶 12 行行 22 字、双行小字字数同、四周双边、黑口、顺黑鱼尾，版心中部上题卷次、下题页码	
（金）李杲《兰室秘藏》三卷	明初刻本	现存（数据库—古籍特藏） 此本版式、行款为半叶 10 行行 17 字、四周双边、阔黑口、对黑鱼尾，版心中部上题卷次、下题页码	
（金）李杲《脾胃论》三卷	明初刻本	现存（馆藏—上海） 此本版式、行款为半叶 10 行行 17 字、四周双边、阔黑口	存二卷
（元）邹铉《寿亲养老新书》四卷	明初刻本	现存（馆藏—上海）	此本有黄丕烈跋
（元）孙允贤《新编南北经验医方大成》十卷	明初刻本	现存（馆藏—南京）	
（元）危亦林《世医得效方》二十卷	明初书林魏家刻本	现存（数据库—中华古籍） 此本版式、行款为半叶 11 行行 22 字、四周双边、黑口、顺黑鱼尾，版心中部上题卷次、下题页码	

续表

书籍信息	出版信息	出版信息来源	备注
（元）艾元英《如宜方》二卷	明初刻本	现存（数据库—中华古籍） 此本版式、行款为半叶 8 行行 20 字、双行小字字数同、左右双边、黑口、顺黑鱼尾	
（元）吴恕《伤寒活人指掌图》一卷、《药方》一卷	明初刻本	现存（馆藏—中医）	
（明）王履《医经溯洄集》不分卷	明初刻本	现存（馆藏—上海）	
（明）李恒《新刊袖珍方》四卷	明初刻本	现存（数据库—中华古籍） 此本版式、行款为半叶 16 行行 26 字、四周双边、黑口、顺黑鱼尾	
（明）徐彦纯辑，（明）刘纯续《玉机微义》五十卷	明初刻本	现存（影印—甲库—第 495 册） 此本版式、行款为半叶 10 行行 24 字、四周双边、阔黑口、对黑鱼尾，版心中部上题卷次、下题页码。版式、字体风格与中央出版的明太祖御制、敕撰书籍比较一致	存十卷
（明）朱权《寿域神方》四卷	明初刻本	现存（馆藏—湖北）	存二卷
（明）朱权《活人心》	明初刻本	现存（馆藏—傅斯年）	
（明）鲁伯嗣《婴童百问》十卷	明初刻本	现存（馆藏—南开）	南开图书馆著录此本为"明初（1368—1435）刻本"
《小儿卫生总微论方》二十卷	明初刻本	现存（馆藏—湖南）	存五卷

续表

书籍信息	出版信息	出版信息来源	备注
天文算法类：			
（明）贾亨《算法全能集》二卷	明初刻本	现存（影印—续修—第 1043 册） 此本版式、行款为半叶 10 行行 20 字、双行小字字数同、左右双边、黑口、对黑鱼尾，版心中部上题卷次、下题页码	
术数类：			
题（唐）由吾公裕《茔原总录》	元末明初刻本	现存（拍品—嘉德 1997 年春）	据《目录》，此本以 30800 元成交。"据国内公开书目著录，此书存世甚为罕见"（第 297 页）
《新刊京本纂集诸类阴阳地理玉钥三元》三卷、《增补续集》一卷	明初刻本	现存（数据库—中华古籍） 此本版式、行款为半叶 13 行行 26 字、四周双边、黑口	
《新刊阴阳宝鉴克择通书前集》五卷	明初刻本	现存（数据库—中华古籍） 此本版式、行款为半叶 18 行行 28 字、四周双边、黑口、顺黑鱼尾。排版紧密	存四卷
题（唐）李淳风《观象玩占》五十卷	明初刻本	现存（影印—甲库—第 509 册） 此本版式、行款为半叶 14 行行 27 字、四周双边、黑口、对黑鱼尾，版心中部上题卷次、下题页码	存五卷
（明）朱权《臞仙肘后经》二卷	明初刻本	现存（影印—甲库—第 515 册） 此本版式、行款为半叶 13 行行 22 字、四周双边、阔黑口、顺黑鱼尾，版心中部上题卷次、下题页码	
《梦书》	明初刻本	现存（馆藏—台北"故宫"） 据已有著录，此为黑口本	存二卷

续表

书籍信息	出版信息	出版信息来源	备注
《物象通占》不分卷	明初刻本	现存（数据库—古籍特藏） 此本版式、行款为半叶 16 行行 32 字、四周双边、黑口、对黑鱼尾，版心中部上题"通占"、下题页码。排版紧密	
		艺术类：	
（汉）东方朔《灵棋经》一卷	明初刻本	现存（数据库—古籍特藏） 此本版式、行款为半叶 10 行行 20 字、四周双边、黑口、对黑鱼尾	
（明）朱权《贯经》一卷、《礼记投壶篇》一卷、《投壶谱》一卷	明初刻本	现存（数据库—中华古籍） 此本版式、行款为半叶 12 行行 20 字、四周双边、黑口、对黑鱼尾	
		谱录类：	
（宋）吕大临《考古图》十卷	明初刻本	现存（影印—存目—子部第 77 册） 此本版式、行款为半叶 8 行行 17 字左右、四周双边、黑口、单黑鱼尾	
（元）忽思慧《饮膳正要》三卷	明初刻本	现存（数据库—中华古籍） 此本版式、行款为半叶 10 行行 20 字、四周双边、白口、对黑鱼尾	存一卷
（明）朱权《瞿仙神奇秘谱》三卷	明初刻本	现存（馆藏—台北"故宫"） 据已有著录，此为黑口本	
		杂家类：	
（五代）谭峭《化书》六卷	明初刻本	现存（馆藏—上海）	

书籍信息	出版信息	出版信息来源	备注
（宋）张镃《皇朝仕学规范》四十卷	明初刻本	现存（馆藏—傅斯年）	
（宋）赵善璙《自警编》五卷	明初刻本	现存（数据库—中华古籍） 此本版式、行款为半叶 10 行行 20 字、左右双边、白口、顺黑鱼尾	
（宋）王应麟《困学纪闻》二十卷	明初刻本	现存（馆藏—湖南社科）	据《述评》，中国嘉德 2004 年春拍拍品亦有此本，版本学界将其定为明初翻刻元泰定间刻本，以 7.2 万元底价成交（第 26 页）
（元）许名奎著，（明）释觉澄注《劝忍百箴考注》四卷	明初刻本	现存（馆藏—静嘉堂）	
类书类：			
（唐）李瀚著，（宋）徐子光注《蒙求集注》	明初刻本	现存（馆藏—傅斯年） 此本版式、行款为半叶 6 行行 14 字、四周双边	
（宋）陈元靓《纂图增新群书类要事林广记前集》二卷、《后集》二卷	明初刻本	现存（馆藏—山东）	

续表

书籍信息	出版信息	出版信息来源	备注
（宋）林駉《新笺决科古今源流至论后集》十卷	明初刻本	现存（馆藏—北大） 此本版式、行款为半叶12行行22字、双行小字字数同、四周双边、黑口、顺黑鱼尾，版心中部上题卷次、下题页码	北大图书馆著录此本为"明初（1368—1435）刻本"
（宋）王应麟《玉海》二百卷	明初南雍刻本	现存（馆藏—湖南）	湖南图书馆著录此本为"明初南雍刻正德、嘉靖、万历、清康熙、乾隆递修本"
（宋）祝穆编，（元）富大用续编《新编古今事文类聚》六十卷、《后集》五十卷、《续集》二十八卷、《别集》三十二卷、《新集》三十六卷、《外集》十五卷	明初刻本	现存（馆藏—复旦） 此本版式、行款为半叶10行行18字、四周双边、黑口、顺黑鱼尾	

续表

书籍信息	出版信息	出版信息来源	备注
（元）刘应李《新编事文类聚翰墨全书甲集》十二卷、《乙集》九卷、《丙集》五卷、《丁集》五卷、《戊集》五卷、《己集》七卷、《庚集》二十四卷、《辛集》十卷、《壬集》十二卷、《癸集》十一卷、《后甲集》八卷、《后乙集》三卷、《后丙集》六卷、《后丁集》八卷、《后戊集》九卷	明初刻本	现存（数据库—中华古籍） 此本版式、行款为半叶 14 行行 24 字、四周双边、黑口、顺黑鱼尾	
（元）严毅《诗学集成押韵渊海》二十卷	明初刻本	现存（数据库—中华古籍） 此本版式、行款为半叶 12 行行 18 字左右、双行小字字数异、四周双边、黑口、单黑鱼尾	国家图书馆联机目录著录此本为成化二十三年重修本
（元）阴时夫《新增直音说文韵府群玉》二十卷	明初刻本	现存（馆藏—台北"故宫"） 此本版式、行款为半叶 11 行行 23 字、四周双边、黑口、顺黑鱼尾	

续表

书籍信息	出版信息	出版信息来源	备注
（元）阴时夫《韵府群玉》	明初刻本	现存（馆藏—湖北）	
（元）高耻传《群书钩玄》十二卷	元末明初刻本	现存（数据库—古籍特藏） 此本版式、行款为半叶 11 行行 20 字、双行小字字数同、上下双边、黑口、顺黑鱼尾	台湾"国家图书馆"著录此本为"元末明初（1341—1464）刻本"
《碎金》一卷	明初刻本	现存（馆藏—吉大）	吉大著录为"明初（1368—1435）刻本"
《明本大字应用碎金》二卷	明初刻本	现存（数据库—古籍特藏） 此本版式、行款为半叶 13 行行 21 字、双行小字字数同、四周双边、黑口、对黑鱼尾	
《新编增广事联诗苑丛珠》三十卷	明初刻本	现存（馆藏—北大） 此本版式、行款为半叶 12 行行 21 字、双行小字 32 字、四周双边、黑口、顺黑鱼尾，版心中部上题卷次、下题页码。此本大多为双行小字，排版紧密，当为坊刻	存二十七卷
《增广事联诗学大成》三十卷	明初刻本	现存（数据库—中华古籍） 此本版式、行款为半叶 14 行行 22 字左右、双行小字 32 字、四周双边、黑口、顺黑鱼尾	
《重订文筌补注诸儒奥论策学统宗》	明初刻本	现存（馆藏—湖南）	存四卷
小说家类：			
（明）陶宗仪《南村辍耕录》三十卷	明初刻本	现存（馆藏—静嘉堂）	

书籍信息	出版信息	出版信息来源	备注
释家类:			
（后秦）释鸠摩罗什《金刚般若波罗蜜经》一卷	明初杨家经坊刻本	现存（馆藏—国图） 此本为经折装，版式、行款为每面 7 行行 12 字，上下两栏，上图下文	国家图书馆联机目录著录此本为递修本。 柏克莱加州大学东亚图书馆亦著录一"明初刻本"
（后秦）释鸠摩罗什《佛说阿弥陀经》一卷	明初刻本	现存（数据库—中华古籍） 此本为经折装，版式、行款为每面 5 行行 7 字，上下双边，上下两栏，上图下文	按，国家图书馆联机目录、"中华古籍"数据库皆著录此本行数为 7 行 7 字，此误
（后秦）释鸠摩罗什《妙法莲华经观世音菩萨普门品》一卷	明初京都沈家刻本	现存（数据库—中华古籍） 此本为经折装，版式、行款为每面 5 行行 14 字、四周单边。书末有"京都致和街清平桥沈家重刊印行"牌记	
（后秦）释鸠摩罗什《妙法莲华经观世音菩萨普门品》一卷	明初刻本	现存（数据库—中华古籍） 此本为经折装，版式、行款为每面 5 行行 14 字、四周单边	
（唐）释玄奘《药师琉璃光如来本愿功德经》一卷	明初杭州大街众安桥北沈七郎经铺刻本	现存（馆藏—首都） 此本版式、行款为半叶 5 行行 14 字、双行小字字数异	有两叶抄配
（唐）释实叉难陀《大方广佛华严经》八十卷	明初刻本	现存（数据库—中华古籍） 此本为经折装，版式、行款为每面 6 行行 17 字、四周单边	存一卷

续表

书籍信息	出版信息	出版信息来源	备注
（唐）释实叉难陀《大方广佛华严经》八十卷、（唐）释般若《大方广佛华严经入不思议解说境界普贤行愿品》一卷	明初刻本	现存（馆藏—云南）	
（唐）释义净《金光明最胜王经》十卷	明初刻本	现存（馆藏—首都） 此本版式、行款为半叶4行行12字、上下单边	存一卷
（唐）释宗密《禅源诸诠集都序》二卷	明初刻本	现存（数据库—中华古籍） 此本版式、行款为半叶12行行24字、双行小字字数同、四周双边、黑口、单黑鱼尾，鱼尾处有花纹，版心中部上题卷次、下题页码	
（宋）释法应集，（元）释普会续集《禅宗颂古联珠通集》十卷	明初杭州刻本	现存（馆藏—台北"故宫"） 此本版式、行款为半叶10行行20字、左右双边、白口、对黑鱼尾，版心顶部题卷次、底部题页码	
（宋）释克勤《佛果圜悟禅师碧岩录》十卷	明初释禧达刻本	现存（数据库—中华古籍） 此本版式、行款为半叶11行行21字、左右双边、白口、顺黑鱼尾，版心中部上题卷次、下题页码	存二卷
（宋）释普济《五灯会元》二十卷	明初刻本	现存（馆藏—山西文物）	存二卷
（元）释云峰《唯识开蒙问答》二卷	明初刻本	现存（数据库—中华古籍） 此本版式、行款为半叶11行行22字、四周双边、黑口	

续表

书籍信息	出版信息	出版信息来源	备注
（元）释道泰、（元）释智境《禅林类聚》二十卷	明初刻本	现存（数据库—中华古籍） 此本版式、行款为半叶 12 行行 22 字、左右双边、阔黑口、对黑鱼尾	存十四卷。 据《目录》著录，嘉德 1997 年春拍此本卷九，共 2 册，以 24200 元成交（第 291 页）
（元）释义聪《林泉老人评唱投子青和尚颂古空谷传声集》三卷	明初刻本	现存（数据库—中华古籍） 此本版式、行款为半叶 11 行行 20 字、四周双边、白口、顺黑鱼尾，版心中部上题卷次、下题页码	有抄配
（元）释慧泉《林泉老人评唱丹霞淳禅师颂古虚堂习听录》三卷	明初刻本	现存（数据库—中华古籍） 此本版式、行款为半叶 11 行行 20 字、四周双边、白口、顺黑鱼尾，版心中部上题卷次、下题页码	
（元）释子成《折疑论》一卷	明初刻本	现存（数据库—中华古籍） 此本版式、行款为半叶 11 行行 20 字、双行小字字数同、左右双边、黑口、对黑鱼尾，版心中部上题"折疑论"、下题页码	
（明）释洪阔《大佛顶如来密因修证了义诸菩萨万行首楞严经冥枢会解》十卷、《总科文》一卷	明初刻本	现存（数据库—中华古籍） 此本版式、行款为半叶 11 行行 21 字、四周双边、黑口、对黑鱼尾	存六卷
（明）释宝成《释氏源流》二卷	明初刻本	现存（馆藏—台湾） 此本版式、行款为半叶 18 行行 16 字、黑口	

续表

书籍信息	出版信息	出版信息来源	备注
（明）释一如《大明三藏法数》	明初刻本	现存（馆藏—甘肃）	
《慈悲道场忏法》十卷	明初刻本	现存（馆藏—西园寺）	存一卷
《佛经故事图说》不分卷	明初刻本	现存（拍品—中国书店1996年秋）	据《目录》，此本有图90余幅（第28页）
《销释孟姜忠烈贞节贤良宝卷》	明初刻本	现存（拍品—中国书店1997年秋）	
《佛像》一卷	明初刻本	现存（数据库—中华古籍） 此本为经折装，内容主要为图像，上图下文	存二十开半
道家类：			
题（汉）河上公章句《纂图互注老子道德经》二卷	明初刻本	现存（馆藏—南京）	
（宋）林希逸《老子鬳斋口义》二卷	明初刻本	现存（馆藏—台北"故宫"） 此本版式、行款为半叶10行行18字、白口	
（明）何道全注《太上老子道德经》四卷	明初刻本	现存（馆藏—台湾） 此本版式、行款为半叶8行行17字、双行小字字数同、黑口	

书籍信息	出版信息	出版信息来源	备注
（晋）郭象注，（唐）陆德明音义《纂图互注南华真经》十卷	明初刻本	现存（数据库—中华古籍） 此本版式、行款为半叶11行行21字、双行小字25字、左右双边、黑口、顺黑鱼尾	
（晋）张湛注，（唐）殷敬顺释文《冲虚至德真经》八卷	明初刻本	现存（馆藏—国图）	
（宋）杨谔著，（宋）宗赜向编《天地冥阳水陆杂文》二卷、《坛场式》一卷	明初刻本	现存（馆藏—湖南社科）	
（宋）俞琰《周易参同契发挥》三卷、《释疑》一卷	明初刻本	现存（数据库—中华古籍） 此本版式、行款为半叶12行行23字、左右双边、黑口	存上、中二卷
（元）李道纯《道德会元》不分卷	明初刻本	现存（数据库—中华古籍） 此本版式、行款为半叶10行行20字、双行小字字数同、左右双边、黑口	
（元）赵道一《历世真仙体道通鉴》三十六卷	明初刻本	现存（数据库—中华古籍） 此本版式、行款为半叶12行行22字、双行小字字数同、左右双边、黑口、对黑鱼尾	存七卷
《郑所南先生太极祭炼内法》一卷、《祭炼议略》一卷	明初傅启宗刻本	现存（数据库—中华古籍） 此本版式、行款为半叶10行行20字、左右双边、白口、单黑鱼尾	

书籍信息	出版信息	出版信息来源	备注
（明）宋濂《龙门子凝道记》三卷	明初刻本	现存（馆藏—上海）	

集部

别集类：

书籍信息	出版信息	出版信息来源	备注
（晋）陶渊明著，（宋）李公焕笺注《陶渊明集》十卷、《总论》一卷	明初刻本	现存（馆藏—台北"故宫"） 此本版式、行款为半叶9行行16字、双行小字字数同、四周双边、黑口、三黑鱼尾、版心中部上题卷次、下题页码	
（唐）李白《李翰林集》三十卷	明初刻本	现存（数据库—古籍特藏） 此本版式、行款为半叶10行行20字、四周单边、白口	
（唐）杜甫著，（宋）黄鹤补注，（宋）刘辰翁评点《集千家注批点杜工部诗集》二十卷、《文集》二卷、《年谱》一卷、《附录》一卷	明初刻本	现存（数据库—中华古籍） 此本版式、行款为半叶14行行26字、双行小字字数同、左右双边、黑口、顺黑鱼尾，版心中部上题卷次、下题页码	国家图书馆联机目录著录此本为"明初（1368—1424）刻本"
（唐）杜甫著，（宋）刘辰翁批点《须溪批点杜工部诗注》二十二卷	明初刻本	现存（数据库—中华古籍） 此本版式、行款为半叶9行行18字、双行小字字数同、左右双边、细黑口、顺黑鱼尾，版心中部上题卷次、下题页码	存十八卷。国家图书馆联机目录著录此本为"明初（1368—1424）刻本"

书籍信息	出版信息	出版信息来源	备注
（唐）韩愈著，（宋）朱熹考异，（宋）王伯大音释《朱文公校昌黎先生文集》四十卷、《外集》十卷、《遗文》一卷	明初刻本	现存（数据库—中华古籍） 此本版式、行款为半叶13行行23字、双行小字字数同、四周双边、黑口、顺黑鱼尾，版心中部上题卷次，下题页码	国家图书馆联机目录著录此本为"明初（1368—1426）刻本"
（唐）刘禹锡《刘宾客文集》三十卷	明初刻本	现存（馆藏—复旦） 此本版式、行款为半叶10行行20字、四周双边、单黑鱼尾	复旦大学图书馆著录此本为"明初（1368—1435）刻本"
（唐）柳宗元著，（宋）童宗说注释，（宋）张敦颐音辩，（宋）潘纬音义《增广注释音辩唐柳先生集》四十三卷、《别集》二卷、《外集》二卷、《年谱》一卷、《附录》一卷	明初刻本	现存（数据库—中华古籍） 此本版式、行款为半叶13行行23字、双行小字字数同、四周双边、细黑口、顺黑鱼尾，版心中部上题卷次，下题页码	国家图书馆联机目录著录此本为"明初（1368—1424）刻本"。 另据《目录》，嘉德1996年春拍此本，凡16册，以143000元成交（第260页）
（唐）贾岛《贾浪仙长江集》七卷	明初刻本	现存（数据库—古籍特藏） 此本版式、行款为半叶10行行18字、四周双边、黑口、顺黑鱼尾，版心中部上题卷次、下题页码	

续表

书籍信息	出版信息	出版信息来源	备注
（宋）欧阳修著，（明）曾鲁考异《欧阳文忠公集》五十卷	明初刻本	现存（馆藏—国图）此本版式、行款为半叶 12 行行 21 字、左右双边、白口	存四十九卷。国家图书馆联机目录著录此本为"明初（1368—1424）刻本"。王岚《宋人文集编刻流传丛考》认为，此本当系"洪武十九年本旧版改剜书口之后再行刷印者"（第 102 页）
（宋）欧阳修著，（明）曾鲁考异《新刊欧阳文忠公集》五十卷	明初刻本	现存（馆藏—上海）	
（宋）王安石著，（宋）李壁笺注，（宋）刘辰翁评点《王荆文公诗》五十卷、《目录》三卷、（宋）詹大和《年谱》一卷	明初刻本	现存（馆藏—南京）	存二十九卷
（宋）苏轼著，题（宋）王十朋集注，（宋）刘辰翁评点《增刊校正王状元集注分类东坡先生诗》二十五卷	明初刻本	现存（馆藏—四川）	

书籍信息	出版信息	出版信息来源	备注
（宋）苏轼著，（宋）王十朋注《东坡先生诗集注》三十二卷	明初刻本	现存（馆藏—湖南）	存一卷
（宋）苏轼《苏文忠公集》	明初刻本	现存（馆藏—台北"故宫"）此本版式、行款为半叶 10 行行 20 字、四周双边、黑口、对黑鱼尾，版心中部上题卷次、下题页码	存七十八卷
（宋）苏轼《东坡集》四十卷	明初刻本	现存（馆藏—湖南）	存六卷
（宋）苏轼《东坡应诏集》十卷	明初刻本	现存（馆藏—湖南）	存九卷
（宋）黄庭坚著，（宋）史容注《山谷外集诗注》十七卷	明初刻本	现存（馆藏—上海）	
（宋）黄庭坚著，（宋）任渊选《黄太史精华录》八卷	明初朱君美写刻巾箱本	现存（馆藏—台北"故宫"）此本版式、行款为半叶 9 行行 15 字、四周单边、细黑口、单黑鱼尾，版心中部上题卷次、下题页码	
（宋）秦观《淮海先生文集》四十卷、《后集》六十卷	明初闽刻本	现存（数据库—古籍特藏）此本版式、行款为半叶 10 行行 21 字、四周双边、黑口、顺黑鱼尾，版心中部上题卷次、下题页码	
（宋）罗从彦《豫章罗先生文集》十七卷	明初刻本	现存（馆藏—国图）此本版式、行款为半叶 13 行行 23 字、四周双边、黑口、单鱼尾	国家图书馆联机目录著录此本为"明初（1368—1424）刻本"

续表

书籍信息	出版信息	出版信息来源	备注
（宋）范浚《香溪范贤良文集》二十二卷	明初刻本	现存（拍品—嘉德 2005 年春） 据《述评》著录，此为黑口本（第 82 页）	
（宋）陆游著，（宋）罗椅选《精选陆放翁诗集》十八卷、《别集》一卷	明初刻本	现存（影印—丛刊初编） 此本版式、行款为半叶 11 行行 20 字、四周单边、黑口、顺黑鱼尾，版心中部上题卷次、下题页码	
（宋）朱熹《晦庵先生朱文公文集》一百卷、《续集》十一卷、《别集》十卷	明初刻本	现存（馆藏—北大） 此本版式、行款为半叶 11 行行 22 字、四周双边、黑口、顺黑鱼尾，版心中部上题卷次、下题页码	北大图书馆著录此本为"明初（1368—1435）刻本"
（宋）朱淑真著，（宋）郑元佐注《新注朱淑真断肠诗集》八卷、《后集》八卷	明初刻递修本	现存（影印—续修—第 1316 册） 此本版式、行款为半叶 10 行行 20 字、双行小字字数同、四周双边、黑口、顺黑鱼尾，版心中部上题卷次、下题页码	
（宋）马季机《类编标注文公先生经济文衡前集》二十五卷	明初刻本	现存（数据库—古籍特藏） 此本版式、行款为半叶 13 行行 22 字、四周双边、黑口、顺黑鱼尾	
（元）郭居敬《全相二十四孝诗选》一卷	明初刻本	现存（数据库—中华古籍） 此本版式、行款为上图下文，各叶图为左右二幅，文行数不一、每行 10 字、双行小字字数异，左右双边、黑口	

书籍信息	出版信息	出版信息来源	备注
（元）赵孟頫《松雪斋文集》十卷、《外集》一卷、《行状谥文》一卷	明初刻本	现存（数据库—中华古籍） 此本版式、行款为半叶 12 行行 22 字、四周双边、白口、对黑鱼尾，版心中部上题卷次、下题页码	国家图书馆联机目录著录此本为"明初（1368—1424）刻本"。另据《目录》著录，中国书店 1999 年秋拍，此本以 38500 元成交（第 144 页）
（元）张雨《句曲外史贞居先生诗集》五卷	明初刻本	现存（馆藏—国图） 此本版式、行款为半叶 10 行行 20 字、左右双边、黑口	国家图书馆联机目录著录此本为"明初（1368—1424）刻本"
（明）张羽《蜕庵诗》四卷	明初刻本	现存（影印—丛刊续编） 此本版式、行款为半叶 13 行行 24 字、四周双边、黑口、顺黑鱼尾，版心中部上题卷次、下题页码	
（明）杨维桢《铁崖先生古乐府》十六卷	明初刻本	现存（影印—再造善本）	
（明）倪瓒《倪云林先生诗集》六卷、《附录》一卷	明初刻本	现存（影印—四部丛刊） 此本版式、行款为半叶 10 行行 20 字、四周双边、黑口、对黑鱼尾，版心中部上题卷次、下题页码	
（明）宋濂《潜溪集》十卷、《附录》二卷	明初刻本	现存（馆藏—国图） 此本版式、行款为半叶 13 行行 25 字、四周双边、黑口	国家图书馆联机目录著录此本为"明初（1368—1424）刻本"

续表

书籍信息	出版信息	出版信息来源	备注
（明）宋濂《潜溪后集》十卷	明初刻本	现存（数据库—中华古籍） 此本版式、行款为半叶 13 行行 25 字、四周双边、黑口、顺黑鱼尾，版心中部上题卷次、下题页码	国家图书馆联机目录著录此本为"明初（1368—1424）刻本"。 据《述评》，中国书店 2005 年春拍有"明初刊本《潜溪后集》十卷"，六册金镶玉装，以 1.5 万元成交。《述评》并云，"国内公藏仅上海图书馆一家有藏"（第 72 页）。《述评》未提供该本书影与版式、行款信息，遂不知其与国图藏本是否为同一版。另，笔者通过上海图书馆联机目录，并未检索到《潜溪后集》明初刻本
（明）刘基《犁眉公集》五卷	明初刻本	现存（影印—再造善本） 此本版式、行款为半叶 12 行行 24 字、左右双边、细黑口	
（明）朱右《白云稿》十二卷	明初刻本	现存（数据库—中华古籍） 此本版式、行款为半叶 11 行行 19 字、四周双边、黑口、顺黑鱼尾，版心中部上题卷次、下题页码	卷八至卷一二配抄本。 国家图书馆联机目录著录此本为"明初（1368—1424）刻本"
（明）徐一夔《始丰稿》十四卷	明初刻本	现存（馆藏—南京）	卷七至卷一四配清抄本

续表

书籍信息	出版信息	出版信息来源	备注
（明）林弼《登州林先生续集》五卷	明初刻本	现存（馆藏—甲库—第699册） 此本版式、行款为半叶11行行23字、四周双边、阔黑口、三黑鱼尾，版心中部上题卷次、下题页码	
（明）太祖朱元璋《御制文集》三十卷（《甲集》二卷、《乙集》三卷、《丙集》文十四卷、诗一卷、《丁集》十卷）	明初刻本	现存（数据库—中华古籍） 此本版式、行款为半叶10行行20字、四周双边、黑口、无鱼尾，版心中部上题卷数、下题页码，末有刻工姓名。刊刻精美	存六卷。 国家图书馆联机目录著录此本为"明初（1368—1424）刻本"
（明）太祖朱元璋《御制文集》二十卷	明初刻本	现存（数据库—中华古籍） 此本版式、行款为半叶10行行20字、四周双边、黑口、无鱼尾，版心中部上题卷数、下题页码，末有刻工姓名。刊刻精美	存十卷。 国家图书馆联机目录著录此本为"明初（1368—1424）刻本"
（明）王翰《友石山人遗稿》一卷	明初刻本	现存（馆藏—南京）	
（明）胡粹中《思复斋稿》□卷	明初刻本	现存（馆藏—南京）	存三卷
（明）许继《观乐生诗集》五卷、《附录》一卷	明初四明茅仲清刻本	现存（馆藏—台北"故宫"） 此本版式、行款为半叶10行行19字、四周双边、黑口、对黑鱼尾	
（明）解缙《解学士先生集》十二卷	明初刻本	现存（数据库—古籍特藏） 此本版式、行款为半叶10行行20字、四周双边、白口、顺黑鱼尾，版心中部上题卷次、下题页码	

书籍信息	出版信息	出版信息来源	备注
总集类：			
（宋）姚铉《文粹》一百卷	明初刻本	现存（数据库—中华古籍） 此本版式、行款为半叶 15 行行 25 字、左右双边、黑口、顺黑鱼尾，版心中部上题卷数、下题页码	
（宋）真德秀《西山先生真文忠公文章正宗》二十四卷	明初刻本	现存（数据库—中华古籍） 此本版式、行款为半叶 10 行行 21 字、四周双边、黑口、顺黑鱼尾，版心中部上题卷数、下题页码	国家图书馆联机目录著录此本为"明初（1368—1424）刻本"
（宋）谢枋得《文章轨范》七卷	明初刘氏校正重刻本	现存（馆藏—复旦） 此本版式、行款为半叶 10 行行 20 字、四周单边、顺黑鱼尾	
（金）元好问编，（元）郝天挺注《唐诗鼓吹》十卷	明初冲和堂刻本	现存（馆藏—公文书馆）	
（元）杨士弘《唐音》十一卷	明初刻本	现存（数据库—中华古籍） 此本版式、行款为半叶 10 行行 18 字、四周双边、黑口、对黑鱼尾，版心中部上题篇名、下题页码	《唐音遗响》配另一明初刻本。 国家图书馆联机目录著录此本为"明初（1368—1424）刻本"
（元）杨士弘《唐音》十卷	明初建安魏氏仁实堂刻本	现存（数据库—中华古籍） 书首《唐音始音目录》末有"仁实堂""建安魏氏鼎新绣梓"牌记。 此本版式、行款为半叶 11 行行 20 字、四周双边、黑口、顺黑鱼尾	缺卷配另一明刻本。 国家图书馆联机目录著录此本为"明初（1368—1424）刻本"
（元）杨士弘辑，（明）张震注《唐音辑注》十四卷	明初建安叶氏广勤堂刻本	现存（馆藏—北大） 《始音》目录后有"三峰记""广勤堂"牌记，又有"建安叶氏鼎新绣梓"牌记。 此本版式、行款为半叶 9 行行 18 字、四周双边、黑口	

续表

书籍信息	出版信息	出版信息来源	备注
（明）刘履《选诗补注》八卷、《补遗》二卷、《续编》四卷	明初刻本	现存（馆藏—上海） 此本版式、行款为半叶 10 行行 19 字、四周双边、黑口	此本有配补
（明）孙原理《元音》十二卷	明初刻本	现存（数据库—中华古籍） 此本版式、行款为半叶 12 行行 22 字、四周双边、黑口、对黑鱼尾，版心中部上题卷次、下题页码	国家图书馆联机目录著录此本为"明初（1368—1424）刻本、递修本"
诗文评类：			
（宋）方颐孙《韝藻文章百段锦》三卷	明初三山方氏刻本	现存（数据库—古籍特藏） 此本版式、行款为半叶 10 行行 17 字、双行小字字数同、左右双边、黑口、单黑鱼尾	
（元）潘昂霄《苍崖先生金石例》十卷	明初刻本	现存（馆藏—上海）	此本有顾广圻校
（元）陈绎曾《文章欧冶文谱》七卷、《诗谱》三卷	明初刻本	现存（馆藏—山东） 据杜信孚《明宁献王朱权刻本〈文章欧冶〉及其他》（《文献》2006 年第 3 期，第 184—186 页）介绍，此本行款为半叶 11 行行 24 字	
词曲类：			
（明）高明《新刊巾箱蔡伯喈琵琶记》二卷	明初刻本	现存（数据库—古籍特藏） 此本版式、行款为半叶 10 行行 18 字、双行小字字数同、左右双边、白口、单黑鱼尾，版心中部上题卷次、下题页码	
（明）成祖朱棣《诸佛世尊如来菩萨尊者名称歌曲》不分卷	明初刻本	现存（馆藏—复旦）	复旦图书馆著录此本为"明初（1417—1505）刻本"

参考文献

说明：

1. 本书征引文献较多。为免《参考文献》过长，此处所列，为论文正文、附录第一至第二节涉及的文献。附录第四节，亦即笔者搜辑现存、已佚版刻信息，编制目录参考的文献，其信息俱见于附录第三节以及表格随文注释，这里不再征引。对于笔者在正文或脚注中列出名称、然未引述其观点的论著，篇幅所限，此处亦不列出。

2. 本篇《参考文献》依次分为"史料、目录""研究论著"以及"新闻报道、网络资源"三表，分类著录。

3. 每一表下，以作者姓名音序排列先后。对同一作者作品，复以出版时间先后为序。少数作品因其成于众手、作者难定，遂据其书名首字拼音，排入各类之中。

1. 史料、目录

B

《北京图书馆古籍珍本丛刊目录》（附索引），北京图书馆出版社
　2000 年版。

（明）贝琼：《清江贝先生集》，《四部丛刊初编》影印明洪武刻本，
　上海商务印书馆 1922 年版。

（明）贝琼著，李鸣校点：《贝琼集》，吉林文史出版社 2010 年版。

C

（明）曹安：《谰言长语》，中华书局 1991 年版。

（清）陈弘绪：《寒夜录》，中华书局 1985 年版。

（清）陈田：《明诗纪事》，上海古籍出版社 1993 年版。

陈衍：《元诗纪事》，上海古籍出版社 1987 年版。

（清）陈焯：《宋元诗会》，《故宫珍本丛刊》影印清康熙刻本，海南
　　出版社 2000 年版。

（唐）陈子昂：《子昂集》，中国国家图书馆藏明嘉靖四十四年王廷
　　相刻本（有黄丕烈跋）。

成化《山西通志》，《四库全书存目丛书》史部第 174 册影印民国二
　　十二年影钞明成化十一年刻本，齐鲁书社 1996 年版。

（元）程钜夫：《楚国文宪公雪楼程先生文集》，中国国家图书馆藏
　　明洪武二十八年与畊书堂刻本。

（明）程敏政：《明文衡》，《四部丛刊初编》影印明嘉靖刻本，上海
　　商务印书馆 1922 年版。

崔建英辑订，贾卫民、李晓亚参订：《明别集版本志》，中华书局
　　2005 年版。

D

《大明一统志》，三秦出版社 1990 年版。

（明）戴冠：《濯缨亭笔记》，《四库全书存目丛书》子部第 103 册影
　　印明嘉靖二十六年刻本，齐鲁书社 1996 年版。

（明）戴良：《九灵山房集》，《四部丛刊初编》影印明正统刻本，上
　　海商务印书馆 1922 年版。

（清）丁丙：《善本书室藏书志》，《清人书目题跋丛刊》影印清光绪
　　刻本，中华书局 1990 年版。

董康著，朱慧整理：《书舶庸谭》，中华书局 2013 年版。

（唐）杜甫著，（宋）黄鹤补注，（宋）刘辰翁评点：《集千家注批点

杜工部诗集》，中国国家图书馆藏会文堂刻本。

（唐）杜甫著，谢思纬校注：《杜甫集校注》，上海古籍出版社 2015 年版。

（唐）杜牧著，吴在庆校注：《杜牧集系年校注》，中华书局 2008 年版。

（明）都穆：《都公谈纂》，中华书局 1985 年版。

（明）都穆：《南濠诗话》，中华书局 1991 年版。

杜信孚：《明代版刻综录》，江苏广陵古籍刻印出版社 1983 年版。

杜信孚、杜同书：《全明分省分县刻书考》，线装书局 2001 年版。

　　F

（南朝宋）范晔：《后汉书》，中华书局 1965 年版。

（明）方孝孺著，徐光大点校：《逊志斋集》，宁波出版社 1996 年版。

（明）冯惟讷：《诗纪》，北京大学图书馆藏明万历年间吴琯刻本。

（元）傅若金：《傅与砺诗集》，中国国家图书馆藏明洪武十六年刻本。

（元）傅若金：《傅与砺文集》，《北京图书馆古籍珍本丛刊》第 92 册影印明洪武十七年刻本，书目文献出版社 1991 年版。

（元）傅若金著，杨匡和校注：《傅与砺诗集校注》，云南大学出版社 2015 年版。

傅增湘：《藏园群书经眼录》，中华书局 1983 年版。

傅增湘：《藏园群书题记》，上海古籍出版社 1989 年版。

　　G

（明）高棅：《唐诗品汇》，上海古籍出版社 1988 年版。

（明）高棅：《木天清气集》，《四库全书存目丛书》集部第 32 册影印清金氏文瑞楼钞本，齐鲁书社 1997 年版。

（明）高棅：《啸台集》，《明别集丛刊》第 1 辑第 22 册影印明成化十九年黄镐刻本,黄山书社2013年版。

(明)高启:《姑苏杂咏》,中国国家图书馆藏明洪武三十一年蔡伯庸刻本。

(明)高启:《缶鸣集》,中国国家图书馆藏明刻本。

(明)高启著,(清)金檀辑注:《高青丘集》,上海古籍出版社2013年版。

(明)高儒、(明)周弘祖:《百川书志　古今书刻》,古典文学出版社1957年版。

(唐)高仲武:《中兴间气集》,《四部丛刊初编》影印明翻宋刻本,上海商务印书馆1922年版。

(明)顾起元:《客座赘语》,中华书局1987年版。

(清)顾嗣立:《元诗选》,中华书局1987年版。

(明)管时敏著,(明)丁鹤年评:《蚓窍集》,《四部丛刊三编》影印明永乐刻本,上海商务印书馆1936年版。

(明)过庭训:《本朝分省人物考》,《续修四库全书》第534—535册影印明天启刻本,上海古籍出版社1996年版。

　　　　H

(明)何景明著,李叔毅等点校:《何大复集》,中州古籍出版社1989年版。

(明)何良俊:《四友斋丛说》,中华书局1959年版。

(清)贺涛著,祝伊湄、冯永军点校:《贺涛文集》,华东师范大学出版社2011年版。

弘治《八闽通志》,《四库全书存目丛书》史部第178册影印明弘治刻本,齐鲁书社1996年版。

弘治《赤城新志》,《四库全书存目丛书》史部第177册影印明弘治刻嘉靖天启递修本,齐鲁书社1996年版。

(明)胡翰:《胡仲子集》,中国国家图书馆藏明洪武十四年王懋温刻本。

（明）胡应麟:《诗数》,中华书局 1958 年版。

（明）黄淮:《省愆集》,台湾"国家图书馆"藏明宣德八年刻本。

（清）黄丕烈著,余鸣鸿、占旭东点校:《黄丕烈藏书题跋集》,上海古籍出版社 2015 年版。

（清）黄虞稷编,瞿凤起、潘景郑整理:《千顷堂书目》,上海古籍出版社 2001 年版。

（元）黄镇成:《秋声集》,《续修四库全书》第 1323 册影印明洪武十一年刻本,上海古籍出版社 2002 年版。

（清）黄宗羲著,沈芝盈点校:《明儒学案》,中华书局 1985 年版。

（清）黄宗羲:《明文海》,中华书局 1987 年版。

（明）黄佐:《南雍志》,江苏省立国学图书馆影印明刻本,1931 年版。

（明）黄佐:《翰林记》,中华书局 1985 年版。

（明）黄佐:《南雍志·经籍考》,《明代书目题跋丛刊》影印清光绪年间叶德辉重刻本,书目文献出版社 1994 年版。

　　　　J

嘉靖《建宁府志》,《天一阁藏明代方志选刊》影印明嘉靖刻本,上海古籍书店 1964 年版。

嘉靖《兰阳县志》,《天一阁藏明代方志选刊》影印明嘉靖刻本,中华书局上海编辑所 1965 年版。

嘉靖《许州志》,《天一阁藏明代方志选刊》影印明嘉靖刻本,上海古籍书店 1961 年版。

嘉靖《延平府志》,《天一阁藏明代方志选刊》影印明嘉靖刻本,上海古籍书店 1961 年版。

嘉靖《浙江通志》,《天一阁藏明代方志选刊续编》影印明嘉靖刻本,上海书店 1990 年版。

嘉庆《临桂县志》,《中国方志丛书》第 15 号影印清嘉庆七年修光绪六年补刻本,台北成文出版社 1967 年版。

（明）蒋一葵：《尧山堂外纪》，《续修四库全书》第 1195 册影印明刻本，上海古籍出版社 1996 年版。

（明）焦竑：《国朝献征录》，《中国史学丛书》影印明刻本，台湾学生书局 1965 年版。

（明）焦竑：《国史经籍志》，中华书局 1985 年版。

（明）焦竑：《焦氏笔乘》，上海古籍出版社 1986 年版。

（元）揭傒斯：《揭文安公全集》，《四部丛刊初编》影印旧钞本，上海商务印书馆 1922 年版。

（明）金固：《雪厓先生诗集》，《续修四库全书》第 1325 册影印明永乐十九年刻本，上海古籍出版社 2002 年版。

《九经》，香港中文大学图书馆藏明刻本。

K

康熙《鄱阳县志》，《中国方志丛书》第 932 号影印清康熙二十二年刻本，台北成文出版社 1989 年版。

（明）《魁本对相四言杂字》，《和刻本中国古逸书丛刊》第十五册影印大正九年东京米山堂景刻日本覆刻明洪武四年金陵王氏勤有书堂刻本，凤凰出版社 2012 年版。

L

（元）赖良：《大雅集》，中国国家图书馆藏清初抄本。

（唐）李白著，瞿蜕园、朱金城校注：《李白集校注》，上海古籍出版社 1980 年版。

（元）李存：《鄱阳仲公李先生文集》，《北京图书馆古籍珍本丛刊》第 92 册影印明永乐三年刻本，书目文献出版社 1991 年版。

（明）李东阳著，李庆立校释：《怀麓堂诗话校释》，人民文学出版社 2009 年版。

（明）李恒：《魁本袖珍方大全》，中国国家图书馆藏明弘治十八年集贤书堂刻本。

（明）李开先著，路工辑：《李开先集》，中华书局 1959 年版。

（明）李梦阳著，郝润华校笺：《李梦阳集校笺》，中华书局 2019 年版。

（明）李庭贵辑，（明）王逊之增辑：《徐苏传》，中国国家图书馆藏明永乐二十二年刻本。

（明）李贽：《续藏书》，中华书局 1974 年版。

（明）李贽：《李温陵集》，《四库全书存目丛书》集部第 126 册影印明刻本，齐鲁书社 1997 年版。

（明）林鸿：《鸣盛集》，中国国家图书馆藏清抄本。

（明）林鸿：《鸣盛集》，《四库明人文集丛刊》影印清文渊阁《四库全书》本，上海古籍出版社 1991 年版。

（清）梁维枢：《玉剑尊闻》，上海古籍出版社 1986 年版。

（明）廖道南：《殿阁词林记》，中国国家图书馆藏明嘉靖刻本。

（明）廖道南：《楚纪》，《北京图书馆古籍珍本丛刊》第 7 册影印明嘉靖二十五年刻本，书目文献出版社 1990 年版。

（明）刘若愚著，冯宝琳点校：《酌中志》，北京古籍出版社 1994 年版。

（明）刘三吾等：《书传会选》，中国国家图书馆藏明初刻本。

（明）刘三吾等：《孟子节文》，《北京图书馆古籍珍本丛刊》第 1 册影印明初刻本，书目文献出版社 1989 年版。

（明）刘三吾：《坦斋刘先生文集》，《四库全书存目丛书》集部第 25 册影印明万历六年贾缘刻本，齐鲁书社 1997 年版。

（明）刘三吾著，陈冠梅点校：《刘三吾集》，岳麓书社 2013 年版。

（明）刘惟谦：《大明律》，《四库全书存目丛书》史部第 276 册影印明嘉靖刻本，齐鲁书社 1996 年版。

（汉）刘向编定：《战国策》，北京大学图书馆藏明嘉靖二年河南刻本。

（明）刘永之：《刘仲修先生诗文集》，《续修四库全书》第 1326 册影印清抄本，上海古籍出版社 1996 年版。

（明）刘嶷：《盘谷集》，《北京图书馆古籍珍本丛刊》第 101 册影印抄本，北京图书馆出版社 1999 年版。

（明）刘仔肩：《雅颂正音》，中国国家图书馆藏明洪武三年王举直刻本。

隆庆《临江府志》，《天一阁藏明代方志选刊》影印明隆庆六年刻本，上海古籍书店 1962 年版。

（明）陆容著，佚之点校：《菽园杂记》，中华书局 1985 年版。

（明）陆深：《俨山文集》，中国国家图书馆藏明嘉靖陆氏刻崇祯十三年补修本。

（清）陆心源：《皕宋楼藏书志》，《清人书目题跋丛刊》影印清光绪八年刻本，中华书局 1990 年版。

（元）罗天益：《卫生宝鉴》，人民卫生出版社 1963 年版。

M

（清）毛师柱：《端峰诗续选》，《四库未收书辑刊》第 8 辑第 22 册影印清康熙五十二年刻本，北京出版社 2000 年版。

（明）毛宪：《毗陵人品记》，《四库全书存目丛书》史部第 110 册影印明万历刻本，齐鲁书社 1996 年版。

（唐）孟浩然著，李景白校注：《孟浩然诗集校注》，巴蜀书社 1988 年版。

（清）缪荃孙：《云自在龛随笔》，商务印书馆 1958 年版。

《明太祖实录》《明太宗实录》《明宣宗实录》《明英宗实录》《明宪宗实录》《明孝宗实录》《明世宗实录》《明神宗实录》，台北"中研院"史语所据北平图书馆藏明红格钞本校印本，1966 年版。

O

（宋）欧阳修著，（明）曾鲁考异：《居士集》，中国国家图书馆藏明洪武六年永丰县学刻本。

Q

乾隆《太原府志》,《中国地方志集成》山西府县志辑第 1 册影印清
　　乾隆四十八年刻本,凤凰出版社 2005 年版。

(唐)钱起著,王定璋校注:《钱起集校注》,浙江古籍出版社 2015
　　年版。

(清)钱谦益:《列朝诗集小传》,上海古籍出版社 1983 年版。

(清)钱谦益:《列朝诗集》,上海三联书店 1989 年版。

(清)钱谦益著,(清)钱曾笺注,钱仲联标校:《牧斋初学集》,上
　　海古籍出版社 1985 年版。

(清)钱曾著,丁瑜点校:《读书敏求记》,书目文献出版社 1983
　　年版。

瞿冕良:《中国古籍版刻辞典》,苏州大学出版社 2009 年版。

(清)瞿镛著,瞿果行标点,瞿凤起覆校:《铁琴铜剑楼藏书目录》,
　　上海古籍出版社 2000 年版。

R

(清)阮元校刻:《十三经注疏附校勘记》,中华书局 1980 年版。

S

(明)桑悦:《思玄集》,《四库全书存目丛书》集部第 39 册影印明
　　万历二年桑大协活字印本,齐鲁书社 1997 年版。

(明)沈德符:《万历野获编》,中华书局 1959 年版。

(清)沈德潜、(清)周准:《明诗别裁集》,上海古籍出版社 1979
　　年版。

(宋)沈括著,胡道静校证:《梦溪笔谈校证》,上海古籍出版社
　　1987 年版。

(北凉)释昙无谶:《金光明经》,首都图书馆藏明永乐二十二年朱
　　兴刻本。

四川大学古籍整理研究所：《现存宋人别集版本目录》，巴蜀书社
　　1990 年版。

（明）宋濂：《元史》，中华书局 1976 年版。

（明）宋濂著，黄灵庚编辑校点：《宋濂全集》，人民文学出版社
　　2014 年版。

（明）宋应星著，钟广言注释：《天工开物》，广东人民出版社 1976
　　年版。

（宋）苏轼：《东坡七集》，中国国家图书馆藏明成化四年程宗刻本。

（元）苏天爵著，陈高华、孟繁清点校：《滋溪文稿》，中华书局
　　1997 年版。

　　　T

（明）唐顺之著，马美信、黄毅点校：《唐顺之集》，浙江古籍出版
　　社 2014 年版。

（明）陶宗仪：《书史会要》，中国国家图书馆藏明洪武九年刻本。

（明）陶宗仪著，徐永明、杨光辉整理：《陶宗仪集》，浙江古籍出
　　版社 2014 年版。

（元）脱脱：《辽史》，中华书局 1974 年版。

　　　W

万历《大明会典》，影印明万历重修本，广陵书社 2007 年版。

万历《江西省大志》，《中国方志丛书》华中地方第 779 号影印明万
　　历刻本，台北成文出版社 1989 年版。

万历《金华府志》，《四库全书存目丛书》史部第 176 册影印明万历
　　刻本，齐鲁书社 1996 年版。

万历《绍兴府志》，《四库全书存目丛书》史部第 201 册影印明万历
　　刻本，齐鲁书社 1996 年版。

万历《太原府志》，《原国立北平图书馆甲库善本丛书》第 337 册影
　　印明万历刻本，国家图书馆出版社 2013 年版。

（明）王偁：《虚舟集》，中国国家图书馆藏明弘治六年刻嘉靖元年重修本。

（明）王逢著，李军点校：《梧溪集》，北京师范大学出版社 2016 年版。

（明）王世懋：《艺圃撷余》，中华书局 1985 年版。

（明）王世贞著，罗仲鼎校注：《艺苑卮言校注》，齐鲁书社 1992 年版。

（清）王士禛：《香祖笔记》，上海古籍出版社 1982 年版。

（清）王士禛：《带经堂集》，《清代诗文集汇编》第 134 册影印清康熙五十年七略书堂刻本，上海古籍出版社 2010 年版。

（唐）王维著，陈铁民校注：《王维集校注》，中华书局 1997 年版。

（明）王祎著，颜庆余点校：《王祎集》，浙江古籍出版社 2016 年版。

（明）王兆云：《皇明词林人物考》，《四库全书存目丛书》史部第 111 册影印明万历刻本，齐鲁书社 1996 年版。

（五代）韦縠：《才调集》，《四部丛刊初编》影印述古堂景宋钞本，上海商务印书馆 1922 年版。

（明）魏骥：《南斋先生魏文靖公摘稿》，《四库全书存目丛书》集部第 30 册影印明弘治十一年刻本，齐鲁书社 1997 年版。

（明）吴海：《闻过斋集》，中国国家图书馆藏明抄本。

（唐）吴兢：《贞观政要》，中国国家图书馆藏明洪武三年王氏勤有堂刻本。

（明）吴宽：《匏翁家藏集》，《四部丛刊初编》影印明正德刻本，上海商务印书馆 1922 年版。

（明）吴讷：《文章辨体》，《四库全书存目丛书》集部第 291 册影印明天顺八年刻本，齐鲁书社 1997 年版。

X

（明）谢肃：《密庵稿》，《四部丛刊三编》影印明洪武刻本，上海商务印书馆 1936 年版。

（明）谢应芳：《龟巢摘稿》，台湾"国家图书馆"藏明洪武十二年
王著刻本影钞本。

（明）谢应芳：《龟巢稿》，《四部丛刊三编》影印双鉴楼藏钞本，上
海商务印书馆 1936 年版。

（明）谢应芳：《思贤录》，《四库全书存目丛书》史部第 82 册影印
清道光二十九年咏梅轩刻本，齐鲁书社 1996 年版。

（明）谢肇淛：《五杂组》，中华书局上海编辑所 1959 年版。

（唐）许浑著，（元）祝德子订正：《元刊丁卯诗集》，福建人民出版
社 2008 年版。

（清）徐乾学：《传是楼书目》，《续修四库全书》第 920 册影印清道
光八年抄本，上海古籍出版社 1996 年版。

（明）徐象梅：《两浙名贤录》，《北京图书馆古籍珍本丛刊》影印明
天启徐氏光碧堂刻本，书目文献出版社 1987 年版。

（明）徐一夔著，徐永恩点校：《徐一夔集》，浙江古籍出版社 2017
年版。

（明）徐一夔、（明）梁寅等：《大明集礼》，《中华再造善本·明代
编》影印中国国家图书馆藏明嘉靖九年刻本，国家图书馆出版社
2009 年版。

（明）许中丽：《光岳英华》，中国国家图书馆藏明洪武十九年刻本。

　　　Y

（宋）严羽著，张健校笺：《沧浪诗话校笺》，上海古籍出版社 2012
年版。

（明）杨基：《眉庵集》，《四部丛刊三编》影印明成化刻本，上海商
务印书馆 1936 年版。

杨镰主编：《全元诗》，中华书局 2013 年版。

（明）杨荣：《杨文敏公集》，中国国家图书馆藏明正德十年刻本。

（明）杨慎著，王仲镛笺证：《升庵诗话笺证》，上海古籍出版社

1987 年版。

（明）杨士奇：《东里文集》，中国国家图书馆藏明正统刻本。

（明）杨士奇：《东里文集·续编》，中国国家图书馆藏明嘉靖二十九年黄如桂刻本。

（明）杨士奇：《文渊阁书目》，《明代书目题跋丛刊》影印清《读画斋丛书》本，书目文献出版社 1994 年版。

（明）杨士奇著，刘伯涵、朱海点校：《东里文集》，中华书局 1998 年版。

（清）杨守敬著，张雷点校：《日本访书志》，辽宁教育出版社 2003 年版。

（明）杨枢：《淞故述》，中华书局 1985 年版。

（宋）杨维德：《遁甲符应经》，《宛委别藏》影钞本，商务印书馆 1981 年版。

（元）杨载：《翰林杨仲弘诗集》，《四部丛刊初编》影印明嘉靖十五年刻本，上海商务印书馆 1922 年版。

（清）叶德辉著，李庆西标校：《书林清话》，复旦大学出版社 2008 年版。

（明）叶盛著，魏中平点校：《水东日记》，中华书局 1980 年版。

《永乐北藏》第 177—178 册，线装书局 2000 年版。

永乐《颍川郡志》，《原国立北平图书馆甲库善本丛书》第 346 册影印明永乐刻本，国家图书馆出版社 2013 年版。

（清）永瑢：《四库全书总目》，中华书局 1965 年版。

（明）袁凯：《海叟集》，中国国家图书馆藏明刻本。

（明）袁凯著，万德敬校注：《袁凯集编年校注》，上海古籍出版社 2015 年版。

（明）乐韶凤、（明）宋濂：《洪武正韵》，北京大学图书馆藏明刘以节刻本。

Z

（明）张弼：《张东海诗文集》，《四库全书存目丛书》集部第 39 册
　影印明正德十三年周文仪刻本，齐鲁书社 1997 年版。

（明）张弘道、（明）张凝道：《皇明三元考》，《四库全书存目丛
　书》史部第 271 册影印明刻本，齐鲁书社 1996 年版。

（清）张金吾著，柳向春整理，吴格审定：《爱日精庐藏书志》，上
　海古籍出版社 2014 年版。

（明）张美和：《元史节要》，中国国家图书馆藏明洪武三十年建安
　书堂刻本。

（清）张廷玉：《明史》，中华书局 1974 年版。

（明）张萱：《内阁藏书目录》，《明代书目题跋丛刊》影印民国年间
　《适园丛书》本，书目文献出版社 1994 年版。

（明）张以宁：《翠屏集》，中国国家图书馆藏明成化十六年张淮
　刻本。

（明）张以宁著，游友基整理：《翠屏集》，广陵书社 2016 年版。

（明）张羽：《静居集》，《四部丛刊三编》影印明成化刻本，上海商
　务印书馆 1936 年版。

（清）张豫章：《御选四朝诗》，影印清文渊阁《四库全书》本，台
　湾商务印书馆 1986 年版。

（元）张翥：《蜕庵诗》，《四部丛刊续编》影印明刻本，上海商务印
　书馆 1932 年版。

（明）赵谦：《学范》，中国国家图书馆藏明永乐二年王惠刻本。

（明）赵谦：《赵考古文集》，中国国家图书馆藏清抄本。

（清）赵翼著，胡主佑、霍松林点校：《瓯北诗话》，人民文学出版
　社 1963 年版。

正德《琼台志》，《天一阁藏明代方志选刊》影印明正德刻本，上海
　古籍书店 1964 年版。

正德《松江府志》，《中国方志丛书》华中地方第 455 号影印明正德

七年刻本，台北成文出版社 1983 年版。

（明）郑晓著，李致忠点校：《今言》，中华书局 1984 年版。

《中国古籍善本书目》（经部），上海古籍出版社 1985 年版。

《中国古籍善本书目》（集部），上海古籍出版社 1996 年版。

周维德集校：《全明诗话》，齐鲁书社 2005 年版。

（明）周希夒：《姑苏杂咏合刻》，《四库全书存目丛书》集部第 290
　册影印明万历四十六年周氏刻本，齐鲁书社 1997 年版。

（明）朱存理著，王允亮点校：《珊瑚木难》，浙江人民美术出版社
　2012 年版。

（明）朱国祯：《涌幢小品》，中华书局 1959 年版。

（清）朱彝尊：《曝书亭集》，《四部丛刊初编》影印清康熙刻本，上
　海商务印书馆 1922 年版。

（清）朱彝尊著，（清）姚祖恩编，黄君坦校点：《静志居诗话》，人
　民文学出版社 1990 年版。

（清）朱彝尊：《明诗综》，中华书局 2007 年版。

（明）朱右：《白云稿》，中国国家图书馆藏明初刻本。

（明）朱元璋著，胡士萼点校：《明太祖集》，黄山书社 1991 年版。

（明）朱元璋：《大诰初编》，《续修四库全书》史部第 862 册影印明
　洪武十八年刻本，上海古籍出版社 1996 年版。

（明）朱元璋：《大诰续编》，《续修四库全书》史部第 862 册影印明
　洪武十九年刻本，上海古籍出版社 1996 年版。

（明）朱元璋：《大诰续编》，中国国家图书馆藏明洪武二十年太原
　府翻刻本。

（明）朱元璋：《大诰三编》，《续修四库全书》史部第 862 册影印明
　洪武十九年刻本，上海古籍出版社 1996 年版。

（明）朱元璋：《大诰三编》，中国国家图书馆藏明洪武年间太原府
　翻刻本。

（明）朱元璋：《大诰武臣》，《续修四库全书》史部第 862 册影印明
　洪武二十年刻本，上海古籍出版社 1999 年版。

（明）祝允明著，孙宝点校：《怀星堂集》，西泠印社出版社 2012
　　年版。

2. 研究论著

B

北京大学中文系文学专门化 1955 级：《中国文学史》，人民文学出版
　　社 1958 年版。

C

蔡一鹏：《闽中诗派的诗歌创作与明初社会、文化背景》，《福建论
　　坛》（文史哲版）1990 年第 3 期。

曹之：《中国古籍版本学》，武汉大学出版社 1992 年版。

陈昌云：《宋濂文学新论》，黄山书社 2016 年版。

陈大康：《熊大木现象：古代通俗小说传播模式及其意义》，《文学
　　遗产》2000 年第 2 期。

陈冬根：《苏轼的櫽括体创作与传媒因素关系之考察》，《庐陵文化
　　与古代文学研究》，江西人民出版社 2012 年版。

陈广宏：《明初闽诗派与台阁文学》，《文学遗产》2007 年第 5 期。

陈广宏：《“古文辞”沿革的文化形态考察：以明嘉靖前唐宋文传统
　　的建构及解构为中心》，《文学遗产》2012 年第 4 期。

陈广宏：《闽诗传统的生成——明代福建地域文学的一种历史省察》，
　　上海古籍出版社 2018 年版。

陈国球：《唐诗选本与明代复古诗论》，《唐代文学研究》第 5 辑，
　　广西师范大学出版社 1994 年版。

陈清慧：《〈古今书刻〉版本考》，《文献》2007 年第 4 期。

陈清慧：《明代藩府刻书研究》，国家图书馆出版社 2013 年版。

陈庆元：《福建文学发展史》，福建教育出版社 1996 年版。

陈庆元：《我的区域文学史研究——〈福建文学发展史〉撰写心得》，《古典文学知识》1997 年第 6 期。

［美］陈学霖：《明太祖文字狱案考疑》，《明史研究论丛》1991 年第 2 期，江苏古籍出版社 1991 年版。

［美］陈学霖：《史林漫识》，中国友谊出版公司 2001 年版。

陈寅恪：《金明馆丛稿二编》，生活·读书·新知三联书店 2015 年版。

程国赋：《明代坊刊小说稿源研究》，《文学评论》2007 年第 3 期。

程千帆、徐有富：《校雠广义·版本编》，齐鲁书社 1998 年版。

慈波：《记新见宋濂〈萝山集〉别本》，《古典文学知识》2015 年第 6 期。

崔文印：《〈古今书刻〉浅说》，《中国典籍与文化》2007 年第 1 期。

［美］包筠雅（Cynthia J. Brokaw）：《文化贸易　清代至民国时期四堡的书籍交易》，刘永华等译，北京大学出版社 2015 年版。

D

［英］戴维·芬克尔斯坦（David Finkelstein）、［英］阿利斯泰尔·麦克利里（Alistair McCleery）：《书史导论》，何朝晖译，商务印书馆 2012 年版。

邓绍基主编：《元代文学史》，人民文学出版社 1991 年版。

董洪利主编：《古典文献学基础》，北京大学出版社 2008 年版。

F

樊庆彦、刘佳：《苏轼诗文评点的演进历程》，《文史哲》2013 年第 5 期。

方宪：《明初泰和士人群体与台阁体》，载汤江浩主编《华中学术》第 21 辑，华中师范大学出版社 2018 年版。

方彦寿：《建阳刻书史》，中国社会出版社 2003 年版。

方彦寿：《福建古书之最》，中国社会出版社 2004 年版。

［美］牟复礼（Frederick W. Mote）、［英］崔瑞德（Denis Twitchett）编：《剑桥中国明代史》，张书生等译，中国社会科学出版社 1992 年版。

傅璇琮、许逸民等主编：《中国诗学大辞典》，浙江教育出版社 1999 年版。

G

高洪岩：《元代文章学》，上海三联书店 2014 年版。

［美］高友工、［美］梅祖麟：《唐诗的魅力——诗语的结构主义批评》，李世耀译，武菲校，上海古籍出版社 1989 年版。

葛兆光：《汉字的魔方——中国古典诗歌语言学札记》，复旦大学出版社 2008 年版。

葛兆光：《中国思想史》，复旦大学出版社 2013 年版。

巩本栋：《论明人整理宋集的成绩》，《江西师范大学学报》（哲学社会科学版）2007 年第 4 期。

龚鹏程：《中国文学史》（下），东方出版社 2015 年版。

郭桂滨：《高启明初文学思想研究》，硕士学位论文，首都师范大学，2006 年。

H

何宗美、刘敬：《明代文学还原研究——以〈四库总目〉明人别集提要为中心》，人民出版社 2014 年版。

侯体健：《刘克庄的文学世界——晚宋文学生态的一种考察》，复旦大学出版社 2013 年版。

胡怀琛：《中国文学史概要》，商务印书馆 1931 年版。

胡适：《白话文学史》（上），新月书店 1928 年版。

黄强：《朱右及其〈唐宋六家文衡〉述考》，《文学遗产》2001 年第 6 期。

黄永年：《古籍版本学》，江苏教育出版社 2005 年版。

黄彰健：《明清史研究丛稿》，台湾商务印书馆 1977 年版。

霍艳芳：《中国图书官修史》，武汉大学出版社 2014 年版。

I

［日］井上进（Inoue Susumu）：《中国出版文化史》，李俄宪译，华
　　中师范大学出版社 2015 年版。

J

［英］J. A. 汉默顿（J. A. Hammerton）主编：《人类文明》，张君峰
　　译，石油工业出版社 2015 年版。

季品锋：《印刷术与词体演进关系初探》，硕士学位论文，苏州大学，
　　2003 年。

贾继用：《元明之际江南诗人研究》，齐鲁书社 2013 年版。

贾继用：《吴中四杰年谱》，齐鲁书社 2014 年版。

简锦松：《明代文学批评研究》，台湾学生书局 1989 年版。

金开诚、葛兆光：《古诗文要籍叙录》，中华书局 2005 年版。

金生奎：《明代唐诗选本研究》，合肥工业大学出版社 2007 年版。

K

［日］神田喜一郎（Kanda Kiichiro）：《顾千里先生年谱》，孙世伟
　　译，《国学月刊》1926 年第 1 期。

［日］木宫泰彦（Kimiya Yasuhiko）：《日中文化交流史》，胡锡年
　　译，商务印书馆 1980 年版。

L

［美］富路特（L. C. Goodrich）、房兆楹主编：《明代名人传》，北京
　　时代华文书局 2015 年版。

李晋华：《明代敕撰书考附引得》，哈佛燕京学社 1932 年版。

李开升：《明嘉靖刻本研究》，中西书局 2019 年版。

李清志：《古书版本鉴定研究》，台北文史哲出版社 1986 年版。

李瑞良：《中国出版编年史》（增订版），福建人民出版社 2006 年版。

李文衡：《天津李氏荣先阁藏书杂记》，载《重庆市图书馆建馆四十周年纪念文集》，重庆市图书馆 1987 年版，第 45—48 页。

李新峰：《论元明之间的变革》，《古代文明》2010 年第 4 期。

李新峰：《释明初官俸序列》，载吴艳红主编《明代制度研究》，浙江大学出版社 2014 年版。

李新峰：《明前期军事制度研究》，北京大学出版社 2016 年版。

李新峰：《明代卫所政区研究》，北京大学出版社 2016 年版。

李致忠：《明代刻书述略》，《文史》第 23 辑，中华书局 1984 年版。

廖华：《论明代书坊对戏曲选本的意义》，《戏曲艺术》2016 年第 1 期。

廖华：《论明代书坊对传奇体制的影响》，《云南师范大学学报》（哲学社会科学版）2016 年第 2 期。

廖可斌：《论台阁体》，《中华文史论丛》第 46 辑，上海古籍出版社 1990 年版。

廖可斌：《论宋濂前后期思想的变化及其它》，《中国文学研究》1995 年第 3 期。

廖可斌：《回归生活史和心灵史的古代文学研究》，《文学遗产》2014 年第 2 期。

廖可斌：《关于明代文学与清代文学的关系——以诗学为中心的考察》，《文学评论》2016 年第 5 期。

廖可斌：《文学思潮史的写法——以明代文学思潮史为例》，《北京大学学报》（哲学社会科学版）2016 年第 5 期。

廖可斌：《明代文学思潮史》，人民文学出版社 2016 年版。

柳存仁、陈中凡等：《中国大文学史》，上海书店出版社 2001 年版。

刘海燕：《试论明初诗坛的崇唐抑宋倾向》，《文学遗产》2001 年第 2 期。

刘麟生：《中国文学史》，世界书局 1933 年版。

刘世德：《三国志演义作者与版本考论》，中华书局 2010 年版。

刘廷乾：《江苏明代作家文集述考》，南京大学出版社 2014 年版。

［法］费夫贺（Lucien Febvre）、［法］马尔坦（Henri‐Jean Martin）：《印刷书的诞生》，李鸿志译，广西师范大学出版社 2006 年版。

　　　　M

马汉钦：《明代诗歌总集与选集研究》，哈尔滨工程大学出版社 2009 年版。

马学良：《明代内府刻书机构探析》，《河北大学学报》（哲学社会科学版）2014 年第 3 期。

毛春翔：《古书版本常谈》，中华书局 1962 年版。

毛德胜：《苏洵古文论要》，华中师范大学出版社 2017 年版。

［加］马歇尔·麦克卢汉（Marshall Mcluhan）：《谷登堡星汉璀璨——印刷文明的诞生》，杨晨光译，北京理工大学出版社 2014 年版。

缪咏禾：《中国出版通史·明代卷》，中国书籍出版社 2008 年版。

　　　　N

南炳文、汤纲：《明史》，上海人民出版社 2014 年版。

［美］尼尔·波兹曼（Neil Postman）：《娱乐至死》，章艳译，中信出版社 2015 年版。

宁忌浮：《洪武正韵研究》，上海辞书出版社 2003 年版。

　　　　O

［日］大木康（Oki Yasushi）：《明末江南的出版文化》，周保雄译，上海古籍出版社 2014 年版。

［日］尾崎康（Ozaki Yasushi）：《正史宋元版之研究》，［日］乔秀岩、王铿编译，中华书局 2018 年版。

Q

［美］钱存训：《中国科学技术史》第 5 卷《化学及相关技术》第 1
　　分册《纸和印刷》，刘祖慰译，科学出版社 1990 年版。

［美］钱存训：《书于竹帛》，上海书店出版社 2006 年版。

钱亚新：《谈谈〈古今书刻〉上编的意义和作用》，《图书馆论坛》
　　1982 年第 1 期。

R

饶龙隼：《明初台阁体的生成及泛衍》，《苏州大学学报》（哲学社会
　　科学版）2012 年第 1 期。

任永安：《日本藏宋濂〈萝山集〉抄本考述》，《文学遗产》2011 年
　　第 1 期。

任永安：《宋濂集类著述新考》，《殷都学刊》2011 年第 1 期。

［美］罗伯特·达恩顿（Robert Darnton）：《阅读的未来》，熊祥译，
　　中信出版社 2011 年版。

S

［日］酒井忠夫（Sakai Tadao）：《中国善书研究》（增补版），刘岳
　　兵等译，江苏人民出版社 2010 年版。

［日］岛田翰（Simada Kan）：《古文旧书考》，杜泽逊、班龙门、王
　　晓娟点校，上海古籍出版社 2017 年版。

申东城：《〈唐诗品汇〉研究》，黄山书社 2009 年版。

石昌渝：《通俗小说与雕版印刷》，《文史知识》2000 年第 2 期。

［日］清水茂（Shigeru Shimizu）：《清水茂汉学论集》，蔡毅译，中
　　华书局 2003 年版。

孙春青：《明代唐诗学》，上海古籍出版社 2006 年版。

［美］孙康宜、［美］宇文所安（Stephen Owen）主编：《剑桥中国
　　文学史》，刘倩等译，生活·读书·新知三联书店 2013 年版。

T

汤志波：《〈明别集版本志〉献疑》，《中国典籍与文化》2013 年第 3
　　期。

汤志波：《明初袁凯诗集考辨——兼论其卒年》，《历史文献》第 20
　　辑，上海古籍出版社 2017 年版。

［美］田晓菲：《尘几录——陶渊明与手抄本文化研究》，中华书局
　　2007 年版。

［加］卜正民（Timothy Brook）：《明代的社会与国家》，陈时龙译，
　　黄山书社 2009 年版。

［美］梅尔清（Tobie Meyer‑Fong）：《印刷的世界：书籍、出版文
　　化和中华帝国晚期的社会》，刘宗灵、鞠北平译，马钊校，《史
　　林》2008 年第 4 期。

涂秀虹：《明代讲史小说文体的兴盛与建阳刻书的关系》，《福建师范
　　大学学报》（哲学社会科学版）2007 年第 6 期。

U

［日］内山精也（Uchiyama Seiya）：《苏轼文学与传播媒介——试论
　　同时代文学与印刷媒体的关系》，益西拉姆译，《新宋学》第 1 辑，
　　上海辞书出版社 2001 年版。

［日］内山精也：《传媒与真相：苏轼及其周围士大夫的文学》，朱
　　刚等译，上海古籍出版社 2005 年版。

［日］内山精也：《宋代刻书业的发展与宋诗的近世化现象》，朱刚
　　译，《东华汉学》2010 年第 11 期。

V

［美］梅维恒（Victor H. Mair）主编：《哥伦比亚中国文学史》，马
　　小悟等译，新星出版社 2016 年版。

W

王重民：《套版印刷法起源于徽州说》，《中国印刷史料选辑》之一
　　《雕版印刷源流》，印刷工业出版社 1990 年版。

王锟、金晓刚：《百年宋濂研究平议》，《浙江社会科学》2015 年第
　　8 期。

王岚：《宋人文集编刻流传丛考》，江苏古籍出版社 2003 年版。

王立言、人民：《三言二拍研究综述》（上），《中国文学研究》1992
　　年第 4 期；《三言二拍研究综述》（下），《中国文学研究》1993 年
　　第 1 期。

王齐洲：《中国通俗小说史》，武汉大学出版社 2015 年版。

王顺贵：《〈唐诗品汇〉何以成为典范的唐诗选本》，《文学遗产》
　　2013 年第 2 期。

王学泰：《说大诰》，《随笔》2007 年第 4 期。

汪燕岗：《雕版印刷业与明代通俗小说的出版》，《学术研究》2009
　　年第 9 期。

汪燕岗：《论清代佛山雕版印刷下通俗小说的出版》，《四川师范大
　　学学报》（社会科学版）2017 年第 2 期。

王永波：《明刊〈柳河东集〉述略》，《古籍研究》总第 65 卷，凤凰
　　出版社 2017 年版。

汪涌豪、骆玉明主编：《中国诗学》，东方出版中心 2008 年版。

［美］王宇根：《万卷：黄庭坚和北宋晚期诗学中的阅读与写作》，
　　生活·读书·新知三联书店 2015 年版。

王志：《汉文学史小讲》，上海三联书店 2019 年版。

韦力：《中国古籍拍卖述评》，紫禁城出版社 2011 年版。

吴承学、曹虹、蒋寅：《一个期待关注的学术领域——明清诗文研究
　　三人谈》，《文学遗产》1999 年第 4 期。

吴冠文：《论六朝诗歌的批评与整理在明代中期的兴盛》，《上海大
　　学学报》（社会科学版）2012 年第 6 期。

吴晗：《记明实录》，台湾《中央研究院历史语言研究所集刊》第十八本，1948 年。

　　　X

谢贵安：《明实录研究》，湖北人民出版社 2003 年版。

谢贵安：《试述〈明太祖实录〉对朱元璋形象的塑造》，《学术研究》2010 年第 5 期。

谢国桢：《史料学概论》，福建人民出版社 1985 年版。

辛德勇：《中国印刷史研究》，生活·读书·新知三联书店 2016 年版。

许守泯：《叙史寓志于诗：对元人王逢〈梧溪集〉的一些考察》，北京：中国传统文化与元代文献国际学术研讨会，2007 年 11 月。

徐朔方、孙秋克：《明代文学史》，浙江大学出版社 2006 年版。

徐永明：《不同处境下宋濂的活动及创作》，《浙江大学学报》（人文社会科学版）2005 年第 5 期。

徐永明：《宋濂年谱》，浙江大学出版社 2011 年版。

　　　Y

颜庆余：《〈光岳英华〉考》，《图书馆杂志》2018 年第 1 期。

杨镰：《元诗史》，人民文学出版社 2003 年版。

杨挺：《印刷传播语境下宋代文学的社会责任观念》，《求索》2007 年第 11 期。

杨荫深：《中国文学史大纲》，商务印书馆 1947 年版。

叶官谋：《明诗总集编纂思想的演进》，《太原师范学院学报》（社会科学版）2015 年第 3 期。

叶莱：《〈梧溪集〉版本考：以国图藏陆贻典手校本为中心》，《山东图书馆学刊》2009 年第 4 期。

叶晔：《明代中央文官制度与文学》，浙江大学出版社 2011 年版。

叶晔：《明代：古典文学的文本凝定及其意义》，《中国社会科学》

2020 年第 2 期。

游国恩、王起主编：《中国文学史》，人民文学出版社 1982 年版。

俞为民：《明代南京书坊刊刻戏曲考述》，《艺术百家》1997 年第 4 期。

袁行霈主编：《中国文学史》，高等教育出版社 2005 年版。

袁逸：《明后期我国私人刻书业资本主义因素的活跃与表现》，《浙 江学刊》1989 年第 3 期。

       Z

翟满桂：《柳宗元永州事迹与诗文考论》，上海三联书店 2015 年版。

张高评：《杜集刊行与宋诗宗风——兼论印本文化与宋诗特色》，《中国中世文学研究论集》，上海古籍出版社 2006 年版。

张高评：《印刷传媒与宋诗特色——兼论图书传播与诗分唐宋》，台北里仁书局 2008 年版。

张锦辉：《宋代雕版印刷与文学传播研究》，硕士学位论文，陕西师范大学，2011 年。

章培恒主编：《中国文学史》，复旦大学出版社 2004 年版。

张稔穰：《袁凯〈白燕〉诗及其白燕意象的创造》，《文学遗产》2007 年第 6 期。

张世林主编：《学林春秋——著名学者自序集》，中华书局 1998 年版。

张秀民：《中国印刷史》，上海人民出版社 1989 年版。

张真园：《中国印刷术史概》，《中国印刷月报》1929 年第 4 期。

张仲谋：《明代书坊与词集传播》，《文献》2013 年第 1 期。

赵前：《明代版刻图典》，文物出版社 2008 年版。

周生春、何朝晖主编：《印刷与市场国际会议论文集》，浙江大学出版社 2012 年版。

周兴陆：《中国文论通史》，复旦大学出版社 2018 年版。

周裕锴：《中国古代阐释学研究》，上海人民出版社 2003 年版。

朱易安：《唐诗学史论稿》，广西师范大学出版社 2000 年版。

朱易安：《中国诗学史》（明代卷），鹭江出版社 2002 年版。

朱迎平：《宋代刻书产业与文学》，上海古籍出版社 2008 年版。

左东岭：《高启之死与元明之际文学思潮的转折》，《文学评论》
　　2006 年第 3 期。

左东岭：《论宋濂的诗学思想》，《首都师范大学学报》（社会科学
　　版）2009 年第 4 期。

左东岭：《闽中诗派与主流诗坛关系研究》，《北方论丛》2009 年第 3 期。

左东岭：《论林鸿的诗学观念与诗歌创作——兼论文学史研究中对前
　　人学术评价的态度》，《中国文化研究》2010 年秋之卷。

3. 新闻报道、网络资源

方圆：《古籍学者反映〈中国古籍善本总目〉涉嫌侵权》，《中国新
　　闻出版报》2010 年 3 月 25 日。

何朝晖：《著名版本目录学家沈津谈上海图书馆旧事》，《澎湃新
　　闻·上海书评》2017 年 3 月 19 日。

张丽娟：《张丽娟评〈正史宋元版之研究〉：古籍版本研究的典范之
　　作》，《澎湃新闻·上海书评》2018 年 6 月 23 日。

"‘秘籍琳琅’北京大学数字图书馆古文献资源库"（http：//
　　rbdl. calis. edu. cn），2018 年 4 月 17 日检索。

辛德勇：《关于中国印刷史研究的一些想法》，新浪微博（http：//
　　weibo. com/xindeyong），2016 年 10 月 3 日博文。

辛德勇：《写在〈中国印刷史研究〉出版的时候》，新浪微博（ht-
　　tp：//weibo. com/xindeyong），2016 年 12 月 19 日博文。

"‘学苑汲古’高校古文献资源库"（http：//rbsc. calis. edu. cn），
　　2018 年 4 月 17 日检索。

"中华古籍书目数据库"（http：//bib. ancientbooks. cn/docGuji/），
　　2018 年 6 月 1 日检索。

索　引

后　记

初拟后记时，正有网球红土赛事。纳达尔在蒙特卡洛、马德里止步八强，赫伯特/马胡也未进半决赛。身为球迷，自是捶胸顿足、长吁短叹，然后自我开解。我已倾尽全力，梦想没能成真，是由于一些无奈原因。在这样的情况下，在继续拼搏的同时，或许也要提醒自己，不要困在纷繁目标编织的精致网里。集齐四大满贯，后面还有金满贯、双圈大满贯；拿了七个大师赛冠军，前面还有集齐九个的金大师。或许，越过密不透风的目标的网，能看见更珍贵的风景。如对抗残酷岁月的勇敢，拍档共同进退的情谊。如在决胜盘1：5落后在对方赛点自己一发下网的情况下，也能逆转胜利的勇气。

然而更容易看见的总是那张网，正如"天之骄子"与"985废物"、"人生赢家"与"小镇做题家"常通过简单的年薪数字衡量。如我的北大，在旁人眼中，可能是学士、博士、博雅博士后的履历，是国奖、校奖、三好、优博等奖励奖学金。然旁人难见、深藏于我心的，是在一堂堂精彩课上，真切感受到求知乐趣与名师风采；也是和队友们一起夺得北大"新生杯"辩论赛冠军那晚，阳光大厅的灯火璀璨。戴上竹蜻蜓、推开任意门，北大亦给我机会，开启了好多新奇的小小冒险。如在钓鱼台国宾馆英文采访，在人民大会堂朗诵群演，在河北博物院、日本东京大学、英国大英图书馆等地查考古籍，也在海拉尔草原、敦煌莫高窟、海口、三亚、博鳌等地暑期实践。

的确，拼绩点、保研考试、写博士论文、申请科研项目，每一步都有每一步的辛苦，然燕园十一年，给我的感觉不是"内卷"，而是浪漫与辽阔。是本科第一次班会时学唱的《新秋之歌》，是在博雅塔下、一体草坪上听见的陈涌海《将进酒》、许秋汉《长铗》，是晚课后走过百讲广场，有乐队弹唱映着月色。

　　燕园也让我继续坚持关于语言文字的梦。很小的时候，爸妈教我识字、念诗、背成语。在交织的诗词文句中，我看到文字无穷尽的精妙组合，仿佛万花筒五彩斑斓，变幻莫测。年龄稍长，又在小说的大千世界中，感到文学的力量。我喜欢读书，也喜欢写字。日记、周记、手抄报、黑板报，都是涂抹文字的园地。也从小学起，就给我们当地的《今晚报》投稿，直到高三。我深知自己是笨拙的人，很多事情做不好。我想，语言文字是我的救命稻草，或许也会是我的璀璨城堡。在很早的时候，我就已将北大中文系的梦想盛装在心。

　　十一年前，录取通知翩然而至。那时读着小说的我当然没有想到，未来会是一场从本科到博后、十一年的旅行。在这旅行中，我系统地学习了语言学、文学、文献学专业的基础课程，极大地丰富了自己关于"中国语言文学"的认知。我读了更多的书，亦尝试了更多文体的写作。在北大图书馆，我可以奢侈地翻阅明刻本，也能读到各种版本的阿加莎·克里斯蒂。本科时，我先后担任了《北京大学校报》《北大青年》、中文系系刊《五院》、北大英语新闻网等数家校媒记者，亦从新人记者逐渐成长为栏目负责人、版面主编。我锻炼着消息、通讯、评论、专访等文体的写作，亦通过采访，见到好多优秀的人。2012年，我作为系刊记者，去哲学楼采访廖可斌老师。春日阳光拂过桌面，我听着廖老师说，"真正的学者，是人生的楷模"，抬头望见图书馆飞檐勾勒蓝天。那时没有想到，后来的我会那么幸运，成为廖老师的博士生；而我的语言文字世界中，也增添了"学术论文"这一新的品类。

　　本科毕业论文、博士学位论文，发表的、未发表的一篇篇小论文，不管多忙，廖老师都一字一句，悉心为我看过。廖老师对师门其他同学的指导，也总会给我好多启发。廖老师多次和我们强调，要注重考察政治、理学、科举等元素与文学的互动。我的博士学位论文采用跨学科方法，力求尽可能多元地考察文学元素，而非仅仅探讨作家生平、作品面貌，就是受到廖老师指导的影响。十年前的《中国古代文化》课上，我第一次见到廖老师，挥斥方遒，神采飞扬。十年间，不知说过多少次的五个字，我想再认真地重复这一遍：谢谢廖老师。谢谢您的严格要求与高度信任；谢谢您对待学术、对待工作兢兢业业、精益求精，为我们树立这么好的榜样；谢谢您这些年对我的帮助，您让一个不知论文为何物的本科生，收获了属于自己的成长；谢谢您在百忙之中为这部书稿所作的序言。因为廖老师，我也幸运地结识了很多优秀的访问学者与同门兄弟姐妹。我很荣幸，也好感谢这些遇见。

　　我的博士学位论文，还非常幸运地得到了多位校内外专家学者的精心指点。在论文开题、预答辩、答辩等环节，首都师范大学左东岭老师、中国社会科学院文学所张国星老师、中国人民大学朱万曙老师、复旦大学陈广宏老师、浙江大学周明初老师，北京大学刘玉才老师、杨海峥老师、顾永新老师、李新峰老师、林嵩老师，赐予了宝贵意见。在入选国家社会科学基金博士论文出版项目之后，我又收到了五位匿名评审专家的重要意见。浙江大学叶晔老师阅读了我修改后的书稿，提出了对我很有启发的意见。谢谢老师们。你们高水平的指点，不仅为我修改、完善论文提供了具体建议，更是我前进的动力。

　　我想特别感谢顾永新老师、杨海峥老师、李新峰老师。三位老师全程参与了我的博士学位论文开题、预答辩、答辩，每一个环节，都给我关键的指点。顾老师也是我博士后阶段的合作导师。博后在站时间短暂、事务繁多，压力不小。顾老师总是给我鼓励与支持，对我特别宽容与信任，我真的深深感激。我亦参与了李老师主持的"《万历野获编》点校"项目。李老师从不催促我的项目工作，却一直提醒我抓紧论文。希望我们的点校本能够早日面世。日本东京大学东洋文化研究所大木康老师、华东师范大学汤志波老师，亦常关心我的学业进展。这篇论文的写作，离不开古籍数字化事业的发展。我曾作为志愿者参与了一个月的古籍普查工作，深知在每一叶我们足不出户即可阅览的高清书影背后，是好多工作人员的辛勤。感谢中国国家图书馆张志清副馆长，以及好多好多为古籍数字化事业努力的人。谢谢你们。

感谢爸妈，天津是温暖的港湾；感谢小岩，陪伴是长情的告白。你们都是"圈外人"，不大了解我在研究什么，但那又怎样呢？我爱你们。感谢北大。我希望，不管未来走到哪里，总还在你眺望的目光里。希望未来的自己，仍能以少年之心，应对曲折离奇，就算流泪心酸，也不轻易舍弃。希望自己不会画地为牢，将充沛丰盈的人生变成一张张表格，网住了自己。

感谢本书责编刘芳老师的辛勤工作。在用着 Word 曲别针小助手的时候，我就畅想着未来能不能拥有一本自己的书，还咨询过长文档的编辑技巧。而今，我的作品列入国家社会科学基金博士论文出版项目，这真的是比梦想更加瑰丽的现实。为了这次出版，我对自己的博士学位论文，进行了反反复复的修订。我增添了全新的章节、部分，对个别论证做了大幅修改，亦更换了一些文献的版本，调整了细节的字句。种种工作，不一而足。本书第三章探讨了出版意识对王逢、宋濂的影响，读者若将此书与 2019 年我的博士论文对读，或可发现出版意识对我的影响。

本次修订工作最大的遗憾，就是我原定的前往外校、外地、外国访书计划，多未实现。2020 年上半年，我宅于天津家中，且不说再去大英图书馆，就连去国图、北大看书都做不到。2021 年寒假、暑假的江浙沪访书计划，又皆因实际情况而搁浅或仓促中止。即在京津访书，亦有太多困难，纵然拼力，也无法逾越。如从雨中天津奔波北海，然后听到馆员老师说，我想看的一批文献，未来一两年内皆难借出；再如倒三班地铁到某馆、奉上单位介绍信，然后听到馆员老师简洁明快地说，古籍原书看不了。去其他高校图书馆访书亦极难。即近在隔壁，亦咫尺天涯。

　　由于上述缘由，目前附录中的现存版刻信息，还有不少是转引已有著录。尽管已有著录大都可以提供必要的信息，有的还颇为详赡，但未能亲见原书，还是觉得遗憾。然而，相比那么多奋战在抗疫一线的可敬的人，我的遗憾，又何足挂齿。广大医疗工作者、社区工作者、志愿者……或穿梭街市，或加瓦添砖，层层防护服浸泡汗水，冷冷寒风中坚守岗位。谢谢，谢谢保护着我们的你们。

　　最后要说的是，本书所有内容，皆未于期刊发表。尽管答辩时得到了老师们的充分肯定，但我对自己的论文总是不满意，想修改得再好一点，再投稿期刊。然而新的科研任务、项目、上课等事宜，又占用了相当的时间精力，是以修改工作缓缓，投稿迟迟未行。而后，就惊喜地看到了国家社科基金项目公示的通知。

　　此刻，想到我的作品即将出版，将呈现在一个更大的、我不确定的读者群体之前，我诚惶诚恐。阿尔贝托·曼古埃尔曾说，"文本是无声的存在，直到一个读者开始阅读它，它才会打破沉默。只有灵活的双眼接触那些书页上的符号时，文本才开始变得生动鲜活"。这部作品期待您的阅读，亦恳请您尽情批评指正。

虹　飞

2021.5.10 初稿于畅春园 wps 斋

2021.7.25 定稿于江南旅舍